CHONGWENGUAN

读古人书　友天下士

中华诗文
鉴赏典丛
CHONGWENGUAN

中华诗词名句鉴赏辞典

黄鸣 主编

长江出版传媒 崇文书局

中华诗词名句鉴赏辞典

丛书主编： 乐　云
本卷主编： 黄　鸣
编写人员： 曹　明　　陈俊艳　　李瑞珩
　　　　　　　李　臻　　经　惠　　汪培培
　　　　　　　吴纯燕　　高思琪　　翟晋华
　　　　　　　苏　晗　　王新宇　　吴　玺
　　　　　　　杨泠泠　　章丹莹

序

　　王国维《宋元戏曲考》自序云："凡一代有一代之文学：楚之骚、汉之赋、六代之骈语、唐之诗、宋之词、元之曲，皆所谓一代之文学，而后世莫能继焉者也。"王氏意在强调每一时代都有其最具特色之文学，这种文学样式在这一时代所达到的繁荣程度和艺术高度，"后世莫能继焉"。王氏此说影响巨大，其后文学史家常常称引此说，几成共识。

　　诗、词、文、曲是中国古代文学的主要品类，是中华传统文化标志性的艺术成果。它们在其悠久的存在历程中，各有其发生发展期、高峰期、持续发展期。在其高峰期，成为"一代之文学"。

　　每一时代之文学，对后世的影响除了其自身元素之外，后人的诠选和笺解也是一个反复阐释、不断增益的经典确认和影响过程。

　　人类对经典的确认不是有限行为，而是持续性的无限行为。意大利著名学者贝奈戴托·克罗齐(1866—1952)在其《历史学的理论和实际》中提出了一个著名的命题——"一切历史都是当代史"。这是一个耐人寻味的历史哲学命题，它指向人类对历史之意义的理解和不断阐释，每一次阐释，既是对历史的，也是对现实的；既是对非我之既往的，也是对自我心灵之已然与未然的。每一次阐释都是当代人与古人的心灵对话和文化默契。历史因为这种持续的阐释而对人类的存续不断地产生价值和意义。

　　丹麦文学理论家勃兰兑斯曾经说过："文学史，就其本质意义上来说，是心灵史，是一个民族心灵的历史。"（《十九世纪文学主潮·序》）中国古代文学数千年的积淀，淘洗出许多堪称经典的作品，它们是中华民族心灵史的记录，对未来人类的心灵史不断发生着深刻微妙的持续影响。

　　这套丛书以唐诗、宋词、元曲为主，三者都是文学中的文学，是各种文学样式中审美抒情意味最浓郁的文学样式。相对于小说戏剧，诗词曲短小优美有韵的体性特质，便于读者随时阅读和记忆，尤其是其中的秀句名言，特别容易记忆和传诵。因此经典的诗、词、曲作品，既适合用作童蒙读物，也方便入选小学、中学、大学教材。在此基础上，比较集中的精选笺释读物,则可以满足不同层次的爱好者进一步拓展阅读。

文化和文明与时俱进,每一时代有每一时代的文化背景、阅读方式和思考习惯。因此,对经典文化遗产的重新诠选、笺释、鉴赏导读,便成为每一时代专家学者对文化传播义不容辞的责任。而优秀的学者善于将自己的阅读经验通过这种方式传达给大众,又往往能做到后出转精,既充分参考前人的选读经验和解释成果,又利用自己的智慧和文化积累,用最适合当代人审美趣味的话语方式重新阐释经典,为当代人理解古人以滋养自己的心灵疏通脉络,化解障碍。这就是唐诗、宋词、元曲、经典美文总能以"一百首"、"三百首"、"鉴赏辞典"等形式不断翻新的心灵史依据和文化史价值。

每一次"翻新",都是一次重新阐释、解读、鉴赏。其方式方法就会有许多因人而异的因素。陈寅恪先生倡导阅读古人须具备"理解之同情"。理解古人之处境、身世、写作背景、写作意图,都是基本前提。面对既成而不可变的文本,这些基本的阅读准备是不可或缺的,这就是作者小传、作品注释的基本任务。在此基础上,将古人的作品置于当代文化视阈中,与解读者个人的学养、人生经验、人生观和世界观相融洽会通,碰撞出心情志趣审美趣味的火花,古人的作品便在这碰撞和融洽中得到了新的文化和审美的阐释。所谓"作者未必然而读者未必不然","一千个读者就有一千个哈姆雷特",道理正在于此。至于具体而微的解读视角、鉴赏技巧,正是每一位选注笺释者可以发挥之处。

广东工业大学通识教育中心乐云教授是一位优秀学者,学养深富,多年来致力于传统文化的研究与传播工作,又比普通学者更具文化担当的责任感和使命感,因而他在繁忙的教学和研究之余,又主编这套《中华诗文鉴赏典丛》,其意义和价值已如上述。相信他对丛书编著团队的选择一定是有新意的,这套丛书必将是一项优质的文化传承工程。我期待其早日刊行,以慰读者之期盼。

中山大学中文系教授、博士生导师
中华诗教学会常务副会长及秘书长

张海鸥

凡　　例

一、本书精选中华历代诗词名句（先秦至近代），分为九类：写人类 47 条，咏物类 58 条，写景类 332 条，理趣类 58 条，感怀类 428 条，爱情婚姻类 191 条，友情类 74 条，思乡怀亲类 84 条，战争徭役类 54 条，共 1326 条。

二、本书采用逐句赏析形式，每句配一篇鉴赏文字，部分名句出自同一首诗词的，也分开来各自进行鉴赏。每条名句的鉴赏文字在 150－200 字左右。鉴赏文字务求行文简练，大致包括名句题旨、内容分析、艺术特点以及后世影响等，而以艺术和思想分析为主。

三、每一条名句，均有原文、出处及鉴赏三部分，部分难解的名句还附有简明的注释。原文文字，采用通行版本；出处则收录原诗词的全文，部分过长的诗词原文，则采取节选的方式。

四、本书使用简化字。在可能产生歧义时，酌用繁体字或异体字。

五、本书附有与所收诗内容相关的字画数十幅，包括人物、山水、景物、风貌等，其中以时人作品为主，希望从另一角度反映诗词名句的审美意境。

目　　录

写人 ……………………………………………………………… 1

咏物 ……………………………………………………………… 24

写景 ……………………………………………………………… 49

理趣 …………………………………………………………… 189

感怀 …………………………………………………………… 213

爱情婚姻 ……………………………………………………… 403

友情 …………………………………………………………… 488

思乡怀亲 ……………………………………………………… 520

战争徭役 ……………………………………………………… 556

笔画索引 ……………………………………………………… 581

写　人

　　不稼不穑①，胡取禾三百廛②兮？不狩不猎，胡瞻尔庭有县貆③兮？彼君子兮，不素餐兮。

【注释】①穑：收获。②廛：三百户，古制百亩。③貆：一种獾。

【出处】先秦·《诗经·伐檀》

　　坎坎伐檀兮，寘之河之干兮。河水清且涟猗。不稼不穑，胡取禾三百廛兮？不狩不猎，胡瞻尔庭有县貆兮？彼君子兮，不素餐兮。

　　坎坎伐辐兮，寘之河之侧兮。河水清且直猗。不稼不穑，胡取禾三百亿兮？不狩不猎，胡瞻尔庭有县特兮？彼君子兮，不素食兮。

　　坎坎伐轮兮，寘之河之漘兮。河水清且沦猗。不稼不穑，胡取禾三百囷兮？不狩不猎，胡瞻尔庭有县鹑兮？彼君子兮，不素飧兮。

　　【鉴赏】那个春不播种秋不收割的人啊，为何把那三百户的粮食往你家里搬？那个冬不狩来夏不猎的人啊，为何你的院子里有獾呢？你若是君子，怎么能不劳作吃白饭呢？此句带着轻蔑的口吻指责了那些不劳而获的人，连用两个反问，语势强烈，似能感受到指责者鼻孔里的冷气与鄙夷的眼神。此句直言其事，爽利耿直，讽刺了自己不劳动却掠夺他人劳动果实的所谓"君子"，笔意辛辣。一分耕耘，一分收获，自古如

是。不劳而获的人当然算不上君子,只能遭到老百姓横眉冷眼的对待。

(李瑞珩)

行者见罗敷,下担捋髭须。少年见罗敷,脱帽着帩头^①。耕者忘其犁,锄者忘其锄。来归相怨怒,但坐^②观罗敷。

【注释】①帩头:指包头发的纱巾。②坐:因为。

【出处】汉·《陌上桑》

日出东南隅,照我秦氏楼。秦氏有好女,自名为罗敷。罗敷喜蚕桑,采桑城南隅。青丝为笼系,桂枝为笼钩。头上倭堕髻,耳中明月珠。缃绮为下裙,紫绮为上襦。行者见罗敷,下担捋髭须。少年见罗敷,脱帽着帩头。耕者忘其犁,锄者忘其锄。来归相怨怒,但坐观罗敷。使君从南来,五马立踟蹰。使君遣吏往,问是谁家姝?"秦氏有好女,自名为罗敷。""罗敷年几何?""二十尚不足,十五颇有余。"使君谢罗敷:"宁可共载不?"罗敷前致辞:"使君一何愚!使君自有妇,罗敷自有夫。""东方千余骑,夫婿居上头。何用识夫婿?白马从骊驹;青丝系马尾,黄金络马头;腰中鹿卢剑,可值千万余。十五府小吏,二十朝大夫,三十侍中郎,四十专城居。为人洁白晳,鬑鬑颇有须。盈盈公府步,冉冉府中趋。坐中数千人,皆言夫婿殊。"

【鉴赏】罗敷是位勤劳美丽的女子,她走在路上常常引得路人驻足欣赏。行人看到她的美貌,不由停下脚步,少年看她打身边走过,忍不住脱下帽子,露出里面的纱巾,耕田的农夫们也常常忘记手中的活计,只因痴迷地盯着看罗敷。爱美之心,人皆有之,此句并不直言罗敷之美,而借由行者、少年、耕者、锄者见到罗敷后的反应来衬托与烘托罗敷的美貌,语言诙谐幽默,轻松活泼,留给读者无限想象的空间。"秦罗敷"也成为后世形容美女的指代词之一。

(陈俊艳)

名都多妖女,京洛出少年。

【出处】魏·曹植《名都篇》

名都多妖女,京洛出少年。宝剑值千金,被服丽且鲜。斗鸡东郊道,走马长楸间。驰骋未能半,双兔过我前。揽弓捷鸣镝,长驱上南山。左挽因右发,一纵两禽连。余巧未及展,仰手接飞鸢。观者咸称善,众工归我妍。归来宴平乐,美酒斗十千。脍鲤臇鲐虾,炮鳖炙熊蹯。鸣俦啸匹侣,列坐竟长筵。连翩击鞠壤,巧捷惟万端。白日西南驰,光景不可攀。云散还城邑,清晨复来还。

【鉴赏】 著名的都城多有容貌艳丽的女子,而京都洛阳则出英俊风流的少年。这是该诗的首句,以著名都城的妖艳女子来衬托京都洛阳的少年们,可见少年必定风流骄奢。这句诗引出了整首诗的主人公,即洛阳的少年,为后文的叙事作了铺垫。"妖女""少年"的意态跃然纸上。诗人在这首诗中精练而巧妙地叙述了该少年游乐玩耍的一天,对少年骄奢放诞的生活以及及时行乐的生活进行了描写。 (陈俊艳)

仰手接飞猱,俯身散马蹄。

【出处】 魏·曹植《白马篇》

白马饰金羁,连翩西北驰。借问谁家子,幽并游侠儿。少小去乡邑,扬声沙漠垂。宿昔秉良弓,楛矢何参差。控弦破左的,右发摧月支。仰手接飞猱,俯身散马蹄。狡捷过猴猿,勇剽若豹螭。边城多警急,虏骑数迁

移。羽檄从北来,厉马登高堤。长驱蹈匈奴,左顾陵鲜卑。弃身锋刃端,性命安可怀?父母且不顾,何言子与妻!名编壮士籍,不得中顾私。捐躯赴国难,视死忽如归!

【鉴赏】 扬起手射中迎面飞来的猿猴,俯下身去,射破箭靶。诗中主人公身形矫健,或仰或俯,左右开弓,箭无虚发,可见技巧娴熟,武艺十分高超。诗人着重于动作描写,以突出其矫健的身姿和出众的本领,形象贴切而又高度凝练地概括了主人公的本领,塑造了一个武艺高超的英雄形象,为后文叙述他的英雄事迹作铺垫。诗人通过对主人公武艺的描写,表达出对其英武之姿的赞颂。 (陈俊艳)

3

惜哉剑术疏,奇功遂不成。其人虽已没,千载有余情。

【出处】晋·陶渊明《咏荆轲》

燕丹善养士,志在报强嬴。招集百夫良,岁暮得荆卿。君子死知己,提剑出燕京;素骥鸣广陌,慷慨送我行。雄发指危冠,猛气冲长缨。饮饯易水上,四座列群英。渐离击悲筑,宋意唱高声。萧萧哀风逝,澹澹寒波生。商音更流涕,羽奏壮士惊。心知去不归,且有后世名。登车何时顾,飞盖入秦庭。凌厉越万里,逶迤过千城。图穷事自至,豪主正怔营。惜哉剑术疏,奇功遂不成。其人虽已没,千载有余情。

【鉴赏】只可惜剑术尚不够纯熟,这一项奇功伟业未能圆满完成。壮士荆轲虽早已死去,但他勇于牺牲,不畏强暴的精神却永远地激励着后人。这四句作为全诗的收尾之笔,阐明了诗人对于荆轲刺秦失败的沉痛惋惜以及对其侠义精神的无限景仰。第一句中的"惜哉"道出了诗人的惋惜之情,同时也引出了行刺失败的原因,即剑术不精,抒发了诗人的痛惜之情。然而,最后一句则笔锋一转,表明其给予后世之人的鼓舞及力量,以此收束全诗。"余情"二字,余音袅袅,不绝于耳。　　　　　　(陈俊艳)

我是虏家儿①,不解汉儿②歌。

【注释】①虏家儿:即胡人。②汉儿:即汉人。

【出处】南北朝·《折杨柳歌辞》

遥看孟津河,杨柳郁婆娑。我是虏家儿,不解汉儿歌。

【鉴赏】我是胡人,听不懂汉人的歌曲。这句诗语言直白,简练少雕饰,类似口语,带有朗朗上口的特色,同时也反映了北方民族性格中的直爽与豪放。这句诗中主人公以"虏家儿"自称,带有浓浓的民族自豪感与身份的认同感。然"虏家儿"带有贬义,应是出自汉人译笔,所以此诗当原用北族语言,后来经过汉译,成为今天的面貌。这句诗反映出了其时南北民族融合与文化交流的信息,值得重视。　　　　　(陈俊艳)

乱入池中看不见,闻歌始觉有人来。

【出处】唐·王昌龄《采莲曲二首》其二

荷叶罗裙一色裁,芙蓉向脸两边开。乱入池中看不见,闻歌始觉有人来。

【鉴赏】随着小船划向荷塘深处,采莲女的身影早已没入了丛丛莲叶

4

与荷花之中,只有听到她清亮的歌声才知道她在向这边而来。诗中并没有直接描写采莲女的容貌和装束,而是借助荷塘中的莲花莲叶来映衬她姣好的容颜和清丽的衣着。而当她被花叶所遮蔽时,那婉转悠扬的歌声又能给人无尽的遐思。诗人同时调动了视觉与听觉,既能让读者感受到荷塘的美丽景致,又显得采莲女若隐若现,若即若离。她的身影仿佛随着莲叶的摇曳而移动,歌声随着袅袅荷香悠悠飘来,从而营造出一种朦胧的美感,不事雕琢,含蓄自然。

(吴纯燕)

但用东山谢安石,为君谈笑静胡沙。

【出处】唐·李白《永王东巡歌十一首》其二

三川北虏乱如麻,四海南奔似永嘉。但用东山谢安石,为君谈笑静胡沙。

【鉴赏】此句运用了东晋名相谢安谈笑间大败前秦苻坚的典故。据史载,前秦苻坚领兵百万进攻东晋,声势浩大。孝武帝任命谢安为征讨大都督,敌军兵临城下,谢安却弈棋自若,破苻坚大军于淝水,创造了历史上以少胜多的著名战例。李白自比"东山再起"的谢安,抒写自己出匡庐以佐王师之情。只要启用我,我自可以为君击败叛军。"静胡沙"而在"谈笑"之间,表现了诗人举重若轻、胸有成竹的自信。后人多用此句表达对自己才能的自信与期许。

(曹 明)

君不能狸膏金距学斗鸡,坐令鼻息吹虹霓。君不能学哥舒,横行青海夜带刀,西屠石堡取紫袍。

【出处】唐·李白《答王十二寒夜独酌有怀》

昨夜吴中雪,子猷佳兴发。万里浮云卷碧山,青天中道流孤月。孤月沧浪河汉清,北斗错落长庚明。怀余对酒夜霜白,玉床金井水峥嵘。人生飘忽百年内,且须酣畅万古情。君不能狸膏金距学斗鸡,坐令鼻息吹虹霓。君不能学哥舒,横行青海夜带刀,西屠石堡取紫袍。吟诗作赋北窗里,万言不直一杯水。世人闻此皆掉头,有如东风射马耳。鱼目亦笑我,请与明月同。骅骝拳跼不能食,蹇驴得志鸣春风。折杨皇华合流俗,晋君听琴枉清角。巴人谁肯和阳春,楚地由来贱奇璞。黄金散尽交不成,白首为儒身被轻。一谈一笑失颜色,苍蝇贝锦喧谤声。曾参岂是杀人者,谗言三及慈母惊。与君论心握君手,荣辱于余亦何有。孔圣犹闻伤凤麟,董龙更是何鸡狗。一生傲岸苦不谐，恩疏媒劳志多乖。严陵高揖汉天子，何必长剑拄颐事玉阶。达亦不足贵，穷亦不足悲。韩信羞将绛灌比，祢衡耻逐屠沽儿。君不见李北海，英风豪气今何在。君不见裴尚书，土坟三尺蒿棘居。少年早欲五湖去，见此弥将钟鼎疏。

【鉴赏】你为何不学那些斗鸡之徒，把狸油涂在鸡头上，用金属芒刺装在鸡爪上，用这些卑鄙手段得胜以讨好权贵和皇帝呢？你为何也不学哥舒翰，以数万士卒攻破石堡城，死伤无数，以此来换取高官厚禄呢？诗人连用两个"君不能……"，以反语对唐玄宗所宠信的两类小人做出辛辣的讽刺。用"狸膏金距"四字，写出斗鸡徒为了博皇帝开心，挖空心思，出奇争胜的丑恶行径。以"坐令鼻息吹虹霓"刻画出这些小人得势后目空一切、骄横愚蠢的丑态。天宝八载，玄宗令哥舒翰率兵再攻吐蕃石堡城，唐军以数万士兵死伤为代价，攻破石堡城，哥舒翰也因此加摄御史大夫。"横行青海夜带刀，西屠石堡取紫袍"正描绘了哥舒翰以武力屠杀来邀功，以图加官晋爵的骄横之态。

（曹　明）

秦王扫六合[1]，虎视何雄哉！

【注释】①六合：天地四方。

【出处】唐·李白《古风五十九首》其三

秦王扫六合，虎视何雄哉！飞剑决浮云，诸侯尽西来。明断自天启，大略驾群才。收兵铸金人，函谷正东开。铭功会稽岭，骋望琅琊台。刑徒七十万，起土骊山隈。尚采不死药，茫然使心哀。连弩射海鱼，长鲸正崔嵬。额鼻象五岳，扬波喷云雷。鬐鬣蔽青天，何由睹蓬莱。徐市载秦女，楼船几时回。但见三泉下，金棺葬寒灰。

【鉴赏】秦王平定四海，声威赫赫，他那如老虎一般俯视诸侯的气势何其雄壮。这二句统领全篇。诗歌不言秦王平定四海，却用"扫六合"三字，天下之大，秦王却可以"扫"之，表现秦王平定天下如入无人之境，轻轻松松便将天下收于囊中。诗歌以"虎视"形容秦王之勃勃雄姿，给人以咄咄逼人之感，表现秦王之赫赫声威，给人以势如破竹，不可一世之感。诗句以惊心动魄的气势极力渲染了秦皇一举消灭六国，平定天下的凛凛之威。

（曹　明）

云想衣裳花想容，春风拂槛露华浓。

【出处】唐·李白《清平调词》

云想衣裳花想容，春风拂槛露华浓。若非群玉山头见，会向瑶台月下逢。

【鉴赏】云想衣裳，花想容，意谓杨妃之美是如此动人，所以云朵渴望像她的衣服般轻逸华美，花朵意欲似她的容颜般姣好，春风吹拂着她倚着的阑干，花圃中的花儿沾着露水，其颜色更加芳郁。此句极写美人之态，不但写杨妃之美，更为天下美女作一画像。

（黄　鸣）

虏酒千钟不醉人，胡儿十岁能骑马。

【出处】唐·高适《营州歌》

营州少年厌原野，狐裘蒙茸猎城下。虏酒千钟不醉人，胡儿十岁能骑马。

【鉴赏】这些胡人少年，喝他们家乡的酒，千钟不醉；他们十岁的时候便能够骑马。"千钟不醉"是用夸张手法，却表现了胡人少年自小养成的纵饮豪放性格，而十岁骑马，又将胡儿的矫健勇武表现出来。营州，北魏时所置，治所在龙城（今辽宁朝阳）。本诗描绘出一幅胡地风俗画，赞美了北方边地游侠少年的尚武精神。诗歌体现出浓郁的边塞情调。

（曹　明）

三顾频烦天下计，两朝开济老臣心。

【出处】唐·杜甫《蜀相》

丞相祠堂何处寻，锦官城外柏森森。映阶碧草自春色，隔叶黄鹂空好音。三顾频烦天下计，两朝开济老臣心。出师未捷身先死，长使英雄泪满襟。

【鉴赏】 刘备知人善任，三次到草庐中拜访诸葛亮，为的是天下大计。诸葛亮鞠躬尽瘁，死而后已，先是辅佐先主刘备开创帝业，刘备死后又忠心耿耿地辅佐后主，表现出一个老臣对国家的忠心。诗歌前句引刘备三顾茅庐的典故，以刘备三请诸葛亮，突出诸葛亮的雄才大略，强调的是孔明之才；后句则表现诸葛亮对君王的忠贞，表现的是孔明之德。诗歌以两句话分别从才能与品格两方面赞美诸葛亮，表现出对诸葛亮的崇拜与敬仰之情。后世多用此句表现臣子对帝王的忠心耿耿。 （曹　明）

出师未捷身先死，长使英雄泪满襟。

【出处】 唐·杜甫《蜀相》

原文参见前句。

【鉴赏】 诸葛亮出兵北伐中原，本想实现蜀国统一大业的抱负，但是尚未取得胜利，诸葛亮却因操劳过度而去世。普天之下有志未遂的英雄，每每想到诸葛亮"鞠躬尽瘁，死而后已"的崇高精神以及不幸遭遇，都禁不住泪流满襟，伤心不已。此时，流泪的分明是杜甫，他却用"长使"二字，将普天之下壮志未酬的英雄都涵盖在内，使人们产生强烈的共鸣，为诸葛亮一哭。诗歌情感沉挚悲壮，读之催人泪下。 （曹　明）

季布①无二诺，侯嬴②重一言。

【注释】 ①季布：秦末汉初人，为人仗义，以信守承诺著称于世。②侯嬴：战国时魏国人，窃符救赵，并杀身以报信陵君。

【出处】 唐·魏徵《述怀》（又作《出关》）

中原初逐鹿，投笔事戎轩。纵横计不就，慷慨志犹存。策杖谒天子，驱马出关门。请缨羁南越，凭轼下东藩。郁纡陟高岫，出没望平原。古木吟寒鸟，空山啼夜猿。既伤千里目，还惊九折魂。岂不惮艰险，深怀国士恩。季布无二诺，侯嬴重一言。人生感意气，功名谁复论。

【鉴赏】 此诗当作于武德二年（公元619年）。当时诗人刚刚归顺唐朝，自请安抚河北李密旧部，在出潼关时作此诗以明志。季布信守承诺，从不违背自己许下的诺言；侯嬴知恩图报，为自己的承诺不惜杀身以报。诗人用季布、侯嬴二人典故，既是自比，也是自勉。身怀一颗国士之心的自己就如同季布和侯嬴一般，为了君王和天下的承诺坚定不移，前路纵有千难万险,有胸中这一腔豪气在,定能披荆斩棘,勇往直前。诗人用古人的品质作为自己的誓言,用典自然而贴切,读之可以真切地体会到诗人心中的一腔热血与慷慨之情,气势充沛,豪气干云。 （吴纯燕）

林暗草惊风,将军夜引弓。平明寻白羽,没在石棱中。

【出处】 唐·卢纶《塞下曲六首》其二

林暗草惊风,将军夜引弓。平明寻白羽,没在石棱中。

【鉴赏】 天晚林暗,风疾草动,将军夜出巡视,误以为草动是由丛中隐藏的猛虎引起的,于是将军把弓拉满,瞄准发射出去。第二天天亮后,将军去寻找那支装饰着白色羽毛的箭,发现箭头竟然全部隐没在石头的突起棱角处。诗歌借用汉代名将李广"射虎中石"的典故,刻画了一个边塞将军娴熟的箭法和神奇的臂力。正是在这样一个昏暗的夜晚,风吹草动,才使得将军误以为草丛中有虎,故引弓射虎,谁想到这乍惊之下,将军竟如此威猛,箭头竟没入石中。诗中将军如此勇猛,以此制敌,何敌不克!这也是诗歌的意旨所在。 （曹　明）

上阳人,红颜暗老白发新。

【出处】 唐·白居易《上阳白发人》

上阳人,红颜暗老白发新。绿衣监使守宫门,一闭上阳多少春。玄宗末岁初选入,入时十六今六十。同时采择百余人,零落年深残此身。忆昔吞悲别亲族,扶入车中不教哭。皆云入内便承恩,脸似芙蓉胸似玉。未容君王得见面,已被杨妃遥侧目。妒令潜配上阳宫,一生遂向空房宿。宿空房,秋夜长,夜长无寐天不明。耿耿残灯背壁影,萧萧暗雨打窗声。春日迟,日迟独坐天难暮。宫莺百啭愁厌闻,梁燕双栖老休妒。莺归燕去长悄然,春往秋来不记年。唯向深宫望明月,东西四五百回圆。今日宫中年最老,大家遥赐尚书号。小头鞋履窄衣裳,青黛点眉眉细长。外人不见见应笑,天宝末年时世妆。上阳人,苦最多。少亦苦,老亦苦,少苦老苦两如何。君不见昔时吕向美人赋,又不见今日上阳白发歌。

【鉴赏】 上阳宫人啊,你入宫时如花的娇颜已经渐渐衰老,而你的白发却还在一直生长。上阳宫,乃唐朝宫名,在东都洛阳。唐玄宗曾广聚美女于后宫,杨贵妃得宠后,后宫女子多被搁置疏远。上阳宫便是安置大批宫女的宫殿之一,她们终生被囚于上阳宫,至死而已。至唐德宗年间,上阳宫仍有白发宫女存活。此处"暗"字与"新"字对举,"红颜"与"白发"相较,揭示了上阳宫女由青春少女走向垂暮老妇的过程,足见上阳宫女被幽禁的时间之长。诗歌起笔便奠定了忧郁哀婉的情绪基调,为下文宫女回忆上阳宫中寂寞凄清的情状埋下伏笔。仅此一句发端,便可见统治阶级对妇女的压迫与残害。　　　（经　惠）

外人不见见应笑,天宝末年时世妆。

【出处】 唐·白居易《上阳白发人》

原文参见前句。

【鉴赏】 外人看不见我的装扮也就罢了,要是看见了定是要笑话我的。因为我这还是天宝末年时候的装扮。此句自我调侃的话语,是紧承上句"小头鞋履窄衣裳,青黛点眉眉细长"而来。唐德宗时代,已经是着宽衣、画短而阔的眉毛了,她却还保持天宝年间的打扮:穿着小头的尖鞋与紧窄的衣裳,眉毛描画得又细又长。诗人借用这一细节描写,反映了白发宫女深囚冷宫、与世隔绝的悲惨境遇。用自我解嘲的语气,讽刺了封建统治阶级惨无人道的罪行。宫女的这一"笑",是饱含着辛酸之泪的笑,深刻反映了其沉痛的内心世界。　　　（经　惠）

可怜身上衣正单,心忧炭贱愿天寒。

【出处】 唐·白居易《卖炭翁》

卖炭翁,伐薪烧炭南山中。满面尘灰烟火色,两鬓苍苍十指黑。卖炭得钱何所营？身上衣裳口中食。可怜身上衣正单，心忧炭贱愿天寒。夜来城外一尺雪，晓驾炭车辗冰辙。牛困人饥日已高，市南门外泥中歇。翩翩两骑来是谁？黄衣使者白衫儿。手把文书口称敕，回车叱牛牵向北。一车炭，千余斤，宫使驱将惜不得。半匹红绡一丈绫，系向牛头充炭直。

【鉴赏】卖炭翁身上的衣服破旧单薄，让人怜悯。但他心里却担忧炭不值钱，希望天气更加严寒。人若"衣正单"，就应当希望天气暖和而免受其冻。但卖炭翁却"愿天寒"，因为卖炭的钱是他和家人的"身上衣裳口中食"。只要天气越冷，富贵人家为了取暖，便不会再狠心计较卖炭的价钱，那样他才能卖多一点钱。如此反常的人物心理，实在让人觉得"可怜"与心酸。这两句运用对比的表现手法，细致地揭示了主人公难言的艰苦生活以及复杂矛盾的心理活动。诗人在此对卖炭翁的悲惨遭遇寄寓了深刻的同情，揭示了中唐时期统治阶级压迫剥削贫苦农民的社会现实。

（经　惠）

千呼万唤始出来，犹抱琵琶半遮面。

【出处】唐·白居易《琵琶行》

浔阳江头夜送客，枫叶荻花秋瑟瑟。主人下马客在船，举酒欲饮无管弦。醉不成欢惨将别，别时茫茫江浸月。忽闻水上琵琶声，主人忘归客不发。寻声暗问弹者谁？琵琶声停欲语迟。移船相近邀相见，添酒回灯重开宴。千呼万唤始出来，犹抱琵琶半遮面。转轴拨弦三两声，未成曲调先有情。弦弦掩抑声声思，似诉平生不得志。低眉信手续续弹，说尽心中无限事。轻拢慢捻抹复挑，初为《霓裳》后《六幺》。大弦嘈嘈如急雨，小弦切切如私语。嘈嘈切切错杂弹，大珠小珠落玉盘。间关莺语花底滑，幽咽泉流冰下难。冰泉冷涩弦凝绝，凝绝不通声暂歇。别有幽愁暗恨生，此时无声胜有声。银瓶乍破水浆迸，铁骑突出刀枪鸣。曲终收拨当心画，四弦一声如裂帛。东船西舫悄无言，唯见江心秋月白。沉吟放拨插弦中，整顿衣裳起敛容。自言本是京城女，家在虾蟆陵下住。十三学得琵琶成，名属教坊第一部。曲罢曾教善才服，妆成每被秋娘妒。五陵年少争缠头，一曲红绡不知数。钿头银篦击节碎，血色罗裙翻酒污。今年欢笑复明年，秋月春风等闲度。弟走从军阿姨死，暮去朝来颜色故。门前冷落鞍马稀，老大嫁作商人妇。商人重利轻别离，前月浮梁买茶去。去来江口守空船，绕船月明江水寒。夜深忽梦少年事，梦啼妆泪红阑干。我闻琵琶已叹息，又闻此

11

语重唧唧。同是天涯沦落人,相逢何必曾相识! 我从去年辞帝京,谪居卧病浔阳城。浔阳地僻无音乐,终岁不闻丝竹声。住近湓江地低湿,黄芦苦竹绕宅生。其间旦暮闻何物? 杜鹃啼血猿哀鸣。春江花朝秋月夜,往往取酒还独倾。岂无山歌与村笛? 呕哑嘲哳难为听。今夜闻君琵琶语,如听仙乐耳暂明。莫辞更坐弹一曲,为君翻作《琵琶行》。感我此言良久立,却坐促弦弦转急。凄凄不似向前声,满座重闻皆掩泣。座中泣下谁最多? 江州司马青衫湿。

【鉴赏】经过一再的呼唤与催促之后,她才慢慢地走了出来,并且还羞怯地抱着琵琶遮住了半边脸庞。原诗是描写歌女的含羞带怯。"千呼万唤始出来",现常用来形容等待良久,迟迟才见她的真面目。也用来比喻一件众人所关心的事,许久才得以实现。"犹抱琵琶半遮面"除用来形容女子娇羞的神态外,也用来比喻公开不久的事物,尚未被大众所接受。

(经　惠)

白头宫女在,闲坐说玄宗。

【出处】唐·元稹《行宫》

寥落古行宫,宫花寂寞红。白头宫女在,闲坐说玄宗。

【鉴赏】古行宫里的白头宫女还活着,都坐在一起闲话玄宗时期的事情。这两句可与白居易《上阳白发人》互相参看。"古行宫"即为上阳宫,"白头宫女"即是天宝年间被幽禁于此的宫女们。只不过白居易的《上阳白发人》是具体描写,而元稹的《行宫》却寥寥数笔,意在言外。"白头宫女在"句与上句"宫花寂寞红"相互衬托,行宫里的花依然红艳美丽,但宫女们如花的娇颜却不复存在,这是以乐景写哀情。而"闲坐说玄宗"句则照应"寥落""寂寞"二词。宫女们终生被困行宫,按理说玄宗天宝年间的往事是不堪回首的,但她们长期与外界隔绝,也没有话题可聊,只能回忆自己年轻时经历的事情,诗意凄凉之极。

(经　惠)

今日把示君,谁有不平事?

【出处】唐·贾岛《剑客》

十年磨一剑,霜刃未曾试。今日把示君,谁有不平事?

【鉴赏】今天我把这剑拿给您看看,是谁有冤屈不平的事呢? 结句"谁有不平事"虽是问句,然答案却显而易见,那便是剑客急欲用他的剑扫荡天下,为民除害。那这是把什么样的剑呢?是剑客花费十年的时间辛苦磨砺出来的宝剑,它的刀锋尖锐却还未试用。诗人特指出"未曾试",则说明极想试验。一旦有可以辅助的君子,便急忙拿出宝剑,询问世上有哪些不平之事需要我去效劳。至此,一个斗志昂扬,想要为社会兴利除弊的剑客形象跃然纸上。然而,诗人不是真正的剑客,此处仅是托物言志,"剑"的锋利与非同一般,是隐喻自我出众的才能;而剑客的理想,也正是诗人的政治抱负。

(经　惠)

买丝绣作平原君,有酒唯浇赵州土。

【出处】唐·李贺《浩歌》

南风吹山作平地,帝遣天吴移海水。王母桃花千遍红,彭祖巫咸几回死?青毛骢马参差钱,娇春杨柳含细烟。筝人劝我金屈卮,神血未凝身问谁?不须浪饮丁都护,世上英雄本无主。买丝绣作平原君,有酒唯浇赵州土。漏催水咽玉蟾蜍,卫娘发薄不胜梳。羞见秋眉换新绿,二十男儿那刺促?

【鉴赏】我只能买来丝线将其绣成平原君的样子,只有将酒浇洒在赵州的土地上来纪念他。平原君,即赵胜,战国时赵国贵族,善选贤任能,门下有食客数千人,以贤达闻名于世。这两句承接"不须浪饮丁都护,世上英雄本无主"而来,诗人劝朋友不要因怀才不遇而整日纵酒麻痹自我,而要认清现实,在世道沦落的社会下,英雄往往是不受重用的。诗人认为当世没有像平原君那样赏识英雄的贤主,所以只好绣丝祭酒以表怀念之情。在诗人自我安慰的语气中无疑暗示了当时黑暗的社会状况,如若当世有明主,诗人又何必怀念平原君,故而"买丝"句与其说是对平原君的赞美,不如说是对昏庸无能的统治者的讽刺,抒发了诗人生不逢时的愤激之情。另,原诗中"丝绣平原"表达对平原君的敬慕之情,后世则常用于表示感激他人恩惠之意。

(经　惠)

可怜夜半虚前席,不问苍生问鬼神。

【出处】唐·李商隐《贾生》

宣室求贤访逐臣,贾生才调更无伦。可怜夜半虚前席,不问苍生问鬼神。

【鉴赏】可叹啊,汉文帝与贾谊深夜长谈,身体不知不觉地往前倾。

13

然而他问的不是有利苍生的治国大计,而是在求问鬼神之事。"可怜"二字,领起下文对可叹之事的叙述,揭示出全诗的情绪基调。古人席地而坐,双膝着地,汉文帝虚心询问,就连膝盖越过了席子也不知道,表现其急切之情。然而汉文帝面对贾谊这样的治世之才,诚恳询问的却是鬼神之事,真让人觉得可笑可气、可怜可哀啊。此处托古讽时,选取汉文帝接见贾谊之事,讽刺了晚唐统治者沉迷神仙方术、不重贤才的荒唐行径。同时,诗人以贾谊自比,暗示了他壮志难酬、怀才不遇之感。　　　　(经　惠)

青箬笠,绿蓑衣,斜风细雨不须归。

【出处】唐·张志和《渔歌子》

西塞山前白鹭飞,桃花流水鳜鱼肥。青箬笠,绿蓑衣,斜风细雨不须归。

【鉴赏】渔父戴着青色的箬笠,披着绿色的蓑衣,在斜风细雨中垂钓而不归家。此写渔父悠闲的生活情状,刻画了一个从容自得的渔父形象。"箬笠",是指用竹叶或竹篾做成的斗笠;"蓑衣"是指用草或者棕编织而成的雨衣,此处用"绿"修饰,当是用草编成。词人在此描写了渔人的日常打鱼生活,营造了一幅人与自然相映成趣的和谐画面,反映了词人理想中的人生境界——宁静、闲适、淡远。　　　　(经　惠)

游女带香偎伴笑,争窈窕,竞折团荷遮晚照。

【出处】唐·李珣《南乡子》

乘彩舫,过莲塘,棹歌惊起睡鸳鸯。游女带香偎伴笑,争窈窕,竞折团荷遮晚照。

【鉴赏】这些游玩的女子们在飘逸着幽香的莲塘边相互依偎,嫣然欢笑,一个个姿态美好,都竞相摘下圆圆的荷叶,遮挡住夕阳的余晖。下片紧承上片而来,少女们因

为"惊起了睡鸳鸯",自然而然地联想到了美好的爱情,不禁对爱情充满了向往,所以都依偎而笑,窃窃私语。"争窈窕"展现出怀春少女的娇美之态。兴许是看到了来自周围游人的注目,所以一群少女竞相采掇荷叶,既是遮挡晚照,更是遮挡羞红的脸庞,遮挡游人的目光。词人选取南国水乡少女的生活片段,刻画了一群活泼俏丽、娇媚动人的少女形象。用语通俗,节奏轻快,颇有民歌风味。

(经　惠)

冰肌玉骨清无汗,水殿风来暗香满。

【出处】 唐·孟昶《木兰花》

冰肌玉骨清无汗,水殿风来暗香满。绣帘一点月窥人,欹枕钗横云鬓乱。　　起来琼户启无声,时见疏星渡河汉。屈指西风几时来? 只恐流年暗中换。

【鉴赏】 冰一样的肌肤和玉一般的骨,自然没有热汗而觉满身清凉。微风拂过水面,一股幽香弥散进宫殿。此是后蜀国君孟昶描绘花蕊夫人绰约风姿的名句。"冰肌玉骨",以纯洁无瑕的"冰"与"玉"来形容花蕊夫人天生丽质的姿貌。而"风"与"暗香"所构成的清雅环境,也烘托了花蕊夫人的冰清玉洁之态。另外,后世常用"冰肌玉骨"来形容女子的肌肤白皙光滑。又可称作"玉骨冰肌"或"冰姿玉骨"。

(经　惠)

力通青海求龙种,死讳文成食马肝。

【出处】 宋·杨亿《汉武》

蓬莱银阙浪漫漫,弱水回风欲到难。光照竹宫劳夜拜,露溥金掌费朝餐。力通青海求龙种,死讳文成食马肝。待诏先生齿编贝,那教索米向长安?

【鉴赏】 据《宋史》记载,当时宋真宗醉心于封禅,致使"一国君臣如病狂然"。汉武帝的力量虽能够到达遥远的青海获取龙种的良马,对于欺骗他的方士如文成将军——少翁之流,虽恨而杀死,却又要掩饰,说是吃了马肝中毒而死,生怕无人再敢进献鬼神方书。这句诗以汉武帝醉心于神仙方术的典故来暗讽宋真宗,含蓄曲折地表达了诗人对于宋真宗醉心于鬼神之事的讽刺与不满。辞藻密丽,对仗工整,典故运用工整。

(翟晋华)

15

山中无历日，寒尽不知年。

【出处】 唐·无名氏《答人》

偶来松树下，高枕石头眠。山中无历日，寒尽不知年。

【鉴赏】 这首隐逸诗描写了一位世外高人的恬淡生活，他深居山中，不与俗世相勾连，因此对日月的变化没有太大的感受。冬天最寒冷的时候都已经过去了，他也"不知年"。这不仅从时间上，更从历史维度来剖析这位高人已经超越了时空的界限，达到了更高的精神层次。虽是答人，更像自述，平生一隐者，不慕荣利与浮华，自在逍遥于山野之间。 （杨泠泠）

银烛秋光冷画屏，轻罗小扇扑流萤。

【出处】 唐·杜牧《七夕》

银烛秋光冷画屏，轻罗小扇扑流萤。天阶夜色凉如水，卧看牵牛织女星。

【鉴赏】 银烛，白色的蜡烛。轻罗小扇，用轻薄的丝织物制成的小团扇。此处暗喻主人公的宫女身份，古诗词中常以"秋扇"喻不得意的宫女。白色的烛光与秋夜的月光，映在华美的画屏上，透着一种冷寂与凄清；一个宫女手执轻罗小扇，追扑那星星点点的萤火虫。冷清凄凉的背景与本该欢庆的节日相比照，更是突出了宫女的寂寞空虚、孤寂幽怨。诗人笔意含蓄而内含同情。 （章丹莹）

弄潮儿向涛头立，手把红旗旗不湿。

【出处】 宋·潘阆《酒泉子》

长忆观潮，满郭人争江上望。来疑沧海尽成空，万面鼓声中。 弄潮儿向涛头立，手把红旗旗不湿。别来几向梦中看，梦觉尚心寒。

【鉴赏】 善于游水的人立在波涛上表演技艺，他们手里拿着的红旗都没有被水打湿。此写钱塘江潮涨之后吴地少年勇敢弄潮的情景。"弄潮儿"，此处特指在钱塘江上执旗戏水并与潮水搏击的少年。词人通过描绘他们挺立潮头的英姿以及高超的弄潮技艺，表现了弄潮儿与自然拼搏的无畏勇气，抒发了词人由衷的赞叹惊喜之情。另，现代常用"弄潮儿"比喻勇敢且有进取精神的人，或者是指走在时尚尖端而引领潮流的人。

（经　惠）

舞低杨柳楼心月,歌尽桃花扇底风。

【出处】宋·晏几道《鹧鸪天》

彩袖殷勤捧玉钟,当年拼却醉颜红。舞低杨柳楼心月,歌尽桃花扇底风。　　从别后,忆相逢,几回魂梦与君同?今宵剩把银釭照,犹恐相逢是梦中。

【鉴赏】这首词描写了作者与一位女子久别重逢时的心情,上片回忆,下片描写分别后与梦中再相见的情形。当年在宴会上与女子相见,喝得十分尽兴。女子在杨柳环绕的楼上跳舞,拿着画着桃花的扇子清歌而唱。"低"字十分精妙,一方面表现出宴饮欢乐,丝毫不察觉时光的飞逝,不知不觉中月亮已经落下;也可以想象女子的舞姿之美妙,吸引得月亮都想落低一下靠近她跳舞的楼台。而歌声清越,她手中的团扇仿佛送出不尽的香风,送得清音绕梁不绝。此句对仗工整,"杨柳"对画在扇子上的"桃花","楼头月"对"扇底风",又有虚实相生之妙。生动地写出舞筵歌席的醉乐环境和狂欢气氛,含义丰富,句法巧妙。　　　　（汪培培）

织成云外雁行斜,染作江南春水浅。

【出处】宋·晏几道《玉楼春》

红绡学舞腰肢软,旋织舞衣宫样染。织成云外雁行斜,染作江南春水浅。　　露桃宫里随歌管,一曲霓裳红日晚。归来双袖酒成痕,小字香笺无意展。

【鉴赏】这首词描写了歌伎舞女日常生活的辛酸,流露出作者深深的同情和关怀。"红绡"即舞伎,娇俏的舞伎学习舞蹈,累到腰肢酸软;随后又织纺舞衣,按照皇宫里的样式染色。舞衣上织成在高空飞翔的一行大雁,将布料染成像江南春水一般碧浅的颜色。此处以衣物暗指舞伎们的美丽,雁行是轻盈纤细的,想来当一群女子舞蹈的时候也应如雁行一般轻盈如飞。古人常以"春水"比喻女子明亮的眼睛,衣服颜色如江南春水,使人不禁觉得这样的人也应是清丽脱俗的。一意而韵味无穷,女子们的美好,更与其生活的艰辛形成对比,表现出作者深深的同情和怜惜。

（汪培培）

谁见幽人独往来,缥缈孤鸿影。

【出处】宋·苏轼《卜算子》

缺月挂疏桐,漏断人初静。谁见幽人独往来,缥缈孤鸿影。　　惊起却回头,有恨无人省。拣尽寒枝不肯栖,寂寞沙洲冷。

【鉴赏】有谁看到了月夜里独自徘徊的幽人,他好似孤鸿一般虚无缥缈,来去无踪。此句先塑造了一个暗夜独自徘徊的"幽人"形象,孤高俊洁;随后点染出孤鸿缥缈若仙的意象,灵动清新。两种意象两相交辉,相互映衬,幽人即孤鸿,既突出了幽人之超凡脱俗,又赋予孤鸿情怀生气,营造出一种朦胧化境的诗意美感。苏轼实则是借幽人与孤鸿的形象自喻,表达了他孤傲高洁,不与时俗同流的超然心态。

（李瑞珩）

遥想公瑾当年,小乔初嫁了,雄姿英发。羽扇纶巾,谈笑间、樯橹灰飞烟灭。

【出处】宋·苏轼《念奴娇·赤壁怀古》

大江东去,浪淘尽、千古风流人物。故垒西边,人道是、三国周郎赤壁。乱石穿空,惊涛拍岸,卷起千堆雪。江山如画,一时多少豪杰。遥想公瑾当年,小乔初嫁了,雄姿英发。羽扇纶巾,谈笑间、樯橹灰飞烟灭。故国神游,多情应笑我,早生华发。人生如梦,一尊还酹江月。

【鉴赏】遥想周瑜正值人生得意之时,刚迎娶小乔,风姿潇洒,韶华似锦,意气风发。你看他束装儒雅,纶巾羽扇,风度翩翩,在赤壁之上指点江山,谈笑之间已大败曹操八十万大军,何等逍遥,何等快意！此句集中塑造了周瑜的形象,栩栩如生。艺术化地插入了"小乔出嫁"这一生活细节,写英雄美人,更显出周瑜人生得意时的潇洒俊逸。"羽扇纶巾"刻画出周瑜儒雅的形象,白衣青衿的文雅男子与风起云涌的激烈战争形成鲜明的对比,越显出周瑜之俊逸超凡。"谈笑间"抓住神态,表现出周瑜成竹在胸、稳操胜券的得意。"樯橹灰飞烟灭"写出了火攻水战的战争画面,写尽曹军惨败之状。此句塑造的周瑜形象一直为后世所传诵。

（李瑞珩）

爵位自高言尽废,古来何啻万公卿。

【出处】宋·王安石《贾生》

一时谋议略施行,谁道君王薄贾生? 爵位自高言尽废,古来何啻万公卿。

【鉴赏】贾谊的一些治国谋略被汉文帝采纳过,所以怎么能说君王冷落了贾谊呢？即使身居很高的爵位,但自己的政治建言和主张却被君王废弃不用,这才是真正的失意。自古以来,像这样的公卿们何止千万！贾谊虽然未登公卿之位,但他的政论和建议对君王产生了实际影响,这一点就远胜过那些身居高位却只能碌碌无为的公卿了。前人评论贾谊,总认为他政治失意,没有受到重用,而流露出悲观的态度。而王安石一反前人的看法,显示出积极的政治抱负和乐观的人生态度。　　　　　（汪培培）

沉魄浮魂不可招,遗编一读想风标。

【出处】 宋·王安石《孟子》

沉魄浮魂不可招,遗编一读想风标。何妨举世嫌迂阔,故有斯人慰寂寥。

【鉴赏】 圣人孟子早已经去世,魂魄也难以招回,只有他遗留下来的《孟子》一书永世长存。读着这书就可以想见他生前的风度与品格。王安石和孟子有着相似的政治经历,力求政治改革却未能实现自己的抱负。所以王安石感叹道,即使全世界认为我的主张不切实际又如何呢？我还有孟子作为我的精神寄托,有他的书可以伴我度过寂寥的时光。这首诗是王安石政治改革失败,罢官退居时所作。政治理想虽已破灭,但他在悲痛中仍表现出高洁傲岸的情操。　　　　　（汪培培）

痴儿了却公家事,快阁东西倚晚晴。

【出处】 宋·黄庭坚《登快阁》

痴儿了却公家事,快阁东西倚晚晴。落木千山天远大,澄江一道月分明。朱弦已为佳人绝,青眼聊因美酒横。万里归船弄长笛,此心吾与白鸥盟。

【鉴赏】 痴儿是诗人对自己的戏称。我也是一介愚钝的书生,却有一份痴心,总是尽心做好政务之事。今天做完了公务之后,傍晚登上快阁,倚着栏杆观赏东西晚景,放松心情。"了却"二字可想见诗人一整天都在埋头公务的辛勤身影,一直到傍晚才做完,有一种如释重负的心情,终于从案牍中解脱,可以有片刻闲暇,登上快阁稍微放松一下。诗人戏称自己为"痴儿",一是因为自己的痴心,虽然仕途坎坷,但仍然尽心公务毫不松懈,实在是痴;政务如此劳累,我被其劳神劳形却不愿放弃,去享受闲适寄情山水的生活,也是痴。一个"痴儿",包含了无数的感慨,值得细

细体味。 （汪培培）

管城子无肉食相，孔方兄有绝交书。

【出处】宋·黄庭坚《戏呈孔毅父》

管城子无肉食相，孔方兄有绝交书。文章功用不经世，何异丝窠缀露珠。校书著作频诏除，犹能上车问何如。忽忆僧床同野饭，梦随秋雁到东湖。

【鉴赏】这句诗连用四个典故。唐代韩愈作寓言《毛颖传》，称笔为管城子，后以"管城子"为笔的别称，此处用以比喻以笔墨为生的文人。肉食相，即封侯之相。孔方兄是对钱的戏称。诗句写的是作者的自嘲之句：我靠笔杆子谋生，却没有封侯为高官的希望，连钱都和我绝交了，一贫如洗。黄庭坚一生仕途坎坷，这首是他写给好友孔毅父的诗，抒写了不得志的苦闷之情，却采用幽默自嘲的笔调开篇。题目中的"戏"字，正表现了他对自己不受重用，无所事事的政治生活的自嘲自解。无可奈何之中，又透出一份洒脱。本句的最大特点就是对典故的巧妙串用，将不同的故事组合起来，形成新的意象，取得出奇制胜的效果。 （汪培培）

青墩溪畔龙钟客，独立东风看牡丹。

【出处】宋·陈与义《牡丹》

一自胡尘入汉关，十年伊洛路漫漫。青墩溪畔龙钟客，独立东风看牡丹。

【鉴赏】这首诗作于绍兴六年（公元1136年），是诗人背井离乡，寄居江南的第十个年头。洛阳是诗人的故乡，所产牡丹最为著名。青墩是镇名，在今浙江桐乡北。这两句诗的意思是：我寄居他乡已经十年了，现如今已经是老态龙钟，体弱多病。我看到

青墩镇溪水边的牡丹花开了,就不禁想起了家乡洛阳的牡丹。内心虽然感慨颇多,却也只能这样孤独地站在春风中。表面上是在观赏盛开的牡丹花,实际上心却早已飞回洛阳,回味着在家乡生活、赏花的情景。"青墩溪畔龙钟客",以"龙钟客"结尾,打破了全诗以两个字收尾的节奏,丰富了全诗的节奏,突显了诗人老态龙钟的形象。　　　　　　　　　（汪培培）

出师一表真名世,千载谁堪伯仲间?

【出处】宋·陆游《书愤》

早岁那知世事艰,中原北望气如山。楼船夜雪瓜洲渡,铁马秋风大散关。塞上长城空自许,镜中衰鬓已先斑。出师一表真名世,千载谁堪伯仲间?

【鉴赏】诸葛丞相真可谓是一代先贤,他的《出师表》足以让人世代相传。诸葛亮为了国家鞠躬尽瘁、死而后已,千百年来又有谁能够和他相提并论呢?诗人报效祖国,为国效力的心和诸葛亮是一致的,他通过追慕先贤表明了自己至死不变的爱国热忱。虽然已经年过六旬,但是渴望效仿先贤,为国捐躯的抱负却从来没有改变过。同时诗人也是在通过引用典故来讽刺那些朝廷内外主张投降的人为懦夫。不管是因为自己年老体衰的身体原因,还是因为当时的社会大环境所限,诗人渴求慰藉的心灵都无法在现实生活中找到安慰,诗中透露着诗人对朝廷上下的愤慨与失望,更有无奈之情充盈其间。　　　　　　　　　（汪培培）

何方可化身千亿,一树梅前一放翁。

【出处】宋·陆游《梅花绝句六首》其三

闻道梅花坼晓风,雪堆遍满四山中。何方可化身千亿,一树梅前一放翁。

【鉴赏】这首诗写于诗人78岁高龄,闲居山阴(今浙江绍兴)时,诗人是在借梅花来抒发自己的感情。诗人陆游号放翁,所以诗中的"放翁"是诗人自指。这两句诗的意思是:有什么办法能变出成千上万个我呢?那样的话,我一定让每一株梅花前面都站着一个陆游去欣赏。此时诗人已经年近八旬,面对满目的梅花花海,想去逐一欣赏却不能,便想到了"化身千亿"的办法,可见诗人对冰清玉洁的梅花的痴迷程度。另外,诗人经常用梅花自比,甘愿"化身千亿"长在梅前,表达了自己愿意像梅花一样笑傲寒风,不惧艰辛,顽强不屈,高洁脱俗的志向。　　　　　　　　　（汪培培）

笑歌声里轻雷动,一夜连枷响到明。

【出处】宋·范成大《四时田园杂兴六十首》其四十四

新筑场泥镜面平,家家打稻趁霜晴。笑歌声里轻雷动,一夜连枷响到明。

【鉴赏】这是一首田园诗,描写的是秋收后农民打谷子的场景。"连枷"是农民用来给稻子脱皮的农具,打在稻穗上会发出啪啪的声响。这两句诗的意思是:农民看着满院收获的稻谷,开心不已,笑声不断,禁不住唱起歌来,他们不停地挥舞着连枷,接连不断地发出啪啪的响声。那笑声、歌声伴随着打稻声,好像轻雷一样在场院内鸣响,农民就这样劳动了一夜,一直到天亮。从"笑歌声"中我们不难看出丰收给农民带来的喜悦,以至于让他们"一夜连枷响到明",也许是太过高兴以至于忘记了时间,不知不觉就劳作了一夜。但是这一夜终究还是非常辛苦的,诗人在赞美农民勤劳美德的同时也对他们的辛苦生活表达了同情之心。 (汪培培)

不论天有眼,但管地无皮。

【出处】宋·洪咨夔《狐鼠》

狐鼠擅一窟,虎蛇行九逵。不论天有眼,但管地无皮。吏鹜肥如瓠,民鱼烂欲糜。交征谁敢问,空想素丝诗。

【鉴赏】城狐社鼠,仗势作恶;虎蛇当道,残害百姓。这些掌权的贪官污吏才不管上天是否真的有眼,他们一心只管卷刮地皮,中饱私囊。"天有眼"是拟人化的用法,俗语常在恶人得势或是恶有恶报时反用或正用其意。东汉蔡文姬有"为天有眼兮,何不见我独漂流"句;"地无皮"在俗语中亦有类似用法,以"刮地皮"的用法形容贪官,唐代卢仝有诗"扬州恶百姓,疑我卷地皮"。从此看,"天有眼""地无皮"或出于俗语,或出于前人之诗,此处诗人以"不论"与"但管"连接,毫无生涩拼凑之感,刻画出官吏们只顾当下自身利益,既不理会黎民百姓死活,也不顾自己未来境遇的心理、行为和贪得无厌的嘴脸,语带讥讽。 (王新宇)

莫道不销魂,帘卷西风,人比黄花瘦。

【出处】宋·李清照《醉花阴》

薄雾浓云愁永昼,瑞脑消金兽。佳节又重阳,玉枕纱厨,半夜凉初透。

东篱把酒黄昏后,有暗香盈袖。莫道不销魂,帘卷西风,人比黄花瘦。

【鉴赏】云雾浓浓淡淡,又到了重阳佳节,夜里泛着阵阵寒意。傍晚在菊圃之旁饮酒赏菊,缕缕香气飘散,染得满袖的花香,可只有自己一人独赏,不免黯然神伤。秋风瑟瑟,吹卷了帘子,人比菊花还要消瘦。"莫道不销魂"直抒胸臆,点出自己的销魂落魄;"帘卷西风"更是直接为后句做了环境气氛上的渲染。西风晚来急,阵阵寒意袭来;菊花开得烂漫,然则菊之瓣纤长,菊之枝瘦细,而人憔悴不堪,"瘦"胜菊花,不失美感。三句共同创设了深秋寂寥怀人之情境,以黄花比瘦,雅畅非常。 （王新宇）

昨夜松边醉倒,问松"我醉何如"? 只疑松动要来扶,以手推松曰"去"!

【出处】宋·辛弃疾《西江月·遣兴》

醉里且贪欢笑,要愁那得工夫。近来始觉古人书,信着全无是处。

昨夜松边醉倒,问松"我醉何如"? 只疑松动要来扶,以手推松曰"去"!

【鉴赏】昨夜在一棵松树边醉倒,问松树:"我醉得怎么样?"看见树影摇晃只以为是松树要来扶,用手推松树说:"走开!"就其形式而言,词人在一阕之内构筑起一个极富戏剧性的场面,情节连贯生动,有起有落,仿佛不是在写词,而是在写剧本或者小说。这样的手法颠覆了以往人们对词的理解,延展了词的叙事功能,极具创新性。而就其内容而言,词人写自己与松树对话,既是对酩酊醉态的侧面描绘,同时也反映了词人此时此刻真挚淳朴、心怀坦荡的心理状态。 （高思琪）

谁写江南一段秋,妆点钱塘苏小楼。

【出处】元·邵亨贞《凭阑人·题曹云西翁赠妓小画》

谁写江南一段秋,妆点钱塘苏小楼。楼中多少愁,楚山无断头。

【鉴赏】这江南的一段秋景是由谁描画出来的呢,这美丽的景色装点了钱塘苏小小的绣楼。作者实则是在欣赏画作,想来画中是对江南秋景的描绘,在景色之中还画有精致的小楼。加之该画的受赠者是一位妓女,因此作者在赞颂画作的意境之外展开联想,想那画中的小楼便是苏小小的绣楼。楼中的钱塘名妓苏小小看着窗外的秋景,回想自己飘零的身世,想来该有多少愁苦。作者由阅画展开联想,结合苏小小的故事,吟咏古人的同时对画作进行了赞美,用笔巧妙。 （李 臻）

咏　　物

相①鼠有皮，人而无仪②。人而无仪，不死何为？

【注释】①相：视也，即看。②仪：礼仪，威仪。

【出处】先秦·《诗经·相鼠》

相鼠有皮，人而无仪。人而无仪，不死何为？

相鼠有齿，人而无止。人而无止，不死何俟？

相鼠有体，人而无礼。人而无礼，胡不遄死？

【鉴赏】此句以鼠起兴，讽刺那些无理无道、行为不端的人。以鼠之有皮比人之有仪，如若人无仪则若鼠之无皮，失去了安身立命的皮囊，自然无法存活于世，此比喻可谓辛辣。"不死何为"一句以反问的手法表达出一种激越的情感，即人若无礼则何以自立于天地之间，固不如速死！此句特别之处在于：在"温柔敦厚"为旨的经典中表达出一种对污秽无仪之人的毫不掩饰的愤怒与憎恶，痛呵之词，几欲眦目。在此强烈的情感之下，我们可以看到一颗疾恶如仇的赤子之心，全句自有一股浩然之气。

(李瑞珩)

冰霜正惨凄，终岁常端正。岂不罹凝寒，松柏有本性。

【出处】魏·刘桢《赠从弟三首》其二

亭亭山上松，瑟瑟谷中风。风声一何盛，松枝一何劲。冰霜正惨凄，终岁常端正。岂不罹凝寒，松柏有本性。

【鉴赏】正当严冬的冰霜带来一片悲惨凄凉景象之时，松柏的树干依然是那么挺拔端正，丝毫未被风霜摧残。难道他们就不怕遭受刺骨的严寒吗？是因为松柏的本性如此啊，不畏风霜严寒屹立不屈。该诗首句描绘了不畏严寒的松柏，第二句则探究原因，将其归结于松柏高洁的本性。这两句是以冰霜喻严冬恶劣的环境，反衬出松柏屹立不倒笔直端正的特点，点明其本性。诗人在赞颂松柏的同时以松柏的本性比喻人的品格，借

咏物以言志,希望自身以及"从弟"也能够像松柏那样不惧外部环境的恶劣,守正不阿,保持正直高洁的人格。 （陈俊艳）

兹晨自为美,当避艳阳天。艳阳桃李节,皎洁不成妍。

【出处】南北朝·鲍照《学刘公干体》

胡风吹朔雪,千里度龙山。集君瑶台上,飞舞两楹前。兹晨自为美,当避艳阳天。艳阳桃李节,皎洁不成妍。

【鉴赏】在清晨,白雪自是美丽动人,但它应该避开艳阳天。因为艳阳天是桃李争艳的时节,这时候皎洁的白雪便被夺去了颜色,不再鲜艳明丽了。这句诗赞颂了雪的高洁无瑕,立意新奇,将明媚的"艳阳天"与皎洁的白雪作了对比,认为两者不可共存,如同高洁之士只能在一定环境中表现其美;同时比较鲜艳的桃李与洁白的雪,从而进一步说明了雪的高尚纯洁,不与世俗同流合污的精神。诗人在赞颂白雪高洁的同时,也表露出对在艳阳下争艳的桃李的鄙夷。诗人托物寓意,借白雪表达了对高洁人格的赞美。 （陈俊艳）

露重飞难进,风多响易沉。[①]

【注释】①该诗作于仪凤三年(公元 678 年)秋,诗人时任侍御史,因上书讽刺武则天专权而获罪入狱。

【出处】唐·骆宾王《在狱咏蝉》

西陆蝉声唱,南冠客思侵。那堪玄鬓影,来对白头吟。露重飞难进,风多响易沉。无人信高洁,谁为表予心。

【鉴赏】 诗人在狱中听闻蝉鸣，不禁自叹自伤。秋季是蝉的末路，牢狱是自己的悲歌。浓重的秋露沾湿了轻薄的翅翼，使得蝉难以自由自在地飞舞，这正是多年以来，势单力薄的自己只能在险恶的宦海中屈居下僚的真实写照。瑟瑟秋风无际，原本舒朗高亢的声声鸣叫只能无奈地消退，如同自己想要为国尽忠却遭受无情打压，空怀一腔热血。这种比兴手法的妙处在于患难之中以物见我，以物拟我，由物及我，由我观物，使得蝉的命运与诗人的自我遭遇合为一体，最终达到物我浑融的境界。诗句情感充沛，真切动人。

（吴纯燕）

不知细叶谁裁出，二月春风似剪刀。

【出处】 唐·贺知章《咏柳》

碧玉妆成一树高，万条垂下绿丝绦。不知细叶谁裁出，二月春风似剪刀。

【鉴赏】 诗句对初春杨柳的形态作出了细致而新颖的描摹：诗人不言春风催生杨柳新叶，而是巧妙地将早春二月的习习春风比作剪刀，仿佛是春风偏爱，有意为柳树裁剪出了不同于其他树木的纤细的绿叶。诗句比拟皆是自出心裁、别具一格，令人眼前一亮。加上两句一问一答，轻巧明快，自然圆转，与初春的盎然生机相映成趣，更是字字都透露出诗人对纤纤垂柳和明丽春日的无限喜爱之情。

（吴纯燕）

草木有本心，何求美人折？①

【注释】 ①此诗作于开元二十五年（公元737年），时奸臣李林甫当政，张九龄由右丞相贬为荆州长史。

【出处】 唐·张九龄《感遇十二首》其一

兰叶春葳蕤，桂华秋皎洁。欣欣此生意，自尔为佳节。谁知林栖者，闻风坐相悦。草木有本心，何求美人折？

【鉴赏】 "香草美人"的诗歌传统自古有之，美人佩戴芳草以彰显其品德。而在这句诗中，诗人却独为草木立言。春兰秋桂，欣欣向荣，它们都有自己为之骄傲的馥郁的芳香。这世间的一草一木，都怀有一颗高洁之心，何必盼望着美人的攀折玩赏呢？诗人以芳香的草木自比，无论在什么样的环境之下，都会坚守美好的品德毫不动摇。而这一切完全是出于自己的本心，并不是为了要求得他人的赏识。字里行间流露出诗人内心深

处的独立与傲岸:既时刻保持自己内心的高洁,又丝毫不趋附权贵,令人赞叹敬佩。后人常以此句自明心志。 （吴纯燕）

岂伊①地气暖？自有岁寒心②。

【注释】 ①伊:语气助词。②岁寒心:出自《论语·子罕》"岁寒然后知松柏之后凋也",意为橘树耐寒的特性。

【出处】 唐·张九龄《感遇十二首》其七

江南有丹橘,经冬犹绿林。岂伊地气暖？自有岁寒心。可以荐嘉客,奈何阻重深！运命唯所遇,循环不可寻。徒言树桃李,此木岂无阴?

【鉴赏】 生长在江南的橘树,经历了隆冬的风雪,依然是青翠挺拔。这并不是因为南方气候温暖,而是橘树本身就有一颗不畏霜雪的岁寒之心。耐寒是橘树的特性,诗人却别出心裁地将它人格化,赋予了它傲霜斗雪的坚定之心。同时也是以橘树自比,表现了自己虽然在官场上遭遇了打击,但依然坚守本心,无畏无惧。从这两句诗的一问一答之中,可以窥得诗人性格中由内而外的坚定与正直,尤其答句语气铿然,掷地有声。

（吴纯燕）

忽如一夜春风来,千树万树梨花开。

【出处】 唐·岑参《白雪歌送武判官归京》

北风卷地白草折,胡天八月即飞雪。忽如一夜春风来,千树万树梨花开。散入珠帘湿罗幕,狐裘不暖锦衾薄。将军角弓不得控,都护铁衣冷难着。瀚海阑干百丈冰,愁云黲淡万里凝。中军置酒饮归客,胡琴琵琶与羌笛。纷纷暮雪下辕门,风掣红旗冻不翻。轮台东门送君去,去时雪满天山路。山回路转不见君,雪上空留马行处。

【鉴赏】 北风一吹,大雪纷飞,漫天皆白,遍地银装,所有树枝上都挂满了雪花,就仿佛是一夜春风至,千树万树的梨花都开了一般。这满树压枝的雪花正如绽放的梨花一般,让人仿佛置身温暖的江南,顿觉春意盎然。诗人巧妙地将南方春景比作北国冬景,以花喻雪,既将边境的壮丽景色描绘出,又表现出诗人不以为苦,反将塞外的雪景写得如此美好,展示出诗人开阔的胸襟。后人常用此句形容雪花之美。

（曹　明）

随风潜入夜，润物细无声。

【出处】唐·杜甫《春夜喜雨》

好雨知时节，当春乃发生。随风潜入夜，润物细无声。野径云俱黑，江船火独明。晓看红湿处，花重锦官城。

【鉴赏】小雨绵绵，无声无息，随着风在夜间洒落，春雨滋润世间万物，却细小无声。诗歌用拟人化手法，赋予春雨以人的情感。春雨贵如油，人们对春雨是无限喜爱的，而诗歌却以"潜入夜""细无声"二词，表明春雨有意润物，却无意邀功讨好，只是默默地随风而来，悄无声息地滋润万物。诗歌从听觉层面写，因为雨滴细小，而又总在夜晚来临，无声无息地滋润世间万物。当时杜甫居住在成都草堂，生活安定闲适。诗歌表现了诗人见春夜细雨润物的欢快心情。后世常用此句形容春雨喜人。

（曹　明）

此曲只应天上有，人间能得几回闻。

【出处】唐·杜甫《赠花卿》

锦城丝管日纷纷，半入江风半入云。此曲只应天上有，人间能得几回闻。

【鉴赏】这支曲子听来如此美妙动人，应该是天上的仙乐吧，在人间又能听到几次呢？诗歌联想自然，因曲声太过美妙，才设想这大概是天上的音乐吧，也只有天上的仙乐，才能够如此完美动听。天上的仙乐，人间自然难得一闻，可见此乐之妙。"只应""能得"等语，用恰当的夸张，将锦城的管弦音乐提到一个出神入化的境界，诗人热情地赞美乐曲，将乐曲的美妙赞美到了极致。后人多用此句表达对歌曲的赞美之情。　（曹　明）

野火烧不尽，春风吹又生。

【出处】唐·白居易《赋得古原草送别》

离离原上草，一岁一枯荣。野火烧不尽，春风吹又生。远芳侵古道，晴翠接荒城。又送王孙去，萋萋满别情。

【鉴赏】熊熊烈火烧不尽茂盛的野草，只要来年春风吹拂，小草便又能再次生根发芽，获得新生。这两句因上句"一岁一枯荣"生发开来。"野火烧不尽"写枯，"春风吹又生"写荣。诗人将小草放在烈火的摧残中进行描写，在毁灭与重生的强烈对比下，突出了野草顽强的生命力。这里的

28

"野火"与"野草"都有其独特的象征意义。"野火"象征着世间的挫折与失败,"野草"则象征着宇宙间一切的生命。"野草"毁于"野火",却也因"野火"而再次得到重生,因此,后世多以此语勉励自我及他人。即失败和挫折在带给人们失望的同时,也给了人们重新开始的机会。人生应当保持乐观豁达之心,敢于直面失败,勇往直前。

（经　惠）

采得百花成蜜后,为谁辛苦为谁甜?

【出处】唐·罗隐《蜂》

不论平地与山尖,无限风光尽被占。采得百花成蜜后,为谁辛苦为谁甜?

【鉴赏】蜜蜂一生辛劳,采尽百花,酿得蜂蜜,然而碌碌一生又是为谁辛苦,成全谁的幸福?百花已成蜜,然而果实却不属于自己,两个深刻的发问是诗人在为蜜蜂鸣不平。诗人运用托物寓意的手法,借蜜蜂一生辛勤采粉酿蜜却只得为别人奉献来隐喻封建社会中农民一生为地主阶级耕种劳作,"四海无闲田",最终却落得个"农夫犹饿死"的下场。既表达了对劳动者辛勤劳动的颂扬及劳而无获、身不由己的同情,又隐喻了诗人对不劳而获的地主阶级的痛恨和不满,诗句深刻地反省了不公平的社会现象,具有极强的感染力。

（翟晋华）

跑沙跑雪独嘶,东望西望路迷。

【出处】唐·韦应物《调笑令》

胡马,胡马,远放燕支山下。跑沙跑雪独嘶,东望西望路迷。迷路,迷路,边草无穷日暮。

【鉴赏】胡马一会儿刨着沙,一会儿刨着雪,昂着头独自嘶叫。它东张西望,找不着出路在哪儿。这两句是承上启下之语。"跑沙"句上承"远

29

放燕支山下"而来,连用两个"跑"字,可见胡马的焦急情态;在空旷边塞上的嘶叫声本就凄凉,再加上一个"独"字,则更显孤单无助。"东望"句下起"迷路"句,东西张望,体现胡马急欲找到出路的心情。这两句一句从听觉着手,一句从视觉入笔,视听结合,进一步体现了胡马流落边塞的悲凉之情,传达出一种空旷寂寥的意蕴。 （经　惠）

暗想玉容何所似,一枝春雪冻梅花,满身香雾簇朝霞。

【出处】唐·韦庄《浣溪沙》

惆怅梦余山月斜,孤灯照壁背窗纱。小楼高阁谢娘家。　　暗想玉容何所似,一枝春雪冻梅花,满身香雾簇朝霞。

【鉴赏】我暗自猜想她的容貌应当像什么呢? 她就像一枝被春雪素裹的梅花,周身香雾缭绕,凝聚着朝霞般的美丽光华。这是词人深夜望小楼高阁的美女而生发的想象之语,以物拟人,描绘了一个超凡脱俗的美女形象。梅花是早春开放,此言"春雪",正是梅花在冬末春初将放未放之时,有一种含苞待放之美,最是高雅脱俗。因是拂晓之时,故而晨雾弥漫。朝霞初升,坐于窗前的女子仿佛与这一自然的美景融为一体,呈现出一种雾里看花似的朦胧美态,真是韵味无穷,引人无限遐想。 （经　惠）

还似花间见,双双对对飞。

【出处】唐·张泌《胡蝶儿》

胡蝶儿,晚春时。阿娇初着淡黄衣,倚窗学画伊。　　还似花间见,双双对对飞。无端和泪拭燕脂,惹教双翅垂。

【鉴赏】少女画的蝴蝶就像在花间见过的一样逼真,它们都是成双成对地飞舞着。此承上文少女"学画"而来,说明少女所画蝴蝶栩栩如生,犹如真的一般。"双双对对",使用同义叠词,反复申说,强调了所画蝴蝶的特点。成双成对的蝴蝶,是男女爱情的象征,词中少女偏爱画双飞的蝴蝶,间接反映了她难以言说的衷心。这便为下文写少女触景生情、"无端和泪拭燕脂"的怀春之情作了铺垫。 （经　惠）

青女素娥俱耐冷,月中霜里斗婵娟。

【出处】唐·李商隐《霜月》

初闻征雁已无蝉,百尺楼高水接天。青女素娥俱耐冷,月中霜里斗

30

婵娟。

【鉴赏】青女,主霜雪的女神。素娥,月中嫦娥。婵娟,美好的容颜。青女和嫦娥都耐得住寒冷,在秋夜的月中、霜里斗妍比美。诗人从霜、月相映生辉的场景,联想到是青女、嫦娥在斗美,不仅写出了秋夜的静美,更写出了诗人的赞赏喜爱之情。　　　　　　　　　　　　　　　（章丹莹）

东园载酒西园醉,摘尽枇杷一树金。

【出处】宋·戴敏《初夏游张园》

乳鸭池塘水浅深,熟梅天气半晴阴。东园载酒西园醉,摘尽枇杷一树金。

【鉴赏】初夏载酒游园,游罢东园游西园;熟透的枇杷像金子般挂在枝头,诗人将它们全部摘下来佐酒。全诗洋溢着自在随意的气息,形象生动,语言通俗明畅。　　　　　　　　　　　　　　　（章丹莹）

寻常一样窗前月,才有梅花便不同。

【出处】宋·杜耒《寒夜》

寒夜客来茶当酒,竹炉汤沸火初红。寻常一样窗前月,才有梅花便不同。

【鉴赏】窗前的明月还与往常一样,但窗外添了几枝梅花,月色便大不相同了。"梅花"在此处既是实指,又喻指到访的朋友。梅花的绽放使寒夜的月色有了生气,朋友的到访使主人感到兴奋,于是见到月映梅花便有了愉悦之感。窗外月光与梅花,屋内炉火与热茶,主人与客人窗前夜话,好一幅朴素雅致又极富情趣的生活图画。　　　　（章丹莹）

梅须逊雪三分白,雪却输梅一段香。

【出处】宋·卢梅坡《雪梅二首》其一

梅雪争春未肯降,骚人搁笔费评章。梅须逊雪三分白,雪却输梅一段香。

【鉴赏】诗人从视觉看,雪比梅白三分;从嗅觉看,梅却比雪多了一缕幽香。一色一香,一长一短,观察入微,评判独到。古往今来,文人骚客们大都把"雪""梅"放到一处写,而卢梅坡却让"雪""梅"发生了冲突,巧妙道出"雪""梅"各执一端的依据,新颖别致。而我们也可以从这首诗中读出言外之意——时间万物各有千秋,都有所长、有所短。全诗语句凝练,既有情思,又有理趣。

(章丹莹)

有梅无雪不精神,有雪无梅俗了人。

【出处】宋·卢梅坡《雪梅二首》其二

有梅无雪不精神,有雪无梅俗了人。日暮诗成天又雪,与梅并作十分春。

【鉴赏】只有梅花独放而无飞雪衬托,就无法体现梅花不畏凌寒的精神;只有雪花飞舞而无梅花飘香,就只会让人觉得凡俗庸常。诗人在这首诗中强调了雪梅并存方是最美春景,体现了诗人赏雪赏梅的痴迷姿态及其高雅、闲适的心境。

(章丹莹)

解把飞花蒙日月,不知天地有清霜。

【出处】宋·曾巩《咏柳》

乱条犹未变初黄,倚得东风势便狂。解把飞花蒙日月,不知天地有清霜。

【鉴赏】此句反常用之意而用之,将世人常咏之柳比作倚仗东风便势狂的小人。当它们飞天蔽日之时,浑不知天地之间,会有清霜下降,届时,柳絮将再无飘飞的机缘,小人也将无所遁形。字里行间透露出一种堂堂正气。

(黄 鸣)

疏影横斜水清浅,暗香浮动月黄昏。

【出处】宋·林逋《山园小梅》

众芳摇落独暄妍,占尽风情向小园。疏影横斜水清浅,暗香浮动月黄昏。霜禽欲下先偷眼,粉蝶如知合断魂。幸有微吟可相狎,不须檀板共金樽。

【鉴赏】梅树稀疏的影子横斜在清浅的水中,梅花清幽淡雅的香气在黄昏的月光下静静浮动。前一句没有正面写梅,而是写梅在水中的倒影,"疏影"二字点出了梅的神清骨秀;后一句正面写梅,"暗香"二字可谓妙极。诗人采用通感的手法,以视觉写嗅觉,巧妙地点出了梅花香气的清幽,而"浮动"二字为动态描写,让人感觉梅花的香气就像云雾一样在缓缓流动,仿佛梅花的香气就在身边缭绕着,无法见之却可状之。两句诗轻描

淡写,却把梅描写得如此形神活现,不难看出诗人对于梅的喜爱,用心状写心爱之物,将梅之魂灵篆刻于心。 （翟晋华）

始知锁向金笼听,不及林间自在啼。

【出处】宋·欧阳修《画眉鸟》

百啭千声随意移,山花红紫树高低。始知锁向金笼听,不及林间自在啼。

【鉴赏】此诗作于宋仁宗庆历七年(公元 1047 年),当时欧阳修被贬知滁州。诗人借咏画眉来抒发自己的心志:笼中鸟的叫声是在哀悼自己可怜的身世,而林间鸟的歌声则是对生命和自由的歌颂。即使是金笼又能如何,自由才是最宝贵的。鸟尚且如此,更何况人呢? 诗人在官场受挫后知任滁州,领略了山水的宁静美好后豁然开朗,功名利禄就如同囚禁画眉的金笼一样,看着光鲜亮丽,实则是牵绊人自由的缧绁。"锁向金笼听"与"林间自在啼"形成了鲜明的对比,表现了诗人明确的价值判断与选择,即挣脱世俗名利的羁绊,归隐山林,享受自由生活的愿望。 （翟晋华）

才伴游蜂来小院,又随飞絮过东墙,长是为花忙。

【出处】宋·欧阳修《望江南》

江南蝶,斜日一双双。身似何郎全傅粉,心如韩寿爱偷香,天赋与轻狂。 微雨后,薄翅腻烟光。才伴游蜂来小院,又随飞絮过东墙,长是为花忙。

【鉴赏】这是一首咏物词。江南的蝴蝶,在夕阳金色的光辉中成双成对,翩翩起舞。长得像何晏那样美,好像经过精心的涂粉修饰;它们的心又像韩寿私恋女子一般,喜欢在花丛中流连,吸吮花蜜。这里从外形和生性两方面描写了蝴蝶的特性,天生貌美但生性轻浮放浪。下过小雨后,蝴蝶沾水发腻的粉翅在

33

夕阳的照耀下,发出微光。它才刚陪伴着蜜蜂飞进小院,又赶快追随柳絮越过东墙,一天到晚都是在为鲜花奔忙。在这里词人将"游蜂""飞絮"比作蝴蝶的轻狂伴侣,三者相伴一天到晚寻花问柳。这种拟人化的手法将蝴蝶人格化了,将其塑造成为喜欢寻花卧柳、寻欢作乐的轻狂男子的化身。

(汪培培)

平生几两屐,身后五车书。

【出处】宋·黄庭坚《和答钱穆父咏猩猩毛笔》

爱酒醉魂在,能言机事疏。平生几两屐,身后五车书。物色看王会,勋劳在石渠。拔毛能济世,端为谢杨朱。

【鉴赏】这是一首咏物诗,咏赞的是一支毛笔。作者化用阮孚爱屐的典故,说明一生是多么的短暂。阮孚自己制作鞋子,曾叹息道:"未知一生能着几两屐?"人生短暂,再爱鞋的人又能穿得了几双鞋呢?"身后"即指死后,可以理解为猩猩死后把它的毛做成毛笔,虽然它的生命短暂,但它的毛发却可以用来写作书籍。还可以理解为一支毛笔可使用的次数是有限的,在它被用坏以后,它还留下了很多的书籍。同时,这两句诗可以引申为诗人对人生的感叹,人生苦短,但是著书立说,即使死后也能留下自己的思想。这两句诗既有《世说新语》中人物的洒脱,也有爱书之人的喟叹。

(汪培培)

纵被春风吹作雪,绝胜南陌碾成尘。

【出处】宋·王安石《北陂杏花》

一陂春水绕花身,花影妖饶各占春。纵被春风吹作雪,绝胜南陌碾成尘。

【鉴赏】此诗作于王安石晚年时期贬居江宁(今江苏南京)之后。北陂杏花纵然被东风吹落,像雪花一样漫天飞舞,也绝对胜过那些凋零在南陌被碾作尘泥的杏花。诗中北陂杏花与南陌杏花的两种状态形成了鲜明的对比:北陂杏花虽然被东风吹落,但是它洁白、飘逸、无拘无束。这也是诗人生活状态的写照,诗人罢相归隐后过着自由自在的隐逸生活,他如同北陂杏花一样高洁傲岸,坚守着自己的人生准则;相对于北陂这样的隐逸之所来说,南陌则相当于名利场。南陌杏花在这里任人攀折、亵玩,最后凋零化作尘泥,它是肮脏的,受制于世俗缧绁,永远无法活出真正的自我。

诗人在此托物言志,含蓄曲折,借北陂与南陌的杏花的对比,表明自己的操守与立场,表现了对那些在名利场上明争暗斗、党同伐异势力的厌恶与鄙视。

(翟晋华)

遥知不是雪,为有暗香来。

【出处】 宋·王安石《梅花》

墙角数枝梅,凌寒独自开。遥知不是雪,为有暗香来。

【鉴赏】 诗人作此诗时已年过半百,其变法的新主张被推翻。远远望去就知道那洁白的梅花不是白雪,因为有淡淡的香气迎面而来。诗人把"不是雪"这个"果"置于"暗香"这个"因"之前,强调了梅花的"暗香";其中"暗香"运用通感的手法,寓视觉于嗅觉,巧妙地写出了梅花香味之淡;把梅花与雪相比,最后通过"暗香"强调"梅胜于雪":梅花有着雪的冰清玉洁,但更比雪多了一缕香一个魂,这便是梅花独特的魅力。诗人托物言志,借咏梅花来抒发自己虽身处复杂严峻的环境,但绝不会屈服于恶势力,而是会像梅花那样凌寒独放,保持高洁人格的人生志向。 (翟晋华)

只恐夜深花睡去,故烧高烛照红妆。

【出处】 宋·苏轼《海棠》

东风袅袅泛崇光,香雾空蒙月转廊。只恐夜深花睡去,故烧高烛照红妆。

【鉴赏】 春风吹拂,月色空蒙。只担心夜色深沉那花儿也睡了,于是点亮蜡烛为海棠花照明。"睡去"赋予海棠以人的动作,娇艳的海棠也像美人一样要隐藏于夜色中,看花人怎会舍得。"只恐"二字淋漓尽致地表现了诗人的心态,"只"字突出了爱花的痴情,"恐"字不但强调了诗人对海棠的痴情,更暗示了自己的孤寂、冷清。害怕连花儿都睡去,只留自己一人清醒难眠。因此高烧红烛来驱除黑暗,不让海棠睡去,将爱花之情推至极点。这一句还运用了唐玄宗以杨贵妃醉貌为"海棠睡未足"的典故,提高了诗歌表意的余味。

(汪培培)

惆怅东栏一株雪,人生看得几清明?

【出处】 宋·苏轼《和孔密州五绝》其三

梨花淡白柳深青,柳絮飞时花满城。惆怅东栏一株雪,人生看得几清明？

【鉴赏】东栏一株雪,即东栏梨花。清明时节,梨花正白,如雪如絮,挂满枝头。作者于此,心生惆怅之情——如许梨花,美则美矣,但繁华易尽,物盛而衰,人生又能得见几回清明之时呢？算了吧,舍了吧,且把这一切都抛开,享受眼前这美丽的春景吧！

（黄　鸣）

拣尽寒枝不肯栖,寂寞沙洲冷。

【出处】宋·苏轼《卜算子》

缺月挂疏桐,漏断人初静。时见幽人独往来,缥缈孤鸿影。　　惊起却回头,有恨无人省。拣尽寒枝不肯栖,寂寞沙洲冷。

【鉴赏】孤鸿在空中不断地徘徊,悲鸣,却找不到栖息的地方,不是没有落脚的枝丫,而是它不愿栖息在寒枝之上,倍受冷遇。只好落到江渚中无所依凭的小岛之上,独自哀鸣。此句借鸿的孤高不肯栖寒枝的意象表达了苏轼不愿随波逐流的心境。而寂寞寒凉的沙洲则象征着诗人当时贬谪黄州的孤寂处境,表达出一种无奈寂寞的伤心。一个"冷"字将诗人所处环境之凄凉无依,内心之孤独无奈表现了出来。词人借助孤鸿的形象,以性灵咏物,托物喻人,物我交融,达于化境。

（李瑞珩）

但得众生皆得饱,不辞羸病卧残阳。

【出处】宋·李纲《病牛》

耕犁千亩实千箱,力尽筋疲谁复伤？但得众生皆得饱,不辞羸病卧残阳。

【鉴赏】这是一首"托物言志"诗,借咏牛来为自己言情述志,寻求的是描写对象在精神上的相似点。这两句是在写病牛的愿望：只要普天之下的芸芸众生都能够满足温饱,哪怕自己年老体衰,虚弱多病,甚至是奄奄一息,死而后已也在所不辞。诗人运用了拟人的修辞手法,高度赞颂了牛任劳任怨、无私奉献的精神。其中"残阳"是一个双关语,用夕阳来象征病牛已经进入了晚年,加之体弱多病,所剩时日已经不多了。加以一个"卧"字更是形象地写出了病牛的可悲可怜之态。在此情此景的映衬之下,病牛的形象就显得更加高大,其志向也显得更加崇高了。这病牛其实正是诗人的化身,不管自己境遇如何,都不忘抗金报国之心。

（汪培培）

当年不肯嫁春风，无端却被秋风误。

【出处】宋·贺铸《踏莎行》

杨柳回塘，鸳鸯别浦，绿萍涨断莲舟路。断无蜂蝶慕幽香，红衣脱尽芳心苦。 返照迎潮，行云带雨，依依似与骚人语。当年不肯嫁春风，无端却被秋风误。

【鉴赏】当年不肯在春天开放，而如今却无端地在秋风中受尽凄凉。此句写荷花，实则以荷花自况。"当年不肯嫁春风"，荷花花期在夏季本不在春季，词人将春风吹开花朵，比作百花嫁于春风。荷花不开，自有一种不愿与百花争艳取怜之意，写出荷花孤芳自赏的高洁品格，词人亦以此自喻。"无端却被秋风误"，当年不嫁，如今秋风萧瑟，花残叶落，芳心独苦，颇有迟暮之感，也是词人对自己仕途不顺，悒悒不得志的自嘲，表现出词人如荷花一般出淤泥而不染的高洁志向。　　（李瑞珩）

叶上初阳干宿雨、水面清圆，一一风荷举。

【出处】宋·周邦彦《苏幕遮》

燎沉香，消溽暑。鸟雀呼晴，侵晓窥檐语。叶上初阳干宿雨、水面清圆，一一风荷举。 故乡遥，何日去。家住吴门，久作长安旅。五月渔郎相忆否。小楫轻舟，梦入芙蓉浦。

【鉴赏】清晨的第一缕阳光将昨夜月亮留在荷叶上的泪水晒干了。清澈的水面上，荷花色彩清新，造型圆润。正迎着晨风，一一挺直了它们的茎秆，亭亭玉立。此句写荷花，视角由近及远。先特写荷叶上的露水被朝阳蒸干，再将镜头移开，写水面上荷花的色彩、形态，再将镜头拉远，写满池荷叶，万顷荷花。由近到远，由一到多，从细致白描一株荷花之清丽到描摹整池荷花风中摇曳的神韵，语境也随之开阔，营造出一种从容淡雅，自然清丽之美。　　（李瑞珩）

柳阴直,烟里丝丝弄碧。

【出处】宋·周邦彦《兰陵王》

　　柳阴直,烟里丝丝弄碧。隋堤上、曾见几番,拂水飘绵送行色。登临望故国,谁识,京华倦客?长亭路,年去岁来,应折柔条过千尺。　　闲寻旧踪迹,又酒趁哀弦,灯照离席。梨花榆火催寒食。愁一箭风快,半篙波暖,回头迢递便数驿,望人在天北。　　凄恻,恨堆积!渐别浦萦回,津堠岑寂,斜阳冉冉春无极。念月榭携手,露桥闻笛。沉思前事,似梦里,泪暗滴。

【鉴赏】正午的柳荫直直地落下,雾霭之中,丝丝柳枝随风摆动。"柳阴直,烟里丝丝弄碧。"这个"直"字不妨从两方面体会。时当正午,日悬中天,柳树的阴影不偏不倚直铺在地上,此其一。长堤之上,柳树成行,柳荫沿长堤伸展开来,划出一道直线,此其二。"柳阴直"三字有一种类似绘画中透视的效果。"烟里丝丝弄碧"转而写柳丝。新生的柳枝细长柔嫩,像丝一样。它们仿佛也知道自己碧色可人,就故意飘拂着以显示自己的美。柳丝的碧色透过春天的烟霭看去,更有一种朦胧的美。古人常折柳送别,"柳"别音"留",表惜别之意,于是"柳"就有了离别之意。此句开篇写柳,为送别名句。　　　　　　　　　　　　　　　　　(李瑞珩)

睡觉不知雪,但惊窗户明。

【出处】宋·尤袤《雪》

　　睡觉不知雪,但惊窗户明。飞花厚一尺,和月照三更。草木浅深白,邱塍高下平。饥民莫咨怨,第一念边兵。

【鉴赏】此诗描写冬夜雪初晴之景。诗人睡着的时候并不知道窗外开始下雪,待到夜半醒来,门窗之外忽然明亮了许多,诗人不禁吃惊了一下,看了外面才知道原来之前天降大雪。此时虽然雪已经停了,但地上的积雪已有一尺来厚,和着明朗的月色映照夜空。上句以"不知"从听觉来表现雪落之轻柔无声,雪降之繁密迅疾;下句则以"明"从视觉角度描写,正是因为地面上有厚厚的积雪映月,才映得窗外明亮。又正由于雪如此之轻疾,诗人才会十分"惊"异。以"窗明"来写雪,笔调轻灵。　　(王新宇)

宁可枝头抱香死,何曾吹落北风中。

【出处】宋·郑思肖《寒菊》

花开不并百花丛,独立疏篱趣味穷。宁可枝头抱香死,何曾吹落北风中。

【鉴赏】菊花品格高洁,宁愿带着香气在枝头枯萎,几时见过凌着寒风盛放的菊花在呼啸的北风中被吹落而凋零。托物言志,诗人借用寒菊这一意象,对其品格进行描写,对其赞誉,并以此表明自己的志向。仁人志士宁肯带着清誉而走向死亡,也从不会为强权所摆布而玷污清誉。将"抱香死"与"吹落"对举,"宁可"表现出对名节品格的看重,"抱"本是人的动作,此处则是将菊拟人化,以"何曾"反问语气表示出未曾,歌颂其坚贞品格。后世多以此句表明自己宁愿一死保全名节,也不愿被强权左右的高尚气节与情操。 　　　　　　　　　　　　　　　　　　　（王新宇）

雪似梅花,梅花似雪,似和不似却奇绝。

【出处】宋·吕本中《踏莎行》

雪似梅花,梅花似雪,似和不似却奇绝。恼人风味阿谁知?请君问取南楼月。　　记得去年,探梅时节。老来旧事无人说。为谁醉倒为谁醒,至今犹恨轻离别。

【鉴赏】月色如水,疏影横斜,暗香浮动。雪与梅相映成趣,雪似梅之清绝,梅似雪之莹白。"梅须逊雪三分白,雪却输梅一段香",但此刻笼着朦胧的月光,梅洁雪白,二者浑然一体,相似之形色,不似之幽香,都是这难以名状的景致之奇美绝妙处,词人准确把握梅、雪二物的相似之处互相譬喻,梅与雪之间构成你中有我、我中有你的奇妙关系。淡月、白梅、暗香、莹雪,宛若玲珑仙境,其香可嗅,其景可视,纯美如画。词人睹雪生情,览梅兴怀,忆及旧事,感伤别离,凄清婉转。 　　　　　　　　　　（王新宇）

零落成泥碾作尘,只有香如故。

【出处】宋·陆游《卜算子·咏梅》

驿外断桥边,寂寞开无主。已是黄昏独自愁,更着风和雨。　　无意苦争春,一任群芳妒。零落成泥碾作尘,只有香如故。

【鉴赏】创作这首词时,陆游正处于政治极度失意时期,朝野上下主战呼声低迷,词人的救国抱负一度受挫,在词中透露出悲凉凄婉之意。词人在这首词中以一生钟爱的梅花自喻,寂寞孤苦。加之自然风雨的侵袭,平添几分伤感。更为群芳所妒,唯有孤芳自赏。此句写到梅花即便是生命凋落,也不忘献身尘土滋养群芳,常留花香。词人对国家的一片深情,他的执着与献身精神,他坚守傲然孑立的高贵品质,全部昭然若揭。词句包含的情感非常丰富,从尘土到幽香,富有层次感。读来梅香四溢,意蕴隽永,成了咏梅的绝唱。 (高思琪)

一春幽事^①有谁知。东风冷,香远茜裙^②归。

【注释】 ①幽事:盛景。②茜裙:绛红色的裙子。

【出处】 宋·姜夔《小重山令》

人绕湘皋月坠时。斜横花树小,浸愁漪。一春幽事有谁知。东风冷,香远茜裙归。 鸥去昔游非。遥怜花可可,梦依依。九疑云杳断魂啼。相思血,都沁绿筠枝。

【鉴赏】 春天红梅绽放,却无人寻访。直到春末花朵凋谢、香气消失。娇艳的花朵无人欣赏,写的是红梅冷清孤独的情态。东风也就是春风,春风变冷,意味着春光过去。把红梅凋谢比作美人归去,用飘逸的红色裙子比喻红梅花瓣。冷风吹起,天气变得寒冷,穿着红裙的女子匆匆回家,她身上的胭脂香气也逐渐远去。花朵枯萎是愁惨的景象,词人不写花瓣枯黄,而是写女子翩翩归去,语意婉曲,富有美感。这句描述红梅,写它还未被人欣赏,就匆匆凋零;又是在写美丽的女子寂寞无人倾诉,青春虚度之悲。 (吴 玺)

病翼惊秋,枯形阅世,消得斜阳几度。

【出处】 宋·王沂孙《齐天乐·蝉》

一襟余恨宫魂断,年年翠阴庭树。乍咽凉柯,还移暗叶,重把离愁深诉。西窗过雨。怪瑶佩流空,玉筝调柱。镜暗妆残,为谁娇鬓尚如许。

铜仙铅泪似洗,叹携盘去远,难贮零露。病翼惊秋,枯形阅世,消得斜阳几度。余音更苦。甚独抱清高,顿成凄楚。谩想薰风,柳丝千万缕。

【鉴赏】 寒蝉凄切,诗人多对此感叹身世之痛。"病翼"代指秋蝉,蝉本就属于夏季,但如今已是秋季,不禁一阵惊惶:已到生命的暮年了。这一具干枯的躯体,阅尽人世悲欢离合,还能再经几度残阳?这里,词人将个人的身世之痛寄托在寒蝉身上,蝉的形象与词人的形象合二为一了。词人亦是拖着病体,对月悲秋的独旅人。蝉即词人,词人即蝉,少年时肥马轻裘的日子已不寻去踪,如今垂垂老矣,空对满城凄楚。词人笔下的蝉不再是无情的生物,承载着深沉的悲哀,此句也成为咏蝉的千古名句。

(苏　晗)

悬流千丈忽当眼,芥蒂一洗平生胸。

【出处】金·元好问《游黄华山》

黄华水帘天下绝,我初闻之雪溪翁。丹霞翠壁高欢宫,银河下濯青芙蓉。昨朝一游亦偶尔,更觉摹写难为功。是时气节已三月,山水赤立无春容。湍声汹汹转绝壑,雪气凛凛随阴风。悬流千丈忽当眼,芥蒂一洗平生胸。雷公怒击散飞霆,日脚倒射垂长虹。骊珠百斛供一泻,海藏翻倒愁龙公。轻明圆转不相碍,变见融结谁为雄?归来心魄为动荡,晓梦月落春山空。手中仙人九节杖,每恨胜景不得穷。携壶重来岩下宿,道人已约山樱红。

【鉴赏】瀑布突然出现在眼前,胸中的怨恨与不快仿佛一下被冲洗干净。这句诗描写的是诗人看到瀑布时的情景与感受。首句以"悬流"喻瀑布,形象地写出了瀑布由高处奔流落下的特点。"忽当眼"表明了瀑布突然出现在眼前带给诗人的震撼;次句构思巧妙,以奔腾流动的水冲洗心中的芥蒂,写出了瀑布给人的直观感受,令人观之心旷神怡。这句诗意象壮阔,想象奇特,精于构思,描写壮观而意趣隽永,成为后世吟咏瀑布的佳句。

(陈俊艳)

不要人夸好颜色,只留清气满乾坤。

【出处】元·王冕《墨梅》

我家洗砚池头树,朵朵花开淡墨痕。不要人夸好颜色,只留清气满乾坤。

【鉴赏】不要人们夸赞它艳丽的色彩,只愿留下清香之气充满天地之间。这句诗赞颂了梅花的高洁品性,它并不以鲜艳的颜色吸引人们夸赞,而是只愿一缕香气充斥天地之间。诗人赞颂了梅花不重外在,超然于世外的独特品性,同时借咏梅而自喻,表达了自己不与世俗同流合污,独善其身的高尚追求,以及孤芳自赏的品格。诗人将咏梅与抒怀结合在一起,抒发了自己高尚的情趣,自然贴切,后人亦常以此句来表达自己高洁的志趣。

(陈俊艳)

忽然一夜清香发,散作乾坤万里春。

【出处】元·王冕《白梅》

冰雪林中着此身,不同桃李混芳尘。忽然一夜清香发,散作乾坤万里春。

【鉴赏】诗人以白梅自比,写梅花在夜晚骤然开放,清香扑鼻,香味散发到天地之间,造福了万里景色。这是在托物言志,诗人借赞赏梅花的孤高品格以及造福他人的高尚节操来表明自己的志向,要让自己成为对他人有用的人,并且时刻保持这种高洁的品格。

(杨泠泠)

有谁访、溪梅去。梦里疏香风似度。

【出处】元·完颜璹《青玉案》

冻云封却驼冈路。有谁访、溪梅去。梦里疏香风似度。觉来唯见,一窗凉月,瘦影无寻处。　　明朝画笔江天暮。定向渔蓑得奇句。试问帘前深几许。儿童笑道,黄昏时候,犹是帘纤雨。

【鉴赏】在这冰天雪地的时节里,有谁去拜访过溪边那孤独的梅花吗?我在梦中,隐隐闻见了风吹来的梅花的香甜气息。"溪梅"用典。宋代李龙高有《溪梅》一诗:"村北村南眩玉田,孤芳岁晚转幽妍。老天恐被缁尘染,着在残山剩水边。"其中写出了溪边梅花的孤独。作者化用此典,也意在指明"溪梅"是孤独的。此处作者虚实结合,展开联想,自问有没有人会在这风雪之时去陪伴那孤独的梅花。转而写实,写自己梦中闻见梅花的幽香,醒来后却无处寻觅。作者此处借由梅花之高洁与孤独影射自身的孤寂之境。词句意境散淡,未写愁苦,却给人以淡淡的苦涩与凄怆之感。

(李　臻)

眠,月影穿窗白玉钱。无人弄,移过枕函边。

【出处】元·周玉晨《十六字令》

眠,月影穿窗白玉钱。无人弄,移过枕函边。

【鉴赏】月夜无聊,躺在床榻之上久久没有睡去。忽然看见那月光穿窗入屋,月影形成的光柱就像是一串串白玉做成的铜钱。并无人去抚弄这月影,随着时间的推移,它竟慢慢地移到枕头边上来了。月亮自古便被称作"白玉盘",而其穿窗而过的光柱在此被作者比作是白玉形成的钱串,这样的比喻形象贴切。失眠之时观察屋内环境以打发时间,几乎是人人都会碰到的境况。作者别出心裁,将月光形成的光柱形象地描写了出来。又指出在没有人为干涉的情况下,月光向自己移动过来。这样的描写似乎写得月光也是有思想的,它想要亲近作者,显得十分可爱。短短十六字的小令,却充满了生活情趣。 （李　臻）

此时愁杀桓司马,暮雨秋风满汉南。

【出处】明·高启《秋柳》

欲挽长条已不堪,都门无复旧毵毵。此时愁杀桓司马,暮雨秋风满汉南。

【鉴赏】《世说新语》记载东晋大司马桓温见到绿柳低垂,不禁愁肠满怀,道:"树犹如此,人何以堪!"高启此时正在江陵,仍然是遍地杨柳,天地间满是暮雨秋风。这句诗借景抒情,抒发诗人对时光流逝的感慨。诗人由上句的景色而联想到桓温之事,借这一典故委婉表达自己心中对于年华易逝的惆怅。次句是借景抒情,景中含情,用"暮雨""秋风"两个萧索的意象表现环境的凄清,象征诗人怅惘的心境,并抒发其对时光飞逝的感慨。这句诗语言凄婉,用典精当,情景交融而贯通古今,成为历代咏柳诗中为人称颂的佳句。 （陈俊艳）

但愿苍生俱饱暖,不辞辛苦出山林。

【出处】明·于谦《咏煤炭》

凿开混沌得乌金,藏蓄阳和意最深。爝火燃回春浩浩,洪炉照破夜沉沉。鼎彝元赖生成力,铁石犹存死后心。但愿苍生俱饱暖,不辞辛苦出山林。

【鉴赏】只愿天下苍生都能吃饱穿暖,衣食无忧,那么我辛苦出入山林也就不算什么了。在这句诗中,诗人托物言志,抒发了自己忧国忧民的情怀。诗人从煤炭的角度写其无怨无悔,愿意牺牲自我的态度,本意是为

43

表明心志,表达自己对天下苍生的关切,同时希望能够为百姓付出辛劳,竭尽心力为民造福。这句诗语言恳切质朴,诗人托物言志表明无私的志向,真实感人,值得赞叹。后人常以此句赞颂无私奉献之人或以此明志。

(陈俊艳)

粉骨碎身全不惜,要留清白在人间。

【出处】 明·于谦《石灰吟》

千锤万凿出深山,烈火焚烧若等闲。粉骨碎身全不惜,要留清白在人间。

【鉴赏】 哪怕是将我粉身碎骨我也完全不怕,因我要留自己的清白在这人间。这句诗是托物言志,诗人通过赞颂石灰高洁的品性来表达自己正直清高的人生态度。此句通过"粉骨碎身"赞颂了石灰坚韧的品性,同时诗人借此明志,表达了自己不怕牺牲的大无畏精神。次句通过强调"清白",表达诗人清高正直,重视名节的高尚情操。这句诗虽为咏物,却借物喻人。诗人咏物言志,语气豪迈,铿锵有力,抒发了其敢于牺牲,正直清白的高尚情怀。诗句立意高远,脍炙人口,被后人用来表达高洁的志向。

(陈俊艳)

莫言此潭小,摇动匡庐山。

【出处】 明·李梦阳《开先寺》

瀑布半天上,飞响落人间。莫言此潭小,摇动匡庐山。

【鉴赏】 不要说这个潭小,它能够摇动整个庐山。这句诗描写的是瀑布飞流而下的雄浑景象以及带给诗人的震撼感受。能够摇动庐山的并不是眼前的潭,而是从半天飞流直下的瀑布。瀑布扬起巨大的波浪,发出震耳欲聋的响声,其声势足以震动庐山。这句诗运用夸张的手法写出了瀑布壮阔的气势,"摇动"一词表明了水势的浩大。这句诗语言短小,却气势浩大,气象雄壮,读之令人不觉震撼万分,成为后世吟咏瀑布的名句。

(陈俊艳)

从来万事嫌高格,莫怪梅花着地垂。

【出处】 明·徐渭《王元章倒枝梅画》

皓态孤芳压俗姿,不堪复写拂云枝。从来万事嫌高格,莫怪梅花着地垂。

【鉴赏】从来世间都是嫌弃有高尚品格的人,也难怪梅花垂在地下。这句诗表达了诗人对王冕所画倒枝梅的理解,并借此表达了自己愤慨之情。诗人写出了世间本末倒置,歧视拥有高尚品格之人的丑恶现象。"从来"隐含诗人的批判之意,同时流露出对高洁之士的同情。由于世间之人鄙夷高洁,那么画家画出倒枝梅也就不足为奇了。诗人表达了对王冕画梅用心的理解,亦借此抒发了自己愤世嫉俗之情。这句诗语言简洁有力,类似口语,却极具个性,发人深省。　　　　　　　　(陈俊艳)

他时欲与问归魂,水碧天空清夜永。

【出处】清·王夫之《玉楼春·白莲》

娟娟片月涵秋影,低照银塘光不定。绿云冉冉粉初匀,玉露泠泠香自省。　　荻花风起秋波冷,独拥檀心窥晓镜。他时欲与问归魂,水碧天空清夜永。

【鉴赏】等到以后,想要问问那凋零的白莲,你将要魂归何处呢?或许只能湮没在似乎看不到尽头的冷清寒凉的夜里了,到时只会剩下这碧绿的池水和辽阔的天空,你的任何痕迹都不会留下。此词为咏物之词。作者在白莲身上寄寓个人情感。作者经过了颠沛流离,面对混乱的时局,他有心救国,却无力回天。只能在僻静处孤芳自赏。但是即使得到了一时安宁,故国不再,最终又将魂归何处呢?此处诗句虽问莲花,实则是作者自问最终归处。词句寄寓深刻,意境清冷悲凉,情调凄绝。　　(李　臻)

东风力,留他如梦,送他如客。

【出处】清·宋征舆《忆秦娥》

杨花黄金陌,茫茫十里春云白。春云白,迷离满眼,江南江北。

来时无奈珠帘隔,去时着尽东风力。东风力,留他如梦,送他如客。

【鉴赏】东风即是春风。东风带着杨花漂泊天涯之时,便如梦幻一般,使人沉醉于杨花漫天的美丽。但是当将杨花送到目的地之后,也便如送客一般,对其也便毫无留恋之情。词句借物抒情。描写杨花被东风随意带走,喜欢时便珍惜,杨花一旦飘落离开,东风也丝毫不会不舍。这样的场景描写正是暗合着人世之事。每个人的起落浮沉,与社会的关系,又何尝不像那杨花与东风一般呢?作者虽为杨花叹息,但也能感受到其为自身的经历而产生的怅惘之感。

(李　臻)

海棠枝上立多时,飞向小桥西畔去。

【出处】清·宋征舆《玉楼春·燕》

雕梁画栋原无数,不问主人随意住。红襟惹尽百花香,翠尾扫开三月雨。　半年别我归何处?相见如将离恨诉。海棠枝上立多时,飞向小桥西畔去。

【鉴赏】那轻盈的燕子在海棠枝上站了好久,然后振翅一飞,便飞过小桥向着西面河畔而去了。此句为对燕子动作的描写。结合前文诗句,燕子的"立多时"似乎是在将自己半年来所经历的愁苦向作者倾诉。但是那么多的经历与波折又怎么能简短地说完呢?因此,燕子只好带着无奈,转向飞去了。词句对场景的描绘生动形象。燕子是自由的,它愿意飞来就飞来,愿意飞去就飞去,还可以向作者倾诉它的经历。但是作者的愁又能够向谁倾诉,作者在不愉快时又能躲到哪里去呢?作者以燕喻人,词句中深蕴着惆怅之感。

(李　臻)

寒山几堵?风低削碎中原路。秋空一碧无今古。

【出处】清·陈维崧《醉落魄·咏鹰》

寒山几堵?风低削碎中原路。秋空一碧无今古。醉袒貂裘,略记寻呼处。　男儿身手和谁赌。老来猛气还轩举。人间多少闲狐兔。月黑沙黄,此际偏思汝。

【鉴赏】那远处的高山,有悬崖峭壁几堵,苍鹰就栖息在那里。鹰的翅膀十分有力,高低翱翔,任意驰骋。它挥舞的翅膀似乎将那风都切碎了一般。万里长空,它一飞冲天。整个天幕都任它飞翔无人能阻。此三句是作者对鹰的描写。虽未出现"鹰"字,实则字字写鹰。"寒山几堵"写出鹰在陡壁之上栖息，"风低削碎中原路"写出老鹰有力地用翅膀破风前行，"秋空一碧无今古"写出鹰一飞冲天，为天空之王的雄壮形象。作者描绘的鹰击长空的画面形象生动，撼人心魄。也暗含了一种如鹰一般的王者之气与豪壮情怀。

（李　臻）

人间多少闲狐兔。月黑沙黄，此际偏思汝。

【出处】清·陈维崧《醉落魄·咏鹰》

原文参见前句。

【鉴赏】鹰可以用来驯养，帮助人类捕杀自然中的狐兔等猎物。那么人类世界里有没有需要除掉的狐兔呢？正逢这个月黑沙黄的混乱时代，此时偏偏想到了你(指鹰)，我要像你一样除掉邪恶之人。鹰的身影矫捷，行为有大丈夫气度，可以除掉那些奸诈的狐兔。那么思及人世间，作者也渴望如鹰一般铲除奸邪，维护正义。作者在此并非单是对鹰的描写与赞美，更多的是称赞他的豪迈与维护世间正道的精神，词句中满是斗志昂扬的豪壮之情。

（李　臻）

转眼又西风，辞巢越燕还如客。

【出处】清·彭孙遹《画屏秋色·芜城秋感》

野照芜城夕。送远目、云水苍茫不极。琼蕤音遥，青楼梦杳，玉钩人寂。何处认隋宫、见衰草寒烟堆积。攒一片、伤心碧。听柳外哀蝉，风高响滞，如诉兴亡旧恨，声声无力。　　今昔。可胜凄恻。莫重问、锦帆消息。竹西歌吹，淮南笙鹤，尽成陈迹。转眼又西风，辞巢越燕还如客。落叶千重萧槭。万事总销沉，唯有清江皓月，曾照昔人颜色。

【鉴赏】时间飞逝，似乎在转眼之间，西风又吹起来了。那越地的燕子已经要离开这里向南方飞去了，却还是像过客一般对这里毫不留恋。"转眼"一词形容时间过得飞快，"辞巢越燕"指明燕子已经在这里筑过巢穴了，点明燕子在这里待的时间之久。与燕子"还如客"的境地形成对比，体现了燕子的无情。燕子并非确指，作者在此借燕子的无情指明一种世间人情淡漠的情状，加之怀古伤今，便生出一种往事如烟的悲凉无奈之感。　（李　臻）

千磨万击还坚劲，任尔东西南北风。

【出处】清·郑燮《竹石》

咬定青山不放松,立根原在破岩中。千磨万击还坚劲,任尔东西南北风。

【鉴赏】任凭各方来的风猛刮,竹石受到多大的折磨击打,它们仍然坚定强劲。作者在赞美竹石的这种坚定顽强精神中,隐喻了自己风骨的强劲。托"竹"言志,借助竹石来表现自己不畏磨难,坚韧不拔的乐观人生态度。一个不向恶劣环境屈服,不被艰难痛苦吓倒,积极进取、刚毅正直的诗人,像"竹"一样站立在读者面前。"千磨万击还坚劲,任尔东西南北风",后被用来形容革命者在斗争中的坚定立场和受到敌人打击迫害而决不动摇的品格。

(李瑞珩)

落红不是无情物,化作春泥更护花。

【出处】清•龚自珍《己亥杂诗》其五

浩荡离愁白日斜,吟鞭东指即天涯。落红不是无情物,化作春泥更护花。

【鉴赏】"落红"也即落花。离开枝丫的花朵,并不是因为它对母体冷漠无情或不懂眷恋,它的离开是为了在花根之下化作泥土,变成来年春天母体生长的绿肥,以另一种方式滋养着母体,使之能够再次繁盛。该句运用了比喻的手法,诗人以落花自比,句中饱含着一种牺牲小我,成就大我的无畏精神,因此得以流传久远。

(李　臻)

扫码查看

- 知典籍精要
- 赏诗词珠玑
- 听朗朗吟读
- 对答飞花令

写　　景

鸡栖于埘①，日之夕矣，牛羊下来。

【注释】①埘：草墩。

【出处】先秦·《诗经·君子于役》

君子于役。不知其期。曷至哉。

鸡栖于埘，日之夕矣。牛羊下来。君子于役。如之何勿思。

君子于役。不日不月。曷其有佸。

鸡栖于桀，日之夕矣。牛羊下括。君子于役。苟无饥渴。

【鉴赏】这是一幅宁静闲适的农家生活画：老母鸡飞到暖融融的草垛上打着盹，太阳垂下沉沉的脑袋就要下山了，晚霞把天空染成了橘红色，牛群和羊群缓缓地从山顶上下来了，一切都是那么宁静温馨。而我的心上人啊，不知在外劳役的你那里又是一片什么光景。此句用白描手法勾勒了一组天真烂漫的夕照田园图景，其真实淳朴的美感未经世俗沾染，开启了后世田园诗风一派天籁的传统。

（李瑞珩）

帝子降兮北渚，目眇眇兮愁予。袅袅兮秋风，洞庭波兮木叶下。

【出处】战国·屈原《湘夫人》

帝子降兮北渚，目眇眇兮愁予。袅袅兮秋风，洞庭波兮木叶下。登白薠兮骋望，与佳期兮夕张。鸟萃兮苹中，罾何为兮木上？沅有茝兮醴有兰，思公子兮未敢言。荒忽兮远望，观流水兮潺湲。麋何食兮庭中？蛟何为兮水裔？朝驰余马兮江皋，夕济兮西澨！闻佳人兮召予，将腾驾兮偕逝。筑室兮水中，葺之兮荷盖。荪壁兮紫坛，播芳椒兮成堂。桂栋兮兰橑，辛夷楣兮药房。罔薜荔兮为帷，擗蕙櫋兮既张。白玉兮为镇，疏石兰兮为芳。芷葺兮荷屋，缭之兮杜衡。合百草兮实庭，建芳馨兮庑门。九嶷缤兮并迎，灵之来兮如云。捐余袂兮江中，遗余褋兮醴浦。搴汀洲兮杜

49

若,将以遗兮远者。时不可兮骤得,聊逍遥兮容与。

【鉴赏】湘夫人降落在北洲之上,极目远眺啊,使我惆怅。秋风初凉,洞庭吹起一池皱波。在袅袅的秋风中,湖畔的树木轻轻摇曳,木叶纷纷落下,漾起一池涟漪。此句为《湘夫人》首句,写湘君等待湘夫人,表达出一种祈之不来,盼而不见的惆怅之情。此二句虽写景,但一切景语皆情语:写秋风瑟瑟而凉意渐起,写落叶纷纷而心生怅惘,写洞庭波起而愁起难消。这般地烟波浩渺,却又这般地怅然若失。这种相会无期的怅惘连着一汪秋水,营造出意蕴无穷的艺术氛围。洞庭秋风,落叶纷纷,将满心期待,一怀怅惘通过景物得以传达出来,妙哉! （李瑞珩）

湛湛江水兮,上有枫。目极千里兮,伤春心。魂兮归来哀江南!

【出处】战国·屈原《招魂》

乱曰:献岁发春兮,汨吾南征。菉苹齐叶兮,白芷生。路贯庐江兮,左长薄,倚沼畦瀛兮,遥望博。青骊结驷兮,齐千乘,悬火延起兮,玄颜烝。步及骤处兮,诱骋先,抑骛若通兮,引车右还。与王趋梦兮,课后先。君王亲发兮,惮青兕。朱明承夜兮,时不可以淹。皋兰被径兮,斯路渐。湛湛江水兮,上有枫。目极千里兮,伤春心。魂兮归来哀江南!

【鉴赏】江水湛湛,一碧万顷。风过处,江边的枫叶落了,红叶满池。我眼睛所能看到的地方,映入眼帘的都是那凋零衰败之景。春天已经逝去了啊,我心中充满了忧伤。我的王啊,你的魂魄快回到楚地吧,江南的春光已尽。此句是《招魂》的末句。所招之魂是楚怀王之魂,呼唤怀王的灵魂回到楚国来。诗人将衰败凋零之景与自己的伤春怀人之情相融合,表达出内心对怀王客死他乡的悲痛之情。开后世伤春文学传统之滥觞。 （李瑞珩）

50

秋风起兮白云飞,草木黄落兮雁南归。

【出处】汉·刘彻《秋风辞》

秋风起兮白云飞,草木黄落兮雁南归。兰有秀兮菊有芳,怀佳人兮不能忘。泛楼船兮济汾河,横中流兮扬素波。箫鼓鸣兮发棹歌,欢乐极兮哀情多。少壮几时兮奈老何!

【鉴赏】汉武帝行幸河东祭祀后土,泛舟汾河之上,与群臣宴饮而作此辞。立于船头,清冷的秋风带来丝丝凉意,只见碧空之上白云乘风变幻,邈远而空旷。岸上枯黄的草木在空中盘旋,坠落,耳畔传来雁鸣阵阵,抬头望见天边一行大雁正向南归去,萧索而寂寥。此句描绘了一派清丽疏朗的秋季景象。诗人用秋风起、白云飞、草木落以及雁南归四组变化着的画面,带给人动态的视感,其中略有色彩,亦给人清新舒畅的享受。清丽如画的秋景描写往往令人沉醉,引人怀思,耐人寻味,后世文人常借秋景来抒发心中的幽幽愁思。

（陈俊艳）

江南可采莲,莲叶何田田①。

【注释】①田田:莲叶茂盛的样子。

【出处】汉·《江南可采莲》

江南可采莲,莲叶何田田。鱼戏莲叶间。鱼戏莲叶东,鱼戏莲叶西,鱼戏莲叶南,鱼戏莲叶北。

【鉴赏】江南风景如画,正是采莲的好时节。那接天的莲叶青圆可爱,在水面浮荡,碧绿一片。采莲人驾着小舟唱着悠扬的歌曲,缓缓而来,采拾荷叶。此句为开篇首句,语言质朴自然,简洁明快地歌咏江南风光,描绘了一幅清新秀丽的采莲画面,生动而形象,其优美隽永的意境,令人有身临其境之感。这句民歌格调清新明快,词句朗朗上口,读之仿佛能感受歌者愉悦的心情和澄澈的心境,清新的气息扑面而来。后世常以此句来形容江南秀美的风光。

（陈俊艳）

秋风萧瑟,洪波涌起。日月之行,若出其中;星汉灿烂,若出其里。

【出处】汉·曹操《观沧海》

东临碣石,以观沧海。水何澹澹,山岛竦峙。树木丛生,百草丰茂。

秋风萧瑟，洪波涌起。日月之行，若出其中；星汉灿烂，若出其里。幸甚至哉，歌以咏志。

【鉴赏】秋风萧瑟，吹得海面洪波汹涌，起伏不定，茫茫与天相接，包罗万象。日月交替，仿佛自海中升起落下，璀璨的星河映照于海面，亦像是被海水收纳其中。这四句诗气象阔大，诗境壮丽，描绘了雄奇辽阔的大海仿佛吐纳宇宙万物的奇妙景象，表现出其吞吐日月与星河的壮阔气势。诗人运用无际的大海、瑰丽的日月、星河等雄壮的意象，在写景的基础上驰骋想象，纵意夸张，表现出他的内心汹涌澎湃的雄心壮志，以及胸怀天下的气魄。
(陈俊艳)

秋风萧瑟天气凉，草木摇落露为霜。

【出处】魏·曹丕《燕歌行》

秋风萧瑟天气凉，草木摇落露为霜。群燕辞归鹄南翔。念君客游思断肠，慊慊思归恋故乡，君何淹留寄他方？贱妾茕茕守空房，忧来思君不敢忘，不觉泪下沾衣裳。援琴鸣弦发清商，短歌微吟不能长。明月皎皎照我床，星汉西流夜未央。牵牛织女遥相望，尔独何辜限河梁。

【鉴赏】深秋时节，秋风萧索，天气愈来愈凉，草木凋零，清晨的露水也逐渐变成了霜。这句诗描绘了深秋肃杀萧条的景象，渲染出空寂、衰颓的氛围，给人以一种寂寞忧伤的感受。诗中萧索的秋风、零落的草木等历来为描写秋日的独特意象，代表秋日萧瑟的景象，易引发人之离愁别绪，诗人以此句为全诗开头，为下文的抒情作下铺垫，奠定了该诗苍凉忧伤的感情基调。后人常以此句来咏叹秋日肃杀的情景。
(陈俊艳)

高台多悲风，朝日照北林。

【出处】魏·曹植《杂诗》

高台多悲风，朝日照北林。之子在万里，江湖迥且深。方舟安可极，离思故难任！孤雁飞南游，过庭长哀吟。翘思慕远人，愿欲托遗音。形影忽不见，翩翩伤我心。

【鉴赏】站在高台上，风呼啸着从身旁经过，远望看到朝阳照在北方树林上，壮阔而寂寥。想念起远方的人，顿感悲凉。这句诗是全诗首句，运用了高台、朝日、悲风、北林等阔大、高远的意象来营造一种悲凉的氛围，渲染出一种悲伤的情绪，尤其以"悲"字奠定了全诗的情感基调。诗人登高台而望远,实则是思念远方之人,这句诗虽是写景,实则寓意深远,饱含深情,表露出诗人悲伤的情绪与心境,为下文抒发离思作下铺垫。后人常以此句表达悲凉的心境。 （陈俊艳）

目送归鸿,手挥五弦。

【出处】魏·嵇康《赠秀才入军十四首》其十四

息徒兰圃,秣马华山。流磻平皋,垂纶长川。目送归鸿,手挥五弦。俯仰自得,游心太玄。嘉彼钓叟,得鱼忘筌。郢人逝矣,谁与尽言。

【鉴赏】这句诗描绘了一幅非常适意自在的画面,诗人一边目送天边鸿雁归去,一边信手轻抚五弦琴,弹奏出清雅的乐曲。笔触自然凝练,画面简洁明了,闲适惬意。诗人将看到的空旷高远的景象用疏旷的音乐表现出来,乐景交融,听觉与视觉的表现令人仿佛身临其境,感受到飘然出世的境界。诗人通过描写自己惬意地弹琴赏景的画面,抒发出宁静自然的心境,同时表现出他悠然自得,隐逸旷达的生活态度。后人亦常以此句来抒发随心所欲,闲适自然的人生态度。 （陈俊艳）

孤鸿号外野,翔鸟鸣北林。

【出处】魏·阮籍《咏怀八十二首》其一

夜中不能寐,起坐弹鸣琴。薄帷鉴明月,清风吹我襟。孤鸿号外野,翔鸟鸣北林。徘徊将何见?忧思独伤心。

【鉴赏】漫漫长夜,诗人夜不能寐,起身弹琴。窗外孤独的鸿鸟在野外声声哀号,飞翔的鸟儿亦在北林鸣叫。这句诗展现出一幅凄冷空寂的画面,其中暗含着诗人忧愁孤寂的情绪。"外野"与"北林"说明环境的荒凉,"孤鸿"与"翔鸟"在暗夜中飞翔则表现出夜晚的冷清幽寂,诗人又以"孤"字点明自己孤独落寞的心境,且用"号""鸣"来表现鸟鸣,更衬托出夜晚的凄清。诗人以可观可感的事物来抒发心内无形的忧思,以实景写哀,令人领略到诗中蕴含的孤独与惆怅之情。 （陈俊艳）

孤鸟西北飞,离兽东南下。

【出处】魏·阮籍《咏怀八十二首》其十七

独坐空堂上,谁可与亲者。出门临永路,不见行车马。登高望九州,悠悠分旷野。孤鸟西北飞,离兽东南下。日暮思亲友,晤言用自写。

【鉴赏】独坐高堂之上无人可亲,出门无人,诗人只身登高,见到孤鸟向西北而飞,野兽朝西南而下,鸟兽皆凄惶无依,离群而不知去处。这句诗描写了失群的鸟儿与离群的野兽孤独地游荡的场景,画面荒凉孤寂。诗人融情于景,通过描写于茫茫荒野所见的孤鸟离兽,来表现自己孤独无依的境地,寄寓自己内心深处的凄凉与悲哀。这句诗诗境深邃而寓意深远,表现出诗人无法言说的痛苦与孤寂。　　　　　　　　　　(陈俊艳)

暧暧远人村,依依墟里烟。狗吠深巷中,鸡鸣桑树颠。

【出处】晋·陶渊明《归园田居五首》其一

少无适俗韵,性本爱丘山。误落尘网中,一去三十年。羁鸟恋旧林,池鱼思故渊。开荒南野际,守拙归园田。方宅十余亩,草屋八九间。榆柳荫后檐,桃李罗堂前。暧暧远人村,依依墟里烟。狗吠深巷中,鸡鸣桑树颠。户庭无尘杂,虚室有余闲。久在樊笼里,复得返自然。

【鉴赏】远远地依稀可以望见有人的村落,心头的温暖油然而生,村落的上方袅袅炊烟也在随风飘荡着。狗在深邃的小巷里叫着,鸡也在桑树顶上打鸣。这两句诗表达了诗人挣脱樊笼,重回自由天地的喜悦之情。第一句着重描写幽静的村落,静中有动,相得益彰。第二句又从声音出发,写出了狗吠、鸡鸣,无一不是乡村生活的真实写照,活泼而充满生活情趣。这两句诗有虚有实,有动有静,生动地描绘出诗人心中温暖宁静、悠闲安谧的田园生活。　　　　　　　　　　(陈俊艳)

晨兴理荒秽,带月荷锄归。

【出处】晋·陶渊明《归园田居五首》其三

种豆南山下,草盛豆苗稀。晨兴理荒秽,带月荷锄归。道狭草木长,夕露沾我衣。衣沾不足惜,但使愿无违。

【鉴赏】为了不使庄稼荒芜,每天很早就起来去田里锄草,辛苦劳作一天,待到晚上月光洒满田地之时,便扛起锄头沿着乡间小路回家。日出而作,日落而息,这两句诗生动地勾画出诗人不辞辛苦在田间劳作的场景。因为是自己向往和喜爱的田园生活,所以才能用如此悠闲的笔调。字里行间透露出劳动的乐趣以及劳作后心满意足的感受,也暗示了无论是什么样的工作,都需要兢兢业业的态度。　　　　　（陈俊艳）

清歌散新声,绿酒开芳颜。

【出处】晋·陶渊明《诸人共游周家墓柏下》

今日天气佳,清吹与鸣弹。感彼柏下人,安得不为欢?清歌散新声,绿酒开芳颜。未知明日事,余襟良已殚。

【鉴赏】清新而悠扬的歌声从人群中传出,听在耳中却也别有一番新意,大家都在尽情地开怀畅饮着美酒。这两句诗表面上描绘出了一幅人们出游时载歌载舞,共斟美酒的热闹场面,实际则抒发了诗人对人生短暂的感叹,以及认为人生得意须尽欢,应及时行乐的心情。从诗名来看,本是在墓地附近,应是引人伤感之地,却依然能够做到消除心中积郁,愉快畅饮,更加体现出诗人的境界高远,对于生死问题的超脱与了悟。诗人运用了对仗句式,语言简短清丽,风格清新却不失大气。　　　（陈俊艳）

平畴交远风,良苗亦怀新。

【出处】晋·陶渊明《癸卯岁始春怀古田舍》

先师有遗训,忧道不忧贫。瞻望邈难逮,转欲志长勤。秉耒欢时务,解颜劝农人。平畴交远风,良苗亦怀新。虽未量岁功,即事多所欣。耕种有时息,行者无门津。日入相与归,壶浆劳近邻。长吟掩柴门,聊为陇亩民。

【鉴赏】宽阔平坦的田野上不时有微风吹过,远远地在田地尽头处相交。庄稼也露出了新苗,长势喜人,一派欣欣然的生机。第一句中一个"交"字将整个生机盎然的情景描写得淋漓尽致。第二句运用了拟人的手法,也充分表达出诗人看到自己劳动果实后难耐的喜悦。这两句诗是历来传诵的名句,因其语言朴实,浑然天成,生动而传神地描绘了一幅风拂田野,良苗欣欣向荣的画面。这种感受也只有真正参与过劳动的人才会

有,字里行间都透露着真实与质朴的感情。 （陈俊艳）

结庐在人境,而无车马喧。

【出处】晋·陶渊明《饮酒二十首》其五

结庐在人境,而无车马喧。问君何能尔?心远地自偏。采菊东篱下,悠然见南山。山气日夕佳,飞鸟相与还。此中有真意,欲辨已忘言。

【鉴赏】我将自己的住所建造在人群聚集的地方,却听不到一点人来人往或是车马的喧嚣声。这两句作为全诗的开头,乍看有些矛盾,住在人群嘈杂的地方如何能听不到喧嚣声,实则是为下文作铺垫,以引出本诗的主旨。因为心境的淡然与超脱,自然就与世间的喧嚣声隔离开了,反映出诗人自然超脱的境界。第二句中的"车马喧"不单指的是车马喧嚣声,更指代上层人士之间的人际交往,象征着追求名利权位的人们以及整个官僚社会,婉转地表达了诗人对官僚社会的冷漠与反感。后人常以此句表达心灵的超脱与自由。 （陈俊艳）

采菊东篱下,悠然见南山。

【出处】晋·陶渊明《饮酒二十首》其五

原文参见前句

【鉴赏】在自家东墙下采撷菊花,猛然抬头间,远处南山的美景却悠悠然映入眼帘,清幽俊雅,令自己心情分外愉悦。"菊"自古以来便被誉为高风亮节之花,在这里诗人以菊花来体现自己高洁的情致。第二句中一个"见"字用得十分绝妙,表现出诗人看到南山时的无意与惊喜,将悠然心境表达得淋漓尽致。这句诗风格清新自然,后成为传诵千古的佳句。后人亦常以此句表达悠然自得的心境。 （陈俊艳）

欢言酌春酒,摘我园中蔬。微雨从东来,好风与之俱。

【出处】晋·陶渊明《读山海经十三首》其一

孟夏草木长,绕屋树扶疏。众鸟欣有托,吾亦爱吾庐。既耕亦已种,时还读我书。穷巷隔深辙,颇回故人车。欢言酌春酒,摘我园中蔬。微雨从东来,好风与之俱。泛览《周王传》,流观《山海》图。俯仰终宇宙,不乐复何如?

【鉴赏】欢快地畅饮自己酿制的春酒,采摘着园中自己种下的果蔬,

56

细雨从东方飘来,夹杂着微微沁人心脾的风。前两句着重描写了诗人享受着自己的劳动成果,一个"欢"字,将喜悦之情表达得淋漓尽致。后两句看似不经意地描写了微雨细风,却一语双关,既勾画出微雨微风对于自然环境和土地的滋润,更是表现出如此美景就如同"好雨"一般同样滋润着诗人的心田。这句诗语言轻快自然,颇有生活情趣,通过描绘诗人的读书环境,表达出诗人惬意自得的心境。   (陈俊艳)

池塘生春草,园柳变鸣禽。

【出处】南北朝·谢灵运《登池上楼》

潜虬媚幽姿,飞鸿响远音。薄霄愧云浮,栖川怍渊沉。进德智所拙,退耕力不任。徇禄反穷海,卧病对空林。衾枕昧节候,褰开暂窥临。倾耳聆波澜,举目眺岖嵚。初景革绪风,新阳改故阴。池塘生春草,园柳变鸣禽。祁祁伤豳歌,萋萋感楚吟。索居易永久,离群难处心。持操岂独古,无闷征在今。

【鉴赏】久病初起开窗眺望,突然发现不知不觉间池塘边上的枯草竟已生出了春芽,庭院里垂柳上的禽鸟也已变换,同从前的叫声都不一样了。这两句诗是对于近景的描写,有声有色,有远有近,一幅春意盎然的景象跃然纸上;这两句也是全诗的转折,诗人心情从此句开始渐渐明朗。春草丛生,鸟禽鸣叫,这本是再平常不过的一幅画面,可对于久病在床的诗人却是莫大的触动,使他深切地感受到春天的来临,到处都充满着勃勃的生机。后人亦常以此句来形容春日生机勃勃的景色。   (陈俊艳)

云日相辉映,空水共澄鲜。

【出处】南北朝·谢灵运《登江中孤屿》

江南倦历览,江北旷周旋。怀新道转迥,寻异景不延。乱流趋孤屿,孤屿媚中川。云日相辉映,空水共澄鲜。表灵物莫赏,蕴真谁为传。想象昆山姿,缅邈区中缘。始信安期术,得尽养生年。

【鉴赏】金色的阳光照耀着白色的云彩,两种颜色交相辉映,碧波荡漾的江水倒映着湛蓝的天空,水天一色,清澈澄明。这两句诗运用了对偶句式,十分工整,语言清丽自然,描绘出一幅浑然天成、清新秀丽的画面。其中太阳与白云,天空与江水两组意象互相衬托,意蕴深厚,不仅囊括天地,却也表现出诗人心中清澈澄净的境界。诗人正处在仕途逆境的绝望

中,看见眼前这一幅景象,从而更加坚定了遗世独立的信念。　　（陈俊艳）

余霞散成绮,澄江静如练。

【出处】南北朝·谢朓《晚登三山还望京邑》

灞涘望长安,河阳视京县。白日丽飞甍,参差皆可见。余霞散成绮,澄江静如练。喧鸟覆春洲,杂英满芳甸。去矣方滞淫,怀哉罢欢宴。佳期怅何许,泪下如流霰。有情知望乡,谁能鬒不变。

【鉴赏】天边的晚霞如同铺开的绸缎,流光溢彩;江水澄澈绚丽,如同一道彩带。这句诗形象生动地描绘了一幅春日傍晚由晚霞与江水构成的绚丽景象。诗人将天边的彩霞比作铺展开来的绫罗,将静谧的江水比作一道彩练。想象奇特丰富,运用自然流畅的语言将傍晚形容得绚丽多姿,且色彩清丽饱满,从而使这句诗极富画面感,具有很强的艺术感染力。这幅壮丽的春晚之景为后文诗人的抒情作了铺垫,引发了诗人的故乡之思。这句诗在后世成为传诵千古的歌咏春晚之景的名句。李白曾有句:"解道澄江静如练,令人长忆谢玄晖。"(《金陵城西楼月下吟》)即表明了一代诗仙对此句的倾慕。

　　（陈俊艳）

天际识归舟,云中辨江树。

【出处】南北朝·谢朓《之宣城郡出新林浦向板桥》

江路西南永,归流东北骛。天际识归舟,云中辨江树。旅思倦摇摇,孤游昔已屡。既欢怀禄情,复协沧洲趣。嚣尘自兹隔,赏心于此遇。虽无玄豹姿,终隐南山雾。

【鉴赏】从江面尽头水天相接之处还能够识别出归去的小舟,两岸隐于云雾中的树木若隐若现,还是能够辨别得出。这句诗描绘了一幅诗人泛舟江中所见的远景图,画面清淡自然,邈远空旷。诗人写景由近及远,从归去的小舟到远处岸边隐约可见的树林,景色朦胧,烘托出即将远去的淡淡惆怅。诗人以"识"与"辨"两字写出了自己远离故土,回望时专注的神情与眷念的情绪,表达出诗人对故乡的依依不舍与无限怀恋。

　　（陈俊艳）

鱼戏新荷动,鸟散余花落。

【出处】南北朝·谢朓《游东田》

戚戚苦无惊,携手共行乐。寻云陟累榭,随山望菌阁。远树暧阡阡,生烟纷漠漠。鱼戏新荷动,鸟散余花落。不对芳春酒,还望青山郭。

【鉴赏】鱼儿在嫩绿的荷叶间嬉戏游动,鸟儿飞动,枝头的花瓣纷纷飘落。这句诗形象生动地描绘了初夏充满生机的景象。诗人写了某一瞬间鱼和鸟的动作,"鱼戏"与"鸟散"写出了它们活泼自得的神态,充满情趣。鱼儿的嬉戏使鲜嫩的荷叶影影绰绰地摇摆,鸟群散去惊动一树繁花,落英缤纷。这幅画面完整丰富,定格在鱼与鸟儿一刹那间的活动,又极富动态美感,可见诗人匠心独运,观察细致入微,善于捕捉生活中精美的画面,对大自然充满喜爱之情。 　　　　　　　　　　　（陈俊艳）

孤云出北山,宿鸟惊东林。

【出处】南北朝·江淹《效古》

岁暮怀感伤,中夕弄清琴。戾戾曙风急,团团明月阴。孤云出北山,宿鸟惊东林。谁谓人道广,忧慨自相寻。宁知霜雪后,独见松竹心。

【鉴赏】孤云自北山缓缓飘荡而出,宿鸟一下子飞起惊动东林。这句诗描绘的是诗人夜半不能寐,直至清晨所看到的孤云飘荡、宿鸟惊飞的景象。诗人用"孤云"与"宿鸟"两个意象烘托出一种孤寂清冷的气氛,而"出"与"惊"则写出了云与鸟的动态,更衬托出环境的凄凉肃杀。这两句诗重在写景,渲染出凄清萧索的情景,从而为后面诗人的借景抒情作了铺垫。

　　　　　　　　　　　（陈俊艳）

昔去雪如花,今来花似雪。

【出处】南北朝·范云《别诗》

洛阳城东西,长作经时别。昔去雪如花,今来花似雪。

【鉴赏】上次离去时,雪如花一般繁密,纷纷飘落。今次归来,花如雪一般洁白。此诗写朋友间的聚散,表现了深厚的友情。这两句诗描写的是冬去春来的景象,"雪如花"说明离别时为冬天,"花似雪"则言明再次相聚为繁花似锦的春日。诗人以分别时冬日的清冷与重逢时春日的温暖作对比,将雪与花颠倒,独具匠心,既反映出分别多时,又道出离别时的惆怅与相聚时的欢喜。这句诗状似写景,实则借景抒情,表达出诗人对相聚时短,分别太久的感叹,从而抒发了与友人之间深切的感情。　　　　(陈俊艳)

鸟向檐上飞,云从窗里出。

【出处】南北朝·吴均《山中杂诗》

山际见来烟,竹中窥落日。鸟向檐上飞,云从窗里出。

【鉴赏】鸟儿扑棱棱朝屋檐上飞去,云缓缓从窗中飘出。这句诗描绘的是诗人居于山中所看到的景象,首句写出了鸟儿活泼的形态,第二句则说明了诗人所居之处地势高,因而能看到云从窗中飘出。这句诗语言清新自然,动静结合,勾勒了一幅清净脱俗的山居图,展现出诗人幽静的生活环境,传达出诗人远离世俗,其内心中的闲适与惬意,表现了其对山居生活的喜爱。　　　　(陈俊艳)

江暗雨欲来,浪白风初起。

【出处】南北朝·何逊《相送》

客心已百念,孤游重千里。江暗雨欲来,浪白风初起。

【鉴赏】江面暗淡,阴云密布风雨欲来,突然风起,吹向江水,涌起滚滚白浪。这两句诗形象生动地描绘了阴雨天气江上凄寒的景色,渲染出低沉的氛围。诗人即将远行,以此句写景,借写景而自述离情,抒发了自己的离愁与忧虑。其中阴沉暗淡的景象象征着诗人面对离别时的心境,愁肠百结,沉重怅惘,同时亦预示着离别后的旅途将面临艰难险阻。此句意象豪阔,有沉郁顿挫之妙。　　　　(陈俊艳)

蝉噪林愈静,鸟鸣山更幽。

【出处】南北朝·王籍《入若耶溪》

舻艎何泛泛,空水共悠悠。阴霞生远岫,阳景逐回流。蝉噪林愈静,鸟鸣山更幽。此地动归念,长年悲倦游。

【鉴赏】蝉鸣越是聒噪吵闹,森林也就越发显得寂静;鸟儿的鸣叫声越响亮,山林就更加显得幽静。这句诗意在描写山林的清幽寂静,诗人以动衬静,用蝉声与鸟鸣打破静默,动中有静,幽寂的山林除此之外,别无声响,愈发显出寂静来。这句诗文辞清雅,对仗工整,运用了独特的表现手法,表现出山林的清幽闲适,同时令人感受到大自然的活力与生机。这句诗后世成为千古传诵的佳句,人们常以此句来表现山林的幽静之美。

(陈俊艳)

行舟逗远树,度鸟息危樯。

【出处】南北朝·阴铿《渡青草湖》

洞庭春溜满,平湖锦帆张。沅水桃花色,湘流杜若香。穴去茅山近,江连巫峡长。带天澄迥碧,映日动浮光。行舟逗远树,度鸟息危樯。滔滔不可测,一苇讵能航。

【鉴赏】行走的小舟越驶越远,好像停留在了很远的树旁;飞翔的鸟儿在飞越湖水的途中,停留在帆船的樯杆上休息。这两句写的是作者在青草湖远望之景,诗人看到浩渺的湖面上,一只小舟驶过,远观仿佛是逗留在岸边的树丛之中。而鸟儿在飞过阔大的青草湖时也不得不停留在高高的樯杆上。这句诗写出了青草湖的壮阔与浩大,文辞简洁传神,其中首句写行舟与远树夹杂在一起,可见湖水的广大与苍茫;第二句着重写湖的浩瀚,茫茫湖水之中鸟儿立于樯杆之上,渲染出一种苍茫邈远的意境。后人常以此句来形容湖水的浩瀚阔大。

(陈俊艳)

天苍苍,野茫茫,风吹草低见牛羊。

【出处】南北朝·《敕勒歌》

敕勒川,阴山下,天似穹庐,笼盖四野。天苍苍,野茫茫,风吹草低见牛羊。

【鉴赏】天地苍茫一片,风吹低了牧草,看到了成群的牛羊。这句诗描绘的是一幅苍茫辽阔,水草牛羊丰茂的草原景象。"天苍苍,野茫茫"写出了草原的辽阔,具有静态的美感。而"风吹草低见牛羊"一句则以动态的笔触,形象生动地写出了草原上风吹草动,牧草丰盛,牛羊肥壮的景象,整幅画面生机勃勃。这句诗语言自然明快,朗朗上口,带有北朝民歌所特有的明朗刚健的风格,意境壮阔,歌颂了草原的广阔与丰盛,反映出北方民族豪迈的胸怀和气质。这句诗堪称吟咏歌颂草原壮美景色的千古佳句。

(陈俊艳)

暗牖悬蛛网,空梁落燕泥。

【出处】 隋·薛道衡《昔昔盐》

垂柳覆金堤,蘼芜叶复齐。水溢芙蓉沼,花飞桃李蹊。采桑秦氏女,织锦窦家妻。关山别荡子,风月守空闺。恒敛千金笑,长垂双玉啼。盘龙随镜隐,彩凤逐帷低。飞魂同夜鹊,倦寝忆晨鸡。暗牖悬蛛网,空梁落燕泥。前年过代北,今岁往辽西。一去无消息,那能惜马蹄。

【鉴赏】 黑暗的窗户里,到处悬挂着一张一张的蜘蛛网;空旷的屋梁上,不停地掉落着一块一块的燕巢泥。这句诗描写的是思妇独居于黑暗荒凉的屋内,思念着远方的丈夫。其中"暗牖""蛛网"表现出居处的破败与荒凉,可见女子因苦于思念而无力打扫,渲染出凄凉的气氛。此句通过描写看到的"空梁"与"燕泥"来表现女子渴望与丈夫团聚却不得的凄苦心境。这句诗语言简练,对偶工整,风格细腻哀婉,是描写女子被冷落空闺,寂寞孤苦境况的名句。 (陈俊艳)

树树皆秋色,山山唯落晖。

【出处】 唐·王绩《野望》

东皋薄暮望,徙倚欲何依。树树皆秋色,山山唯落晖。牧人驱犊返,猎马带禽归。相顾无相识,长歌怀采薇。

【鉴赏】 诗人独自在秋季的黄昏登高远眺,目光所至,是漫山遍野的浓浓秋意:棵棵树木尽皆染上了枯黄的秋色,层层山峦静静地笼罩在落日的余晖之中。"皆"字写秋色的浸染扩散到每一个细微的角落,细致到每一棵树、每一片叶的枯黄衰败;"唯"字让山中万物在夕阳的映照下融为静寂的一体,是放大到整个山野、甚至整个天地间的冷落凄凉。秋是岁之将晚,树的枯黄仿佛人的憔悴;夕是日之将暮,山的寂寥恰似心的低回。空旷的秋山日落化作诗人心底空寂的徘徊与哀伤,看似不事雕琢、不露心境,实则句句工整、字字含情。 (吴纯燕)

火树银花合,星桥铁锁开。

【出处】 唐·苏味道《正月十五日夜》(又作《上元》)

火树银花合,星桥铁锁开。暗尘随马去,明月逐人来。游伎皆秾李,行歌尽落梅。金吾不禁夜,玉漏莫相催。

【鉴赏】此句描写元宵之夜长安城中的盛况。置身节日的长安城中，只见四周的树木在灯火的照耀下熠熠生辉，灯光透过枝节，仿佛朵朵银花竞相绽放。节日的夜晚没有宵禁，城门铁索大开，护城河桥上点缀的闪闪灯光，恰似天边灿烂的群星降临人间。"合"是密集，街灯照耀着城内的无尽繁华；"开"是旷远，桥灯的无限延伸带动了城外的节日氛围。诗句比喻精准鲜明，再加上这一"合"一"开"，一幅灯火通明、人声鼎沸的长安元夜灯火图便完完整整地跃然眼前，使人如临其境。　　　　（吴纯燕）

闲云潭影日悠悠，物换星移几度秋。

【出处】唐·王勃《滕王阁》

滕王高阁临江渚，佩玉鸣鸾罢歌舞。画栋朝飞南浦云，珠帘暮卷西山雨。闲云潭影日悠悠，物换星移几度秋。阁中帝子今何在，槛外长江空自流。

【鉴赏】诗句一静一动：一片白云在深潭中投下悠闲的倒影，静静地凝视着日出日落，不觉周围早已是白云苍狗。仰观天外斗转星移，俯瞰人间世事更替，转眼已经不知几度春秋。这种动与静的融合仿佛电影镜头一般，凝滞在一点而周围环境已变，亦幻亦真。诗人在极致的静谧与飞速的变动之间，不着痕迹地跳出了前两联对滕王阁昔日盛况的描写，天衣无缝地与感慨今夕的尾联进行连接。同时让人清晰地感受到时光的流逝与岁月的变迁，从而情怀激荡，感慨顿生。　　　　（吴纯燕）

江静潮初落，林昏瘴①不开。

【注释】①瘴：即瘴气，指南方山林中的湿热空气，古人认为是传染疫病的根源。

【出处】唐·宋之问《题大庾岭北驿》

阳月南飞雁，传闻至此回。我行殊未已，何日复归来。江静潮初落，林昏瘴不开。明朝望乡处，应见陇头梅。

【鉴赏】潮水刚刚退去，平静的江面上轻轻泛起层层涟漪；夕阳西下，昏暗的深林中渐渐聚拢起浓重的瘴气。诗句描写的是诗人流放途中经过大庾岭所见到的景物。据说，南飞的大雁到大庾岭就会折回，可是诗人的流放之途还远远没有结束，想到此处，不禁黯然神伤。江上的潮水已经退去，诗人心中思乡的波澜才刚刚涌起，面对着幽深丛林之中的层层烟瘴，就如同面对着自己充满艰难险阻的未知的前途,诗人更是愁绪满怀,无从倾诉。诗句融情于景,不着一个"愁"字,却能够充分表现出诗人心中的浓郁愁思,含蓄蕴藉,感人至深。 (吴纯燕)

春江潮水连海平,海上明月共潮生。

【出处】唐·张若虚《春江花月夜》

春江潮水连海平,海上明月共潮生。滟滟随波千万里,何处春江无月明。江流宛转绕芳甸,月照花林皆似霰。空里流霜不觉飞,汀上白沙看不见!江天一色无纤尘,皎皎空中孤月轮。江畔何人初见月?江月何年初照人?人生代代无穷已,江月年年只相似。不知江月待何人,但见长江送流水。白云一片去悠悠,青枫浦上不胜愁。谁家今夜扁舟子?何处相思明月楼?可怜楼上月徘徊,应照离人妆镜台。玉户帘中卷不去,捣衣砧上拂还来。此时相望不相闻,愿逐月华流照君。鸿雁长飞光不度,鱼龙潜跃水成文。昨夜闲潭梦落花,可怜春半不还家。江水流春去欲尽,江潭落月复西斜。斜月沉沉藏海雾,碣石潇湘无限路。不知乘月几人归?落月摇情满江树。

【鉴赏】诗句描绘的是夜晚春江宁静而明丽的景致:春日里江河上涨的水面如同海洋一般深湛旷远,一轮皎洁明亮的皓月伴随着涌动的潮水缓缓升上茫茫夜空。"连"融合了春江与海面,是江面在春季夜幕映衬下的辽远广阔;"共"字联系着明月与潮水,是融融月色伴随着层层春潮的缓缓涌动。细细读来,仿佛可以看到江天一体的辽阔无边,仿佛可以听到春潮涌动的阵阵涛声。此时明月悄然升起,静静地俯视寰宇,皎皎月华揉碎在潮水之中,波光荡漾,摇曳生姿。语句洗练而自然,诗境宁静而辽阔,给人以美的享受。

(吴纯燕)

海上生明月,天涯共此时。

【出处】唐·张九龄《望月怀远》

海上生明月,天涯共此时。情人怨遥夜,竟夕起相思。灭烛怜光满,披衣觉露滋。不堪盈手赠,还寝梦佳期。

【鉴赏】一望无际的海面之上,明月初升,远隔天涯的人或许和自己一样,也在翘首凝望这皎洁的月华。可以想见,夜空中那一轮煌煌明月,在海水的倒映之下更显得流光溢彩。仰望着无际的夜色与月华,让人在感叹造物的神奇之时,不由开始思念远在千里的人。此刻良辰美景,却不能与之并肩共赏,然而同在一片天空之下,此时此刻,所思念的她亦如同自己一般仰望着月光吧。不经意间,既显现出淡淡的遗憾,又流露出丝丝的欢喜。诗句视野开阔,诗境明亮,情感表露虽然看似浅淡,实则深切悠远。引人共鸣,耐人寻味。后人常以此句形容分别后的思慕之情。

(吴纯燕)

岩扉①松径长寂寥,唯有幽人②自来去。

【注释】①岩扉:石门。②幽人:隐士,此处是诗人自称。

【出处】唐·孟浩然《夜归鹿门歌》

山寺钟鸣昼已昏,渔梁渡头争渡喧。人随沙岸向江村,余亦乘舟归鹿门。鹿门月照开烟树,忽到庞公栖隐处。岩扉松径长寂寥,唯有幽人自来去。

【鉴赏】那隐居之处的石门和松林间小径还是一如既往的清冷寂寥,唯有我这一个隐者孤身来往。诗句描写的是夜晚诗人返回鹿门的隐居之处时所看到的景致。"幽人"既指庞德公,也是自指。一轮冷月的映照下,数百年前的隐士庞德公的隐居之处还是像当年那样寂静冷落。或许庞德公当年也是如此往来其间,如今自己自由来往,既是追慕古人的高雅情趣,也是实现自己心中的隐逸愿望。"自"既是寂寞,也是悠然。远离尘俗,自来自往,与山林为伴,虽然有时会感到些许的寂寥,然而那种恬淡的生活不正是自己毕生所追求的吗?诗句含蓄自然,清新隽永。 (吴纯燕)

气蒸云梦泽①,波撼岳阳城②。

【注释】①云梦泽:自华容北侧至汉江以南的古代湖泊群总称,在今湖北省境内,洞庭湖是其南部一角。②岳阳城:在洞庭湖东岸,今湖南省境内。

【出处】唐·孟浩然《望洞庭湖赠张丞相》

八月湖水平,涵虚混太清。气蒸云梦泽,波撼岳阳城。欲济无舟楫,端居耻圣明。坐观垂钓者,徒有羡鱼情。

【鉴赏】此诗是一首赠给张九龄的干谒诗,含蓄地表达了诗人请求张九龄引荐自己入仕为官的愿望。诗句描写了八月洞庭湖的壮观景象:水汽蒸腾,迷茫的雾霭缭绕着一望无际的云梦泽;水波涌动,无边的波澜推动着屹立的岳阳城。"蒸"是雾气的氤氲,为茫茫大泽平添了几分神秘色彩;"撼"是波涛的奔涌,让洞庭之水在坚固的城墙面前显得气势不凡。诗句巧妙地融合了湖水的动与静,细致地描摹了洞庭湖的恢宏气势,境界开阔,用笔洒脱,撼人心魄。 （吴纯燕）

绿树村边合,青山郭①外斜。

【注释】①郭:指外城,即在城外加筑的一道城墙。

【出处】唐·孟浩然《过故人庄》

故人具鸡黍,邀我至田家。绿树村边合,青山郭外斜。开轩面场圃,把酒话桑麻。待到重阳日,还来就菊花。

【鉴赏】村落周边环绕着葱茏的绿树,城郭之外斜倚着秀丽的青山。诗句描绘的是诗人走进村庄看到的景致:满目青翠欲滴,无比惬意。"合"字是绿树环绕的盎然生机,小小村落四面被绿树包围,似乎与世隔绝,更加凸显了村庄的清幽静谧;"斜"是青山依傍的风景如画,青山惬意地斜倚在城郭之外,自然中带着几分洒脱,流露出诗人心中的恬淡适意。诗句写景平淡清新,寥寥数语,明白如话,在不经意间透露出心底的丝丝欣喜。纵然这欣喜之意并不浓烈,显得平平淡淡,也会使得读者不由自主地为之所感染。读来只觉视野开阔,心情舒畅。 （吴纯燕）

春眠不觉晓,处处闻啼鸟。

【出处】唐·孟浩然《春晓》

春眠不觉晓,处处闻啼鸟。夜来风雨声,花落知多少。

【鉴赏】诗人在春日里畅然而眠,若不是听到了窗外的声声鸟鸣,根本无法觉察到天已破晓。诗句描写以听觉为主,加之内心的揣测,春日清晨的明丽与生机跃然纸上。首句中的一个"眠"字本就显出了几分慵懒,更何况诗人有意无意地完全关闭了感官中最为重要的视觉,而且自始至终,他的双眼似乎从未睁开过。此时此刻,帘幕仍闭,锦衾尚温,却能闻得窗外鸟声轻啼。可以想见,诗人该是何等闲适与惬意。读之如闻其声,如临其境。

（吴纯燕）

野旷天低树,江清月近人。

【出处】唐·孟浩然《宿建德江》

移舟泊烟渚,日暮客愁新。野旷天低树,江清月近人。

【鉴赏】日暮时分,诗人将小船停泊在建德江畔沙洲岸边,随着夜色的降临愈发生出浓浓的愁思。旷野一望无际,穹盖似的夜空似乎低垂下来,几乎接触到树梢之上。一泓平静清澈的江水之中,明月的倒影别样地清晰明亮,与船上的自己格外接近。诗人将天穹、旷野、清江在静谧的夜幕下完整地融为一体,营造了一种空旷辽远的意境。然而天地之间的旷远又伴随着形影相吊的寂寥,为诗人本就敏感的羁旅之心增添了几分愁苦,唯有凝望着水中的月影来求得些许慰藉。诗句所写之景清冷空旷,所蕴之情惆怅凄凉。

（吴纯燕）

户外一峰秀,阶前众壑深。

【出处】唐·孟浩然《题义公禅房》

义公习禅寂,结宇依空林。户外一峰秀,阶前众壑深。夕阳连雨足,空翠落庭阴。看取莲花净,方知不染心。

【鉴赏】这两句诗充满了禅意,平淡中见深意。义公住宿地之外的景色大体如此:清秀山峰,幽幽深谷。两者有着巧妙的结合,能够体现禅房的幽静,又能在变化之中体现出人心态的祥和,侧面展示了义公修为的深厚以及诗人对这种避俗行为的赞扬。

（杨泠泠）

海日生残夜,江春入旧年。

【出处】唐·王湾《次北固山下》

客路青山外,行舟绿水前。潮平两岸阔,风正一帆悬。海日生残夜,江春入旧年。乡书何处达,归雁洛阳边。

【鉴赏】广阔如海一般的江面之上,茫茫夜色尚未退去,一轮明日已然从残存的夜色中缓缓升起;凛凛寒冬还未逝去,又一年的新春早已从昔日的寒冬之中悄然生发。诗句中的“生”和“入”两个动词的使用,不仅为朝阳与初春添上了拟人化的色彩,更显得二者的生发顺畅自然、轻巧灵动,虽然只是微露端倪,却足以令人欣喜。这句诗既是写景佳句,也包含着新生事物必然取代旧事物的哲理。初阳生于夜色,而它的光辉能够抹去残夜的黑暗;新春生于寒冬,而它的温暖足以消弭旧冬的严寒。后人常用此句在困境中给予自己无尽的希望。

(吴纯燕)

大漠风尘日色昏,红旗半卷出辕门①。

【注释】 ①辕门:古时官署或军营的外门。

【出处】 唐·王昌龄《从军行七首》其五

大漠风尘日色昏,红旗半卷出辕门。前军夜战洮河北,已报生擒吐谷浑。

【鉴赏】 大漠上的风呼啸而起,卷起遮天蔽日的沙石,伴着昏黄的日色,景致格外苍凉。此时军营里的战士们依然无畏无惧,顶着风沙,半卷旗帜,坚定地踏出辕门。诗句描绘的是黄昏时分战士出征的场景,恶劣的天气阻挡不住战士们坚定无畏的心,前军的捷报更让他们信心百倍,斗志昂扬。大漠日色昏黄,风尘呼啸,似乎要将周遭的一切尽皆湮没,然而昏黄中出现的一点旗帜的猩红让这满目的凄凉迸发出勃勃生气。行军队伍的步伐坚定沉着,透露出一丝丝的焦急与渴望,毫不掩饰闻听捷报的喜悦和建功立业的雄心。诗人融情于景,笔法苍劲有力,更显得诗句意气昂扬,催人奋进。

(吴纯燕)

终南①阴岭②秀,积雪浮云端。

【注释】 ①终南:终南山,在长安城南。②阴岭:古代称山南水北为阳,阴岭指终南山北坡。

【出处】 唐·祖咏《终南望余雪》

终南阴岭秀,积雪浮云端。林表明霁色,城中增暮寒。

【鉴赏】雪后初晴,终南山北坡的景色格外秀丽,可以看到山峰高耸入云,层层晶莹的积雪似乎飘浮在片片白云之上。诗句描写的是终南山北坡雪后天晴的景色,从长安远望,只能看到终南山的北坡,而北坡背阴,故而才能有"余雪",也只有在天晴时才能看到。"浮"是"余雪"的轻盈,"云端"是终南山的高耸。云的洁白与雪的晶莹相互照映,再加上秀丽的终南山的衬托,如一位不食人间烟火的仙女般楚楚动人。此句风格清新,语言凝练。 (吴纯燕)

斜光照墟落,穷巷牛羊归。

【出处】唐·王维《渭川田家》

斜光照墟落,穷巷牛羊归。野老念牧童,倚杖候荆扉。雉雊麦苗秀,蚕眠桑叶稀。田夫荷锄至,相见语依依。即此羡闲逸,怅然歌式微。

【鉴赏】此句生动地描绘了一幅乡村暮归的画卷:夕阳西下,丝丝缕缕倾斜的余晖温柔地洒向小小的村落。小巷的尽头,一群群牛羊不紧不慢地从远处的田野里悠悠归来。"斜光"是日光随着时间的推移不断倾斜,照射在村落中温暖而不炫目,显得格外温和细腻。成群的牛羊并不是在牧人的驱赶下吵闹拥挤不休,而是自由自在、从容不迫地沿着巷陌缓缓而行,甚至蹄下似乎没有扬起一粒尘土。诗句中并不是没有动态的描写,但给人的总体感受却是悠远而持久的静谧,可见诗人内心是何等闲适与宁静,对无拘无束的乡村生活是何等向往。 (吴纯燕)

草枯鹰眼疾,雪尽马蹄轻。

【出处】唐·王维《观猎》

风劲角弓鸣,将军猎渭城。草枯鹰眼疾,雪尽马蹄轻。忽过新丰市,还归细柳营。回看射雕处,千里暮云平。

【鉴赏】猎鹰的双眼因为草色的枯黄而显得更加锐利,骏马的四蹄由于积雪的消融而变得分外轻巧。诗句描写的是初春行猎的经过,"草枯""雪尽"是初春景致的具体描摹,诗人运用白描手法,寥寥数字,就简洁而形象地写出了郊外新草未生、冰雪已消的初春景色。"鹰眼疾"写发现猎物之快,"马蹄轻"紧承上句,写追赶猎物之疾,而这整个行猎的过程正是由于"草枯"和"雪尽"的绝无障碍才得以轻松完成。两句诗逻辑紧密,句间结构紧凑,不写猎获结果而读者早已了然于心。词句细致严谨,含蓄自然。

(吴纯燕)

山中一夜雨,树杪百重泉。

【出处】唐·王维《送梓州李使君》

万壑树参天,千山响杜鹃。山中一夜雨,树杪百重泉。汉女输橦布,巴人讼芋田。文翁翻教授,不敢倚先贤。

【鉴赏】一夜雨落,山间百道泉涌,一落千尺,远远望去,似乎悬挂在树梢之上一般。泉水自山壑之间奔涌,却仿佛是自树梢涌流而下。一方面表现了山势高峻、清泉众多、树木参天,山间泉水与壑中树木仿佛融为一体,共同构成了雄浑而秀丽的山中景致;另一方面可以看出树梢叶尖之上抛洒下昨夜清凉的雨水,如同山间清泉一般,无形中为山中雨后清晨增添了几分惬意与舒适。诗句既有雨后泉涌的视觉描写,又隐含了水流汩汩的声音,读来如临其境。句中山雨、树杪又与首联中描写到的山与树相互照映,加上视角步步推进,一从大处起笔,一从小处描摹,使得整首诗结构浑成,自然圆转。

(吴纯燕)

明月松间照,清泉石上流。

【出处】唐·王维《山居秋暝》

空山新雨后,天气晚来秋。明月松间照,清泉石上流。竹喧归浣女,莲动下渔舟。随意春芳歇,王孙可自留。

【鉴赏】皎皎月华透过山间青松枝叶的缝隙,洒下柔柔的光和斑驳的影;清凉的泉水滑过错落光洁的青石,听得溅溅轻跃和汩汩静流的声。月照松林是月华和松影的错落交织,显得清冷而幽静;泉鸣石上是清泉和圆石的浅吟低唱,显得灵动又宁静。诗人置身这样的环境之中,与自然融为一体,从而心旷神怡,身心俱静,是何等自在与舒畅。读之,似乎可以感受到山间秋夜似有若无的清凉,仿佛可以呼吸到秋雨过后清新而湿润的空气,从而自五脏六腑生发出一种难以言说的舒适和惬意,让心灵在自然的浸润中归于空明与宁静。

(吴纯燕)

竹喧归浣女,莲动下渔舟。

【出处】唐·王维《山居秋暝》

原文参见前句。

【鉴赏】竹林中听得一阵喧闹之声,那是浣纱的女子成群结队地归去。看那池塘中莲花微微一颤,是晚归的渔舟悄然而下。诗句描绘了日暮时分人们陆续离开山中的情景。诗人并没有直接看到他人的离去,而是调动各种感官展开联想:先是听觉捕捉到了竹林中的喧闹声,便明白这是浣纱女结伴归去;再是视觉觉察到池塘中莲花的轻轻颤动,便想到这是渔舟在池塘里渐渐飘远。这种别具匠心的写法,使得诗人和其他人不但没有照面,反而像是隔了一层无形的屏障。读来令人感到其他人的活动不仅没有对山中的宁静产生破坏,反而凸显了山中傍晚的幽静和诗人内心的平和。

（吴纯燕）

白云回望合,青霭入看无。

【出处】唐·王维《终南山》

太乙近天都,连山接海隅。白云回望合,青霭入看无。分野中峰变,阴晴众壑殊。欲投人处宿,隔水问樵夫。

【鉴赏】回头望去,山中那飘忽不定的白色云朵和青色雾霭仿佛连成一片,不露丝毫的缝隙。然而走近它们直至置身其中,倏忽间却似乎都已散尽,不留任何痕迹。诗句互文见义,从诗人自身的动作与视角出发,极写云雾的灵动与飘逸:回头看时四望如一,待到想要与之亲近,却又消失得了无踪迹。面对可望而不可即的飘摇云气,让人觉得此刻仿佛不是诗人在山间行走,而是山岚在相互追逐嬉闹,不时与诗人擦肩而过。而这种神秘而朦胧的感受又使得终南山的无边景致在云霭的缭绕中显得更加明丽多姿,引人入胜。

（吴纯燕）

江流天地外,山色有无中。

【出处】唐·王维《汉江临泛》(又作《汉江临眺》)

楚塞三湘接,荆门九派通。江流天地外,山色有无中。郡邑浮前浦,波澜动远空。襄阳好风日,留醉与山翁。

【鉴赏】滔滔江水似乎奔涌到了天地之外的无穷之处,两岸青山在江面的雾气中显得似有若无。诗句描绘的是诗人在汉江泛舟时所看到的景致,前两个字实写所见,后三个字虚写感受。"天地外"是江水的广阔无际,也是江天一色的旷远无边;"有无中"是青山的若隐若现,也是江上雾

71

霭的缭绕氤氲。表面写涌流的江水和静立的青山,实则展开了一幅烟波浩渺、广阔无边的汉江图卷。读之,似乎可以看到江上淡淡的薄雾,两岸高耸的青山,一望无际的江水流向无边远方,直至与天空融为一体。诗句视野开阔,写景自然,气韵雄浑。 （吴纯燕）

大漠孤烟直,长河落日圆。

【出处】 唐·王维《使至塞上》

单车欲问边,属国过居延。征蓬出汉塞,归雁入胡天。大漠孤烟直,长河落日圆。萧关逢候吏,都护在燕然。

【鉴赏】 在无边无际的沙漠中,烽火台上的一缕轻烟直直地往上飘。烽烟是用狼粪燃烧的,所以烟直而聚,即使有风吹也不斜。长河似带,河水上方,圆圆的红日正徐徐落下。这两句为我们描绘出了一个境界开阔、气势雄浑的大漠之景。"直""圆"二字逼真传神:"直"字写出了沙漠里杳无人烟的广袤,"圆"字则将浑圆的落日描绘得惟妙惟肖。大漠孤烟,长河落日,意境非常开阔雄壮,诗歌浑然天成,言尽而意无穷。 （曹 明）

漠漠水田飞白鹭,阴阴夏木啭黄鹂。

【出处】 唐·王维《积雨辋川庄作》

积雨空林烟火迟,蒸藜炊黍饷东菑。漠漠水田飞白鹭,阴阴夏木啭黄鹂。山中习静观朝槿,松下清斋折露葵。野老与人争席罢,海鸥何事更相疑。

【鉴赏】 水田广布而苍茫,水田之上,白鹭自由自在地飞舞,意态闲静潇洒。夏木茂密而幽深,密林之中,黄鹂开开心心地鸣唱,声音甜美愉悦。白鹭雪白无瑕,自由歌舞;黄鹂金黄耀眼,快乐鸣唱,一白一黄,一舞一唱,给人以视觉与听觉上的双重享受。叠字"漠漠",描绘了水田之宽广,视野之苍茫;而叠字"阴阴",则将夏季幽深宁静的辋川密林表现得一览无遗。两种自然景象,交相呼应,将积雨天气的辋川山野描绘得画意盎然,如诗如画。 （曹 明）

空山不见人,但闻人语响。

【出处】 唐·王维《鹿柴》

空山不见人,但闻人语响。返景入深林,复照青苔上。

【鉴赏】空寂的山林中，看不到一个人，只能听得见人讲话时的声音。"空山不见人"是从正面描写空山的杳无人迹，是写空山之"静"，而"但闻人语响"却是反面衬托空山之静。"但闻"二字说明除了偶尔能听到的人语之外，其他声音都不复存在。而正是由于没有其他声音，人语才显得格外响亮。这正是以"人语"之动，衬托"空山"之静。空谷传音，愈见空谷之空；空山人语，愈见空山之寂。此句将空山的万籁俱寂、宁静安谧表现得淋漓尽致。 （曹　明）

跳波自相溅，白鹭惊复下。

【出处】唐·王维《栾家濑》

飒飒秋雨中，浅浅石溜泻。跳波自相溅，白鹭惊复下。

【鉴赏】跳动的浪花相互激溅，白鹭因水花声而受惊飞起，又缓缓落下。水花相溅的声音能有多大，但白鹭却被其惊动而飞起，诗歌以此细节的描述，衬托出栾家濑环境之恬静清幽。白鹤受惊而飞，悬又落下，整个画面又归于安静。诗人善于捕捉自然中的动人美景，再现了一幅和谐自然的画面，令人赏心悦目，真可谓"诗中有画"。 （曹　明）

深林人不知，明月来相照。

【出处】唐·王维《竹里馆》

独坐幽篁里，弹琴复长啸。深林人不知，明月来相照。

【鉴赏】诗人自己坐在竹林之中，弹琴长啸，情趣高雅。然而，这深林之中，却无人知晓自己的情趣，尽管如此，诗人也并不为此感到孤独，明月皎洁，不时以银辉般的月光照耀着诗人，陪伴着诗人。诗歌运用拟人手法，将天上的一轮明月看作与自己心灵相通的知己。月光之下的诗人，处于这一片竹林之中，仿佛与自然融为一体，展出一幅宁静怡人的月夜幽林图画，表现了诗人清

静安详的心境。　　　　　　　　　　　　　　　　　　　　　（曹　明）

涧户寂无人，纷纷开且落。

【出处】唐·王维《辛夷坞》

木末芙蓉花，山中发红萼。涧户寂无人，纷纷开且落。

【鉴赏】寂寞的涧户，杳无人烟，这山中美丽动人的辛夷花，随着时间的推移，无声无息地开花，又无声无息地独自凋零。诗歌描绘的画面充满了落寞孤单的感觉。任凭辛夷花花朵开放得再好，再娇艳动人，也无人欣赏，最终只能逐渐凋零。花落本就让人伤悲，无人欣赏的花凋零更让人难过。花且如此，人何以堪？诗歌以辛夷花在无人的山涧自开自落的情景，寄托了诗人感伤自己空有满腹才华，却被压抑埋没的无奈情绪。

（曹　明）

人闲桂花落，夜静春山空。

【出处】唐·王维《鸟鸣涧》

人闲桂花落，夜静春山空。月出惊山鸟，时鸣春涧中。

【鉴赏】在寂静的环境里，桂花自开自落，而正是因为人内心闲静，没有外事干扰，细小的桂花从枝上落下，才能被诗人觉察。长夜寂静，景色繁多的春山却显得空旷宁静。花落为动，却更显春山之幽静，以动衬静。诗人内心之清静与春山之静谧交相呼应。此句以声写景，运用通感手法，将"花落"这一动态情景与"人闲"结合起来。既表现了诗人内心的恬静清闲，又展示了春山夜晚的幽雅宁静。后世常以此表现环境的幽静。

（曹　明）

泉声咽危石，日色冷青松。

【出处】唐·王维《过香积寺》

不知香积寺，数里入云峰。古木无人径，深山何处钟。泉声咽危石，日色冷青松。薄暮空潭曲，安禅制毒龙。

【鉴赏】王维向来是"诗中有画"的风格，这两句诗动静结合中体现着夕阳下的如画之景。一个"咽"字写活了泉水，更是用了倒装手法，将主语"危石"与宾语"泉声"互换，突出泉水因受石头阻碍而发出幽咽的声音；一个"冷"字用得极佳，在这样的无人小径中，夕阳西下时，听着钟声阵阵，诗

74

人眼前的景色也是幽静清冷的,再加上青松的冷色调,更是别有意境。

(杨泠泠)

炉火照天地,红星乱紫烟。

【出处】唐·李白《秋浦歌十七首》其十四

炉火照天地,红星乱紫烟。赧郎明月夜,歌曲动寒川。

【鉴赏】炉火熊熊燃烧,红彤彤的炉火将天地也照得通明。炉中因温度太高,火星四溅,紫烟蒸腾。此句呈现出一幅色调明亮、气氛热烈的冶炼场景。上句用一"照"字,将炉火冲天盖地的气势写出,使得整个场面变得非常壮观,意境恢宏。"乱"字则表现出红色的火星与紫色的烟雾交缠,色彩斑斓。"照""乱"二字的运用使得冶炼的场面卓然生辉,也体现出诗人兴奋、激动的心情。

(曹　明)

天姥①连天向天横,势拔五岳掩赤城②。

【注释】①天姥:山名,在唐代属于剡县。②赤城:山名,在今浙江天台县北,天台山南,土色皆赤,故名。

【出处】唐·李白《梦游天姥吟留别》

海客谈瀛洲,烟涛微茫信难求。越人语天姥,云霓明灭或可睹。天姥连天向天横,势拔五岳掩赤城。天台四万八千丈,对此欲倒东南倾。我欲因之梦吴越,一夜飞度镜湖月。湖月照我影,送我至剡溪。谢公宿处今尚在,渌水荡漾清猿啼。脚着谢公屐,身登青云梯。半壁见海日,空中闻天鸡。千岩万转路不定,迷花倚石忽已暝。熊咆龙吟殷岩泉,栗深林兮惊层巅。云青青兮欲雨,水澹澹兮生烟。列缺霹雳,丘峦崩摧。洞天石扇,訇然中开。青冥浩荡不见底,日月照耀金银台。霓为衣兮风为马,云之君兮纷纷而来下。虎鼓瑟兮鸾回车,仙之人兮列如麻。忽魂悸以魄动,恍惊起而长嗟。惟觉时之枕席,失向来之烟霞。世间行乐亦如此,古来万事东流水。别君去时何时还,且放白鹿青崖间,须行即骑访名山。安能摧眉折腰事权贵,使我不得开心颜。

【鉴赏】天姥山孤峭突起,山高连天,又随着天横铺绵延,其势超出五岳而盖过赤城山。天姥山是越东灵秀之地,但与我国的五大名山——五岳相较,无论在高度,还是气势上还是逊色的。但李白却说它"势拔五岳掩赤城",比五岳还更挺拔,被写得耸立天外,气势非凡。这两句诗文运用

夸张手法,极言天姥山之高大雄伟。 （曹　明）

风吹柳花满店香,吴姬压酒唤客尝。

【出处】 唐·李白《金陵酒肆留别》

风吹柳花满店香,吴姬压酒唤客尝。金陵子弟来相送,欲行不行各尽觞。请君试问东流水,别意与之谁短长。

【鉴赏】 温暖的春风,将垂垂欲下的杨花吹入店中;满店都是香味。吴地的姑娘,将新压榨出来的美酒捧出,劝客品尝。柳絮飘飘,酒香郁郁,不知这店中飘荡的香味到底是酒香还是柳花香,令人沉醉。诗句以"满店香"紧接柳花,貌似修饰柳花,却是表现盎然春意、表现郁郁酒香,春意醉人,酒亦醉人。诗歌言浅而情深,诗人寥寥几笔便刻画出一幅春风喜人、柳絮飘摇、酒香醉人的热闹非凡的春景图。 （曹　明）

飞流直下三千尺,疑是银河落九天^①。

【注释】 ①九天:九重天,天空最高处。

【出处】 唐·李白《望庐山瀑布二首》其二

日照香炉生紫烟,遥看瀑布挂前川。飞流直下三千尺,疑是银河落九天。

【鉴赏】 瀑布凌空而出,高空直落,犹如从云端飞流直下,让人联想到仿佛是一条银河从天而降。诗人写出了瀑布的动态,以"飞"字,把瀑布喷涌而出的景象描绘得极为生动。"直下",写出飞流之湍急;"三千尺",显示出瀑布直泻的高度。"疑是银河落九天"一句运用比喻手法,似是而非,迷离恍惚,却让读者更感觉生动逼真,以夸张手法,给人无限想象空间。此句尽情展现出庐山瀑布磅礴的气势,其形容瀑布落差之大,极为传神,被苏轼赞为古今咏瀑布的最佳诗篇。 （曹　明）

两岸青山相对出,孤帆一片日边来。

【出处】 唐·李白《望天门山》

天门中断楚江开,碧水东流至北回。两岸青山相对出,孤帆一片日边来。

【鉴赏】 两岸的青山相对着走了过来,一片孤帆从日边而来。一个"出"字不仅化静为动,使本来静止不动的山带上了动态美。隔江的天门山,仿佛迎面向自己走来,以示对江上来客的欢迎。"孤帆一片日边来"点出了诗人望天门山的地点,诗人并非站在岸上的某一个地方遥望天门山,而是从"日边来"的"一片孤帆"。帆是动的,因此诗人的视角也一直在变,充满动态。诗人舟行至两山间,观望左右两岸层出不穷之山景,表达出诗人新鲜喜悦的心情。

（曹　明）

朝辞白帝彩云间,千里江陵一日还。两岸猿声啼不住,轻舟已过万重山。

【出处】唐·李白《早发白帝城》

朝辞白帝彩云间,千里江陵一日还。两岸猿声啼不住,轻舟已过万重山。

【鉴赏】清晨,我告别高耸入云霄的白帝城,江陵虽距离此地千里之遥,但船行一日便到了。长江两岸的猿,还在耳边不停地啼叫,而船却顺流直下,如脱弦之箭,在猿的叫声中已穿过万重青山。此诗作于乾元二年(公元759年),当时李白流放夜郎,半道遇赦,从白帝城返舟东下江陵。舟顺流而下,行船轻如无物,两岸猿的鸣叫声也混为一片,舟行之快速可想而知。诗歌以轻舟瞬息千里的速度表现出诗人遇赦后的欢快心情,千百年来脍炙人口。

（曹　明）

众鸟高飞尽,孤云独去闲。相看两不厌,只有敬亭山。

【出处】唐·李白《独坐敬亭山》

众鸟高飞尽,孤云独去闲。相看两不厌,只有敬亭山。

【鉴赏】敬亭山在今安徽宣城北。天上的鸟儿越飞越远,直至无影无踪,空中还漂浮着一片白云,也慢慢地飘远。鸟飞云去,可能世间万物都厌弃我吧。如此则只剩下我与敬亭山,相对凝视。大千世界可能只有敬亭山愿意和我做伴吧。前两句中之景由动而静,后两句则用拟人手法将敬亭山写活,凸显诗人对敬亭山的喜爱,然而山越有情,则越能表现出现实人生中人的无情。诗人正是因为在世间饱尝人间辛酸,才愿意独坐敬亭山,从自然中寻找安慰。总之,这首诗歌整体表现了诗人内心的孤独与寂寞之情。

(曹 明)

平林漠漠烟如织,寒山一带伤心碧。

【出处】 唐·李白《菩萨蛮》

平林漠漠烟如织,寒山一带伤心碧。暝色入高楼,有人楼上愁。玉阶空伫立,宿鸟归飞急。何处是归程? 长亭连短亭。

【鉴赏】 平远的树林笼罩在一片交织缭绕的朦胧烟雾中,秋天的山峦铺洒着一片让人伤心的碧绿苍翠。这是主人公登楼远眺之景。一个"平"字,便将首句的镜头拉远,呈现出高远阔大的境界。"漠漠",寂静无声的样子,突出树林的萧条寂寥之感。"烟如织"则描绘出树林在暮色之中烟霭四起的状态。"寒山"之"寒","伤心碧"之"伤心",都是融情于景的写法,自然物本没有情感,因为主人公情感的寄托,才使得其既"寒"又"伤心"。"平林"句色调暗淡,"寒山"句情绪低沉,为全词奠定了忧伤悲苦的情感基调。

(经 惠)

音尘绝,西风残照,汉家陵阙。

【出处】 唐·李白《忆秦娥》

箫声咽,秦娥梦断秦楼月。秦楼月,年年柳色,灞陵伤别。　　乐游原上清秋节,咸阳古道音尘绝。音尘绝,西风残照,汉家陵阙。

【鉴赏】 通往咸阳的古路上音信早已断绝。如今只剩下这汉朝的坟墓与宫阙,还在秋风残照中孤独存在。"西风残照,汉家陵阙",展现了一幅衰败的历史古迹图。词人借用这眼前之实景,寄寓了沉重的历史兴亡之叹,交杂着古今盛衰、悲欢离合之感。把过去、现在与未来融为一体,借古讽今,暗含着对唐王朝的劝诫之意。"音尘绝"采用顶针手法,重复上句"音尘绝"三字,使得音节更为顺畅,情感表达更加浓烈。后世常用"西风残照"比喻衰败没落的景象。

(经 惠)

山从人面起，云傍马头生。

【出处】唐·李白《送友人入蜀》

见说蚕丛路，崎岖不易行。山从人面起，云傍马头生。芳树笼秦栈，春流绕蜀城。升沉应已定，不必问君平。

【鉴赏】此为写蜀道名句。李白拟想友人入蜀之时，山岩紧贴人面，马的头部在云中穿行，这是如何崎岖险峻的蜀道！蜀道自古难行，李白有《蜀道难》名篇咏之。诗句极写蜀道艰险，令人如在目前。　　（黄　鸣）

人间寒橘柚，秋色老梧桐。

【出处】唐·李白《秋登宣城谢朓北楼》

江城如画里，山晚望晴空。两水夹明镜，双桥落彩虹。人间寒橘柚，秋色老梧桐。谁念北楼上，临风怀谢公？

【鉴赏】既是李白写秋，秋之意象便自与他家不同。橘柚为秋天结果之物，梧桐亦有秋声。但一个"人间"，一个"秋色"，便将这两物与壮阔场景相联，使人眼界一开。"寒""老"二字，极有风骨。　　（黄　鸣）

潭清疑水浅，荷动知鱼散。

【出处】唐·储光羲《钓鱼湾》

垂钓绿湾春，春深杏花乱。潭清疑水浅，荷动知鱼散。日暮待情人，维舟绿杨岸。

【鉴赏】潭水清澈，一眼便能看到水底，诗人因而怀疑由于潭水浅而没有鱼上钩。忽然见水中的荷叶摇晃，才知道水中的鱼因为受惊而四处游散了。此句虽是写钓鱼湾之景，实际上却含情，诗人垂钓绿湾，实是等待情人赴约。"荷动"本以为是佳人划船来赴约，不想却是水底鱼游动而致。诗歌将等待情人过程中既满心欢喜，满心期待，又担心情人不来的惆怅之情表现得入木三分。语言清新自然，富有生活情趣。　　（曹　明）

山光悦鸟性，潭影空人心。

【出处】唐·常建《题破山寺后禅院》

清晨入古寺，初日照高林。竹径通幽处，禅房花木深。山光悦鸟性，潭影空人心。万籁此都寂，但余钟磬音。

【鉴赏】山中的景色使鸟儿怡然自乐，诗人看到投映在潭水中的自己的身影,顿觉心无杂念,内心湛然空明。"悦""空"二字用作动词,使得画面变得灵动自然,表现了诗人用字的精妙。诗人身处幽深、清寂的佛门圣地,内心变得宁静,心中的杂念烦躁一扫而尽,因此,诗人才能感受到鸟儿在山中自由自在的欢乐之情,此时诗人内心也定像这林间自由自在的鸟儿一般充满快乐喜悦之情。后人常用此句赞美一个地方的幽静。

（曹　明）

今夜偏知春气暖,虫声新透绿窗纱。

【出处】唐·刘方平《夜月》

更深月色半人家,北斗阑干南斗斜。今夜偏知春气暖,虫声新透绿窗纱。

【鉴赏】在这样一个斗转月斜、夜寒袭人的深夜,却偏偏能够感觉到暖暖春意,虫儿的鸣叫声透过绿色的窗纱稀稀疏疏地传了进来。春天刚刚到来,万物便已经感应到。此句从听觉着眼:虫感觉到春意而自然鸣叫,诗人闻虫儿鸣叫声而知春暖。诗人用一句话传达出两层意思。"绿"字的运用也使得诗句带有春天万物复苏、芳草如茵的气息。因今夜传来的虫鸣声,表现了诗人因春的到来而感到喜悦和希望。诗句构思独特,立意新颖。

（曹　明）

日暮苍山远,天寒白屋贫。柴门闻犬吠,风雪夜归人。

【出处】唐·刘长卿《逢雪宿芙蓉山主人》

日暮苍山远,天寒白屋贫。柴门闻犬吠,风雪夜归人。

【鉴赏】暮色降临,青山渐远,寒气袭人,一幢白茅盖顶的房屋出现在眼前,从这房屋的外形就可以推断这一定是劳苦人家的住房。诗人借宿之后,忽听柴门处传来家狗的叫声,原来是白屋的主人冒着风雪回家来了。"日暮苍山远"是远景,刻画了诗人一个人跋山越岭,劳碌奔波的场景。"天寒白屋贫"是近景,诗人将镜头拉近,在这寒冷的夜晚,终于看到一户人家,尽管这户人家家境并不富裕,我们也能够领悟到诗人于这寒冷夜晚终于能暂时休息的喜悦。"柴门闻犬吠,风雪夜归人"已经是诗人在这户人家安顿之后的场景,山村寂静,柴门处传来的狗叫声也就格外响亮,原来是这家的主人回来了。诗歌整体刻画了诗人风雪之夜投宿山村的场景。

（曹　明）

北风卷地白草折，胡天八月即飞雪。

【出处】唐·岑参《白雪歌送武判官归京》

北风卷地白草折，胡天八月即飞雪。忽如一夜春风来，千树万树梨花开。散入珠帘湿罗幕，狐裘不暖锦衾薄。将军角弓不得控，都护铁衣冷难着。瀚海阑干百丈冰，愁云黪淡万里凝。中军置酒饮归客，胡琴琵琶与羌笛。纷纷暮雪下辕门，风掣红旗冻不翻。轮台东门送君去，去时雪满天山路。山回路转不见君，雪上空留马行处。

【鉴赏】北风呼啸，卷地而来，将白草也吹折了。八月在南方正值秋季，天高气爽，而在西北边塞却已是冬季，雪花飞舞。诗歌在写雪之前，先写风，大雪必随大风而来，此句由风而见雪，表现出奇妙的构思。白草，西域草名，牛马所嗜，干枯时呈现白色，故名。白草非常坚韧，故以白草折断，显示出风之大。"卷"字表现出了风势猛烈；"即"字，则刻画出风雪的到来出乎诗人意料。诗句将西北边境独特的异域情味表现出来。后世常用此句表现边境风光。

（曹　明）

纷纷暮雪下辕门①，风掣②红旗冻不翻。

【注释】①辕门：古代乘车作战，行军扎营之时，须用车环卫，在出口处将两车的辕相向竖起，成一半圆形的门，因此称之为辕门。②掣：拉扯，牵引。

【出处】唐·岑参《白雪歌送武判官归京》

原文参见前句。

【鉴赏】时已黄昏，雪越下越大。风势凶猛，而辕门上的红旗却因为被冰雪冻僵，即使风吹也不易翻动。"掣"表现出风之猛。风势迅猛，能吹折白草，而如此大风却吹不翻红旗，正是因为红旗已经被雪冻住了。诗人通过这一细节再次刻画了西北边塞地区的奇寒天气。北风呼啸，大雪纷

飞,而红旗却屹立风中,岿然不动。白雪红旗,以颜色上的对比使画面更加鲜亮动人,自有一番异域风味。 （曹　明）

三月三日天气新,长安水边多丽人。态浓意远淑且真,肌理细腻骨肉匀。

【出处】唐·杜甫《丽人行》

三月三日天气新,长安水边多丽人。态浓意远淑且真,肌理细腻骨肉匀。绣罗衣裳照暮春,蹙金孔雀银麒麟。头上何所有,翠微荷叶垂鬓唇。背后何所见,珠压腰衱稳称身。就中云幕椒房亲,赐名大国虢与秦。紫驼之峰出翠釜,水精之盘行素鳞。犀箸厌饫久未下,鸾刀缕切空纷纶。黄门飞鞚不动尘,御厨络绎送八珍。箫鼓哀吟感鬼神,宾从杂遝实要津。后来鞍马何逡巡,当轩下马入锦茵。杨花雪落覆白蘋,青鸟飞去衔红巾。炙手可热势绝伦,慎莫近前丞相嗔。

【鉴赏】三月三日风和日丽,曲江水边有很多春游的贵族妇女,其中最为醒目的是皇亲国戚虢国夫人与秦国夫人。她们姿色浓艳,神气高远不俗;她们天生丽质,皮肤细腻身材匀称。三月三日是上巳节,古代风俗,此日人们于水边祛除不祥,后来则发展成春日宴游的节日。此句诗歌展现了在上巳节这一日,曲江水边踏青的贵族妇人众多,这些佳丽意态娴雅,体态优美。诗歌借这些遍身绫罗绸缎的丽人,讽刺了统治集团腐朽奢侈的生活。 （曹　明）

杨花雪落覆白蘋,青鸟飞去衔红巾。

【出处】唐·杜甫《丽人行》

原文参见前句。

【鉴赏】曲江两岸多杨树,杨花像雪一样飘落在水中,覆盖在水上的浮萍上,而青鸟衔去一方红色手帕。古人认为浮萍是杨花的化身,而蘋是浮萍中较大的一种,因此杨花与白蘋是一本同源的,此处以比喻杨家姐妹与杨国忠之间的暧昧关系。青鸟,传说中西王母的信使,后来泛指男女之间传递消息的人。古代妇女常以巾帕为定情信物,青鸟衔巾,比喻暗通消息。此句的这几个典故,对统治者内部腐朽丑恶的本质给予了辛辣的讽刺。 （曹　明）

落日照大旗，马鸣风萧萧。

【出处】 唐·杜甫《后出塞五首》其二

朝进东门营，暮上河阳桥。落日照大旗，马鸣风萧萧。平沙列万幕，部伍各见招。中天悬明月，令严夜寂寥。悲笳数声动，壮士惨不骄。借问大将谁，恐是霍嫖姚。

【鉴赏】 落日西沉，夕阳照耀在战旗上，战马嘶鸣，朔风萧萧。整个画面极其辽阔而富有威严。这两句诗歌刻画了边地傍晚凛然庄严的行军情景。"落日"标明时间，上接诗歌第二句的"暮"字，表现出时间上的紧凑感，从东门营到河阳桥，一日即到，以显示部队行军迅速。"风"的使用，使得整个行军的画面变得鲜活起来，风声、马嘶鸣声交相呼应，给予画面以声音，边塞之气扑面而来！

（曹　明）

两个黄鹂鸣翠柳，一行白鹭上青天。

【出处】 唐·杜甫《绝句四首》其三

两个黄鹂鸣翠柳，一行白鹭上青天。窗含西岭千秋雪，门泊东吴万里船。

【鉴赏】 一对黄鹂在新绿的柳枝上快乐地鸣叫，雪白的鹭鸟排成一行，拍着翅膀飞向湛蓝的天空。诗歌描绘的画面极其优美：运用了"黄""翠""白""青"四种颜色，描绘出一幅色彩斑斓的春景图，而黄鹂、白鹭"鸣翠柳""上青天"的行为举止，为这幅春景图上增加了声音与动作，使得画面流动起来，生机勃勃。黄鹂的活泼灵动与白鹭的优雅安静对比，二者和谐地融合在一起，传达出诗人内心无比欢快的感情。

（曹　明）

窗含西岭千秋雪，门泊东吴万里船。

【出处】 唐·杜甫《绝句四首》其三

原文参见前句。

【鉴赏】 凭窗远眺西山的雪岭，岭上有终年不化的皑皑白雪，历经千秋万代。而门外的江岸边，也停泊着来自万里之外"东吴"船只。诗歌两句俱是写景，上句是远景，诗人从窗框中看到；下句是近景，诗人从门口看到。全首诗歌俱是写景，我们却能从字里行间体会诗人的感情："万里船"意味深长，安史之乱历经八年之久，这之间由于战乱，船只是无法畅行万里的，而今战乱平息，这门前停泊的船只正是来自万里之外的"东吴"，诗

人以此表达自己对平定安史之乱的愉快心情。"万里船"与"千秋雪"相对,空间无限宽广,时间无限久远,境界开阔。 （曹　明）

星垂平野阔,月涌大江流。

【出处】唐·杜甫《旅夜书怀》

细草微风岸,危樯独夜舟。星垂平野阔,月涌大江流。名岂文章著,官应老病休。飘飘何所似? 天地一沙鸥。

【鉴赏】星点遥挂如垂,平野广阔无边;江中月影随江水流动如涌,大江翻滚,向东流去。此联写景,广阔的平野,漫天的繁星,明亮的月亮,奔腾的江水,境界恢宏,气势雄浑阔大。诗人孤苦伶仃、到处奔波,心情本凄怆无比,他却将自己置于这无限宽广、无限雄浑之境,以乐景衬托哀情,同时,也使得诗人之悲增添了豪壮的成分,情感也变得深厚。"星垂平野阔,月涌大江流"一联也就成为千古写景名句。 （曹　明）

飘飘何所似? 天地一沙鸥。

【出处】唐·杜甫《旅夜书怀》

原文参见前句。

【鉴赏】飘然一身像什么呢? 不过是广阔天地之间的一只小小的沙鸥而已。诗人自问自答,先问自己像什么,然后回答说像天地间的一只微不足道的沙鸥。沙鸥非常渺小,诗人自比沙鸥飘零,内心漂泊无依,本有无限感伤,却偏偏将这无限哀情寄托于壮阔宏伟的天地之间。天地至大,包容万物,小小沙鸥,不过沧海一粟。与无限广大的天地相较,自己的这一丝哀情也就显得微不足道,意境一下变得开阔无垠,以此足见诗人壮阔的胸襟。 （曹　明）

玉露凋伤枫树林,巫山巫峡气萧森。

【出处】唐·杜甫《秋兴八首》其一

玉露凋伤枫树林,巫山巫峡气萧森。江间波浪兼天涌,塞上风云接地阴。丛菊两开他日泪,孤舟一系故园心。寒衣处处催刀尺,白帝城高急暮砧。

【鉴赏】秋天的露水滴在枫树上,在露水的侵蚀下,枫树逐渐凋零,巫山和巫峡也笼罩在一片静谧阴森的迷雾之中。"玉露"即白露,点明此时的季节是秋天,"巫山巫峡"正是诗人此时所在之地。秋天,枫树叶落,草木摇落,本就让人生悲,诗人又以"凋伤"字眼,使得画面充满哀伤情绪。既是秋景,巫山巫峡的情况也不容乐观,一派"萧森"之象,给人以压迫之感。诗人以"凋伤""萧森"等字眼塑造出一幅压抑的,气氛阴沉的意境,定下了全诗的感情基调。 （曹　明）

江间波浪兼天涌,塞上风云接地阴。

【出处】 唐·杜甫《秋兴八首》其一

原文参见前句。

【鉴赏】 巫峡里面波浪汹涌,气势滔天,关隘险要之处的风云低得仿佛要压到地面上。整个画面极其阴晦萧森。诗歌不仅描绘自然界中的萧森景象,也包含着世间风云变幻,世事艰难之叹。"江间波浪"是眼前实景,"塞上风云"却寄寓时事。所谓"风云"既实指自然间之景象,也虚指战争乌云。在对景物的描绘之中,寄寓着诗人对动荡时局的担忧。也正因为如此,使得诗歌的意境波澜壮阔。 （曹　明）

风急天高猿啸哀,渚清沙白鸟飞回。

【出处】 唐·杜甫《登高》

风急天高猿啸哀,渚清沙白鸟飞回。无边落木萧萧下,不尽长江滚滚来。万里悲秋常作客,百年多病独登台。艰难苦恨繁霜鬓,潦倒新停浊酒杯。

【鉴赏】 天高气爽,猎猎秋风,峡中不断传来猿充满哀愁的鸣叫声。在江中的小洲上,水清而沙白,鸟儿不住回旋地飞翔。诗句出句、对句对仗工整,而且还巧妙运用句中对。上句"天"对"风","高"对"急",下句"沙"对"渚","白"对"清",非常精妙。巫峡多猿,和着风声,猿的鸣叫声也就尤其哀愁,因此猿的哀叫声,也容易触发诗人内心的忧郁情绪。诗歌以"猿啸哀"三字,奠定了诗歌的情感基调。 （曹　明）

无边落木萧萧下,不尽长江滚滚来。

【出处】 唐·杜甫《登高》

原文参见前句。

【鉴赏】 树叶纷纷落下,无边无际,江水汹涌澎湃,滚滚奔腾而来,奔流不息。以"无边"修饰"落叶"，"萧萧"而下的气势才会具备；同样，以"不尽"修饰长江之水，"滚滚"而来的气势也生成。让人禁不住联想到落木窸窣的声音，长江江水翻滚，气势汹涌而来。落叶本是让人感到韶光易逝，青春不再，本是让人伤心不已，诗人赋予了诗句以悲壮的情感。然而，下句偏又写长江之水奔波不息，却并不泄气，又给人以无穷的力量。正是如此，整句诗歌虽语含悲怆，却境界开阔，虽悲伤，读来却并不让人消沉。

（曹　明）

吴楚东南坼，乾坤日夜浮。

【出处】唐·杜甫《登岳阳楼》

昔闻洞庭水，今上岳阳楼。吴楚东南坼，乾坤日夜浮。亲朋无一字，老病有孤舟。戎马关山北，凭轩涕泗流。

【鉴赏】吴国、楚国两国之地仿佛被广阔无边的洞庭湖水分裂为东南两半，整个天地、日月乾坤仿佛昼夜漂浮在洞庭湖上一般。此句将洞庭湖无边无际的浩瀚水势、负载乾坤之雄伟壮阔表现得一览无余。"吴楚""乾坤"等语境界极其开阔，却以此来衬托洞庭湖水，更显洞庭湖水之辽阔、之壮伟。一个"坼"字，给人天崩地裂之感，一个"浮"字也让人感到动荡不安、漂泊无依。诗人用短短十个字，绘就了洞庭湖壮阔的美景。（曹　明）

颠狂柳絮随风舞，轻薄桃花逐水流。

【出处】唐·杜甫《漫兴九首》其五

肠断春江欲尽头，杖藜徐步立芳洲。颠狂柳絮随风舞，轻薄桃花逐水流。

【鉴赏】颠，同"癫"。柳絮癫狂，桃花轻薄，其相同之处均在于其根脚不定,见风使舵。究其原因,终究是其中心不定,立足不稳,爱慕虚荣,所以漂泊由人,不能自主。诗中蕴含着作者对人生的无限感慨。　　　（黄　鸣）

穿花蛱蝶深深见,点水蜻蜓款款飞。

【出处】唐·杜甫《曲江二首》其二

朝回日日典春衣,每日江头尽醉归。酒债寻常行处有,人生七十古来稀。穿花蛱蝶深深见,点水蜻蜓款款飞。传语风光共流转,暂时相赏莫相违。

【鉴赏】这两句写江头风光,曲尽物态。蛱蝶穿花,蜻蜓款款而飞,深深见者,繁花之中,偶尔见之,倏尔飘游,忽东忽西;款款飞者,其态轻盈,不失优雅,偶然点水,又迅疾地飞走。此句写物极佳。　　（黄　鸣）

自去自来梁上燕,相亲相近水中鸥。

【出处】唐·杜甫《江村》

清江一曲抱村流,长夏江村事事幽。自去自来梁上燕,相亲相近水中鸥。老妻画纸为棋局,稚子敲针作钓钩。但有故人供禄米,微躯此外更何求?

【鉴赏】自去自来,两个"自"字,写梁上燕子的轻盈和自由;相亲相近,两个"相"字,写水中鸥鹭的伉俪情深。一切都在自然之中,天机自发,其乐融融,正如作者在江村中感受到的人生,悠闲自适,怡然自得,人生如此,夫复何求?　　（黄　鸣）

惯看宾客儿童喜,得食阶除鸟雀驯。

【出处】唐·杜甫《与朱山人》

锦里先生乌角巾,园收芋栗未全贫。惯看宾客儿童喜,得食阶除鸟雀驯。秋水才深四五尺,野航恰受两三人。白沙翠竹江村暮,相送柴门月色新。

【鉴赏】儿童欢喜,因宾客常至;鸟雀驯服,因无危险,乃至能惬意地在台阶之上啄食。这纯然是一派自然的天机!朱山人隐逸江村,却又与世相亲,在诗中体现得如世外桃源般明净。　　（黄　鸣）

何年顾虎头,满壁画沧洲。

【出处】唐·杜甫《题玄武禅师屋壁》

何年顾虎头,满壁画沧洲。赤日石林气,青天江海流。锡飞常近鹤,杯渡不惊鸥。似得庐山路,真随惠远游。

【鉴赏】顾虎头是东晋名画师顾恺之,其画珍贵无比。沧州是壁画内容,为山水形胜之地。这两句突兀而起,用在诗句的开头,有出奇制胜的感觉。就如一座空屋,甫入门来,突听得一声大喝,令读者精神一振,身心俱惊,艺术效果极佳。

(黄　鸣)

孤嶂秦碑在,荒城鲁殿余。

【出处】唐·杜甫《登兖州城楼》

东郡趋庭日,南楼纵目初。浮云连海岱,平野入青徐。孤嶂秦碑在,荒城鲁殿余。从来多古意,临眺独踌躇。

【鉴赏】秦碑,即秦峄山之碑;鲁殿,即汉时鲁恭王之灵光殿。无论是始皇的赫赫声威,还是鲁恭王的巍峨高殿,到如今都只余孤嶂荒城。读这两句诗,一股深厚的悲凉之意从纸面袭来。这种感觉是建立在历史的沧桑感之上的,笔力深沉雄健。

(黄　鸣)

月落乌啼霜满天,江枫渔火对愁眠。

【出处】唐·张继《枫桥夜泊》

月落乌啼霜满天,江枫渔火对愁眠。姑苏城外寒山寺,夜半钟声到客船。

【鉴赏】夜深了,月亮已经落下去了,在这宁静的夜晚,时不时传来几声乌鸦的叫声,冷气逼人,寒霜似乎铺满了整个天空。江边的枫树、渔舟的火光则始终陪伴着内心忧愁夜不能寐的诗人。诗歌的物象密度很大,以十四个字写了六种景象。"月落""乌啼""霜天"三词分别叙述了诗人所见、所闻、所感,渲染出一幅宁静清冷的苏州水乡秋夜图。"江枫""渔火"一动一静,一明一暗,却似乎有了生命一般,被诗人人格化,能够陪伴着愁绪满怀、夜不能寐的诗人。诗句表现了羁旅者孤茕寂寥的心情。

(曹　明)

姑苏城外寒山寺,夜半钟声到客船。

【出处】唐·张继《枫桥夜泊》

原文参见前句。

【鉴赏】苏州城外的寒山寺,夜半鸣钟,这钟声便传到了停泊在江边的船上。寒山寺,在今苏州西郊的枫桥边,初建于梁代,因唐初诗僧寒山曾住于此而得名。尘世喧嚣,此时诗人夜宿船上,却能听闻寺院的钟声,江面上寂静可知,但是寂静往往与寂寞同行,这夜半的钟声,诗人尚能听到,可见诗人直至夜半,尚未入眠。诗歌接着便点明自己所乘之船是"客船",再次刻画出诗人客居他乡、漂泊流浪的场景。　　　　　　　(曹　明)

曲终人不见,江上数峰青。

【出处】唐·钱起《省试湘灵鼓瑟》

善鼓云和瑟,常闻帝子灵。冯夷空自舞,楚客不堪听。苦调凄金石,清音入杳冥。苍梧来怨暮,白芷动芳馨。流水传潇浦,悲风过洞庭。曲终人不见,江上数峰青。

【鉴赏】妙曲已弹奏完,却只闻其声,不见其人,眼前只见湘江如带,青山林立。此诗是钱起参加进士考试时所作的诗篇。进士考试由尚书省礼部主持,因此被称为省试。这年进士考试的题目正是《湘灵鼓瑟》。湘灵是指湘水的神灵——帝舜的妃子娥皇、女英。"曲终"对应"鼓瑟","人不见"对应"灵",江上数峰青对应"湘",这两句不仅描写了环境,而且照应了题目,韵味深长。　　　　　　　　　　　　　　　(曹　明)

春城无处不飞花,寒食东风御柳斜。

【出处】唐·韩翃《寒食》

春城无处不飞花,寒食东风御柳斜。日暮汉宫传蜡烛,轻烟散入五侯家。

【鉴赏】暮春时节,长安城内到处飞舞着柳絮,在这寒食之日,东风吹拂着宫内御苑内的柳树。诗歌上句描绘整个长安城内柳絮飞舞的景色,下一句则专写皇城风光。按当时风俗,寒食日可折柳插门,所以特别写到柳。诗人先写柳树,之后非常自然地转到御柳,接着就转到皇城内的风光。诗人抓住了寒食节时令前后柳絮漫飞的画面,以"无处不"双重否定来加强语气,写出整个长安的动人春色。　　　(曹　明)

日暮汉宫传蜡烛,轻烟散入五侯家。

【出处】唐·韩翃《寒食》

89

原文参见前句。

【鉴赏】日暮时分，皇宫中传蜡烛以分火。烛火飘散的烟也传入权贵之家。因寒食节禁火，也不能点蜡烛，但是皇帝却准许宠臣点蜡烛，由此讽刺了皇帝对权贵的恩宠。"传蜡烛""轻烟散入"等语，不仅刻画出皇恩之下"五侯家"轻烟袅袅的景象，也令人联想到内侍奉命赐火，走马传烛的画面，展现出中唐时代政治腐败的黑暗局面。诗人内心是充满愤怒的，却选取了一个在寒食日传蜡烛的奇怪举动，不加任何评论，而讽刺意味十足。

（曹　明）

春潮带雨晚来急，野渡无人舟自横。

【出处】唐·韦应物《滁州西涧》

独怜幽草涧边生，上有黄鹂深树鸣。春潮带雨晚来急，野渡无人舟自横。

【鉴赏】傍晚时分，春潮携雨匆匆而来。潮水翻涌，岸边停泊的一只小船因水流之故，四处飘荡。实际上，"雨"并非春潮带来，而是因春雨而增大了春潮，诗人却说"春潮带雨"，趣味横生。"自"虽含"孤单""独自"之意，却也蕴含着自由自在，无拘无束之意。放在这样一幅春意盎然的景象中，不仅增强了画面的动态感，也与幽草、黄鹂、春潮等构成一幅和谐的画面，描绘了西涧幽静自在之美。

（曹　明）

升堂坐阶新雨足，芭蕉叶大栀子^①肥。

【注释】①栀子：花名，花为白色。

【出处】唐·韩愈《山石》

山石荦确行径微，黄昏到寺蝙蝠飞。升堂坐阶新雨足，芭蕉叶大栀子肥。僧言古壁佛画好，以火来照所见稀。铺床拂席置羹饭，疏粝亦足饱我饥。夜深静卧百虫绝，清月出岭光入扉。天明独去无道路，出入高下穷烟霏。山红涧碧纷烂漫，时见松枥皆十围。当流赤足蹋涧石，水声激激风吹衣。人生如此自可乐，岂必局束为人鞿。嗟哉吾党二三子，安得至老不更归。

【鉴赏】"升堂"之后，诗人从堂前退出，坐在堂前的台阶上。雨水充盈，使得芭蕉的叶子显得更大更绿，栀子花开得更盛更丰美。"大""肥"，不过是寻常字眼，但用在吸取雨水后的芭蕉叶和栀子花上，却恰到好处，

90

让人联想到这样的画面:经雨水冲洗,芭蕉叶绿,更显茂盛,栀子花白,更显娇艳动人。绿叶白花相称,画面优美,让观者内心顿生喜悦之情,禁不住要赞美它们。 （曹　明）

杨花榆荚无才思,唯解漫天作雪飞。

【出处】唐·韩愈《晚春》

草树知春不久归,百般红紫斗芳菲。杨花榆荚无才思,唯解漫天作雪飞。

【鉴赏】"杨花榆荚"没有美丽的花朵,只能如雪花般漫天飞舞。有人说此句是诗人故意嘲弄"杨花榆荚"没有美丽的花朵,正如人没有才华。然而,诗人对无法与其它花朵争奇斗艳的杨花榆荚未必没有怜惜之情。杨花飞舞,恰似白雪飘舞,这样的景色也非常动人,无法开花的杨树也让人怜惜不已。杨花飞舞,正是晚春的特征之一,诗人以"晚春"为题,抓住晚春特有的杨花如雪漫天飞舞的场景,也可谓是与题目紧密相连了。 （曹　明）

天街小雨润如酥,草色遥看近却无。

【出处】唐·韩愈《初春小雨》

天街小雨润如酥,草色遥看近却无。最是一年春好处,绝胜烟柳满皇都。

【鉴赏】此为写景名句。天街为长安城之街,长安的小雨,柔柔地下着,如酥油一般润泽。时当早春,草色已由黄转绿,但这嫩绿的颜色,在雨中遥看有,近看却又似看不见。诗句极写早春时节物之美。

（黄　鸣）

春风无限潇湘①意,欲采蘋花②不自由。

【注释】①潇湘:湖南境内两条水名,至零陵两水合流。②蘋花:水生植物,春天开白花。古人有采花赠人表达感情的风俗。

【出处】唐·柳宗元《酬曹侍御过象县见寄》

破额山前碧玉流,骚人遥驻木兰舟。春风无限潇湘意,欲采蘋花不自由。

【鉴赏】潇湘两岸,芳草丛生,蘋花盛开,这春风中有无限潇湘之意。诗人很想到潇湘采蘋花赠送与你,但是却没有自由。这一句是写诗人得到友人赠诗后的情意,表达出自己对贬谪生活不自由的不满。"欲采蘋花"化用南朝柳恽《江南曲》诗意:"汀洲采白蘋,日暖江南春。洞庭有归客,潇湘逢故人。故人何不返?春花复应晚。不道新知乐,只言行路远。"在这春光明媚之日,诗人怀念故人,却连采蘋花赠故人的自由都没有,诗歌表现了一个被贬谪者失去自由的郁闷心情。　　　　　(曹　明)

千山鸟飞绝,万径人踪灭。孤舟蓑笠①翁,独钓寒江雪。

【注释】①蓑:蓑衣,用草制成的防雨工具。笠:用草编成的帽子,可以遮雨。

【出处】唐·柳宗元《江雪》

千山鸟飞绝,万径人踪灭。孤舟蓑笠翁,独钓寒江雪。

【鉴赏】在一个幽静寒冷的冬日,因大雪纷飞,山上没有鸟飞,路上没有人迹。一个穿蓑衣戴笠帽的老渔翁,乘着一条小船,独自在大雪的江面上钓鱼。这首诗歌刻画了一个绝世独立、远离尘世的渔翁形象。诗歌塑造的整个画面极其广阔,千山万径,但是整个画面又是无声的,也许只有飞舞的雪花是动的;整个画面也是孤独的,只有垂钓于江心的渔翁老人。意境开阔却冷清幽僻,正表现出渔翁清高孤傲的形象。此诗作于诗人被贬永州司马之后。诗歌逼真地表现了老翁于孤舟江雪中垂钓的孤独场景。　　　　　(曹　明)

烟销日出不见人,欸乃一声山水绿。

【出处】唐·柳宗元《渔翁》

渔翁夜傍西岩宿,晓汲清湘燃楚竹。烟销日出不见人,欸乃一声山水绿。回看天际下中流,岩上无心云相逐。

【鉴赏】晓雾云烟都散了,太阳也出来了,却不见渔翁其人,忽听橹桨

"欸乃"一声,原来人已在绿水青山之中了。"烟销日出不见人"使人感到诧异,也有几分神秘之感。此时,除了云烟渐散,红日渐出,整个画面是静悄悄的,而"欸乃一声山水绿"却一下子为整个画面带来声音,橹桨拨水之声说明渔翁正在附近,这使得画面变得灵动而富有声音,趣味性十足。

(曹　明)

玄都观里桃千树,尽是刘郎去后栽。

【出处】唐·刘禹锡《元和十年自朗州召至京戏赠看花诸君子》

紫陌红尘拂面来,无人不道看花回。玄都观里桃千树,尽是刘郎去后栽。

【鉴赏】玄都观里的千株桃花,都是在我刘郎离开后才栽种起来的。此句实际是以花喻人。刘禹锡因政治变革失败而被贬,十年后又被皇帝启用,召回长安。此诗正作于此时。诗人借游玄都观看花之机,赋诗讥讽那些保守派的权势新贵。"桃千树"正喻指那些革新失败后得势的新贵。而看花的人,则指那些趋炎附势之人。诗人不论是对炙手可热的新权贵,还是对攀高结贵之徒,都表达了轻蔑之情。

(曹　明)

可怜九月初三夜,露似珍珠月似弓。

【出处】唐·白居易《暮江吟》

一道残阳铺水中,半江瑟瑟半江红。可怜九月初三夜,露似珍珠月似弓。

【鉴赏】九月初三的夜晚,岸边草木上的露珠像珍珠一样晶莹圆润,而天上初升的新月就像一张精致的弯弓。原诗后两句中的"九月初三夜",点明了具体时间,说明"露似珍珠月似弓"句描写的是残阳刚落而新月初升的场景。诗人低头一看,便见草茎上有如珍珠一般的凝露。将露水比喻为珍珠,不仅写出了露珠本身的圆润,也写出了露珠在新月映照下的晶莹剔透之感。接着,诗人又仰头一望,便见初生的新月犹如一张弯弓般高高悬挂在天幕上。诗人就在这一俯一仰中,将地上与天上的美景串联起来,营造出一幅宁静和谐的自然图画。同时,诗人寓情于景,直接抒情,表达了对大自然的热爱之情。

(经　惠)

几处早莺争暖树,谁家新燕啄春泥。

【出处】唐·白居易《钱塘湖春行》

孤山寺北贾亭西,水面初平云脚低。几处早莺争暖树,谁家新燕啄春泥。乱花渐欲迷人眼,浅草才能没马蹄。最爱湖东行不足,绿杨阴里白沙堤。

【鉴赏】这边有好几处早起的黄鹂在争着向阳的树枝,那边又是谁家的新归来的燕子在啄着春泥筑巢。一个"早"字,体现了诗人对这些精力旺盛的小生命的喜爱之情;一个"争"字,又勾画出黄莺争鸣而诗人左顾右盼的情景,让人备感春光之宝贵。一个"新"字,体现燕子的候鸟特性,它们和春天一起归家,忙着筑建新家迎接新的生活;一个"啄"字,又勾勒出燕子飞进飞出、忙碌筑窝的画面,让人顿感生命的活力。这两句紧扣题目而写,通过选取春天具有象征性的动态意象——"莺"和"燕",描写莺歌燕舞的活泼场面,展现了一幅生机勃勃的钱塘湖春景图。 (经 惠)

独坐黄昏谁是伴,紫薇花对紫薇郎。

【出处】唐·白居易《直中书省》

丝纶阁下文章静,钟鼓楼中刻漏长。独坐黄昏谁是伴,紫薇花对紫薇郎。

【鉴赏】开元元年(公元 713 年),改中书省为紫微省,中书令为紫微令,中书侍郎为紫微侍郎。大历五年(公元 770 年),紫微侍郎又复称中书侍郎。到白居易的时代,紫微侍郎的名字早已废弃不用,但诗人在中书省值班时,见到窗外的紫薇花,自然就忆起"紫微侍郎",并以其来自称。诗人黄昏独坐,有谁为伴呢?紫薇花伴着紫薇郎。"对"字生动传神,颇有"相看两不厌"的意味。整首诗体现了诗人寂寞无聊的心情。 (章丹莹)

日出江花红胜火,春来江水绿如蓝。能不忆江南?

【出处】唐·白居易《忆江南》

江南好,风景旧曾谙。日出江花红胜火,春来江水绿如蓝。能不忆江南?

【鉴赏】太阳从江面升起,把江边的鲜花映照得比火还红润;春天到来时,碧绿的江水就像湛蓝的蓝草。怎能不让人怀念江南呢?这两句为我们勾勒了一幅明媚动人的江南春景图。词人选取"春江"作为江南春景的代表,描写了江花之艳红,江水之碧绿,色泽明亮清新。"日出"与"春来"是互文成义,上句有"春",下句有"日"。一"出"一"来",为宁静秀美的江南风景平添了一丝活力与生机。最后以反问句结尾,点出"忆江南"的主题,表达自己的怀念与向往之情。

(经　惠)

汴水流,泗水流,流到瓜洲古渡头。吴山点点愁。

【出处】唐·白居易《长相思》

汴水流,泗水流,流到瓜洲古渡头。吴山点点愁。　　思悠悠,恨悠悠,恨到归时方始休。明月人倚楼。

【鉴赏】汴水长流,泗水长流,一直流到那瓜州古渡口。就连远处的吴山上也凝聚着点点愁痕。此词是白居易思念侍妾樊素时所作。樊素是扬州人,汴水、泗水、瓜州古渡口都是樊素回家的必由之路。吴山是泛指江南的群山,故词人借流水与吴山来表达自己对樊素的深切怀念之情。连用三个"流"字,不仅写出了流水蜿蜒曲折之貌,也象征了词人内心缠绵缱绻的情思。正因为如此,词人才会移情于景,想象远处的吴山也一定像他一样愁思浓重。

(经　惠)

昆山玉碎凤凰叫,芙蓉泣露香兰笑。

【出处】唐·李贺《李凭箜篌引》

吴丝蜀桐张高秋,空山凝云颓不流。江娥啼竹素女愁,李凭中国弹箜篌。昆山玉碎凤凰叫,芙蓉泣露香兰笑。十二门前融冷光,二十三丝动紫皇。女娲炼石补天处,石破天惊逗秋雨。梦入神山教神妪,老鱼跳波瘦蛟舞。吴质不眠倚桂树,露脚斜飞湿寒兔。

【鉴赏】李凭弹奏箜篌,发出的声音既像昆山美玉破碎般清脆响亮,又像凤凰鸣叫般低沉哀婉;既如残荷凝露般凄凉悲伤,又如盛开的玉兰花般愉快喜悦。箜篌,是一种古老的弹弦乐器。昆山,又名"玉山"或"群玉之山";凤凰,传说居于昆山,声音如箫,深沉典雅。这两句运用比喻的修辞手法来描绘李凭弹奏箜篌的音乐特色。其中,"昆山玉碎凤凰叫"句是以声写声。以"昆山玉碎"形容箜篌众弦齐发的壮观气势,而栖息于昆山上的凤凰听到玉碎的声音后自然声调凄厉抑郁,情绪由高昂转而和缓,着重体现了音乐的起伏变化。"芙蓉泣露香兰笑"句是以形写声。"芙蓉泣露",可以让我们联想到露珠在荷叶上来回滚动、欲滴未滴的情形,就像人眼中蕴含的泪水,欲泣未泣,形容声音的悲切感人。"香兰笑",可以让我们联想到盛开的玉兰花,就像人张口欲笑一般,形容乐声的欢快动人。"以形写声"这种用具体可感的视觉形象来展现听觉的手法,叫作通感,达到了形神兼备的效果。

(经 惠)

梦入神山教神妪,老鱼跳波瘦蛟舞。

【出处】 唐·李贺《李凭箜篌引》

原文参见前句。

【鉴赏】 李凭仿佛在神山上教年老的神女弹奏箜篌之时,惊动了仙境,使得老鱼在水中兴奋地跳跃,瘦弱的蛟龙也随着音乐翩翩起舞。诗人运用想象的艺术手法,描绘了李凭弹奏箜篌的音乐效果,展现了一幅神奇瑰丽的艺术画面。"神妪""老鱼"与"瘦蛟"三个意象尤其值得注意。"妪"是指年老的女人,不似年轻仙女一样有活力;而"老"与"瘦"则写出了鱼和蛟的羸弱状态。他们本都是缺乏活动意识的人与物,但神妪却在听到李凭弹奏箜篌之后感动不已,老鱼与瘦蛟也在音乐的感染下腾跃起舞,呈现出勃勃生机。诗人用反衬的手法,体现了李凭高超的音乐技巧以及音乐带来的出其不意的艺术效果。

(经 惠)

黑云压城城欲摧,甲光向日金鳞开。

【出处】 唐·李贺《雁门太守行》

黑云压城城欲摧,甲光向日金鳞开。角声满天秋色里,塞上燕脂凝夜紫。半卷红旗临易水,霜重鼓寒声不起。报君黄金台上意,提携玉龙为君死。

【鉴赏】 城外的敌军就像层层笼罩的乌云一般,好像要把城墙摧垮了;而守城军士严阵以待,身上的铠甲在阳光的照射下像金色的鱼鳞一般闪闪发亮。全诗是借乐府旧题写平息藩镇叛乱的战争。这两句渲染了兵临城下、敌我双方剑拔弩张的严峻形势。首句写城外敌军情况,"黑云""压"与"催",以暗淡的色彩、沉重的词眼,展现了敌军人数众多、来势凶猛的状态;次句写城内守军情况,"甲光""金鳞"与"开",以鲜艳的色彩,华丽的词眼,展现了我军士气高昂、英勇抗敌的勇气与决心。诗人用比喻和夸张的修辞手法,描写了大战前敌我双方的声势,并在词句中寄寓了爱憎分明的褒贬之情。

(经 惠)

半卷红旗临易水,霜重鼓寒声不起。

【出处】 唐·李贺《雁门太守行》

原文参见前句。

【鉴赏】 我军战士卷起行军中的红旗,悄悄来到了敌军在易水的驻地。此时霜多露重,就连战鼓也似被冻住一般发不出雄浑的声响。这两句是对我军冒寒袭击敌军之事的描写。“半卷红旗”,一方面可见行军之急,因为卷起红旗可以减少风的阻力,便于行走;另一方面体现出我军不事张扬、高度戒备的状态,体现出紧张的作战氛围。“易水”则暗用荆轲“风萧萧兮易水寒,壮士一去兮不复还”的典故,表明战士誓死作战的决心。“霜重鼓寒”,写出了极度恶劣的天气状况。战士们还是勇往直前,反衬出军士们不畏艰险、保家卫国的英雄气概。全联笔调凝重,景象苍凉,悲壮的作战场景如在目前,动人心魄。 (经　惠)

老兔寒蟾泣天色,云楼半开壁斜白。

【出处】 唐·李贺《梦天》

老兔寒蟾泣天色,云楼半开壁斜白。玉轮轧露湿团光,鸾珮相逢桂香陌。黄尘清水三山下,更变千年如走马。遥望齐州九点烟,一泓海水杯中泻。

【鉴赏】 天色黯淡,乌云四合,阴雨飘洒,这是月宫中的老兔和寒蟾在为凄凉的天气而哭泣;雨停之后,云层渐开,掩映在云雾中的月宫显现出来,月宫中倾斜的墙壁散发出耀眼的白光。这两句写诗人在梦中进入月宫的所见所感。首句的兔子和蟾蜍是传说中住在月宫的动物,仙兔会“老”,蟾蜍会“寒”,何况住在凡间的人呢? 突出了诗人强烈的生命忧患意识。“泣”字则是将雨天与老兔寒蟾的哭泣联系起来,用通感的手法,将雨天通过哭泣展现出来,形象生动,且赋予本无情感的雨天以伤感的情绪。“云楼”中以“云”修饰月宫,既体现了月宫在阴雨初退时的朦胧之感,又切合月宫出现在梦中的一种缥缈之态。而“斜”字则既展现了月的动态性,又符合梦中场景飘忽不定的特点。全联色调清冷,勾勒了一幅孤独寂寥的月宫景象,暗示了诗人内心的苦闷与惆怅之情。 (经　惠)

溪云初起日沉阁,山雨欲来风满楼。

【出处】 唐·许浑《咸阳城东楼》

一上高城万里愁,蒹葭杨柳似汀洲。溪云初起日沉阁,山雨欲来风满楼。鸟下绿芜秦苑夕,蝉鸣黄叶汉宫秋。行人莫问当年事,故国东来渭水流。

【鉴赏】磻溪上的云雾渐渐升起,慈福寺阁的红日却慢慢沉下去了,暮色即将降临。此时咸阳城东楼狂风乍起,这是山雨快要到来的前兆。这两句诗是诗人站在东楼上远眺磻溪和慈福寺阁时的所见之景。溪云、落日、山雨、山风交代了登楼时间。起、沉、来、满四个动词,则刻画出傍晚时分的景色变化过程。这一联既是实写景物,又含有深刻的寓意。诗人生活在晚唐时期,"日沉阁"暗喻日薄西山的唐王朝,"山雨欲来风满楼"本是一种自然规律,此处则比喻隐藏的社会危机将要爆发。这两句点明了首联中"万古愁"的原因。后世常用"山雨欲来风满楼"句比喻局势将发生重大变化之前的迹象与征兆。

(经　惠)

仙掌月明孤影过,长门灯暗数声来。

【出处】唐·杜牧《早雁》

金河秋半虏弦开,云外惊飞四散哀。仙掌月明孤影过,长门灯暗数声来。须知胡骑纷纷在,岂逐春风一一回? 莫厌潇湘少人处,水多菰米岸莓苔。

【鉴赏】月明之夜,大雁从建章宫上方孤独地飞过,哀唳的叫声传到了灯黯无光的长门宫前。汉代建章宫里有金铜仙人手掌托拿承露盘,"仙掌"指此。"长门"指长门宫,汉武帝时陈皇后失宠后寄居于此。一个"孤"字,刻画出大雁形单影只、无所依归的彷徨无措之态。长门宫本就是冷宫,"暗"字则更显萧条,再加之大雁几声凄凉的鸣叫,意境愈见衰颓。诗人一方面运用托物言志的象征手法,将受战乱而奔逃的百姓比为惊散而飞的早雁,表达了对人民流离失所的同情。另一方面,诗人借汉说唐,通过描写大雁飞过皇宫

的悲凉氛围,讽刺了居于深宫的统治者无力拯救百姓的残酷现实,暗含了对当权统治者荒淫无能的不满情绪。　　　　　　　　　　（经　惠）

停车坐爱枫林晚,霜叶红于二月花。

【出处】唐・杜牧《山行》

远上寒山石径斜,白云生处有人家。停车坐爱枫林晚,霜叶红于二月花。

【鉴赏】因为喜爱这傍晚的枫林景色,所以停下车来静静观看。那经秋霜而变红的枫叶,真是比春天二月的鲜花还要艳丽啊。"枫林""晚",点明时间是秋天的傍晚。时间已晚,而诗人还要驻车观看,更加体现了诗人对枫林的热爱。诗人为什么会被这片枫林迷住呢? 第四句便顺势而出,具体展现了枫林之美。将深秋之景与二月春景对比,诗人不仅看到了枫叶表面的"红"色,更透过这"红"色看到了秋天蓬勃的生命力。这是一种难能可贵的品质。诗人不似大多数文人一般总是悲秋,在对秋景的赞美中,寄予了自我热情向上的精神追求。　　　　　　　　（经　惠）

天意怜幽草,人间重晚晴。

【出处】唐・李商隐《晚晴》

深居俯夹城,春去夏犹清。天意怜幽草,人间重晚晴。并添高阁迥,微注小窗明。越鸟巢干后,归飞体更轻。

【鉴赏】老天有意怜惜这长于幽僻之处的小草,人世间也非常喜爱这傍晚的晴光。这两句写久雨转晴后的欣喜之感。"怜"字将天拟人化,似乎是上天爱护幽草才转晴而使小草又呈现出勃勃生机。一个"晚"字,道出了晴天将逝的事实,但诗人仍然很看重这短暂的美丽,体现了诗人久逢阳光的喜悦之情。此诗是诗人饱经风霜之后,离开长安到桂林当幕僚之时所作。作者暂时摆脱了牛李党争带来的身体和精神折磨,就像久经阴雨而重获阳光一般让人高兴,故而生发出如此轻快明畅的情怀。另外,后世常将"人间重晚晴"用以比喻对德高望重的老前辈的尊重。　（经　惠）

雁声远过潇湘去,十二楼中月自明。

【出处】唐・温庭筠《瑶瑟怨》

冰簟银床梦不成,碧天如水夜云轻。雁声远过潇湘去,十二楼中月自明。

【鉴赏】大雁的声音已经渐渐远离了潇湘，只剩下一轮明月自照空楼。这是一首闺怨诗，描写闺中女子的相思别离之情。"雁声远过潇湘去"，从听觉角度入手，承接上句"碧天"之景。雁声凄厉，让本就无法入眠的主人公更加寂寞心酸。"远"字描绘了黑暗夜空中雁声由远及近再由近及远的场景。"十二楼"是指女子闺房，"自"字把本来无情的月亮写得有情，它似乎是同情女主人公的遭遇而独自临楼高照。这两句融情于景，借景物描写来烘托主人公内心的怅惘与哀苦，全诗无一个"怨"字，却又处处能够品出怨意。最后以景结尾，自是言之不尽、意在言外。　　（经　惠）

无情最是台城①柳，依旧烟笼十里堤。

【注释】①台城：旧址在今南京玄武湖旁，六朝时是帝王游玩享乐的场所。

【出处】唐·韦庄《台城》

江雨霏霏江草齐，六朝如梦鸟空啼。无情最是台城柳，依旧烟笼十里堤。

【鉴赏】诗人此时身处混乱的唐末，借六朝旧事抒发其对唐王朝灭亡的不祥预感。最无情的就是那台城的杨柳，不管人事的盛衰更迭，依然在烟雾迷蒙的十里长堤随风摇曳。河堤旁蓊郁葱茏、欣欣向荣的杨柳不禁让人想起六朝时的繁华，然而自然风物依旧，当时的人事却早已不再，其中流露出诗人内心物是人非的失落之感。自然万物的永恒与人世的沧桑巨变形成了鲜明的对比，昔日六朝的繁华早已被历史的烟尘掩埋，诗人在今之伤往的同时不免生发明朝伤今的忧虑，唐王朝注定要重演六朝覆灭的悲剧。诗人在埋怨柳"无情"的同时也抒发了自己悲凉、失落的心境，"烟笼堤柳"既营造了一种朦胧、梦幻的意境，寓意人世如梦如幻，又寄托了诗人缠绵、厚重而繁密的愁绪。　　（翟晋华）

更被鹭鸶千点雪，破烟来入画屏飞。

【出处】唐·韦庄《稻田》

绿波春浪满前陂，极目连云穞稏肥。更被鹭鸶千点雪，破烟来入画屏飞。

【鉴赏】唐末，藩镇割据战争使黄淮流域的农业生产受到极大破坏，而长江流域却较少遭战乱浩劫。此诗描写的是江南的水田风光。数不尽的如雪的白鹭在这片绿色海洋上空自由翱翔,穿过云烟宛如飞入一幅彩色画屏。首先,此诗妙在动静结合:"画屏"本是一幅静态的江南山水图,然而诗人用"破"和"飞"两个动词来展现白鹭在湛蓝的天空中飞翔的动态美;动静结合,呈现在读者眼前的仿佛是一幅生机盎然的动态图。其次,这两句诗颇有王维"诗中有画,画中有诗"的特点,以"千点雪"喻数不尽的鹭鸶,它们与稻田绿浪及蓝天相映衬,色彩丰富、明丽;同时"破烟"二字为整幅画笼上了一层纱,营造出一种朦胧、梦幻之美,给人以强烈的画面感,诗人也为其美沉醉。

(翟晋华)

西塞山前白鹭飞,桃花流水鳜鱼肥。

【出处】唐·张志和《渔歌子》

西塞山前白鹭飞,桃花流水鳜鱼肥。青箬笠,绿蓑衣,斜风细雨不须归。

【鉴赏】西塞山前的白鹭自由自在地飞翔,飘落在江水中的桃花鲜艳红润,肥美的鳜鱼在水中欢快地游玩。这是一幅清新自然的渔乡山水图。南方二三月间,正是桃花盛开、春水猛涨之际,又称桃花汛或桃花水。此时河水上涨,逆流而上的鱼群增多。词人在此处并不直写这一自然现象,而是用"桃花流水鳜鱼肥"来表现,虽只写水上的桃花,却仿佛也把岸上成片的桃树林都写出来了。而"鳜鱼"与"白鹭",也为这宁静的水乡增添了一丝生机,体现了动静结合的妙处;"白鹭"与"桃花"的组合,红白相印,色泽明丽。词人在这秀丽的水乡风光中,既寄托了热爱自然的情怀,又为下片描写渔父悠闲的生活状态作了铺垫。

(经 惠)

鸡声茅店月,人迹板桥霜。

【出处】唐·温庭筠《商山早行》

晨起动征铎,客行悲故乡。鸡声茅店月,人迹板桥霜。槲叶落山路,枳花明驿墙。因思杜陵梦,凫雁满回塘。

【鉴赏】此诗是温庭筠离开长安赴襄阳投奔友人徐商、途经商山时所作。邈邈鸡鸣,旷野中的茅店,清晨的胧月,简陋的木板桥,秋后初下的寒霜,游子经过后留下的痕迹;晓月的余晖笼罩着清晨的茅店,循着隐隐的鸡鸣声,游子走过板桥,踏过秋霜,不忍回望身后留下的斑驳脚印。此句诗妙在诗人用纯名词意象来结构诗句,不仅能使读者脑海中呈现出一幅画面,更能使人脑海中浮现出一幕独特的类似于电影的场景。而不论是画面还是电影,其景物中都饱含着诗人因去国怀乡而生发的悲伤以及羁旅行役的苦思。诗句构思精巧,具体生动,含蓄隽永。　　　　　　　（翟晋华）

杨柳又如丝,驿桥春雨时。

【出处】 唐·温庭筠《菩萨蛮》

宝函钿雀金鸂鶒,沉香阁上吴山碧。杨柳又如丝,驿桥春雨时。画楼音信断,芳草江南岸。鸾镜与花枝,此情谁得知。

【鉴赏】 杨柳生出的嫩丝随风飘扬,这让我想起我们那年在春雨时节折柳送别的场景。这两句是对思妇因景而生情的描写,即由登楼所见之春景而勾起驿桥送别的回忆。"杨柳"照应上文"吴山碧";一个"又"字,表明二人离别时间之久,思念程度之深。古人折柳送别,思妇由此而联想到当初驿站依依惜别的场面便显得顺理成章。词人以乐景写哀情,眼前的柳树已经一次又一次重生发芽,美丽而有生机,但自己的良人却还未归来,这更加衬托了思妇内心的失望与悲伤之情。　　　　（经　惠）

一叶叶,一声声,空阶滴到明。

【出处】 唐·温庭筠《更漏子》

玉炉香,红蜡泪,偏照画堂秋思。眉翠薄,鬓云残,夜长衾枕寒。梧桐树,三更雨,不道离情正苦。一叶叶,一声声,空阶滴到明。

【鉴赏】 夜雨敲打着一叶一叶的梧桐,一声一声的雨滴落在无人的石阶上,一直持续到天明。这是从听觉角度写"三更雨",连用"叶叶""声声"两个叠音词,描摹了雨声的悠长之感。"空"字则使雨夜之景更显寂寥。"滴到明"实写雨声之久,虚写思妇长夜未眠。此处借景言情,以无情之物写有情之人,营造出一种幽静凄凉的意境,更加突出了思妇无法排遣的沉痛离情。　　　　　　　　（经　惠）

白蘋汀寒立鹭鸶,蘋风轻剪浪花时。

【出处】 唐·和凝《渔父》

白蘋汀寒立鹭鸶,蘋风轻剪浪花时。烟幂幂,日迟迟,香引芙蓉惹钓丝。

【鉴赏】 长有白蘋的水边寒风清凉,几只鹭鸶站立其上;微风轻轻吹开水面,激荡起一朵朵小浪花。"白芷汀""鹭鸶""风"与"浪花"这四个意象,色调清新淡雅,勾勒出一幅自然灵动的渔乡风景图,烘托了渔父悠闲自在的生活情状。另外,"颭"字用得极妙,将微风拟人化,生动贴切地展现了风拂水面而水波微荡的场景。

(经　惠)

水上游人沙上女、回顾,笑指芭蕉林里住。

【出处】唐·欧阳炯《南乡子》

画舸停桡,槿花篱外竹横桥。水上游人沙上女、回顾,笑指芭蕉林里住。

【鉴赏】水上的游人向沙岸边的女子问路,少女回过头来,笑指自己的村落就在芭蕉林里。"水上游人"就是画舸中的男子,他游历到此,或是被少女吸引而搭讪询问,或是请求少女介绍南粤风光,这都是画外音,可以想象。"回顾"二字,体现了少女初见陌生人的娇羞之态,欲看而不敢看,不看又不甘心。"笑指"一句,则体现了少女活泼可爱、热情好客的一面。词人通过游人与少女的嬉笑问答,赞美了南粤淳朴自然的民风。

(经　惠)

风乍起,吹皱一池春水。

【出处】唐·冯延巳《谒金门》

风乍起,吹皱一池春水。闲引鸳鸯香径里,手挼红杏蕊。　　斗鸭阑干独倚,碧玉搔头斜坠。终日望君君不至,举头闻鹊喜。

【鉴赏】春风乍起,吹皱了一池碧绿的春水。此处运用起兴手法,表面上是写景,实际上是用"春水"象征思妇的内心世界。"皱"字形象生动地描绘出思妇内心涌动不安的情绪。春风吹拂,吹皱了池水,自然就会引起思妇内心的荡漾。此时春光明媚,而她却是孑然一身,这便更加激起了她对离人的思念,从而产生寂寞苦闷的心

103

情,同时也为下文排遣春愁埋下伏笔。 （经　惠）

细雨梦回鸡塞远,小楼吹彻玉笙寒。

【出处】唐·李璟《摊破浣溪沙》

菡萏香销翠叶残,西风愁起绿波间。还与韶光共憔悴,不堪看。细雨梦回鸡塞远,小楼吹彻玉笙寒。多少泪珠何限恨,倚阑干。

【鉴赏】细雨绵绵,我梦中的边塞风光越来越远。梦醒之时,小楼中幽咽的玉笙声已经演奏到了最后一段。此写思妇梦醒后的悲怆凄楚之情。"鸡塞",鸡麓塞,这里泛指边塞。"彻",是指大曲中的最后一遍,"吹彻"就是吹到最后一曲。"玉笙",以铜质簧片发声,笙寒而声咽,需要加热,叫暖笙。思妇留恋梦境,则知现实的哀苦。"小楼吹彻玉笙寒"一句,营造了一种空旷寂寥的环境,进一步衬托了思妇内心的空虚与寂寞之感。 （经　惠）

槛外低秦岭,窗中小渭川。

【出处】唐·岑参《登总持阁》

高阁逼诸天,登临近日边。晴开万井树,愁看五陵烟。槛外低秦岭,窗中小渭川。早知清净理,常愿奉金仙。

【鉴赏】诗人极力描写总持阁之高之壮阔,"低"和"小"两字用得妙,既写出了人站在总持阁上观览风景的宽广视野,又点出了总持阁的高大壮丽,连秦岭渭河此等风景都变成了阁下小物。这一对比虽有夸张的嫌疑,但却实实在在让人感受到了总持阁作为佛教清净之地的崇高地位。 （杨泠泠）

明月隐高树,长河没晓天。

【出处】唐·陈子昂《春夜别友人二首》其一

银烛吐清烟,金樽对绮筵。离堂思琴瑟,别路绕山川。明月隐高树,长河没晓天。悠悠洛阳去,此会在何年。

【鉴赏】诗人在春夜与友人道别,即将踏上前往远方的路,不知道何时能够再见,这种心情是难以用语言描述的。这两句景色描写,着重体现一种艰涩的心情。明月被拟人化,隐藏在高树后,仿佛不愿意出现,就像是人不愿意面对离别;长河淹没在即将黎明的天际,匆匆流逝像是在催人前行。

这种移情手法的运用,加上离别情意的烘托,使本诗更显得戚戚然。

(杨泠泠)

鸟道高原去,人烟小径通。

【出处】唐·张祜《题松汀驿》

山色远含空,苍茫泽国东。海明先见日,江白迥闻风。鸟道高原去,人烟小径通。哪知旧遗逸,不在五湖中。

【鉴赏】一条小道,只能容得下飞鸟通过,直直通向高高的山原;小径能够通往这人烟罕至的偏僻地方。诗人来寻访隐者,却未见有隐者,旧日的那些品德高尚的人如今却鲜有存在。这两句话实写道路的艰涩难通,内在却表达着诗人对今世鲜有人能和曾经的隐士相比的遗憾之情,为末两句作情感上的铺垫。

(杨泠泠)

林开扬子驿,山出润州城。

【出处】唐·丁仙芝《渡扬子江》

桂楫中流望,空波两畔明。林开扬子驿,山出润州城。海尽边阴静,江寒朔吹生。更闻枫叶下,淅沥度秋声。

【鉴赏】扬子驿在一片树林之后影影绰绰,润州城在山外静默。秋日的景色总显得萧瑟些,诗人就这样把眼前的画面用动态的笔墨描写了出来。"开"字和"出"字把树林和山峰写活了,也把诗人孤寂一人的情景衬托得更加零落,我们仿佛看见诗人独自站在小船之上,目光随着船只前行的方向在注视着沿途的秋景。

(杨泠泠)

蜂蝶纷纷过墙去,却疑春色在邻家。

【出处】唐·王驾《春晴》

雨前初见花间蕊,雨后全无叶底花。蜂蝶纷纷过墙去,却疑春色在邻家。

【鉴赏】一场骤雨过后,花落春残,正待伤心之时,却看见蜜蜂蝴蝶们纷纷飞过高墙,作者惊疑地设想:莫不是春色在那隔墙的邻家庭院?此诗不落俗套,别出心裁,怀疑春色在邻家的猜测,暗含诗人的惜春之情,又不乏纯真意味,饶有情趣。

(章丹莹)

独上江楼思悄然，月光如水水如天。

【出处】唐·赵嘏《江楼有感》

独上江楼思悄然，月光如水水如天。同来玩月人何在？风景依稀似旧年。

【鉴赏】诗人独自登上江边高楼，怀念旧友，思绪万千。仰视皓月当空，俯瞰水波粼粼，远望水天相接，恍惚间分不清何为月光，何为水光，何为天光，故有"月光如水水如天"的描绘。语言明净凝练，朴素中更见情深。

(章丹莹)

残星几点雁横塞，长笛一声人倚楼。

【出处】唐·赵嘏《长安秋望》

云物凄清拂曙流，汉家宫阙动高秋。残星几点雁横塞，长笛一声人倚楼。紫艳半开篱菊静，红衣落尽渚莲愁。鲈鱼正美不归去，空戴南官学楚囚。

【鉴赏】拂晓时天边星辰零星几点，北雁横飞过关塞；一声清亮的长笛声起，诗人正倚楼而望。诗人写长安秋望，借景抒情，最后表达了自己郁郁不得志，只能羁留他乡的抑郁苦闷之情。这两句诗乃赵嘏的名句，杜牧尤其欣赏，称他为"赵倚楼"。

(章丹莹)

水晶帘动微风起，满架蔷薇一院香。

【出处】唐·高骈《山亭夏日》

绿树浓阴夏日长，楼台倒影入池塘。水晶帘动微风起，满架蔷薇一院香。

【鉴赏】水晶帘，又名水精帘，一种质地精细而色泽莹澈的帘。水晶帘轻轻摆动，方知有微风吹来；蔷薇开满架，院子里满是幽甜的花香。"水晶帘"与"微风"的顺序极妙，突出了帘静风细，颠倒则显庸俗。本是幽谧的场景，突然遇到"满架蔷薇"，为之增添了鲜艳的色彩、醉人的芬芳，使全诗充满了夏日特有的生气。全诗布局精巧，情调清闲。

(章丹莹)

门外无人问落花，绿阴冉冉遍天涯。

【出处】宋·曹豳《春暮》

门外无人问落花，绿阴冉冉遍天涯。林莺啼到无声处，青草池塘独听蛙。

【鉴赏】门外花朵飘零,却已无人问津;大地上绿荫遍布,万木葱茏。诗人写暮春之景,却无伤春之情。"落花"与"绿阴"两相对比,突出的是春末夏初的勃勃生机。与刘禹锡"沉舟侧畔千帆过,病树前头万木春"相对照来读,便能品出一份自然更替、万物循环的哲思来。 　　　　(章丹莹)

愿教青帝常为主,莫遣纷纷点翠苔。

【出处】宋·朱淑贞《落花》

连理枝头花正开,妒花风雨便相催。愿教青帝常为主,莫遣纷纷点翠苔。

【鉴赏】朱淑贞为南宋女词人,生于仕宦家庭,通诗词,工书画,晓音律。然婚姻不幸,爱情坎坷,一生郁郁寡欢。故此诗不是一般的怜花伤春之诗。连理枝头的鲜花被无情的风雨摧残,喻美好的爱情被世俗的暴力所摧折。"青帝"为掌管春天的神,"愿教青帝常为主,莫遣纷纷点翠苔"即希望青帝长久地做主,不要让绚丽的花朵纷纷落在苍苔上。除了控诉,诗人也表达了她美好的希望——希望春天永驻,花儿常开,爱情如春花一般妍丽。 　　　　(章丹莹)

谢却海棠飞尽絮,困人天气日初长。

【出处】宋·朱淑贞《即景》

竹摇清影罩幽窗,两两时禽噪夕阳。谢却海棠飞尽絮,困人天气日初长。

【鉴赏】这首因情即景的诗写初夏时光,海棠已然凋谢,柳絮亦飘飞殆尽,天气令人困倦,白天开始变长了。语言简约,慵懒中透着一丝空虚,反映了诗人当时生活的苦闷寂寞。 　　　　(章丹莹)

开到荼蘼①花事了,丝丝天棘②出莓③墙。

【注释】①荼蘼:落叶灌木,夏初开白色重瓣花。②天棘:即天门冬,其苗蔓生,好缠竹木上,叶细如青丝,寺院庭槛中多植之。③莓:本义"苔藓",转指蔓生草本植物。

【出处】宋·王淇《春暮游小园》

一从梅粉褪残妆,涂抹新红上海棠。开到荼蘼花事了,丝丝天棘出

107

莓墙。

【鉴赏】等到荼蘼花都开尽了，一春的花事便告终结，天门冬的丝丝叶片就攀爬于莓墙之上了。此诗用花朵的更替来表示时序的推移，旧事物逝去，新事物诞生，一切循环而有序。诗句哲理意味浓，形象鲜明，风格清丽可喜。 （章丹莹）

童孙未解供耕织，也傍桑阴学种瓜。

【出处】宋·范成大《田家》

昼出耘田夜绩麻，村庄儿女各当家。童孙未解供耕织，也傍桑阴学种瓜。

【鉴赏】幼小的孙儿还不知道如何耕地织布，却也在桑树树荫底下学种瓜。全诗前两句写农家生产的繁忙景象，后两句虽也承袭而来，却充满童趣，为辛劳的田家生活平添一分温馨的情味。语句平易通俗，清新自然。 （章丹莹）

绿遍山原白满川，子规①声里雨如烟。

【注释】①子规：杜鹃鸟，又名布谷鸟，一说其叫声如同"快快播谷"或"快快插禾"，有催促农事之意。

【出处】宋·范成大《村居即事》

绿遍山原白满川，子规声里雨如烟。乡村四月闲人少，才了蚕桑又插田。

【鉴赏】山间原野，遍地鲜绿，满川雨水，白茫一片；子规声声里，细雨如烟。色彩交织，视觉与听觉相应。语言明丽，风格轻快，描绘了一幅乡村四月农事繁忙的水彩画。 （章丹莹）

牧童归去横牛背，短笛无腔信口吹。

【出处】宋·雷震《村晚》

草满池塘水满陂,山衔落日浸寒漪。牧童归去横牛背,短笛无腔信口吹。

【鉴赏】日落西山,牧童回村,随意地横躺在牛背上,握着短笛信口吹着不成腔调的曲子,情趣悠然。诗人截取了牧童生活的一个场景,信笔勾勒,一个悠闲俏皮、天真烂漫的牧童形象便跃然纸上,亲切喜人。

(章丹莹)

乳鸦啼散玉屏空,一枕新凉一扇风。

【出处】宋·刘翰《立秋》

乳鸦啼散玉屏空,一枕新凉一扇风。睡起秋声无觅处,满街梧叶月明中。

【鉴赏】小乌鸦们啼叫着飞散了,聒噪的鸣声也散了,屏风兀自立着,空荡沉寂的气息弥漫着。诗人倚在席上挥着扇子,感到了一种不同以往的新鲜凉意。诗人抓住了夏秋之交的细微变化,细腻地具象化了立秋时的秋意,笔调清新俊逸。

(章丹莹)

花开红树乱莺啼,草长平湖白鹭飞。

【出处】宋·徐元杰《湖上》

花开红树乱莺啼,草长平湖白鹭飞。风日晴和人意好,夕阳箫鼓几船归。

【鉴赏】在绽满红花的树枝上,群莺欢快地啼叫,此起彼伏的鸣叫声显得生机盎然。西湖的岸边青草纤长,几只白鹭掠过平滑如镜的湖面。好一幅西湖春游图! 这两句诗语言清新流丽,动静相宜;色彩调和,满溢春天的气息,极具画面感。

(章丹莹)

淡淡著①烟浓著月,深深笼②水浅笼沙。

【注释】①著:同"着",附着。②笼:笼罩。

【出处】宋·白玉蟾《早春》

南枝才放两三花,雪里吟香弄粉些。淡淡著烟浓著月,深深笼水浅笼沙。

【鉴赏】这两句是互文。白雪遍地、月光满枝之时,诗人看那白梅便觉得花影朦胧,其白有浓淡、深浅之分。夜雾和月光附丽在色浓的花朵上,就像笼着一泓寒冷的深水;附丽在色淡的花朵上,就像笼着一滩明净的浅沙。这两句乃是化用杜牧《泊秦淮》中的"烟笼寒水月笼沙"来写冬夜白梅的姿态,叠字的运用巧妙而贴切,极具韵律美。 　　　　　　（章丹莹）

诗思浮沉樯影里,梦魂摇曳橹声中。

【出处】宋·戴复古《月中泛舟》

满船明月浸虚空,绿水无痕夜气冲。诗思浮沉樯影里,梦魂摇曳橹声中。星辰冷落碧潭水,鸿雁悲鸣红蓼风。数点渔灯依古岸,断桥垂露滴梧桐。

【鉴赏】诗思在樯影里浮沉未定,梦魂在橹声中动荡不安。此两句生动地剖露了诗人的主观感受,营造了感伤凄凉的氛围。诗人描绘了月夜泛舟的种种景象及其寂寞的情怀,全诗冷落荒凉,情调低沉。 （章丹莹）

隔断红尘三十里,白云红叶两悠悠。

【出处】宋·程颢《秋月》

清溪流过碧山头,空水澄鲜一色秋。隔断红尘三十里,白云红叶两悠悠。

【鉴赏】此诗颇富理趣。红尘隔断,白云红叶各得其适,各得其性。而山上的隐逸之士,与红尘人世之间,其路三十里,更有悠然自适之感,超然物外。 （黄　鸣）

律回岁晚冰霜少,春到人间草木知。

【出处】宋·张栻《立春偶成》

律回岁晚冰霜少,春到人间草木知。便觉眼前生意满,东风吹水绿参差。

【鉴赏】律为十二律,与节气相通。冬末春初,节气变迁,阴气藏,阳气起。严冬的冰霜渐少,而最能感受到春的气息的草木,已经感到了春天的第一缕气息。阳春将至,东风将起,世界万物将重新生长发生,这是多么充满希望和生机的立春之景啊! （黄　鸣）

桑柘影斜春社散,家家扶得醉人归。

【出处】宋·张演《社日》

鹅湖山下稻粱肥,豚栅鸡栖对掩扉。桑柘影斜春社散,家家扶得醉人归。

【鉴赏】这是一幅美丽淳朴的乡村风俗画。社日来时,平日劳作的人们聚集一堂,购物,饮酒,休息,拉家常儿。当桑柘影斜之时,春社亦散,家家都扶着喝醉的人回家。一以见其邻里之和谐,二可见风俗之淳朴。

（黄　鸣）

沾衣欲湿杏花雨,吹面不寒杨柳风。

【出处】宋·僧志南《绝句》

古木阴中系短篷,杖藜扶我过桥东。沾衣欲湿杏花雨,吹面不寒杨柳风。

【鉴赏】杏花时节雨纷纷,可这雨啊,沾衣欲湿而未湿;春风拂柳,吹面不寒,又向我们昭示着春天的气息。这两句诗风格清新明快,朗朗上口。

（黄　鸣）

清风掠地秋先到,赤日行天午不知。

【出处】宋·陆游《东湖新竹》

插棘编篱谨护持,养成寒碧映涟漪。清风掠地秋先到,赤日行天午不知。解箨时闻声簌簌,放梢初见影离离。官闲我欲频来此,枕簟仍教到处随。

【鉴赏】竹林中不时掠过萧萧秋风,新竹的梢头随风摆动;天空中烈日当头,然而浓烈的阳光却被竹林遮挡,只留下一片绿荫下的清凉。"掠地"两字用得巧妙,将清风拂过竹梢的景象写得十分生动;"午不知"三字正好烘托出竹林的清幽隔世,能带给诗人远离尘嚣的安逸之感。

（杨泠泠）

平分秋色一轮满,长伴云衢千里明。

【出处】唐·李朴《中秋》

皓魄当空宝镜升,云间仙籁寂无声。平分秋色一轮满,长伴云衢千里明。狡兔空从弦外落,妖蟆休向眼前生。灵槎拟约同携手,更待银河彻底清。

【鉴赏】八月十五,中秋之夜,一轮圆月高挂在天空,象征着人事团

111

圆。满月就像街灯一般,高悬在云层之间却照亮了人间的街道,一眼望去,千里清明。"平分秋色"的意思是八月十五正好是一个月的一半,满月在这天点缀了秋色;"长伴"运用拟人手法,将月亮的形象温柔化、具体化,黑夜之中有满月相伴,免得更加孤寂。 （杨泠泠）

叶浮嫩绿酒初熟,橙切香黄蟹正肥。

【出处】宋·刘克庄《冬景》

晴窗早觉爱朝曦,竹外秋声渐作威。命仆安排新暖阁,呼童熨帖旧寒衣。叶浮嫩绿酒初熟,橙切香黄蟹正肥。容菊满园皆可美,赏心从此莫相违。

【鉴赏】晚秋初冬之时,诗人抓住大好时光不放:品一壶新酒,新酒嫩香;尝一口肥蟹,肥蟹汁美香橙黄。这是一段安逸闲暇的时光,也只有在诗人内心平静之时才能有此情趣了。时光如此美好,怎能白白浪费,莫要错过了,时光错过不再有。 （杨泠泠）

洛阳三月花如锦,多少工夫织得成。

【出处】宋·刘克庄《莺梭》

掷柳迁乔太有情,交交时作弄机声。洛阳三月花如锦,多少工夫织得成。

【鉴赏】群莺在林间穿梭飞舞,就如同梭子在织布。三月的洛阳,繁花似锦,这要多少工夫才能织成呀!作者想象奇丽,构思精巧,将群莺穿梭飞鸣与繁华如锦缎联系在一起,织成了一幅春莺锦绣图。 （章丹莹）

万壑有声含晚籁,数峰无语立斜阳。

【出处】宋·王禹偁《村行》

马穿山径菊初黄,信马悠悠野兴长。万壑有声含晚籁,数峰无语立斜阳。棠梨叶落胭脂色,荞麦花开白雪香。何事吟余忽惆怅,村桥原树似吾乡。

【鉴赏】宋太宗淳化二年(公元991年),作者贬官商州,此诗作于淳化三年。傍晚的山谷里回荡着邈邈秋声,数座山峰默默无语,静对着天边的斜阳。万壑的"有声"和数峰的"无语"相映衬,寂静中的邈邈回声更突出了环境的清幽、宁静。万壑有声是从听觉入手,数峰静对斜阳是从视觉入手,诗人从多个感官角度展示了一幅立体的山中秋景图,使读者读来仿佛已经置身于这样一个既宁静又不乏生命气息的山谷中。更妙之处则在"数峰无语"的"无语"二字,诗人并未直接表达数峰"静对斜阳",而是从反面切入并用拟人化的手法,既生动又饶有情趣和韵味。 （翟晋华）

萧萧远树疏林外,一半秋山带夕阳。

【出处】宋·寇准《书河上亭壁四首》其三

岸阔樯稀波渺茫,独凭危槛思何长。萧萧远树疏林外,一半秋山带夕阳。

【鉴赏】秋风萧萧,在远处的疏林之外,可以看到一半秋山沐浴着斜阳。萧萧的风声是耳闻之声,疏林之外披着斜阳的一半秋山是目睹之景。诗人从不同角度入手来安排景物,形成了一种立体的感官效果,使读者感觉仿佛置身于这幅秋景图中,看着斜阳,听着风声,感受着秋的丝丝凉意。"疏林外"和"一半秋山"使人想到秋山就在疏林之后,而正因为疏林的遮挡,我们只能看到一半沐浴着夕阳的秋山,诗人对于景物的安排极富层次感,形成了一种空间的立体效果。萧萧的风声、疏林以及夕阳等意象营造了一种秋日萧瑟、凄凉的意境,即使在此壮观的秋日景色面前也无法阻止诗人愁绪的渐渐滋长。 （翟晋华）

梨花院落溶溶月,柳絮池塘淡淡风。

【出处】宋·晏殊《寓意》

油壁香车不再逢,峡云无迹任西东。梨花院落溶溶月,柳絮池塘淡淡风。几日寂寥伤酒后,一番萧索禁烟中。鱼书欲寄何由达,水远山长处处同。

【鉴赏】在院落里,梨花浸润在如水一般的月光中;池塘边,微风吹来,柳絮随风飞舞。这两句诗对仗工整。在一个云淡风轻的月夜里,庭院里的梨花被风吹落,刚好落在诗人的酒樽里。月光似水一般清澈,如水般缓缓流动,梨

花的香气也在四处飘散,与如雾的月光水乳交融。微风拂过,柳絮忽而翩翩起舞,忽而落在池塘水面刚刚漾起的波纹上,与风嬉戏,与水相偎。这两句诗虽罗列了纯名词意象,但"溶溶月"与"淡淡风"二词瞬间使这些静态的意象都动了起来,营造了一种花前月下且饮且吟的美好意境。诗人运用反衬的手法,以乐景衬哀情,通过对过去诗人与思念之人花前月下美好生活的回忆,表达诗人对于浪迹天涯的歌女的思念。　　　　（翟晋华）

霜落熊升树,林空鹿饮溪。

【出处】宋·梅尧臣《鲁山山行》

适与野情惬,千山高复低。好峰随处改,幽径独行迷。霜落熊升树,林空鹿饮溪。人家在何许,云外一声鸡。

【鉴赏】秋霜落下,黑熊却爬到了树上,叶落林空,从树林的缝隙间隐约可以看到鹿在溪边饮水。诗人运用白描的手法,勾勒了一幅寂静的秋日图景:秋霜坠落,熊升上树,鹿于溪边饮水,这一系列动态的效果使读者仿佛身临其境,亲身感受秋日生灵的气息。然而这两句诗虽多动态图景,却不喧闹、嘈杂,有如一部无声的电影,散发出一种宁静、淡远的诗韵。其中"空"字既点明了秋日叶落后树林的稀疏与空旷,又营造了一种人迹罕至的幽静氛围。语言质朴无华,意境却深远,韵味悠长。　　　　（翟晋华）

野凫眠岸有闲意,老树着花无丑枝。

【出处】宋·梅尧臣《东溪》

行到东溪看水时,坐临孤屿发船迟。野凫眠岸有闲意,老树着花无丑枝。短短蒲茸齐似剪,平平沙石净于筛。情虽不厌住不得,薄暮归来车马疲。

【鉴赏】此诗作于梅尧臣嫡母去世,其回乡守制将要结束的那年春天。河边野鸭子正躺在岸上休息,悠闲自在;千年老树也为春意所动,竟绽开朵朵鲜花,毫无昔日老气横秋的丑态。这两句诗看似在写东溪边春日的美景,实则在强烈的对比中表现了诗人矛盾的心理状态:前一句写野鸭眠于岸边,象征着一种闲适恬淡的生活状态;后一句写老树生花,生机勃勃,涌动着青春的气息。诗人内心极其向往那种闲逸隐遁的生活,然而看到老树着花,便触景生情,想到自己虽已暮年,是否也可以像这棵老树一样重拾青春、施展抱负。矛盾就在此处,诗人对闲逸的生活心驰神往,

114

却始终无法摆脱世俗的缧绁,无法脱离社会这个集体,无法找到真正的"自我",诗句对这种矛盾情绪的抒发含蓄委婉,生动具体。　　(翟晋华)

残雪压枝犹有橘,冻雷惊笋欲抽芽。

【出处】宋·欧阳修《戏答元珍》

　　春风疑不到天涯,二月山城未见花。残雪压枝犹有橘,冻雷惊笋欲抽芽。夜闻归雁生乡思,病入新年感物华。曾是洛阳花下客,野芳虽晚不须嗟。

　　【鉴赏】此诗是诗人被贬官夷陵(今湖北宜昌)时所作。初春的残雪压枝,然而庆幸的是夷陵还有鲜美的柑橘可以品尝;冻雷初响,惊醒深埋的竹笋,它要抽出新生的嫩芽。前一句写山城虽然在初春时节犹有残雪压枝,环境恶劣,但是庆幸的是这枝头犹有柑橘可供我品尝,这是诗人对自己的宽慰,同时其中也蕴含了一种"绝处逢生"的辩证思想,颇有哲理性;后一句指冻雷惊醒了竹笋,这时它也要开始迎接春天,努力拔节,突破环境的限制,其中也隐喻了诗人的一种人生态度。被贬官到如此萧条荒凉的地方,诗人心中虽不免有丝丝悲凉之意,但他并未就此心灰意冷,而是希望像这竹笋一样奋力向上,以抵制政治上的严厉压迫,表现了诗人对未来乐观向上的态度。诗人通过写景来委婉曲折地表达自己的心志,手法巧妙,又富有理趣,耐人寻味。　　　　　　　　　　(翟晋华)

一水护田将绿绕,两山排闼①送青来。

【注释】①排闼:推门而入。

【出处】宋·王安石《书湖阴先生壁二首》其一

　　茅檐长扫静无苔,花木成畦手自栽。一水护田将绿绕,两山排闼送青来。

　　【鉴赏】此诗是诗人写在湖阴先生家屋壁上的。流水护卫田地,环绕绿色的农作物;两座山峰面对这房屋,仿佛要推门而来,给主人送上满山的青翠。这两句诗不仅对仗工整,而且在艺术手法上运用了拟人的修辞手法。"护田"与"排闼"赋予流水及青山以人的情趣,流水护惜田地,青山钟爱主人,为主人送来满眼的青翠,营造一种清幽的生活氛围,使得本无生命的山水变得活泼可爱。另外,作者还使用借代的修辞手法,以颜色"绿"指代田地里的农作物,以"青"来指代山上青葱的植物,给人以强烈的视觉冲突,更增添了一分诗意。"将绿绕"与"送青来"展现了白水绕田而流,青山送"绿"而来的场景,极具动感。

（翟晋华）

卷地风来忽吹散,望湖楼下水如天。

【出处】宋·苏轼《六月二十七日望湖楼醉书五绝》其一

黑云翻墨未遮山,白雨跳珠乱入船。卷地风来忽吹散,望湖楼下水如天。

【鉴赏】诗人在西湖边的望湖楼上饮酒,忽然下起雨来。乌云涌起像打翻的墨汁,遮住了一半的山丘,晶莹的雨滴像珍珠一样弹跳着落入船中。很快,从地面卷起的风吹散了乌云,雨过天晴。从望湖楼上望去,水面平静开阔,水天交映十分美丽。诗人用生动的诗句描绘了一幅"西湖骤雨图",将乌云比作"翻墨",雨点比作"跳珠",不仅色彩对比鲜明,还有很强烈的动感。"卷地风来忽吹散,望湖楼下水如天",不仅写出了阵雨来去的转变之快,又为我们呈现出神清气爽,眼前一亮的雨后美景。（汪培培）

欲把西湖比西子,淡妆浓抹总相宜。

【出处】宋·苏轼《饮湖上初晴后雨二首》其二

水光潋滟晴方好,山色空蒙雨亦奇。欲把西湖比西子,淡妆浓抹总相宜。

【鉴赏】西湖的风光,不管是晴天时的波光闪耀,还是细雨时的朦胧空灵,都十分美丽。因此诗人把西湖比作美女西施,不管是浓艳还是淡雅的妆扮,都各有风姿,十分宜人。以绝色美人来比喻西湖,不仅新颖奇妙,更赋予了西湖灵动的生命力。这样贴切的比喻,远胜于对具体景色的刻画,留给读者无限的想象空间,以至于"西子湖"后来成了西湖的别称。

（汪培培）

岭上晴云披絮帽,树头初日挂铜钲。

【出处】宋·苏轼《新城道中二首》其一

东风知我欲山行,吹断檐间积雨声。岭上晴云披絮帽,树头初日挂铜钲。野桃含笑竹篱短,溪柳自摇沙水清。西崦人家应最乐,煮芹烧笋饷春耕。

【鉴赏】春风似乎知道我要到山里去,吹停了屋檐外连绵的雨声。天晴了，云朵低低飘荡，山岭好像戴着洁白的丝帽；太阳照耀，好像一个金黄的铜钲挂在树梢。桃花傍着竹篱开，杨柳对着清溪摆，多么美丽而令人愉悦的春日画卷啊。诗人将"晴云"比作"絮帽"，将"初日"比作"铜钲"，为画卷增添了色彩和形状，不仅形象而且别具生活气息。"披""挂"又赋予山岭和树木拟人化的特质，为画卷增添了动感，整体展露出一种轻松、有趣又喜悦的情绪。这句诗主要写景，描绘了诗人雨后出游所见的明媚春光；而后通过精妙的用字，轻松活泼的笔调，在写景中又抒发了愉快的心情。

（汪培培）

天外黑风吹海立，浙东飞雨过江来。

【出处】宋·苏轼《有美堂暴雨》

游人脚底一声雷，满座顽云拨不开。天外黑风吹海立，浙东飞雨过江来。十分潋滟金樽凸，千杖敲铿羯鼓催。唤起谪仙泉洒面，倒倾鲛室泻琼瑰。

【鉴赏】有美堂建在杭州吴山最高处，左眺钱塘江，右瞰西湖。诗句描写了诗人在有美堂观赏到的暴雨之景。乌云翻滚，从天边吹来的风仿佛都被染黑了。黑风强劲，能把海水吹得立起来；雨水从钱塘江东随风而至，飞过滚滚江水倾落而下。这句诗描写了天风海雨的狂暴，显示出一种壮丽的美感，表现出诗人胸襟雄阔奔放的气概。上句用"天外黑风"形容天地变色，以"吹海立"表现风势强劲。下句则以"飞雨"形容雨势之迅急，"过江来"则极为生动地展现暴雨由远而近、横跨大江、呼啸奔来的壮观景象。诗句为我们呈现出由远及近，壮阔有力的生动画面。 （汪培培）

有如兔走鹰隼落，骏马下注千丈坡。断弦离柱箭脱手，飞电过隙珠翻荷。

【出处】宋·苏轼《百步洪二首》其一

长洪斗落生跳波，轻舟南下如投梭。水师绝叫凫雁起，乱石一线争磋磨。有如兔走鹰隼落，骏马下注千丈坡。断弦离柱箭脱手，飞电过隙珠翻荷。四山眩转风掠耳，但见流沫生千涡。我生乘化日夜逝，坐觉一念逾新罗。觉来俯仰失千劫，回视此水殊委蛇。但应此心无所住，造物虽驶如吾何。险中得乐虽一快，何异水伯夸秋河。纷纷争夺醉梦里，岂信荆棘埋铜驼。君看岩边苍石上，古来篙眼如蜂窠。但应此心无所住，造物虽驶如吾何。回船上马各归去，多言哓哓师所呵。

【鉴赏】百步洪为一段激流险滩,诗句描写了乘舟飞驰于激流上的情状。水流被乱石阻激,陡起陡落,小船漂在水上飞速前行就像梭子一样。湍急的河水就像狡兔疾走,凶猛的鹰隼急速下落,又像骏马冲下千丈高坡;轻舟飞驰,就如断弦离柱,如飞箭脱手,如闪电过隙,如荷叶上水珠滚落。水势之急,船行之速,跃然眼前。诗句通过精妙的比喻,层层渲染,细致生动地描绘了水流之急,动人心魄。 （汪培培）

杏花飞帘散余春,明月入户寻幽人。

【出处】宋·苏轼《月夜与客饮酒杏花下》

杏花飞帘散余春,明月入户寻幽人。褰衣步月踏花影,炯如流水涵青苹。花间置酒清香发,争挽长条落香雪。山城酒薄不堪饮,劝君且吸杯中月。洞箫声断月明中,唯忧月落酒杯空。明朝卷地春风恶,但见绿叶栖残红。

【鉴赏】短短两句诗,紧扣题目,有花、有月、有人。落花与余春点明了暮春时节,月色入户交代了时间、地点和活动。诗人与客人在杏树下饮酒,粉白的杏花纷飞,飞落入帘中,散发出春天最后的芳香;明亮的月光洒入大门,来寻访幽闲雅静之人。诗句韵味淳厚,声调优美,渲染出一幅幽静绮丽的暮春月夜图,清丽中又略带凄清之感。花月与幽人映衬,情思与景色交融,动静结合,达到了物我合一的境界。 （汪培培）

竹外桃花三两枝,春江水暖鸭先知。

【出处】宋·苏轼《惠崇春江晚景二首》其一

竹外桃花三两枝,春江水暖鸭先知。蒌蒿满地芦芽短,正是河豚欲上时。

【鉴赏】这是一首题画诗。诗句再现了原画中的江南仲春景色,又融入合理的想象,与原画相得益彰。竹林外桃花开了三两枝,翠绿中洒落几点粉红,呈现出视觉上的色彩美;春日江水变暖了,最先知道的肯定是江中的鸭子。竹林、桃花为江岸之景;鸭子为江中之景,画面丰富。"春江水暖"用"鸭先知"来表现,则通过触觉的描写再现了暖融融的春意,灵活地表现了画面无法表现的内容,有实有虚,虚实相生,生动形象而又极富生活气息。 （汪培培）

扁舟一棹归何处,家在江南黄叶村。

【出处】宋·苏轼《书李世南所画秋景二首》其一

野水参差落涨痕,疏林欹倒出霜根。扁舟一棹归何处,家在江南黄叶村。

【鉴赏】这是一首题画诗。苏轼为同时代李世南的秋景画所题。题画诗既不能脱离画中的景色,也不能被画面限制住。深秋,野外河流里有一叶扁舟,岸边林木数点。面对这旷远的画面,诗人发挥想象,那条小舟要划向何处啊? 应是要回到江南黄叶村的家中吧! 诗人的想象引导读者从画中想到画外,仿佛思绪也同这轻舟一样远去,突破画面的拘束,产生了丰富的想象空间。"归""家"二字于景物中融入人情,不滞于物象,赋予了画面以悠然无尽的情味。

(汪培培)

杳杳天低鹘没处,青山一发是中原。

【出处】宋·苏轼《澄迈驿通潮阁二首》其二

余生欲老海南村,帝遣巫阳招我魂。杳杳天低鹘没处,青山一发是中原。

【鉴赏】苏轼晚年被发配边疆流放海南岛,以为这一生就要终老海外,无缘再回中原了,没想到皇帝又召他回朝。回程走到澄迈驿通潮阁时,在阁中眺望琼州海峡对岸的大陆;只见广漠的天空远远与地面相接,高飞的鹘鸟消逝在视线尽头,海的对岸有一带像发丝一样绵延的山脉,正是中原故乡连绵起伏的青山。这两句诗写景,极尽描写景色的苍凉与遥远。将青山比作一根头发,隔着大海极目远眺,不正是如此,这个比喻极其精妙写实。在鸟都飞得看不见的地方,才有一丝头发样的地平线,北方之远,更令人感到诗人身处之遥。写景虽未直接抒情,但渴望北归的急迫心情,以及

北地苍凉之感已经跃然纸上。 （汪培培）

落木千山天远大，澄江一道月分明。

【出处】宋·黄庭坚《登快阁》

痴儿了却公家事，快阁东西倚晚晴。落木千山天远大，澄江一道月分明。朱弦已为佳人绝，青眼聊因美酒横。万里归船弄长笛，此心吾与白鸥盟。

【鉴赏】傍晚站在快亭上观看风景，只见落木萧萧，起伏连绵的秋山伸向远方，浩瀚的天空此时也显得更加空旷辽远；澄净如天的江水如一道白带，一弯新月映照在江水中，交相辉映。诗句描绘了一幅高远壮阔的秋景图，营造了一种空明阔大的意境，表现出诗人轻松明快的心情以及投身自然的喜悦，为诗人表达归隐江湖的志趣作出很好的铺垫。遣词凝练，意韵隽永，节奏如行云流水，映照出诗人宽广、澄澈的胸怀。 （汪培培）

清风明月无人管，并作南楼一味凉。

【出处】宋·黄庭坚《鄂州南楼书事四首》其一

四顾山光接水光，凭栏十里芰荷香。清风明月无人管，并作南楼一味凉。

【鉴赏】站在南楼上四下眺望，只见山光水色相交连；辽阔的水面上荷花盛开，飘来阵阵清香。清风明月没有人看管，自由自在，月光与清风一起进去南楼，使人感到一片凉爽和惬意。清风明月是自由自在的，"无人管"透出洒脱自在的意味。"味"字用字精妙，很有意味。一方面，可以对应"芰荷香"的香气，清风与明月似乎也渗透了荷香；另一方面，"一味"在古代是用来修饰中药的量词，这凉风"一味"，就如一服清凉的药剂，可以医治心中的烦闷。这首诗是作者被贬鄂州时所作，作者当时身遭官场倾轧，欲如清风明月一般"无人管"，却不可得。秋凉一味，可医得心中之病？本诗看似惬意闲适，细读又蕴含着丝丝凄凉之意，滋味无穷。

（汪培培）

有情芍药含春泪，无力蔷薇卧晓枝。

【出处】宋·秦观《春日五首》其一

一夕轻雷落万丝，霁光浮瓦碧参差。有情芍药含春泪，无力蔷薇卧晓枝。

【鉴赏】这首诗描写的是一夜春雨后,初放晴时庭院的景致,"春愁"统领全篇的意境。一夜春雨过后,庭院里的朵朵芍药花瓣上水珠涟涟,宛若一个个惆怅多情的女子一般,满眼泪珠;蔷薇的枝条在风雨洗礼过后也柔弱无力,静静地攀枝蔓延着,好似体弱多病的柔弱女子静卧病榻般。这两句是写春雨过后庭院里的花,但是却将雨水比作"春泪",又用一个"卧"字写出了蔷薇"无力"的状态,运用了拟人的修辞手法,把芍药和蔷薇这两位娇羞女郎百媚千娇的情态描写得淋漓尽致。让我们从庭院华丽的景象中隐隐地体会出了"愁"的意味,这也正是诗人命途多舛的人生、多愁善感的心理的一种体现。   (汪培培)

林梢一抹青如画,应是淮流转处山。

【出处】宋·秦观《泗州东城晚望》

渺渺孤城白水环,舳舻人语夕霏间。林梢一抹青如画,应是淮流转处山。

【鉴赏】这是一首写景诗,描写的是夕阳西下,淮河下游的水乡景色。远处浓郁的丛林上空有一抹淡淡的青色,犹如画笔涂抹出的一般;据我推断,那遥望可见的山峦应该是在淮河转折处吧。这两句是在写山,但却没有从"山"入笔,而是通过林梢的那抹青色对远处的山峦进行了暗示,其中"一抹"是轻描,"青如画"是重彩,在色彩上给人一种错落有致的感觉。最后一句"应是淮流转处山"表明了诗句描写的主角,是对前一句暗示的回答,也是另一幅青山绿水的画面的呈现。诗人没有用大笔墨去描写"山",而是给读者留下了很多想象的空间,可谓是"句绝而意不绝"。   (汪培培)

晴天摇动清江底,晚日浮沉急浪中。

【出处】宋·陈师道《十七日观潮三首》其三

漫漫平沙走白虹,瑶台失手玉杯空。晴天摇动清江底,晚日浮沉急浪中。

【鉴赏】这是一首写景诗,描写的是农历八月十七日观看钱塘江大潮的景象。明朗湛蓝的天空倒映在清澈的江面上,随着江水而摇摆晃动;夕阳西下,落日倒映在湍急涌动的江面上,和波涛汹涌的潮水一起沉沉浮浮。诗人没有直接描写钱塘江大潮汹涌澎湃的壮观景象,而是从侧面用倒映在江面上的"晴天"和"晚日"来做衬托,给人一种江潮摇摆了"晴天",沉浮了"落日"的感觉,极致巧妙而形象地描写出了钱塘江大潮的声势与威力。诗人用词相当精妙凝练,有以一概万之功效,譬如这两句中的"摇动"和"浮沉",写活了钱塘江大潮壮观神奇的景象。 （汪培培）

风翻蛛网开三面,雷动蜂窠趁两衙。

【出处】宋·陈师道《春怀示邻里》

断墙着雨蜗成字,老屋无僧燕作家。剩欲出门追语笑,却嫌归鬓着尘沙。风翻蛛网开三面,雷动蜂窠趁两衙。屡失南邻春事约,只今容有未开花。

【鉴赏】"两衙",相传蜜蜂早晚聚集的时候,众蜂簇拥着蜂王,像侍卫一样,列队两旁。一阵清风吹过,屋角的蜘蛛网变得破败不堪,只有一面还挂着,随风摇曳;屋檐下的蜂巢中,蜜蜂还在成群结队地飞进飞出,嗡嗡作响,忙碌不已。诗人心思细腻,观察入微,通过残破的蜘蛛网和忙碌的蜜蜂形象生动地描绘了老屋的景象。但好在蜘蛛网还有一面是挂在屋角的,没有完全掉落,那蜂巢中也还有蜂王的存在,让蜜蜂忙碌而不失秩序。诗人是在借景抒情,人生在世,其处境往往还不如老屋下的蜘蛛与蜜蜂,经常是四面楚歌,难有翻身的机会,表达了对世路崎岖的感慨。 （汪培培）

双飞燕子几时回? 夹岸桃花蘸水开。

【出处】宋·徐俯《春游湖》

双飞燕子几时回? 夹岸桃花蘸水开。春雨断桥人不度,小舟撑出柳阴来。

【鉴赏】这首诗是早春时节,诗人游湖时的所见所想。燕子这种候鸟往往被人们看作是春天的象征。双飞的燕子什么时候飞回来的呢? 从这个疑问句中我们不难看出诗人不经意间见到燕子,意识到春天已经来临时惊讶与愉悦的心情。两岸的桃树枝繁叶茂,花团锦簇,好像都已经挨着湖面一般。这句诗中的"蘸"字用得非常巧妙,形象生动地写出了桃花似锦,花团锦簇,已压弯了树枝,再加上春雨过后湖面上升的原因,远远望去,好像是桃花在波光荡漾的湖面上盛开一般。景美心更美,诗人的愉悦之情溢于言表。 （汪培培）

云深不见千岩秀,水涨初闻万壑流。

【出处】宋·吕本中《柳州开元寺夏雨》

风雨潇潇似晚秋,鸦归门掩伴僧幽。云深不见千岩秀,水涨初闻万壑流。钟唤梦回空怅望,人传书至竟沉浮。面如田字非吾相,莫羡班超封列侯。

【鉴赏】这首诗是在南宋初年,诗人经历了改朝换代的战乱之苦后,从北方长途跋涉,一路历尽艰辛,流亡到柳州时所作。这两句诗是从顾恺之的"千岩竞秀,万壑争流"而来,写的是远景:夏日的一场大雨过后,山峦之间雾气弥漫,云雾缭绕,遮蔽了原本层峦叠嶂的俊秀风貌;山水暴涨,山峦之间的河水淙淙作响声格外明朗清晰。这两句诗从视觉和听觉两个侧面分别写出了夏日暴雨的范围之广与声势之大,动静结合,把山环水绕的美景描写得淋漓尽致,给人带来身临其境、如闻其声的感受。　　(汪培培)

绿阴不减来时路,添得黄鹂四五声。

【出处】宋·曾几《三衢道中》

梅子黄时日日晴,小溪泛尽却山行。绿阴不减来时路,添得黄鹂四五声。

【鉴赏】这是一首记行诗,描写的是诗人在三衢道中的所见、所闻和所感。这两句诗的意思是:往回走的时候,山路两旁依旧是绿树浓荫,一点也不比来的时候看到的少;在绿荫深处,时不常地传来几声黄鹂清脆悦耳的叫声,给归程增添了不少生机与乐趣。诗人用"来时路"巧妙自然地过渡到对归程的描写上来,"不减"是说归程之路和来时之路并没有什么大的变化,仍旧绿荫依旧;"添得"是说和来时相比,回去的路上更有清脆欢鸣的黄鹂声助兴,暗示诗人虽然是出游归来,但是兴致却丝毫没有减退,充分地表现了诗人寄情于山水之间的闲适情怀。　　(汪培培)

飞花两岸照船红,百里榆堤半日风。

【出处】宋·陈与义《襄邑道中》

飞花两岸照船红,百里榆堤半日风。卧看满天云不动,不知云与我俱东。

【鉴赏】这是一首描写诗人从开封到襄邑的记游诗,通过描写自己坐在船上,穿行于河道之中时看到的景象,表达了自己欢愉的心情。这两句诗的意思是:我坐着船,一路顺风顺水,穿行于河道之中。岸边的红花娇艳欲滴,花团锦簇,在我的两旁向身后飞驰而过,仿佛小船也被晕染了淡淡的红色;沿着长满榆树的大堤,只用了半天的时间就已经行到百里之外了。诗人用"飞花"映衬自己,这一动态描写给人一种风流飘逸的感觉。"百里榆堤半日风"虽然没有豪情万丈的气概,但也是潇洒有余,风度翩翩。字里行间都体现了诗人的欢愉之情。 （汪培培）

今宵绝胜无人共,卧看星河尽意明。

【出处】 宋·陈与义《雨晴》

天缺西南江面清,纤云不动小滩横。墙头语鹊衣犹湿,楼外残雷气未平。尽取微凉供稳睡,急搜奇句报新晴。今宵绝胜无人共,卧看星河尽意明。

【鉴赏】 这首诗描写的是雨过天晴的景象,字里行间流露出诗人欢愉的心情。今天晚上,雨后初晴的天空必然是明朗清澈的,这绝佳曼妙的美景却无人和我一起共同欣赏。即使只有我自己一个人,我也会独自尽兴,兴致盎然地看尽那深邃高远的灿烂星河。其中"卧看星河尽意明"一句是从杜牧的《秋夕》中"卧看牵牛织女星"句化用而来,但却与杜牧所表达的寂寞孤独之感大相径庭,此句写出了诗人欢快的心情和"卧看星河"的勃勃兴致。这两句虽然是在叙事,但在叙事之余又勾勒出一幅深邃高远,星光灿烂的美妙夜景。继而作者又借景抒情,极致地抒发了雨过天晴后自己的愉悦之情。 （汪培培）

雨余吴岫立,日照海门开。

【出处】 宋·陈与义《渡江》

江南非不好,楚客自生哀。摇楫天平渡,迎人树欲来。雨余吴岫立,日照海门开。虽异中原险,方隅亦壮哉!

【鉴赏】 这首诗作于宋高宗绍兴二年(公元 1132 年),当时金兵已经被击退,诗人在朝中任职,跟随皇帝来到临安,渡过钱塘江时兴奋之余写下了这首诗。"吴岫"指吴山,在今浙江杭州西湖的东南面。"海门"指钱塘江口。这两句诗描写的是远景,意思是:风雨过后,天气放晴,阳光普照,远处的吴山依旧矗立着,江海相通之处的钱塘江口也随即开放。描写了诗人渡江时看到的江南美景。诗句虽然视野开阔,看似豪迈壮阔,但在

此景的映衬下也凸显了诗人这位客子的孤寂落寞,与诗中散发的淡淡的哀愁交相呼应。 (汪培培)

好水好山看不足,马蹄催趁月明归。

【出处】宋·岳飞《池州翠微亭》

经年尘土满征衣,特特寻芳上翠微。好水好山看不足,马蹄催趁月明归。

【鉴赏】这是一首记游诗。这两句诗的意思是:我陶醉于祖国的壮阔河山之中,流连忘返,怎么也欣赏不够;直到夕阳西下,夜幕降临,在阵阵马蹄声的催促之下,我才回过神来,急忙快马加鞭,借着月光赶回家。诗人虽然没有对让自己流连忘返的景色进行雕琢描述,只是用最普通的一个"好"字来概述,但是从"看不足"中我们不难看出山水之景的壮美程度,看出诗人对祖国山河的爱恋与不舍。一个"催"字又传神地写出了诗人在美景之中陶醉,已经到了出神的地步。这两句诗层层递进,写出了诗人对祖国河山的热爱之情。 (汪培培)

鱼市人家满斜日,菊花天气近新霜。

【出处】宋·陆游《九月三日泛舟湖中作》

儿童随笑放翁狂,又向湖边上野航。鱼市人家满斜日,菊花天气近新霜。重重红树秋山晚,猎猎青帘社酒香。邻曲莫辞同一醉,十年客里过重阳。

【鉴赏】这首诗作于公元 1181 年,诗人在山阴(今浙江绍兴)闲居之时。"满"在诗中是"洒满、映满"的意思,和王安石的"春风又绿江南岸"中的"绿"用法相近。这两句诗的意思是:在江南水乡的渔村中,卖鱼的市场是随处可见的。夕阳西下的傍晚时分,渔家在晚霞的映衬之下,如同一幅

125

画,异常地灿烂辉煌;现在菊花盛开,已经接近霜降时节,正是秋高气爽,外出畅游的大好时机。诗人用简练自然、朴素平实的语言生动地描绘了一幅江南水乡的动人画面,写出了水乡的风土人情。 （汪培培）

重重红树秋山晚,猎猎青帘社酒香。

【出处】宋·陆游《九月三日泛舟湖中作》

原文参见前句。

【鉴赏】"猎猎"是象声词,在这里指酒旗被风吹动时发出的声响。"青帘"指古时候酒店门口挂的幌子,因大多用青色的布制成而得名。这两句诗的意思是:现在已经是深秋时节了,漫山遍野都长满了枫树,它们那火红的树叶层层叠叠地伸展着,在落日余晖的映衬下显得格外耀眼;晚风习习,小酒馆儿门前的青布酒旗飒飒作响,随风摇曳,缕缕酒香在清风中弥散,诱人心弦。这两句诗描写了枫树、斜阳、酒旗、酒香等,非常有现在农家乐的感觉,闲适至极,美妙至极。这两句诗总会让我们不自觉地想起"千里莺啼绿映红,水村山郭酒旗风""借问酒家何处有,牧童遥指杏花村",还有"停车坐爱枫林晚,霜叶红于二月花"这些诗句。 （汪培培）

无风杨柳漫天絮,不雨棠梨满地花。

【出处】宋·范成大《碧瓦》

碧瓦楼头绣幕遮,赤栏桥外绿溪斜。无风杨柳漫天絮,不雨棠梨满地花。

【鉴赏】这首诗描写的是暮春时节的美景,诗人寄情于景。这两句诗的意思是:虽然没有风,但是杨絮和柳絮仍旧漫天飞舞;尽管没有雨,但是海棠花和梨花还是落了一地。空中与地上,一动一静,写出了春天的蓬勃生机,给人身临其境的感觉。但是现在已经是暮春时节,这表面看似漂亮和谐的景致不久就将消失在一番风雨之后。诗人表面是在写景,实际上是寄兴亡之感于这景致中,暗示如果南宋的统治者继续整日沉醉于笙歌之中,那么南宋王朝就已经到了它的"暮春"时节,岌岌可危。体现了诗人对朝廷不管国事,夜夜笙歌做法的不满和讽刺,以及忧国忧民之心。

（汪培培）

静夜家家闭户眠，满城风雨骤寒天。

【出处】宋·范成大《夜坐有感》

静夜家家闭户眠，满城风雨骤寒天。号呼卖卜谁家子，想欠明朝籴米钱。

【鉴赏】范成大是一位非常富有同情心的诗人，他经常会为那些苦难人的遭遇感到悲伤，因此晚年在家闲居的时候诗人以下层百姓的艰辛生活为题材，写了很多自然质朴的诗歌。这便是其中一首。这两句诗的意思是：夜深人静的时候，家家户户都关好门休息了，忽然之间，狂风骤起，电闪雷鸣，风雨交加，整座城都变得异常寒冷。这两句诗是在写景，前一句是静态描写，后一句是动态描写。按理来说，这样的天气过后，气温骤降，但凡不是迫于生计的人都不会再出来做买卖的。诗人为下文"号呼卖卜"之人的可怜境遇做了铺垫。 （汪培培）

日长篱落无人过，唯有蜻蜓蛱蝶飞。

【出处】宋·范成大《四时田园杂兴六十首》其二十五

梅子金黄杏子肥，麦花雪白菜花稀。日长篱落无人过，唯有蜻蜓蛱蝶飞。

【鉴赏】这是一首田园诗，描写了初夏时节农民忙于农事的辛苦生活，同时也表达了诗人对自然山水的热爱。这两句诗的意思是：初夏时分，白天开始变得长了，农民也开始忙于农事，每天早出晚归地辛勤劳作，所以门前基本上都没有人走动，只有蜻蜓和蝴蝶翩翩起舞，围着篱笆飞来飞去。前一句诗是静态描写，后一句诗是动态描写，以飞来飞去的蜻蜓和蝴蝶来衬托村落中的寂静，动静结合，以动衬静，显得更加安静。这两句诗写出了农民艰辛的生活，赞美了他们勤劳与淳朴的美德，描绘出一幅恬静的田园风光。 （汪培培）

碧云天，黄叶地。秋色连波，波上寒烟翠。

【出处】宋·范仲淹《苏幕遮》

碧云天，黄叶地，秋色连波，波上寒烟翠。山映斜阳天接水，芳草无情，更在斜阳外。 黯乡魂，追旅思，夜夜除非，好梦留人睡。明月楼高休独倚，酒入愁肠，化作相思泪。

【鉴赏】天空高远湛蓝，大地铺满了金黄的落叶，正是一派爽朗明丽的秋日景象。在这醉人的秋色之间，一条波光荡漾的江水伸向远方。水面烟霭弥漫，映衬着蓝天绿水，呈现出青翠之色，而"寒"字突出了这水雾给人的秋日凉意。这两句写的是秋日景象，暗含思乡之情，但一反前人写秋景衰飒清冷的套路，这两句的景色描写显得十分开阔壮丽，极富画面美与意境美。夕阳映照着山峦，苍天与碧水相接，芳草蔓延，遥接天涯一直到斜阳找不到的地方。芳草"无情"，反衬出人的有情。望着这寥落的秋景，不见尽头的芳草，不禁升起了思乡之情。作才由景色描写，自然地过渡到了情感描写之上。

（汪培培）

那堪更被明月，隔墙送过秋千影。

【出处】宋·张先《青门引》

乍暖还轻冷，风雨晚来方定。庭轩寂寞近清明，残花中酒，又是去年病。　　楼头画角风吹醒，入夜重门静。那堪更被明月，隔墙送过秋千影。

【鉴赏】这首词为怀人之作。乍暖还寒的春夜，清明方近，作者独自在家中饮酒，显示出一派寂寞冷清之情。作者首先对春天的气候进行了描写，忽暖忽寒，风雨一直到晚上才停止。庭院凄清，又快到了清明时节。在一片落花中作者饮酒浇愁，这情景和往年一样未曾改变。酒醉之后正在梦中，但清冷的晚风却吹来凄厉的号角声，将我吵醒。深夜使人心情黯淡，院门重重关闭就像紧锁的心扉。正当触景伤怀时，那明月却隔墙把秋千的影子送入我的眼中，更令人难以承受。"那堪"，哪里受得了，揭示了作者被秋千之影所触动的愁怀，视觉、听觉以及触觉的多重叠加，终于到达了极致，也将作者的哀情渲染到极致。

（汪培培）

中庭月色正清明，无数杨花过无影。

【出处】宋·张先《木兰花·乙卯吴兴寒食》

龙头舴艋吴儿竞。笋柱秋千游女并。芳洲拾翠暮忘归，秀野踏青来不定。　　行云去后遥山暝。已放笙歌池院静。中庭月色正清明，无数杨花过无影。

【鉴赏】这首词是作者晚年乡居时所作。寒食节在清明节前两天，古时候会举行许多民俗活动。词句开篇就是描写热闹的节日场面，吴中健儿在江中赛龙舟，姑娘们则成群结队地打着秋千。妇女到水边郊游，游人在野外踏青,春光与节日的欢乐相交映,热闹非凡。到了晚上,游人散去后郊野又恢复了宁静,喧嚣了一天的庭院此刻也十分清幽。最后一句写景匠心独具,院子里月色清明,甚至可以看得见无数杨花飞过。花过无影,又显得月光明而不亮,有一种朦胧的美感。作者虽然已经年过八旬,但仍然保留着很高的生活情趣,白天与众人同乐,晚上则独坐院中欣赏月夜美景。词人优美的词句与高雅的情趣令人叹服。　　　　　　（汪培培）

沙上并禽池上暝,云破月来花弄影。

【出处】宋·张先《天仙子》

　　水调数声持酒听,午醉醒来愁未醒。送春春去几时回?临晚镜,伤流景,往事后期空记省。　　沙上并禽池上暝,云破月来花弄影。重重帘幕密遮灯,风不定,人初静,明日落红应满径。

【鉴赏】张先有"张三影"的美称,得名于他所创作的三句带有"影"字的佳句。本句即为其中之一。作者白天想借听歌饮酒来解愁,结果反而更加心烦。感叹春去无声,时光流逝,傍晚对镜生悲情,这些写的都是作者的心理活动。作者来到花园散心,暮色低垂,水鸟两两相依,在池岸边入睡,然而云团笼罩天色昏暗,不禁令人扫兴。作者正打算回去的时候,突然风起云开,月亮似乎穿透了云层显露在天际。花被风吹动,在月光下摇曳生姿,似乎在与花影戏耍。全句的妙处全在一个"破"字和一个"弄"字。月亮穿破云层,有一种豁然开朗之感,也将作者的愁闷打破。"弄"则极富人性,为美好的画面增添了空灵的动态美,营造了一种开阔明亮,喜悦生动的美好意境。　　　　　　　　　　　　　　　（汪培培）

对潇潇暮雨洒江天,一番洗清秋。

【出处】宋·柳永《八声甘州》

　　对潇潇暮雨洒江天,一番洗清秋。渐霜风凄紧,关河冷落,残照当楼。是处红衰翠减,苒苒物华休。唯有长江水,无语东流。　　不忍登高临远,望故乡渺邈,归思难收。叹年来踪迹,何事苦淹留?想佳人、妆楼颙望,误几回、天际识归舟。争知我、倚栏杆处,正恁凝愁!

【鉴赏】这是一首描写羁旅漂泊情怀的杰作,开篇写景,引领起全文登高临远的视角。一个"对"字,勾勒出作者凭栏远望的身影,自然地引出视野中的景物。只见天色渐晚,暮色中冷雨潇潇,洒满天空落满江川,将这天地间的秋日景物都清洗了一番。"一番"暗示雨只下了一阵子,为下文雨后初晴的景物描写作了铺垫。词句只有一个"雨"字,却处处不离雨,"潇潇""洒""洗"全是对雨的描写。作者登楼远望,只见江天迷蒙烟雨潇潇,又正值日暮,这样的景色使人不由生出一种清冷的感觉。登楼所见的风光、景物都笼罩在秋雨之中,也都笼罩着悲凉的秋意,触动了作者的愁肠和幽思。

(汪培培)

渐霜风凄紧,关河冷落,残照当楼。

【出处】 宋·柳永《八声甘州》

原文参见前句。

【鉴赏】 登楼远望,只见萧条的秋雨景象。雨停了,像寒霜一样的秋风却越刮越紧,十分凄冷;河面恢复了平静,独自流淌着;这时候有一缕残阳的光辉,照在登高望远的楼上。"霜风""残照""凄紧""冷落"这些字眼没有明写作者的心情,却传达出一股冷意与萧条之情,内中暗蕴着作者凄冷寥落的处境和心境。"渐"字紧接上句,表现出时间的变化。作者从白天一直站到了晚上,雨停后,风却越来越冷了。这让人不禁联想到,整个时节也在渐渐地转向萧瑟的深秋了。词人最后以"残照"又将所有的注意力引回到高楼上的旅人,仿佛全世界的秋意与寒意都奔涌而来,更令人难以承受。词句融写景、抒情为一体,语浅而情深,具有很高的艺术成就。

(汪培培)

寒蝉凄切,对长亭晚,骤雨初歇。

【出处】 宋·柳永《雨霖铃》

寒蝉凄切,对长亭晚,骤雨初歇。都门帐饮无绪,留恋处,兰舟催发。执手相看泪眼,竟无语凝噎。念去去,千里烟波,暮霭沉沉楚天阔。多情自古伤离别,更那堪冷落清秋节!今宵酒醒何处?杨柳岸,晓风残月。此去经年,应是良辰好景虚设。便纵有千种风情,更与何人说?

【鉴赏】 寒蝉即深秋的蝉;长亭,古时于道路每隔十里设长亭,供行旅停息,故亦称"十里长亭"。后常以代指送别之处。这是一首描写离别悲情的词作,首句看似只有景物描写,实际已将时令、时间、地点、时间及环境等交代得清清楚楚。秋天的寒蝉鸣叫得十分凄切,点明时令为深秋;"凄切"既是蝉鸣声,也是作者此时的心情,铺垫了全文的感情基调。天色

130

将晚,对着离别的长亭,点明时间、事件。刚才突然下了一阵雨,现在雨停了,想留也不能留,只得出发了。该词写景却能叙事分明,不着一字也能将氛围和心境渲染得如此真实动人,表现出作者高妙的写作技巧和真挚的情感。

（汪培培）

念去去,千里烟波,暮霭沉沉楚天阔。

【出处】宋·柳永《雨霖铃》

原文参见前句。

【鉴赏】虽然你设宴为我送别,我却一点畅饮的心情都没有。正在留恋不舍,船夫却又催我出发。互相拉着手,有千言万语想要交代,却悲伤得什么都说不出来。此刻虽然还未分离,但想象着我这一去,就是千里之遥,一路上烟波浩渺,我要从这傍晚浓厚的云雾中远行到那楚地辽阔的天地中了。这两句承上启下,现在分别时已是如此悲伤难舍,想象着以后要到那么遥远的地方,相见更难,愁情更甚。

（汪培培）

东南形胜,三吴都会,钱塘自古繁华。

【出处】宋·柳永《望海潮》

东南形胜,三吴都会,钱塘自古繁华。烟柳画桥,风帘翠幕,参差十万人家。云树绕堤沙。怒涛卷霜雪,天堑无涯。市列珠玑,户盈罗绮竞豪奢。　　　　重湖叠巘清嘉。有三秋桂子,十里荷花。羌管弄晴,菱歌泛夜,嬉嬉钓叟莲娃。千骑拥高牙。乘醉听箫鼓,吟赏烟霞。异日图将好景,归去凤池夸。

【鉴赏】本首词中作者以雄阔的笔调描写了杭州的繁荣景象,记录了一幅生动鲜活的城市生活画卷。杭州在祖国的东南方,地理位置优越,山河秀丽,是三吴地区的大都会。三吴,旧指吴兴、吴郡、会稽。钱塘是杭州的旧城,这个地方自古至今都十分繁华。"形胜""都会""自古繁华",点出了杭州地理位置的重要、历史的悠久和城市的繁华,气势宏大,笔力苍劲。其中"形胜""繁华"四字,为点睛之笔,总领全篇,下文就是从各个方面描写杭州之形胜与繁华的。笔法壮阔有力,一反柳永词作纤细艳丽的风格,给人耳目一新的感觉。

（汪培培）

重湖叠巘清嘉,有三秋桂子,十里荷花。

【出处】宋·柳永《望海潮》

原文参见前句。

【鉴赏】这句词描写的是西湖的美景。西湖上有一白堤,将湖面分割为两部分,故称重湖;叠巘,是指灵隐山、南屏山、慧日峰等重重叠叠的山岭。西湖景色很美,具体美在什么地方呢? 首先是西湖的地形描写,湖上横跨着一条白堤,湖边是重叠的苍翠青山,山水交映,十分清丽美好;因为山上开满馥郁的金黄桂花,湖中铺满清雅的荷花。"三秋"意指桂花花期长,代指西湖边常年开花,突出时令上的长;"十里"是说湖中广植荷花,逢到花期真可谓"接天莲叶无穷碧,映日荷花别样红",代指西湖到处有花,突出范围上的广。一句包含了诸多意象,湖光山色,一年四季都遍布鲜花与芬芳,令人心旷神怡,遐想万千。这句词可谓高度凝练,概括出了西湖最美的特征,具有撼动人心的艺术力量。 （汪培培）

春风不解禁杨花,蒙蒙乱扑行人面。

【出处】宋·晏殊《踏莎行》

小径红稀,芳郊绿遍,高台树色阴阴见。春风不解禁杨花,蒙蒙乱扑行人面。　　翠叶藏莺,朱帘隔燕,炉香静逐游丝转。一场愁梦酒醒时,斜阳却照深深院。

【鉴赏】这首词描绘了春末夏初时的景色,抒写了时光飞逝的轻愁。小路边的花快落光了,红色日渐稀少,而绿色却蔓延得整个郊野;树木丰茂,一片片绿荫遮得高楼亭台若隐若现,正是春去夏至的时节啊。春风不懂得约束杨花,以至其漫天飞絮,乱扑行人之面。杨花就是杨絮,漫天飞絮也是暮春的典型景色。词人赋予这个景象以拟人化的特征,春风的"不解",表现了春天逝去的无可奈何,也无法挽留住杨花不让它飞落了;"蒙蒙""乱扑",突出了杨花的活泼和无拘无束,富有情趣。虽然叹息春天逝去,却也没有颓废之情。"行人"点明这暮春景色为作者郊行时所见。 （汪培培）

一场愁梦酒醒时,斜阳却照深深院。

【出处】宋·晏殊《踏莎行》

原文参见前句。

【鉴赏】翠绿的叶子底下藏着黄莺，红色的帘子外燕儿飞过。"藏"与"隔"极其形象，既表现出院中树木的葱郁，又富有动态美，与室内的寂静形成反照。屋子里一片寂静，只有案几上的香炉香烟缭绕，丝丝缕缕。全词的景色描写从郊外到庭院，最后又进入室内，呈现由动到静，由明到暗的变化。就在这安静的室内，作者醉卧了一下午。"一场愁梦"，因愁闷而饮酒，结果连梦也是愁的。待到醒来时，才发现早已经是傍晚时分，只有斜阳照进深深的庭院。这一句为神来之笔，不禁让人想象，难道之前的景色，全是作者梦中所见的吗？或者是在这景色中不知何时入梦了呢？梦里梦外，春光依旧；或睡或醒，愁情依旧。表意含而不露，意境深远，十分微妙。

（汪培培）

垂杨只解惹春风，何曾系得行人住？

【出处】宋·晏殊《踏莎行》

细草愁烟，幽花怯露，凭栏总是销魂处。日高深院静无人，时时海燕双飞去。　　带缓罗衣，香残蕙炷，天长不禁迢迢路。垂杨只解惹春风，何曾系得行人住？

【鉴赏】全词描写了一种幽微蕴藉的伤春情绪，全词写景，最后一句通过反问，将全诗的题旨表现出来。细细的草叶上浮着青烟，含苞的花儿含着露珠，凭栏远望，总是让人心伤。寂静的院落里，只有一人伫立，连燕子也是成双的。"愁""怯"铺叙了作者的哀愁心情，形单影只对比燕子双飞，更觉孤寂。衣带渐渐宽松，蕙香也已燃尽，经过漫长的等待越发憔悴，然而思念的人却在迢迢千里之外。杨柳随风摆动，不过是在那里牵惹春风罢了，都说柳字同"留"，但什么时候真的系住了行人，使他留了下来呢？一句反问，哀怨之情溢于言表，想留住远行的人却无可奈何，至今分离只

133

能空自挂念。情感表达并不激烈,在含蓄幽微之中,有无限韵味。

(汪培培)

一霎好风生翠幕,几回疏雨滴圆荷。酒醒人散得愁多。

【出处】宋·晏殊《浣溪沙》

小阁重帘有燕过,晚花红片落庭莎。曲栏干影入凉波。　　一霎好风生翠幕,几回疏雨滴圆荷。酒醒人散得愁多。

【鉴赏】在小阁楼里饮酒,重叠的垂帘外有燕子飞过,已是晚春时节了,落红缤纷洒满庭院。曲折的栏杆倒映在庭院的池水中,"凉"既指水波之凉,也是作者此时心情的写照。至此全是帘外的景物描写,诸多意象呈现出暮春傍晚时凄清冷落的庭院光景,没有写人,人物的感受已跃然纸上。突然间,一阵清风吹来,吹动帘子,也吹动青翠的树木,下起雨来,雨水疏疏落落滴洒在圆圆的荷叶上。"一霎"与"几回"相对,表意精妙,风一下子就吹来,有意外之意;而雨却下了几回,可见作者也静听了许久。酒醒之后发现人们都已散去,只余眼前这清冷光景,不由令人感慨,生出许多富贵闲愁。

(汪培培)

池上碧苔三四点,叶底黄鹂一两声,日长飞絮轻。

【出处】宋·晏殊《破阵子》

燕子来时新社,梨花落后清明。池上碧苔三四点,叶底黄鹂一两声,日长飞絮轻。　　巧笑东邻女伴,采桑径里逢迎。疑怪昨宵春梦好,元是今朝斗草赢,笑从双脸生。

【鉴赏】燕子飞来的时候正赶上社祭,梨花飘落后就是清明节到来。这两句通过景物点明了季节,又点出了节日的到来。行文轻快流丽,蕴含着喜悦的情意。池水边上生长着几点碧苔,绿叶底下传来黄鹂的叫声,白天时间变长了,飞絮又开始漫天轻舞。"碧苔""黄鹂"色彩鲜艳,"三四点"是画面,"一两声"是声音,词句描绘了一幅色彩鲜明,有声有色,有动有静的春日风光图。"日长"再次点明时令的变化,"飞絮"为画面增添了轻盈的动感,渲染出轻松惬意的节日氛围。该词对仗工巧,用字精练,笔调活泼,表现出很高妙的艺术技巧。

(汪培培)

绿杨烟外晓寒轻,红杏枝头春意闹。

【出处】宋·宋祁《玉楼春》

东城渐觉风光好,縠皱波纹迎客棹。绿杨烟外晓寒轻,红杏枝头春意闹。 浮生长恨欢娱少,肯爱千金轻一笑。为君持酒劝斜阳,且向花间留晚照。

【鉴赏】东城的风光越来越好了,风和日丽,水波不兴,游客的船桨划开了水面,原来是作者与朋友在晴朗的天气里泛舟游玩。怎样描写出这东城风光的好呢? 全在绿杨,红杏两句。"绿杨"写远处杨柳如烟,一片嫩绿,虽是清晨,寒气却很轻微。"红杏"专写杏花,枝头杏花开放,词人以拟人手法,着一"闹"字,将杏花盛开的繁茂、灿烂描绘得活灵活现。"闹"字是花的色彩浓艳,像跳跃的烟霞,而花香必能招引许多蜂蝶,在花朵上辛勤采撷,忙碌之状也堪着一"闹"字。"晓寒"是轻冷的,而"春意"则是温暖热闹的,这句词对仗工整,用字精巧,衬托出春意之浓,生机勃勃。

(汪培培)

平山阑槛倚晴空,山色有无中。

【出处】宋·欧阳修《朝中措·平山堂》

平山阑槛倚晴空,山色有无中。手种堂前垂柳,别来几度春风。文章太守,挥毫万字,一饮千钟。行乐直须年少,尊前看取衰翁。

【鉴赏】平山堂是作者守扬州时所建,五年后重上平山堂送别友人刘敞时,追忆了过去的豪达生活,写出了作者意在山水之间的情感,词风豪放。平山堂的栏杆外是晴朗的天空,远山的青翠之色似有还无,一片迷蒙。平山堂的栏杆外就是晴朗的天空,视野开阔,看去好像是栏杆靠在清空当中,"倚"字体现了作者闲适放松的心态。山色在清空的照耀下仿佛和空气辉映为一体,显得境界开阔,气概坦荡。我在堂前亲手栽种了一颗垂柳,至今已经吹过了几次春风,过去了好几年了。我这位爱好写文章的太守,下笔就是万言,喝酒一饮千杯。趁年轻赶快行乐吧,看那坐在酒樽前的老头儿已经不行了。

(汪培培)

腊后花期知渐近,东风已作寒梅信。

【出处】宋·欧阳修《蝶恋花》

南雁依稀回侧阵。雪霁墙阴,偏觉兰芽嫩。中夜梦余消酒困,炉香卷穗灯生晕。　　急景流年都一瞬。往事前欢,未免萦方寸。腊后花期知渐近,东风已作寒梅信。

【鉴赏】冬末春初时节,南方的大雁已经陆续列阵北飞了。雪后放晴,墙角处兰草冒出了新芽,更觉得鲜嫩。半夜里醒来酒已经醒得差不多,香炉里香烟缭绕,灯穗卷曲投下了一圈影子。夜半醒来万籁俱寂,连燃烧的灯火都好像困倦了。在这冬去春来的时节,不禁感叹时光如梭,年华流逝得如此之快,一年好像一瞬间就过完了。过往的事情和欢乐不免萦绕在心头。腊月过后便知道花期越来越近了,因为东风已经带来了寒梅的清香。寒梅开在农历二月份,正是冬末春初。梅花开后便是百花盛开的时节。"花期"既指寒梅盛开的时期,也包含着春天百花盛开的时期。冰雪还未消融,但是东风已经带来了春暖花开的讯息,仿佛希望正在来临,作者有一种欣喜的心情,对新的一年充满向往和期待。　　　　(汪培培)

彩舟云淡,星河鹭起,画图难足。

【出处】宋·王安石《桂枝香·金陵怀古》

登临送目,正故国晚秋,天气初肃。千里澄江似练,翠峰如簇。征帆去棹斜阳里,背西风、酒旗斜矗。彩舟云淡,星河鹭起,画图难足。　　念往昔、繁华竞逐。叹门外楼头,悲恨相续。千古凭高,对此漫嗟荣辱。六朝旧事随流水,但寒烟衰草凝绿。至今商女,时时犹唱,后庭遗曲。

【鉴赏】这是一首怀古之作,首先描写了南京城开阔秀丽的秋日景象,随后生发感慨,悲古怀今,抒发了繁华易逝的感叹。词句气势开阔,感情激荡,令人印象极深。登高远望,南京城正是晚秋时节,天气肃爽。在高处看见,千里长江明净得如同一匹素白的丝绸,两岸苍翠的群峰好似争相聚在一起;江中的船只在斜阳的余晖中远去,岸上酒家斜矗的旗子在西风中飘扬。写景至此,全是白描,至下句始有变化。江水与天空相交映,云彩倒影在水中,彩色的船只好像行驶在云间;天空星河璀璨,江水也变成了一条星河,有白鹭悠悠飞起,这美景是图画也无法表现的。这句的景物描写有实有虚,色彩有浓有淡,远近交错,虚实结合,构成一幅巧夺天工的金陵风景图,抒发了词人浓浓的赞美之情。　　　　(汪培培)

不肯画堂朱户,春风自在杨花。

【出处】宋·王安国《清平乐》

留春不住,费尽莺儿语。满地残红宫锦污,昨夜南园风雨。 小怜初上琵琶,晓来思绕天涯。不肯画堂朱户,春风自在杨花。

【鉴赏】这是一首描写伤春悲秋之情的词作。春天留不住,黄莺不停地啼唱也无计可施。昨晚风雨袭来,南园里凋落了一地的残红,好像一匹华美的宫锦被破坏了。这几句从听觉与视觉两方面的感受,勾勒出一幅残败的暮春图画,表达了词人伤春、惜春,慨叹美好年华逝去的情怀。正当词人为这残春之景无限惆怅时,仿佛听到了歌女弹奏琵琶的声音,这琵琶之声哀婉动人,有多少人彻夜不眠,漫漫的思绪飞绕天涯呢。从想象回到现实,眼前触目的皆是杨花——只见那飞洒的杨花,宁愿随着春风自由飘荡,也始终不肯飞入那画堂朱户的权贵人家。 (汪培培)

爆竹声中一岁除,春风送暖入屠苏①。

【注释】①屠苏:指屠苏酒。饮屠苏酒也是古代过年时的一种风俗:大年初一全家合饮这种用屠苏草浸泡的酒,以驱邪避瘟疫,求得长寿。

【出处】宋·王安石《元日》

爆竹声中一岁除,春风送暖入屠苏。千门万户曈曈日,争插新桃换旧符。

【鉴赏】在新年的爆竹声中告别了旧的一年,春风也将温暖的气息吹到新年喝的屠苏酒中。诗句中的"爆竹声"仿佛让人听到了春节时家家户户燃放鞭炮的噼噼啪啪声,渲染了一种热闹、喜庆的节日气氛;这时,春风仿佛也被这节日的气氛所感染而有了人的情义,为人们喝的屠苏酒送来丝丝温暖。这是因为诗人心情愉悦,从而移情于物,使物也有了人的情感,营造了一种万众同喜、自然与人和谐为乐的喜悦氛围。诗人写爆竹、屠苏酒等传统习俗,也表达了诗人对新年的美好祈愿与期待。同时这句诗也蕴含了新事物总是要取代旧事物从而实现发展的深刻哲理。

(翟晋华)

似花还似非花,也无人惜从教坠。

【出处】宋·苏轼《水龙吟》

似花还似非花,也无人惜从教坠。抛家傍路,思量却是,无情有思。萦损柔肠,困酣娇眼,欲开还闭。梦随风万里,寻郎去处,又还被、莺呼起。

不恨此花飞尽,恨西园、落红难缀。晓来雨过,遗踪何在,一池萍碎。

137

春色三分,二分尘土,一分流水。细看来,不是杨花,点点是离人泪。

【鉴赏】杨花像其他花一样随春来而开随春逝而败,可又不像一般的花,它没有芬芳的气味,也没有鲜艳的颜色,只独自静静地结苞、吐蕊、绽放,任由着风吹而飘零,没有人怜惜。劈头一句"似花还非花"入手擒题,准确地捕捉到了杨花的特点。"坠"字笔锋一转,写杨花离开树枝,刚刚从枝头坠落的光景,表现出一种春逝的怅惘。此句以杨花写春色,以花落写春伤,情景交融,物我两忘。

(李瑞珩)

春色三分,二分尘土,一分流水。细看来,不是杨花,点点是离人泪。

【出处】宋·苏轼《水龙吟》

原文参见前句。

【鉴赏】春光易逝,絮落花残。若将春色分为三分,可见这春色有两分由落花化为了尘土,有一分是流水无情葬了去的。细细看来,那随风飘散的星星点点的杨花,哪里是杨花了,分明是离别时心上人眼里落下的泪水。上句别出心裁,将虚幻的春光物化为可以分割的实体,将春光三分,分外有趣,巧妙地将春光流逝的过程表现出来,或化尘土,或随流水,表达出一种春日易逝的无奈与惋惜。末句将杨花比作思妇的愁肠之泪,想象大胆,感情真挚,是杨花又非杨花,与词首句呼应,离人之泪与杨花送别之意交错,情致深切。

(李瑞珩)

可惜一溪风月,莫教踏碎琼瑶。解鞍欹枕绿杨桥,杜宇一声春晓。

【出处】宋·苏轼《西江月》

照野弥弥浅浪,横空暧暧微霄。障泥未解玉骢骄。我欲醉眠芳草。　可惜一溪明月,莫教踏碎琼瑶。解鞍欹枕绿杨桥,杜宇一声春晓。

【鉴赏】可怜那溪水中倒映的一汪明月光,清辉摇曳,可别叫我

138

的马儿踏碎了。枕着我的马鞍在绿杨桥上小憩一会儿,杜鹃一声啼鸣唤醒了黎明,天亮了。此句先写月色,将月色在水中的倒影比琼瑶美玉,写出了水之清、月之明、夜之静。又写词人骑着马儿,生怕踏碎了这一汪琼瑶,打扰了这一片宁静。写出了苏轼醉后童稚般天真可爱,月影与马儿相映成趣,一片天籁。"解鞍欹枕绿杨桥"写在自然的怀抱之中,枕着马鞍披着月色在绿杨桥边沉沉睡去,是一种诗意的人生情境,让人不忍打扰。万籁俱寂,唯有"杜宇一声春晓"将黎明唤醒,以杜鹃春啼作结,余音袅袅,回味无穷。自然给人心灵带来的蕴藉是永恒的。

(李瑞珩)

山下兰芽短浸溪,松间沙路净无泥,萧萧暮雨子规啼。

【出处】 宋·苏轼《浣溪沙》

山下兰芽短浸溪,松间沙路净无泥,萧萧暮雨子规啼。 谁道人生无再少?君看流水尚能西!休将白发唱黄鸡。

【鉴赏】 早春时节,山上的兰芽初萌,浸润在小溪之中。松林间隙的小径清净无泥。在萧萧的暮雨之中,闻得杜鹃一声哀鸣。此句白描勾勒出一幅宁静的暮春山景图,写兰芽初发,写溪水,写溪流潺潺,写松间小路营造出一种宁静清新的氛围。"萧萧暮雨子规啼"情致一转,写暮雨连绵,清新之味转凉。又写"子规啼"的凄厉哀婉,山中之景也由此声啼鸣而哀怨之气顿生,表达出一种春日将逝的怅然心境。此句写景即情,通过写景生情,虽无一字达情,却一切景语皆情语,将伤春的涓淡愁绪表现出来,情景交融,达于化境。

(李瑞珩)

簌簌衣巾落枣花,村南村北响缫车,牛衣古柳卖黄瓜。

【出处】 宋·苏轼《浣溪沙》

簌簌衣巾落枣花,村里村北响缫车,牛衣古柳卖黄瓜。 酒困路长唯欲睡,日高人渴漫思茶,敲门试问野人家。

【鉴赏】 听得"簌簌"两声,才知道是枣花落在衣巾之上的声音,正走着,从村南到村北,四面八方都传来了缫车吱吱呀呀的声音。忽而又听闻叫卖声,原来是披着蓑衣的农汉在古柳之下叫卖黄瓜。此句勾勒出一幅乡村收获图景,自然纯朴。将三幅农家画面用声音连接起来,词人走在路上,先听闻簌簌落花声,再闻缫车响,后又闻叫卖黄瓜声。声音连接了三幅连环画,极有立体感,不仅有画面美更有声音美,充满了浓郁的生活气

息,生动地展现出了乡村一片欣欣向荣的景象,也表现出苏轼对宁静自然的乡村生活的热爱以及他此时闲适淡然的心境。 （李瑞珩）

雾失楼台,月迷津渡,桃源望断无寻处。

【出处】宋·秦观《踏莎行》

雾失楼台,月迷津渡,桃源望断无寻处。可堪孤馆闭春寒,杜鹃声里斜阳暮。　驿寄梅花,鱼传尺素。砌成此恨无重数。郴江幸自绕郴山,为谁流下潇湘去?

【鉴赏】亭台楼阁在迷茫的白雾之中渐渐隐去,江畔的渡口也消失在了朦胧的月色里。那魂牵梦萦的桃花源啊,我望了又望,寻了又寻,却始终找不到归处。此句写白雾笼罩、月色迷蒙的夜景,楼台与津渡的隐失象征着词人内心迷惘而又忧愁的情绪。"桃源"指传说中的桃源仙境,仙境不可得,现实又多烦忧,表现出词人的苦闷与一种求而不得的落寞。此句将景物描写与人物内心相融,情景交融,物我两忘,将难以捉摸的微妙感情生动化、形象化,充满了艺术感染力。 （李瑞珩）

可堪孤馆闭春寒,杜鹃声里斜阳暮。

【出处】宋·秦观《踏莎行》

原文参见前句。

【鉴赏】孤独的馆舍紧紧关住了春天的寒冷,让我如何忍受! 在杜鹃的声声哀啼之中夕阳渐渐下沉,暮色降临。"可堪"即哪堪,问哪堪实则不堪,词人的情绪一股脑喷涌而出,奠定了整句的情感基调。一个"闭"字,锁住了料峭春寒的馆门,也锁住了词人一腔孤寂的心。更有杜鹃声声,催人伤心,惹人涕下。"孤馆""春寒""杜鹃"都是伤心之景,临了"斜阳暮"勾勒出夕阳沉沉,坠入西土,万物都走向死寂的景象。此情此景,怎能不让人伤心落泪呢。 （李瑞珩）

郴江幸自绕郴山,为谁流下潇湘去?

【出处】宋·秦观《踏莎行》

原文参见前句。

【鉴赏】郴江本就该绕着郴州而流淌,是为了谁而流入潇湘去呢? 郴江本该绕着郴山流转,却背井离乡,远去潇湘,这是为什么呢? 此句一经词人点化,山水皆活,赋予了郴江以人的性格。表现出词人内心的苦闷与无奈,远赴潇湘喻词人背井离乡的失意与愁苦。此句看似无理却有理,借郴江、潇湘写词人政治失意,遭贬远调,其愁绪也如远去的江水一般连绵不绝,借江水抒己志,情景交融,达于化境。

（李瑞珩）

山抹微云,天连衰草,画角声断谯门。

【出处】宋·秦观《满庭芳》

　　山抹微云,天连衰草,画角声断谯门。暂停征棹,聊共引离尊。多少蓬莱旧事,空回首、烟霭纷纷。斜阳外,寒鸦万点,流水绕孤村。　　销魂。当此际,香囊暗解,罗带轻分。谩赢得、青楼薄幸名存。此去何时见也,襟袖上、空惹啼痕。伤情处,高城望断,灯火已黄昏。

【鉴赏】山间涂抹着一两抹淡淡的云,天幕与衰草相连。黄昏已至,城门随着画角之声关上了,离别的人儿再也见不到了。此句一个"抹"字用了绘画的笔法,一写山痕,一写云迹,云淡淡地浮在山前的动态可见矣。"山抹微云,天连衰草"二句写极目天涯所见之景,山被云遮住,勾勒出一片暮霭苍茫的境界。衰草连天点明了秋景之惨淡萧索,全词都笼罩在一种愁云弥漫的氛围中。一个"断"字将寂静之景中画角声的突兀表现出来,画角声声催人别离,凄厉的声音敲击着诗人的心,怎么能不催人肠断,烘托出惜别伤怀之情。秦观也因此句中"抹"字妙绝,而被称为"山抹微云学士"。

（李瑞珩）

斜阳外,寒鸦万点,流水绕孤村。

【出处】宋·秦观《满庭芳》

　　原文参见前句。

【鉴赏】夕阳西沉,薄薄的天幕上几点寒鸦蹒蹒跚跚,起起落落。流水独自绕着孤村潺潺东流。天色既暮,归禽思宿,人又何尝不想归家呢。流水孤村,正是有人家之处,可此家非我家,或许词人还看到了炊烟袅袅,但自己一生微官远谪,背井离乡,家又在何方呢? 由此生出一种断肠人在天涯之感。此句通过"斜阳""寒鸦""流水""孤村"的意象组合,如入画中。无一情语,却句句离情,抒写了游子离人的思乡之痛。后世亦常用此句中的意象抒写游子思归之感。

（李瑞珩）

梅英疏淡，冰澌溶泄，东风暗换年华。

【出处】宋·秦观《望海潮》

梅英疏淡，冰澌溶泄，东风暗换年华。金谷俊游，铜驼巷陌，新晴细履平沙。长记误随车。正絮翻蝶舞，芳思交加。柳下桃蹊，乱分春色到人家。　　西园夜饮鸣笳。有华灯碍月，飞盖妨花。兰苑未空，行人渐老，重来是事堪嗟。烟暝酒旗斜。但倚楼极目，时见栖鸦。无奈归心，暗随流水到天涯。

【鉴赏】梅花渐渐地稀疏了，冰河也解冻融化了，在东风的吹拂之下，春天也悄悄来临了。此句写春意初现时的景象，梅花渐稀，梅香渐淡，冰雪消融，天气渐暖，嗅觉与触觉相融，渲染出一种微妙的早春氛围。词人将春天拟人化，一个"暗"字写出春来得悄然无息。"暗换年华"双关，既指眼前自然界的景物变化，又指人事沧桑，宦海浮沉。　　　　　　（李瑞珩）

长记误随车。正絮翻蝶舞，芳思交加。柳下桃蹊，乱分春色到人家。

【出处】宋·秦观《望海潮》

原文参见前句。

【鉴赏】总记得曾误追了人家的香车。春意正浓，柳絮随风纷纷扬扬，蝴蝶恋花翩跹舞蹈，引得春思缭乱交加。柳荫之下有一条洒满桃花的小径，花瓣随风将春色送到千家万户。此句写由一直在脑海中萦绕的那次误随香车的经历引起的温馨的遐思：当时春意正浓，絮飞、蝶舞、柳荫、桃蹊构成一组春日意象，营造出一种春日融融、花开蝶舞的氛围。春天的气息使词人也"芳思交加"，不能自已了，空气中涌动着一种青春荷尔蒙的味道。一个"乱"字既表现出春色无处不在，万紫千红闹哄哄的情景也表现出词人心旌摇曳，春心荡漾的心境。　　　　　　（李瑞珩）

归骑晚、纤纤池塘飞雨。断肠院落，一帘风絮。

【出处】宋·周邦彦《瑞龙吟》

章台路。还见褪粉梅梢，试花桃树。愔愔坊陌人家，定巢燕子，归来旧处。　　黯凝伫。因念个人痴小，乍窥门户。侵晨浅约宫黄，障风映袖，盈盈笑语。　　前度刘郎重到，访邻寻里，同时歌舞。唯有旧家秋娘，声价如故。吟笺赋笔，犹记燕台句。知谁伴、名园露饮，东城闲步。事与

142

孤鸿去。探春尽是,伤离意绪。官柳低金缕。归骑晚、纤纤池塘飞雨。断肠院落,一帘风絮。

【鉴赏】我骑马归来之时天色已晚,秋雨绵绵,雨丝纤纤笼罩着池塘。看那令人断肠的院落啊,满院狼藉,风吹絮舞,连门帘之上也沾满了柳絮。词人写骑马归来满园萧瑟之景,"纤纤池塘飞雨"本为"纤纤飞雨池塘",语序调整,写出了池塘飞雨蒙起一层水雾之景。词句描写细腻真切,"飞"字表现出秋雨不大却连绵不断的特点。又写院落,抓住"一帘风絮"这一细节表现出秋风之大,秋雨之绵长。以断肠之景写肠断之情,寓情于景,情景交融,达于化境。

(李瑞珩)

风老莺雏,雨肥梅子,午阴嘉树清圆。

【出处】宋·周邦彦《满庭芳》

风老莺雏,雨肥梅子,午阴嘉树清圆。地卑山近,衣润费炉烟。人静乌鸢自乐,小桥外、新绿溅溅。凭栏久,黄芦苦竹,疑泛九江船。　　年年,如社燕,飘流瀚海,来寄修椽。且莫思身外,长近樽前。憔悴江南倦客,不堪听急管繁弦。歌筵畔,先安簟枕,容我醉时眠。

【鉴赏】雏莺在风的吹拂下成长了,梅子受到雨水的滋润肥大了,正午的时候,太阳光下的树影,又清晰,又圆整。此句写一幅江南夏日风景,亲切迷人。"风老莺雏,雨肥梅子"写出了夏雨之后万物滋长、欣欣向荣之态。"老"字写出了雏莺生长的动态,"肥"表现出梅子渐大的动态,有此二词,句子皆活。"午阴嘉树清圆"一句对正午之时的树影进行了非常细致的观测,树影清且圆,表现了夏日炎炎,天气晴朗,呈现出一幅生机勃勃的图景。

烟柳有情开不尽,东风约定年年信。

【出处】宋·王安中《蝶恋花》

千古铜台今莫问。流水浮云,歌舞西陵近。烟柳有情开不尽,东风约定年年信。　　天与麟符行乐分。带缓球纹,雅宴催云鬓。翠雾萦纡销篆印。筝声恰度秋鸿阵。

【鉴赏】遥望十里长堤,只见那水烟舞绕的青色柳条,随风摇曳生情,吐露芬芳,在明媚的春光里开得越发热烈。任东风袭袭,韶华光转,不因人世的物走星移,缱绻失色,风吹烟柳,年年似旧。此句先融情"烟柳",借河岸明媚艳丽的柳色寄托了无限怀思,昔日的繁盛光景已如流水般消逝,可看到清烟翠柳今犹在,词人颇有些淡淡的怅惘与哀思,怀古伤今,隐约有对人世无常的感喟。本句亮色在于将"东风烟柳"拟人化,仿若年年早有约信,任东风日夕吹拂,青烟柳色喜入日华。如此这般良辰美景,不随时光黯淡流走,词人悠然的怀古之情跃然纸上。　　　　(李瑞珩)

插天翠柳,被何人、推上一轮明月?

【出处】宋·朱敦儒《念奴娇》

插天翠柳,被何人、推上一轮明月?照我藤床凉似水,飞入瑶台琼阙。雾冷笙箫,风轻环佩,玉锁无人掣。闲云收尽,海光天影相接。　　谁信有药长生,素娥新炼就,飞霜凝雪。打碎珊瑚,争似看、仙桂扶疏横绝。洗尽凡心,满身清露,冷浸萧萧发。明朝尘世,记取休向人说。

【鉴赏】该词以问句起。"翠柳"伸向天空,而"明月"不知不觉便出现了,如同被推上去一样。加之月夜如水一般的凉意,更会引起美妙的幻想,使纳凉赏月的词人飘飘然。这首词写藤床上神游月宫之趣,其间融入了月的传说,其境优美清寂,塑造了一个冰清玉洁的世界,似乎有意与充满烽烟势焰的人间对立,故前人或谓其为"不食烟火人语"。　　(李瑞珩)

千里水天一色,看孤鸿明灭。

【出处】宋·朱敦儒《好事近》

摇首出红尘,醒醉更无时节。活计绿蓑青笠,惯披霜冲雪。　　晚来风定钓丝闲,上下是新月。千里水天一色,看孤鸿明灭。

【鉴赏】夜晚来临,一轮新月升起在天空,月光洒满大地,水天一色,万籁俱寂,只有孤鸿的身影时隐时现。此句描绘了迷人的傍晚水乡景色。"千里水天一色"化用王勃《滕王阁序》"秋水共长天一色",写出了千里的水天混合成了一种颜色,营造出一种缥缈如烟的美感。一个"看"字,把作者

引入词中。他久久地凝望新月映照下水天一色的长空,看孤雁若隐若现地越飞越远,其闲情可见。 （李瑞珩）

梧桐叶上三更雨,叶叶声声是别离。

【出处】宋·周紫芝《鹧鸪天》

一点残红欲尽时,乍凉秋气满屏帏。梧桐叶上三更雨,叶叶声声是别离。 调宝瑟,拨金猊,那时同唱鹧鸪词。如今风雨西楼夜,不听清歌也泪垂。

【鉴赏】"梧桐叶上三更雨"写出词人的听觉,点出"三更秋雨"这个特定环境;此系化用温庭筠《更漏子》下片词意:"梧桐树,三更雨,不道离情正苦。一叶叶,一声声,空阶滴到明。"温词直接写雨声,间接写人,这首词亦如此。这秋夜无寐所感受到的别离之悲,以雨滴梧桐的音响来暗示,能使人物在特定环境中的感受更富感染力量。"叶叶声声是别离"借对声音的反应来更深入地刻画出别离所带来的悲苦心情。 （李瑞珩）

一溪烟柳万丝垂,无因系得兰舟住。

【出处】宋·周紫芝《踏莎行》

情似游丝,人如飞絮,泪珠阁定空相觑。一溪烟柳万丝垂,无因系得兰舟住。 雁过斜阳,草迷烟渚,如今已是愁无数。明朝且做莫思量,如何过得今宵去!

【鉴赏】离别时凝定了泪眼空自相觑。整条河溪烟雾弥漫,杨柳树万丝千缕,却无法将那木兰舟维系。"一溪烟柳万丝垂,无因系得兰舟住"两句把"空"字写足、写实。一溪烟柳,千万条垂丝,却无法系住远去的兰舟,所以前面才说"泪珠阁定空相觑"。一派天真,满腔痴情,把本不相涉的景与事勾连起来,传达出心底的怨艾之情和无可奈何之苦。借此,又将两人分别的地点巧妙地暗示出来了。这种即景生情的刻画抒写,怨柳丝未曾系住行舟,含蕴着居者彷徨凄恻的伤别情绪。 （李瑞珩）

小荷才露尖尖角,早有蜻蜓立上头。

【出处】宋·杨万里《小池》

泉眼无声惜细流,树阴照水爱晴柔。小荷才露尖尖角,早有蜻蜓立上头。

【鉴赏】初夏时节,细细的泉水在静静地流淌,和风丽日,树影映水。池中荷花的花苞才尖尖地露出一角,可早早地就有蜻蜓落在上面了。这本是日常生活常见景物,但作者取其精巧轻灵,"小荷"娇柔,"立"字透露出蜻蜓之轻盈灵动。作者捕捉住这一富有情趣的瞬间,又用浅近通俗的语言进行描写,并将对"小荷""蜻蜓"等物的怜爱之情融于其中,显得颇为清新灵动;"才"与"早",前接后续,更体现出自然景物间的亲密依偎。此句通常取其本意用以描绘新荷初长,蜻蜓立于其上的初夏景色,有时也用来比喻某种新事物或人才初露头脚便获得了关注等情况。　　(王新宇)

接天莲叶无穷碧,映日荷花别样红。

【出处】宋·杨万里《晓出净慈寺送林子方》

毕竟西湖六月中,风光不与四时同。接天莲叶无穷碧,映日荷花别样红。

【鉴赏】莲叶铺满湖面,无穷无尽,直接天际,朝阳映照下的朵朵荷花也分外红艳。词句语言平实,无刻意雕琢,但别具特色。由"接天"既而写出莲叶之丰,又引出"无穷碧"的结果。同样的,由于"映日",荷花也显得"别样红"。全句对仗工整,"接天"与"映日"互文见义,前句用"莲",后句用"荷",巧妙避免了语言的重复。于自然之中随物赋形,敷彩设色,在"碧"叶与"红"花强烈色彩对比之下,描绘出西湖六月的盛景:既有"接天""映日"的宏阔境界又有"莲叶""荷花"的柔美娇艳,相得益彰。　　(王新宇)

儿童急走追黄蝶,飞入菜花无处寻。

【出处】宋·杨万里《宿新市徐公店二首》其一

篱落疏疏一径深,树头新绿未成阴。儿童急走追黄蝶,飞入菜花无处寻。

【鉴赏】初春时节,藤蔓还未繁茂,篱笆疏疏朗朗,曲折的小径通着幽深僻静之处;树上的枝丫初现新绿,嫩叶还不足以投下荫凉。嬉戏着的孩童匆匆跑着追扑黄色的蝴蝶,蝴蝶最后飞进了菜花丛里,与黄灿灿的菜花融为一体,无处可寻,孩子只得悻悻而归。寥寥几笔,勾画出这一野趣十足的场面,使读者如临其境,作者之优游恬淡心境自可猜想。"黄蝶"与"菜花"颜色相同,飞入其中自然是"无处寻"。词句表达含蓄,景物亦是田园寻常之物,在诗人笔下却颇诗意,展现出生活情趣。　　(王新宇)

等闲识得东风面,万紫千红总是春。

【出处】宋·朱熹《春日》

胜日寻芳泗水滨,无边光景一时新。等闲识得东风面,万紫千红总是春。

【鉴赏】诗人在风和日丽的春日,来到郊外的泗水之滨游赏美景,郊外所有的景物在春风的吹拂下都焕然一新。信步于水滨,轻易地就可以认出春风的面容,百花争艳,万紫千红,生机盎然,无处不洋溢着春的气息。"等闲"一词意为"轻易、随便",表现出春日的气息存在于各处。下句的"总"字亦是与此相照应,描绘出春日之胜景,并以春芳更直观地表现春的无处不在。此句除使用本意形容春色之意外,也常用来比喻富有生机、形势大好的局面。

(王新宇)

梅花竹里无人见,一夜吹香过石桥。

【出处】宋·姜夔《除夜自石湖归苕溪》

细草穿沙雪半销,吴宫烟冷水迢迢。梅花竹里无人见,一夜吹香过石桥。

【鉴赏】早春时节,天气开始转暖,地上的积雪还消融未尽,细嫩的青草已从沙土中悄悄探出头。吴地烟水迢迢,弥漫千里,隐隐透着清冷之气。空气中浮着一缕淡淡的清香,是来自那远处的梅花。虽无人赏玩藏在竹林中,但梅花那沁人心脾的清芬却随着夜中的春风,一路飘过了石桥。"无人"表明周遭之静谧、境界之清幽,而此时的梅更显品格,遗世而独立;"一夜吹香"暗写梅,梅树被竹林遮蔽,但梅之淡雅幽香不会被掩盖,这飘散遐远的缥缈香气更衬出景之静寂、梅之清高。梅本为主景,但诗人以虚笔写之,构思高妙,恰得其神韵,尽洗铅华,萧散自得。

(王新宇)

长桥寂寞春寒夜,只有诗人一舸归。

【出处】宋·姜夔《除夜自石湖归苕溪》

笠泽茫茫雁影微,玉峰重叠护云衣。长桥寂寞春寒夜,只有诗人一舸归。

【鉴赏】除夕之夜,诗人独自乘舟从石湖回苕溪,途中经过太湖。太湖之上雾气茫茫,依稀可以看到湖面上几只鸿雁的剪影。环绕着太湖的诸山也被层层的云雾所萦绕,好似披上了一重纱衣。早春的夜里还微微地泛着寒气,打透春衫,湖中长桥之上悄然无人,只有诗人乘着一叶小舟从湖中缓缓行过,在寂静的水面上划开道道波纹。诗句笔法和畅秀远,由"寂寞"一词引出下句,正是因为除夕夜,人们都聚在家中,偌大的太湖之上"只有"尚在归家路上的诗人"一舸"在漂泊。"只有"与"一舸",淡远清旷,由此显出景物之寂寥,诗人之寂寞。全诗以景结情,无声胜有声。

(王新宇)

黄莺也爱新凉好,飞过青山影里啼。

【出处】 宋·徐玑《新凉》

水满田畴稻叶齐,日光穿树晓烟低。黄莺也爱新凉好,飞过青山影里啼。

【鉴赏】 稻苗齐整,布满田畴,田中水色清凌,阳光透过树木的枝丫投下片片阴凉,清晨的雾霭低低萦纡于山林田野。黄莺也喜爱这初秋时节清新的凉意,在雾气萦绕的青山树影中低飞徘徊,欢快地啼鸣歌唱。此诗带有一种乡村的清新之感,以初秋之晨的几个代表性的景物,铺开了一张乡村初秋早晨的画卷,又以黄莺从侧面突出"新凉"之感。连自然中的鸟儿"也"喜爱这初秋的新凉,更何况是人。诗人借助于黄莺逐影而飞这一细节,将本是难以摹写的凉意转化为具体的景象呈现于眼前,构思精巧,语言清新,灵秀俊逸。

(王新宇)

绿满山原白满川,子规声里雨如烟。

【出处】 宋·翁卷《乡村四月》

绿满山原白满川,子规声里雨如烟。乡村四月闲人少,才了蚕桑又插田。

【鉴赏】 四月孟夏,草木枝叶葱茏,山峦原野被绿色所覆盖,川流水量丰沛,茫茫无际,子规阵阵啼鸣,细雨蒙蒙,似雾若烟。田家的四月总是少有闲暇,农人才备了桑叶又要去插秧种田。视觉上,"绿"与"白"填满了整个视野,色彩清新而富有生机与朝气。听觉上,子规啼鸣催耕,喻示下文农忙的开始。"雨如烟",将细雨比作轻烟,形象准确地描绘出雨丝之纤细、轻柔、缥缈如烟,萦绕不散。而在如烟的细雨笼罩之下,"绿"与"白"的画面也掩上一层轻纱,显得冲淡悠远,呈现出如诗的田园画卷。该诗的描

写绘色绘声,亦动亦静,清丽如画。 (王新宇)

小桃无主自开花,烟草茫茫带晚鸦。

【出处】宋·戴复古《淮村兵后》

小桃无主自开花,烟草茫茫带晚鸦。几处败垣围故井,乡来一一是人家。

【鉴赏】此诗描绘战后之景。村子里的人早已不知所踪,路边那棵已不知主人是谁的桃树还是自顾自地开了花。战火之后,村中未散尽的硝烟笼着似有若无的片片春草,远远望去,茫茫无际,空中偶有几只乌鸦披着晚霞的残照低低地掠过。全句透露出无尽怅然:小桃开花本是春日富有生机之景,但在此时此地,战后的村庄荒芜,人早已逃尽,只留下草木自为自主,"自"与"开花"不禁带一丝酸楚之感;烟草"茫茫",望之不尽,又增添一抹凄迷;红霞残光中的乌鸦更满是怆然。以此笔写战后,令人读之不免感伤战之惨烈,悲悯民之疾苦。 (王新宇)

白鸟一双临水立,见人惊起入芦花。

【出处】宋·戴复古《江村晚眺》

江头落日照平沙,潮退渔船搁岸斜。白鸟一双临水立,见人惊起入芦花。

【鉴赏】落日映着江边沙岸,潮水退去,本停泊在岸边的渔舟斜靠在岸上搁浅。江边少有人经过,一双白羽的水鸟在水中休憩,看到偶有经过的人,受惊跃起,躲入一旁苍苍的芦花丛中。诗句描绘出一幅宁静恬淡的江村晚景图,充满着闲逸的情趣,可以想见诗人对这种宁静致远生活的喜爱与向往。白鸟临水照影,"立"字给人以一种亭亭而立之感,俊逸超然。"惊起"一词则生动刻画出有人经过时白鸟的动作情态,以动衬静,借此巧妙地表现出之前江边的宁静。诗句意趣天然,丝毫不见斧凿之痕迹。 (王新宇)

林疏放得遥山出,又被云遮一半无。

【出处】宋·赵师秀《数日》

数日秋风欺病夫,尽吹黄叶下庭芜。林疏放得遥山出,又被云遮一半无。

149

【鉴赏】由夏入秋,诗人卧病,数日来秋风不断,吹得庭院积满了黄叶。树叶都已经凋落,树林显得疏朗了许多,原被繁枝遮蔽住的远山此时得以出现在眼前,只不过又被云雾遮隐去了一半。此句颇具情趣:叶落林疏之景多为阐发悲秋之情,凄凉悲怆,诗人此处以一个"放"字使情趣顿生。因此字非但"林"被拟人化,可拘可放"遥山",情感亦是由悲而转喜;与此同时,作者又将关注的焦点转向遥山,难得一见的"遥山"才被"林"放出,惊喜地出现在眼前,却又是犹抱琵琶半遮面。被云遮掩,虽带有一丝的失落,但不见伤感。

(王新宇)

日长睡起无情思,闲看儿童捉柳花。

【出处】宋·杨万里《闲居初夏午睡起二绝句》其一

梅子留酸软齿牙,芭蕉分绿与窗纱。日长睡起无情思,闲看儿童捉柳花。

【鉴赏】夏季白日渐长,午睡起来天色还早着,毫无情绪做事,只好慵懒地坐在庭院中,看小孩子扑捕飞舞的柳絮。诗人选取了夏日极平常的事物,经过巧妙构思便富于情趣,表现出一种闲然自适的情绪与透脱的胸襟。前句未着"闲"字,但所描述的"无情思"心境正是"闲"的表现,也是下句"闲"的原因。后句写儿童的嬉戏,一个"捉"字使诗句氛围一变,充满天真与活泼之感。正是由于作者之"闲"才会观察到这种儿童的游戏,从而更显出"闲"之意。

(王新宇)

春色满园关不住,一枝红杏出墙来。

【出处】宋·叶绍翁《游园不值》

应怜屐齿印苍苔,小扣柴扉久不开。春色满园关不住,一枝红杏出墙来。

【鉴赏】诗人春日访友不遇,未免有些怅然。可正当想要离去之时,蓦地一抬头,顿感一丝欣喜,只看到一枝开得灿烂的红色杏花探出了墙头,这正是那关不住的满园春色的缩影。以"春色满园"与"一枝红杏"作整体与局部的对比;"关不住"与"出墙来"对应,一个"关"字更突显出"出"字,彰显出春色的盎然与活跃。以园之一角写洋溢的春光,既把握住早春的特点与重点,又表现出了自己的欣喜,全句清雅而醒豁。后世多以此句表示美好的事物无法遮蔽,终究会显露出头脚,为人所欣赏、共知。

(王新宇)

知否? 知否? 应是绿肥红瘦。

【出处】宋·李清照《如梦令》

昨夜雨疏风骤,浓睡不消残酒。试问卷帘人,却道海棠依旧。知否?知否? 应是绿肥红瘦。

【鉴赏】昨夜来了风雨,雨滴虽然尚且稀疏,但风却很急。第二天早上问侍者海棠如何,只答说海棠花依旧,词人则反问道:"知道吗? 知道吗? 应当是绿叶繁茂,而红花稀少。"本是一问海棠就含有无限惜春之情,之后"知否"反问与"绿肥红瘦"的猜测则将此情引至最盛。"知否"似乎含着责怪之意;以"红""绿"二色分别指代花与叶,以物之色彩借代事物本身;以本形容人之体态的"肥""瘦"二词描绘自然之花叶,用法别开生面,全句新奇而灵动,精妙清亮。后世多引"绿肥红瘦"形容一种事物繁多而另一种事物稀少的情况。

(王新宇)

天接云涛连晓雾,星河欲转千帆舞。

【出处】宋·李清照《渔家傲》

天接云涛连晓雾,星河欲转千帆舞。仿佛梦魂归帝所。闻天语,殷勤问我归何处?　我报路长嗟日暮,学诗谩有惊人句。九万里风鹏正举。风休住,蓬舟吹取三山去。

【鉴赏】此词应当作于南渡之后。夜色将尽,天将破晓,云海翻涌,雾气缭绕。当夜空中有曙光微微露出的时候,繁星满布的天河也开始渐渐翻转,就像是江河之上千帆在飞舞。此句描摹黎明时分夜空的景象,气势雄浑健举,在易安词中独树一帜。"云涛""星河"意象宏大,表现出非凡的气度;"千帆舞"描绘动景,将翻转的群星比喻为舞动的"千帆",群星恰似千帆竞发,万帆争渡;"舞"字形象表现出风满征帆所带有的动感。此景象使人情绪不禁为之一振,体味到作者豪迈雄健的气度。 （王新宇）

笑谈间,风满座,酒盈杯。

【出处】 宋·韩元吉《水调歌头》

今日俄重九,莫负菊花开。试寻高处,携手踏屐上崔嵬。放目苍岩千仞。云护晓霜成阵。知我与君来。古寺倚修竹,飞槛绝纤埃。 笑谈间,风满座,酒盈杯。仙人跨海,休问随处是蓬莱。洞有仙骨岩。落日平原西望。鼓角秋深悲壮。戏马但荒台。细把茱萸看,一醉且徘徊。

【鉴赏】 这首词是词人重阳节登高感怀之作,此句描写登高畅饮之乐。词人几句简单的描绘,便把谈笑酒酣之际的风趣写得入木三分。最有趣的是"风满座"一句,词人与友人于高处而坐,风自四面八方涌来,席间飘然来去,成为座上之宾。词人赋予风灵性与情趣,仿佛风也懂得重阳登高宴饮之乐,风也与自己惺惺相惜而欲把酒畅言。谈笑之间,自有一种灵气和豪迈之气。词人以简洁短小的词句营造出清新明快的节奏,更能表现其对满眼自然风光的喜爱和酣畅淋漓的开怀之情。 （高思琪）

游丝有意苦相萦,垂柳无端争赠别。

【出处】 宋·欧阳修《玉楼春》

洛阳正值芳菲节,秾艳清香相间发。游丝有意苦相萦,垂柳无端争赠别。杏花红处青山缺,山畔行人山下歇。今宵谁肯远相随,唯有寂寥孤馆月。

【鉴赏】 这是一首描写离别之情的词作。洛阳城正值花木繁盛,鲜花盛开的春季,各种颜色的花儿或浓或淡,相继开放,空气中满是清香。蜘蛛昆虫等吐出的细丝飘荡在空中,一心要缠绕住离人的脚步,不让行人离开;但那摇摆的垂柳怎么无来由地争着把人送走。洛阳正是春光明媚的时候,然而朋友却又要别离,不禁使人心生惆怅。游丝和垂柳本无情,但在送别者的眼里,那缠绕在行人腿上的游丝是多么符合自己的心情,想要留下友人。反过来不禁对随风摇摆的垂柳生出埋怨之情,怎么不能把他留住呢? 这种拟人化的手法,把写景和抒情完美融为一体,生动形象,表达了主人公依依不舍的惜别之情。 （汪培培）

把酒送春春不语,黄昏却下潇潇雨。

【出处】宋·朱淑真《蝶恋花》

楼外垂杨千万缕。欲系青春,少住春还去。犹自风前飘柳絮。随春且看归何处。 绿满山川闻杜宇。便做无情,莫也愁人苦。把酒送春春不语,黄昏却下潇潇雨。

【鉴赏】本词为惜春之词,全词描写暮春风光,表达词人的伤春之情。词人既知春将逝去,唯有以酒饯别,送君一程。春却不置一词,无声别离,只留下黄昏一场淅淅沥沥的雨。春在词人笔下仿佛是冷漠的狠心之人,多次劝阻却挽留不住。词人送春之景如同两个人之间无声的交流,情境交融,以此表达出词人对春强烈的依恋之情和春漠然而去、无法挽留的冷漠之态。而以"潇潇雨"作结则格外显得意蕴悠长,雨既是送别的背景,却又如词人的饯别之礼,更如春留下的一点痕迹。词人营造出的凄恻之感久久留有余味。

(高思琪)

脉脉花疏天淡,云来去,数枝雪。

【出处】宋·范成大《霜天晓角》

晚晴风歇,一夜春威折。脉脉花疏天淡,云来去,数枝雪。 胜绝,愁亦绝。此情谁共说?唯有两行低雁,知人倚、画楼月。

【鉴赏】这首词以梅为歌咏之物,上片写景,下片诉情,表现睹物而思人的怅然与寂寥。词人以寥寥几笔绘出一幅寒梅独立的水墨画。"花疏""天淡"以极简练的笔法描绘出几株梅花在淡淡天色之中疏影毕现的情形,又以"脉脉"二字点出梅花含情不语的情态,平添几分惆怅,为后文的抒情埋下伏笔。"云来去,数枝雪"这种三三短句又精妙地展现出浮云来去之悠然,梅花之雪白高洁,也从侧面体现出这寥寥几枝梅于天地间傲然独立之孤寂。词人没有大手笔地精细刻画,却在白描间呈现给读者一个"花疏天淡"的人间仙境,清雅高洁中又透出几丝难以言诉的怅然。

(高思琪)

灯花结,片时春梦,江南天阔。

【出处】宋·范成大《忆秦娥》

楼阴缺,阑干影卧东厢月。东厢月,一天风露,杏花如雪。 隔烟催漏金虬咽,罗帏暗淡灯花结。灯花结,片时春梦,江南天阔。

153

【鉴赏】这是一首春夜闺思之作。"灯花结",灯烛结出了灯花,仿佛可见孤灯照亮闺阁。佳人独坐难以入睡的情景,明为写灯,实为写人。同时也仿佛是预示着后文片刻春梦的喜讯。仅仅"片时"之梦,却带着女子飞往江南"天阔"之景,仿佛只要能在梦中见到思念之人,便已是海阔天高的心境。靠着"片时"而拥有"天阔",以短暂的梦境自我满足,差异对比之间,体现了女子思念之深,连梦都成为一种奢望,读来令人心酸。也可想等一梦醒来,又是无尽的孤独与等候,此刻的安慰也成了下一刻的折磨。词人言尽于这"片时春梦",却留下了丰富的想象空间。　　　　　（高思琪）

春慵恰似春塘水,一片縠①纹愁。溶溶泄泄②,东风无力,欲皱还休。

【注释】①縠:一种丝织的轻纱。②溶溶泄泄:晃动荡漾之貌。

【出处】宋·范成大《眼儿媚》

酣酣日脚紫烟浮。妍暖破轻裘。困人天色,醉人花气,午梦扶头。

春慵恰似春塘水,一片縠纹愁。溶溶泄泄,东风无力,欲皱还休。

【鉴赏】这是一首述写春慵、春愁之词。本句中,词人连用两个比喻,先是将春慵之意比作"春塘水",后又将春愁比作"縠纹",既写出了春慵的泛滥不绝,又写出了春愁的细腻错杂,比喻得十分精妙。紧接着又续写"春慵恰似春塘水"的比喻,状写春水波澜之貌,如同和煦的春风,将塘水吹得时皱时歇。看似是在写春塘之水的状况,实则是在写心绪的起伏。愁绪时起时歇,却又连绵不断。起起伏伏,细密错杂,欲说还休,更是让人不胜烦忧,凸显了一种慵倦与无力之感。　　　　　（高思琪）

如今才是十三夜,月色已如玉。未是秋光奇绝,看十五十六。

【出处】宋·杨万里《好事近》

月未到诚斋,先到万花川谷。不是诚斋无月,隔一林修竹。　　如今才是十三夜,月色已如玉。未是秋光奇绝,看十五十六。

【鉴赏】这首词是词人于七月十三的夜晚登万花川谷望月时所作,描绘出了万花川谷月色空明澄净的一派美景。此句中写万花川谷的月色与众不同,"才"是十三,不到十五,这里的月色却"已"如白玉般透亮洁净。"才"与"已"的对比间,写出了此处独有的特色。前文已将月色描绘得如此美好,后一句更是引人入胜,令人不由自主地幻想十五、十六的秋景该是何等"奇绝"。词人在此处巧妙地留白,不写胜似写,表现出词人对彼时美景强烈的希冀。此句语言明白畅晓,近似散文,颇有几分以散入词的味道。

(高思琪)

玉鉴琼田^①三万顷,着我扁舟一叶。

【注释】 ①玉鉴琼田:玉鉴,玉镜。琼田,玉田。形容湖水平静而明亮光洁。

【出处】 宋·张孝祥《念奴娇》

洞庭青草,近中秋、更无一点风色。玉鉴琼田三万顷,着我扁舟一叶。素月分辉,明河共影,表里俱澄澈。悠然心会,妙处难与君说。

应念岭海经年,孤光自照,肝肺皆冰雪。短发萧骚襟袖冷,稳泛沧浪空阔。尽吸西江,细斟北斗,万象为宾客。扣舷独笑,不知今夕何夕。

【鉴赏】 临近中秋的一个夜晚,词人泛舟洞庭湖之上,为满眼湖光月色所倾倒,写下了一段自然之美的体验。湖水如玉镜琼田般光洁明亮,两个比喻将湖水的平静、明亮、清澈展现得淋漓尽致,又写出月光洒满湖面的波光粼粼之感。"三万顷"三字以夸张的手法极言湖水之宽广而无边无际,词人所处的环境顿时被扩展到极致,仿佛天地之大、漫无边际处尽是此番美景。实在写景,虚在写境,广袤无垠的物境展现出词人广阔浩荡的心境。而后一句"扁舟一叶"却又极言抒情主人公之"小",与前文之"大"形成鲜明对比。词人如同沧海一粟,却不见其自叹渺小的悲哀,反见一种"天地任我游"的逍遥快意。

(高思琪)

青山遮不住,毕竟东流去。

【出处】 宋·辛弃疾《菩萨蛮》

郁孤台下清江水,中间多少行人泪。西北望长安,可怜无数山。

青山遮不住,毕竟东流去。江晚正愁予,山深闻鹧鸪。

【鉴赏】 词人时任江西提点刑狱,驻节赣州,途经造口,眼望着清江之水东流,写下了这首述古怀今的爱国之作。此处的暗喻极为精妙且与前文相照应。前文写清江之水如行人之泪,所以这里的"东流"之水借指民心所向;而这里的"青山"则是前文所说的"无数山",是抗金救国、收复失地的阻碍力量。重山似要将江水困在逼仄之地形成道道阻隔,然而水却顺着不可阻挡的趋势东流而下,势如破竹、势不可挡,表现出词人誓要收复长安、血洗国耻的雄心壮志和对胜利的坚定信仰。词句气势豪迈却又不失沉着,在隐晦间又透露出明确的暗意,艺术手法极为纯熟。后代以此句比喻不可阻扼的时代大势。

(高思琪)

茅檐低小,溪上青青草。醉里吴音相媚好,白发谁家翁媪。

【出处】宋·辛弃疾《清平乐·村居》

茅檐低小,溪上青青草。醉里蛮音相媚好,白发谁家翁媪。　　大儿锄豆溪东,中儿正织鸡笼,最喜小儿亡赖,溪头卧剥莲蓬。

【鉴赏】小巧的茅草屋屋檐低垂,溪水上飘满青色的草。带着醉意的吴音传来,细一看原来是一对白发的老夫妻在相互逗乐。词人先是以极简单的笔法勾勒出春日绿意盎然中的村居轮廓,开篇点题。既而采取"未见其人,先闻其声"的手法,先听到醉后吴音,引起读者的兴趣,再展开白发翁媪的生活图景。短短一阕之间,描绘出温馨恬静的乡村风光与乡村生活,从自然之景到建筑之景再到人文之景,仿佛卷轴一般徐徐展开,无不充满着安定闲适之美,表达了词人对于村居生活的赞美与向往。

(高思琪)

大儿锄豆溪东,中儿正织鸡笼,最喜小儿亡①赖,溪头卧剥莲蓬。

【注释】①亡:通"无"。

【出处】宋·辛弃疾《清平乐·村居》

原文参见前句。

【鉴赏】大儿子在溪东锄豆,二儿子正织补着鸡笼,最可爱的非小儿子莫属,无赖地卧躺在溪头剥着莲蓬。如果说上阕是铺开整体图景,那么下阕就如特写一般捕捉场景细节。词人以其细致的观察和细腻的笔法展现出大儿、中儿农忙的景象,充满着乡村生活气息。而描写小儿时运用了极为精彩的手法,"亡赖"一词贬词褒用,尤其一个"卧"字,表明小儿无心生产,忙碌间自得其乐,生动地表现出小儿慵懒调皮、天真淳朴的幼童心性。这一细节起到反衬的作用,而在整体基调上与前文一致,共同构成了一幅完整的农家悠闲恬淡的生活画卷。

(高思琪)

举头^①西北浮云,倚天^②万里须^③长剑。

【注释】 ①举头:抬头。②倚天:靠着天。这里指云漂浮在天空中。③须:需要。

【出处】 宋·辛弃疾《水龙吟·过南剑双溪楼》

举头西北浮云,倚天万里须长剑。人言此地,夜深长见,斗牛光焰。我觉山高,潭空水冷,月明星淡。待燃犀下看,凭栏却怕,风雷怒,鱼龙惨。

峡束苍江对起,过危楼、欲飞还敛。元龙老矣,不妨高卧,冰壶凉簟。千古兴亡,百年悲笑,一时登览。问何人又卸,片帆沙岸,系斜阳缆。

【鉴赏】 南剑,地名,在今福建。此处有剑溪和樵川,双溪楼就建在两条水流的汇合处,是一处奇峭名胜。词人路经此地,登上楼宇,抬头看去,只见西北方的天空中漂浮着无数的云,于是猜想这个地方一定藏有宝剑,才能聚集万里的浮云。后半句化用战国诗人宋玉《大言赋》中的"长剑耿耿倚天外"一句,抬头看到浮云万里,可见楼宇处在险峻的高山上;对长剑的想象,极言双溪楼仿佛建于云端的奇险气势。句子融合了景色和词人的想象,画面雄丽,给人酣畅淋漓之感。

(吴　玺)

待燃犀下看^①,凭^②栏却^③怕,风雷怒,鱼龙惨。

【注释】 ①燃犀下看:此处指点燃犀牛角,往水中看。②凭:靠着。③却:但是。

【出处】 宋·辛弃疾《水龙吟·过南剑双溪楼》

原文参见前句。

【鉴赏】 词人路过南剑,登上双溪楼,听闻这里埋有宝剑的传说,于是在夜色里点燃犀牛角,照亮水中,寻找宝剑;但是马上退回身来,只因水流湍急,令人惧怕。此句化用《晋书·温峤传》中的记载:江州刺史温峤路经深水,燃犀下看,见到水中光怪陆离的景象。风雷怒打轰响,鱼龙面目可憎,如此惊心动魄的情景是词人的想象,也是双溪楼水流险绝气势的写照。整句描绘出夜色浓重、寒意袭人的情境。

(吴　玺)

157

东风夜放花千树,更吹落,星如雨。

【出处】 宋·辛弃疾《青玉案·元夕》

　　东风夜放花千树,更吹落,星如雨。宝马雕车香满路,凤箫声动,玉壶光转,一夜鱼龙舞。　　蛾儿雪柳黄金缕,笑语盈盈暗香去。众里寻他千百度,蓦然回首,那人却在,灯火阑珊处。

　　【鉴赏】 元夕,就是农历正月十五元宵节。正值佳节,街道上挂满了彩灯,天空中有燃不尽的烟火。像是在夜里,春风忽然吹来,花朵盛放;春风拂过天上的星辰,星星随风掉落,仿佛是绵绵春雨。词人以春风引出对街景的描绘,用花朵比喻街灯,灯火显得耀眼夺目。词人更进一步写道,烟花落下的火星像是真正的星星一样明亮,又像雨滴一样密集。词人的想象奇异美好,灯火绚烂的街市变成了夜里忽然来临的春色,使人恍惚间忘记这是元宵佳节,重记起,才觉意境引人入胜。 （吴　玺）

宝马雕车①香满路,凤箫②声动,玉壶③光转,一夜鱼龙④舞。

　　【注释】 ①雕车:雕饰精美的马车。②凤箫:箫的美称。《神仙传》中,箫史和妻子一起吹箫,引来凤凰,所以称箫是凤箫。③玉壶:比喻月亮。④鱼龙:指鱼、龙形状的花灯。

　　【出处】 宋·辛弃疾《青玉案·元夕》

　　原文参见前句。

　　【鉴赏】 元宵节晚上,挂满花灯的马车在街道上游行,鞭炮、烟花的香味弥漫,伴着箫声和月光,鱼灯、龙灯摆动、旋转。喜庆的乐声响起,月光洒在花灯上,花灯像是活了,舞动起来。通过词人的想象,灯火显得迷离炫目。"动""转"两字写街灯的情状,两字接在婉转的箫声、清亮的月光后,使得鱼龙舞动与声、光相互融合。句中有声有色还有香气,画面饱满充实,展现出佳节里热闹熙攘的情景。 （吴　玺）

楚天①千里清秋②,水随天去秋无际。

　　【注释】 ①楚天:指南方的天空。②清秋:明净爽朗的秋天。

　　【出处】 宋·辛弃疾《水龙吟·登建康赏心亭》

　　楚天千里清秋,水随天去秋无际。遥岑远目,献愁供恨,玉簪螺髻。落日楼头,断鸿声里,江南游子。把吴钩看了,栏干拍遍,无人会、登临意。

休说鲈鱼堪脍。尽西风、季鹰归未。求田问舍,怕应羞见,刘郎才气。可惜流年,忧愁风雨,树犹如此。倩何人,唤取盈盈翠袖,揾英雄泪。

【鉴赏】建康,即今江苏南京。赏心亭建在秦淮河上,俯瞰壮阔的山水景色。在明净的秋天,词人登亭远眺,只见天空高远宽广,水面无边无际,看不到尽头,流淌不绝的河水涌向天边。词句意境开阔,无尽的流水与无垠的天空交汇,秋意辽远;画面灵动,河水顺天际流着。愁绪绵延,南宋朝廷偏居南方,而不抗金复国,词人看着南方的天空,不断向远处延伸的不只是天和水,还有忧国愁情。秋水与天空越空旷,秋色越清冷,词人的心境愈加孤寂、凄凉。 （吴　玺）

城中桃李愁风雨,春在溪头荠菜花。

【出处】宋·辛弃疾《鹧鸪天·代人赋》

陌上柔条初破芽,东邻蚕种已生些。平冈细草鸣黄犊,斜日寒林点暮鸦。　　山远近,路横斜。青旗沽酒有人家。城中桃李愁风雨,春在溪头荠菜花。

【鉴赏】春天里,城市桃花、李花被雨打风吹落,乡下溪水旁却开满了荠菜花,春意盎然。前半句用拟人手法,桃花、李花忧愁,花瓣在风雨中凋残。城里花朵娇美,但是脆弱、总是病恹恹的,象征官场中遭到排挤的郁闷心境;野菜花朴实无华却生机勃勃,代表闲适美好的乡间生活。做官风光,但官官相护、恶浊无比,词人志向高尚、不与他人同流合污,只能受到欺凌、为朝廷忧愁却无能为力。春色不在城市、只在乡里,表明他情愿赋闲乡野,过着自在的隐居生活。词人写山野春景,不自觉地想起城市景色,是词人虽然渴望遁世,心中仍然挂记国事的表现。 （吴　玺）

明月别枝惊鹊,清风半夜鸣蝉。稻花香里说丰年,听取蛙声一片。

【出处】宋·辛弃疾《西江月·夜行黄沙道中》

明月别枝惊鹊,清风半夜鸣蝉。稻花香里说丰年,听取蛙声一片。
七八个星天外,两三点雨山前。旧时茅店社林边,路转溪桥忽见。

【鉴赏】深夜里,月光格外明亮,惊动了树枝上的鸟鹊,清风徐来,蝉鸣阵阵。田中的稻子都开花了,青蛙挤满稻田,不停地叫着,这预示着今年的丰收。这是夏天夜晚的恬静乡村景色。整个画面和谐统一,明月当空、清风吹拂、稻花香随风飘散，夜里的景致相互融合，成为整个意境的背景。静中有动，诗境丝毫都不呆滞，鸟儿惊起、蝉鸣蛙声响着，幽静又富有生气。池塘里无数的蛙鸣，浓郁的花香在农村生活中有着特别的预示意义，喜悦之情油然而生。后句也常指成功来临之前，好的兆头给人们带来无限的欣喜。 　　　　　　　　　　　　　　　　　　　（吴　玺）

七八个星天外①，两三点雨山前。旧时茅店社②林边，路转溪桥忽见。

【注释】①天外：远处的天空。②社：土地庙。

【出处】宋·辛弃疾《西江月·夜行黄沙道中》
原文参见前句。

【鉴赏】遥远的天空挂着稀疏的七八颗星星，山前下起小雨。想起以前土地庙的树林旁有茅草盖的客店。调转方向，走过溪流上的小桥，就突然看见了它。此句写的是词人夜晚赶路时见到的乡村景色。星星稀疏，雨滴稀疏，意境寂寥。夜里下起细雨，词人因急忙躲雨，想起过去常去的客店，一时找不到它，匆匆过桥，客店就出现在眼前，此时的惊喜不言而喻。"路转溪桥忽见"现在常指事情发展陷入困境时，不经意间发现解决方法，万分欣喜。这和"柳暗花明又一村"有异曲同工之妙。 　　　　　　　　　（吴　玺）

数峰清苦①，商略②黄昏雨。

【注释】①清苦：神情凄苦。②商略：商量。

【出处】宋·姜夔《点绛唇·丁未冬过吴松作》
燕雁无心，太湖西畔随云去。数峰清苦，商略黄昏雨。　　第四桥边，拟共天随住。今何许？凭栏怀古，残柳参差舞。

【鉴赏】几座山峰神情孤寂愁苦，好像在商量黄昏时分下雨的事情。

160

这句是黄昏欲雨的情景。快到傍晚的时候，天色渐暗，湖上远处的几座山上乌云缭绕，似乎就要下雨了。作者用拟人的手法，赋予青山神态与情感。青山凄苦实指乌云密集、天空灰暗的静景；山峰察觉到雨前天色阴沉，于是就议论起了什么时候会下雨，顿时有了动态的情致。山峰本来是不会言语的，这里写他们之间有对话，诗文富有趣味。景中含情，看到的景色是词人心态的体现，青山忧愁，是因为词人心中苦闷惆怅。（吴　玺）

燕燕飞来，问春何在，唯有池塘自碧。

【出处】 宋·姜夔《淡黄柳》

空城晓角，吹入垂杨陌。马上单衣寒恻恻。看尽鹅黄嫩绿，都是江南旧相识。　　正岑寂。明朝又寒食。强携酒、小桥宅，怕梨花落尽成秋色。燕燕飞来，问春何在，唯有池塘自碧。

【鉴赏】 等到秋天，燕子南飞回到这里，春景不再，花朵早就凋谢殆尽，只有池塘流水依旧青绿。这句话想象春尽秋来时的萧索景色，表达作者在春天里，害怕美好景色易逝的愁绪。分明是在春日，词人不享受春光，乐于山水，而是想到秋日娇美的花朵凋残，其中不仅有惜春、伤春之情，还有作者因为南宋末年时世动荡，心中不由自主的郁闷、悲伤情绪。红花绿叶都会随着春天过去而枯萎消失，只有池塘中的水不论四季更替，总是青绿色的，不会变化。"唯有"暗示只有池塘水是碧绿，春天完全消逝，虽然池水没有秋天枯黄肃杀的特点，但池水碧绿清冷，使意境更加凄凉，心境更加凄楚。

（吴　玺）

淮左名都①，竹西佳处②，解鞍少驻初程。

【注释】①淮左名都：宋时，扬州是淮左地区的著名都会。②竹西佳处：竹西亭是扬州的一处名胜。

【出处】 宋·姜夔《扬州慢》

淮左名都，竹西佳处，解鞍少驻初程。过春风十里，尽荠麦青青。自胡马窥江去后，废池乔木，犹厌言兵。渐黄昏，清角吹寒。都在空城。

杜郎俊赏，算而今、重到须惊。纵豆蔻词工，青楼梦好，难赋深情。二十四桥仍在，波心荡、冷月无声。念桥边红药，年年知为谁生。

【鉴赏】 旅途刚开始时，我在扬州城里下马稍作停留。"淮左名都，竹西佳处"对仗工整，点明扬州城是江淮一带著名城市的地位，举出竹西亭为例,暗示着扬州风景无数,引人入胜。短短几个字,朗朗上口,鲜明有力,由扬州所处的地理位置到具体的城内风景,由大到小,不浓墨重彩地描绘景色,却直接表现出扬州城的繁荣景象。词人听闻扬州城的响亮名声,在途中特意慕名停留,心中带着游览城中盛景的期盼。句子清晰简练,不赘余,把所在的地方和所处的旅途时间都明白地点出。现在人们常用此句表述扬州自古以来文化繁荣,经济发达的历史名城地位。

(吴　玺)

渐黄昏,清角①吹寒。都在空城。

【注释】①清角:凄清的号角。

【出处】 宋·姜夔《扬州慢》

原文参见前句。

【鉴赏】逐渐到了黄昏时分,凄清的号角声响起,天气变得寒冷,城内空荡荡的。这句描写的是金兵进犯后扬州城的冷清景象。傍晚守城士兵吹起号角,表示在敌军离开后,扬州城加强了戒备,过去的祥和氛围不再,让人联想起动荡不安的情形。城市空荡,既是因为临近夜晚,人们都回到家中,对金兵再次侵犯的恐惧,让人们更加不敢晚上出行;又是因为扬州城被多次劫掠后,许多人逃离了扬州。街市热闹、人口稠密的名城变成了一片萧索景象,让人顿觉恍如隔世。意境空寂凄凉。

(吴　玺)

一春长费买花钱,日日醉湖边。

【出处】 宋·俞国宝《风入松》

一春长费买花钱,日日醉湖边。玉骢惯识西湖路,骄嘶过、沽酒垆前。红杏香中箫鼓,绿杨影里秋千。　　暖风十里丽人天,花压鬓云偏。画船载取春归去,余情寄、湖水湖烟。明日重扶残醉,来寻陌上花钿。

【鉴赏】整个春天里,我常常用钱买花,每天都在湖边饮酒。此句是词人春天的生活图景。词人买了许多鲜花,可见春天花朵娇艳繁盛。天天在西湖旁畅饮美酒,是尽情享受春光的写照。"醉湖边"即是指喝了许多酒,又是词人沉醉于春风和煦、绿水荡漾的西湖景致。此句写词人陶醉于春天美好的自然景色,表达对春天的无限喜爱。但是,挥霍钱财买花朵,成日喝酒,也表现出不务正业,贪图享受的生活情形。词人所处的南宋朝廷偏安一隅,不致力于抗金收复失地,这句话是沉迷于歌舞升平、不

162

思进取的社会风气的缩影。既让人联想到明媚春景，又充满着颓靡不振的朝代灭亡气象。 （吴　玺）

开怀抱，有青梅荐酒^①，绿树啼莺。

【注释】 ①青梅：青色的梅子。荐：进献。这里指用青色的梅子佐酒。

【出处】 宋·戴复古《沁园春》

一曲狂歌，有百余言，说尽一生。费十年灯火，读书读史，四方奔走，求利求名。蹭蹬归来，闭门独坐，赢得穷吟诗句清。夫诗者，皆吾侪平日，愁叹之声。　　空余豪气峥嵘。安得良田二顷耕！向临邛涤器，可怜司马，成都卖卜，谁识君平。分则宜然，吾何敢怨，蝼蚁逍遥戴粒行。开怀抱，有青梅荐酒，绿树啼莺。

【鉴赏】 敞开心怀，饮美酒，听绿树上黄莺鸣叫。"青梅荐酒"是宴会畅饮的乐趣，梅子清爽，美酒香醇。"绿树莺啼"描绘出生气盎然的自然景致，绿荫浓密，鸟鸣婉转悦耳。词人自我开解，不要因为仕途不顺、抱负不得施展而郁闷，不妨敞开心胸，享受生活，欣赏自然美景。词人不再执着于追逐名利，寄情于悠闲自在的隐逸生活。此句现常用来劝导人们，在困境中不要自怨自艾，要发现并欣赏生活中的美好事物。意境轻快明朗，展示了从忧愁苦闷到豁然开朗的心境转变。 （吴　玺）

落絮无声春堕泪，行云有影月含羞。东风临夜冷于秋。

【出处】 宋·吴文英《浣溪沙》

门隔花深梦旧游，夕阳无语燕归愁。玉纤香动小帘钩。　　落絮无声春堕泪，行云有影月含羞。东风临夜冷于秋。

【鉴赏】 这一句将春景高度人格化，可谓寓情于景、情景交融的典范。月亮隐在行云之中，被词人想象为一个含羞的少女，情趣盎然。将"落絮"比作春泪，词人营造了一幅极端审美的自然图景，正与整首词的情感基调不谋而合。更值得推敲的是，这些想象不禁让人联想起前一句的"玉纤香动小帘钩"，不知这"堕泪""含羞"的究竟是落絮、胧月，还是这位"玉纤香动"、独立东风的瑟瑟美人？美人伤春，本就是极具美感的画面，诗人们也常常着墨于此，吴文英将袅娜姿态隐于自然美景之中，达到了物我浑融、委婉蕴藉的艺术境界。 （苏　晗）

宿燕夜归银烛外,啼莺声在绿阴中。无处觅残红。

【出处】宋·吴文英《望江南》

三月暮,花落更情浓。人去秋千闲挂月,马停杨柳倦嘶风。堤畔画船空。恹恹醉,长日小帘栊。宿燕夜归银烛外,啼莺声在绿阴中。无处觅残红。

【鉴赏】伤春词多感叹时光流逝,哀伤凄婉,这首词的哀愁却很淡,融情与景,写得闲适慵倦,极富情趣。写宿燕、啼莺,却不觅其行踪,单从声音来写,似乎有种若有若无的缥缈,不正与阑珊春意相得益彰吗? 词人以"残红"借代即将消逝的春天,将大物化小,具化了抽象的事物,更加形象可观,银烛、绿荫、残红,颜色的搭配与对比也增强了诗句的画面感。视觉听觉的交织形成了词句的张力,营构出一个立体的感官世界,读者能身处其中,体会那缥缈的哀愁,韵味无穷。

（苏　晗）

听风听雨过清明,愁草《瘗①花铭》。

【注释】①瘗(yì):埋,《瘗花铭》即葬花辞。

【出处】宋·吴文英《风入松》

听风听雨过清明,愁草《瘗花铭》。楼前绿暗分携路,一丝柳,一寸柔情。料峭春寒中酒,交加晓梦啼莺。　　西园日日扫林亭,依旧赏新晴。黄蜂频扑秋千索,有当时,纤手香凝。惆怅双鸳不到,幽阶一夜苔生。

【鉴赏】吴文英的《风入松》是一首悼亡词,作于爱妾去世后第一个清明节。"听风听雨",点名悼亡环境,营造出哀伤凄婉的氛围。使用重字,音律和谐,音韵悠长,似有时光荏苒之叹;风雨之事暗含历经坎坷、人生萧瑟之意,生死两茫茫,更添几番感慨。寄情于景,连草也变作"愁草",情感的外化使抒情委婉含蓄。作者以花喻人,昔日红颜不正如春花般鲜艳动人吗? 而此刻,自己与葬花人又何其相似! 葬花辞之低回婉转正是此时心境的真实表露。作者通过花草之景写悲痛之情,游思缥缈,不动声色而感人至深。

（苏　晗）

箭径① 酸风射眼②,腻水③ 染花腥。时靸④ 双鸳⑤ 响,廊⑥ 叶秋声。

【注释】①箭径:春秋时吴王夫差为美女西施建馆娃宫,在今江苏苏州西南灵岩山上。箭径指宫侧的采香径,据说沿径乘舟,舟行如箭,故又名箭径。②酸风

射眼:语出李贺《金铜仙人辞汉歌》:"东关酸风射眸子。"酸风,指令人心酸落泪之风。③**腻水**:语出杜牧《阿房宫赋》:"渭河涨腻,弃脂水也。"指统治者贪恋美色,后宫嫔妃所弃脂水都涨满了河流。④**靸(sǎ)**:拖鞋。⑤**双鸳**:指妇女穿的绣有鸳鸯的鞋子。⑥**廊**:指响屧廊。此处用典,据范成大《吴郡志》,响屧廊为吴王馆娃宫中廊名,吴王令西施行于空木之上,廊虚而响,故称响屧廊。

【出处】宋·吴文英《八声甘州·陪庾幕诸公游灵岩》

渺空烟四远,是何年,青天坠长星。幻苍崖云树,名娃金屋,残霸宫城。箭径酸风射眼,腻水染花腥。时靸双鸳响,廊叶秋声。　　宫里吴王沉醉,倩五湖倦客,独钓醒醒。问苍波无语,华发奈山青。水涵空,阑干高处,送乱鸦,斜日落渔汀。连呼酒,上琴台去,秋与云平。

【鉴赏】词人借吴王夫差沉溺西施美色终至亡国之事,讽谏南宋统治者贪恋美色,不顾国家大计。箭径腻水已成历史遗迹,但贵族们纸醉金迷的生活与春秋吴王如出一辙,词人念此,怎能不感慨落泪?采花径、胭脂水,作者极尽笔墨描写上层贵族的奢靡生活,夸张的手法增强了表现力。"时靸双鸳响",依旧是对妇女日常生活的描写,表现享乐之事。响屧廊内闻秋声,暗指吴王夫差沉溺美色,最终亡国的历史命运,更是对南宋朝廷的有力劝谏,意境由繁复转向苍凉。此句亦真亦幻、亦古亦今的独特笔法,历来为人称道。

(苏　晗)

残寒正欺病酒,掩沉香绣户。燕来晚、飞入西城,似说春事迟暮。

【出处】宋·吴文英《莺啼序》

残寒正欺病酒,掩沉香绣户。燕来晚、飞入西城,似说春事迟暮。画船载、清明过却,晴烟冉冉吴宫树。念羁情、游荡随风,化为轻絮。　　十载西湖,傍柳系马,趁娇尘软雾。溯红渐、招入仙溪,锦儿偷寄幽素。倚银屏、春宽梦窄,断红湿、歌纨金缕。暝堤空,轻把斜阳,总还鸥鹭。　　幽兰旋老,杜若还生,水乡尚寄旅。别后访、六桥无信,事往花委,瘗玉埋香,几番风雨。长波妒盼,遥山羞黛,渔灯分影春江宿,记当时、短楫桃根渡。青楼仿佛,临分败壁题诗,泪墨惨淡尘土。　　危亭望极,草色天涯,叹鬓侵半苎。暗点检:离痕欢唾,尚染鲛绡,亸凤迷归,破鸾慵舞。殷勤待写,书中长恨,蓝霞辽海沉过雁,漫相思、弹入哀筝柱。伤心千里江南,怨曲重招,断魂在否?

【鉴赏】清明，残寒未去，春已迟暮。西湖旧事，踪迹全无，余下草色漫漫，青山无语。作者面对此景，不由感慨伤怀，作词以寄幽思。此句为词首，"残寒"点出环境，虽病犹酒，可知心情郁悒。季节之冷，罹病之苦，心绪之寒，三者相互交织，奠定了全词凄凉孤寂的基调。作者不忍见此，于是"掩沉香绣户"，郁郁退居其内。然而，西城晚燕似乎并不解风情，窗外的啼声在词人听来也是迟暮之曲。这里的拟人不仅赋予燕子以人的生动，更寄托了词人无限之哀思，为下文的抒情造势。作为全词的第一句，这一句有引入词境的作用。作者描写自己的生活境况，以写实的笔法引向回忆的虚境，使得下面的描写不至于突兀，情感的流动更为自然真实。

（苏　晗）

天水碧^①，染就一江秋色。鳌戴雪山^②龙起蛰^③，快风吹海立^④。

【注释】①天水碧：南唐后主李煜曾染碧，经露后颜色更加鲜丽，于是宫中常受天露染碧，称"天水碧"。这里指水色。②鳌戴雪山：指大潮涌来，犹如大龟负雪山而行。③蛰：蛰伏。蛟龙惊醒，搅动江水。极言江潮之壮阔。④快风吹海立：引苏轼《有美堂暴雨》："天外黑风吹海立。"指疾风之下，海水立而成潮。

【出处】宋·周密《闻鹊喜·吴山观涛》

天水碧，染就一江秋色。鳌戴雪山龙起蛰，快风吹海立。　　数点烟鬟青滴，一杼霞绡红湿。白鸟明边帆影直，隔江闻夜笛。

【鉴赏】此句想象奇特，气势磅礴。先写江水，"天""水"，典故带来了丰富的意蕴，字词本身也营造了恢宏的气势，水天一色，"碧"字充盈其间，与"一江秋色"相照应，江水之澄澈、之浩荡仿佛近在眼前。"鳌戴雪山龙起蛰"，瑰丽的想象把人带入了一个超凡脱俗的境界。雪山已是世间奇景，定海之巨鳌、惊蛰之蛟龙，这些神兽更是脱离俗世的奇谲幻景，绝非人间所有。将动态的潮水比作静态的雪山，更加突出了江潮的绵延不绝、雄伟壮阔，疾风相助，潮水也有了巍峨耸立之势。意境阔大、气象宏伟，此句历来被奉为描写钱江大潮的名句。

（苏　晗）

看画船，尽入西泠^①，闲却半湖春色。

【注释】①尽入西泠：白堤和苏堤将西湖分隔为前湖、后湖和里湖，白堤北面称里湖。据说，当时游船至午后多退于里湖游玩，暮色方出。因此这里说"尽入西

166

冷"。

【出处】宋·周密《曲游春》

楚苑东风外,飏暖丝情絮,春思如织。燕约莺期,恼芳情偏在,翠深红隙。漠漠香尘隔。沸十里,乱弦丛笛。看画船,尽入西泠,闲却半湖春色。

柳陌。新烟凝碧。映帘底宫眉,堤上游勒。轻暝笼寒,怕梨云梦冷,杏香愁幂。歌管酬寒食。奈蝶怨,良宵岑寂。正满湖,碎月摇花,怎生去得。

【鉴赏】这一句画面感极强,似乎我们与作者同游西湖,看着一艘艘雕花的游船尽入里湖,此景此情格外悠然。作者的视角先随着画船游入西泠,又放空于西湖,得"闲却半湖春色"之句,正是这样的视角转换唤起了作者的诗思:前一句有"沸十里,乱弦丛笛",与此句之闲之静形成强烈的对比,所谓"闹中取静"大抵如此。一个"闲"字,表明作者心境,但并不直言,反说闲的是这春景,一个曲笔营造出委婉的意境;这半湖春色无人欣赏,叫人格外惋惜,格外爱怜,其中的心情值得细细玩味。　　　(苏　晗)

流光①容易把人抛。红了樱桃,绿了芭蕉。

【注释】①流光:时光。

【出处】宋·蒋捷《一剪梅·舟过吴江》

一片春愁待酒浇,江上舟摇,楼上帘招。秋娘渡与泰娘桥。风又飘飘,雨又萧萧。　　何日归家洗客袍?银字笙调,心字香烧。流光容易把人抛。红了樱桃,绿了芭蕉。

【鉴赏】此句出自宋元易代词人蒋捷的《一剪梅》,其一生饱经战乱流离之苦,颇具忧患意识。此句写时光流逝,表达一种伤春的愁绪。其中也饱含词人的身世之感。通过樱桃红了,芭蕉绿了写出了时序更迭、季节变换,又道出了春光易逝,韶华不再的无奈。此句妙处在于三个动词的使用:"抛"将瞬息之间,岁月已老的无依无着的心态表现了出来;"红"写樱桃层层染尽的变化状态,玲珑剔透,妖艳欲滴;"绿"表现出了芭蕉承雨,其叶沃若的状态。桃红葱绿,参差对比,色彩流丽。品之,似能尝到点点樱桃的甜,丝丝蕉叶的凉,却因终将随流光逝去而化为一股伤春的愁意,涓涓淡淡,若有似无,言意无穷。 （李瑞珩）

荒桥断浦,柳阴撑出扁舟小。回首池塘青欲遍,绝似梦中芳草。

【出处】宋·张炎《南浦·春水》

波暖绿粼粼,燕飞来,好是苏堤才晓。鱼没浪痕圆,流红去,翻笑东风难扫。荒桥断浦,柳阴撑出扁舟小。回首池塘青欲遍,绝似梦中芳草。

和云流出空山,甚年年净洗,花香不了?新绿乍生时,孤村路,犹忆那回曾到。余情渺渺,茂林觞咏如今悄。前度刘郎归去后,溪上碧桃多少。

【鉴赏】“荒桥断浦”,春天本应该是万物繁茂的季节,作者偏写残败之景,也暗示着人烟稀少,幽深寂静。柳林茂盛,现出一叶扁舟,在这绿色的瀑布上开了一个口子。“撑”是静景中的动景,但这一点“动”更衬其“静”,整幅画面显得宁静悠闲;柳荫之“大”与扁舟之“小”形成对比,突出柳树的蓬勃,充满野趣。小船似乎和春景融为一体,悠悠地荡在湖面,诗人回首这满池苍翠,只觉得如梦如幻。这里用了谢灵运“池塘生春草”的典故,“梦中芳草”似乎是作者想象所得,又似乎在与前人隐秘地沟通,营造了一种朦胧的美感。这一句有动有静、有虚有实,将春之生趣盎然描摹得淋漓尽致,张炎也正因为这首词得雅号“张春水”。 （苏 晗）

傍枯林古道,长河饮马,此意悠悠。

【出处】宋·张炎《八声甘州》

记玉关,踏雪事清游。寒气脆貂裘。傍枯林古道,长河饮马,此意悠悠。短梦依然江表,老泪洒西州。一字无题处,落叶都愁。 载取白云归去,问谁留楚佩,弄影中洲。折芦花赠远,零落一身秋。向寻常野桥流水,待招来,不是旧沙鸥。空怀感,有斜阳处,却怕登楼。

【鉴赏】枯林,言树之干爽苍劲;古道,平添几分沉重的历史感;长河,将意境扩展得辽远开阔;饮马,更让人联想到羁旅之幽思。四个意象连缀成一个完整和谐的画面,奠定了这首词悲怆凄凉的情感基调。人在画外,融情于景,是此句最大的特色。词句所摹之景空无一人,但似乎处处可见词人的影子:“傍枯林古道”者何人?“长河饮马”者又何人?不仅可以瞥见作者的身影,其意境之寂寥空阔,更可见一"独"字。此意全得之自然,所谓"得意忘言",难怪作者以"悠悠"作结。隐去主语是古诗词中常见的手法,作者常着意于意境的营造,追求一个忘我的境界,因此常达到物我浑溶,余韵无穷的效果。

(苏　晗)

最堪爱,一曲银钩小,宝帘挂秋冷。

【出处】宋·王沂孙《眉妩·新月》

渐新痕悬柳,澹彩穿花,依约破初暝。便有团圆意,深深拜,相逢谁在香径。画眉未稳,料素娥,犹带离恨。最堪爱,一曲银钩小,宝帘挂秋冷。

千古盈亏休问。叹慢磨玉斧,难补金镜。太液池犹在,凄凉处,何人重赋清景。故山夜永。试待他,窥户端正。看云外山河,还老尽,桂花影。

【鉴赏】作者将新月赋予了浓烈的女性特征,极尽其柔美。银钩、宝帘,本都是闺阁物什,这里作者用它们比喻弯月和月华,一方面与全词的风格和谐统一;另一方面,赋予自然之景以私密的特征,仿佛这新月只悬于自家窗口,触手可及,其实也是在表现新月之清丽可喜。目之所及,全在这银钩宝帘,更显意境之闲适空静。一"曲"一"小",用得细腻传神,既表现了弯月的情态,又突出娇小可爱的情致。以宝帘比喻月光,足以见其皎洁明丽,由月色而联想到秋季的寒冷,便是通感的用法了,视觉到触觉,作者营造了一个立体的意境。

(苏　晗)

能几番游,看花又是明年。东风且伴蔷薇住,到蔷薇,春已堪怜。

【出处】宋·张炎《高阳台·西湖春感》

接叶巢莺,平波卷絮,断桥斜日归船。能几番游,看花又是明年。东风且伴蔷薇住,到蔷薇,春已堪怜。更凄然。万绿西泠,一抹荒烟。当年燕子知何处,但苔深韦曲,草暗斜川。见说新愁,如今也到鸥边。无心再续笙歌梦,掩重门,浅醉闲眠。莫开帘。怕见飞花,怕听啼鹃。

【鉴赏】"东风且伴蔷薇住",一个"且"字带着劝留的口气,充满作者对美好春光的留恋之情。为何是蔷薇?作者在下一句做出了解释:"到蔷薇,春已堪怜。"词人看似留花,实为留春。以蔷薇的花期作为晚春的节点,这是诗人的计时方法,可见词人观照生活的眼光也是诗意的、审美的。词人伤春的悲哀似乎也在馥郁的蔷薇花香熏染过,没有残花败柳的黯淡,而是百花争艳的鲜妍明亮,凸显着春季的美好,反过来也更加渲染了词人伤春的悲哀。这种写法,给数着月份过日子的读者们带来一种迥异于现实经验的陌生感,也将读者带入了美妙的诗境。 （苏　晗）

江南春水碧如酒,客子往来船是家。

【出处】金·吴激《题宗之家初序潇湘图》

江南春水碧如酒,客子往来船是家。忽见画图疑是梦,而今鞍马老风沙。

【鉴赏】江南的春天,江水碧绿如酒,离家出游的人往来纷繁,皆以船为家。这句诗描绘的是一幅色彩清新流动的潇湘图景。首句以酒来形容江水的碧绿,给人碧绿清澈的感受,同时又仿佛能让人感受到酒的醇香,令人如痴如醉,陶醉于这幅色彩清丽的江水图。次句写了碧江之上客船往来的情形,他们乘船漂流于江水之上,以船为家,这幅动态的图景更加表现出诗人看到的潇湘图的逼真与生动。这句诗语言清丽自然,形象生动地描绘出了潇湘图景的动人与传神之处,引人入胜,同时为后文的对比抒情作下铺垫。 （陈俊艳）

小渡一声橹,断霞千点鸦。

【出处】金·蔡珪《霅川道中》

扇底无残暑,西风日夕佳。云山藏客路,烟树记人家。小渡一声橹,断霞千点鸦。诗成鞍马上,不觉在天涯。

【鉴赏】在黄昏的渡口,轻轻摇动船橹,划开小船,惊起数只寒鸦,在天边的层层晚霞的映衬下,渐渐飞远。这句诗描绘出了一幅黄昏萧瑟的图景,其中摇橹与鸦飞的场景都充满了动态的美感。“一声橹”惊飞了天边的“千点鸦”,反衬出了环境的僻静,给人造成一种清冷雅致的感受。“断霞”写出了黄昏时刻,晚霞层层叠叠在天边铺展开来的幽美画面。这句诗用短短十个字将几种景物连缀起来,语言简洁。诗人沉浸于这静中有动,瑰丽幽远的美景之中,觉得不虚此行,跃马扬鞭,兴尽而返,夕阳下,马蹄拖起一道长长的身影。 （陈俊艳）

寒波淡淡起,白鸟悠悠下。

【出处】金·元好问《颍亭留别》

故人重分携,临流驻归驾。乾坤展清眺,万景若相借。北风三日雪,太素秉元化。九山郁峥嵘,了不受陵跨。寒波淡淡起,白鸟悠悠下。怀归人自急,物态本闲暇。壶觞负吟啸,尘土足悲咤。回首亭中人,平林淡如画。

【鉴赏】冰冷的水面微微荡起波纹,白色的鸟儿悠悠落下。这句诗描绘了一幅清净淡然的画面,水波荡漾,白鸟轻盈落下,皆是自然景色。诗人运用了"淡淡""悠悠"两组叠字,表现出景色的邈远与淡然,渲染出闲淡的氛围。这句诗语言自然古朴,境界高远清新,意味深远,虽为写景,却从中表现出诗人超然世外,冲淡自然的胸襟和气度,令人回味无穷。

(陈俊艳)

云暗鼎湖龙去远,月明华表鹤归迟。

【出处】元·虞集《挽文山丞相》

徒把金戈挽落晖,南冠无奈北风吹。子房本为韩仇出,诸葛宁知汉祚移。云暗鼎湖龙去远,月明华表鹤归迟。不须更上新亭望,大不如前洒泪时。

【鉴赏】南宋就像乘龙而去的黄帝一样,早已灭亡成为了历史,而文天祥也无法像丁令威那样化鹤归来了。这句诗抒发的是诗人对于南宋以及文天祥的深切悼念。首句以鼎湖龙去,黄帝之死比喻南宋的灭亡,说明其覆灭不可挽回,表达出作者深深的无奈。次句化用古人丁立威修道化鹤归来的典故说明南宋灭亡后物是人非,而文天祥被俘而死,也未见其化鹤归来。在这句诗中诗人语气沉痛,运用多个典故来寄托自己缅怀故宋之情,抒发了自己深重的亡国之痛。

(陈俊艳)

船头放歌船尾和,篷上雨鸣篷下坐。

【出处】元·揭傒斯《夏五月武昌舟中触目》

两髯背立鸣双橹,短蓑开合沧江雨。青山如龙入云去,白发何人并沙语。船头放歌船尾和,篷上雨鸣篷下坐。推篷不省是何乡,但见双双白鸥过。

【鉴赏】船头摇橹之人唱歌,船尾掌舵的人随之应和,诗人坐在篷下听着雨打顶篷的声音。这句诗描绘的是诗人乘舟行于长江,坐在船篷下听雨声歌声的情景。该句以声写景,诗人置身于船篷下,耳畔是悠长的歌声与清脆的雨声,两种声响交融在一起,构成了美妙的乐章,引人入胜,给人以欢悦的体验和感受,同时展现出一幅雨中行舟的朦胧图景。这句诗语言清新活泼,诗人构思巧妙,用清丽的声音表现出缥缈的江景,诗意玲珑,且充满生活情趣,表达了诗人闲适淡然的心境。 （陈俊艳）

卷地朔风沙似雪,家家行帐下毡帘。

【出处】元·萨都剌《上京即事十首》其八

牛羊散漫落日下,野草生香乳酪甜。卷地朔风沙似雪,家家行帐下毡帘。

【鉴赏】夜幕降临,突然刮起了北风,大风卷起风沙,漫天的风沙如同下雪一般。家家的帐篷都放下了毡帘,以阻挡风沙。这句诗描绘的是草原上气候多变,风沙弥漫的场景。这首诗的前两句描写的是草原一派安静祥和的景象,而这句诗描写草原上沙尘弥漫,景象壮阔萧索,与上句形成了鲜明的对比,真实地写出了草原上气候变幻莫测的特点。这句诗语言质朴自然,所描写的景象是草原风光与塞外生活的真实写照,令人震撼。 （陈俊艳）

满树嫩晴春雨歇,行人四月过淮时。

【出处】元·萨都剌《初夏淮安道中》

鱼虾泼泼初出网,梅杏青青已着枝。满树嫩晴春雨歇,行人四月过淮时。

【鉴赏】四月路过淮安时,春雨初停,树上都照耀着初晴的阳光。这句诗描绘的是初夏淮安清新的景色。首句"春雨歇"点明时节,春雨已经过去,说明正值春夏之交,"满树嫩晴"极为传神,描写树木被春雨润泽过,在阳光下格外青翠鲜嫩,此句意境清新自然,令人沉醉其中;次句叙述了诗人作为行人从淮安路过一事,表明诗人作为行人游览当地风景时闲适恬淡的心境。这句诗诗人用词优美别致,将初夏恬静宜人的风光描摹得清新明艳,令人耳目一新。 （陈俊艳）

水吞三楚白,山接九嶷青。

【出处】 明·杨基《岳阳楼》

春色醉巴陵,阑干落洞庭。水吞三楚白,山接九嶷青。空阔鱼龙气,婵娟帝子灵。何人夜吹笛,风急雨冥冥。

【鉴赏】 奔流的湖水仿佛将三楚之地吞没,看去白茫茫一片;巍峨的高山向远处绵延,仿佛接上了九嶷山,青绿一片。这句诗描写了诗人在岳阳楼上所看到周边的景观,即水势壮阔的洞庭湖以及高耸起伏的君山。其中"吞"字写出了洞庭湖水的浩荡磅礴的气势,而"接"字则写出了山的绵延高远。诗人用字精准,使这句诗气势雄浑壮阔,表现出岳阳楼周边湖水横绝,群山邈远的阔大奔放的景象,令人仿佛如临其境,胸怀变得宽广豪迈,是历代吟咏岳阳楼的佳句。　　　　　　　　　　(陈俊艳)

徐行不记山深浅,一路莺啼送到家。

【出处】 明·杨基《天平山中》

细雨茸茸湿楝花,南风树树熟枇杷。徐行不记山深浅,一路莺啼送到家。

【鉴赏】 沿着山路缓缓而行,不知道自己走了多久,就这么一路上伴着莺啼走回了家。这句诗描绘了诗人闲居天平山时的生活场景。"徐徐"写出了诗人在山路上行走时悠然自得的心情。诗人不记山路的远近,表明了诗人在山中忘情于景色,十分惬意与自在,同时也反衬出景色的秀美。"一路莺啼"是以声写景,呈现出山中生机勃勃的一面,也反映出诗人愉悦的心情。这句诗语言明快清新,充满了生活情趣,表达出诗人闲居生活的轻松与自在。　　　　　　　　　　(陈俊艳)

大江来从万山中,山势尽与江流东。

【出处】 明·高启《登金陵雨花台望大江》

大江来从万山中,山势尽与江流东。钟山如龙独西上,欲破巨浪乘长风。江山相雄不相让,形胜争夸天下壮。秦皇空此瘗黄金,佳气葱葱至今王。我怀郁塞何由开,酒酣走上城南台;坐觉苍茫万古意,远自荒烟落日之中来! 石头城下涛声怒,武骑千群谁敢渡? 黄旗入洛竟何祥,铁锁横江未为固。前三国,后六朝,草生官阙何萧萧。英雄乘时务割据,几度战血流寒潮。我生幸逢圣人起南国,祸乱初平事休息。从今四海永为家,不用

173

长江限南北。

【鉴赏】浩荡的长江从群山中奔流而来,绵延的山势也随着江流宛转向东而去。这句诗描绘的是长江沿岸的山水风光,气势宏大。首句言"大江"从"万山"中来,表明了江水的浩瀚与群山的巍峨,形象地写出了江水从山中奔腾而出的壮阔景象。次句言山势蜿蜒随江水而东流,再次反映出江水的浩荡与势不可挡。这句诗作为全诗首句,开篇即气象阔大,气势雄浑,为全诗奠定了雄壮阔大的基调,同时给读者以美的享受。(陈俊艳)

长日南窗无客日,乌丝小茧写《离骚》。

【出处】明·文徵明《闲兴六首》其六

端溪古砚紫琼瑶,斑管新装亦兔毫。长日南窗无客日,乌丝小茧写《离骚》。

【鉴赏】漫长的白天,没有客人来访,展开乌丝笺纸,提笔开始写《离骚》。这句诗描绘的是文人的日常生活。首句点明了时间与地点,诗人无所事事,生活悠闲,次句"乌丝小茧"细腻地刻画出了诗人雅致的生活,"写《离骚》"则说明诗人的高情逸致。这句诗笔致细润流动,境界清新自然,描绘了一幅诗人的日常生活画面,刻画精细,别有生活情趣,表现出文人名士的雅致与高洁。(陈俊艳)

可奈玉鞭留不住,又衔春恨到天涯。

【出处】明·徐祯卿《偶见》

深山曲路见桃花,马上匆匆日欲斜。可奈玉鞭留不住,又衔春恨到天涯。

【鉴赏】无奈手中的玉鞭也留不住匆匆而逝的斜阳,无法驻足欣赏美景,不由带着对春天的怅惘向远方行去。这句诗描写了诗人在路途中看到美景,驻足欣赏而不得的情景,抒发了其惜春之情。首句承接上句,言"留不住"是指时间飞逝,留不住落日,同时也概指这春日美好的景色,表现出诗人无法挽留驻足欣赏的深深无奈以及对时光易逝的感慨。次句"衔春恨"写出诗人因为欣赏美景不得而生出"春恨",表达出诗人对春日的怅惘无奈之情一直萦绕心头,伴其行路天涯。这句诗构思精巧,借景抒情,写诗人赏美景而不得,从而抒发了诗人春日的惆怅与思乡之情,蕴意深婉。后人常以此句抒发惜春伤怀之意。(陈俊艳)

天寒一雁至，日暮万行啼。

【出处】明·何景明《答望之》

念汝书难达，登楼望欲迷。天寒一雁至，日暮万行啼。饥馑饶群盗，征求及寡妻。江湖更摇落，何处可安栖。

【鉴赏】天气寒冷，落日西沉，有一雁至，耳边传来群雁的阵阵叫声。这句诗描写的是诗人登楼之后所看到的景物。诗人运用"天寒"与"日暮"两个意象点明了时节，表现出所见到的景象之衰颓，渲染出冷清孤寒的氛围；其中"一雁至"点题，暗寓诗人收到的望之的来信。次句的"万行啼"形容雁鸣阵阵，大雁叫声凄厉，诗人从听觉的角度反映出心境的凄苦与悲凉。这句诗言短意长，寓情于景，意境凄凉，表达了诗人惆怅的心境。

（陈俊艳）

地敞中原秋色尽，天开万里夕阳空。

【出处】明·李攀龙《杪秋登太华山绝顶》

缥缈真探白帝宫，三峰此日为谁雄。苍龙半挂秦川雨，石马长嘶汉苑风。地敞中原秋色尽，天开万里夕阳空。平生突兀看人意，容尔深知造化功。

【鉴赏】远眺看到中原的地势开阔平坦，秋色一览无余，晴空万里，落日余晖染红天地。这句诗描绘的是诗人登高望远所看到的奇绝景观。诗人登高俯瞰，看到中原沃野千里，用一"尽"字写出了诗人居高临下，一览无余的开阔视野，同时展现出了诗人博大的胸襟。次句形象地写出了夕阳的余晖尽染天地的壮观景象，"天开万里"表现出雨后天气晴朗之景，亦显得天空高远空旷。这句诗气势恢宏壮阔，写出了诗人登高所见的一派开敞辽远的景色，表现出其阔大的胸襟和昂扬的情感。 （陈俊艳）

白云海色曙，明月天门秋。

【出处】明·王世贞《登太白楼》

昔闻李供奉，长啸独登楼。此地一垂顾，高名百代留。白云海色曙，明月天门秋。欲觅重来者，潺湲济水流。

【鉴赏】白云悠悠天欲明，天空有如海色，明月皎皎，极目望去一派秋日景象。这句诗描绘的是诗人登太白楼远望所见的景象。诗人登上太白

175

楼观景时,内心深处对于李白的崇敬之情油然而生,因而运用浪漫主义的笔法,仿太白之气度、襟怀,描绘出心中的壮阔景象。其中"曙"与"秋"字二字表现出秋日天初亮时高远空旷的场景。诗人用自然流畅的语言写出了海天一色,明月当空的澄澈壮丽的景色,非常传神,同时也反映了诗人宽广的胸襟与壮阔的情怀。

(陈俊艳)

泽国清霜,澄江爽气,染出千林赤。

【出处】金·蔡松年《念奴娇》

倦游老眼,放闲身、管领黄花三日。客子秋多茅舍外,满眼秋岚欲滴。泽国清霜,澄江爽气,染出千林赤。感时怀古,酒前一笑都释。　　千古栗里高情,雄豪割据,戏马空陈迹。醉里谁能知许事,俯仰人间今昔。三弄胡床,九层飞观,唤取穿云笛。凉蟾有意,为人点破空碧。

【鉴赏】放眼望去,这温润的南国水乡在这秋日里,一切都似乎结上了一层清霜。清澈的江水汹涌而去,带来了水中的寒气。这清霜、这寒气似乎刻意漂染,将岸边的林木染得赤红一片。"泽国"指温暖多水的水乡之地。"泽国"与"清霜"相对,"清霜"与"爽气"相对,句式整齐,词句节奏沉郁顿挫。一个"染"字,将"清霜"与"爽气"拟人化,似乎这漫山赤红的林木都由这霜与气造就。词中描绘的画面虽为秋景,却毫无萧瑟凄苦之感,从中可见作者胸中的豪迈奔放之情。

(李　臻)

懊恼东风,绿尽疏阴落尽红。

【出处】金·王寂《采桑子》

十年尘土湖州梦,依旧相逢。眼约心同,空有灵犀一点通。　　寻春自恨来何暮,春事成空。懊恼东风,绿尽疏阴落尽红。

【鉴赏】这剧烈的东风真是令人懊恼,因为东风的缘故,那娇艳的红花尽被吹落,疏朗的枝头都转换成了碧绿的颜色。东风本是令人感觉愉快的,它带来了春天的气息,此处反其意而用之,断之以"懊恼"二字,以表达寻春来迟之感。我们面对自然、天道的变化,即使它们与人的意志是那么不相符合,但是上天并不会改变它的既定轨迹,人在自然面前是那样的渺小无力。此句诗就饱含了世事难料之感。

(李　臻)

176

云雷天堑,金汤地险,名藩自古皋兰。

【出处】金·邓千江《望海潮·献张六太尉》

云雷天堑,金汤地险,名藩自古皋兰。营屯绣错,山形米聚,喉襟百二秦关。鏖战血犹殷。见阵云冷落,时有雕盘。静塞楼头晓月,依旧玉弓弯。 看看,定远西还。有元戎闻命,上将斋坛。区脱昼空,兜零夕举,甘泉又报平安。吹笛虎牙间。且宴陪珠履,歌按云鬟。招取英灵毅魄,长绕贺兰山。

【鉴赏】凭借着壮阔的黄河天堑腾起的云雾,还有这固若金汤的城池,这样的皋兰(今兰州),自古就是兵家争夺的重地。此处作者从兰州地势的险要特点落笔,满含赞颂之情。"云雷"是指奔腾的黄河腾起的烟雾如云般浓密,河水滚滚东去的声音如雷声一样震耳。此处夸张的写法是指明黄河的壮阔与不可逾越,指明皋兰所依赖的天险。"金汤"即指"金城汤池",也即指用金属铸就的城郭,加之用沸水流淌而成的护城河。这样的比喻是极言皋兰城池之坚固,在战争时不易被攻破。"云雷天堑,金汤地险"两句句式整齐对仗,也使得词句气势磅礴,展现了对皋兰这座城池的赞美之意。

(李 臻)

地雄河岳,疆分韩晋,潼关高压秦头。

【出处】金·折元礼《望海潮·从军舟中作》

地雄河岳,疆分韩晋,潼关高压秦头。山倚断霞,江吞绝壁,野烟萦带沧州。虎旆拥貔貅。看阵云截岸,霜气横秋。千雉严城,五更残角月如钩。 西风晓入貂裘,恨儒冠误我,却羡兜鍪。六郡少年,三明老将,贺兰烽火新收。天外岳莲楼。想断云横晓,谁识归舟?剩着黄金换酒,羯鼓醉凉州。

【鉴赏】潼关一带,位于黄河与华山之间,地势雄伟壮阔。潼关又矗立在三秦之地的咽喉之地,这里因其独特的地理方位成为兵家的必争之地。这里作者从潼关所处的地理环境、历史地位与军事意义三个方面出发进行了描写。"雄""分""压"三字运用恰当,分别将潼关一带气势雄浑的威武之气,历史更迭的兴亡之感,还有兵家必争的军事优势都强烈地表现了出来。使人虽未身临其境,却能感受到潼关一带的宏阔与雄壮。

(李 臻)

碧云红雨小楼空,春光已到销魂处。

【出处】元·张翥《踏莎行》

芳草平沙,斜阳远树,无情桃叶江头渡。醉来扶上木兰舟,将愁不去将人去。 薄劣东风,天斜落絮,明朝重觅吹笙路。碧云红雨小楼空,春光已到销魂处。

【鉴赏】树木的绿叶早已郁郁葱葱连成一片,远看就像绿色的云朵一般。而枝头早放的花朵随着绿叶的生长却匆匆离开,在东风的吹拂下,像雨一般散落下来,落红满地。曾经共同度过美好时光的小楼早就已人去楼空,随着夏季的来临,这春天也已走到了尽头。作者不写自己与佳人离别之后的内心痛楚,而是借景抒情,以写景来暗示自己内心的痛楚感受。春光即将成为过去了,满树的繁花不再,心中的佳人也已远去,这凄凉的景象怎么不使人满心悲凉呢。作者"碧云红雨"的比喻用得凄美至极,又形象贴切,词句散发出了强烈的凄婉缠绵意味。

(李 臻)

可恨狂风空自恶。晓来一阵,晚来一阵,难道都吹落?

【出处】元·顾德辉《青玉案》

春寒恻恻春阴薄。整半月,春萧索。晴日朝来升屋角。树头幽鸟,对调新语,语罢双飞却。 红入花腮青入萼。尽不爽,花期约。可恨狂风空自恶。晓来一阵,晚来一阵,难道都吹落?

【鉴赏】那可恶的狂风自顾自地吹着,毫不顾忌那些正要开放的花朵。早晨吹一阵,晚上又要吹一阵,难道你想把这些花儿都吹落吗?难道你想把这样的美景都破坏掉吗?作者在春寒料峭时分,小心地等待着花期的来临。眼看着通红的颜色就要爬上花朵,花萼眼看就转青了,可见作

178

者的一片护花爱花的痴心。加之作者使用了"难道"一词,反诘语气使得对狂风的责备之意越加明显。 （李 臻）

池面盈盈清浅水,柳梢淡淡黄昏月。

【出处】 明·文徵明《满江红》

漠漠轻阴,正梅子、弄黄时节。最恼是、欲晴还雨,乍寒又热。燕子梨花都过也,小楼无那伤春别。傍阑干、欲语更沉吟,终难说。 一点点,杨花雪。一片片,榆钱荚。渐西垣日隐,晚凉清绝。池面盈盈清浅水,柳梢淡淡黄昏月。是何人、吹彻玉参差,情凄切。

【鉴赏】那池塘的水面正在夕阳的余晖里波光粼粼,那水又清澈又干净,一眼就可看到池底。天色越发暗了下来,那颜色清浅黄昏时分的月亮也渐渐地爬上了柳梢,安静美好。诗人描写了暮春之时夕阳下静谧的景色,"盈盈""淡淡"的运用,将池塘的微波荡漾之景与黄昏之时月亮的颜色生动地表现了出来。一切都是如此淡雅、安静。但是在这暮春静谧的景色中,想到春天即将远去,也便生出了几许凄切的伤春之感。 （李 臻）

笑指吾庐何处是,一池荷叶小桥横。修竹纸窗灯火里,读书声。

【出处】 明·陈继儒《摊破浣溪沙》

梓树花香月半明,棹歌归去草虫鸣。曲曲柳湾茅屋矮,挂鱼罾。笑指吾庐何处是,一池荷叶小桥横。修竹纸窗灯火里,读书声。

【鉴赏】笑着为别人指出我的小屋的位置:那里有一个荷塘,池中荷花开得正盛,上面横着一座小桥之处便是我家了。我家里种植着几竿郁郁葱葱的竹树,在纸糊的木窗之内点着盈盈的烛火,孩子在烛火下读书的声音清脆响亮。此处作者借由回答他人对"我"家在何处的提问,详细介绍了家的景色。虽然平淡、简朴,但是生活确实是美满幸福的。此处作者以一个乡村普通之人的口吻写词,寓情于景,将恬淡自然的心境与乡村醉人的景色结合到一起,表现出了对农家生活的热爱,也展现了其歆羡与向往之意。 （李 臻）

桃花水,鲤鱼风,短笛横吹细雨中。

【出处】 明·吴充《渔歌子》

千顷蒹葭一钓翁，家居南浦小桥东。桃花水，鲤鱼风，短笛横吹细雨中。

【鉴赏】你看那浦中充盈的水，你看那鲤鱼来回地游动之景。我拿着一枝短笛，在这细雨蒙蒙中吹奏。结合前句"千顷蒹葭"可以知晓该词写作的场景当是夏末秋初之时。"桃花水"是指"桃花汛"，是指三四月份时河水上涨的情状，因为河水上涨时正是桃花盛开的时节，因此叫作桃花汛，又称桃花水。但是此处作者并不是特指春季，只是借用桃花水说明湖水之广阔汹涌。鲤鱼风当指九月之风，此时正是鲤鱼肥美之时。在这样美好的与世无争的境界里，吹奏一曲笛声使自己愉悦，词句中传达出飘然世外，悠然自得之意。

（李　臻）

一湖风漾西湖月，凉满人间。

【出处】明·龚鼎孳《丑奴儿令》

一湖风漾西湖月，凉满人间。我与青山，冷澹相看不等闲。　藕花社榜疏狂约，绿酒朱颜。放进婵娟，今夜纱窗可忍关？

【鉴赏】在这静谧的夜里，西湖的水被风吹拂地波纹涟涟，倒映着天空的明月。这皎洁的月光和清凉的风，似乎将整个人间都变得清凉了。此处作者借景抒情，看到月光下静谧的湖面，感受着凉风习习的夜晚，因此展开联想，便说这样的风与月影响了整个人间。虽为夸张，但体现了作者对西湖之夜的享受与赞美之情。词句创设的意境清静美好，令人心生向往。

（李　臻）

何处吹箫？轻逐流萤度画桥。

【出处】明·龚鼎孳《丑奴儿令》

木兰掀荡波光碎，人似乘潮。何处吹箫？轻逐流萤度画桥。　白鸥睡熟金铃悄，好是萧条。多谢双高。折简明宵不用招。

【鉴赏】是哪里传来的这吹箫之声呢？我且不用管他，因为我只能在画桥的两侧追逐萤火虫作乐。"轻逐流萤度画桥"语出唐代诗人杜牧《秋夕》"银烛秋光冷画屏，轻罗小扇扑流萤"句，指代宫中不得爱情的宫女百无聊赖的生活状况。"轻逐流萤"即是化用此意。"画桥"是指建造得很精致的小桥。此处为对一位孤独女子的无聊生活的描写，即使听到那热闹之处传来的箫声也不为之动心了，因为自己不可能到那里游玩。简短几句,将一位孤独少女的形象塑造了出来,词句中满含一种寂寞愁绪。

(李　臻)

芳草才芽,梨花未雨,春魂已作天涯絮。

【出处】 清·徐灿《踏莎行·初春》

芳草才芽,梨花未雨,春魂已作天涯絮。晶帘宛转为谁垂? 金衣飞上樱桃树。　　故国茫茫,扁舟何许,夕阳一片江流去。碧云犹叠旧河山,月痕休到深深处。

【鉴赏】 那春日的小草刚刚才露出尖尖的嫩芽,满树洁白的梨花正盛开着,但是还没有经历过春雨的洗礼。春天似乎还未真正到来。但是,春天的魂魄好像早已随着纷飞的柳絮飘散到了天涯。此处作者描绘了初春时节万物始发,漫天柳絮的清丽、美好的景象。又加之以丰富的想象力,认为柳絮承载着春天的脚步,播撒在了所有的地方。虽然是初春,但是不得不说春天已经来临,它离开的脚步也同时开启了。此三句是开篇的环境描写,作者便增添了淡淡的愁思在内,这为下文哀愁之感的抒发做了很好的铺垫。

(李　臻)

晴髻离离,太行山势如蝌蚪。稗花盈亩,一寸霜皮厚。

【出处】 清·陈维崧《点绛唇》

晴髻离离,太行山势如蝌蚪。稗花盈亩,一寸霜皮厚。　　赵魏燕韩,历历堪回首。悲风吼,临洺驿口,黄叶中原走。

【鉴赏】 在阳光的照耀下,远处的一座座山峰好似一个个排列紧密的发髻。巍峨的太行山脉,就像是一个连一个的蝌蚪。山脚下田地中的稗草,结了厚厚的霜皮,寒意逼人。作者简短几句,便将太行山脉的形态形象地描述了出来。又写至因寒冷,稗草之上结满了冰霜之景。几处环境的描写,显得气势壮阔不凡。颇有无限雄壮之感。也同时暗示了作者当时阔大豪迈的内心世界。为下文的悲壮之情的抒发做了很好的铺垫。

(李　臻)

悲风吼,临洺驿口,黄叶中原走。

【出处】 清·陈维崧《点绛唇》

原文参见前句。

【鉴赏】狂风夹杂着悲苦之气怒吼着吹来，站在临洺驿口四望，漫天的黄叶正在飓风的夹杂之下在中原游走。此处亦是景物描写。作者笔力力透纸背，对狂风卷落叶之景的描绘显得更加苍凉与悲壮。因为临洺驿口处于古燕赵之地，在这片燕赵之地上自古就多英雄，也多壮志难酬的有志之士。这片土地本身就承载了太多的慷慨悲壮之情。加之这满目苍凉壮阔的景象，又怎能不使人感到悲壮，为古人也为自己而感慨万千呢。

（李　臻）

小棹乌篷不用帘。夜厌厌，渐觉微风衣上添。

【出处】清·朱彝尊《忆王孙》

天边新月两头纤，镜里晴山万点尖。小棹乌篷不用帘。夜厌厌，渐觉微风衣上添。

【鉴赏】用桨划着这小小的乌篷船泛舟湖上。乌篷船上不用那帘幕的装饰，只是简单随意，保持本色。这夜色祥和静谧，并无人来打扰。随着夜色渐渐深了，湖上微风徐徐，略有寒意。作者用简单几句，描写了自己所撑的乌篷船的简朴以及自己在月色中泛舟湖上的舒心与惬意。"厌厌"本用来形容人的一种情绪淡淡，心境平和的状态，此处用来形容夜色，生动地表现出月夜的清幽静谧与安静美好。

（李　臻）

隔水残霞明冉冉，小山三四点。

【出处】清·厉鹗《谒金门·七月既望湖上雨后作》

凭画槛，雨洗秋浓人淡。隔水残霞明冉冉，小山三四点。　艇子几时同泛？待折荷花临鉴。日日绿盘疏粉艳，西风无处减。

【鉴赏】在这秋日雨后的黄昏时分，倚着画栏，远远望见夕阳从湖的那一端缓缓落下，天上的云被夕阳的余晖染上了漂亮的颜色，水面也因为阳光的照射而波光粼粼。在那远处，还有几座小小的山丘，静静地矗立在那里。此二句为环境描写，夕阳西下时天边的云霞与波光粼粼的湖水交相呼应，远处还点缀着几座小山丘，组成了一幅静谧美好的秋景图。面对这迷人的秋景，作者只能是孤身一人独自凭栏观赏，内心孤独幽怨的感情也便与这美景形成对比，变得愈加强烈了。

（李　臻）

东风飞过悄无踪,却被杨花送微影。

【出处】清·张惠言《玉楼春》

一春长放秋千静。风雨和愁都未醒。裙边余翠掩重帘,钗上落红伤晚镜。　朝云卷尽雕栏暝。明月还来照孤凭。东风飞过悄无踪,却被杨花送微影。

【鉴赏】东风吹拂而过,没有留下任何踪影。但是风中夹杂的杨花,暴露了东风的影子。作者写春景,写东风吹着杨花飘洒天涯。"微影"用词巧妙。风本是没有影子的东西,但是因为风中夹杂的杨花有着细小的影子,那么风也就有微影了。风吹杨花的场景虽常见,但经作者这样一写,普通的场景也变得生动起来。虽写春景,意境却稍显孤寂与愁苦,词句中有伤春之意。

(李　臻)

东风无一事,妆出万重花。

【出处】清·张惠言《水调歌头》

东风无一事,妆出万重花。闲来阅遍花影,唯有月钩斜。我有江南铁笛,要倚一枝香雪,吹彻玉城霞。清影渺难即,飞絮满天涯。　飘然去,吾与汝,泛云槎。东皇一笑相语,芳意落谁家。难道春花开落,又是春风来去,便了却韶华。花外春来路,芳草不曾遮。

【鉴赏】春日的东风没有打一声招呼,也没有任何的要求,就用所有绽放的花朵将春天装扮了起来。东风,即指春天的风。此处作者对东风进行了赞美,赞美东风默默地对大地进行着装点,不张扬也不求回报。"妆"字运用巧妙,将春天的花开比作是东风为大地的化妆、装扮。且该字为主动用法,将东风的行为拟人化,使得东风的行为是发自真心的奉献,塑造了可爱的东风形象。作者并未直接运用赞美之词,词句中却饱含了对东风的喜爱与歌颂。

(李　臻)

我有江南铁笛,要倚一枝香雪,吹彻玉城霞。

【出处】清·张惠言《水调歌头》

原文参见前句。

【鉴赏】我有来自江南的一支铁笛,要斜倚在一枝梅花边上,吹响铁笛,让笛声响彻神仙居住之地,甚至吹彻玉城天空的彩霞。"铁笛"有穿云裂石之声。"香雪"是指春日枝头绽放的桃花。"玉城"用典,李白有"遥见仙人彩云里,手把芙蓉朝玉京"一句。"玉京",即玉城,道教中指神仙居住之所。此处作者抒发了自己飘逸的情趣,其中也蕴含了渴望施展自己的才能的愿望。

(李 臻)

春风真解事,等闲吹遍,无数短长亭。

【出处】 清·周济《渡江云·杨花》

春风真解事,等闲吹遍,无数短长亭。一星星是恨,直送春归,替了落花声。凭阑极目,荡春波、万种春情。应笑人春粮几许? 便要数征程。

冥冥,车轮落日,散绮余霞,渐都迷幻景。问收向红窗画箧,可算飘零? 相逢只有浮云好,奈蓬莱东指,弱水盈盈。休更惜,秋风吹老莼羹。

【鉴赏】 不要说春风不懂事,它是真的懂事的呢。你看它不分贵贱,不论远近,吹到了每一个驿口,将春天带到了整个大地。"春风真解事"一句用典。晏殊词中名句"春风不解禁杨花,濛濛乱扑行人面"是在埋怨春风的不解人事。但是作者并不赞同晏殊的看法。此处作者反其意而用之,一个"真"字,写出了作者对春风的极力肯定,作者用词用典掷地有声,感情强烈。"短长亭"是指路上的驿站,既然每个驿站都吹到了,那么也就是春风将春天带到了大地的每个角落。还有什么比这更大的功劳呢?

(李 臻)

一霎荷塘过雨,明朝便是秋声。

【出处】 清·项廷纪《清平乐·池上纳凉》

水天清话,院静人销夏。蜡炬风摇帘不下,竹影半墙如画。 醉来扶上桃笙,熟罗扇子凉轻。一霎荷塘过雨,明朝便是秋声。

【鉴赏】 一刹那之间荷塘就下起了雨,明天一早醒来时定是一片秋日的景色了。今日荷塘的美景,经过一夜秋雨,便会变成秋日的残败景象,令人不禁有愁苦之感。该两句所写荷塘过雨,与前面的夏日景色形成对比,作者的情绪也在此做了转折。本来作者在夏日的夜晚在院子里消暑,夜色静谧,心情淡然。忽然风雨来袭,思至明日的残败之景,心中不免生出愁苦之情。但是作者的担忧与愁苦情绪并未直接写明,而是蕴藉在了对景色由夏转秋的描绘之中,余味隽永。

(李 臻)

长亭暮，乱山无数，只有鹃声苦。

【出处】清·王鹏运《点绛唇·饯春》

抛尽榆钱，依然难买春光驻。饯春无语，肠断春归路。　　春去能来，人去能否？长亭暮，乱山无数，只有鹃声苦。

【鉴赏】送别的长亭已沉浸在了暮色之中，我眼中看到的只有这混乱的群山，耳中听到的只有杜鹃"不如归去"的啼叫之声。此处作者讲述了在离别之后眼中所看到的景象。这一别说不定就真的不能再见到了，想来作者的内心是极度痛苦与复杂的。因此才在这暮色时分，只看得到阴沉的天气与散乱的群山。"乱山"并非山真的乱，是作者内心的愁肠百结，才使得看眼前的山丘也是如此的杂乱。加之杜鹃"不如归去"的"苦"啼，更使得作者感到自己的孤苦凄凉。词句虽是即景抒情，但是作者思归的心愿与杂乱的心情都寄寓在了寂寥的环境描写之中。　　（李　臻）

残月堕，晓烟浮，一声欸乃入中流。

【出处】清·陈廷焯《鹧鸪天》

一夜西风古渡头，红莲落尽使人愁。无心再续《西洲曲》，有恨还登舴艋舟。残月堕，晓烟浮，一声欸乃入中流。幽怀不肯同零落，却向沧波弄素秋。

【鉴赏】那天边的残月即将要堕下地平线而去，岸边农家晨晓的炊烟已经渐渐升起。

"欸乃"指摇橹之声，只听得一声橹响，小舟随着河中的激流向前进发。作者借由"残月堕，晓烟浮"创设了一幅欲明还暗，静谧凄清的景象，也暗示了作者所处的一种失意之境。但是在这样幽暗的场景之中，作者"一声欸乃入中流"，却显示出了在逆境中的豪迈之感。欸乃一声，似乎把所有的不如意都抛洒了出去，然后继续前行，反映了作者豪阔的胸怀。（李　臻）

十日雨丝风片里,浓春烟景似残秋。

【出处】 清·王士禛《秦淮杂诗十四首》其一

年来肠断秣陵舟,梦绕秦淮水上楼。十日雨丝风片里,浓春烟景似残秋。

【鉴赏】 咏春和悲秋两种题材,在历代古诗词中早已确立。在这首诗里,诗人勾画了这样一幅江南春景:连日的微风细雨,晕染成了层层烟雾,笼罩着秦淮河畔的亭台楼阁、绿杨荫柳。确是一番美景!但是深处金陵的诗人,在秦淮河畔的雕栏玉柱间遥想古人,念及金陵整座城的浮沉、秦淮河畔的往事,自己沉浸在前世已不能自拔,心情变得沉重,已没有了春日的轻快,眼到之处自然充满着富于历史沧桑的残秋之感。　　(李瑞珩)

好是日斜风定后,半江红树卖鲈鱼。

【出处】 清·王士禛《真州绝句六首》其四

江干多是钓人居,柳陌菱塘一带疏。好是日斜风定后,半江红树卖鲈鱼。

【鉴赏】 风静了,夕阳洒在江边树上,晚霞染红了半个江面。勤劳的渔民们泊船上岸,提着一天辛苦打来的鲈鱼,散落在江树下叫卖着。这一句写到真州渔村景物的恬淡和渔家生活的淳朴,宛如一幅民俗风情画。词句笔调清淡,意韵清新蕴藉,为王士禛诗歌中的名句。　　(李瑞珩)

吴头楚尾路如何?烟雨秋深暗自波。

【出处】 清·王士禛《江上》

吴头楚尾路如何?烟雨秋深暗自波。晚趁寒潮渡江去,满林黄叶雁声多。

【鉴赏】 深秋时节,江上波浪涌起,而烟雨飘飘,天色阴暗,顿时给人沉沉的感觉。那滚滚的江水挟着深秋的寒气,风寒水冷,吴楚一带,秋意盎然。而两岸山峦经秋意的感染,树叶也被秋霜染成金黄,那金黄的叶子随风飘起,零落在秋山之坡,飘忽在秋水之上。诗人从不同的角度描绘景物:空中雁鸣阵阵,江上波浪涌起,四面烟雨迷蒙,地上落叶萧萧。多层面的渲染出秋的韵味,产生了强烈的艺术效果。

　　(李瑞珩)

江山也要伟人扶，神化丹青即画图。

【出处】清·袁枚《谒岳王墓十五首》其十五

江山也要伟人扶，神化丹青即画图。赖有岳、于双少保，人间才觉重西湖。

【鉴赏】再美的山水也需要有伟人的衬托才更显风韵。眼前的景色不需点缀，本身就是一幅美丽的画卷。"江山也要伟人扶"表现西湖之美，美景与岳王墓和于谦墓交相辉映，相互衬托，更见卓越。"神化丹青即画图"写出西湖风光如画，诗人原本是来谒岳王墓的，但却对西湖美景进行描写，被大自然的壮丽美景所折服，表面上表现出对大自然美景的喜爱，实则表达自己对岳王的崇敬与爱国情怀。　　　　　　（李瑞珩）

百分桃花千分柳，冶红妖翠画江南。

【出处】清·张问陶《阳湖道中》

风回五两月逢三，双桨平拖水蔚蓝。百分桃花千分柳，冶红妖翠画江南。

【鉴赏】盛开的桃花占到了百分的美丽，而摇曳的垂柳也有千分的广阔，把绵延几十里的阳湖装扮得靓丽无比；桃红柳绿，浓色重彩，装点了江南春色，满眼都是艳红娇绿，简直和图画一样，可谓诗中有画。诗人不用俗滥陈旧的形容词，而新颖独特地用"冶红妖翠"。"冶"字"妖"字，一般带有调笑、逗趣意味，在此化用，似贬实褒，似嘲实爱。此句通过描写绵延几十里的阳湖的美景，盛赞了春景的秀丽，给人以热烈而明艳的感受，表达了诗人对于江南早春风光的赞美，表现出此时诗人闲适自得的状态。

（李瑞珩）

孤篷寒上月，微浪稳移星。

【出处】清·陈三立《夜舟泊吴城》

夜气冥冥白，烟丝窈窈青。孤篷寒上月，微浪稳移星。灯火喧渔港，沧桑换独醒。犹怀中兴略，听角望湖亭。

【鉴赏】夜雾迷茫中孤舟夜泊，自己孤单的小船似乎使那明月也变得寒意阵阵，船下的流水倒映着天上的星星，细细的浪花使得星星的倒影不断地摇曳着。该联亮点在"孤篷寒上月"一句上。将"孤篷"这一意象放在句首，突出了作者内心的孤寂之感。该句"寒"字本为形容词，在此作者将其化用为动词,即"孤篷"使"月"寒之意,运用极为巧妙。作者对祖国前途的忧思、对社会的悲凉无望之感都由这孤寂凄凉的夜泊之景传达了出来。但是尾联点明"犹怀中兴略",可见作者内心还是对未来怀有希望。

(李 臻)

吹灯窗更明,月照一天雪。

【出处】清·袁枚《十二月十五夜》

沉沉更鼓急,渐渐人声绝。吹灯窗更明,月照一天雪。

【鉴赏】诗人夜深后准备吹灯入眠,却发现灯灭之后房间里更加明亮,原来是窗外的月亮照在一地的雪上,月光反射在窗户上让房间内明亮如白昼。诗人作为"性灵派"的代表人物,主张释放个性,这首诗观察得十分细致,从声音到景色,都让人仿佛听在耳边看在眼前。雪夜的明亮让诗人暂时忘记入眠,静下心来欣赏一番。

(杨泠泠)

扫码查看
· 知典籍精要
· 赏诗词珠玑
· 听朗朗吟读
· 对答飞花令

理　　趣

溥天之下,莫非王土。率土之滨,莫非王臣。

【出处】 先秦·《诗经·北山》

陟彼北山,言采其杞。偕偕士子,朝夕从事。王事靡盬,忧我父母。
溥天之下,莫非王土。率土之滨,莫非王臣。大夫不均,我从事独贤。
四牡彭彭,王事傍傍。嘉我未老,鲜我方将。旅力方刚,经营四方。
或燕燕居息,或尽瘁事国。或息偃在床,或不已于行。
或不知叫号,或惨惨劬劳。或栖迟偃仰,或王事鞅掌。
或湛乐饮酒,或惨惨畏咎。或出入风议,或靡事不为。

【鉴赏】 放眼望去,整个天下广袤的土地都是王的领地,而四海之内在这块土地上生活的人们也都是王的子民。此句表现的是封建宗法制下王权的无上权威和严格的等级划分。从王官的角度上看,此句有一种王权自然充盈,天经而地义的雅正之感,渲染天威浩荡,百姓自当臣服。而从平民的角度上来看,则表现出封建等级制度下人为奴隶的痛苦与不平。此句至今仍常用来表王权天授,理所当然之意。 　　　　(李瑞珩)

少壮不努力,老大徒①伤悲!

【注释】 ①徒:白白地。

【出处】 汉·《长歌行》

青青园中葵,朝露待日晞。阳春布德泽,万物生光辉。常恐秋节至,焜黄华叶衰。百川东到海,何时复西归?少壮不努力,老大徒伤悲!

【鉴赏】 人的一生十分短暂,时光逝去便不能复返,这是自然法则。人的生命正因短暂而愈显珍贵,少年时期是人一生中最宝贵美好,充满活力的时候,这个时候如果不能积极向上,努力进取,奋力一搏的话,至年迈之时就只能一事无成,空留悔恨而无可奈何了。此句作为诗的结句,明白质朴,深沉有力,振聋发聩,充满劝诫意味,其中传达出的积极的人生态度

189

更激励着世人不断进取。其中"徒"字意味深长，既写出了年纪老大而一事无成的事实，又表现出对虚度光阴的深深悔恨和悲哀。后人常以此句告诫世人及时努力，不要虚度光阴。 （陈俊艳）

茕茕白兔，东走西顾。衣不如新，人不如故。

【出处】 汉·《古艳歌》

茕茕白兔，东走西顾。衣不如新，人不如故。

【鉴赏】 那只孤苦无依的白兔，走走停停，欲往东去又向西顾，缓缓而行似有所留恋。正如那被丈夫抛弃的妇人，孤身无靠却又对丈夫恋恋不舍。人总是喜新厌旧，觉得新的衣服比旧的好看，然而娶回家的新妇却还是不若旧人好。这句诗从弃妇角度写对故人的思恋。首句以孤苦的白兔起兴，以此来比喻弃妇无依无靠的境地，同时写出她对故人依依不舍的留恋之情。后两句用新人不如故来规劝抛弃自己的那个人，希望他也能够顾念旧人。后人常以此句来表达对故人的思念和规劝。 （陈俊艳）

生年不满百，常怀千岁忧。昼短苦夜长，何不秉烛游？

【出处】 汉·《生年不满百》

生年不满百，常怀千岁忧。昼短苦夜长，何不秉烛游？为乐当及时，何能待来兹？愚者爱惜费，但为后世嗤。仙人王子乔，难可与等期。

【鉴赏】 活在世上年龄尚不满百，心中却常常为千百年后的事情忧愁。人生苦短，白天是那样短暂，而黑夜又是如此漫长，为何不持烛火彻夜畅游呢？这句诗揭示了一个简单的人生道理，即不必杞人忧天，为百年后的事情烦忧，奉劝世人行乐要及时。"生年不满百，常怀千岁忧"意在说明人生短暂，时间有限，没有必要为身后的种种考虑而烦恼。同时该句暗含讽刺，讽刺富贵贪愚的人不能达观以对人生。"昼短"与"夜长"亦从侧面说明行乐须及时。这句诗所提倡的积极达观的人生态度影响着后世之人。 （陈俊艳）

丈夫志四海，万里犹比邻。

【出处】 魏·曹植《赠白马王彪》其六

心悲动我神，弃置莫复陈。丈夫志四海，万里犹比邻。恩爱苟不亏，在远分日亲。何必同衾帱，然后展殷勤。忧思成疾疢，无乃儿女仁。仓卒骨肉情,能不怀苦辛?

【鉴赏】大丈夫应心怀远大抱负,志在天下,这样即使相距万里,也能彼此相知,就像离得很近的邻居一样。这首诗虽为叙离别,此句诗人却以豪情壮志与友人互相勉励,立意独特,诗意积极昂扬,催人奋进。诗人表达了自己的志向与抱负,以此振奋友人的精神,一改离别时悲伤低沉的氛围,表现出积极乐观的人生态度。唐代诗人王勃的"海内存知己,天涯若比邻"的名句即是受此句的启发,后人亦常在离别之际以此句互相勉励。

(陈俊艳)

奇文共欣赏,疑义相与析。

【出处】晋·陶渊明《移居二首》其一

昔欲居南村,非为卜其宅。闻多素心人,乐与数晨夕。怀此颇有年,今日从兹役。敝庐何必广,取足蔽床席。邻曲时时来,抗言谈在昔。奇文共欣赏,疑义相与析。

【鉴赏】如果有一篇好的文章,大家都可以在一起共同欣赏,遇到疑难之处或是有分歧之处,大家亦可共同探讨分析。这两句诗描写的是诗人与朋友一起进行学术探讨的情景,却也间接地表达了诗人得到良友的愉快之情,能够找到与自己有共同精神追求的朋友岂不是人生一大快事。这两句诗又常被后人演化为成语"奇文共赏"和"赏奇析疑"。"赏奇析疑"与原意相近,意为好文共赏,分析疑难,而"奇文共赏"则多有讽刺之意,用来形容大家一同贬斥不好或可笑的文章。

(陈俊艳)

先师有遗训,忧道不忧贫。

【出处】晋·陶渊明《癸卯岁始春怀古田舍》

先师有遗训,忧道不忧贫。瞻望邈难逮,转欲志长勤。秉耒欢时务,解颜劝农人。平畴交远风,良苗亦怀新。虽未量岁功,即事多所欣。耕种有时息,行者无门津。日入相与归,壶浆劳近邻。长吟掩柴门,聊为陇亩民。

【鉴赏】孔子曾经说过"君子谋道不谋食,君子忧道不忧贫",即士人不应当为个人的生活贫苦而担忧,相反地,应该去探索和追求人生的真理,这才是人生的终极目标。诗人一直对儒家思想较为推崇,因而开篇即直截了当地写出了孔子之"遗训",认为知识分子应当有更高的人生追求,值得赞扬与学习。然而,诗人在下两句诗中却阐述了自己的人生追求也并没能脱俗,达到"道"的要求,婉转地表达出了孔子遗训的可记而不可即。这句诗语言平实,后人常以此句规劝自己努力向学。 （陈俊艳）

寒暑有代谢,人道每如兹。

【出处】晋·陶渊明《饮酒二十首》其一

衰荣无定在,彼此更共之。邵生瓜田中,宁似东陵时！寒暑有代谢,人道每如兹。达人解其会,逝将不复疑;忽与一樽酒,日夕欢相持。

【鉴赏】寒暑交替,寒来暑往本就是大自然的法则,也是不可改变的客观规律。人世间的事也是同样的道理,人生起伏,荣辱盛衰都是相互交替的,懂得了这些道理,便可以怡然自处。诗人在这两句诗中运用了比喻手法,将人生的起起落落比为自然界寒暑的交替,通过精当的比喻揭示出了深刻的人生哲理。同时,这两句诗又可作为前四句的一个总结,"寒暑"与本诗第一句的"衰荣"相对应,更加强化了主题,增强了全诗的感染力。 （陈俊艳）

慷慨吐清音,明转出天然。

【出处】南北朝·无名氏《大子夜歌》

歌谣数百种,子夜最可怜。慷慨吐清音,明转出天然。丝竹发歌响,假器扬清音。不知歌谣妙,声势出口心。

【鉴赏】《子夜歌》意境慷慨,音调清丽,以清新婉转、本色自然见称。这句诗是诗人对《子夜歌》的赞颂,解释了他认为《子夜歌》"最可怜"的原因。诗人概括了《子夜歌》的艺术特色,包括语言、音调、风格等,形容全面且准确。这句诗本身的鉴赏语言就清丽优美,值得玩味,具有极高的艺术价值,同时反映出诗人颇深的艺术造诣。后人凡提及《子夜歌》,必以此句作为其艺术评价。 （陈俊艳）

时危见臣节,世乱识忠良。

【出处】南北朝·鲍照《代出自蓟北门行》

羽檄起边亭,烽火入咸阳。征师屯广武,分兵救朔方。严秋筋竿劲,虏阵精且强。天子按剑怒,使者遥相望。雁行缘石径,鱼贯度飞梁。箫鼓流汉思,旌甲被胡霜。疾风冲塞起,沙砾自飘扬。马毛缩如蝟,角弓不可张。时危见臣节，世乱识忠良。
投躯报明主，身死为国殇。

【鉴赏】危难之时方能看出
大臣的节气，而乱世之中才能识
别出忠良之士。关乎国家危亡的
时候，最能看出一个人的气节与
操守，忠臣良士都是在此时被识
别出来的。诗人通过感慨，表达
了对忠良之士的赞颂与无比崇敬
之情。这两句诗在后世流传甚
广，被奉为检验士人行为操守的
准则。

(陈俊艳)

年年岁岁花相似，岁岁年年人不同。

【出处】唐·刘希夷《代悲白头翁》

洛阳城东桃李花，飞来飞去落谁家？洛阳女儿惜颜色，坐见落花长叹
息。今年花落颜色改，明年花开复谁在？已见松柏摧为薪，更闻桑田变成
海。古人无复洛城东，今人还对落花风。年年岁岁花相似，岁岁年年人不
同。寄言全盛红颜子，应怜半死白头翁。此翁白头真可怜，伊昔红颜美少
年。公子王孙芳树下，清歌妙舞落花前。光禄池台开锦绣，将军楼阁画神
仙。一朝卧病无相识，三春行乐在谁边？宛转蛾眉能几时，须臾鹤发乱如
丝。但看古来歌舞地，唯有黄昏鸟雀悲！

【鉴赏】此句以花与人的对比感叹时光易逝，青春易老。虽然人们总
为落花叹息，然而寒来暑往，每一年的三春时节，枝头的繁花还是如同以
往一样鲜妍明媚。但岁月总是无情地流逝，每一年面对着繁花的人却早
已不同往昔。一年又一年，花开花落，周而复始，却随之带走了人们最美
好的年华。"年年岁岁""岁岁年年"的回环叠沓、反复吟咏，是四季与时令
的轮回不止；"花相似"与"人不同"的平淡而惊心的对照，是光阴与年华在
不经意间的悄然流逝。诗人从时光面前相似的花与不同的人中，看到了
宇宙的无穷和人生的短暂，从而对自身年华的不再与生命的飞逝产生一
种莫名的感慨与叹惋。

(吴纯燕)

欲穷千里目,更上一层楼。

【出处】唐·王之涣《登鹳雀楼》

白日依山尽,黄河入海流。欲穷千里目,更上一层楼。

【鉴赏】诗人在日暮时分登高临远,映入眼帘的是落日傍山的雄浑与黄河归海的壮阔。如何才能够让自己的眼界再开阔一重,达到举目千里呢? 需要做的就是再登上一层楼台。诗句一语双关,既说出想要看到更多的景色,必须不辞辛苦再多登高一步,又阐释了只有站得高才能看得远的道理。后人常在很多领域引用此句自勉:一方面若是要取得更大的成就,必须付出更多的努力;另一方面是只有自己达到更高的境界,才能获得更高的眼界。 （吴纯燕）

行到水穷处,坐看云起时。

【出处】唐·王维《终南别业》

中岁颇好道,晚家南山陲。兴来每独往,胜事空自知。行到水穷处,坐看云起时。偶然值林叟,谈笑无还期。

【鉴赏】随意行走之时,不知不觉中竟来到了水流的尽头,眼看无路可走,索性停住脚步随地而坐,抬头仰望山间云雾徘徊。随意而行即是一种自在与闲适,而在水穷之处坐看云起更是不可多得的悠然心境。如果说水流代表的是清静,那么云气代表的就是悠闲。行走于水边,身心俱静;独坐在云下,悠然自得。更何况那"行"与"坐"本都是出于无心,以无心之举做无心之事、观无心之物,诗人心中的恬淡自适可想而知。诗句清新自然,优美浑成,而后人也常以它来表现世事的变化无穷、学问的义理无尽以及面对世事变化的恬淡乐观心境。 （吴纯燕）

天生我材必有用,千金散尽还复来。

【出处】唐·李白《将进酒》

君不见黄河之水天上来,奔流到海不复回。君不见高堂明镜悲白发,朝如青丝暮成雪。人生得意须尽欢,莫使金樽空对月。天生我材必有用,千金散尽还复来。烹羊宰牛且为乐,会须一饮三百杯。岑夫子,丹丘生,将进酒,杯莫停。与君歌一曲,请君为我侧耳听。钟鼓馔玉不足贵,但愿长醉不复醒。古来圣贤皆寂寞,唯有饮者留其名。陈王昔时宴平乐,斗酒十千恣欢谑。主人何为言少钱,径须酤取对君酌。五花马,千金裘,呼儿将出换美酒,与尔同销万古愁。

【鉴赏】上天让我降临世间,一定有需要我的地方。金钱是身外之物,用尽了也一定会再回来。"天生我材必有用"一句表现了诗人对自己才能的高度自信。"千金散尽还复来"则表现了诗人对身外之物的轻视,诗人能够驱使金钱为自己服务,却并不成为金钱的奴隶。此句表现了诗人虽然怀才不遇,但却不放弃理想,以积极乐观的人生态度面对生活中的困境。后人常用此句劝人淡薄金钱,要对自己充满信心。　　（曹　明）

举杯邀明月,对影成三人。

【出处】唐·李白《月下独酌四首》其一

花间一壶酒,独酌无相亲。举杯邀明月,对影成三人。月既不解饮,影徒随我身。暂伴月将影,行乐须及春。我歌月徘徊,我舞影零乱。醒时同交欢,醉后各分散。永结无情游,相期邈云汉。

【鉴赏】举杯向天,邀请明月与我共饮,再加上月光下我的影子,如此则成三人对饮。此诗约作于玄宗天宝三载（公元744年）,当时李白供奉翰林,遭小人谗毁,被君王疏远,心情极为低沉。花前月下,若有二三知己与自己饮酒谈心,诗人心情可能会转好,可是诗人却只能在月下独自饮酒,由此表现诗人的孤独与寂寞之情。此时诗人运用丰富的想象,将明月人格化,并且也将影子写活,使得"独"成为"三人",使得月亮与影子陪自己喝酒,在心酸的同时,也能见诗人洒脱的心胸。　　（曹　明）

蓬莱①文章建安②骨,中间小谢③又清发。

【注释】①蓬莱:原指海中仙山,传说仙府幽经秘录均藏此山,故东汉时即称官府藏书处东观为蓬莱。②建安:东汉末献帝年号。③小谢:指谢朓。唐人称谢灵运为大谢,称谢朓为小谢。

【出处】唐·李白《宣城谢朓楼饯别校书叔云》

弃我去者,昨日之日不可留;乱我心者,今日之日多烦忧。长风万里送秋雁,对此可以酣高楼。蓬莱文章建安骨,中间小谢又清发。俱怀逸兴壮思飞,欲上青天览日月。抽刀断水水更流,举杯销愁愁更愁。人生在世不称意,明朝散发弄扁舟。

【鉴赏】从汉代的文学到刚健遒劲建安文学,这中间以谢朓的诗歌最为清新秀发。蓬莱,原指海中仙山,传说中仙府的幽经秘录均藏此山,故东汉时即称官府藏书处东观为蓬莱,此处"蓬莱文章"即指代汉代文学。建安,东汉末献帝年号,时曹操父子及建安七子所写诗文悲壮慷慨,被称为"建安风骨"。诗歌上句用"蓬莱文章"借指李云的文章,赞美他的文章风格刚健,有建安文学之风,后一句李白则自比小谢,说自己的文章具有清新的特点,是对自己才能的自信。这两句诗歌正好切合题目中的谢朓楼和校书。 (曹 明)

会当凌绝顶,一览众山小。

【出处】唐·杜甫《望岳》

岱宗夫如何,齐鲁青未了。造化钟神秀,阴阳割昏晓。荡胸生层云,决眦入归鸟。会当凌绝顶,一览众山小。

【鉴赏】登上山顶,从泰山峰顶俯视天下,众山都会显得渺小。此诗约作于开元二十四年(公元736年),当时诗人漫游齐赵,经过泰山作了此诗,这是目前所存最早的一首杜诗,写尽泰山的雄伟高峻。此句诗歌中,诗人由望岳而产生了登岳的意愿,"会当"是唐人口语,即"一定要",因此诗句不仅表现出泰山的雄伟壮丽,还表达出诗人不畏艰险、敢于攀登山顶、俯视天下的雄心壮志。 (曹 明)

酒债寻常行处有,人生七十古来稀。

【出处】唐·杜甫《曲江二首》其二

朝回日日典春衣,每日江头尽醉归。酒债寻常行处有,人生七十古来稀。穿花蛱蝶深深见,点水蜻蜓款款飞。传语风光共流转,暂时相赏莫相违。

【鉴赏】杜甫居贫,无以为乐,唯尽醉也!醉酒易,偿酒债难,但即使酒债压身,又有何妨?岂不闻人生七十古来稀,我虽未七十,但光景不多,何不尽醉?字里行间充满着洒脱之感。 (黄 鸣)

沉舟侧畔千帆过,病树前头万木春。

【出处】唐·刘禹锡《酬乐天扬州初逢席上见赠》

巴山楚水凄凉地,二十三年弃置身。怀旧空吟闻笛赋,到乡翻似烂柯人。沉舟侧畔千帆过,病树前头万木春。今日听君歌一曲,暂凭杯酒长精神。

【鉴赏】 翻沉的船只旁,仍有千千万万的帆船相继驶过;枯瘦的树木前,仍有千林万木逢春生长。刘禹锡运用比喻的修辞手法,以"沉舟""病树"自喻,悲叹旧事物的衰退;但同时又以"千帆""万木"比喻积极后进之人,表达对新事物蓬勃发展的欣慰。此处借用自然事物的新旧替代暗示社会变迁的规律,蕴含深刻的哲理。后世多以此说明"新事物必将代替旧事物"的道理。并常用作困难之时的激励之语,即不论遇到何种挫折,都应保持一颗积极向上之心,看到前方的希望。

（经　惠）

谁知盘中餐,粒粒皆辛苦。

【出处】 唐·李绅《悯农二首》其二

锄禾日当午,汗滴禾下土。谁知盘中餐,粒粒皆辛苦。

【鉴赏】 谁能知道这盘中饭菜的由来,那一粒粒细米都凝聚着农民辛勤劳作的汗水。诗人欲以此劝诫世人应珍惜劳动成果,不要随意浪费。但诗人并未抽象地说教,而是通过描写劳动人民在烈日高照下佝偻着腰背辛苦除草,一滴滴汗水不停滴落在土地里的场景,生动形象地展现了劳动者的艰苦。此诗前首的"春种一粒粟,秋收万颗子"是概括性描述农民的劳动情状,而此处则是具体的细节刻画,自然而然地引出结尾的劝诫之意。故而后世常将"谁知盘中餐,粒粒皆辛苦"用作节约食物,切莫浪费的格言警句。

（经　惠）

林中观《易》罢,溪上对鸥闲。

【出处】 唐·韦应物《答李浣》

林中观《易》罢,溪上对鸥闲。楚俗饶词客,何人最往还?

【鉴赏】《易》即《周易》,儒家经典之一。诗人在林中小屋中研读完《周易》,便欣赏屋旁小溪上的鸥鸟嬉戏。寥寥几笔勾勒出自己近来的闲

适生活与宁静心境,语句简淡,情感亲切,自然而有余味。　　　（章丹莹）

若待上林花似锦,出门俱是看花人。

【出处】唐·杨巨源《城东早春》

诗家清景在新春,绿柳才黄半未匀。若待上林花似锦,出门俱是看花人。

【鉴赏】此诗运用比喻手法,讲求贤之道。如诗家清景,端在新春,尚在萌芽兴起之时,此时得之,可以得才。如果其人功业已就,就像上林之繁花如花团锦簇,则其苑中尽是看花之人。大众的眼光能欣赏于其成功之时,而难识拔于微贱之时,千古皆然。　　　（黄　鸣）

因过竹院逢僧话,又得浮生半日闲。

【出处】唐·李涉《登山》

终日昏昏醉梦间,忽闻春尽强登山。因过竹院逢僧话,又得浮生半日闲。

【鉴赏】路过竹院,遇到寺僧,与之交谈,忘却了尘世的烦恼,得到了半日清闲。乍看之下,诗句透着看破红尘的禅意,但实是含牢骚于闲适之中,所谓“浮生”,乃仕途失意之人,认为人生世上,虚浮不定,与之前的“醉梦”相呼应,暗含着诗人对自己过着世俗庸碌生活,毫无作为的苦闷与痛苦。　　　（章丹莹）

年年乞与人间巧,不道人间巧几多。

【出处】宋·杨朴《七夕》

未会牵牛意若何,须邀织女弄金梭。年年乞与人间巧,不道人间巧几多。

【鉴赏】“七夕”,众所周知,是牛郎织女相会的日子。也由于传说织女擅织锦,妇女们往往会在七夕晚上,摆瓜果,结彩线,对着月亮穿七孔针,向织女乞求智巧,故“七夕”又名“乞巧节”。全诗的意思是:我不明白牵牛的用意如何,总要邀请织女在每年七夕弄梭织锦(示范给凡人看)。每一年都应乞求给予人间智巧,难道不知道人间的“巧”已经很多了吗?此处的“巧”实指人间钩心斗角、尔虞我诈的机巧。诗人生于五代十国时期,眼见天下纷扰,你争我夺,民不聊生,于是写下这首讽刺诗。（章丹莹）

闲坐小窗读《周易》，不知春去几多时。

【出处】宋·叶采《暮春即事》

双双瓦雀行书案，点点杨花入砚池。闲坐小窗读《周易》，不知春去几多时。

【鉴赏】坐在小窗旁专心致志研读《周易》，不知道春天过去了多久。只是在瓦雀影动、杨花入池的惊扰中，才知已是暮春时节。诗句语言平易，别有一番意趣。 　　　　　　　　　　　　　　　　　（章丹莹）

时人不识余心乐，将谓偷闲学少年。

【出处】宋·程颢《春日偶成》

云淡风轻近午天，傍花随柳过前川。时人不识余心乐，将谓偷闲学少年。

【鉴赏】傍花随柳，似轻薄子之状。而平素庄重的理学家程颢亦作此态，便引人诧异。作者怕人们不解其与自然和谐的会心之乐，不禁预先为之说：时人一定不会理解我心中的欢乐，可能会说我忙里偷闲，学那轻薄少年来傍花随柳吧！ 　　　　　　　　　　　　　（黄　鸣）

道人不是悲秋客，一任晚山相对愁。

【出处】宋·程颢《题淮南寺》

南去北来休便休，白苹吹尽楚江秋。道人不是悲秋客，一任晚山相对愁。

【鉴赏】道人为程颢自称。江上秋景，文人骚客一见便有所感。程颢为理学信徒，风花雪月，对他免疫，所以他说，我本不是悲秋之客，在此看到的只是一派的天机自然。晚山相对似愁，而我却悠然自在，并没有悲秋的愁绪。诗句里充满着理学家的自信。 　　　　　　　　　　（黄　鸣）

莫辞盏酒十分劝，只恐风花一片飞。

【出处】宋·程颢《郊行即事》

芳原绿野恣行时，春入遥山碧四围。兴逐乱红穿柳巷，困临流水坐苔矶。莫辞盏酒十分劝，只恐风花一片飞。况是清明好天气，不妨游衍莫忘归。

【鉴赏】好酒在手,不要推辞。只怕风吹花落,一片飘零,风景就不美了。清明天气大佳,不妨游玩,只要莫忘归去即可。程颢此句,反映了理学家随缘自然,而又能自我节制的一种生活态度:理学家不是不能欣赏美,而是懂得如何有节制地去欣赏自然之美。　　　　　　　（黄　鸣）

道通天地有形外,思入风云变态中。

【出处】宋·程颢《偶成》

年来无事不从容,睡觉东窗日已红。万物静观皆自得,四时佳兴与人同。道通天地有形外,思入风云变态中。富贵不淫贫贱乐,男儿到此是豪雄。

【鉴赏】这两句是理学家对"道"的赞歌。此道非道家之道,而是儒家心目中天地自然的规律,至刚至正的大道。它通于天地之外,其思无所不至,风云变态,都逃不过它的掌握。这两句对仗工整,含义隽永。

（黄　鸣）

富贵不淫贫贱乐,男儿到此是豪雄。

【出处】宋·程颢《偶成》

原文参见前句。

【鉴赏】处富贵而不淫,处贫贱而能乐,能做到此点,本来就是大丈夫!此为儒家基本人格,男儿能为此者,立得定,把得住,难道不是豪雄的大丈夫吗?程颢此诗,为儒家理想人格作了一个形象的画像。　（黄　鸣）

万物已随秋气改,一樽聊为晚凉开。

【出处】宋·程颢《游月陂》

月陂堤上四徘徊,北有中天百尺台。万物已随秋气改,一樽聊为晚凉开。水心云影闲相照,林下泉声静自来。世事无端何足计,但逢佳节约重陪。

【鉴赏】人间万物,随着秋天的来到,已经悄然变换了颜色;晚凉的天气,举起酒杯喝上几杯,又是多么惬意!人生在世,贵在理性的适性和自由,诗句中充满着儒家学者悠然的快乐之感。　　　　　　（黄　鸣）

呢喃燕子语梁间，底事来惊梦里闲。

【出处】宋·刘季孙《题屏》

呢喃燕子语梁间，底事来惊梦里闲。说与旁人浑不解，杖藜携酒看芝山。

【鉴赏】这两句诗写作者闲适的生活。无事昼寝，梦里听到燕子的呢喃，惊起了闲闲的春梦。这该是何等恬淡悠闲的情境啊！　　（黄　鸣）

无可奈何花落去，似曾相识燕归来。

【出处】宋·晏殊《示张寺丞王校勘》

元巳清明假未开，小园幽径独徘徊。春寒不定斑斑雨，宿酒难禁滟滟杯。无可奈何花落去，似曾相识燕归来。游梁赋客多风味，莫惜青钱万选才。

【鉴赏】暮春时节，遍地的落红勾起诗人对生命殒逝的无奈感慨，看着春燕的归来又有一种似曾相识的感觉。诗人运用象征手法，以花的凋零喻生命的逝去，然而就算今年花落明年花开，此花亦非彼花，逝去的永不复返，一如生命的流逝，从来就没有重新来过的机会；候鸟的南北迁徙预示着季节的更替，时光的流逝。燕似昨日之燕，人事早已不复从前，物是人非之感溢于言表，然而诗人却不知此燕亦非旧时之燕，万事万物都在不断向前，时光的车轮永远不会停止前行的脚步。这两句诗以自然事物的消逝来抒发诗人对于生命短暂，时光无法挽回的淡淡的哀伤与闲愁。其中也揭示了宇宙万物在不断新陈代谢，人事也在不断向前发展的深刻哲理。

（翟晋华）

不畏浮云遮望眼，只缘身在最高层。

【出处】宋·王安石《登飞来峰》

飞来山上千寻塔，闻说鸡鸣见日升。不畏浮云遮望眼，只缘身在最高层。

【鉴赏】此诗为王安石30岁时初涉宦海，知任浙江鄞县（今属浙江宁波）任满回江西临川故里，途径杭州时所作。不畏惧浮云遮蔽眼睛，只因为自己身处在浮云无法企及的高处。"不畏"二字铿锵有力，在"畏"字前加一个"不"字更显示出诗人无惧无畏的勇气；"浮云遮望眼"运用典故，含蓄委婉地表达了诗人并不惧怕官场上的小人及恶势力，体现了诗人充分的自信;"只缘身在最高层"表现了诗人高瞻远瞩的雄心与气概。前句是果,后句是因,诗人将因果倒置,既令"果"给人留下悬念,又恰到好处地强调了"登高望远"的因。这两句诗极富哲理性,只有站得高,才能看得远,看得深刻,后世主要用来比喻掌握了正确的观点的方法,认识达到了一定的高度,就能透过现象看到本质,就不会被事物的假象迷惑。　　(翟晋华)

人生到处知何似,应似飞鸿踏雪泥。泥上偶然留指爪,鸿飞那复计东西。

【出处】宋・苏轼《和子由渑池怀旧》

人生到处知何似,应似飞鸿踏雪泥。泥上偶然留指爪,鸿飞那复计东西。老僧已死成新塔,坏壁无由见旧题。往日崎岖还记否,路长人困蹇驴嘶。

【鉴赏】人的一生到处奔波,就像什么呢?应该像那飞翔的鸿雁落在雪地上。泥地上只是偶然留下了它的爪印,鸿雁转眼就飞走了,哪里还管这无心留下的痕迹呢?这句诗使用设问和比喻的修辞手法,先抒写了人生的飘忽不定之感,又流露出不计较得失的达观态度。诗句的比喻不仅形象生动,还寄意深沉,散发着哲思的光辉。"雪泥鸿爪"现常用来比喻往事遗留的痕迹。也指人生际遇不定,踪迹无常。　　(汪培培)

不识庐山真面目,只缘身在此山中。

【出处】宋・苏轼《题西林壁》

横看成岭侧成峰,远近高低总不同。不识庐山真面目,只缘身在此山中。

【鉴赏】从正面看庐山,是连绵起伏的山岭;从侧面看庐山,是一座座单独耸立的山峰。从远处、近处、高处、低处看庐山,总是呈现出不同的样子。人们之所以认不清庐山的真正面貌,是因为自己身在庐山之中(而只见局部不见全貌)啊!这是一首哲理诗,诗人紧扣自己游山时的独特感受,用通俗的语言深入浅出地表达哲理,贴切自然,明白晓畅。指出观察问题应客观全面,如果主观片面,就得不出正确的结论。"不识庐山真面目"现在用以比喻认不清事物的真相或本质。　　(汪培培)

春宵一刻值千金，花有清香月有阴。

【出处】 宋·苏轼《春宵》

春宵一刻值千金，花有清香月有阴。歌管楼台声细细，秋千院落夜沉沉。

【鉴赏】 春宵美景，一刻的欢乐，价值千金。花有清香，月有凉阴，此刻的夜晚，多么令人迷醉！东坡的这句诗潇洒俊逸，写出了李太白艳丽一面的风格，难怪其能成为千古名句！ （黄 鸣）

刚被太阳收拾去，却教明月送将来。

【出处】 宋·苏轼《花影》

重重叠叠上瑶台，几度呼童扫不开。刚被太阳收拾去，又教明月送将来。

【鉴赏】 史称东坡好讥刺，又笔之于诗，所以东坡终受乌台诗案之累。此诗亦有政治寓意，以花影喻佞人，朝中的奸佞之人在瑶台（朝廷）重重叠叠，难以清除。太阳落山，总算是没花影了，可月亮又升起了，它又带来了夜里的花影。诗中充满了对小人在位的忧虑之感。 （黄 鸣）

人有悲欢离合，月有阴晴圆缺，此事古难全。

【出处】 宋·苏轼《水调歌头》

明月几时有，把酒问青天。不知天上宫阙，今夕是何年。我欲乘风归去，又恐琼楼玉宇，高处不胜寒。起舞弄清影，何似在人间。 转朱阁，低绮户，照无眠。不应有恨，何事长向别时圆。人有悲欢离合，月有阴晴圆缺，此事古难全。但愿人长久，千里共婵娟。

【鉴赏】 人生总有离合悲欢，恰如明月总是盈亏交替，有被乌云遮住的时候，有亏损残缺的时候。自古以来世上就难有十全十美的事。此句从人到月，从古至今，对人生的变迁作了高度的概括，很有哲理。人月相融，月圆相聚，月缺别离，宦海浮沉不也就如那月亮的阴晴圆缺么。末了一句"此事古难全"道出了人生的无奈，而在无奈之外又透着一种本就难全的释然与旷达。此句现常用于指人生无常、世事变迁。 （李瑞珩）

但愿人长久，千里共婵娟。

【出处】 宋·苏轼《水调歌头》

原文参见前句。

【鉴赏】 我只期盼着天下的有情人都能感情长久，即使远隔千里也能共享同一片明月光。此句为全词末句，集全词兴象表现出一种绝尘的宇宙意义。表达了苏轼对人间的美好祝愿，"共婵娟"指代明月，只要亲人们心意相通，想念的羁绊会将我们联系起来。无论空间上的距离多么遥远，当仰望头顶同一轮明月时，就是咫尺天涯。彼此的心意相连，就能感受彼此的感受，呼吸彼此的呼吸。"但愿人长久"突破了时间的限制，"千里共婵娟"打通了空间的距离，带着一种永恒的意味，更显得深沉美好，表现出词人的清雄旷达。此句现常用于表达对亲友恋人的思念及美好祝愿。（李瑞珩）

一点浩然气，千里快哉风。

【出处】 宋·苏轼《水调歌头·黄州快哉亭赠张偓佺》

落日绣帘卷，亭下水连空。知君为我，新作窗户湿青红。长记平山堂上，欹枕江南烟雨，渺渺没孤鸿。认得醉翁语，山色有无中。　　一千顷，都镜净，倒碧峰。忽然浪起，掀舞一叶白头翁。堪笑兰台公子，未解庄生天籁，刚道有雌雄。一点浩然气，千里快哉风。

【鉴赏】 一个人只要具备了至大至刚的浩然之气，就能超凡脱俗，刚直不阿，坦然自适，在任何境遇之中都能处之泰然，享受使人感到无穷快意的千里雄风。此句表现出苏轼在逆境之中仍保持浩然之气的坦荡人生态度。他一生的坎坷，早已经被他的一点浩然之气吹散了，笑看云聚云散，淡看风雨浮沉。只留下千里浩然之风，劲吹人间。　　　（李瑞珩）

书当快意读易尽，客有可人期不来。

【出处】 宋·陈师道《绝句四首》其四

书当快意读易尽，客有可人期不来。世事相违每如此，好怀百岁几回开？

【鉴赏】这两句诗讲出了我们日常生活中常常会有的一种感受:越是自己喜欢的好书就越是感觉很快就读完了,每每都有意犹未尽之感;越是和自己志气相投的好朋友就越是期盼不来,不能与之一吐为快。当时诗人的知心好友都没有在自己身边,黄庭坚被逐斥戎州(今四川宜宾),苏轼被贬谪海外,张耒任职宣州,自己整日孤独寂寞,怅然若失,只好以书为伴,但是哪怕是读完一本好书想和好友交流下心得的小小愿望都难以实现,因此发出了"客有可人期不来"的感慨,可见诗人当时定是孤独至极,念友之心也是急切至极。 (汪培培)

山重水复疑无路,柳暗花明又一村。

【出处】宋·陆游《游山西村》

莫笑农家腊酒浑,丰年留客足鸡豚。山重水复疑无路,柳暗花明又一村。箫鼓追随春社近,衣冠简朴古风存。从今若许闲乘月,拄杖无时夜叩门。

【鉴赏】这是一首记游抒情诗。这两句诗描写的是在山水之间的美景:林荫道边,层峦叠嶂,山间的溪水循环往复,令人应接不暇,好像已经无路可走之际,诗人突然看到了杨柳依依,鲜花盛开的景象,一个村庄就这样出现在眼前。"疑无路"并不是真的无路可走,而是由于山上杂草丛生,树木葱郁茂盛而使得道路难寻难辨。"又一村"也不是说这里有一个接着一个的村庄,而是说诗人在几经探寻之后忽然发现了一个村庄,饱含了诗人的喜悦之情。这两句诗之所以被世人经久传诵,是因为这两句诗在写景之余也蕴含了丰富的人生哲理,我们在绝处逢生之时就常常会引用这两句诗。 (汪培培)

昨夜西风凋碧树,独上高楼,望尽天涯路。

【出处】宋·晏殊《蝶恋花》

槛菊愁烟兰泣露,罗幕轻寒,燕子双飞去。明月不谙离恨苦,斜光到晓穿朱户。　　昨夜西风凋碧树,独上高楼,望尽天涯路。欲寄彩笺兼尺素,山长水阔知何处。

【鉴赏】因为离人彻夜无眠,所以听到刮了一夜的风。昨夜西风凄紧,吹得多少绿树枝叶凋零。我独自登上高楼,望尽了天涯路。想给我的心上人寄封信,可是高山连绵,江水辽阔,又不知道她在何处。昨夜离人一夜无眠，所以能听到西风的声音，想象着该吹落多少枝叶，这情景就像爱情横遭摧残。万般思念中，他登楼远望，望到天的尽头也看不到意中人，主人公心中的无限悲凉，遍布于天地之间。全词气象深沉，意境悲壮。联系到晏殊晚年政治失意，贬放外郡，也有可能是托思情来诉说政治上的感思。后来王国维以此三句来描述古今成大事业、大学问者必经的第一境界，意蕴无穷。

（汪培培）

人间平地亦崎岖，叹银汉、何曾风浪。

【出处】宋·谢邁《鹊桥仙》

月胧星淡，南飞乌鹊，暗数秋期天上。锦楼不到野人家，但门外、清流叠嶂。　　一杯相属，佳人何在，不见绕梁清唱。人间平地亦崎岖，叹银汉、何曾风浪。

【鉴赏】人生之路即使在平地之上也是崎岖难行的，你看那牛郎、织女之间的银河，何时起过风浪呢。"人间平地亦崎岖"，写出了人间正道是沧桑，人生之路是崎岖不平的。"叹银汉、何曾风浪。"银河里是不起风浪的，牛女的爱情，亘千万亿年以至永恒，不衰不灭。这是有力的反衬，弥觉人间的不能如意。此句议论而兼抒情，包含着普遍性、永恒性的哲理，耐人寻味。

（李瑞珩）

问渠哪得清如许，为有源头活水来。

【出处】宋·朱熹《观书有感二首》其一

半亩方塘一鉴开，天光云影共徘徊。问渠哪得清如许，为有源头活水来。

【鉴赏】半亩方塘之水如明镜通透倒映明净的天空，池水何以清澈见底，是因为有源源不断的活水注入，不断补充，使它保持清澈透亮，不至变成一塘死水而浑浊腐败，而至于枯竭。诗句自问自答，运用设问的方式，并从方塘活水一例作为出发点，推演出深刻哲理。诗人先是把翻开的书本比作方塘，又把方塘比作揭开布罩的明镜，用塘中活水比喻知识和学问的不断精进，又用"唯"字强调方法的唯一性，告诫人们只有孜孜不倦地学习，不断获取新的知识，才能保持聪敏与充实，不会落于人后。后世多用来说明不断接受新知识、新事物的重要性，劝诚人们不断学习。（王新宇）

向来枉费推移力，此日中流自在行。

【出处】宋·朱熹《泛舟》

昨夜江边春水生，艨艟巨舰一毛轻。向来枉费推移力，此日中流自在行。

【鉴赏】此诗借泛舟讲学习道理。往日舟大水浅，众人使劲推船也是白费力气。而今日春水猛涨，即使是艨艟巨舰这样的大型战船也能像羽毛般自在漂浮于水上。诗人意在说明做学问要功夫到家方能有所突破，仔细咀嚼，自有一番理趣。

（章丹莹）

我见青山多妩媚，①料②青山见我应如是。

【注释】①"我见青山多妩媚"句：此处化用典故，《新唐书·魏徵传》记载，唐太宗李世民语："人言魏徵举动疏慢，我但见其妩媚耳。"这里的妩媚指青山的挺拔姿态。②料：料想，估计。

【出处】宋·辛弃疾《贺新郎》

甚矣吾衰矣。怅平生、交游零落，只今余几。白发空垂三千丈，一笑人间万事。问何物、能令公喜。我见青山多妩媚，料青山、见我应如是。情与貌，略相似。　　一尊搔首东窗里。想渊明、停云诗就，此时风味。江左沉酣求名者，岂识浊醪妙理。回首叫、云飞风起。不恨古人吾不见，恨古人、不见吾狂耳。知我者，二三子！

【鉴赏】我坐在亭子中，欣赏长满苍翠树木的山峰，觉得它挺拔高峻。估计青山有情，它也在看着我，认为我也和它一样清秀高洁。此句将山峰拟人化，山对人的赞美其实是人的孤傲自赏。青山是高尚品格的象征，词人用它自比，写自己不入浊世的情操。闲坐林间，和山峦对视，足见词人寄情自然，陶醉于山野间的闲适意趣。这句话和李白诗句"相看两不厌，只有敬亭山"十分相似，词句简洁明了，但赋予景物人的情感，显得妙趣横生，有一番尘世之外的非凡境界。

（吴　玺）

我觉其间，雄深雅健①，如对文章太史公。②

【注释】①雄深雅健：雄浑深沉、典雅有力。②"如对文章太史公"句：这里引用典故。太史公，即司马迁。韩愈评点柳宗元的文章，称赞其像司马迁的《史记》一样，雄深雅健。

【出处】宋·辛弃疾《沁园春》

207

叠嶂西驰,万马回旋,众山欲东。正惊湍直下,跳珠倒溅,小桥横截,缺月初弓。老合投闲,天教多事,检校长身十万松。吾庐小,在龙蛇影外,风雨声中。　　争先见面重重,看爽气朝来三数峰。似谢家子弟,衣冠磊落,相如庭户,车骑雍容。我觉其间,雄深雅健,如对文章太史公。新堤路,问偃湖何日,烟水蒙蒙。

【鉴赏】山峰高峻挺拔,就像司马迁的文章一样雄浑有力,看着山峰就像在阅读这样的文章。用深厚的文章笔力来比喻山峦的气势,新奇绝妙。"雄深雅健"本来指文风磅礴流畅、论证典雅深刻,此处形容山的高峻陡峭、雄丽挺拔,别具风神,司马迁文章字里行间透露出来的风骨,在眼前的山峰中显现。山本来是没有生命的景物,这样的比喻赋予了它独特的精神气质。刻画了景物震撼人心的力量,表达了词人对山峰雄姿的赞叹。现在,此句常用来形容文章。人们在看到文笔刚劲有力的篇章时,以此句表达赞赏之情。

（吴　玺）

古时事,今时泪,前人喜,后人哀。

【出处】宋·汪元量《金人捧露盘·越州越王台》

越山云,越江水,越王台。个中景,尽可徘徊。凌高放目,使人胸次共崔嵬。黄鹂紫燕报春晚,劝我衔杯。　　古时事,今时泪,前人喜,后人哀。正醉里,歌管成灰。新愁旧恨,一时分付与潮回。鹧鸪啼歇夕阳去,满地风埃。

【鉴赏】这一句在整首词中起到了承上启下的作用:上承上越王台之所见,下接新愁旧恨之幽情。句式整齐,朗朗上口,过渡显得自然而不事雕琢。作者将抒情和议论结合起来,以强烈的对比阐释了历史发展的规律。杜牧《阿房宫赋》有云:"秦人不暇自哀,而后人哀之。后人哀之而不鉴之,亦使后人而复哀后人也。"此句即引此典,越地曾有多少风花雪月,而今空余满目萧瑟,南宋亦是如此,若能以史为镜,又何至于今日国破家亡?"今时泪""后人哀"正是作者的真实写照,面对故国残春的悲哀之情也就不言而喻了。

(苏　晗)

少年听雨歌楼上,红烛昏罗帐。壮年听雨客舟中,江阔云低,断雁叫西风。

【出处】宋·蒋捷《虞美人·听雨》

少年听雨歌楼上,红烛昏罗帐。壮年听雨客舟中,江阔云低,断雁叫西风。　　而今听雨僧庐下,鬓已星星也。悲欢离合总无情,一任阶前,点滴到天明。

【鉴赏】少年多情,歌舞楼上听雨声,亦如欢快的舞点;中年羁旅,江宽海阔,雨声潇潇,尽是怀乡的忧愁。本词妙在通过"听雨"之不变联系个人身世之变,引人唏嘘感慨。一句一换景,一步一移情,使这首词仿佛一轴长长的时空画卷,读者漫步其中,听觉与视觉感受都被激活了,感受着作者的悲欢离合。作者对个人身世的书写亦是片段性的,不似叙事的无聊,而是像散文一般摇曳生姿:写少年,便抓住了"红烛昏罗帐"的意象写游冶之乐,精致而欢快;写中年,突出"客舟中"的羁旅之思,意境幽静凄凉。这种"换景"的写法极具美感,情感也表达得委婉含蓄。

(苏　晗)

而今听雨僧庐下,鬓已星星①也。悲欢离合总无情,一任阶前,点滴到天明。

【注释】①星星:形容白发之多。

【出处】宋·蒋捷《虞美人·听雨》

原文参见前句。

【鉴赏】经历了少年的风华正茂与中年的漂泊天涯,不觉间,年岁已暮,这时候听雨又是迥乎不同的心境。这位老翁僧庐下倚门听雨,惊觉:"鬓已星星也!"自己经历的那些风雨,那些或悲或喜的韶光,都化进这雨里了,随着潇潇雨声渐行渐远,有些回望的感慨,有些暮岁的悲凉。虚弱的身体无法,亦无心再去留住什么,于是"任阶前,点滴到天明"。最后一句似乎是对全词的收束,老翁独身听雨,一夜无眠,点点滴滴都提醒着不肯再回的好时光。这场雨不仅仅是老年所听的雨,也是少年之雨、中年之

209

雨,是人生风雨的具象性表达。 （苏　晗）

人生万事须自为,跬步江山即寥廓。

【出处】元·范梈《王氏能远楼》

游莫羡天池鹏,归莫问辽东鹤。人生万事须自为,跬步江山即寥廓。请君得酒勿少留,为我痛酌王家能远之高楼。醉捧勾吴匣中剑,斫断千秋万古愁。沧溟朝旭射燕甸,桑枝正搭虚窗面。昆仑池上碧桃花,舞尽东风千万片。千万片,落谁家? 愿倾海水溢流霞。寄谢尊前望乡客,底须惆怅惜天涯。

【鉴赏】人生在世,一切事情都要靠自己去努力,举步游于山川之间就会发现辽阔的天地。这句诗鼓励人积极进取,表达了积极的人生态度。首句“自为”二字强调了凡事依靠自己的重要性,点明了对待人生应有的态度;次句则用“寥廓”来形容以积极争取的态度面对人生所能达到的境界,即前途广远,胸怀开阔,此句亦使诗境开阔辽远,意气酣畅。这句诗诗人以平易浅切的语言将深刻的人生哲理娓娓道来,发人深省,同时表达出诗人积极进取的人生态度。 （陈俊艳）

恋杀青山不去,青山未必留人。

【出处】元·白朴《清平乐》

朱颜渐老,白发添多少? 桃李春风浑过了,留得桑榆残照。　　江南地回无尘,老夫一片闲云。恋杀青山不去,青山未必留人。

【鉴赏】就算你眷恋那青山久久不肯离去,将所有的喜爱与真情都交付于青山。但是这青山依旧还是自顾自地存在着,不会表现出任何想要把你留下的信息。此处作者是暮年伤怀,感叹青春不再。因此将永恒的时间比作青山,而人眷恋年轻时光、眷恋美好的年华就像对青山的喜爱一般。但是时间是没有感情的,它永远不会因为人们对它的眷恋而有所停滞或者给予任何回馈。这样的道理虽然人人都懂,但是面对飞快流逝的时光,还是不免感到伤感。该句中“恋杀”是口语化的词语,整体句意也十分浅显,但是句子深层的含义却十分深邃,可谓富有哲理,值得细细品味。

（李　臻）

人生贵极是王侯，浮利浮名不自由。

【出处】元·管道升《渔父词四首》其四

人生贵极是王侯，浮名浮利不自由。争得似、一扁舟，吟风弄月归去休！

【鉴赏】人在一生之中，至富至贵也就是封王称侯了，但是这些功名利禄其实都是徒有其名的浮利浮名罢了，因为它们会剥夺掉作为一个人享受自由自在生活的权利。作者在此表达了自己对那些争名逐利之人的不屑，写出了自己对那些虚名的摒弃，表达出人生的自由自在才是真正值得追求的东西。就算是成为王公贵族，也丝毫没有可羡慕之处。词句简洁明了，语意浅白，但是将作者对功利嗤之以鼻的态度明晰地体现了出来，对读者也起到了一定的警醒作用。　　　　　　　　　　　（李　臻）

纵使归来花满树，新枝不是旧时枝，且逐水流迟。

【出处】清·屈大均《梦江南》

悲落叶，叶落绝归期。纵使归来花满树，新枝不是旧时枝，且逐水流迟。

【鉴赏】"纵使"，含有假设意味，使情思进一步深入。"且"，姑且之意，有无奈、凄婉的意味。自然之物可以循环更新，没有尽头，而人的时间与生命只能是一去不返的。人世沧桑，破国之恨，因落叶触发心头之恨而生感慨。落叶象征者事物消逝。落叶随着流水飘远，再也找不到曾经依赖过的枝头，正如已然消逝的时间与人事是不能再重演的。作者的哀愁情绪孕育于词句之中，同时词句又具有一定的哲思意味，引人深思。

（李　臻）

梅花雪，梨花月，总相思。自是春来不觉去偏知。

【出处】清·张惠言《相见欢》

年年负却花期！过春时，只合安排愁绪送春归。梅花雪，梨花月，总相思。自是春来不觉去偏知。

【鉴赏】那娇嫩的梅花随着东风飘落，如雪般纯洁。还有那在皎洁月光下绽开的梨花，洁白无瑕。我总是在这样的美景中陷入对那佳人的思念。自从春天到来，从来没有刻意地去体味春光，直到春日美景都消散了，才意识到春天已经远去了。此处作者选用春天具有代表性的意象，即

211

盛开的梅花、梨花来说明春光的美好。后一句为内心感叹,感叹直到春天离开才回过神,才知道春天早就来过了。词句有失去后才懂得珍惜之意。词意虽浅显,却含有较为深刻的哲思意味。使人读罢词句之后仍久久回味。

（李　臻）

江山代有才人出,各领风骚数百年。

【出处】 清·赵翼《论诗五首》其二

李杜诗篇万口传,至今已觉不新鲜。江山代有才人出,各领风骚数百年。

【鉴赏】 数百年来,神州大地都有各种各样的人才涌现,他们的诗作都是有所创新,各具特色的。诗中表现了诗人反对泥古守旧,主张争新独创的观点,这无疑是进步的。"江山"两句,现在可用来说明事物在变化,社会在发展,人才在涌现,各个时期都有各个时期的新人新事。启发人们不要一味厚古薄今,要用发展的观点去看问题。世人常常用这句诗来赞美人才辈出,或表示一代新人超越旧人之势,就如江流滚滚,无法阻拦。

（李瑞珩）

感　怀

知我者,谓我心忧。不知我者,谓我何求。悠悠苍天,此何人哉!

【出处】先秦·《诗经·黍离》

彼黍离离,彼稷之苗。行迈靡靡,中心摇摇。知我者,谓我心忧。不知我者,谓我何求。悠悠苍天,此何人哉!

彼黍离离,彼稷之穗。行迈靡靡,中心如醉。知我者,谓我心忧。不知我者,谓我何求。悠悠苍天,此何人哉!

彼黍离离,彼稷之实。行迈靡靡,中心如噎。知我者,谓我心忧。不知我者,谓我何求。悠悠苍天,此何人哉!

【鉴赏】我一人于天地之间茕茕孑立,天地之大却无一人能知我心。懂我的人,知道我心里溢满着悲伤,却不知道这悲伤从何而来。不理解我的人,问我追求的究竟是什么? 我问悠悠苍天,这个人是谁? 此诗长歌当哭,表现出一种凭吊历史、不被世人理解的孤独之感。千古而下,时至今日仍是如此,在钢筋水泥的世界里,现代人的孤独感更为普遍也更为强烈,无人能知,无法排遣,人人生而孤独。再看此诗,颇有异代同调之感。

(李瑞珩)

汩①余将不及兮,恐年岁之不吾与②。

【注释】①汩:水流得很快的样子。②不吾与:不等我。

【出处】战国·屈原《离骚》

帝高阳之苗裔兮,朕皇考曰伯庸。摄提贞于孟陬兮,惟庚寅吾以降。皇览揆余初度兮,肇锡余以嘉名。名余曰正则兮,字余曰灵均。纷吾既有此内美兮,又重之以修能。扈江离与辟芷兮,纫秋兰以为佩。汩余若将不及兮,恐年岁之不吾与。朝搴阰之木兰兮,夕揽洲之宿莽。日月忽其不淹兮,春与秋其代序。唯草木之零落兮,恐美人之迟暮。不抚壮而弃秽兮,何不改此度？乘骐骥以驰骋兮，来吾道夫先路。

【鉴赏】屈原负手独立在江边，看着那汩汩奔腾，不断向前涌动的江水，心中无限怅惘。时光就仿若这江水，流逝得太快。时光啊，你能否等一等我，我的理想还未实现，我不能就这样老去了。此句用了拟人的手法，将时光拟人化，时光等等我这一主题一方面表达了诗人对时光流逝不等待的无奈，另一方面则表达出诗人对珍惜时光以实现自己理想抱负的强烈热情。人在无限时间长河面前是渺小的。此句也成为形容时光飞逝，劝人珍惜时光的名句。 （李瑞珩）

唯草木之零落兮，恐美人之迟暮。

【出处】战国·屈原《离骚》

原文参见前句。

【鉴赏】黄叶随着秋风纷纷而下，蓑草连天尽是萧肃之感，世界万物都有凋零衰败的一天，我多么担忧美人你就像那草木也有老去的一天，韶华不再，独留追忆。草木零落、美人迟暮都是令人无限叹惋的事物，此句抓住美好事物终将逝去这一点表达了时不待我、人生无常的怅惘之情。此句中诗人用美人指代自己的君王，表达出自己对君王的仰慕与爱戴之情。用男女情爱本身所具有的丰富内涵来美化抒情主体的形象与性格，使诗歌风格更加奇美动人，情感更加缠绵悱恻。也开创了后世诗歌"香草美人"的传统。 （李瑞珩）

乘骐骥以驰骋兮，来吾道夫先路。

【出处】战国·屈原《离骚》

原文参见前句。

【鉴赏】我愿骑着千里马扬鞭驰骋，为您开疆扩土，指引您走上圣贤之路。此句表达了诗人愿为君王身先士卒的拳拳赤子之心。表现出他对真理的不懈追求。此句用引类譬喻之法，用骐骥比喻贤臣。用骐骥开道比喻贤臣开圣贤之道，表现了屈原崇高的政治理想与俊洁纯美的独立人格。后世也常用骐骥比喻人才贤良。 （李瑞珩）

虽萎绝其亦何伤兮，哀众芳之芜秽。

【出处】战国·屈原《离骚》

余既滋兰之九畹兮，又树蕙之百亩。畦留夷与揭车兮，杂杜衡与芳芷。冀枝叶之峻茂兮，愿俟时乎吾将刈。虽萎绝其亦何伤兮，哀众芳之芜秽。众皆竞进以贪婪兮，凭不厌乎求索。羌内恕己以量人兮，各兴心而嫉妒。忽驰骛以追逐兮，非余心之所急。老冉冉其将至兮，恐修名之不立。昭饮木兰之坠露兮，夕餐秋菊之落英。苟余情其信姱以练要兮，长顑颔亦何伤？揽木根以结茝兮，贯薜荔之落蕊。矫菌桂以纫蕙兮，索胡绳之纚纚。謇吾法夫前修兮，非世俗之所服。虽不周于今之人兮，愿依彭咸之遗则。

【鉴赏】虽然草木枯萎凋零了，又有什么可伤心的呢？最令我心如刀割的是香草嘉木性质的改变，变得污秽腐化，陷入世俗的泥淖之中，丢失自己最初俊洁纯美的本质而散发出恶臭来，这是多么令人痛心的啊。此句用引类譬喻之法，以众芳比贤臣，告诫君王远离那些与奸佞同流合污的人。屈原遭谗放逐，心中痛惜，于是告诫君王要远离小人，切莫身陷谗言奸佞之中而变得昏聩无能。此句告诫人们在凡世之中，勿失本心，不要因为俗世就改变自己，要记住自己最初的样子。

（李瑞珩）

长太息^①以掩涕兮，哀民生之多艰。

【注释】①太息：叹息。

【出处】战国·屈原《离骚》

长太息以掩涕兮，哀民生之多艰。余虽好修姱以羁兮，謇朝谇而夕替。既替余以蕙纕兮，又申之以揽茝。亦余心之所善兮，虽九死其犹未悔。怨灵修之浩荡兮，终不察夫民心。众女嫉余之蛾眉兮，谣诼谓余以善淫。固时俗之工巧兮，偭规矩而改错。背绳墨以追曲兮，竞周容以为度。

215

忳郁邑余侘傺兮，吾独穷困乎此时也。宁溘死以流亡兮，余不忍为此态也。鸷鸟之不群兮，自前世而固然。何方圆之能周兮，夫孰异道而相安。屈心而抑志兮，忍尤而攘诟。伏清白以死直兮，固前圣之所厚。

【鉴赏】长长地叹息一声，我老泪纵横，心中溢满了伤悲。我悲痛的是我坎坷多舛的命运。想问天，问大地，问问宿命，为何人生要经历如此多的磨难呢？此句表达了屈原遭谗放逐时的痛苦，他一心为国，赤胆忠心，却被奸佞诬陷，被王疏远放逐，流浪天涯，最终在国破家亡之际，自沉殉国。诗歌中那种难以排遣的悲伤，读之使人心里一酸，几欲落泪。令人感动的除却诗歌本身更是对诗人悲惨遭遇的同情，对诗人忠君爱国赤子之心的敬仰。

（李瑞珩）

鸷鸟①之不群兮，自前世而固然。何方圆②之能周③兮，夫孰异道而相安。

【注释】①鸷鸟：鸟类，鹰隼，性情刚烈。②圆：同"圆"。③能周：能合得来。
【出处】战国·屈原《离骚》
原文参见前句。

【鉴赏】一声嘶鸣，划破长空，鹰隼展开羽翼，振翅奋飞。斑驳的喙，残损的羽翼，却有一双黑曜石般坚定的眸子。它昂着高贵的头颅，搏击长空，从不与燕雀乌鸦为伍。从宇宙洪荒之时就一直如此，从不曾改变过。试问方与圆怎么能够相互配合呢？志向不同又如何能相互理解和平共处呢！此句通过写鸷鸟不群，方圆不周，将屈原不与世俗同流合污的孤傲姿态和高洁品质表现出来。用鹰隼喻自己的刚烈性格，塑造了峻洁纯美的抒情主人公形象。后世常用此句表达自己不与世俗同流，忠于本心之意。

（李瑞珩）

路漫漫其修远兮，吾将上下而求索。

【出处】战国·屈原《离骚》
跪敷衽以陈辞兮，耿吾既得此中正；驷玉虬以乘鹥兮，溘埃风余上征。朝发轫于苍梧兮，夕余至乎县圃；欲少留此灵琐兮，日忽忽其将暮。吾令羲和弭节兮，望崦嵫而勿迫。路漫漫其修远兮，吾将上下而求索。饮余马于咸池兮，总余辔乎扶桑。折若木以拂日兮，聊逍遥以相羊。前望舒使先驱兮，后飞廉使奔属。鸾皇为余先戒兮，雷师告余以未具。吾令凤鸟飞腾兮,继之以日夜。飘风屯其相离兮,帅云霓而来御。纷总总其离合兮,斑陆离其上下。吾令帝阍开关兮,倚阊阖而望予。时暧暧其将罢兮,结幽兰而延伫。世溷浊而不分兮,好蔽美而嫉妒。

【鉴赏】我知道追求真理的道路是遥远而又漫长的,但是为了我心中的理想,无论遇到什么挫折我都将终我一生去追寻去探索,上穷碧落下黄泉,百死不悔。此句表现出屈原对真理不懈追求的勇气,是追求理想的千古名句。一方面歌咏诗人坚持不懈,永不放弃的精神;另一方面,也表现出诗人在残酷黑暗的现实中,坚守自我,忠于真理,矢志不移的高贵品质。不怕路有多长,只要在路上。现在常用此句形容追求真理,永不言弃的精神。　　　（李瑞珩）

带长剑兮挟秦弓,首身离兮心不惩。

【出处】战国·屈原《国殇》

操吴戈兮被犀甲,车错毂兮短兵接。旌蔽日兮敌若云,矢交坠兮士争先。凌余阵兮躐余行,左骖殪兮右刃伤。霾两轮兮絷四马,援玉枹兮击鸣鼓。天时坠兮威灵怒,严杀尽兮弃原野。出不入兮往不反,平原忽兮路超远。带长剑兮挟秦弓,首身离兮心不惩。诚既勇兮又以武,终刚强兮不可凌。身既死兮神以灵,子魂魄兮为鬼雄。

【鉴赏】男子手持一把楚地青铜长剑,寒光凛冽,背着从秦国掠来的秦弓,目光炯炯,犹如一支将要离弦的箭。只听号角一起,"杀!"他冲向敌人,视死如生。就算是身首分离他也不会后悔,但求战死沙场,保家卫国。此诗是诗人写给战死他乡的年轻战士们的祭歌,故名《国殇》。此句将战士们为国捐躯,毫无保留的赤子之心表现出来,身首分离,何等悲壮! 充溢着一股豪迈的侠义之气。　　　（李瑞珩）

身既死兮神以灵,子魂魄兮为鬼雄。

【出处】战国·屈原《国殇》

原文参见前句。

【鉴赏】就让我战死沙场吧,我的尸体会随着朔风化作尘埃,但是我的灵魂不会死。我的魂魄会化作鬼雄保卫我的国家。此句为《国殇》的末句。歌颂了战士们英勇奋战,为国捐躯的英雄气概。身首分离何等悲壮,此句却不甚难过,而是表达出一种男子汉的霸气,激情昂扬,令人振奋。后世李清照"死亦为鬼雄"亦延续了这种视死如生的豪气。　　　（李瑞珩）

风萧萧兮易水寒,壮士一去兮不复还!

【出处】战国·荆轲《易水歌》

风萧萧兮易水寒,壮士一去兮不复还!探虎穴兮入蛟宫,仰天呼气兮成白虹。

【鉴赏】荆轲刺秦王出发时,太子丹率诸门客在易水之边给他壮行,此为荆轲当时所作。秋风萧瑟,吹寒一江之水;易水寒彻,尽是肃杀之气。为报太子之恩,我此番前去刺秦,百死不悔,永无归期。此句先着墨绘景,写风啸水寒,渲染出一派悲壮苍凉的气氛。后句写荆轲决意赴死之情怀,明知会一去不回,却仍义无反顾,决然赴死。"萧萧"从听觉上渲染出凄凉萧瑟之感;一个"寒"字写出了环境之彻骨,死亡预感之冰凉可怕。如此萧瑟,如此彻骨却也更烘托出荆轲赴死之决绝姿态。"士为知己者死"的情怀至今仍深埋于我们的血液中,独立寒风中的壮士,属于我们每一个人。

(李瑞珩)

力拔山兮气盖世,时①不利兮骓②不逝③。

【注释】①时:天时,命运。②骓:青白杂毛的马,此处指项羽的坐骑乌骓马。③逝:往,前进。

【出处】秦·项羽《垓下歌》

力拔山兮气盖世,时不利兮骓不逝。骓不逝兮可奈何!虞兮虞兮奈若何!

【鉴赏】汉高祖刘邦围项羽于垓下,项羽夜闻帐中四面楚歌,知大势已去,慷慨悲歌而作《垓下歌》。曾经心怀壮志,力能拔山,傲视群雄以为天下尽归于己,天地间唯我独尊。哪知天时不利,一朝被围于垓下,心知败局已定,连爱骑乌骓马也不肯再前进。项羽在穷途末路之际,以短短两句,歌出了其志在天下的满腔豪情,以及时不利我的悲壮叹息。昔日的霸王纵有万丈豪情也抵不过天命造化,个人的英勇无敌与命运的变幻无常形成鲜明对比,令人唏嘘不已。项羽悲剧英雄的形象亦深入人心,令世人哀之叹之,后常以此句形容英雄末路之悲怆。

(陈俊艳)

大风起兮云飞扬,威①加②海内③兮归故乡。安得猛士兮守四方!

【注释】①威:威望,权威。②加:施加。③海内:四海之内,即天下的意思。

218

大风起兮云飞扬,威加海内兮归故乡。安得猛士兮守四方!

【鉴赏】刘邦平黥布还,过沛县,邀集故人饮酒,酒酣时击筑而唱此歌,慷慨伤怀,泣数行下。天下风起云涌,群雄竞逐,独我(刘邦)施加恩威于四海之内,荣归故里。然而既得天下,能够守卫天下的猛士又该去哪里求得呢?"风起""云飞"以喻群雄并起,反叛天下的情状。刘邦在此情势下稳操胜券,又衣锦归乡,自是志满意得,不禁击筑高歌。但大业初成,他急需能够守卫其疆土的猛士。"安得"二字道出他难以排解的焦虑与悲哀,其求才若渴之迫切心情可见一斑。此歌气势恢宏豪放,既道出刘邦得天下后的得意,又表达出其为前途未卜而忧虑的心情。

(陈俊艳)

馨香盈怀袖,路远莫致之。此物何足贵,但感别经时。

【出处】汉·《庭中有奇树》

庭中有奇树,绿叶发华滋。攀条折其荣,将以遗所思。馨香盈怀袖,路远莫致之。此物何足贵,但感别经时。

【鉴赏】怀藏着香花在树下站了很久,花香盈袖,想要将它送给远方的人看一看,与之分享。却因为路远无人去送,还是作罢了。其实这微物送与不送也不算什么,不过是因为与远方之人久别而生出的念想。"馨香盈怀袖"表明主人公捧花站立良久,其感伤的情绪与相思之情溢于言表。诗意婉转,虽然折花欲寄人,却又因相距甚远而打消念头,同时又表明心意,只是希望以花寄寓思念之情罢了。这句诗意蕴深远幽微,后人亦常以此表达对远方之人的思念。

(陈俊艳)

对酒当歌，人生几何？譬如朝露，去日苦多。

【出处】汉·曹操《短歌行》

对酒当歌，人生几何？譬如朝露，去日苦多。慨当以慷，忧思难忘。何以解忧？唯有杜康。青青子衿，悠悠我心。但为君故，沉吟至今。呦呦鹿鸣，食野之苹。我有嘉宾，鼓瑟吹笙。明明如月，何时可掇？忧从中来，不可断绝。越陌度阡，枉用相存。契阔谈䜩，心念旧恩。月明星稀，乌鹊南飞。绕树三匝，何枝可依？山不厌高，海不厌深。周公吐哺，天下归心。

【鉴赏】举起酒杯喝酒，就应当放声高歌，人的一生能有多长？就像那清晨的露水，转瞬即逝，人生如此短暂，逝去的日子只会越来越多。这首诗是曹操所作的"求贤歌"，他希望能够收天下人才为己用。以"朝露"喻人生短促，并发出感叹，一方面是为抒发其内心的愁思，另一方面则是为了提醒贤才珍惜时光，为实现自己的抱负而努力进取。这句诗中诗人真挚恳切的感慨引起了世人的理解与共鸣，他用抒情的方式十分巧妙地拉近了与贤才的距离，表现出诗人求贤若渴的心情。后人常以此句抒发对时光飞逝、人生短暂的感慨。　　　　　　　　　　　　　（陈俊艳）

慨当以慷，忧思难忘。何以解忧？唯有杜康。

【出处】汉·曹操《短歌行》

原文参见前句。

【鉴赏】慷慨地高歌，无奈忧思重重，依旧无法释怀。什么才能消解我的忧愁呢？只有痛饮此酒了。此句承接上句，诗人深重的忧思来自其对人生短促的感慨，以及贤才不能为自己所用的焦虑。第一句中诗人仍为忧愁所困，无法释怀，而下句则不再沉迷于悲观的情绪中，转念试图借酒排遣忧思，更真切地反映了诗人的心理。这句诗气魄雄伟，虽言忧愁，但并不低迷悲观，反而展现出诗人慷慨豪畅的一面。后人常以此句来表达心中的忧愁。　　　　　　　　　　　　　　　　　　（陈俊艳）

老骥伏枥，志在千里。烈士暮年，壮心不已。

【出处】汉·曹操《龟虽寿》

神龟虽寿，犹有竟时。腾蛇乘雾，终为土灰。老骥伏枥，志在千里。烈士暮年，壮心不已。盈缩之期，不但在天；养怡之福，可得永年。幸甚至哉，歌以咏志。

【鉴赏】老马卧伏于棚中,心中想的依然是千里之外广袤的天地,希望能够奔驰其间;重义轻生之烈士,到了晚年,依然雄心勃勃,渴求建功立业,追求自己远大的理想。生命有限,壮志却无法停止,诗中的老马、暮年的烈士都有着积极乐观的豪情壮志,说明外在的条件,诸如寿命的长短,穷困苦厄等困难,并不能限制一颗奋发向上的心,亦不能阻挡志在千里的豪情。这句诗诗意昂扬,表现出诗人慷慨激昂的气概以及自强不息的进取精神,读之令人精神振奋,不惧天命,更加积极进取。后人常以此句来表达老当益壮,锐意进取的乐观精神。

（陈俊艳）

男儿宁当格斗死,何能怫郁筑长城？

【出处】汉·陈琳《饮马长城窟行》

饮马长城窟,水寒伤马骨。往谓长城吏,慎莫稽留太原卒！官作自有程,举筑谐汝声！男儿宁当格斗死,何能怫郁筑长城？长城何连连,连连三千里。边城多健少,内舍多寡妇。作书与内舍,便嫁莫留住。善待新姑嫜,时时念我故夫子！报书往边地,君今出语一何鄙？身在祸难中,何为稽留他家子？生男慎莫举,生女哺用脯。君独不见长城下,死人骸骨相撑拄。结发行事君,慊慊心意关。明知边地苦,贱妾何能久自全？

【鉴赏】生为男儿应当上阵厮杀,与人格斗战死,怎能郁郁地去修筑长城呢？这首诗描写的是修筑长城带给百姓的苦难,诗中主人公与官吏对话,表达出役期满而不愿稽留的想法,却被官吏搪塞,因而愤愤吟出此句。这句诗的上半句直白有力地表达出役卒们身为男儿的豪情壮志,愿上阵杀敌甚至不畏生死,下半句则表露出对于官府为修筑长城奴役百姓的怨愤与不满。诗人通过描述役卒徒有万丈豪情而抑郁不能申的现实,表达出对下层民众悲惨生活的深切同情,以及对黑暗社会现实的批判。

（陈俊艳）

铅刀贵一割,梦想骋良图。左眄澄江湘,右盼定羌胡。

【出处】晋·左思《咏史八首》其一

弱冠弄柔翰,卓荦观群书。著论准过秦,作赋拟子虚。边城苦鸣镝,羽檄飞京都。虽非甲胄士,畴昔览穰苴。长啸激清风,志若无东吴。铅刀贵一割,梦想骋良图。左眄澄江湘,右盼定羌胡。功成不受爵,长揖归田庐。

【鉴赏】虽然自己的才能不佳，但也想奋力一搏，施展抱负。渴望能为国建功立业，左看能去澄清江湘水，右望则可平西北羌胡。诗人以"铅刀一割"来比喻自身才钝，铅刀以一割为贵，渴望自己的才能也能得以施展。"骋良图"一句则直抒胸臆，表达了诗人想要有所作为，实现梦想的迫切心情。而"左眄""右盼"二词，则写出了诗人睥睨天下的气势，他志在为国平天下，显示出诗人豪迈的胸襟与抱负。这句诗气势宏伟，诗人借史以咏怀，通过这句诗表明了自己渴望立功报国的志向与愿望。 （陈俊艳）

世胄蹑高位，英俊沉下僚。

【出处】晋·左思《咏史八首》其二

郁郁涧底松，离离山上苗。以彼径寸茎，荫此百尺条。世胄蹑高位，英俊沉下僚。地势使之然，由来非一朝。金张借旧业，七叶珥汉貂。冯公岂不伟，白首不见招。

【鉴赏】世家贵族的子孙后代能登上显贵的职位，而才能出众的英才反而被埋没，沦为臣属居于下位。这句诗描写的是当时的社会现象，因为门阀制度的存在，无能的豪门贵族占据高位，而真正有才能者却屈居下位。这种强烈的对比反映出世族大家与寒门士子之间的矛盾，暴露了社会制度的不合理。其中"蹑"字突出反映了诗人对居上位者昏庸无能的指责。通过描写这种现象，诗人表达了自己对当时社会状况的不满与谴责，为寒门士子鸣不平，同时借此抨击了门阀制度的腐朽与黑暗。 （陈俊艳）

被褐出阊阖，高步追许由。振衣千仞冈，濯足万里流。

【出处】晋·左思《咏史八首》其五

皓天舒白日，灵景耀神州。列宅紫宫里，飞宇若云浮。峨峨高门内，蔼蔼皆王侯。自非攀龙客，何为欻来游。被褐出阊阖，高步追许由。振衣千仞冈，濯足万里流。

【鉴赏】穿着粗布衣走出了闾阖门,决心去大步追随古代的隐士许由,远离官场与尘世,过隐居的生活。在千丈高的山峰上,抖去衣服上的尘埃,在万里的溪流中,洗去双脚上的污垢,从而洗去在这世间沾染的一切污秽之物。这句诗中诗人表达了想要远离俗世喧嚣,无拘无束地过隐士生活,亲近自然的愿望。其意境开阔,情调高昂,感情强烈,表达出诗人心中渴望隐居的迫切与真诚,从而塑造了一位不慕名利,高洁的诗人形象。这句诗表现出诗人对富贵、名利的鄙夷,对自然的向往,以及其高洁与豁达的人生态度。

(陈俊艳)

贵者虽自贵,视之若埃尘。贱者虽自贱,重之若千钧。

【出处】晋·左思《咏史八首》其六

荆轲饮燕市,酒酣气益震。哀歌和渐离,谓若傍无人。虽无壮士节,与世亦殊伦。高眄邈四海,豪右何足陈。贵者虽自贵,视之若埃尘。贱者虽自贱,重之若千钧。

【鉴赏】权贵们虽然自认为贵重,我却把他们看得轻如尘埃;地位低下的人虽然自以为卑贱,我却把他们看得重若千钧。这句诗是诗人在咏荆轲时所抒发的感慨,他一反常态,说明自己并不因对方的贵贱而态度迥异。诗人自言对待权贵的态度十分冷淡,但是对那些地位不高的人,则不因此而看低对方,反而看得像千钧一样贵重,表明他不慕名利,淡然处世。这句诗塑造了一位不阿附权贵,正直高尚的诗人形象。诗人借赞颂荆轲来抒发感慨与志趣,表达出他对豪门贵族的鄙夷。

(陈俊艳)

非必丝与竹,山水有清音。

【出处】晋·左思《招隐二首》其一

杖策招隐士,荒涂横古今。岩穴无结构,丘中有鸣琴。白云停阴冈,丹葩曜阳林。石泉漱琼瑶,纤鳞或浮沉。非必丝与竹,山水有清音。何事待啸歌,灌木自悲吟。秋菊兼糇粮,幽兰间重襟。踌躇足力烦,聊欲投吾簪。

【鉴赏】何必要丝竹奏出的精美音乐,山水流动间发出的清响更为动人。诗人将丝竹的喧嚣嘈杂与山水之音的清泠悦耳作比较,高下立判,认为泉水漱石,清越自然的声响更为和谐动听,必不可少。这句诗中诗人直陈己见,语言自然朴素,不事雕琢,表达了自己不尚浮华、崇尚自然的审美

223

趣味。诗人倾向于回归自然,聆听山水清音,对富贵的丝竹之音并不赞赏,进一步表明了自己想要远离尘世喧嚣嘈杂,脱离现实的愿望,以及对于隐逸生活的向往,表达了诗人高洁的情志。 （陈俊艳）

何意百炼刚,化为绕指柔。

【出处】晋·刘琨《重赠卢谌》

握中有悬璧,本自荆山璆。惟彼大公望,昔在渭滨叟。邓生何感激,千里来相求。白登幸曲逆,鸿门赖留侯。重耳任五贤,小白相射钩。苟能隆二伯,安问党与雠？中夜抚枕叹,想与数子游。吾衰久矣夫,何其不梦周？谁云圣达节,知命故不忧。宣尼悲获麟,西狩涕孔丘。功业未及建,夕阳忽西流。时哉不我与,去乎若云浮。未实陨劲风,繁英落素秋。狭路倾华盖,骇驷摧双辀。何意百炼刚,化为绕指柔。

【鉴赏】怎么能想到经过千锤百炼的钢铁,如今变作了可以随意缠绕在手指上的柔软之物。诗人刘琨抱有辅佐国君兴复晋室的志向,然而却壮志难酬,无奈吟出这句诗。诗人未曾想到自己纵然十分强大,且怀抱壮志,最终还是无力回天,走上绝路。这句诗中的"何意"写出了诗人徒有壮志却无可奈何的心境,以及最终身不由己的悲哀与心酸,令人扼腕叹息。这句诗语意慷慨,诗意苍凉,是诗人身临绝境的悲叹,抒发了自己壮志难酬的悲哀。 （陈俊艳）

精卫衔微木,将以填沧海。刑天舞干戚,猛志固常在。

【出处】晋·陶渊明《读山海经十三首》其二

精卫衔微木,将以填沧海。刑天舞干戚,猛志固常在。同物既无虑,化去不复悔。徒设在昔心,良辰讵可待！

【鉴赏】精卫一次次地衔起微小的木块,想要用它来填平沧海。刑天虽然被黄帝战败,却仍旧坚持挥舞着盾牌和板斧,其勇猛的志向与坚毅的精神永远都激励着人们。第一句中以"微木"与"沧海"两词形成强烈的对比,将精卫的坚持不懈描写得十分贴切到位。第二句中,一个"固"字,更是表达了无论成功还是失败,其坚强的意志永不会磨灭。这四句作为全诗的开篇,采用了两个典故来强调与歌颂精卫以及刑天坚持斗争,锲而不舍追求自由的精神,同时也借此抒怀,寄托心中的悲愤之情,抒发了自己对自由的渴望,对反抗精神的赞颂之情。 （陈俊艳）

亲戚或余悲，他人亦已歌。死去何所道，托体同山阿。

【出处】晋·陶渊明《挽歌辞》

荒草何茫茫，白杨亦萧萧。严霜九月中，送我出远郊。四面无人居，高坟正嶕峣。马为仰天鸣，风为自萧条。幽室一已闭，千年不复朝。千年不复朝，贤达无奈何。向来相送人，各自还其家。亲戚或余悲，他人亦已歌。死去何所道，托体同山阿。

【鉴赏】亲戚朋友中或者有的人还沉浸在悲痛之中，眼含泪水，而别的人也已经开始唱起了歌。对于死亡有什么可说的呢，不过是葬身于山岭之中，来于自然也归于自然罢了。前两句诗人以生者的角度来描写死亡，运用"亲戚"与"他人"的反应形成鲜明的对比，道出死亡乃平常之事，人人如此，而旁人的生活仍然要继续，悲恸也终将会消逝的道理。后两句作为全诗的总结，阐述了死亡的最深层含义，诗人深谙人生盛衰的自然法则，将人情世故看得十分透彻。这句诗虽是在描写死亡，却表现出诗人豁达洒脱的人生态度。

（陈俊艳）

泻水置平地，各自东西南北流。人生亦有命，安能行叹复坐愁？

【出处】南北朝·鲍照《拟行路难十八首》其四

泻水置平地，各自东西南北流。人生亦有命，安能行叹复坐愁？酌酒以自宽，举杯断绝歌路难。心非木石岂无感？吞声踯躅不敢言。

【鉴赏】将水倒于平地之上，水会朝着东西南北各个方向流淌开来。人生在世，各人的命运亦不相同，怎能整日哀叹惆怅呢？诗人从生活中极细微普通的一个场景写起，却从中悟到一个深刻的人生哲理。他以"水"比喻每个人的一生，而"东西南北"则代表着一生的际遇，"水"的流向由地势的高低决定，正如人的命运，是由门第决定的。前两句诗人通过对水泻于地的现象的描写，形象地揭示出了当时社会中门阀制度的不合理现象，隐含批判与愤慨之情。然而后两句诗人将笔锋一转，用"人生亦有命"来解释这种不公平不合理的现象，劝慰世人不要因此变得消沉苦闷，诗意变得昂扬向上。这句诗托物寓意，构思精妙，蕴意深远，却又明白晓畅，发人深省，耐人寻味。

（陈俊艳）

对案不能食,拔剑击柱长叹息。丈夫生世能几时,安能叠爕①垂羽翼?

【注释】①叠爕:小步走路。

【出处】南北朝·鲍照《拟行路难十八首》其五

对案不能食,拔剑击柱长叹息。丈夫生世能几时,安能叠爕垂羽翼?弃檄罢官去,还家自休息。朝出与亲辞,暮还在亲侧。弄儿床前戏,看妇机中织。自古圣贤尽贫贱,何况我辈孤且直。

【鉴赏】对着桌案上的食物却无法下咽,拔出剑来击柱,不禁长叹:大丈夫在世能有几时,难道要这样谨小慎微、庸庸碌碌地过一辈子吗?这两句诗语意慷慨激昂,首句即言明诗人内心的不安,通过"拔""击""叹息"几个动词生动传神地写出了诗人焦躁不安的神态与豪迈的动作。第二句诗诗人直抒胸臆,表明对现状的不满,点明了焦虑叹息的原因,即不甘碌碌无为虚度光阴,极度渴望建功立业,有所作为。这首诗的基调豪放,诗意激昂向上,抒发了诗人远大的抱负与志向。 (陈俊艳)

大江流日夜,客心悲未央。

【出处】南北朝·谢朓《暂使下都夜发新林至京邑赠西府同僚》

大江流日夜,客心悲未央。徒念关山近,终知返路长。秋河曙耿耿,寒渚夜苍苍。引领见京室,宫雉正相望。金波丽鳷鹊,玉绳低建章。驱车鼎门外,思见昭丘阳。驰晖不可接,何况隔两乡?风云有鸟路,江汉限无梁。常恐鹰隼击,时菊委严霜。寄言罻罗者,寥廓已高翔。

【鉴赏】江水日夜奔流不息,心中的悲愤就如同这江水不能停止。这句诗作为开篇首句,以比兴的手法将浓重的悲愤情绪比作滚滚的江水,可见其情绪的深重。诗人即将与挚友分别,面对汹涌不息的壮阔江水,离愁别绪涌上心头,悲愤之情一发不可收拾,喷涌而出。这句诗以江水开篇,气象雄浑壮阔,借壮景抒悲情,情景交融,从而使诗意慷慨雄壮,抒发出诗人面对离别无止境的悲愁与愤慨。 (陈俊艳)

人事今如此,天道共谁论。

【出处】南北朝·庾肩吾《乱后行经吴御亭》

邮亭一回望,风尘千里昏。青袍异春草,白马即吴门。獯戎鲠伊洛,杂种乱轘辕。辇道同关塞,王城似太原。休明鼎尚重,秉礼国犹存。殷牖爻虽赜,尧城吏转尊。泣血悲东走,横戈念北奔。方凭七庙略,誓雪五陵冤。人事今如此,天道共谁论。

【鉴赏】人世间的事竟如这般发生,还会有谁再去评论天道呢？这是一首讽刺现实的诗,上文叙述了侯景之乱这一历史事件,这句诗就是对前文叙述的事件的总结以及评论,表明诗人的态度。"人事今如此"一句较为含蓄,表明对发生于当今的这件事的意外,而"天道共谁论"则含有明显贬义,以天道谴责此事,表明作者的批判态度。这首诗具有较强的史实价值,诗人通过最后一句表达出对这一历史事实以及参与者的强烈批判与抨击。

(陈俊艳)

大江一浩荡,离悲足几重。

【出处】南北朝·阴铿《晚出新亭》

大江一浩荡,离悲足几重。潮落犹如盖,云昏不作峰。远戍唯闻鼓,寒山但见松。九十方称半,归途讵有踪。

【鉴赏】江水浩浩荡荡奔腾而去,心中却充满了离愁,不知究竟有几重？这句诗写的是诗人由观江上景色而引发的感慨。首句写景,气势雄浑,写出了江水奔流不息的壮阔场面,表现出诗人的心绪不平,渲染了悲愁的气氛。次句抒情,诗人直抒胸臆,发出感慨,点出"离悲"的主题,抒发其心中的离愁别绪,同时以"足几重"表明了悲愁之重,难以纾解。这句诗语言自然,写景形象贴切,感情真挚直接,情景交融,营造出一种雄壮悲愁的艺术境界,成为描写江上景色,抒发感慨的名句。

(陈俊艳)

畴昔国士遇,生平知己恩。

【出处】南北朝·庾信《拟咏怀二十七首》其六

畴昔国士遇,生平知己恩。直言珠可吐,宁知炭欲吞。一顾重尺璧,

227

千金轻一言。悲伤刘孺子,凄怆史皇孙。无因同武骑,归守霸陵园。

【鉴赏】往昔在故国,国君给我以国士的待遇,这种知遇之恩此生都难以忘怀。这是诗人回忆起在梁国做官的往事而发出的感慨。梁国的君王任他为国担当重任,诗人感激涕零,至今仍难以忘却。这句诗感情忱挚,诗人借回忆往昔的遭遇来抒发对故国深切的思念以及对君主的感激之情,感人肺腑。诗人由南入北,身处异乡身不由己的处境,令人读来不觉悲凉凄怆。历朝历代的士人亦常以此句来表达故国之思和对君王知遇之恩的感激。 (陈俊艳)

眼前一杯酒,谁论身后名。

【出处】南北朝·庾信《拟咏怀二十七首》其十一

摇落秋为气,凄凉多怨情。啼枯湘水竹,哭坏杞梁城。天亡遭愤战,日蹙值愁兵。直虹朝映垒,长星夜落营。楚歌饶恨曲,南风多死声。眼前一杯酒,谁论身后名。

【鉴赏】既然天要亡梁,那也只能看着眼前一杯酒,顾不得身后立名了。这句诗表现的是萧梁亡国之际士大夫们的颓废情绪。遭遇亡国剧变,却无能为力,唯有借酒消愁,这其中蕴含着无限感伤与无奈。次句言无法顾及身后之名,有纵意疏狂之意味,表现出诗人的悲痛之深。诗人离乡去国,身世凄凉,这句诗所表现出的悲凉无奈令人扼腕叹息。李白《行路难》中的"且乐生前一杯酒,何须身后千载名"即出自此句,却化悲凉为慷慨,翻出新意,可见此佳句历久常新,具有无限生命力。 (陈俊艳)

江畔何人初见月?江月何年初照人?人生代代无穷已,江月年年只相似。

【出处】唐·张若虚《春江花月夜》

春江潮水连海平,海上明月共潮生。滟滟随波千万里,何处春江无月明。江流宛转绕芳甸,月照花林皆似霰。空里流霜不觉飞,汀上白沙看不见!江天一色无纤尘,皎皎空中孤月轮。江畔何人初见月?江月何年初照人?人生代代无穷已,江月年年只相似。不知江月待何人,但见长江送流水。白云一片去悠悠,青枫浦上不胜愁。谁家今夜扁舟子?何处相思明月楼?可怜楼上月徘徊,应照离人妆镜台。玉户帘中卷不去,捣衣砧上拂还来。此时相望不相闻,愿逐月华流照君。鸿雁长飞光不度,鱼龙潜跃水成文。昨夜闲潭梦落花,可怜春半不还家。江水流春去欲尽,江潭落月复西斜。斜月沉沉藏海雾,碣石潇湘无限路。不知乘月几人归?落月摇情满江树。

【鉴赏】诗人在春夜的江边凝望着空中圆满的明月,不由生发出疑虑与感慨。是谁最早在江边望见了这一轮明月?江上的月光又是何时开始普照人间?人的生命一代代延续没有终止,而江上的明月一年年都是相似的。"江畔初见月"是不经意间一抬头的美的发现,而"江月初照人"是千百年前的宇宙与人世的发端。诗人在思考之余蓦然发现,千百年来我们仰望过的明月总是年年相似,而仰望过月光的人也是一代代延续下去,没有尽头。让我们深深感慨于宇宙的轮回与人世的变迁,领悟到自身在天地万物面前的渺小。韵味十足,耐人寻味。　　　　　　　　　　(吴纯燕)

前不见古人,后不见来者。念天地之悠悠,独怆然而涕下。

【出处】唐·陈子昂《登幽州台歌》

前不见古人,后不见来者。念天地之悠悠,独怆然而涕下。

【鉴赏】独自登上这荒凉的幽州古台,前代求贤若渴的燕昭王已然不在,漫漫未来中也难以看到继续招贤纳士的来者。面对着那苍茫无际的悠悠天地,孤身一人的我内心凄怆,不禁潸然泪下。这首诗描写的是诗人登上幽州台时的所见所思:古往今来,诚心求贤的君王不在少数,而自己空怀一腔热血、空负一身才华,却不曾有过知遇之主。联想到黄金台的千古美谈,再看到当下自己的不得志,不由生发出一股浓浓的悲凉之感,变个人的不幸际遇为对国家前途命运的担忧,从而忧心不已,涕泪零落。此诗古朴大气,充斥着一种浓郁而悠远的沉痛苍凉。诗人情感充沛,一泻千里,读之,千年以来的沧桑往事历历在目,也似乎可以看到苍茫天地之间云起云落。情中见景,景中含情,令人情怀激荡,感慨万分。　　(吴纯燕)

羌笛①何须怨杨柳②,春风不度玉门关③。

【注释】①羌笛:也称羌管,唐时边塞常见乐器,音色清越高亢并带有悲凉感。②杨柳:即《折杨柳》曲,古横吹曲名,多叙出征之事,词调哀苦。③玉门关:在今甘肃敦煌西北,古时重要的军事关隘和交通要道。

【出处】唐·王之涣《凉州词二首》其一

黄河远上白云间,一片孤城万仞山。羌笛何须怨杨柳,春风不度玉门关。

【鉴赏】不知何处传来的羌笛之声,吹奏着哀怨愁苦的《折杨柳》曲,似乎在埋怨着塞外的杨柳迟迟不肯抽芽。其实又何必埋怨杨柳的延宕呢?只是因为温暖的春风永远都吹不到千里之遥的玉门关外。诗句巧妙拟人,将羌笛吹奏的《折杨柳》曲视为声声埋怨,由此引出了春风吹不到玉门关外的慨叹。最后一句一语双关,既是事实,也是诗人的一声叹息,隐喻着皇帝的恩惠永远到达不了偏远之地,将士们的常年戍守、浴血作战也得不到丝毫的回报。流露出诗人对朝中当权者的不满和对边关将士的无限同情。

(吴纯燕)

愁因薄暮起,兴是清秋发。

【出处】唐·孟浩然《秋登万山寄张五》

北山白云里,隐者自怡悦。相望试登高,心飞逐鸟灭。愁因薄暮起,兴是清秋发。时见归村人,沙行渡头歇。天边树若荠,江畔舟如月。何当载酒来,共醉重阳节。

【鉴赏】接近黄昏时分仍然望不见友人,诗人心中不由生出淡淡的哀愁,然而转望四周,清秋时节秀丽的山光又使诗人逸兴稍起。诗句描写的是诗人秋日里在山中远望时的心境,一"愁"一"兴",俱是即景而生:登山不见故人,兼以天色渐晚,故交便更不可见,因而心下生愁;而远望山色正好,何况清秋明净,望之便更觉秀丽可人,故而逸兴暂生。前者是故交不可见的幽幽怅然,是人世情味;后者是山色犹可观的淡淡欣喜,是隐者情怀。读之,仿佛可以看到清秋时节山林的秀丽与朦胧,感受到诗人极目远眺时心中泛起的细微波澜,余味无穷。诗句看似平淡自然,实则言情真切动人。

(吴纯燕)

不才明主弃,多病故人疏。

【出处】唐·孟浩然《归故园作》(又作《岁暮归南山》)

北阙休上书,南山归敝庐。不才明主弃,多病故人疏。白发催年老,青阳逼岁除。永怀愁不寐,松月夜窗虚。

【鉴赏】我自身没有什么才能,所以会被圣明的君主抛弃;再加上此时年老多病,老朋友也渐渐与我疏远。此诗作于诗人来长安应举落第之后,诗句描述的正是他当时复杂的心情。诗人虽然口称自己仕途失意的原因是"不才"和"多病",实际前者是自谦和自嘲,后者是借口和埋怨。并非自己当真"不才",而是所谓"明主"和"故人"不能识己之才。考试落第,干谒不成,诗人本就心中不平,而"弃"和"疏"的决绝,更加增添了诗人的惆怅和愤懑。明主不用,故人疏离的孤立无援处境,既包含着诗人落第后的落寞心境,又流露出诗人对世事人情的不满与厌倦。这既是诗人的自怨自怜,又有对他人的不满和抱怨,字里行间透露出深重的痛苦与怨愤,读来令人感慨动容。

（吴纯燕）

醉卧不知白日暮,有时空望孤云高。

【出处】 唐·李颀《送陈章甫》

四月南风大麦黄,枣花未落桐叶长。青山朝别暮还见,嘶马出门思旧乡。陈侯立身何坦荡,虬须虎眉仍大颡。腹中贮书一万卷,不肯低头在草莽。东门酤酒饮我曹,心轻万事皆鸿毛。醉卧不知白日暮,有时空望孤云高。长河浪头连天黑,津口停舟渡不得。郑国游人未及家,洛阳行子空叹息。闻道故林相识多,罢官昨日今如何。

【鉴赏】 你饮酒醉卧竟不知早已日薄西山,偶尔也会独自凝望着天边的一朵孤云。前句疏狂,后句落寞,寥寥几笔,摹画出一个栩栩如生的友人形象。他看似洒脱任性、狂放不羁,实则心中积郁着一种深沉的孤独感,以他清高磊落的个性,是无论如何都不能与尘世同流合污的。所以"醉卧"是对现实污浊官场的逃避,"空望"才是他内心情感的真实流露。自己在这世上,就如同天外的一朵孤云那样飘然不群,清高之余,透露出丝丝缕缕的悲凉。诗人作为陈章甫的知己,对他的心境是再了解不过的,虽然整首诗笔调轻松豪爽,却难以掩饰其中蕴含的对友人命运的同情与感慨,情深义重,别具一格。

（吴纯燕）

昔人已乘黄鹤去,此地空余黄鹤楼①。黄鹤一去不复返,白云千载空悠悠。

【注释】 ①黄鹤楼:江南三大名楼之一,位于今湖北武汉境内。传说三国时人费祎曾在此处乘鹤登仙。

【出处】 唐·崔颢《黄鹤楼》

昔人已乘黄鹤去,此地空余黄鹤楼。黄鹤一去不复返,白云千载空悠悠。晴川历历汉阳树,芳草萋萋鹦鹉洲。日暮乡关何处是,烟波江上使人愁。

【鉴赏】 昔日神话传说中的仙人已经乘鹤远去，只有这曾经见证他登仙的黄鹤楼长留此地。载着仙人的黄鹤早已一去不返，唯有千年以来的白云依旧悠悠飘荡。诗句描写的是诗人登临黄鹤楼时的所见所想，以古风句法入律诗，不拘格律，手法古拙而意境旷远。一段驾鹤登仙的传说，两个"空"字的无奈引出了两组引人叹息的对比：昔人已去，空留故楼，传说与现实的对比流露出人世的无奈；黄鹤不返，白云悠悠，往昔与现今的比照彰显着世事的沧桑。诗句给人一种时空的交错感，让人不由在沧海桑田之间发出一声沉重的长叹。

（吴纯燕）

噫吁嚱①**，危乎高哉！蜀道之难，难于上青天。**

【注释】 ①噫吁嚱：惊叹声，古蜀地方言。

【出处】 唐·李白《蜀道难》

噫吁嚱，危乎高哉！蜀道之难，难于上青天。蚕丛及鱼凫，开国何茫然。尔来四万八千岁，不与秦塞通人烟。西当太白有鸟道，可以横绝峨眉巅。地崩山摧壮士死，然后天梯石栈相勾连。上有六龙回日之高标，下有冲波逆折之回川。黄鹤之飞尚不得过，猿猱欲度愁攀援。青泥何盘盘，百步九折萦岩峦。扪参历井仰胁息，以手抚膺坐长叹。问君西游何时还，畏途巉岩不可攀。但见悲鸟号古木，雄飞雌从绕林间。又闻子规啼夜月，愁空山。蜀道之难，难于上青天，使人听此凋朱颜。连峰去天不盈尺，枯松倒挂倚绝壁。飞湍瀑流争喧豗，砯崖转石万壑雷。其险也如此，嗟尔远道之人胡为乎来哉。剑阁峥嵘而崔嵬，一夫当关，万夫莫开。所守或匪亲，化为狼与豺。朝避猛虎，夕避长蛇。磨牙吮血，杀人如麻。锦城虽云乐，不如早还家。蜀道之难，难于上青天，侧身西望长咨嗟。

【鉴赏】 太高了！蜀道非常艰险，攀登蜀道正如上青天一般困难。诗歌一开头就以惊叹高呼之语"噫吁嚱"，表达自己面对蜀道之时的惊叹之情。接着便强调蜀道之"危"、蜀道之"高"，再一次强调自己内心的感慨。就在这样惊叹的语调中，诗人点明"蜀道之难，难于上青天"，顿时让人感到蜀山之气势磅礴。诗歌以这样咏叹的方式点明主题，情感强烈饱满，奠定了全诗雄放的基调。

（曹　明）

君不见黄河之水天上来，奔流到海不复回。君不见高堂明

232

镜悲白发,朝如青丝暮成雪。

【出处】唐·李白《将进酒》

君不见黄河之水天上来,奔流到海不复回。君不见高堂明镜悲白发,朝如青丝暮成雪。人生得意须尽欢,莫使金樽空对月。天生我材必有用,千金散尽还复来。烹羊宰牛且为乐,会须一饮三百杯。岑夫子,丹丘生,将进酒,杯莫停。与君歌一曲,请君为我侧耳听。钟鼓馔玉不足贵,但愿长醉不复醒。古来圣贤皆寂寞,唯有饮者留其名。陈王昔时宴平乐,斗酒十千恣欢谑。主人何为言少钱,径须酤取对君酌。五花马,千金裘,呼儿将出换美酒,与尔同销万古愁。

【鉴赏】黄河之水来自天上,奔流至海而止,无有回波。正如人生岁月之短暂,一去亦不可回。故镜中之发,朝如青丝,而暮成白雪,既白则不能复青。此句连用两个"君不见",大大增加了诗歌的情感色彩。黄河之水从天上来,是空间上的夸张;镜中发丝朝为青而暮为雪,是时间上的夸张。诗歌以河水一去不返喻人生易逝,人生易老而无可阻止,语意虽悲,却以黄河水起兴,故意境开阔雄壮,振奋人心。后人常用此句表达青春易逝之悲。

（曹　明）

人生得意须尽欢,莫使金樽^①空对月。

【注释】①金樽:酒杯的美称。

【出处】唐·李白《将进酒》

原文参见前句。

【鉴赏】人生在世,每逢得意之时,理应纵情欢乐,千万别让酒杯空对着皎洁的明月。诗人并未直接提及饮酒,但用"金樽""对月"等语将诗人饮酒的姿态刻画出,生动形象,使得饮酒的画面充满诗意。"莫使""空"双重否定,具有加强语气的作用,让人感觉,有如此明月,有如此美酒,理应痛饮,方能尽兴。诗句语意如同行云流水,给人极其痛快之感,让人顿觉诗人之洒脱自如,极具艺术感染力。后人常用此句劝人饮酒,莫辜负良辰美景。

（曹　明）

五花马^①,千金裘,呼儿将出^②换美酒,与尔^③同销万古愁。

【注释】①五花马:毛为五色花纹的好马。②将出:拿去。③尔:你,本文指岑夫子与丹丘生。

【出处】唐·李白《将进酒》

原文参见前句。

【鉴赏】将毛为五色花纹的好马，千金狐皮做成的裘衣，统统都拿出来，快叫侍儿拿这些去换取美酒，我和你们一起借酒来消解这万古之愁！诗人此时不觉反客为主，分明是被友人招饮的客人，却提议主人典裘当马，换取美酒，诗句将诗人不拘形迹的豪迈狂放表现得一览无遗。而在"与尔同销万古愁"一句中，情绪却急速下降，"万古愁"语意何其深沉，与开篇之"悲"交相呼应，悲中带豪，正是李白风格。　　　　（曹　明）

长风破浪会①有时，直②挂云帆济③沧海。

【注释】①会：当。②直：就，当即。③济：渡。

【出处】唐·李白《行路难三首》其一

金樽清酒斗十千，玉盘珍羞直万钱。停杯投箸不能食，拔剑四顾心茫然。欲渡黄河冰塞川，将登太行雪满天。闲来垂钓坐溪上，忽复乘舟梦日边。行路难，行路难，多歧路，今安在。长风破浪会有时，直挂云帆济沧海。

【鉴赏】乘长风破万里浪，挂上云帆，横渡沧海，到达理想的彼岸。诗中抒写了诗人虽因世路艰险、功业难成而生苦闷，但又怀有乐观信念。诗人将自己的满腔怀才不遇之苦闷，放在这样一个长风大浪的壮大画面中描绘，表现出诗人宽大的胸怀与动人的气魄，让人顿生豪情壮志。此二句表现出诗人即便处于困境，依然对前程充满憧憬，充满豪迈情绪。后人常用此句激励人们即使处于困境也要对未来抱有乐观态度。　（曹　明）

白发三千丈，缘愁似个长。

【出处】唐·李白《秋浦歌十七首》其十五

白发三千丈，缘愁似个长。不知明镜里，何处得秋霜。

【鉴赏】我的白发有三千丈长，是因为我有同样长的忧愁。"三千丈"的白发正是因愁而生，因愁而长！因愁而生白发，这是不争的事实，那么该有多少深重的愁思，才能够生出长达三千丈的白发！白发是无法长到三千丈的，诗人运用夸张手法，将内心的忧愁比作三千丈的白发，表达了诗人因壮志难酬，怀才不遇而发出的缠绵不断、无法排遣的愁思。后人多用此句表达内心浓郁的忧愁。　　　　　（曹　明）

安能摧眉折腰事权贵,使我不得开心颜!

【出处】唐·李白《梦游天姥吟留别》

海客谈瀛洲,烟涛微茫信难求。越人语天姥,云霞明灭或可睹。天姥连天向天横,势拔五岳掩赤城。天台四万八千丈,对此欲倒东南倾。我欲因之梦吴越,一夜飞度镜湖月。湖月照我影,送我至剡溪。谢公宿处今尚在,渌水荡漾清猿啼。脚著谢公屐,身登青云梯。半壁见海日,空中闻天鸡。千岩万转路不定,迷花倚石忽已暝。熊咆龙吟殷岩泉,栗深林兮惊层巅。云青青兮欲雨,水澹澹兮生烟。列缺霹雳,丘峦崩摧。洞天石扉,訇然中开。青冥浩荡不见底,日月照耀金银台。霓为衣兮风为马,云之君兮纷纷而来下。虎鼓瑟兮鸾回车,仙之人兮列如麻。忽魂悸以魄动,怳惊起而长嗟。惟觉时之枕席,失向来之烟霞。世间行乐亦如此,古来万事东流水。别君去兮何时还,且放白鹿青崖间,须行即骑访名山。安能摧眉折腰事权贵,使我不得开心颜!

【鉴赏】怎么能够低三下四地去侍奉那些权贵之人,让我自己不得开怀呢!"折腰"一词典出东晋陶渊明,陶渊明因不愿为五斗米折腰而选择归隐。此句表达了诗人不向权贵低头哈腰的傲岸人格,展现出诗人对自由的向往。诗意极其潇洒自然,刻画出一个不愿意以人格换取功名利禄的清高士人形象,为后人称赞不已。后世常用此句表现人们不愿趋炎附势、溜须拍马的傲岸人格。 (曹　明)

弃我去者,昨日之日不可留;乱我心者,今日之日多烦忧。

【出处】唐·李白《宣州谢朓楼饯别校书叔云》

弃我去者,昨日之日不可留;乱我心者,今日之日多烦忧。长风万里送秋雁,对此可以酣高楼。蓬莱文章建安骨,中间小谢又清发。俱怀逸兴壮思飞,欲上青天览日月。抽刀断水水更流,举杯消愁愁更愁。人生在世不称意,明朝散发弄扁舟。

【鉴赏】以往的岁月已经弃我而去,无法挽留,而如今的岁月只能使人心烦意乱。"昨日之日"与"今日之日"相对,人居一世,又有千千万万个弃我而去的"昨日"与乱我心者的"今日",这也就意味着每一天诗人都深感时光难驻,心烦意乱。诗人以重叠复沓的语言表达了他内心的郁结惆怅以及忧愤难耐,他直接表白自己内心的烦忧,既有对时光易逝的烦闷,也

有对自己抑郁不得志的抒发,很容易引起普通人内心的共鸣。 （曹　明）

抽刀断水水更流,举杯消愁愁更愁。

【出处】 唐·李白《宣州谢朓楼饯别校书叔云》

原文参见前句。

【鉴赏】 抽刀去切断水流,水不仅没有被阻断,反而流得更畅快;举起酒杯,想要借酒消愁,满腔愁绪不仅没有消解,反而更加浓烈。愁是无形的,是摸不到看不见的,诗人却以愁绪比流水,将"愁"赋予"水"的具体形象,这样的比喻是奇特的,同时又是自然贴切,形象具体的,使得愁可感可知。诗人举杯消愁,恰如抽刀断水,非但不能消解内心的愁苦,反而愁上加愁。后人常用此句表现自己无法排遣的愁绪。 （曹　明）

吟诗作赋北窗里,万言不直一杯水。

【出处】 唐·李白《答王十二寒夜独酌有怀》

昨夜吴中雪,子猷佳兴发。万里浮云卷碧山,青天中道流孤月。孤月沧浪河汉清,北斗错落长庚明。怀余对酒夜霜白,玉床金井水峥嵘。人生飘忽百年内,且须酣畅万古情。君不能狸膏金距学斗鸡,坐令鼻息吹虹霓。君不能学哥舒,横行青海夜带刀,西屠石堡取紫袍。吟诗作赋北窗里,万言不直一杯水。世人闻此皆掉头,有如东风射马耳。鱼目亦笑我,谓与明月同。骅骝拳跼不能食,蹇驴得志鸣春风。折杨皇华合流俗,晋君听琴枉清角。巴人谁肯和阳春。楚地由来贱奇璞。黄金散尽交不成,白首为儒身被轻。一谈一笑失颜色,苍蝇贝锦喧谤声。曾参岂是杀人者,谗言三及慈母惊。与君论心握君手,荣辱于余亦何有。孔圣犹闻伤凤麟,董龙更是何鸡狗。一生傲岸苦不谐,恩疏媒劳志多乖。严陵高揖汉天子,何必长剑拄颐事玉阶。达亦不足贵,穷亦不足

悲。韩信羞将绛灌比,祢衡耻逐屠沽儿。君不见李北海,英风豪气今何在。君不见裴尚书,土坟三尺蒿棘居。少年早欲五湖去,见此弥将钟鼎疏。

【鉴赏】你于寒窗苦读,吟诗作赋,即便有千言万语可安邦济世,却连一杯水的价值都比不过。诗人以"万言"与"一杯水"对比,将内心的极大心理落差写出。诗人以此表现志士才人备受压迫的情景:他们纵然有万般才华,纵然有安邦济时之才,也不会为世所用,不会得到皇帝的认可。心酸、悲愤、不甘,各种情感融为一体。后世之人常用此句表达对自己不公平遭遇的心酸与愤怒。

(曹　明)

鱼目亦笑我,谓与明月同。骅骝拳跼不能食,蹇驴得志鸣春风。

【出处】唐·李白《答王十二寒夜独酌有怀》

原文参见前句。

【鉴赏】那些世俗小人也讥笑我,炫耀他们自己的贤能如同明月珠一般。千里马般的贤能之人,压抑难伸、求食不得,而跛驴般的小人春风得意,世运亨通。诗人运用了两个通俗的典故做比喻:一是鱼目混珠,以小人比鱼目。二是以骅骝和蹇驴比喻贤人与庸才。两相对比,将小人得志的蠢态与贤能之人怀才不遇的窘迫描绘得淋漓尽致。诗人以深刻尖锐的语言揭露了社会的不公与反常,表现了自己的愤慨之情。后世常用此句表现对鱼目混珠的愤怒。

(曹　明)

黄鹤楼中吹玉笛,江城五月落梅花。

【出处】唐·李白《题北榭碑》

一为迁客去长沙,西望长安不见家。黄鹤楼中吹玉笛,江城五月落梅花。

【鉴赏】李白的诗句,总有一种清逸潇洒的美感,就算是在贬谪之中,也不例外。黄鹤楼中吹玉笛,意态极娴雅,而江城(今湖北武汉)五月落梅花,有说落梅花为乐曲之名,有说为实写——不管如何,这极优美的诗句都能传达给我们一种清澈的忧郁之情。

(黄　鸣)

拜迎长官心欲碎,鞭挞黎庶①令人悲。

【注释】①黎庶:百姓。

【出处】唐·高适《封丘作》

我本渔樵孟诸野,一生自是悠悠者。乍可狂歌草泽中,宁堪作吏风尘下?只言小邑无所为,公门百事皆有期。拜迎长官心欲碎,鞭挞黎庶令人悲。归来向家问妻子,举家尽笑今如此。生事应须南亩田,世情尽付东流水。梦想旧山安在哉,为衔君命且迟回。乃知梅福徒为尔,转忆陶潜归去来。

【鉴赏】见到长官要作揖打躬,让人心碎。而身在公门,又不得不做一些鞭挞黎民百姓的事,让人心悲。诗人本才华满腹,一身正气,如今在小县当差,却不得不做出上逢迎长官,下欺压百姓的事。无论是阿谀奉承,还是鞭挞百姓,都不是他初衷,因此,他内心的激愤与沉痛可想而知。诗歌刻画了诗人任职时内心的痛苦与矛盾、抑郁不平之情以及对百姓遭遇的同情。

(曹　明)

不知天下士,犹作布衣看。

【出处】唐·高适《咏史》

尚有绨袍赠,应怜范叔寒。不知天下士,犹作布衣看。

【鉴赏】全诗借用须贾和范雎的典故来讽刺当今时事,与这两人相比,现今的统治者不闻天下有识之士,却把他们当作普通人对待,这些人缺乏入仕的机会,就不能为国家效力,人才便也浪费了。诗人借此表达自己的诉求,即希望在位者能谋其政,任用人才,同时也在为自己的不得志抒发抑郁之情。

(杨泠泠)

白发老闲事,青云在目前。

【出处】唐·高适《醉后赠张九旭》

世上漫相识,此翁殊不然。兴来书自圣,醉后语犹颠。白发老闲事,青云在目前。床头一壶酒,能更几回眠。

【鉴赏】张旭以"草圣"之名遗世,个人性格自然洒脱不羁。这两句诗表达出张旭年老的状态,仍然是悠闲度日放任天性。诗人并没有半分不敬,相反却是怀着敬意书下这首诗,他赞叹张旭这份隐逸的"青云"志,欣赏这种生活态度,想让自己也融入这种生活之中。

(杨泠泠)

强欲登高去，无人送酒来。

【出处】唐·岑参《行军九日思长安故园》

强欲登高去，无人送酒来。遥怜故园菊，应傍战场开。

【鉴赏】诗人在重阳节时怀着勉强的心情登高思故园，挂念着被乱军占领的长安，国家动乱让他十分忧愁。"无人送酒来"一句化用了陶渊明的典故，陶渊明在重阳节时有王弘送酒，而自己此时孤身一人，没有人来送酒，喝酒的心情也大有不同。再联想到自己身处战乱，国家动荡的背景，诗人内心更加悲切。 （杨泠泠）

白发悲花落，青云羡鸟飞。

【出处】唐·岑参《寄左省杜拾遗》

联步趋丹陛，分曹限紫微。晓随天仗入，暮惹御香归。白发悲花落，青云羡鸟飞。圣朝无阙事，自觉谏书稀。

【鉴赏】诗人在朝为官，但却对这种枯燥无用的生活感到厌倦。本有满腔的爱国热心和报国豪情，却被每日的宫廷琐事消磨了大好时光。"白发"指自己已到暮年，"青云"指心中未完成的志向。在年老之时悲叹时光已去，自己却没有完成对国家的抱负，困在朝堂之上无所作为，只能羡慕天空自在的飞鸟。 （杨泠泠）

一生大笑能几回，斗酒相逢须醉倒。

【出处】唐·岑参《凉州馆中与诸判官夜集》

弯弯月出挂城头，城头月出照凉州。凉州七里十万家，胡人半解弹琵琶。琵琶一曲肠堪断，风萧萧兮夜漫漫。河西幕中多故人，故人别来三五春。花门楼前见秋草，岂能贫贱相看老。一生大笑能几回，斗酒相逢须醉倒。

【鉴赏】一生之中，能有几回像今天这样心无旁骛地开怀大笑，与朋友在一起相逢畅饮，须要不醉不归方能痛快。此诗句表现出诗人豪迈乐观、积极向上的人生态度，以及洒脱、不拘小节的性格，同时，也表现出诗人对前途、对人生、对未来的信心，极富有豪情壮志。诗句境界开阔，极富有感染力，将盛唐人豪爽大气、潇洒自如的气质表现得淋漓尽致，是典型的盛唐作品。后世常用此句表现人们的豪爽行为。 （曹　明）

同学少年多不贱,五陵裘马自轻肥。

【出处】 唐·杜甫《秋兴八首》其三

千家山郭静朝晖,日日江楼坐翠微。信宿渔人还泛泛,清秋燕子故飞飞。匡衡抗疏功名薄,刘向传经心事违。同学少年多不贱,五陵裘马自轻肥。

【鉴赏】 此为杜甫感怀身世之诗。杜甫回忆一生行事,刚直不阿,抗疏直言,却身处下僚,际遇坎坷。当年的同学少年,大都飞黄腾达,鲜衣怒马,行于五陵之中,对老同学不闻不问矣。此中蕴含着杜甫沉郁的怨愤之情。

（黄　鸣）

关塞极天惟鸟道,江湖满地一渔翁。

【出处】 唐·杜甫《秋兴八首》其七

昆明池水汉时功,武帝旌旗在眼中。织女机丝虚夜月,石鲸鳞甲动秋风。波漂菰米沉云黑,露冷莲房坠粉红。关塞极天惟鸟道,江湖满地一渔翁。

【鉴赏】 此为杜甫感伤时事自伤身世之诗。关塞极天,何处能避暴虐的叛军,唯有鸟道之南的蜀地,故唐明皇幸蜀避乱。而反观杜甫自身呢?以江湖之大之远,己身处于其中,如一个老渔翁,漂泊无依,泛于江上而无所归。身世飘零之感,可想而知。

（黄　鸣）

几处园林萧瑟里,谁家砧杵寂寥中。

【出处】 唐·杜甫《新秋》

火云犹未敛奇峰,欹枕初惊一叶风。几处园林萧瑟里,谁家砧杵寂寥中。蝉声断续悲残月,萤焰高低照暮空。赋就金门期再献,夜深搔首叹飞蓬。

【鉴赏】 秋的意象总是悲凉的。园林在萧瑟的秋气中沉默,只有谁家的砧杵,在寂寥的夜晚响着捣杵的声音,秋天来了!这是秋天的典型意象,为本诗下文的秋意描写乃至人在秋天的悲凉之感作了有力的铺垫。

（黄　鸣）

穷年忧黎元,叹息肠内热。

【出处】 唐·杜甫《自京赴奉先县咏怀五百字》

杜陵有布衣，老大意转拙。许身一何愚，窃比稷与契。居然成濩落，白首甘契阔。盖棺事则已，此志常觊豁。穷年忧黎元，叹息肠内热。取笑同学翁，浩歌弥激烈。非无江海志，潇洒送日月。生逢尧舜君，不忍便永诀。当今廊庙具，构厦岂云缺。葵藿倾太阳，物性固莫夺。顾惟蝼蚁辈，但自求其穴。胡为慕大鲸，辄拟偃溟渤。以兹悟生理，独耻事干谒。兀兀遂至今，忍为尘埃没。终愧巢与由，未能易其节。沉饮聊自适，放歌颇愁绝。岁暮百草零，疾风高冈裂。天衢阴峥嵘，客子中夜发。霜严衣带断，指直不得结。凌晨过骊山，御榻在嵽嵲。蚩尤塞寒空，蹴蹋崖谷滑。瑶池气郁律，羽林相摩戛。君臣留欢娱，乐动殷樛嶻。赐浴皆长缨，与宴非短褐。彤庭所分帛，本自寒女出。鞭挞其夫家，聚敛贡城阙。圣人筐篚恩，实欲邦国活。臣如忽至理，君岂弃此物。多士盈朝廷，仁者宜战栗。况闻内金盘，尽在卫霍室。中堂舞神仙，烟雾散玉质。暖客貂鼠裘，悲管逐清瑟。劝客驼蹄羹，霜橙压香橘。朱门酒肉臭，路有冻死骨。荣枯咫尺异，惆怅难再述。北辕就泾渭，官渡又改辙。群冰从西下，极目高崒兀。疑是崆峒来，恐触天柱折。河梁幸未坼，枝撑声窸窣。行旅相攀援，川广不可越。老妻寄异县，十口隔风雪。谁能久不顾，庶往共饥渴。入门闻号咷，幼子饥已卒。吾宁舍一哀，里巷亦呜咽。所愧为人父，无食致夭折。岂知秋未登，贫窭有仓卒。生常免租税，名不隶征伐。抚迹犹酸辛，平人固骚屑。默思失业徒，因念远戍卒。忧端齐终南，澒洞不可掇。

【鉴赏】 尽我一生，都为天下苍生担忧不已，一想到他们受苦受难，自己心里就像火烧似地焦急。孟子说："禹思天下有溺者，犹己溺之也，稷思天下有饥者，犹己饥之也，是以若是其急也。"此句诗歌中，杜甫明显以稷契自比，一想到百姓受苦，他自己内心就焦急难耐，所以才说"穷年忧黎元"。他穷尽自己一生，要与天下百姓同甘共苦，衷肠热烈如此，忧国忧民

如此！他的这种悲天悯人的情怀为后世赞叹不已,故后人常用此句表达忧国忧民的思想。

（曹　明）

朱门酒肉臭,路有冻死骨。

【出处】唐·杜甫《自京赴奉先县咏怀五百字》

原文参见前句。

【鉴赏】豪富之家奢侈浪费,酒肉都腐烂发臭,也没有人吃,而朱门之外的路边却到处是冻死饿死的穷人,无人埋葬。不过是朱门之里朱门之外,一门之隔,确是截然不同的两个世界。富者宴饮达旦,醉生梦死;穷者饥寒交迫,朝不保夕。这两句诗歌以对比手法表现出统治者淫乐的生活以及黎民百姓饥寒交迫的残酷现实,以巨大的事实反差,传达出诗人内心对社会、对统治者的愤怒不平。后人常用此句表现世间残酷的贫富差距。

（曹　明）

安得广厦①千万间,大庇②天下寒士俱欢颜,风雨不动安如山。呜呼！何时眼前突兀③见④此屋,吾庐独破受冻死亦足！

【注释】①广厦:大房子。②大庇:全部覆盖。③突兀:突然高耸之貌。④见:同"现",出现。

【出处】唐·杜甫《茅屋为秋风所破歌》

八月秋高风怒号,卷我屋上三重茅。茅飞渡江洒江郊,高者挂罥长林梢,下者飘转沉塘坳。南村群童欺我老无力,忍能对面为盗贼,公然抱茅入竹去。唇焦口燥呼不得,归来倚杖自叹息。俄顷风定云墨色,秋天漠漠向昏黑。布衾多年冷似铁,骄儿恶卧踏里裂。床头屋漏无干处,雨脚如麻未断绝。自经丧乱少睡眠,长夜沾湿何由彻。安得广厦千万间,大庇天下寒士俱欢颜,风雨不动安如山。呜呼！何时眼前突兀见此屋,吾庐独破受冻死亦足!

【鉴赏】如何才能够拥有千万间宽敞高大的房子？给天下贫寒的读书人一个遮风避雨的地方,让他们都开颜欢笑,那么即使是在风雨中,房子也能够安稳得像是山一样,一动不动。唉！什么时候眼前突然间能出现这样高耸的房屋,到那时即使我的茅屋被秋风吹破,即使我自己被冻死,我也愿意。诗人自己的茅屋被狂风所破,受夜雨侵入,难以栖身,他想到的却并不是如何让自己住进安稳的房子,而是同样受苦的"天下寒士",

表示只要他们有房屋安身,那么即使自己冻死也无妨。诗歌表现了诗人悲天悯人的伟大胸怀。 （曹　明）

花近高楼伤客心,万方多难此登临。

【出处】唐·杜甫《登楼》

花近高楼伤客心,万方多难此登临。锦江春色来天地,玉垒浮云变古今。北极朝廷终不改,西山盗寇莫相侵。可怜后主还祠庙,日暮聊为梁父吟。

【鉴赏】登上此楼,眼前虽是繁花似锦,但这却让游子越发伤心,正因为万方多难,诗人才愁思满腹,登临此楼。诗人登楼看到繁花盛开,本应感到喜悦,但却心生伤悲,这正是以乐景写哀情。诗人以见百花盛开而伤心的反常现象,抒写自己内心的郁闷愁楚。诗人为何心生郁闷？诗歌第二句点明原因:正是因为安史之乱后仍处于危难之中的国家,使得诗人心中烦闷,即使见繁花盛开,仍不觉开心,反而黯然心伤。 （曹　明）

锦江春色来天地,玉垒浮云变古今。

【出处】唐·杜甫《登楼》

原文参见前句。

【鉴赏】锦江之水挟着大好春色,从天地的边际滚滚涌来,玉垒山上的浮云飘忽起灭,古往今来总是变幻不停。锦江,流经成都入岷江;玉垒,蜀中名山。诗人登高临远,视通八方,先是写祖国之水,从天地而来,然后写山,任他浮云变化无常,却总是岿然不动,可谓山河壮观。天地万物是空间,古往今来是时间,均被诗人囊括于诗中,气势极为壮大,这也显示出诗人辽阔的胸襟。 （曹　明）

闻道长安似弈棋,百年世事不胜悲。

【出处】唐·杜甫《秋兴八首》其四

闻道长安似弈棋,百年世事不胜悲。王侯第宅皆新主,文武衣冠异昔时。直北关山金鼓振,征西车马羽书迟。鱼龙寂寞秋江冷,故国平居有所思。

【鉴赏】听说长安被彼争此夺,如下棋一样,反复不定,想到不论是国家,还是自己,都要遭遇这样的事情,便觉心中有无尽的悲哀。世道变迁,时局动荡不安,长安城先因安史之乱被占领,后又陷于吐蕃,长安政权彼此争夺、反复不定。正因如此,诗人才将长安动荡不安的时局变化,比喻为下棋。这样的状况,让人心生无穷无尽的伤悲。"百年"既可指唐代社会,也可指诗人一生。诗人不仅为国家忧愁,也为自己的遭遇感慨万千,悲从中来,不能断绝。

(曹　明)

万里悲秋常作客,百年多病独登台。

【出处】唐・杜甫《登高》

风急天高猿啸哀,渚清沙白鸟飞回。无边落木萧萧下,不尽长江滚滚来。万里悲秋常作客,百年多病独登台。艰难苦恨繁霜鬓,潦倒新停浊酒杯。

【鉴赏】我常年漂泊在外,距家乡万里之遥,对此秋景,内心感到非常伤悲;一直以来,疾病缠身,今日却独自一人登上这高台。诗人登高远眺,遍目是万物萧条的秋景,诗人不由联想到自己年老多病的处境,心中顿生无限悲愁。"常作客"三字指出诗人漂泊无定的生活;百年与多病搭配,将自己人在暮年,多病缠身的处境交代清楚。本是无限孤独寂寥,极其悲伤,诗人却以"万里""百年"开拓了诗歌的意境,使得哀愁也变得壮大而深沉。

(曹　明)

艰难苦恨繁霜鬓,潦倒新停浊酒杯。

【出处】唐・杜甫《登高》

原文参见前句。

【鉴赏】诗人历尽艰难困苦,双鬓已长满了白发,穷困潦倒,偏又因病的缘故,告别了这可以浇愁的酒杯。"艰难""潦倒"二词,意蕴丰富,既可指诗人备尝艰难潦倒之苦,又可指时局艰难,民不聊生。国难家仇,双重痛苦,才使得诗人自己渐生白发。诗人心中有无限哀愁,本可借酒消愁,偏偏身体多病,不得不暂时停酒。这也就意味着,连这唯一可消解哀愁的方式都无法使用,其结果只能是满腔愁绪,无法排遣。

(曹　明)

寂寂江山摇落处,怜君何事到天涯!

【出处】唐・刘长卿《长沙过贾谊宅》

三年谪宦此栖迟,万古唯留楚客悲。秋草独寻人去后,寒林空见日斜时。汉文有道恩犹薄,湘水无情吊岂知? 寂寂江山摇落处,怜君何事到天涯!

【鉴赏】我怜惜你本是无罪,却因何事而被放逐到天涯! 天下局势萧条,能人志士内心无不想要大展手脚,为振兴国家而出力,然而却被君王放逐天际,无法作为,内心的惆怅可知。诗人与贾谊同样遭遇,因此在此句诗歌中,诗人既是怜惜贾谊被君王放逐,也是怜惜自己被君王放逐! 是对贾谊以及自己遭受不合理对待的强烈控诉。诗句中有冤屈,有怨恨,有不平,寄托了诗人强烈的情感色彩,读之令人哀叹不已,回味不尽。

(曹　明)

世事茫茫难自料,春愁黯黯独成眠。

【出处】唐·韦应物《寄李儋元锡》

去年花里逢君别,今日花开已一年。世事茫茫难自料,春愁黯黯独成眠。身多疾病思田里,邑有流亡愧俸钱。闻道欲来相问讯,西楼望月几回圆。

【鉴赏】世事多变,自己无法预料,眼前虽是美好的春天,却只有暗自神伤,独自成眠。这一联是写诗人自己内心的烦恼苦闷,当时长安被朱泚占据,国家易主,政局动荡不安,皇帝也流离失所,情况不明。在这种情况下,诗人才哀叹"世事茫茫",前途未卜,夜不成眠。此句诗歌正是诗人愁肠百结的真实写照。他不仅忧愁国家命运,也是为自己的命运感伤,因此诗人才会在这大好春光中忧愁苦闷,感慨万千。　　(曹　明)

莫遣行人照客鬓,恐惊憔悴入新年。

【出处】唐·李益《过五原胡儿饮马泉》

245

绿杨著水草如烟，旧是胡儿饮马泉。几处吹笳明月夜，何人倚剑白云天。从来冻合关山路，今日分流汉使前。莫道行人照容鬓，恐惊憔悴入新年。

【鉴赏】不要让我对着清澈见底的饮马泉梳理容鬓，我怕我看到泉水中自己憔悴不堪的容颜会感到吃惊，在这新年伊始之际，不要让我面对这残酷的现实。诗人以清澈的饮马泉为镜，怕见到自己失去的青春，而这胡儿饮马泉，也是一面能够反映唐朝政局衰败，一蹶不振的历史的镜子。诗人怕照镜子，更加感慨的还是这让人无能为力的政局，所以不希望这真实的现状来破坏自己此时满怀希望的心情。　　　　（曹　明）

今日山川对垂泪，伤心不独为悲秋。

【出处】唐·李益《上汝州城楼》

黄昏鼓角似边州，三十年前上此楼。今日山川对垂泪，伤心不独为悲秋。

【鉴赏】今天，我对着山川流泪不已，我这样伤心，却并不独为悲秋。诗人不说"垂泪对山川"，却说"山川对垂泪"，有诗歌平仄安排的需要，也因为山川因战祸而残破不堪，让人触目心伤，所以诗人以此语序加以强调。文人容易悲秋，而诗人却用"不独"二字，表现出诗人的悲伤更重要的是因为战争不断而导致的生灵涂炭。这样的悲剧，比秋风摇落的肃杀景象更加让人伤心不已。　　　　（曹　明）

一年明月今宵多，人生由命非由他。有酒不饮奈明何？

【出处】唐·韩愈《八月十五夜赠张功曹》

纤云四卷天无河，清风吹空月舒波。沙平水息声影绝，一杯相属君当歌。君歌声酸辞且苦，不能听终泪如雨。洞庭连天九疑高，蛟龙出没猩鼯号。十生九死到官所，幽居默默如藏逃。下床畏蛇食畏药，海气湿蛰熏腥臊。昨者州前捶大鼓，嗣皇继圣登夔皋。赦书一日行万里，罪从大辟皆除死。迁者追回流者还，涤瑕荡垢清朝班。州家申名使家抑，坎轲只得移荆蛮。判司卑官不堪说，未免捶楚尘埃间。同时辈流多上道，天路幽险难追攀。君歌且休听我歌，我歌今与君殊科。一年明月今宵多，人生由命非由他。有酒不饮奈明何？

【鉴赏】一年之中明月何其多，而唯有今夜的明月最耀眼，最明亮。

人生自是命中注定,他力无法更改。既然如此,便不用过多在意,且今宵有酒今宵醉吧,不开怀痛饮,岂不辜负这皎洁的明月？诗人愁肠百结,此处却由悲转喜,故作旷达,是无可奈何之语,也是以此来劝勉自己看淡世间苦难,要活得潇洒从容一些！诗句寥寥数语,言近旨远,虽然显得诗人胸襟开阔,风流潇洒,然而读者依然能从这极其旷达之语中品味出无限悲凉之情。

（曹　明）

李杜文章在,光焰万丈长。

【出处】唐·韩愈《调张籍》

李杜文章在,光焰万丈长。不知群儿愚,那用故谤伤。蚍蜉撼大树,可笑不自量。伊我生其后,举颈遥相望。夜梦多见之,昼思反微茫。徒观斧凿痕,不瞩治水航。想当施手时,巨刃磨天扬。垠崖划崩豁,乾坤摆雷硠。惟此两夫子,家居率荒凉。帝欲长吟哦,故遣起且僵。剪翎送笼中,使看百鸟翔。平生千万篇,金薤垂琳琅。仙官敕六丁,雷电下取将。流落人间者,太山一毫芒。我愿生两翅,捕逐出八荒。精诚忽交通,百怪入我肠。刺手拔鲸牙,举瓢酌天浆。腾身跨汗漫,不著织女襄。顾语地上友,经营无太忙。乞君飞霞佩,与我高颉颃。

【鉴赏】李白、杜甫的诗文,光焰有万丈之高。此句诗歌中,诗人对李白、杜甫诗文做出了极高的评价,表达了自己对李杜二人的崇敬之情。时人对李白、杜甫诗文有所贬低,甚至谤伤李白、杜甫等。诗人作为李杜的维护者,高度赞美评价了李白、杜甫的诗文以及他们在诗史上的地位,将二人的文章,比作高达万丈、永不熄灭的熊熊火焰,认为二人诗文无人匹敌,将二人放在一个至高无上的地位。这首诗在文学批评史上颇有影响。

（曹　明）

蚍蜉撼大树,可笑不自量。

【出处】唐·韩愈《调张籍》

原文参见前句。

【鉴赏】李白、杜甫的诗文百世流芳,在诗歌史上地位卓著。竟然有无知小儿来诽谤他们。正如同小小的蚂蚁想摇动参天的大树一样,这种行为多么可笑,简直是不知天高地厚,不自量力。诗人运用比喻的手法,将李白杜甫的诗文比作参天大树,将诽谤、中伤李杜的小人比作蚂蚁,形

247

象贴切,表现了诗人对李杜诗文的高度赞美,以及对李白、杜甫的维护之情。后人常用此句讽刺力量微小,却不自量力之人。　　　　　　（曹　明）

云横秦岭家何在？雪拥蓝关马不前。

【出处】唐·韩愈《左迁至蓝关示侄孙湘》

一封朝奏九重天,夕贬潮州路八千。欲为圣朝除弊事,肯将衰朽惜残年。云横秦岭家何在？雪拥蓝关马不前。知汝远来应有意,好收吾骨瘴江边。

【鉴赏】诗人回望终南山,白云横立而不能看见家乡,也看不见长安;大雪纷飞,拥盖蓝关,致使马不能前行。"秦岭"指终南山。韩愈因上书反对迎佛骨而得罪宪宗,被贬为潮州刺史。诗人出长安经蓝关时,恰逢其侄孙韩湘来陪他同行,故作此诗。诗人被贬,途中却不断回望家乡,表现出内心的不舍之情。"马不前"用古乐府手法,"马不前"既是因为大雪封路,也隐约表现出诗人内心不想离开的情绪,也表现了英雄无路可走、失路之悲。　　　　　　（曹　明）

城上高楼接①大荒②,海天③愁思正茫茫。

【注释】①接:目光接触到。②大荒:旷远的荒野。③海天:远望水天之际。

【出处】唐·柳宗元《登柳州城楼寄漳、汀、封、连四州》

城上高楼接大荒,海天愁思正茫茫。惊风乱飐芙蓉水,密雨斜侵薜荔墙。岭树重遮千里目,江流曲似九回肠。共来百越文身地,犹自音书滞一乡。

【鉴赏】诗人登上高楼,高楼与大荒相接,诗人眺望远处,眼前是辽阔无边的旷野。海天相接,而诗人内心的愁思也充盈其中,茫茫无边。首联以登上高楼写起,楼愈高,则立身愈高;立身愈高,所见愈远,诗歌第一句之后则写诗人在高楼所见之景。不论是高楼接大荒之景,还是海天相接之景,都是雄伟壮观的,于这极其壮阔之景中,诗人心中却依然生出茫茫愁思,可见诗人被贬谪后内心的悲伤郁闷之情。将壮阔景色和沉重愁思紧密结合是此句诗歌的特色。　　　　　　（曹　明）

千寻①铁锁沉江底,一片降幡②出石头③。

【注释】①千寻:古时八尺为一寻,此处形容铁链之长。②降幡:表示投降的旗帜。③石头:指石头城,在今南京清凉山。

【出处】唐·刘禹锡《西塞山怀古》

王濬楼船下益州,金陵王气黯然收。千寻铁锁沉江底,一片降幡出石头。人世几回伤往事,山形依旧枕寒流。今逢四海为家日,故垒萧萧芦荻秋。

【鉴赏】东吴的亡国之君孙皓用千尺铁链横锁于江面,企图阻拦晋船,自以为是安全之际,结果铁链却被晋人用大火炬熔沉于江底,孙皓也只得落个举着降旗投降的可耻下场。石头,是石头城,在今南京清凉山,此处是金陵的省称,并以此指代整个孙吴政权。此联形象地概括了这一段历史故事。铁锁有"千寻"之长与降旗不过单薄"一片",两相对比,形成强烈反差,蕴含着诗人对东吴王朝落败的讽刺之情。　　　　（曹　明）

人世几回伤往事,山形依旧枕①寒流②。

【注释】①枕:靠,依。②寒流:形容秋天的江水。

【出处】唐·刘禹锡《西塞山怀古》

原文参见前句。

【鉴赏】世事经历多次变迁,世人多少回因为兴亡之事而感伤,而这座西塞山却依旧安静地卧于寒冷的江水之上,从未改变。诗人于诗歌前几句描述六朝兴亡之事,从这样一个充满兴亡的历史背景之中引出西塞山,将西塞山置于这政治的风云变幻之中。然而,人事变化,六朝短促,不管人世间有多少政治风雨,有多少悲欢离合,这西塞山却依然如故,从未改变。所谓物是人非,正是如此。　　　　（曹　明）

自古逢秋悲寂寥,我言秋日胜春朝。晴空一鹤排云上,便引诗情到碧霄。

【出处】唐·刘禹锡《秋词二首》其一

自古逢秋悲寂寥,我言秋日胜春朝。晴空一鹤排云上,便引诗情到碧霄。

【鉴赏】每逢秋天,草木凋零,人们看到萧条景色感到寂寥,故多有悲秋之作。而在我看来,秋光却胜过生机勃勃的春天。秋高气爽,晴空万里,有一只振翅飞翔的白鹤,排云直上,矫健凌厉,将诗人的情感也引向碧空之上。诗人一反过去文人悲秋的传统,唱出了昂扬的励志高歌。晴空

249

之中,排云直上的白鹤,何其孤单,然而却振翅高举,冲淡了秋天的肃杀氛围,使得整个画面充满生气、充满斗志、充满希望,让人感觉不到秋天的寂寥,而是充满对未来的希望。 （曹 明）

势分三足鼎,业复五铢钱。

【出处】 唐·刘禹锡《蜀先主庙》

天地英雄气,千秋尚凛然。势分三足鼎,业复五铢钱。得相能开国,生儿不象贤。凄凉蜀故妓,来舞魏宫前。

【鉴赏】 刘备创建蜀国,与曹魏、孙吴形成三国鼎立的局势,又恢复了五铢钱的使用。"五铢钱"由汉武帝元狩五年(公元前118年)铸行,钱面上有"五铢"二字,后来王莽代汉,"五铢钱"被废止禁用。东汉初年,光武帝刘秀又恢复了五铢钱。此处借钱币为说,以喻刘备振兴汉室的雄心壮志。此句是对前句"凛然"于天地之间"英雄气"的具体讲述。诗句"三足鼎""五铢钱"自然成对,浑然天成。 （曹 明）

山围故国周遭在,潮打空城寂寞回。

【出处】 唐·刘禹锡《石头城》

山围故国周遭在,潮打空城寂寞回。淮水东边旧时月,夜深还过女墙来。

【鉴赏】 城外的青山仍旧层层环绕着金陵,但金陵的辉煌已经消逝,仅留一座荒凉的空城。长江潮水肆意拍打着石壁,而冰冷的墙壁亦让它感受到空城的寂寞,只好叹息着退去。石头城又名金陵城,在今江苏南京。东吴、东晋、宋、齐、梁、陈六朝都曾建都于此。但六朝奢靡,国运衰微,金陵城在经历了极度繁华之后迅速衰落,至唐朝时被废弃。诗人刘禹锡途经此地,这两句看似句句写景,实则处处抒情。在对历史古迹金陵城的描写中,寄寓着

诗人对世事变迁、物是人非的感慨。此处引古伤今,希望后世的君主能以金陵为鉴,切勿重蹈覆辙。（经　惠）

旧时王谢堂前燕,飞入寻常百姓家。

【出处】唐·刘禹锡《乌衣巷》

朱雀桥边野草花,乌衣巷口夕阳斜。旧时王谢堂前燕,飞入寻常百姓家。

【鉴赏】东晋时王导、谢安两大家族的堂前紫燕,现在也飞入了平常百姓家筑巢。乌衣巷,在今江苏南京。东晋王导、谢安两大家族寄寓于此,其二者曾对晋朝历史政治产生过巨大影响,乌衣巷也因此名噪一时。然而随着陈国灭亡,乌衣巷便急速衰落,至唐朝时则沦为废墟。诗人有慨于历史变迁的无常,故借乌衣巷怀古伤今。但诗人并不直接描写乌衣巷衰败之实景,而是将眼光转向"旧时"之燕。"旧时"句,突出了燕子作为历史见证者的身份;"寻常"句则体现了今昔的强烈对比。诗人在写景描物中,从侧面反映了乌衣巷繁华落尽归于颓败的现状,表达了强烈的历史兴亡之叹。（经　惠）

种桃道士归何处,前度刘郎今又来。

【出处】唐·刘禹锡《再游玄都观》

百亩中庭半是苔,桃花净尽菜花开。种桃道士归何处,前度刘郎今又来。

【鉴赏】刘禹锡因永贞革新被贬,为八司马之一。其为人生性乐观,虽处贬地,仍无消沉之意。距贬三十余年,终于回京。种桃道士,喻贬斥刘禹锡的宰相及一系官员。当禹锡重回之时,该宰相已经去职,而最终回到这里的还是自己。这场人生的马拉松,刘禹锡最终赢了。这两句诗的态度极为乐观,"前度刘郎",充满着不屈不挠的精神。（黄　鸣）

四海无闲田,农夫犹饿死。

【出处】唐·李绅《悯农二首》其一

春种一粒粟,秋收万颗子。四海无闲田,农夫犹饿死。

【鉴赏】天下已经没有空置的田地,但农夫们还是会被饿死。此诗虽诗意显豁,但却寓意深刻。"春种"而后"秋收",从时序上肯定农民的辛勤耕作以及劳动成果。紧接着延伸开来,从空间上展现四海内荒田变良田的景况。此三句层层递进,高度赞颂了劳动人民的伟大贡献。然而,结句却陡然变调,尽管农民日夜耕种,国家收成颇多,但农民仍然会惨遭饿死而不得善终的命运。一个"犹"字,连贯上下文,使得前三句与结句形成强烈反差,表达了诗人的"悯农"之情。 （经　惠）

夺我身上暖,买尔眼前恩。

【出处】唐·白居易《重赋》

厚地植桑麻,所要济生民。生民理布帛,所求活一身。身外充征赋,上以奉君亲。国家定两税,本意在爱人。厥初防其淫,明敕内外臣。税外加一物,皆以枉法论。奈何岁月久,贪吏得因循。浚我以求宠,敛索无冬春。织绢未成匹,缲丝未盈斤。里胥迫我纳,不许暂逡巡。岁暮天地闭,阴风生破村。夜深烟火尽,霰雪白纷纷。幼者形不蔽,老者体无温。悲喘与寒气,并入鼻中辛。昨日输残税,因窥官库门。缯帛如山积,丝絮如云屯。号为羡余物,随月献至尊。夺我身上暖,买尔眼前恩。进入琼林库,岁久化为尘。

【鉴赏】官吏连我身上保暖的衣服都夺走了,只为了用来买取他在皇上跟前的恩宠。一个"夺"字,可见官吏横行霸道之态。百姓的织绢、缲丝早就被官吏抢走,村落空破,小孩与老人都已经衣不蔽体了,但官吏们却还是要把百姓身上的残片拿走,将他们搜刮得一无所有,可见当时的"重赋"之重。百姓用以活命的东西,官吏们却将其放入库房中,随着岁月的流逝而任其化为尘土。明明是"我"(百姓)的财物被夺,却是"尔"(官吏)去邀功受赏。这和杜甫诗中所言"朱门酒肉臭,路有冻死骨"的情态颇为相似。诗人在此借百姓之口控诉了中唐时期社会上的不公平现象,鞭挞了敛索无度的贪官污吏,表达了对百姓的深切同情。 （经　惠）

意气骄满路,鞍马光照尘。

【出处】唐·白居易《轻肥》

意气骄满路,鞍马光照尘。借问何为者,人称是内臣。朱绂皆大夫,紫绶或将军。夸赴军中宴,走马去如云。樽罍溢九酝,水陆罗八珍。果擘洞庭橘,脍切天池鳞。食饱心自若,酒酣气益振。是岁江南旱,衢州人食人。

【鉴赏】内臣(宦官)们神态骄纵,排场大,一出行便占据了整条道路。他们骑的马肥硕健壮,马鞍油光锃亮到可以照得见细小的灰尘。诗题《轻肥》,取《论语·雍也》中的"乘肥马,衣轻裘"之意,指代穷奢极欲的生活。这两句仅仅十字,便为读者展现了一幅耀武扬威的群体图像。而后文"夸赴军中宴,走马去如云"的场景描写与"意气骄满路,鞍马光照尘"句相互呼应,进一步展现了宦官们飞扬跋扈的骄盛之态。前文越是渲染宦官之骄奢,就越能与结尾句"是岁江南旱,衢州人食人"的惨象形成强烈的对比。宦官与百姓,一乐一悲,生活质量形同霄壤,诗人借此反映了统治阶级恣欲纵乐、不顾民生的万恶罪行,表达了对百姓的怜悯之情。(经　惠)

垂死病中惊坐起,暗风吹雨入寒窗。

【出处】唐·元稹《闻乐天授江州司马》

残灯无焰影幢幢,此夕闻君谪九江。垂死病中惊坐起,暗风吹雨入寒窗。

【鉴赏】我本在垂死的重病之中,却被这消息震惊地坐了起来。破旧不堪的窗外吹进阴冷的风雨,让我倍感寒冷。"惊"之后的条件反射,已经突出了"惊"。再加之垂死病中,本就很难坐起,但闻讯后坐起来的动作一气呵成,更可突出作者之惊。结尾句则寓情于景,意在言外。诗人虽在"惊坐起"后并未直说内心情感,但却在景物描写中掺入了更深的愁思。风、雨、窗本都是无情物,但诗人却用"暗""寒"这样冷淡萧瑟的词语来修饰,可见诗人心境的悲凉。此时的诗人也正被贬通州(今四川省达州市达川区),好友白居易被贬后,诗人深知被贬的苦楚,字里行间都透露着感同身受的愁情。　　　　　　　　　　　　　　　　　　　　(经　惠)

寻章摘句老雕虫,晓月当帘挂玉弓。

【出处】唐·李贺《南园十三首》其六

寻章摘句老雕虫,晓月当帘挂玉弓。不见年年辽海上,文章何处哭秋风?

【鉴赏】写作时总是在前人古籍中找寻摘录片言只语,以使自己所写的文章字字有来历,最后老于这样的雕虫小技之中;当天色将晓,残月有如弯弓一般挂在天边映照珠帘时,仍然还在埋首苦读。这两句诗慨叹自我青春时光在写作中被渐渐消磨了。既写出了书斋生活的艰苦勤奋,又隐藏了浓重的怨艾愤激之情。首句中所用"寻章摘句""老""雕虫"三词，均有贬义，似乎是诗人的自嘲之语。然而，联系下文"不见年年辽海上，文章何处哭秋风"句，则知道诗人是故意用这样的自嘲方式，对战乱年代书生不被器重、读书无用的状况予以辛辣的讽刺，体现了诗人内心的苦闷与辛酸之情。

（经　惠）

魏官牵车指千里，东关酸风射眸子。

【出处】唐·李贺《金铜仙人辞汉歌》

茂陵刘郎秋风客，夜闻马嘶晓无迹。画栏桂树悬秋香，三十六宫土花碧。魏官牵车指千里，东关酸风射眸子。空将汉月出宫门，忆君清泪如铅水。衰兰送客咸阳道，天若有情天亦老。携盘独出月荒凉，渭城已远波声小。

【鉴赏】魏国的官员拉着运载铜人的车子，朝着千里以外的洛阳走去；刚出长安东门，寒风凛冽，直射进铜人眼眸，不仅使之眼酸，更使之心酸。金铜仙人乃汉武帝所建，矗立在神明台上，十分雄伟。魏明帝时，它被拆离汉宫，运往洛阳。诗人借此事生发想象，写作此诗。这两句以拟人的手法描写了金铜仙人辞别汉宫时的凄怆之情。"指千里"，极言长安与洛阳路途之远，突出客观条件的艰辛。"酸""射"二字用得新奇巧丽，赋予自然景物以主观情感，表面写彼时彼地寒风刺骨的天气，实际是指心悲，表达对汉宫的留恋不舍之情。金铜仙人是汉代兴亡的见证者，如今被强行撤离汉宫而无力反抗，离别之愁外，更添一层历史盛衰的无常之慨。诗人所处时代，正是唐王朝逐渐没落之时，故而借古讽今，抒发沉重的家国之痛与身世之悲。

（经　惠）

衰兰送客咸阳道，天若有情天亦老。

【出处】唐·李贺《金铜仙人辞汉歌》

原文参见前句。

【鉴赏】枯萎的兰花在咸阳古道边送别远客，老天要是有情，都会为这凄凉的场景而难过衰老。"衰兰"是以悲景写悲情。兰花衰败，不只是秋风的摧残，更是被离别人的伤心情怀所感染，情景交融，进一步衬托出金铜仙人的离情别绪。金铜仙人本就属于汉宫，现在却被"衰兰"视为了远客而相送，意谓归来无望，更见凄惨。"天若有情天亦老"则以假设的方式,有力烘托了金铜仙人艰难的处境与愁苦的情怀。这两句意境空远,情感深沉,不愧为千古名句。另,后世常用"天若有情天亦老"来形容强烈的伤感情绪,同时也用来指自然法则的无情。 （经　惠）

我有迷魂招不得,雄鸡一声天下白。

【出处】 唐·李贺《致酒行》

零落栖迟一杯酒,主人奉觞客长寿。主父西游困不归,家人折断门前柳。吾闻马周昔作新丰客,天荒地老无人识。空将笺上两行书,直犯龙颜请恩泽。我有迷魂招不得,雄鸡一声天下白。少年心事当挐云,谁念幽寒坐呜呃。

【鉴赏】 我的魂魄迷茫而不知去处,无法召回;雄鸡鸣叫一声,天下便璀璨明亮。"我有迷魂招不得"乃照应前四句,"迷魂""招不得"即指自己流落异乡、前途迷茫的怀才不遇之感;"雄鸡一声天下白"则照应"吾闻"以下四句。"雄鸡一声"是比喻主人用马周的事迹鼓励诗人的话语;"天下白"则象征诗人内心的希望。因为诗人在主人的开导下渐渐找到了迷失的灵魂,相信才学兼备的自己只要努力向上,就一定能走上光明的大道。这两句诗歌的情绪一抑一扬,节奏顿挫有致,使人颇为感动。 （经　惠）

霓裳一曲千峰上,舞破中原始下来。

【出处】 唐·杜牧《过华清宫三首》其二

新丰绿树起黄埃,数骑渔阳探使回。霓裳一曲千峰上,舞破中原始下来。

【鉴赏】《霓裳羽衣曲》的乐音在骊山众多的山峰中回响盘旋,轻妙的舞姿惊破了中原的大好河山才停止下来。诗人借古讽今,选取唐玄宗君臣在华清宫纵情享乐的典型场面,既是回顾历史,又是讽喻现实,表达了对最高统治者荒淫误国的愤激之情。全句没有一字议论,但却在遣词造句上寄予了浓烈的情感。"千峰上"与"始下来"对举,揭示出中原残破的原因就是统治者的穷奢极欲,表达了诗人对上层统治者醉生梦死以致国乱的愤怒之情。全诗至此便戛然而止,余韵无穷,启人深思。 （经　惠）

南朝四百八十寺,多少楼台烟雨中。

【出处】 唐·杜牧《江南春》

千里莺啼绿映红,水村山郭酒旗风。南朝四百八十寺,多少楼台烟雨中。

【鉴赏】南朝时候遗留下来的许多寺庙以及江南的亭台楼阁都在这烟雨朦胧中静静矗立着。这是一幅缥缈迷离的江南春雨图。南朝是指曾在江南建都的宋、齐、梁、陈,此时代佛教盛行,寺庙众多,"四百八十寺"是表示数量多的概述,不是确指。"千里"句描写江南春天的晴朗之景,这两句则写江南的雨景,色彩一浓一淡,相映成趣,表达了诗人对江南春景的喜爱之情。然而,因南朝古寺为江南风景增添了历史厚重感,故而有人认为杜牧在此是借南朝统治者好佛之事来讽刺现实社会,规劝统治者不要任由佛教发展而致其危害国家,可备一说。　　　　　(经　惠)

借问酒家何处有? 牧童遥指杏花村。

【出处】唐·杜牧《清明》

清明时节雨纷纷,路上行人欲断魂。借问酒家何处有? 牧童遥指杏花村。

【鉴赏】我问牧童哪里有可以喝酒的地方呢? 牧童伸手指着远处的杏花村。诗人运用设问,一问一答,自然成章。古时的清明节,是一家人团聚,或游玩,或观赏,或踏青,或扫墓的大节日,而诗人此时却独自旅行在外,加上绵绵密密的细雨,更是加深了诗人的愁绪,故而急切地询问他人何处有酒家。他想要喝一杯酒,一则为能躲雨歇脚,二则为喝酒暖身,最重要的是想要借酒浇心中之愁。结句是牧童的回答,"遥"字给读者一种似虚似实的感受,诗人也许不能直接看见掩映在杏花深处的酒肆,但毕竟有一个方向,还是让人欣慰。诗歌至此而终,仿佛将读者也带入了那个"遥远"的杏花村中,意境深远,余韵悠长。　　　　　(经　惠)

东风不与周郎便,铜雀春深锁二乔。

【出处】唐·杜牧《赤壁》

折戟沉沙铁未销,自将磨洗认前朝。东风不与周郎便,铜雀春深锁二乔。

【鉴赏】假如东风不助周瑜一臂之力,那么如今的二乔就已经被深深地锁在了铜雀台中。"东风不与周郎便"句运用赤壁之战的典故。三国时期,孙权与刘备联军战曹操大军于赤壁,周瑜借助有力的风势,利用火攻大败曹军,取得战争胜利。铜雀台是曹操下令建造的一座楼台,楼顶里有大铜雀,是曹操晚年与歌女姬妾等行乐之地。二乔,即东吴乔公的两个女儿,一嫁前国主孙策(孙权兄),称大乔,一嫁军事统帅周瑜,称小乔。诗人在这里用假设的语气,突出了"东风"对战争胜利的重要性。但接下来诗人不言战争失败后社会大局的变化,而只说二乔命运会转变。这是以小见大的写法,连女人都不能幸免了,国家所受打击之大则可想而知,再次含蓄地强调了"东风"的作用。"东风"显然不只是自然物,而是象征着能助人成功的条件。诗人怀古抒怀,既表现出诗人对历史非凡的认识,又曲折地反映出他无处施展才能的抑郁不平之气。　　　　　　　　(经　惠)

商女不知亡国恨,隔江犹唱后庭花。

【出处】唐·杜牧《泊秦淮》

烟笼寒水月笼沙,夜泊秦淮近酒家。商女不知亡国恨,隔江犹唱后庭花。

【鉴赏】酒楼中的歌女不知道亡国的恨意,隔着江水仍旧演唱着《玉树后庭花》的曲子。六朝古都金陵的秦淮河两岸历来是达官贵人们享乐游宴的场所,"秦淮"也逐渐成为奢靡生活的代称。《玉树后庭花》是南朝陈后主与美女姬妾寻欢作乐时所作之曲,陈后主荒淫而终致亡国,所以后世把此曲作为亡国之音的代表。"犹"字,便将历史和现实连接起来,亡国之音被歌女们一遍遍欢唱着,诗人如何不痛心。此处表面上是斥责歌女不懂亡国之音的悲恨,实则却是暗中讽刺那些无聊消遣的听众——纵欲享乐的贵族官僚们纸醉金迷的腐朽生活。晚唐社会正处在内忧外患之中,这些食官禄者非但不为国出力,还整日高歌畅饮。诗人在此以曲笔出之,既表达了对统治阶级的憎恨之意,又抒发了对国家和人民深切的担忧之情。

(经　惠)

257

二十四桥明月夜，玉人何处教吹箫。

【出处】唐·杜牧《寄扬州韩绰判官》

青山隐隐水迢迢，秋尽江南草未凋。二十四桥明月夜，玉人何处教吹箫。

【鉴赏】柔和的月光映照在二十四桥之上，在这秋尽之时，你正在哪里教歌女艺妓们吹箫玩乐呢？关于二十四桥，有两说。一说扬州城本有二十四座桥；一说是指扬州吴家砖桥，因有二十四美人吹箫于此而得名。对于"二十四桥"的意义，不必泥解，诗人此句意在表现扬州月夜的美丽与风韵。此诗是诗人离开扬州之后寄言友人韩绰的诗歌，这两句本是慰问之语，但诗人却以调侃的语气讲来，一方面体现韩绰风流倜傥的才貌，一方面也体现了二人关系的亲昵无间。在这调笑之中，同样寄予了诗人对扬州美好生活的喜爱与向往之情。

（经　惠）

十年一觉扬州梦，赢得青楼薄幸名。

【出处】唐·杜牧《遣怀》

落魄江湖载酒行，楚腰纤细掌中轻。十年一觉扬州梦，赢得青楼薄幸名。

【鉴赏】回想起十年的扬州生活，就像刚从梦中醒来一样，到头来只在秦楼楚馆中得到个薄情郎的称号。这两句写出了杜牧追悔十年扬州生活的心情。"十年"突出时间之久，"一觉"则形容突然醒悟，"十年"与"一觉"并举，极言诗人幡然醒悟、万分懊悔的情状。"梦"字比况往事如烟、追悔莫及，故而只能自我调侃。"赢"字是自我讽刺之意。在扬州一无所获，只是得了个薄情郎的称号，进一步地抒发了辛酸悔过之情。这两句虽节奏轻快、诙谐幽默，但却包蕴着诗人无限的悔恨与怨愤。

（经　惠）

岂有蛟龙愁失水，更无鹰隼与高秋！

【出处】唐·李商隐《重有感》

玉帐牙旗得上游，安危须共主君忧。窦融表已来关右，陶侃军宜次石头。岂有蛟龙愁失水，更无鹰隼与高秋！昼号夜哭兼幽显，早晚星关雪涕收？

【鉴赏】哪里有蛟龙为了失水而发愁的道理，偏偏没有鹰隼在秋高气爽的天空翱翔。这是一首政治抒情诗,有感于"甘露之变"而发。公元835年冬,唐文宗与李训、郑注等密谋诛灭宦官,然而事情败露,李、郑被杀,很多无辜之人也惨遭灭门,从此宦官更加猖狂。史称"甘露之变"。所以,此处"蛟龙"比皇帝,"失水"比喻势力被宦官侵夺,这是不正常的现象,故"岂有"表现出诗人强烈的愤慨之意。"鹰隼"比喻勇猛的贤臣,此时最是需要他们的时候,而朝廷却苦于无人可用,"更无"二字表达了诗人深切的忧虑之感。 (经 惠)

三百年间同晓梦,钟山何处有龙盘?

【出处】唐·李商隐《咏史》

北湖南埭水漫漫,一片降旗百尺竿。三百年间同晓梦,钟山何处有龙盘?

【鉴赏】三百年来,王朝更迭,风云变幻,如同一场梦境;这钟山哪里又有龙盘虎踞的险要地势呢? 诗人短短两句话,便囊括了六朝三百多年的耻辱历史。孙吴、东晋、宋、齐、梁、陈都曾定都于南京,最后却全都走向灭亡。上句所言"一片降旗",不知挂了多少次,于是诗人发出"钟山何处有龙盘"的质问。地势险要有什么用,最后都会走向灭亡。这说明治国主要不在地灵,而在于人杰。这两句问得畅快,然而意思表达却很含蓄,暗示唐王朝不重人才,终有一天也会走向灭亡的悲剧结局。 (经 惠)

庄生晓梦迷蝴蝶,望帝春心托杜鹃。

【出处】唐·李商隐《锦瑟》

锦瑟无端五十弦,一弦一柱思华年。庄生晓梦迷蝴蝶,望帝春心托杜鹃。沧海月明珠有泪,蓝田日暖玉生烟。此情可待成追忆? 只是当时已惘然。

【鉴赏】我的心就像庄周晓梦蝴蝶一般迷惘无措,就像望帝化为杜鹃以托付春心一般哀怨感伤。此联两句,写诗人由锦瑟声弦而生发的无限感慨。"庄生晓梦迷蝴蝶"句运用庄周梦蝶的典故。此典故是说庄周梦见自己化身为蝶,翩然而飞,浑然不知是"庄周"变成了蝴蝶,还是蝴蝶变成了庄周。这本是表达"齐物我"的道理,诗人却借"蝶梦"表达人生似梦、往事如烟的无奈之感。"望帝春心托杜鹃"句运用望帝去国怀乡,魂化杜鹃,悲鸣寄恨的典故,寄托自己一片"春心"——对现实人生的执着追求。全

259

联承上启下,意境扑朔迷离。诗人将两个本没有联系的典故放在一处,相反相成,表达自己对现实既失望又难以割舍的复杂心情。　　（经　惠）

沧海月明珠有泪,蓝田日暖玉生烟。

【出处】唐·李商隐《锦瑟》

原文参见前句。

【鉴赏】沧海明月高照,鲛人的泪水都化作了一粒粒珍珠。蓝田暖阳高照,可以看到美玉升起霭霭烟雾。"沧海"句借用鲛人泣珠的典故,象征诗人不被重用的处境,自己的才华就像被埋没的珍珠一般。"蓝田",山名,在今陕西,是有名的产玉之地。此地日照充足,古人认为蕴藏在地中的玉气会冉冉上升,这种精气近观没有,只有远望才能看见,此处用以形容一种可望而不可即的理想追求。这两句意在表达诗人怀才见弃并无法实现人生追求的怅惘与迷茫之情。全联对仗工整,寓意含蓄隐晦,耐人寻味。　　（经　惠）

此情可待成追忆？ 只是当时已惘然。

【出处】唐·李商隐《锦瑟》

原文参见前句。

【鉴赏】这种痛苦的情感在将来能够成为一种回忆吗,可是现在的我还是那么惘然若失啊。尾联采用设问的方法,自问自答,点明此诗的情感中心是"惘然"。从"庄周梦蝶"的虚幻,到"望帝春心"的执着,再到"珠泪"的自伤以及"玉烟"的迷茫,诗人在结尾时将这些繁复错杂的情绪混同于一处,仅用一个"惘然"便道尽了时光渐逝、一事无成的哀怨凄楚之情,表达了诗人凄恻缠绵的身世之叹。　　（经　惠）

夕阳无限好,只是近黄昏。

【出处】唐·李商隐《乐游原》

向晚意不适,驱车登古原。夕阳无限好,只是近黄昏。

【鉴赏】乐游原上的夕阳景色无限美好,只可惜这是黄昏接近尾声的信号。这两句表面写景,实际却是借景抒情,意在言外。"夕阳"一词,语义三关。一是指诗人在乐游原所见之实景,与"无限好"三字相照应,勾勒出一幅美丽的落日晚景图。二是喻指晚年时光。诗人感叹晚年虽自在逍遥,但却一步步走向死亡,不禁慨叹光阴易逝,青春不再。三是指代晚唐社会。晚唐虽有短暂的繁荣,但社会的危机也日益严重,诗人心怀忧虑,但却也无能为力,伤感情绪油然而生。这是以乐景写哀情的手法,景色越是美丽,愁绪就被反衬得愈加浓烈,点明了首句"意不适"的原因。这两句诗颇有哲理,后世常用来表达事物虽然美好,但总有一天会走向衰落的惋惜之情。

(经 惠)

海外徒闻更九州,他生未卜此生休。

【出处】唐·李商隐《马嵬二首》其二

海外徒闻更九州,他生未卜此生休。空闻虎旅传宵柝,无复鸡人报晓筹。此日六军同驻马,当时七夕笑牵牛。如何四纪为天子,不及卢家有莫愁。

【鉴赏】唐玄宗听说海外还有一个大九州,但这也是徒然之事。他生的事情不得而知,但他和杨贵妃此生的缘分肯定是完结了。战国时邹衍创"大九州"之说,认为中国的九个州总合为一大州,名赤县神州,在海内;而海外另有像赤县神州这样的大州共九个。此处代指李杨相会的蓬莱仙境。白居易《长恨歌》与陈鸿《长恨歌传》中都说唐玄宗曾求神仙方士带他到仙境与杨贵妃相会。而诗人却用"徒闻"二字否定了这种虚幻的美满结局,讽刺了唐玄宗的腐朽与荒淫。

(经 惠)

玉玺不缘归日角,锦帆应是到天涯。

【出处】唐·李商隐《隋宫》

紫泉宫殿锁烟霞,欲取芜城作帝家。玉玺不缘归日角,锦帆应是到天涯。于今腐草无萤火,终古垂杨有暮鸦。地下若逢陈后主,岂宜重问后庭花。

【鉴赏】如果不是因为玉玺到了李渊的手里,隋炀帝的锦绣帆船应当会开到天涯海角。此是讽刺隋炀帝恣意享乐以致亡国的历史事实。"玉玺"是皇位的象征;因人称李渊"日角龙庭",故此处"日角"指李渊。诗人用假设的语气,承接首联,进一步揭示出隋炀帝的荒淫与腐朽。若不是改朝换代了,那么隋炀帝的锦帆大概永不停止,人民所受的苦难将会越加深重。诗人选取这一个典型题材,借古讽今,警示晚唐统治者应吸取前朝亡国教训,珍惜祖宗创立的基业,不要再纵欲享乐、劳民伤财。

(经 惠)

永忆江湖归白发,欲回天地入扁舟。

【出处】唐·李商隐《安定城楼》

迢递高城百尺楼,绿杨枝外尽汀洲。贾生年少虚垂涕,王粲春来更远游。永忆江湖归白发,欲回天地入扁舟。不知腐鼠成滋味,猜意鹓雏竟未休。

【鉴赏】总是想着白发苍苍之时能够归隐江湖,不过还是要等到自己建功立业、扭转乾坤之后,才能驾着一叶小舟悠游于江湖之中。此诗写于诗人落第之后,诗人在这两句中抒发了自己的志趣和抱负。"永忆"二字强调了诗人对人生追求的执着之意。"江湖""扁舟"是使用春秋范蠡的典故。范蠡辅佐越王勾践成就大业之后,不恋功名富贵,乘一叶扁舟而去,留下一段千古佳话。诗人运用此典故是为了说明自己想要建功立业,并不是为了沽名钓誉,而只是为了社稷苍生。这种思想反映了封建士大夫高尚的政治追求以及积极向上的人生心态。虽然诗人正处于困顿之际,但仍然心怀希望,恬淡洒脱。

（经　惠）

长安有贫者,为瑞①不宜多。

【注释】①瑞:指雪,取"瑞雪兆丰年"之意。

【出处】唐·罗隐《雪》

尽道丰年瑞,丰年事若何。长安有贫者,为瑞不宜多。

【鉴赏】唐末,繁重的苛捐杂税使农民长期处于一种困窘悲惨的境遇之中。长安有许多生活穷困潦倒的贫者,即使瑞雪可兆丰年但也不宜过多。因为瑞雪纷飞而来的同时,紧接着的也是冰天雪地的严寒,长安的贫者又怎能忍受多日的饥寒交迫!对于那些拥有土地的达官贵人来说,瑞雪可兆丰年,而对于受尽地主苛捐杂税的贫农来说,一夜风雪之后只有天明时的"冻死骨"。诗人站在贫者的立场上,不仅对其表达了深刻的同情,对苛捐杂税的地主阶级进行了冷峻的讽刺,更从中喷发出一种深沉的、炽烈的愤怒。诗句虽以议论入诗,但其中的情感却饱满炽烈,且"路有冻死骨"及达官贵人赞叹"丰年好大雪"的情境历历在目,看似轻描淡写实则撼动人心。

（翟晋华）

凭君莫话封侯事,一将功成万骨枯。

【出处】唐·曹松《己亥岁二首》其一

泽国江山入战图,生民何计乐樵苏。凭君莫话封侯事,一将功成万骨枯。

【鉴赏】安史之乱后,唐朝发生大规模的农民起义,战争频仍,生灵涂炭。请您不要再提什么建立功勋、封侯晋爵的伟大抱负了,您一人成功是以天下苍生、万千士兵的性命为代价的!"凭"字所表达的情感富有层次性:表面上是对雄心勃勃、力欲建功立业的将军的恳求,深层次上则是对将军们爱慕功勋、唐王朝统治阶级穷兵黩武置百姓于水深火热之中的行为的冷嘲热讽,虽是恳求的语气,但其力度却直达问题要害。一个"伟大"的将军踏着黎明苍生的白骨"凯旋","一"和"万"形成了鲜明的对比。诗人运用夸张的手法极力地讽刺了那些功成名就之人,他们的荣耀建立在天下百姓的痛苦之上。对比之间唐王朝统治阶级的残忍、冷酷、无情跃然纸上,而其中也不乏诗人悲愤、激越、沉痛的情感。　　　　　(翟晋华)

蓬莱有路教人到,应亦年年税紫芝。

【出处】唐·陆龟蒙《新沙》

渤澥声中涨小堤,官家知后海鸥知。蓬莱有路教人到,应亦年年税紫芝。

【鉴赏】此诗是诗人因唐末封建统治者横征暴敛的行为而有感而发。蓬莱仙岛如果有路可供人通行的话,官府的人应该年年都会上岛去向仙人们征收紫芝税吧!诗人运用想象的笔法,道出封建统治阶级不是不敢上蓬莱仙岛去向仙人们征收紫芝税,而是碍于海雾邈邈,无路可通。诗人借蓬莱仙岛这个假设的意象来刻画现实中封建统治阶级贪得无厌、无所不至的丑恶嘴脸,可谓穷形尽相,虽出乎意料,却又合乎情理。戏谑的语调中融入了诗人冷峻的思考,把官员们贪得无厌的本质写入幽默、诙谐的文字中,讽刺意味浓厚,发人深思,意味深长。　　　　　(翟晋华)

若无水殿龙舟事,共禹论功不较多。

【出处】唐·皮日休《汴河怀古二首》其二

尽道隋亡为此河,至今千里赖通波。若无水殿龙舟事,共禹论功不较多。

【鉴赏】唐末朝廷动乱,文人仕途坎坷,皮日休也如其他文人一样秉持着避世的心态于闲暇时间思史,从而作出这首怀古诗。如果隋炀帝没有造乘龙舟下江南赏琼花，那么他的功绩同大禹相比也可以说是平分秋色吧。皮日休在这首诗中以一个假设为前提对隋炀帝进行了一番褒扬，说其可与大禹相提并论，然而其真实意图却是欲抑先扬、欲夺故予："共禹论功不较多"看似是极大的认可和赞许，实则还有"若无水殿龙舟事"一句为限制。虽然他先对隋炀帝的历史功绩给予了高度的肯定，但最后却将所有的重量都压注在其荒淫无道、劳民伤财的历史错误上，立意新奇。历史功绩变为历史错误，只因"水殿龙舟"一事。诗人在无限惋惜中对统治者的暴虐无道进行了强烈的批判，同时也借古讽今，讽劝当朝君王不要重蹈昔日隋炀帝的旧路。 （翟晋华）

医得眼前疮，剜却心头肉。

【出处】唐·聂夷中《咏田家》

二月卖新丝，五月粜新谷。医得眼前疮，剜却心头肉。我愿君王心，化作光明烛。不照绮罗筵，只照逃亡屋。

【鉴赏】诗人在目睹唐末农民遭受高利贷者严重剥削的情境下作此诗。要医治毒疮，就不得不以剜掉心头的肉为代价啊。诗人运用比喻的手法，具体形象地表现了唐末农民在青黄不接之时，不得不以未来的新丝、五月的稻子作抵押，借上地主阶级的高利贷来维持生计。治好眼前疮，又添心上伤，旧伤未好又添新伤，生活永远充满黑暗，看不到希望和光明。这句诗让读者真切地体会到了贫苦农民生活的苦痛，艺术真实中渗透着深刻的历史真实。表达了诗人对农民深沉的怜悯以及对于剥削阶级的讽刺与批判。语言朴实无华但却能触动人心。 （翟晋华）

我愿君王心，化作光明烛。不照绮罗筵，只照流亡屋。

【出处】唐·聂夷中《咏田家》

原文参见前句。

【鉴赏】我希望君王的心，能够化作明亮的蜡烛，不要再去照那些钟鸣鼎食之家的筵席,只去照照那些无衣无食,一路流亡,穷困潦倒的庄户人家的茅屋吧! 诗句体现了诗人对于君王不体恤百姓,只顾安抚权贵之家作风的讥讽、针砭,而作者最后依旧寄希望于君王,希望其能将天子之光普照天下穷苦的苍生,个中也包含了诗人内心的无奈以及对于农民未来生活的美好期盼。在艺术手法上,"绮罗筵"与"流亡屋"形成了鲜明的对比,具体形象地展现了唐末贫富悬殊的社会现实;把君王的心比作蜡烛,形象生动。

(翟晋华)

谁爱风流高格调,共怜时世俭梳妆。

【出处】唐·秦韬玉《贫女》

蓬门未识绮罗香,拟托良媒益自伤。谁爱风流高格调,共怜时世俭梳妆。敢将十指夸针巧,不把双眉斗画长。苦恨年年压金线,为他人作嫁衣裳。

【鉴赏】谁会爱我这高尚的品格和情调呢? 他们都喜欢时下妇女们流行的妆扮。诗句语意双关,含蓄委婉:一方面慨叹贫女的不幸遭遇,对其寄予深切的同情;另一方面也寄托了包括诗人在内的文人寒士徒有高洁品质却无人赏识的愤懑与沉痛。贫女独白的字里行间流露出诗人自己的情感,因此诗人对贫女不仅是同情,更多的是一种同病相怜的感慨。从前一句诗人的反问中,可以感受到诗人不为世人所理解的孤独,然而从后一句又可以看出诗人虽然孤独,但他并未自弃,依然执着地坚守着自己的信仰与美好品质,蔑视那些随波逐流的人,饱含着自矜自傲的情绪。"风流高格调"与"时世俭梳妆"形成了鲜明的对比,表达了诗人的爱憎观念。

(翟晋华)

苦恨年年压金线^①,为他人作嫁衣裳。

【注释】①压金线:用金线绣花。

【出处】唐·秦韬玉《贫女》

原文参见前句。

【鉴赏】可气可恨的是我年年用金线刺绣,全都只是为富贵人家的小姐作嫁衣。诗人一语双关,其中既有对人生遭遇不幸的贫女的同情,又有诗人的自叹。"苦、恨"二字道出了贫女内心的情感,贫女为他人所做的每一针刺绣都深深地刺痛了自己的心,自己的成果为他人所获,这种付出与获得的错位不仅表达了诗人内心郁郁不平之气,更容易激发起读者对诗人的理解与同情。诗人在为贫女鸣不平的同时也在抒发自己内心的愤懑,空有满腔热血却不为世用,道出了天下文人寒士共同的心声,具有广泛而深刻的社会意义。

（翟晋华）

今年县宰加朱绂,便是生灵血染成。

【出处】唐·杜荀鹤《再经胡城县》

去岁曾经此县城,县民无口不冤声。今来县宰加朱绂,便是生灵血染成。

【鉴赏】今年经过胡城县的时候看到县令受朱绂而加官晋爵了,然而又有谁知道这红色的朱绂是用百姓的鲜血所染成的。从内容上可以看出:明知县令的朱绂是由百姓的鲜血染红的,上层统治阶级还要给他高升的机会,可见皇帝是多么昏庸无道。因此诗人巧妙地暗示了封建统治阶级从上到下的腐败堕落。诗人用夸张的笔法强调朱绂由百姓之血染成,百姓之血与朱绂两者颜色相近但在本质上却有着巨大的差别,把这两个意象联系起来,既以出乎意料的效果给读者以强烈的心灵震撼,同时显示出了统治阶级的残酷与冷血。表达了诗人对受苦百姓的同情以及对封建统治阶级的控诉与针砭。

（翟晋华）

莫谩愁沽酒,囊中自有钱。

【出处】唐·贺知章《题袁氏别业》

主人不相识,偶坐为林泉。莫谩愁沽酒,囊中自有钱。

【鉴赏】诗人因喜爱林泉而与一群不相识的人同坐同聊,因天性的洒脱而乐于与他人分享。和志同道合的人一起做惬意的事情,在心之所向的风景面前酌一壶清酒,此时没有你我之分,大家同为美景而乐,不为无酒而愁。

（杨泠泠）

为问门前客,今朝几个来。

【出处】唐·李适之《罢相作》

避贤初罢相,乐圣且衔杯。为问门前客,今朝几个来。

【鉴赏】这两句诗运用了反问手法,讽刺那些爱慕虚荣的小人在政治风向下左右摇摆的丑陋行为。诗人辞去相位是为"避贤",为"乐圣"。这

种反语下的讽刺难免会有怨念未平之嫌,而这两句话却巧妙地表达出自己的不屑之意,也摆明了自己坚定不污的态度。 （杨泠泠）

返照入闾巷,忧来谁共语。

【出处】唐·耿沣《秋日》

返照入闾巷,忧来谁共语。古道少人行,秋风动禾黍。

【鉴赏】这是一首充满寂寥意味的诗,开头两句就已经奠定了忧戚孤寂的基调。诗人在夕阳西下的秋日独自徜徉在小巷之中,此时顿生孤单寂寥之意,奈何却无人倾诉。在这样的景色下生出悲意是再寻常不过的,此时只有影子与自己为伴,内心更是忧愁孤单。 （杨泠泠）

落日五湖游,烟波处处愁。

【出处】唐·薛莹《秋日湖上》

落日五湖游,烟波处处愁。浮沉千古事,谁与问东流。

【鉴赏】诗人生于晚唐时期,眼看着昔日繁华强盛的国家没落,内心忧愁又无奈。诗人于秋日在太湖游赏,未料太湖烟波泛起,弥漫了整个湖面,景色顿时就显得迷茫又凄凉。联想到国家的命运,诗人便融情于景,抒发了这样一种"处处愁"的感叹,足见诗人心中的忧郁以及对国家的担忧。 （杨泠泠）

秋风不相待,先至洛阳城。

【出处】唐·张说《蜀道后期》

客心争日月,来往预期程。秋风不相待,先至洛阳城。

【鉴赏】诗人客居他乡,在这些日子里一直与时间相争,想要尽快回到家乡洛阳,但没想到因事情耽搁,不能及时回家。此时诗人的失落忧愁溢于言表,但是诗人运用拟人手法,将主体转嫁到"秋风"身上,说秋风不等自己,先回家乡了,含蓄又灵活地表达了自己的失落之情。 （杨泠泠）

岁月人间促,烟霞此地多。

【出处】唐·朱放《题竹林寺》

岁月人间促,烟霞此地多。殷勤竹林寺,更得几回过。

【鉴赏】诗人感叹人间岁月匆匆流逝,一个"促"字包含了内心多少无奈。感时飞逝,花开易谢,诗人在现实生活中切实感受到了岁月的残酷,内心生出许多遗憾。此刻在林竹寺看到的美景如此繁复多姿,但自己还能再见多少次呢?景色越美,人的感叹就越多。

(杨泠泠)

昔时人已没,今日水犹寒。

【出处】 唐·骆宾王《易水送别》

此地别燕丹,壮士发冲冠。昔时人已没,今日水犹寒。

【鉴赏】 诗人此刻站在易水之畔送别友人,怀想当年荆轲从这里出发,踏上壮烈的死路。如今英雄已经逝去,历史在向前推进,易水仍然透着寒冷,今昔对比是如此强烈。再想到自己对国家未尽的豪情壮志,想到对女帝当权的不甘,内心感慨,移情于物。水寒即"心寒",体现的是诗人久抑在心中的愤懑与愁苦。

(杨泠泠)

寥寥人境外,闲坐听春禽。

【出处】 唐·祖咏《苏氏别业》

别业居幽处,到来生隐心。南山当户牖,沣水映园林。竹覆经冬雪,庭昏未夕阴。寥寥人境外,闲坐听春禽。

【鉴赏】 诗人在人迹罕至的地方悠闲独坐,静静听着春天里独有的禽鸟们的叫声,感受这份得来不易的宁静。前一句写静,后一句以春禽叫声来写动,动静结合,衬托此处的幽静闲适,与首句诗人想要的归隐的意愿相呼应,表达一个真实的自我。在这种安闲美丽景色包围下的苏氏别业让人倍感亲切,诗人于是生出了对这里的无限好感。

(杨泠泠)

更疑天路近,梦与白云游。

【出处】 唐·孙逖《宿云门寺阁》

香阁东山下,烟花象外幽。悬灯千嶂夕,卷幔五湖秋。画壁余鸿雁,纱窗宿斗牛。更疑天路近,梦与白云游。

【鉴赏】 末两句写云门寺阁处在高山之上,地势擎天,周围景色如梦似幻。诗人仿佛觉得云门寺阁已经和天路相通了,夜晚做梦甚至还梦见自己成为仙人在白云之间游荡。这两句诗承袭前面对云门寺阁景色的描写,诗人对景色的震撼直接体现在了自己的梦中,侧面烘托出云门寺阁的

奇伟之景。 （杨泠泠）

共君今夜不须睡,未到晓钟犹是春。

【出处】 唐·贾岛《三月晦日送春》

三月正当三十日,风光别我苦吟身。共君今夜不须睡,未到晓钟犹
是春。

【鉴赏】 诗人今晚长坐不眠,与即将逝去的春天共守残夜,只要报晓
的钟声未响,便还是春天。字里行间满是不忍春归去却又无计挽留的无
奈伤感之情,语言明白晓畅,构思精巧,不落窠臼。 （章丹莹）

二十五弦弹夜月,不胜清怨却飞来。

【出处】 唐·钱起《归雁》

潇湘何事等闲回? 水碧沙明两岸苔。二十五弦弹夜月,不胜清怨却
飞来。

【鉴赏】 二十五弦,指"瑟"这种乐器。瑟本为五十弦,天帝命素女鼓
瑟,由于曲调太悲,天帝便破其瑟为二十五弦。传说舜的妻子娥皇、女英
极会鼓瑟,她们死后化为湘水之神。全诗以人雁问答架构起来,前两句是
人的提问:潇水、湘水环境优美、水草丰茂,大雁你为何轻易飞了回来呢?
后两句则是大雁的回答:因为湘灵在月夜抚瑟,凄清哀怨的曲调令大雁无
法忍受,不得不飞了回来。这是以大雁的反常举动来衬托瑟曲的悲怨精
妙。诗人不明说是人间雁答,构思精巧,耐人寻思,饶有余味。 （章丹莹）

寸心言不尽,前路日将斜。

【出处】 唐·钱起《逢侠者》

燕赵悲歌士,相逢剧孟家。寸心言不尽,前路日将斜。

【鉴赏】 诗人路遇侠士,倾心交谈,有说不完的人间不平事;可是太阳
快要落山了,前路漫漫,只能就此分别。此诗既抒发了诗人的不平,又赞
美了侠士的义烈,余味悠长。 （章丹莹）

咫尺愁风雨,匡庐不可登。

【出处】 唐·钱起《江行望匡庐》

咫尺愁风雨,匡庐不可登。只疑云雾窟,犹有六朝僧。

269

水流花谢两无情,送尽东风过楚城。

【出处】唐·崔涂《旅怀》

水流花谢两无情,送尽东风过楚城。蝴蝶梦中家万里,杜鹃枝上月三更。故园书动经年绝,华发春催两鬓生。自是不归归便得,五湖烟景有谁争?

【鉴赏】楚城,泛指诗人旅途中经过的楚地,今湖南、湖北一带。东风,春风。流水、落花,都是无情物,我经过楚地这一带,大好春光便也都送尽了。这两句包含浓浓的时光易逝、岁月难留的感慨,我们仿佛能听到诗人羁旅他乡、光阴虚度的叹息。 （章丹莹）

谁家吹笛画楼中,断续声随断续风。

【出处】唐·赵嘏《闻笛》

谁家吹笛画楼中,断续声随断续风。响遏行云横碧落,清和冷月到帘栊。兴来三弄有桓子,赋就一篇怀马融。曲罢不知人在否,余音嘹亮尚飘空。

【鉴赏】是谁在画楼中吹笛?风断断续续地吹,笛声也断断续续地飘来。"断续"一词的重复使用,强调了笛声刚开始的若有似无,充满了神秘色彩,写得颇有兴味。 （章丹莹）

如今却忆江南乐,当时年少春衫薄。骑马倚斜桥,满楼红袖招。

【出处】唐·韦庄《菩萨蛮》

如今却忆江南乐,当时年少春衫薄。骑马倚斜桥,满楼红袖招。翠屏金屈曲,醉入花丛宿。此度见花枝,白头誓不归。

【鉴赏】如今才想起了江南的快乐生活。当年我还是一个穿着轻薄春衫的少年,骑着马倚靠在斜桥边上,那满楼的美女都在向我招手。这是词人对在江南时潇洒浪漫生活的回忆。"如今""却忆",是与以往的对江南的态度进行对比,以前"人人尽说江南好",词人不以为意,现在终于领悟到了江南的好处。"春衫薄"则是以春衫材质的轻薄通透来衬托少年的蓬勃朝气。"骑马"展现少年的英武之气,"倚斜桥"则刻画出少年的潇洒之态。"红袖"指美女,体现少年的迷人魅力。正因为回忆中的江南如此之好,才引发了词人"白头誓不归"的感慨。这些都让词人感到快乐与满足,然而开头的"却忆"二字又说明词人是现在才认识到的,以前忽视了这些美好的景与人,难免流露出一丝悔恨之意。

(经　惠)

洛阳城里春光好,洛阳才子他乡老。

【出处】唐·韦庄《菩萨蛮》

洛阳城里春光好,洛阳才子他乡老。柳暗魏王堤,此时心转迷。桃花春水渌,水上鸳鸯浴。凝恨对残晖,忆君君不知。

【鉴赏】洛阳城里春光明媚,但我却流落此地而日益衰老。这是词人在唐僖宗时避乱洛阳的作品,故而用"洛阳才子"代指自己,用"他乡"指代洛阳。这两句词,上句写景,以"春光好"三字尽括洛阳春景之美。下句抒情,慨叹自己老于他乡而一无所成。景色再好也无法激荡起诗人内心的希望与欢乐,景好而情悲,在这强烈的反差中突出了词人失意伤感的心理状态,这是以乐景写哀情的艺术手法。

(经　惠)

六代繁华,暗逐逝波声。

【出处】唐·欧阳炯《江城子》

晚日金陵岸草平,落霞明,水无情。六代繁华,暗逐逝波声。空有姑苏台上月,如西子镜,照江城。

271

【鉴赏】吴、东晋、宋、齐、梁、陈六朝的繁华生活,已经默默地随江水东流的声音而消逝了。此词咏怀金陵古迹,因六朝都曾定都于此,金陵盛极一时,故此处统称"六代繁华"。选句是对"水无情"的具体解说,由眼前滚滚东流的江水起兴,导入怀古之意,暗喻历史盛衰兴亡。此处借景言情,情景交融,寓意深刻。 （经　惠）

年少,年少,行乐直须及早。

【出处】唐·冯延巳《三台令·春色》

春色,春色,依旧青门紫陌。日斜柳暗花蔫,醉卧谁家少年? 年少,年少,行乐直须及早。

【鉴赏】少年,少年,行乐应当趁早啊。此处承上片暮春之景而来。词人面对"柳暗花蔫"的暮春景色,不禁触景伤情,发出惜春之叹。"年少,年少"是叠字倒用,表面上是劝说少年应该及时行乐,实际上却是慨叹时光飞逝,抒发自己晚年迟暮的悲伤悔恨之情。词人本是伤感意,却以一种故作轻松的语气道来,更加突显其内心的无奈与辛酸之感。 （经　惠）

还似旧时游上苑,车如流水马如龙。

【出处】南唐·李煜《望江南》

多少恨,昨夜梦魂中。还似旧时游上苑,车如流水马如龙。花月正春风。

【鉴赏】梦中的场景还是和以往游猎上苑的时候一样,车子像流水一样接连不断地驰过,马匹像游龙一样络绎不绝地走动。此词写于李煜亡国入宋而被囚禁的时期,这里写他在梦境中重温的昔时欢乐生活的场面。"旧时"表明昨是而今非,暗寓亡国之痛。"车如流水马如龙"句写出了车马往来不绝的繁华热闹景象。此是以乐景写哀情的手法,美好的梦境,反衬了现实的萧瑟与悲凉。梦醒之后,必定是抱恨不已。 （经　惠）

胭脂泪,相留醉,几时重,自是人生长恨水长东。

【出处】南唐·李煜《乌夜啼》

林花谢了春红,太匆匆,无奈朝来寒雨晚来风。　　胭脂泪,相留醉,几时重,自是人生长恨水长东。

【鉴赏】落花纷纷落下,使人留恋陶醉,什么时候才能再次重逢凋零前的美景？只是人生总有如长流的江水一般长久的遗憾啊。词的下片写对"林花"的哀怜之情，暗寓自我身世于其中，表达了盛景难再、复国无望的悔恨之意。"胭脂泪"是使用拟人的修辞手法，女子脸抹胭脂，泪流过脸即成"胭脂泪"，结合"林花谢了春红""无奈朝来寒雨晚来风"句，可知花本红润艳丽，然而雨打林花，致使花落缤纷，就如胭脂泪一般。"留人醉"写出了人怜花落而如痴如醉、怅惘难分、物我交融的情状，既是伤花受风雨摧残后的凋零，也是自我经受亡国打击后的失意。"几时重"表达了有所希冀而又明知难以实现的无可奈何之情。末句以"水"喻"恨"，营造出一种阔大苍茫的境界，延伸了愁恨的时间长度与空间跨度，强调人生之"恨"的无穷无尽。这同时也是一种哲理性的概括，是对人类所共有的生命缺憾的喟叹，不愧是流传千古的佳句。

（经　惠）

剪不断，理还乱，是离愁。别是一番滋味在心头。

【出处】南唐·李煜《乌夜啼》

无言独上西楼，月如钩，寂寞梧桐深院锁清秋。　　　剪不断，理还乱，是离愁。别是一般滋味在心头。

【鉴赏】那像麻线一样剪也剪不断，理也理不清的东西，就是离愁啊。这愁恨缠绕在心头，别有一种难言的滋味。此处紧承上片而来，词人即景生情，抒发浓重深厚的离愁别绪。"剪不断，理还乱"，是以麻丝比喻离愁，将抽象的情思具体化，形象生动地表达了郁结于心中的混乱无绪的愁情。"别是"二字表现出李煜不同于常人的离愁，不是儿女情愁，而是家国之恨。这种根植于心的难以名状的离愁，或许只有他这个亡国之君才能真切体味。

（经　惠）

离恨恰如春草，更行更远还生。

【出处】南唐·李煜《清平乐》

别来春半，触目柔肠断。砌下落梅如雪乱，拂了一身还满。　　　雁来音信无凭，路遥归梦难成。离恨恰如春草，更行更远还生。

【鉴赏】离恨就像那春草一样，越行越远它就越是繁生。此处以春草的绵延生长来比喻悠悠不绝的离愁，动态地展现了思念日益滋长的情状。"更行""更远""还生"三个词语，在意思上层层递进，是说无论离人走了多远，自己心中的离恨都像春天的野草一般遍地滋生，无边无际。该词以此

结尾,拓展开阔了人的视野,留给读者以想象的空间,使得整首词读来更加韵味无穷。 （经　惠）

晚凉天净月华开。想得玉楼瑶殿影,空照秦淮。

【出处】南唐·李煜《浪淘沙》

往事只堪哀,对景难排。秋风庭院藓侵阶。一任珠帘闲不卷,终日谁来。　　金锁已沉埋,壮气蒿莱。晚凉天净月华开。想得玉楼瑶殿影,空照秦淮。

【鉴赏】晚风送凉,天上干净得没有一朵云彩,月亮也就显得更加明亮了。我想起那秦淮河上的高楼殿宇,此时也只有月光空照,投影于秦淮河上了。此写晚景,词人借景抒情,含蓄委婉地寄寓了自己去国怀乡的苦痛之情。"晚凉"一句,营造出一种凄清寂寥的氛围。结句是词人触景生情之语,由异地的月景想到了南唐故国的琼楼玉宇,一个"空"字,写出了物是人非之感,表达了词人对故国旧乡的眷恋但又无力改变现状的哀叹。 （经　惠）

梦里不知身是客,一晌贪欢。

【出处】南唐·李煜《浪淘沙》

帘外雨潺潺,春意阑珊,罗衾不耐五更寒。梦里不知身是客,一晌贪欢。　　独自莫凭栏,无限江山,别时容易见时难。流水落花春去也,天上人间。

【鉴赏】只有在迷离的梦里才会忘记自己是被囚之客,享受那片刻的欢愉。此为倒叙,是词人在五更时分醒来之后对梦境的回忆。"身是客"是指词人国破降宋,被俘虏至汴京,成为阶下囚的身份,这其中蕴含了词人强烈的身世之悲与亡国之痛。词人只能在梦里"贪欢",其现实处境中的痛楚之感可想而知。短短两句平白如话的语言,却反衬出词人梦醒之后的不言自明的辛酸与无奈。 （经　惠）

流水落花春去也,天上人间!

【出处】南唐·李煜《浪淘沙》

原文参见前句。

【鉴赏】水自长流,花自飘零,它们伴随着春天的离开而一去不返,对

274

比我的今昔生活，真是天上和人间的落差啊。"流水落花春去也"，一方面照应"春意阑珊"，是对春残实景的描绘；另一方面则是借此象征自己人生的春天早已逝去，寄寓了亡国后的凄婉、悲怆之情。故而结尾发出了"天上人间"的慨叹，暗指截然不同的两种人生命运——国之君主与阶下之囚，含蓄委婉地表达了国破家亡后的哀悼之情。

（经　惠）

春花秋月何时了，往事知多少！小楼昨夜又东风，故国不堪回首月明中。

【出处】南唐·李煜《虞美人》

春花秋月何时了，往事知多少！小楼昨夜又东风，故国不堪回首月明中。　雕栏玉砌应犹在，只是朱颜改。问君能有几多愁？恰似一江春水向东流。

【鉴赏】春花与秋月这种美景什么时候会完结？我又会记起多少往事呢？小楼上昨晚又吹来了春风，我怎能承受在这月明之夜回顾已经灭亡的南唐王朝的伤痛。词的上片采用以乐景写哀情的手法，在景物描写中寄寓自我的国破家亡之痛。"何时了"三字说明词人希望美景早日结束。因为词人总是会触景伤怀，想起往昔在这美景之中的幸福生活，今昔对比，却物是人非。美景依旧而往事无法重来，不禁流露出对现实人生的厌倦与绝望之情。一个"又"字，表明词人在小楼中临风而立、怀念故国的情境不止一次出现，然而时光荏苒，年复一年，复国彻底无望，自然也就不堪回首了。

（经　惠）

问君能有几多愁？恰似一江春水向东流。

【出处】南唐·李煜《虞美人》

原文参见前句。

【鉴赏】问我的愁绪有多少？就像那滚滚东流的满江春水。此处采用设问，自问自答，以水喻愁，将抽象的愁思具体化，极为生动形象。这一方面写出愁恨有如满江春水一般的汪洋恣肆之感，体现愁思之多，加深了"愁"的表现力度；另一方面则借春水的奔腾不息来比喻愁思的绵绵不断，寓意深刻，余韵无穷。

（经　惠）

四十年来家国，三千里地山河。

【出处】南唐·李煜《破阵子》

四十年来家国，三千里地山河。凤阁龙楼连霄汉，玉树琼枝作烟萝，几曾识干戈？ 一旦归为臣虏，沈腰潘鬓消磨。最是仓皇辞庙日，教坊犹奏别离歌，垂泪对宫娥。

【鉴赏】南唐建国 40 年，有广阔的大好河山。此写南唐曾有的繁华，通过赞美祖国河山，表达对故国的怀恋之情。公元 975 年，宋朝攻破南唐金陵，李煜率臣降宋，南唐灭亡。公元 976 年，李煜被押至汴京，开始了俘虏的屈辱生活。从南唐建国到灭国，共 39 年，此处举其成数，故称四十年。"四十年"是时间，"三千里"是空间，二者对仗工整，气势磅礴。

（经 惠）

最是仓皇辞庙日，教坊犹奏别离歌，垂泪对宫娥。

【出处】南唐·李煜《破阵子》

原文参见前句。

【鉴赏】最让人感觉慌张急迫的是辞别祖庙的那天，教坊还在演奏着离别的曲子，这让我悲戚得只能对着宫女流泪。此写亡国之恨。词人开篇便是对南唐大好河山的赞颂，然而却不得不与"四十年来家国，三千里地山河"永别。这样悲痛的情景，现在回想起来仍旧是一阵慌张无措，足见其内心的煎熬。在此时的词人心中，教坊的离别曲，仿佛在他言离愁，甚是悲戚。结句则为读者展现了一个悔恨无奈的亡国之君的形象。他只能对宫女流泪，能帮助他恢复祖宗基业的王公大臣们去了哪里？词人在此委婉含蓄地表达了自己无力复国的哀痛之情。

（经 惠）

不信楼头杨柳月，玉人歌舞未曾归。

【出处】宋·谢枋得《蚕妇吟》

子规啼彻四更时，起视蚕稠怕叶稀。不信楼头杨柳月，玉人歌舞未曾归。

【鉴赏】蚕妇日以继夜辛苦劳作，简直不能相信楼头明月西沉。明月挂在杨柳梢头之时，侍候达官贵人的歌女舞女们仍是欢宴未归。这鲜明的对比，揭露了官吏豪门荒淫无度的享乐生活，表达了诗人对劳苦群众的深切同情。

（章丹莹）

276

花飞莫遣随流水,怕有渔郎来问津。

【出处】宋·谢枋得《庆全庵桃花》

寻得桃源好避秦,桃红又是一年春。花飞莫遣随流水,怕有渔郎来问津。

【鉴赏】东晋诗人陶渊明曾写过一篇《桃花源记》:一武陵渔人误入桃花源,里面的生活闲适安逸,不知今夕是何年,其祖先是为了躲避秦时战乱而移居此地。待渔人出来以后,再回去找寻,却迷路不复得。诗人并不直写庵中桃花的盛景,而是将其喻作世外桃源,赋予其独特的文化韵味,突出此地的安谧静美。联系诗人背景,知人论世,南宋都城临安被元兵攻破后,谢枋得曾在江西起兵抗元,不幸兵败,不屈不降,绝食而死。因此也可在这两句诗中读出诗人面对破碎山河、沦丧国土的忧愤之情,语言虽朴素简淡,但又沉痛悲凉。 (章丹莹)

准拟今春乐事浓,依然枉却一东风。

【出处】宋·杨万里《伤春》

准拟今春乐事浓,依然枉却一东风。年年不带看花眼,不是愁中即病中。

【鉴赏】料想今年春天一定盛事多而兴味浓,但没想到仍和往年一样,辜负了这一春的熏风美景。为何虚度春天呢?"不是愁中即病中"。是什么让诗人"愁",让诗人"病",让诗人牵萦在心呢? 诗人没有明说,但这其中的浓浓感伤,令人喟叹不已。 (章丹莹)

子规夜半犹啼血,不信东风唤不回。

【出处】宋·王令《送春》

三月残花落更开,小檐日日燕飞来。子规夜半犹啼血,不信东风唤

277

不回。

【鉴赏】古人有杜鹃啼到最苦时会泣血的说法。暮春三月,春事将尽,然而那眷恋春光的杜鹃,半夜还在悲啼,不相信春风是唤不回来的。春天哪能永驻人间呢? 春既难留,不如"送春"。诗人构思奇特,咂摸品评,别有韵味。

(章丹莹)

睡起莞然①成独笑,数声渔笛在沧浪②。

【注释】①莞然:微笑的样子。②沧浪:本指水的青苍颜色,此处代指江湖。

【出处】宋·蔡确《夏日登车盖亭》

纸屏石枕竹方床,手倦抛书午梦长。睡起莞然成独笑,数声渔笛在沧浪。

【鉴赏】诗人高卧车盖亭,酣然入梦,醒后听见数声渔笛,觉得自己的闲逸与渔家的身居江湖十分接近,便独自发笑。好不闲适惬意!

(章丹莹)

身经两世①太平日,眼见四朝②全盛时。

【注释】①两世:古时以三十年为一世。②四朝:指宋朝的真宗、仁宗、英宗、神宗四任皇帝。

【出处】宋·邵雍《插花吟》

头上花枝照酒卮,酒卮中有好花枝。身经两世太平日,眼见四朝全盛时。况复筋骸粗康健,那堪时节正芳菲。酒涵花影红光溜,争忍花前不醉归。

【鉴赏】诗人经历了 60 年的太平时日,经历了宋朝四任皇帝的全盛之世(其实是宋王朝前期的小康局面)。邵雍虽是隐士,世俗观念却浓厚。他身经几朝,深受皇帝器重,故将小康歌颂为"全盛时"也不奇怪。此诗前后呼应,形象鲜明生动,语言通俗流畅。

(章丹莹)

久斑两鬓如霜雪,直欲樵渔过此生。

【出处】宋·张耒《夏日》

长夏村墟风日清,檐牙燕雀已生成。蝶衣晒粉花枝舞,蛛网添丝屋角晴。落落疏帘邀月影,嘈嘈虚枕纳溪声。久斑两鬓如霜雪,直欲樵渔过此生。

【鉴赏】 久已花白的两鬓如今已经像霜雪一样白了,只想要砍柴、打鱼度过此生。诗人在前三联描绘了平平常常的江村景物,既营造了闲静简朴的氛围,又使最后两鬓如雪、甘于淡泊的清高诗人形象的展现顺理成章。最后一联中,劫波度尽后与世无争的人生之叹耐人寻味。 (章丹莹)

九龄已老韩休死,无复明朝谏疏来。

【出处】 宋·晁说之《打球图》

闾阖千门万户开,三郎沉醉打球回。九龄已老韩休死,无复明朝谏疏来。

【鉴赏】 九龄即张九龄,与韩休同为唐玄宗时的贤相。唐玄宗的统治,在开元时代尚可,至天宝时代,旧臣凋落,玄宗亦安于逸乐游戏及女色,政治日坏。此诗为题画诗,内中蕴含着很深的历史感喟:张九龄已老,韩休已死,明天早上还有谁会递上谏书呢? 字里行间,隐含着对唐玄宗后期政治日坏的讥讽。
(黄 鸣)

无花无酒过清明,兴味萧然似野僧。

【出处】 宋·王禹偁《清明》

无花无酒过清明,兴味萧然似野僧。昨日邻家乞新火,晓窗分与读书灯。

【鉴赏】 这里讲的是穷苦读书人过清明节的苦况。无花无酒,无以应节气,兴味萧然,如野寺之僧,毫无烟火气。读书人的苦处,满盈于纸上。
(黄 鸣)

江上往来人,但爱鲈鱼美。君看一叶舟,出没风波里。

【出处】 宋·范仲淹《江上渔者》

江上往来人,但爱鲈鱼美。君看一叶舟,出没风波里。

【鉴赏】 范仲淹在北宋仁宗时担任参知政事,十分关心社会底层民众的疾苦。江上来来往往的行人,只喜爱鲈鱼的鲜美。请您看看那江面上的一叶扁舟,时常出没于滔滔风浪里。第一句写江上人来人往,甚为热闹,第二句写鲈鱼鲜美,也点出了江上人来人往的原因。后两句作者转移视线,观察到隐没于风波里捕鱼的小舟,除了对岸上往来人的劝诫,还表现出诗人对于渔农捕鱼艰辛的同情。江上往来人与一叶扁舟中的渔民、鲈鱼的鲜美与捕鱼的艰辛形成了鲜明的对比,展示了诗人看待事物的独特视角,更体现了诗人胸怀天下百姓,关心民生疾苦的胸襟与情操。

（翟晋华）

游人不管春将老,来往亭前踏落花。

【出处】宋·欧阳修《丰乐亭游春三首》其三

红树青山日欲斜,长郊草色绿无涯。游人不管春将老,来往亭前踏落花。

【鉴赏】诗人于庆历六年(公元 1046 年)在滁州郊外山林间建造了丰乐亭,第二年三月写下这三首绝句。游人们顾不得春天即将结束,依旧往来在丰乐亭前踏着落花嬉戏玩耍。游人们在丰乐亭前忘我地嬉戏游乐,竟不知美好的春天已悄然而逝。该句诗一方面表达了游人们对此暮春景色的喜爱与恋恋不舍之情,同时也突出了诗人知任滁州时百姓安居乐业的生活状态。这句诗中的诗人仿佛是以一个旁观者的姿态看着游人们醉心于暮春景色。对于游人来说,诗人是一个局外人,他有着伤春悲秋、感怀生命短暂的敏感情愫,加之诗人被贬滁州,虽说政通人和,但诗人面对春天的逝去与如梭的光阴不免心生悲凉。诗人运用拟人的手法:用"老"来指春尽,隐喻着诗人也随着春天的消逝而渐渐老去。

（翟晋华）

我亦且如常日醉,莫教弦管作离声。

【出处】宋·欧阳修《别滁》

花光浓烂柳轻明,酌酒花前送我行。我亦且如常日醉,莫教弦管作离声。

【鉴赏】公元 1048 年,欧阳修改任扬州知州,此诗是他离开滁州时所作。欧阳修过去知任滁州时,惠政于民,与民同乐,颇受百姓爱戴,而此时他要离开滁州知任扬州,百姓都来为自己设宴钱别,又不禁想起过去与宾客共同宴饮的场景,心中百感交集。"我亦且如常日醉"既表现了诗人与百姓以酒钱别时的神态,也体现出诗人宠辱不惊的心态;第二句运用反衬的手法,从反面入手表达惜别之情,既突出了诗人乐观豁达的心态,又使得这首诗不同于其他送别诗哀伤的情感基调。 （翟晋华）

棋罢不知人换世,^①酒阑无奈客思家。

【注释】 ①"棋罢"句:暗用《述异记》中的故事:"晋王质入山采樵,见二童子对弈。童子与质一物如枣核,食之不饥。局终,童子指示曰:'汝柯烂矣。'质归乡里,已及百岁。"

【出处】 宋·欧阳修《梦中作》

夜凉吹笛千山月,路暗迷人百种花。棋罢不知人换世,酒阑无奈客思家。

【鉴赏】 此诗是诗人因支持范仲淹新政而被贬到颖州时所作。王质于山中看童子下棋,棋罢人间早已换了模样。作者酒兴将尽,想起自己客身在外,思乡之情涌上心头而又倍感无奈。前一句运用典故反映了诗人欲超脱人世的想法,然而在酒兴将尽之时又无法克制自己的思乡之情。诗人被贬颖州后深感世事无常,变幻莫测,欲如传说中的王质那样,超脱人世,摒弃人间喜乐。然而酒阑之时内心又涌起无限乡愁家思,无法忘情于人世。诗句细致地传达了诗人内心的矛盾与纠结,更从深层次体现了贬谪对于诗人的内心的巨大打击及诗人此时悲凉的心境。

（翟晋华）

晚泊孤舟古祠下,满川风雨看潮生。

【出处】 宋·苏舜钦《淮中晚泊犊头》

春阴垂野草青青,时有幽花一树明。晚泊孤舟古祠下,满川风雨看潮生。

【鉴赏】 此诗为诗人到山阳(今江苏淮安)一带旅行时于旅途中所作。天色已晚,我把小舟停泊在古祠堂下,这时只见淮河之上风雨交加,河流的潮水也渐渐升高。前一句写诗人夜晚泊孤舟于古祠下,是一种相对静态的情境,"孤舟"说明诗人是在独自旅行;后一句写诗人静坐于古祠之内,看古祠外的河面上风雨交加,潮水慢慢上涨。这一句诗构成一幅"有声的画"，不仅可以使人看到河面上风雨交加、潮水涨起的势态，更使人听到风吹雨落、潮水拍岸的声音，这段描写可谓精妙绝伦。诗人于安静的古祠内悠闲打坐，静看外面的狂风暴雨、潮涨潮落，这一静一动的对比更突出表现了诗人悠闲、惬意及超然物外的心境。

（翟晋华）

遍身罗绮者，不是养蚕人。

【出处】宋·张俞《蚕妇》

昨日入城市，归来泪满巾。遍身罗绮者，不是养蚕人。

【鉴赏】全身穿着绫罗绸缎的人，根本不是辛勤养蚕的劳动者！以常规思维来讲，养蚕之人应该身着罗绮，然而这两句诗却突出了当时社会上的不公平现象，遍身穿着绫罗绸缎的人并不是辛辛苦苦的养蚕人，罗绮者与养蚕人之间形成了鲜明的对比，付出与收获之间的错位给读者带来了极大的震撼。这也就揭露了封建统治者不劳而获的社会现实。诗人并未直接对这一社会现象作出评论，而是以讲故事的形式让这位妇女对自己所遭遇的社会现实进行陈述，平静叙述的外表下蕴含着诗人极度愤怒的情绪，突出了诗人对于不劳而获的封建统治者的强烈控诉以及对于劳动人民的深切同情。

（翟晋华）

意态由来画不成，当时枉杀毛延寿。

【出处】宋·王安石《明妃曲二首》其一

明妃初出汉宫时，泪湿春风鬓脚垂。低徊顾影无颜色，尚得君王不自持。归来却怪丹青手，入眼平生几曾有。意态由来画不成，当时枉杀毛延寿。一去心知更不归，可怜着尽汉宫衣。寄声欲问塞南事，只有年年鸿雁飞。家人万里传消息，好在毡城莫相忆。君不见咫尺长门闭阿娇，人生失意无南北。

【鉴赏】画匠自古就无法捕捉女子的神情意态，汉元帝当时真是冤枉了毛延寿。这两句诗观点新奇，与众不同：历史上诸多文人墨客都认为昭君悲惨命运的罪魁祸首是画匠毛延寿，对汉元帝与王昭君则给予深切的同情；然而诗人却在此为毛延寿翻案，强调女子的意态无法由画笔描摹，这并非毛延寿之过。错在汉元帝贪恋女子美色，对其只有揶揄玩弄之意而全无真感情，这才使得昭君郁郁离开汉宫。诗句显示出诗人面对历史、面对成见时冷静、智慧的态度以及与众不同的视角与眼界。然而诗人的终极目的并非为毛延寿平反，而是以王昭君自比，表达人生失意无关空间更无关时间的感慨，同时也委婉曲折地表达了诗人对于君王难以捉摸的内心、弃用贤才的行为的埋怨。

（翟晋华）

君不见咫尺长门闭阿娇，人生失意无南北。

【出处】宋·王安石《明妃曲二首》其一

原文参见前句。

【鉴赏】朋友你没有看到吗？那汉武帝皇宫里的长门宫中，还关着皇后陈阿娇呢！人生总是失意的，无论南北。这一句运用汉武帝金屋藏娇的典故，把陈阿娇的结局与王昭君的遭遇相比较，得出无论你身在皇宫一时得宠还是远嫁边塞，结局都是悲惨的结论。从陈阿娇到王昭君，从汉武帝到汉元帝，从汉宫到边塞，诗人从时间和空间两个维度入手，表达了君王之心不可测、自古红颜多薄命的感慨。同时诗人超越历史，深深地感到自己与阿娇及昭君同为天涯沦落人，营造了一种万古同悲的悲剧氛围，表达了诗人对君王的失望、埋怨以及自己此刻内心的悲凉与无奈。而且诗人就此也提出了一个普适性的问题：人生总是会失意的，无论南北、无论古今中外。在这失意之外，诗人仿佛又看破了这人人会都经历的失意，得到了一种悲剧性的超脱。

（翟晋华）

春色恼人眠不得，月移花影上栏杆。

【出处】宋·王安石《春夜》

金炉香尽漏声残，翦翦轻风阵阵寒。春色恼人眠不得，月移花影上栏杆。

【鉴赏】这是两句讲失眠的诗。为什么睡不着觉呢？是春色的"恼人"。春天的夜晚，余寒仍在，翦翦轻风，吹乱了人的思绪。春色无端，扰人清梦，一夜难寐，眼看着月色花影，斜照在栏杆之上。王安石此时心中在想什么，我们不清楚，但春天的夜晚，本来就难以入睡，从古到今，不都是如此吗？

（黄　鸣）

细数落花因坐久，缓寻芳草得归迟。

【出处】宋·王安石《北山》

北山输绿涨横陂,直堑回塘滟滟时。细数落花因坐久,缓寻芳草得归迟。

【鉴赏】 该诗是王安石晚年退居钟山时所作,诗意十分闲适。诗人久久安坐,细数落花,可见其赏花之细致;缓寻芳草,渐入佳径,不禁忘却了回去的路途。这两句诗全然是一种安适的隐逸生活的写照。 （黄　鸣）

平生事,此时凝睇,谁会凭栏意!

【出处】 宋·王禹偁《点绛唇》

雨恨云愁,江南依旧称佳丽。水村渔市,一缕孤烟细。　　天际征鸿,遥认行如缀。平生事,此时凝睇,谁会凭栏意!

【鉴赏】 想到自己追求建功立业的一生,我在此时深深凝望着高飞的大雁,谁又能理解我这倚栏远眺的心意呢!此词作于词人被贬谪期间,所以此处见征鸿而自伤,言志抒怀,暗示自己滞留他乡而不得施展抱负的怀才不遇之感。词人由征鸿的高飞翱翔而触发"平生事"的联想,想到男儿的功名事业,所以不禁凝视"天际征鸿",思考着自己的人生出路,哀叹自己不能如征鸿一般展翅高飞。结句的感叹,表达了词人对知音难遇、壮志难酬的愤慨之情,含蓄深沉,余音袅袅。 （经　惠）

不能手提天下往,何忍身去游其间!

【出处】 宋·王令《暑旱苦热》

清风无力屠得热,落日着翅飞上山。人固已惧江海竭,天岂不惜河汉干。昆仑之高有积雪,蓬莱之远常遗寒。不能手提天下往,何忍身去游其间!

【鉴赏】 清风没有力量消除这炎热,连落日都像长了翅膀一样飞着不肯落山。这热浪似乎要蒸发尽人间的江海,甚至要晒干天上的银河。也许在昆仑山的高处还有积雪,或者那遥远的蓬莱仙岛上还有一些清凉。但是如果不能与天下人一同前往,那(我)又怎能忍心独自一人去乘凉呢?这首诗的前四句用夸张的手法来写天气之热,极富想象力。最后却笔调一转,即使明知有乘凉之地,我也不愿抛弃天下人。诗人用强烈的转折和对比,抒发了其愿与天下共苦难的豪情,显示出博大的胸怀。 （汪培培）

自笑平生为口忙，老来事业转荒唐。

【出处】 宋·苏轼《初到黄州》

自笑平生为口忙，老来事业转荒唐。长江绕郭知鱼美，好竹连山觉笋香。逐客不妨员外置，诗人例作水曹郎。只惭无补丝毫事，尚费官家压酒囊。

【鉴赏】 词人笑自己平生都在为一张嘴而奔波忙碌，年岁渐老，政绩家业却转而荒疏。还好黄州这个地方有长江环抱，江里的鱼儿一定味道鲜美；眼见满山都是竹林，似乎已经尝到了竹笋的甘美。"为口忙"有两重含义，诗人为谋生糊口而做官，也因口快笔锐而获罪。"自笑"表现了诗人的自嘲与诙谐，虽有牢骚但并不悲观。看到长江和满山竹子，诗人联想到了美味的鱼笋，和"口"相呼应，表现出苦中作乐、超然幽默的人格魅力。

（汪培培）

莫嫌荦确坡头路，自爱铿然曳杖声。

【出处】 宋·苏轼《东坡》

雨洗东坡月色清，市人行尽野人行。莫嫌荦确坡头路，自爱铿然曳杖声。

【鉴赏】 雨后月色清明，路上已无行人，只有诗人独自在东坡散步。不要抱怨坡头的道路坚硬崎岖，我就喜欢听那手杖碰撞在地面发出的响亮有力的声音。凹凸不平的岂止是坡头路，更是暗喻诗人坎坷的仕途。"莫嫌""自爱"表现了诗人面对困境磨难却乐观、坚定的心态。再坎坷的路也要乐观向前，不怕路途难走，那坚定有力的曳杖声，就是诗人的心声，支撑起矫健的步伐，越过苦难继续前进。

（汪培培）

此生定向江湖老，默数淮中十往来。

【出处】 宋·苏轼《淮上早发》

澹月倾云晓角哀，小风吹水碧鳞开。此生定向江湖老，默数淮中十往来。

【鉴赏】 苏轼一生宦海浮沉，奔走四方，诗句描写的是清晨在淮水上乘舟出发时的感受。清淡的月亮渐渐隐没在云后，清晨的号角声显得格外哀凉。微风吹着水边，行驶的船儿破开粼粼的水面。我这一生就要在这江河湖海间老去了，默然想想，已经在这江淮地区来往奔波十几次了。

285

诗人因为政治斗争,被频繁调动,南北奔波。"定"字表达出诗人的愤懑和痛苦,用肯定的字眼表达强烈的否定意味:我这一生就要耗费在这来往奔波间了吧！实际诗人并不愿如此。总体看来诗境稍显悲凉,但怨而不怒。"默数"二字,传达一种无奈的气息。

(汪培培)

九死南荒吾不恨,兹游奇绝冠平生。

【出处】宋·苏轼《六月二十日夜渡海》

参横斗转欲三更,苦雨终风也解晴。云散月明谁点缀? 天容海色本澄清。空余鲁叟乘桴意,粗识轩辕奏乐声。九死南荒吾不恨,兹游奇绝冠平生。

【鉴赏】诗人在 65 岁时,从遥远的海南岛回北方中原,夜晚乘船渡过琼州海峡。斗转星移,时间流逝,发船时就要三更了,风停了,雨住了,天也终于放晴。云散去后,那朗朗的明月由谁来点缀呢？蓝天和大海本是一派澄澈清明。我本想退出官场,现在又被召回。虽然我在南方的荒岛上九死一生,但并没有丝毫怨恨,这次南游见闻奇绝,是平生未有的,我也无怨无悔了。"九死"极写诗人在海南岛生活的艰辛困苦,但"不恨"显示出对苦难挫折的超越,进而乐观地感叹这次流放见闻的精彩。显示出词人对待困境处之泰然的生活态度和幽默的性格,以及那种不屈不挠的坚强意志。

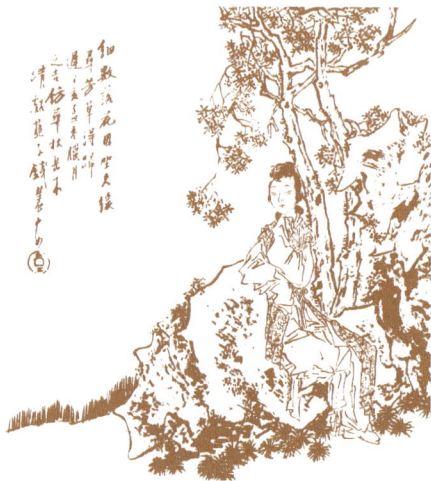

(汪培培)

行过间阎争问讯,忽逢鱼鸟亦惊猜。

【出处】宋·苏辙《游西湖》

闭门不出十年久,湖上重游一梦回。行过间阎争问讯,忽逢鱼鸟亦惊猜。可怜举目非吾党,谁与开樽共一杯。归去无言掩屏卧,古人时向梦中来。

【鉴赏】路过街边,街坊争相问询,偶然碰到空中的飞鸟或者湖中的游鱼也一副惊疑的表情。诗人闭门不出很长时间了,再回到西湖游览感觉像做梦一样,街边的人都不认识他了,连曾经见过的鱼鸟看到他也十分惊疑。抬头看看,物是人非,没有同伴,连一起喝酒的人都没有了。题目为《游西湖》,但通篇并未着一笔来描绘西湖景色,甚至连游湖的经过都是一笔带过。通过闾阎街坊的询问,以及鱼鸟拟人化的反应,反衬出诗人与尘世隔绝之久,抒发了其孤寂离索的无限感慨。 　　　　　　(汪培培)

此生此夜不长好,明月明年何处看!

【出处】宋·苏轼《中秋月》

暮云收尽溢清寒,银汉无声转玉盘。此生此夜不长好,明月明年何处看!

【鉴赏】这两句诗写得颇有理趣。作者观看中秋之月,当头朗照的正是皎洁的月轮。此时东坡笔锋一转,却想起在这一生中,未必在每个中秋都有如此明月。明年的时候,又当在何处见到如此圆满的月亮呢?回看自己的人生,不免有好景难逢,佳期难再的感觉,诗句中充满着无限怅惘。 　　　　　　(黄　鸣)

桃李春风一杯酒,江湖夜雨十年灯。

【出处】宋·黄庭坚《寄黄几复》

我居北海君南海,寄雁传书谢不能。桃李春风一杯酒,江湖夜雨十年灯。持家但有四立壁,治病不蕲三折肱。想得读书头已白,隔溪猿哭瘴溪藤。

【鉴赏】我住在北方海滨,而你住在南方海滨,我们相隔遥远,欲托鸿雁传书,它却飞不到你在的地方。当年春风下观赏桃李共饮美酒,是多么春风得意,旷达欢乐。后来你我分别四方,江湖落魄一别已是十年,人生寥落,只能常对着孤灯听着夜雨思念你。诗句分别营造了两种意境,通过画面与时间的强烈对比,产生了强烈的艺术效果。"江湖夜雨"对"桃李春风",曾经的欢乐更凸显出今日的漂泊与落寞;"十年灯"与"一杯酒"相对,更是进一层。这种描写不仅在时间上给人以"长夜难熬"的感觉,还突出了作者独对孤灯的沉重和思念的辛苦,令人生出人生匆匆的感慨。 　　　　　　(汪培培)

287

茂陵①**他日求遗稿，犹喜曾无封禅书。**

【注释】①茂陵：汉武帝陵墓，这里指汉武帝。据《汉书·司马相如传》，司马相如死后，汉武帝曾从他家中取到一卷谈封禅之书。所言不外歌颂汉皇功德，建议举行"封泰山，禅梁父"的大典。

【出处】宋·林逋《书寿堂壁》

湖上青山对结庐，坟前修竹亦萧疏。茂陵他日求遗稿，犹喜曾无封禅书。

【鉴赏】此诗最早书于林逋自作的寿堂壁上，是诗人临终明志之作。如果将来有一天皇上来寻我遗留的诗作，我还会庆幸那其中没有封禅书一类歌功颂德的阿谀之作。诗人借用汉武帝与司马相如的典故，借古喻今，含蓄委婉地表达了自己的心志。其中"犹喜""曾无"二词包含了诗人丰富的情感，说明诗人为自己遗稿中并无封禅书一类阿谀文字而感到庆幸，以此来自慰。此句为后人传诵，并非由于其是何等高妙之句，而是因为它表现出诗人一生弗趋荣利、恬淡好古、高逸淡远的独立人格。

（翟晋华）

休对故人思故国，且将新火试新茶，诗酒趁年华。

【出处】宋·苏轼《望江南》

春未老，风细柳斜斜。试上超然台上望，半壕春水一城花。烟雨暗千家。　　寒食后，酒醒却咨嗟。休对故人思故国，且将新火试新茶。诗酒趁年华。

【鉴赏】切勿再与故人相对唏嘘怀念故国了，且就着这新火焙一盏火前茶吧。趁着韶华正美，借着诗歌与美酒自娱，不要辜负了大好的时光。此句写词人为摆脱思乡的忧愁，借烧新火、试新茶来排遣心中的苦闷，自我解脱，寄意未来。"故国""故人"对应着"新火""新茶"，通过细节的刻画将诗人从低落愁苦到解脱释然的情绪表现出来，情景交融，生动易感。末句"诗酒趁年华"更表现出作者珍惜时光，及时行乐，纵情于诗酒的洒脱与豁达，也反映出苏轼任性豁达的生命追求。现常用于指不辜负大好年华。

（李瑞珩）

枝上柳绵吹又少，天涯何处无芳草。

【出处】宋·苏轼《蝶恋花》

花褪残红青杏小。燕子飞时,绿水人家绕。枝上柳绵吹又少,天涯何处无芳草。　　墙里秋千墙外道。墙外行人,墙里佳人笑。笑渐不闻声渐悄,多情却被无情恼。

【鉴赏】春色将尽,晚风抚柳,枝头的柳絮渐渐随风飘散,越来越少。可树下的青草却郁郁葱葱,生气无限,这天地之间,何处没有这青葱的芳草呢。此句先言风吹柳絮,一片衰败之景,令人感叹春光之易逝,美好之短暂。下句转而将目光聚焦于青葱芳草,一幅生机勃勃之景。两幅图景转承巧妙,不落窠臼,表现出苏轼旷达的心境。在遭遇"柳绵吹又少"的困境之后,寄意天涯处处尽是的芳草,苏轼之豁达任性可见一斑。后世也常用"天涯何处无芳草"形容求而不得后自我安慰的豁达心态。　　（李瑞珩）

未到江南先一笑,岳阳楼上对君山。

【出处】宋·黄庭坚《雨中登岳阳楼望君山》

投荒万死鬓毛斑,生出瞿塘滟滪关。未到江南先一笑,岳阳楼上对君山。

【鉴赏】被贬谪边荒多年,现在头发已经斑白;没想到还能活着出了瞿塘峡和滟滪关。还没有回到江南先欣然一笑,还能在这岳阳楼上欣赏君山的美景。宋徽宗崇宁元年(公元1102年)春天,被贬四川6年之久的黄庭坚终于得到赦免,离开四川回家乡洪州(今属江西)。途经湖南岳阳时,57岁的他登上临水望山的岳阳楼,写下了著名的《雨中登岳阳楼望君山》二首,本诗为第一首。诗句的中心字在"一笑",蕴含着三层意思:首先是表示劫后重生,不免庆幸的喜悦;接着是放逐归来的欣幸心情,想着终于可以回到江南家乡了,不禁乐从心生;最后是回首一生,自己对政治的追求,坎坷的仕途到此刻终于放下了,不禁释然而解脱地微笑。登上这岳阳楼,寄情山水,其意兴洒脱、乐观豪爽之情可以想见。　　（汪培培）

人生失意十八九,君心美恶谁能量?

【出处】宋·晁补之《行路难和鲜于大夫子骏》

赠君珊瑚夜光之角枕,玳瑁明月之雕床。一茧秋蝉之丽縠,百和更生之宝香。秾华纷纷白日暮,红颜寂寞无留芳。人生失意十八九,君心美恶谁能量?愿君虚怀广末照,听我一曲关山长。不见班姬与陈后,宁闻衰落尚专房。

【鉴赏】这首诗采用了比兴手法,以红颜易逝来说明人生失意的普遍存在性,以此来劝解宽慰失意的友人。"十八九"是十分之八九,表示大多数而不是确指。这两句诗的意思是:人生在世,谁都难免会遇到很多不如意、不得志的境遇,这是一个普遍现象;你内心的善恶美丑谁又能妄加评判呢? 一个人品质的好与坏、才能的高低和他在社会中的遭遇是没有必然联系的。这两句诗是对因内心无所依傍而导致人生失意的描写。

(汪培培)

后死翻为累,偷生未有期。

【出处】宋·吕本中《兵乱后杂诗五首》其一

晚逢戎马际,处处聚兵时。后死翻为累,偷生未有期。积忧全少睡,经劫抱长饥。欲逐范仔辈,同盟起义师。

【鉴赏】公元 1126 年冬天,金兵攻陷了北宋的都城汴京(今河南开封)。第二年,金兵又掳走了宋徽宗和宋钦宗父子。诗人在金兵撤退之后回到汴京,内心五味杂陈,感慨万千,写下了《兵乱后杂诗五首》。这两句诗的意思是:在战乱中,我虽然侥幸存活,没有命丧黄泉,但是觉得活下来倒不如死了来得痛快;真不知道像这样苟且偷生、备受煎熬的日子什么时候才能够了结。按照常人的理解,能够劫后余生着实是一件非常幸运的事情,但是诗人却不以为然地认为"后死翻为累",表明了诗人忧国忧民,壮志难酬的无奈之情与爱国之心。

(汪培培)

生当作人杰①,死亦为鬼雄②。

【注释】①人杰:才能和智商都杰出的人。据《史记·高祖本纪》记载,汉高祖曾称赞开国功臣张良、萧何、韩信:"此三者,皆人杰也。"②鬼雄:鬼中的雄杰,通常用来赞誉为国捐躯的人。

【出处】宋·李清照《乌江》

生当作人杰,死亦为鬼雄。至今思项羽,不肯过江东。

【鉴赏】这首诗既是一首恢宏壮阔的咏史诗,也是一首脍炙人口的言志诗。这两句诗的意思是:人,活着的时候就要出类拔萃,成为人中豪杰,为国家建功立业;即使死了,也要做鬼中的雄杰,为国捐躯,死而后已。这实际上是一种大义凛然,宁死不屈的人生观与价值观的体现。诗人虽身为一个手无缚鸡之力的柔弱女子,却能有这样的震撼天地的气魄与无所畏惧的姿态,着实令人敬佩。　　　　　　　　　　　　　　　（汪培培）

一凉恩到骨,四壁事多违。

【出处】宋·陈与义《雨》

潇潇十日雨,稳送祝融归。燕子经年梦,梧桐昨暮非。一凉恩到骨,四壁事多违。衮衮繁华地,西风吹客衣。

【鉴赏】这两句诗是写诗人由一场秋雨而引发的感慨。意思是:秋意来袭,天气渐渐转冷,人体对于温度差别的感受也更加敏感,一如对这人世间的人情冷暖的感受:别人的一点关怀与恩宠瞬间就能温暖到自己的骨子里去。然而环顾四周,却家徒四壁;空有一番干大事业的心,却终究事与愿违。这两句形成了一个对比,前一句是说自己能够幸存到现在,感受这秋雨带来的丝丝凉意就已经是皇恩浩荡了,写的是自己的"得";后一句是自己家徒四壁、诸事无成的落魄现状的真实写照,写的是"失"。

（汪培培）

比量旧岁聊堪喜,流转殊方又可惊。

【出处】宋·陈与义《除夜二首》其一

城中爆竹已残更,朔吹翻江意未平。多事鬓毛随节换,尽情灯火向人明。比量旧岁聊堪喜,流转殊方又可惊。明日岳阳楼上去,岛烟湖雾看春生。

【鉴赏】这首诗作于北宋灭亡后的一个除夕之夜,抒发了诗人颠沛流离、流落他乡的心情,同时表达了自己对收复失地的希冀。这两句诗的意思是:我现在暂时居住在岳阳,除夕之夜还能听到几声爆竹声,这种生活状况和过去相比确实还是值得欣慰的;但是一想到在兵荒马乱之际,我颠沛流离,经历了那么多的磨难与艰辛,到现在仍旧寄寓他乡,不禁悲从中来,半夜惊醒。这两句诗中"聊"和"又"前后呼应,表现了诗人悲喜交加、错综复杂的心理,流露出诗人忧国伤时的沉郁情怀,体现了诗人对国事好转的热切盼望之情。

（汪培培）

五年天地无穷事,万里江湖见在身。

【出处】宋·陈与义《次韵尹潜感怀》

胡儿又看绕淮春,叹息犹为国有人。可使翠华周宇县,谁持白羽静风尘。五年天地无穷事,万里江湖见在身。共说金陵龙虎气,放臣迷路感烟津。

【鉴赏】这首诗写于建炎年间,那时候金兵已经渡过淮河,临近长江,眼看临安已经难保。在此国难当头之际,诗人却已经被礼部侍郎外放,连参与朝事的权力都没有,空有一腔报国之情无处释放。这两句诗的意思是:这些年来,举国上下发生了无数的变故,而我却是孑然一身,侥幸苟活在人世间,游荡于祖国的万里江湖之上,对于这家仇国恨只能是心有余而力不足。这两句诗体现了诗人面对山河破碎、家国不保的现状的无奈之情,也有敦促朝廷调兵遣将,组织人马,共同收复失地,以雪国耻之意。

（汪培培）

庙堂无策可平戎,坐使甘泉照夕烽。

【出处】宋·陈与义《伤春》

庙堂无策可平戎,坐使甘泉照夕烽。初怪上都闻战马,岂知穷海看飞龙。孤臣霜发三千丈,每岁烟花一万重。稍喜长沙向延阁,疲兵敢犯犬羊锋。

【鉴赏】这首诗写于公元 1129 年,当时临安城已经失守,宋高宗赵构也逃亡到海上。当南宋政权危在旦夕之际,举国上下、朝廷内外却拿不出任何平定入侵金兵的办法。甘泉,汉代皇帝的行宫,在今陕西淳化的甘泉山上。汉文帝时,匈奴入侵,用以警报的烽火可以直接到达皇帝的行宫。这两句诗的意思是:朝廷上下对金兵的入侵都束手无策,不敢抵抗;因此只能看着金兵长驱直入,占领内地,使甘泉笼罩在危险之中。这两句诗之间是因果关系,"坐"当"因此"讲。诗人借古喻今,讽刺了当朝者的无能,表达了自己的忧国忧民之心。

（汪培培）

此身合是诗人未？细雨骑驴入剑门。

【出处】宋·陆游《剑门道中遇微雨》

衣上征尘杂酒痕,远游无处不销魂。此身合是诗人未？细雨骑驴入剑门。

【鉴赏】这两句诗的意思是:古代很多诗人都骑在毛驴上吟诗作赋,今天的我也坐在毛驴上,难道我也变成了一个真正的诗人？还是说,我本来就仅仅是一个诗人而已？细雨蒙蒙之中,我就这样骑着毛驴,迷离恍惚地来到了剑门关前。"此身合是诗人未"一句是全诗的诗眼,诗人用设问的方式进行自我嘲讽与感叹,这也正是诗人借酒浇愁的真正原因。最后一句诗没有从正面回答上一句的疑问,而是借景抒情。"细雨"朦胧与"骑驴入剑门"和"秋风大散关""铁马冰河"形成鲜明对比,强有力地烘托出诗人的不甘与无奈,抒发了诗人壮志难酬的悲愤情怀。 （汪培培）

平时一滴不入口,意气顿使千人惊。

【出处】宋·陆游《长歌行》

人生不作安期生,醉入东海骑长鲸。犹当出作李西平,手枭逆贼清旧京。金印煌煌未入手,白发种种来无情。成都古寺卧秋晚,落日偏傍僧窗明。岂其马上破贼手,哦诗长作寒螀鸣？兴来买尽市桥酒,大车磊落堆长瓶。哀丝豪竹助剧饮,如钜野受黄河倾。平时一滴不入口,意气顿使千人惊。国仇未报壮士老,匣中宝剑夜有声。何当凯旋宴将士,三更雪压飞狐城。

【鉴赏】这首诗被清代著名文学家、思想家方东树称之为陆游的"压卷"作,全诗抒发了诗人不甘心以诗人的身份终老,空有报国之心却苦于没有报国机会的悲愤心情和爱国豪情。这两句诗的意思是:平日里,我总是滴酒不沾,所以现在这样豪饮的气势立刻震惊了在座的所有人。诗人这是在借酒消愁,写这首诗的时候诗人已经年近五十,却空有一番抗金杀敌、收复失地的雄心壮志与强烈愿望不能实现,报国无门之际,只好寄情于酒,所以才会出现"顿使千人惊"的豪饮气势。但是,借酒浇愁只能使愁更愁,所以我们就不难体会诗人的悲愤与无奈之情了。 （汪培培）

国仇未报壮士老,匣中宝剑夜有声。

【出处】宋·陆游《长歌行》

原文参见前句。

【鉴赏】诗人写这首诗的时候已经年近五十,当时客居在一个叫多福院的僧寺里面。金兵仍在,国仇家恨仍在,诗人抗金报国之心仍在,只是无法抗金报国,因此发出了这样的感慨:国仇还没有报,国耻还没有雪,我就已经老了;剑鞘里的宝剑每天晚上都发出阵阵的悲鸣声。"国仇未报壮士老"是实写,写出了自己悲愤的原因,下一句是虚写,运用了拟人的修辞手法。"匣中宝剑"其实就是诗人的勃勃爱国雄心,诗人与宝剑都是没有用武之地。宝剑每天晚上发出的悲鸣之声实际上就是诗人的心声。诗句表达了诗人的悲痛与愤慨之情。 (汪培培)

位卑未敢忘忧国,事定犹须待阖棺。

【出处】宋·陆游《病起书怀》

病骨支离纱帽宽,孤臣万里客江干。位卑未敢忘忧国,事定犹须待阖棺。天地神灵扶庙社,京华父老望和銮。出师一表通今古,夜半挑灯更细看。

【鉴赏】公元1176年,诗人的参议官一职被无故罢免。移居他乡后,无论是在精神上还是在肉体上,诗人都遭受了巨大的折磨,久病初愈后写下了这首诗。这两句诗的意思是:我虽然职位卑微,历经坎坷,壮志难酬,但是忧国忧民之心却一直都在。这种牵挂与担忧恐怕只有在我死后才能停止了,收复失地、实现祖国统一的愿望恐怕也只能等我死后才能实现了。"事定犹须待阖棺"中"阖棺"是盖棺的意思,这里不是讲盖棺定论,评判诗人自己一生的功过是非,而是指收复失地,实现国家统一的愿望只能是在诗人死后才能实现。诗人的忧国忧民之心,雄雄报国之志着实令人感动。 (汪培培)

小楼一夜听春雨,深巷明朝卖杏花。

【出处】宋·陆游《临安春雨初霁》

世味年来薄似纱,谁令骑马客京华。小楼一夜听春雨,深巷明朝卖杏花。矮纸斜行闲作草,晴窗细乳戏分茶。素衣莫起风尘叹,犹及清明可到家。

【鉴赏】这两句诗的意思是:这场春雨淅淅沥沥地下了一夜,我独自一人居住在小小的阁楼上面,也静静地听了一夜;第二天清晨,那达官贵人居住的深幽小巷里一定会传来叫卖杏花的声音。这两句诗用清新隽永的语言描绘出一幅春雨过后天气放晴的临安城生动和谐的景象，这明媚的春光似乎让人一时间忘却了亡国的危险。但是需要注意的是"一夜"，这两个字暗示诗人辗转反侧，一夜未眠，家愁国事伴随着这绵绵细雨一起涌上心头，那忽近忽远的杏花叫卖声也完全不能给诗人带来丝毫的欢愉和宽慰。在这明媚春光的映衬之下，诗人孤寂落寞的心情就显得更加沉郁了。

（汪培培）

三万里河东入海，五千仞岳上摩天。

【出处】宋·陆游《秋夜将晓出篱门迎凉有感二首》其二

三万里河东入海，五千仞岳上摩天。遗民泪尽胡尘里，南望王师又一年。

【鉴赏】写这首诗的时候，诗人已经是 68 岁的高龄，回到了山阴（今浙江绍兴）老家。此时北方仍在金人的统治之下，北方人民也处在水深火热之中。"三万里河"特指黄河，其中"三万里"不是一个确切数字，极言黄河之长。"五千仞岳"特指西岳华山，古时以八尺为一仞，"五千仞"是形容华山之高。这两句诗的意思是：黄河滚滚向东流去，奔腾入海；西岳华山高耸入云，接连天地。"三万里"和"五千仞"写出了沦陷金人之手的祖国河山之广之阔，透露出诗人的痛惜之情，因此诗人盼望收复失地，实现祖国统一，解救北方同胞的愿望就更加热切。

（汪培培）

夜阑卧听风吹雨，铁马冰河入梦来。

【出处】宋·陆游《十一月四日风雨大作二首》其二

僵卧孤村不自哀，尚思为国戍轮台。夜阑卧听风吹雨，铁马冰河入梦来。

【鉴赏】写这首诗的时候，诗人已经年近七十，金人占领着大半壁江山，诗人极力主张对金作战却被罢黜归乡。这首诗主要是借助描写梦境来抒发自己的爱国情怀。这两句诗的意思是：夜深人静之时，我躺在床上静静地听着窗外风雨交加的声音，不知不觉进入了梦境，梦到自己一身戎装，骑着那身披铁甲的战马，横跨已经冰封的河流，驰骋战场。日有所思，夜有所梦，诗人的勃勃爱国情怀整日在胸膛中激荡，无处释放，所以才会在夜深人静之时，在风雨声的陪伴之中，在似睡非睡的状态下入梦。可以说"夜阑"是诗人入梦的前提，"风吹雨"是梦境产生的外在条件。这样一位将近古稀之年的老人还能有如此豪放的梦想，着实可歌可泣。

（汪培培）

死后是非谁管得，满村听说蔡中郎。

【出处】宋·陆游《小舟游近村舍舟步归四首》其四

斜阳古柳赵家庄，负鼓盲翁正作场。死后是非谁管得，满村听说蔡中郎。

【鉴赏】这首诗反映了当时小乡村村民的文化生活。诗中提到的蔡中郎就是东汉的蔡邕，因为做过左中郎将而被称为蔡中郎。他精通历史，善辞赋，是一位才华横溢的旷世奇才。但在《琵琶记》这部戏中他却被说为是一个为了功名利禄，抛妻弃母，十恶不赦的坏人。这两句诗的意思是：我们死后，谁又能管得了世人对我们的评判呢？村民们不会去对历史人物的是非进行调查考证，而是都认为蔡中郎是一个背信弃义、不折不扣的坏人。当时诗人已经年过七十，到了古稀之年，写这首诗并不是想要为蔡邕正名，只是由此联想到了自己死后的事情，发出了"死后是非谁管得"的感慨，诗人的无可奈何之情近在眼前。

（汪培培）

死去元知万事空，但悲不见九州同。王师北定中原日，家祭无忘告乃翁。

【出处】宋·陆游《示儿》

死去元知万事空，但悲不见九州同。王师北定中原日，家祭无忘告乃翁。

【鉴赏】这是一首陆游写给儿子的绝笔诗。在他弥留之际，心里还是放不下被金兵侵占的领土，放不下在金兵统治下的人民，所以特地写了这首诗告诫自己的儿子。这首诗的意思是：我心里非常明白，人在死后就什么都没有，什么都不知道了；但是我没能亲眼看到祖国统一，还是感到非常的悲伤。儿子呀，等到宋朝的军队把沦陷在金人手里的土地收回，祖国统一大业完成的那一天，你一定要在祭祀祖先的时候告诉我这个好消息。从这首诗中我们可以看出诗人即使到了行将就木之际，他的爱国之情也丝毫没有减退，祖国统一的愿望终究会实现的。

（汪培培）

丈夫五十功未立,提刀独立顾八荒。

【出处】宋·陆游《金错刀行》

黄金错刀白玉装,夜穿窗扉出光芒。丈夫五十功未立,提刀独立顾八荒。京华结交尽奇士,意气相期共生死。千年史册耻无名,一片丹心报天子。尔来从军天汉滨,南山晓雪玉嶙峋。呜呼!楚虽三户能亡秦,岂有堂堂中国空无人!

【鉴赏】这是一首咏物言志诗,借赞美金错刀来表明自己的抗金报国之志。这两句诗的意思是:我身为一个堂堂的五尺男儿,现如今已经年近五十,却没有完成收复祖国河山的大业;手里拿着刀,想要杀敌报国,完成收复祖国山河的抗金大业,却只能孤立地站着,无所依傍地看着八方荒远的地方。诗人写这首诗的时候已经 48 岁,但是这里的"丈夫"并不是特指诗人自己,而是泛指爱国志士。因此这里的"功"不能单纯地理解为是诗人自己的个人功名,而是指所有爱国壮士的共同愿望:杀敌报国,收复失地。这里有诗人对朝廷不作为的不满的宣泄,也有对祖国满目疮痍的现状的愤慨。 (汪培培)

呜呼!楚虽三户能亡秦,岂有堂堂中国空无人!

【出处】宋·陆游《金错刀行》

原文参见前句。

【鉴赏】"楚虽三户能亡秦"是用典,出自《史记·项羽本纪》:"楚虽三户,亡秦必楚。""三户"有人说是指楚国的屈、景、昭三个姓氏的大家族,也有人说是楚国灭亡之后剩下的三户人家,总之都是说楚国用很少的人就能使秦国灭亡。这句诗的意思是:唉!楚国虽然只有几户人家,但是只要军民一心,齐心合力,同仇敌忾,也照样能够灭掉秦国;我壮阔雄伟的泱泱大国,岂有没有人抗金报国的道理!诗人借古喻今,表明了自己誓死卫国的壮志,以及"中国"必胜的坚定信念,洋溢着满满的民族自豪感和自信心,非常振奋人心。 (汪培培)

日长似岁闲方觉,事大如天醉亦休。

【出处】宋·陆游《秋思》

利欲驱人万火牛,江湖浪迹一沙鸥。日长似岁闲方觉,事大如天醉亦休。砧杵敲残深巷月,井梧摇落故园秋。欲舒老眼无高处,安得元龙百尺楼。

【鉴赏】诗人有意远离尘世,但却无法做到放下现实。当自己真正闲下来的时候,竟是觉得度日如年,难以安然;但是每每遇到烦心事,却总是在大醉一场之后将之抛诸脑后。这是因为诗人在现实与理想之间游离而产生了焦虑,一方面现世不安,想有作为;一方面内心所趋的却是安宁时光。 (杨泠泠)

万里因循成久客,一年容易又秋风。

【出处】宋·陆游《宴西楼》

西楼遗迹尚豪雄,锦绣笙箫在半空。万里因循成久客,一年容易又秋风。烛光低映珠帘丽,酒晕徐添玉颊红。归路迎凉更堪爱,摩诃池上月方中。

【鉴赏】漂泊万里,时光逝去,自己已经渐渐成为常年客居他乡的人;一年一年秋风起,一年一年无成就。这两句背后包含了陆游多年的心酸,本是为了报国而想做出一番事业,最后却变成了在外虚度光阴。这中间的苦楚岂是年年秋风能吹散的。 (杨泠泠)

情怀渐觉成衰晚,鸾镜朱颜惊暗换。

【出处】宋·钱惟演《木兰花》

城上风光莺语乱,城下烟波春拍岸。绿杨芳草几时休?泪眼愁肠先已断。情怀渐觉成衰晚,鸾镜朱颜惊暗换。昔年多病厌芳尊,今日芳尊惟恐浅。

【鉴赏】这是一首遣怀之作,遣词用语上好像一位伤春女子的口吻,但其实是在抒发作者政治失意的感伤及人生暮年的苍凉之感。城上鸟语花香,城下绿波荡漾,正是春好时节,却触发了无限哀伤。春天正好,我却觉得精神越来越衰微,一照镜子惊讶地发现早已容颜改换,曾经的青春变

298

成了今日的迟暮。愁苦啊,以前生病不能喝酒,现在却怕酒杯空。写此词时,因为政变,作者的政治生涯已到尽头,一年后作者也去世了。因此词句十分凄婉,"成衰晚""惊暗换",表现出作者的垂暮之感以及对政治及衰弱的个人生命哀伤之情。 （汪培培）

青春都一饷。忍把浮名,换了浅斟低唱!

【出处】宋·柳永《鹤冲天》

黄金榜上,偶失龙头望。明代暂遗贤,如何向?未遂风云便,争不恣狂荡。何须论得丧。才子词人,自是白衣卿相。　　烟花巷陌,依约丹青屏障。幸有意中人,堪寻访。且恁偎红倚翠,风流事,平生畅。青春都一饷。忍把浮名,换了浅斟低唱!

【鉴赏】这首词细致地描写了作者科考失意之后的思想和心理活动。青春就那么短暂,怎么舍得为了追求"浮名"而浪费青春呢,不如投身于偎红倚翠的风流乐事。科举落第给作者造成极大的打击,此言虽看似不羁,实则充满矛盾与挣扎,也含有负气的成分。名落孙山后,作者十分不满,满腹牢骚。他认为自己的才华足以夺取龙头,此次落榜只是偶然,并讽刺朝廷不能善用人才,遗漏了自己这个"贤人"。理想落空,不如去过那种流连烟花巷陌的狂荡不羁的生活。这是作者恃才傲物的表现,科举落第使他产生了一种逆反心理。整首词非常丰富生动地表现了作者的思想性格,也影响了其将来的生活道路。 （汪培培）

多情自古伤离别。更那堪、冷落清秋节。

【出处】宋·柳永《雨霖铃》

寒蝉凄切,对长亭晚,骤雨初歇。都门帐饮无绪,留恋处、兰舟催发。执手相看泪眼,竟无语凝噎。念去去、千里烟波,暮霭沉沉楚天阔。多情自古伤离别,更那堪、冷落清秋节!今宵酒醒何处?杨柳岸、晓风残月。此去经年,应是良辰、好景虚设。便纵有千种风情,更与何人说?

【鉴赏】正在离情令人肠断之时,作者不禁发出了感叹。自古以来,最令多情的人伤心的就是离别啊,此刻能够深切体会到这种亘古不变的悲伤。更何况是在这凄冷寥落的清秋时节呢!"那堪",哪里能受得了。本来离情已使人难以承受,而又是在这清冷的秋季,触目所及的景物,秋雨秋风都使得惆怅更重,令人难以承受。"更"字将作者的愁情推到了一

299

个更高更深的层次,"清秋节"则对应开篇的景色描写,此刻所有的离愁别绪都涌上心头,能不悲伤吗? (汪培培)

今宵酒醒何处？杨柳岸、晓风残月。

【出处】宋·柳永《雨霖铃》

原文参见前句。

【鉴赏】傍晚时在城外饮酒送别,晚上乘舟出发。今天晚上等我从酒醉中醒来时,会已经走到什么地方了呢？怕是只有岸边的杨柳,清晨的冷风与黎明的残月与我相伴了吧。杨柳最能代表惜别,"柳"字谐音"留"。此刻还在一起,待到酒醒之后一切都已不在了,只有我一人孤单对着杨柳残月。想象着此情此景,如何不令人肝肠寸断。《雨霖铃》整首词以冷落秋景为衬托,描绘了离别场景,渲染了分别时的哀情,进而衬托离别后的孤寂与思念。词句层层铺叙,情景交融,情调缠绵,低沉伤感,令人叹惜。

(汪培培)

对闲窗畔,停灯向晓,抱影无眠。

【出处】宋·柳永《戚氏》

晚秋天,一霎微雨洒庭轩。槛菊萧疏,井梧零乱,惹残烟。凄然,望江关,飞云黯淡夕阳闲。当时宋玉悲感,向此临水与登山。远道迢递,行人凄楚,倦听陇水潺湲。正蝉吟败叶,蛩响衰草,相应喧喧。　孤馆,度日如年。风露渐变,悄悄至更阑。长天净,绛河清浅,皓月婵娟。思绵绵。夜永对景那堪,屈指暗想从前。未名未禄,绮陌红楼,往往经岁迁延。

帝里风光好,当年少日,暮宴朝欢。况有狂朋怪侣,遇当歌对酒竞留连。别来迅景如梭,旧游似梦,烟水程何限。念利名憔悴长萦绊。追往事、空惨愁颜。漏箭移,稍觉轻寒。渐呜咽画角数声残。对闲窗畔,停灯向晓,抱影无眠。

【鉴赏】一场秋雨过后,天气清冷寂寥,作者在荒寂的驿馆里百无聊赖,度日如年。夜晚降临,不禁回想起狂放不羁的少年生活。然而一切都如过眼云烟,为了名利,作者远离亲友,独自漂泊在外。回想起往事,备受煎熬,整夜难眠,只能枯坐在窗前,对着孤灯等待天亮,和自己的影子相伴不能入眠。"闲"点明了作者在政治上不受重用,只能整天无所事事十分清闲。"抱"字凸显出夜的冷,无人相伴只能抱住自己的影子取暖,写尽了

孤苦伶仃的滋味。 （汪培培）

一曲新词酒一杯,去年天气旧亭台。夕阳西下几时回?

【出处】宋·晏殊《浣溪沙》

一曲新词酒一杯,去年天气旧亭台。夕阳西下几时回?　无可奈何花落去,似曾相识燕归来。小园香径独徘徊。

【鉴赏】唱一首新词,共饮一杯酒,开篇就是这欢乐的宴饮场面。"一曲"接"一杯"音节紧凑,将宴饮时觥筹交错,舞乐声喧的场景表现得活灵活现,不难看出作者闲适愉悦的心情。紧接着,作者笔调一转,"去年""旧亭台",原来这宴饮欢歌并不是眼前之事,是作者来到了曾经相聚的旧时亭台,对过往的追忆啊。巧妙的转折表现出作者微妙的心理变化,初时回想起过往是欢欣的,然而再看看眼前情景,还是和去年一样的天气,还是一样的亭台,但却分明今时不如往日。时光流转,早已物是人非,令人唏嘘不已。此时抬头,却看见夕阳正在缓缓落山,作者不禁感叹,这落下去的夕阳,何时才能再回来呢?那往日的欢乐,又能否再现呢?　（汪培培）

无可奈何花落去,似曾相识燕归来。小园香径独徘徊。

【出处】宋·晏殊《浣溪沙》

原文参见前句。

【鉴赏】此句是作者在感叹时光飞逝:太阳下山,美好的事物总是太短暂。"无可奈何"的是花儿落去,春光易逝,韶华难留。"似曾相识",眼前看到的是那熟悉的燕子,又回到了这个地方。但显然已不是当初的春光、当时的那只燕子了。想至此,作者心中感慨万千,无法排解,只能在花园里铺满落花的幽香小径上,独自徘徊,久久不能释怀。这句词用字工整,表现出作者的巧思深情,似乎于无意间描写司空见惯的现象,却含有哲理的意味,启发人们跨越时空的距离,将思绪发散到整个广阔的宇宙和人生。词人表现得十分含蓄,令人击掌称赞。 （汪培培）

劝君莫作独醒人,烂醉花间应有数。

【出处】宋·晏殊《木兰花》

燕鸿过后莺归去,细算浮生千万绪。长于春梦几多时,散似秋云无觅处。　闻琴解佩神仙侣,挽断罗衣留不住。劝君莫作独醒人,烂醉花间

301

应有数。

【鉴赏】燕子从南方飞来,鸿雁向北方飞去,黄莺也来了又离开。细想春来春又去,短暂的一生千头万绪,比春梦又长得了多少呢?最后也如秋云一般消散得无影无踪,不可寻觅。像卓文君那样闻琴而知音,像汉皋神女遇到郑交甫解佩相赠。这样神仙般的伴侣若要离去,即使挽断她们的罗衣也无法留下她们。春光易逝,美好的年华和美好的爱情也都不能长存。写到这里作者情绪激动地呼喊:举世昏醉,我又何必独自清醒?姑且也到花间去尽情狂饮,借酒浇愁吧。写这首词时,许多贤才相继被贬离朝廷,晏殊痛心地将贤才的离去比作"挽断罗衣"而留不住的"神仙侣"。不宜"独醒",只宜"烂醉",表现出一种愤慨之气。

（汪培培）

明月不谙离恨苦,斜光到晓穿朱户。

【出处】宋·晏殊《蝶恋花》

槛菊愁烟兰泣露,罗幕轻寒,燕子双飞去。明月不谙离恨苦,斜光到晓穿朱户。　昨夜西风凋碧树,独上高楼,望尽天涯路。欲寄彩笺兼尺素,山长水阔知何处。

【鉴赏】这是一首伤离别,怀远人的词作,不仅精致委婉,还展现出高远辽阔的境界。先是景物描写,栏杆旁的菊花笼罩着凄愁的轻烟,兰花沾上露珠滴落。丝罗帐幕透过轻微的寒意,燕子双双飞去。清晨的寒意本就让人情绪低落,好像烟都是愁的,露珠也在哭泣,看到燕子成双,更加孤寂。而皎洁的月亮却不懂得离别之苦,银色的光辉还斜斜地照入朱漆的窗户,映照着不眠之人,直到天亮。作者要写离愁之苦,却不明写,反而埋怨天上的月亮。月光照耀本是自然现象,作者却埋怨明月不懂事,反衬出离人对月怀人、彻夜无眠的痛苦,抒情表意更显自然。这种托物抒情的写

法十分高明。 （汪培培）

多少六朝兴废事，尽入渔樵闲话。

【出处】宋·张昇《离亭燕》

一带江山如画，风物向秋潇洒。水浸碧天何处断？霁色冷光相射。蓼屿荻花洲，掩映竹篱茅舍。　云际客帆高挂，烟外酒旗低亚。多少六朝兴废事，尽入渔樵闲话。怅望倚层楼，寒日无言西下。

【鉴赏】这是一首怀古词。上片描写了如画的江山，潇洒的秋季风物。水面烟波浩渺，仿佛天空都浸在水中，看不到尽头；晴空的暖色与江水的冷色交相辉映，给人奇特的视觉感受。水中点缀着几处蓼屿与荻花洲，岸边丰茂的竹林里隐约露出一角茅舍。整个画面境界开阔，水天苍茫。而在这大画卷中，客行的船只高挂云帆缓缓驶过，风烟中酒家的旗子低低垂着，为画面增添了动感。有静有动，有泼墨有点缀，这幅画卷的壮阔苍茫不禁令人感慨。金陵城，即今日的南京，为六朝的古都，然而多少朝代兴衰，悠悠万事也都已随着时间而流逝，现在已成了渔民樵夫的口中故事罢了。此词写江南秋色兼抒怀古之情，落寞凄凉，引人遐想。

今年花胜去年红。可惜明年花更好，知与谁同？

【出处】宋·欧阳修《浪淘沙》

把酒祝东风，且共从容。垂杨紫陌洛城东。总是当时携手处，游遍芳丛。　聚散苦匆匆，此恨无穷。今年花胜去年红。可惜明年花更好，知与谁同？

【鉴赏】举起酒杯来与东风共饮，一起从容地欣赏春日美景。垂杨飞舞，点明地点在洛阳城东的郊外小路上。都是过去携手同游过的地方，今天仍要全都重游一遍。"当时"即下文的"去年"，"芳丛"说明此游主要是赏花。来到去年赏花的地方，词人不禁感叹，相聚分离总是如此匆忙，怎能不让人生出无穷的遗憾怅惘。今年的花比去年开得还好，与友人久别重逢；想象明年此时花可能开得更好，却不知道还能不能再来一同赏花。寄别情于赏花之中，去年、今年与明年相比较，越发突出聚散无常的伤感。该词构思新颖，富有深意。

至今商女,时时犹唱,后庭遗曲。

【出处】宋·王安石《桂枝香·金陵怀古》

登临送目,正故国晚秋,天气初肃。千里澄江似练,翠峰如簇。征帆去棹斜阳里,背西风、酒旗斜矗。彩舟云淡,星河鹭起,画图难足。　　念往昔、繁华竞逐。叹门外楼头,悲恨相续。千古凭高对此,谩嗟荣辱。六朝旧事随流水,但寒烟衰草凝绿。至今商女,时时犹唱,后庭遗曲。

【鉴赏】回想往昔,南京城历代繁华更替,竞相追逐。感叹"门外韩擒虎,楼头张丽华"的亡国悲恨接连相续。登高凭吊,面对着这千古不变的美好景色,徒自叹息六朝诸国的兴衰败亡。六朝的往事都已经随风消逝了,像流水一样一去不回,如今只剩下那郊外的轻寒烟雾和野草。不变的还有那秦淮河畔的歌女,至今仍然时时放声歌唱《后庭》遗曲。此处化用唐人杜牧的诗句"商女不知亡国恨,隔江犹唱后庭花",感叹六朝皆因荒淫而相继亡覆的史实。"后庭遗曲",即南朝陈后主所作的《玉树后庭花》,被后人看作是亡国的靡靡之音,表现出了历史变化的无情与沧桑。

(汪培培)

欲将沉醉换悲凉,清歌莫断肠。

【出处】宋·晏几道《阮郎归》

天边金掌露成霜,云随雁字长。绿杯红袖趁重阳,人情似故乡。兰佩紫,菊簪黄,殷勤理旧狂。欲将沉醉换悲凉,清歌莫断肠。

【鉴赏】这是一首重阳佳节失意伤怀之作。高高矗立的金铜仙人像手掌上的露水已凝结成霜,大雁南飞,只留云阔天长。有美酒佳人相伴,趁着重阳佳节欢聚宴饮,风土人情倒是像我的家乡。佩戴着紫色的兰花,头发里插上黄菊,尽力想像从前一样狂放洒脱,但是却不能够。我越想深深醉去却越感悲凉,动人的歌声不要使我愁断肠啊。"欲将"暗含着"不能"之意,虽然想借酒浇愁,但是却不能够。因为酒醉不能换来真正的欢乐,这是真正的悲哀。词意超越一般的幽怨,风格凝重而清丽。(汪培培)

衣上酒痕诗里字,点点行行,总是凄凉意。

【出处】宋·晏几道《蝶恋花》

醉别西楼醒不记,春梦秋云,聚散真容易。斜月半窗还少睡,画屏闲展吴山翠。　　衣上酒痕诗里字,点点行行,总是凄凉意。红烛自怜无好计,夜寒空替人垂泪。

【鉴赏】这首诗写的是诗人对过去生活的回忆,感叹离别之后的凄凉与哀愁。这几句诗的意思是:酒醒之后,我看着衣服上残留的酒渍,读着在筵席上为喝酒助兴而题写的诗句,以前的欢愉生活历历在目,可现在却是酒终人散,只留我一个人孤单落寞,这些东西只能带给我凄凉的感觉。"酒痕"和"诗里字"是诗人以前和朋友们交杯碰盏,吟诗作赋的生活的代表。诗人睹物思人、触景生情,过去的欢乐和现在的孤寂形成了对比,这强烈的反差在心中发生了激烈的碰撞,使诗人发出了"聚散真容易"的无限感慨。

(汪培培)

老夫聊发少年狂,左牵黄,右擎苍。

【出处】宋·苏轼《江城子》

老夫聊发少年狂,左牵黄,右擎苍。锦帽貂裘,千骑卷平冈。为报倾城随太守,亲射虎,看孙郎。 酒酣胸胆尚开张,鬓微霜,又何妨。持节云中,何日遣冯唐。会挽雕弓如满月,西北望,射天狼。

【鉴赏】我虽已年老却雄心不灭,像少年一般斗志昂扬,左手牵着打猎的黄犬,右手擎着苍鹰。此句写于苏轼任密州知州时,此时他虽已年迈,但仍渴望像少年一般建功立业,效力疆场,报效祖国,表现出苏轼的拳拳赤子之心与豪迈放达的气概。"老夫聊发少年狂"一个"狂"字写出了苏轼的豪迈气概,奠定了全篇的感情基调。紧接着白描勾勒了"左牵黄,右擎苍"的出猎形象,生动活泼,塑造了词人意气风发,豪气干云的抒情主体形象。此二句表现了苏轼宝刀未老,志在千里,及他对激昂人生的追求。

(李瑞珩)

305

会挽雕弓如满月，西北望，射天狼。

【出处】宋·苏轼《江城子》

原文参见前句。

【鉴赏】会有那么一天，我会将弓拉得如满月一般圆，指着西北的方向，射向天狼星。此句中的"西北"与"天狼"暗指宋朝与西北部西夏的战事。表达了苏轼宝刀未老、壮志满怀渴望西北杀敌，为国尽忠的拳拳赤子之心。此词为苏轼豪放风格之代表，此句更是充盈着一种豪迈气概，"会挽雕弓如满月"表现出将士非凡的勇力与杀敌的决心，充满了一种力的美感。"西北望，射天狼"暗指西北战事，以天狼喻狼子野心的西夏，构思巧妙。将箭射西北、保家卫国的豪迈之情融入拉弓射星之中，豪放激昂、寓意深切。

（李瑞珩）

但屈指、西风几时来，又不道、流年暗中偷换。

【出处】宋·苏轼《洞仙歌》

冰肌玉骨，自清凉无汗。水殿风来暗香满。绣帘开，一点明月窥人，人未寝，欹枕钗横鬓乱。　　起来携素手，庭户无声，时见疏星渡河汉。试问夜如何，夜已三更，金波淡，玉绳低转。但屈指、西风几时来，又不道、流年暗中偷换。

【鉴赏】屈指盘算，夏尽秋来，金风送爽，还须等待多长时间？殊不知就在这盼望等待之际，时令在不知不觉地转换，人生大好年华也就这样流逝尽矣！此句妙绝，是全词点睛之笔，浪漫自如。好景纵然到来，世事也随之不再了。无论是如花美眷，还是冰肌玉骨，终究逃不过美人迟暮、香消玉殒；纵然再多荼蘼旧梦、柔情蜜意，也终会被似水流年轻轻抹去，不留一丝痕迹。词人借花蕊夫人叹时光流逝、怕青春老去，实际上是抒发自己人生无常的怅惋之情。

（李瑞珩）

明月几时有？把酒问青天。不知天上宫阙，今夕是何年。

【出处】宋·苏轼《水调歌头》

明月几时有？把酒问青天。不知天上宫阙，今夕是何年。我欲乘风归去，又恐琼楼玉宇，高处不胜寒。起舞弄清影，何似在人间。　　转朱阁，低绮户，照无眠。不应有恨，何事长向别时圆。人有悲欢离合，月有阴晴圆缺，此事古难全。但愿人长久，千里共婵娟。

【鉴赏】中秋佳节,苏轼与胞弟欢饮达旦,乘兴遣怀,开口就问了一个千古之问:"明月几时有?"且举着酒杯问一问那皓月苍天吧!这个问题问得很有诗意,似在追溯明月来源,又好像是在惊叹造化的神奇。"把酒问青天"将悠悠青天拟人化,以好友般的语气问之,表现出一种浓郁的浪漫色彩。接下来,望月慨叹不知道月宫里的今天又是哪一天,又是一个什么日子。此句由人间到月宫,是一种空间上的转移,"几时有""是何年"都是对时间的拷问,将空间转移与时间联想相融,表现出时空的永恒性,透着深切的哲思,故为千古咏月名句。 (李瑞珩)

我欲乘风归去,又恐琼楼玉宇,高处不胜寒。

【出处】宋·苏轼《水调歌头》

原文参见前句。

【鉴赏】我多么想乘着风飞回到月宫之中去啊,广寒宫里琼楼高筑,宫宇玉成,那么美丽却又那么寂寞。远离人间的月宫,令人不胜寒冷。此句写出了苏轼既向往天上又留恋人间的矛盾心理。飞离人间却用"归去",表现出苏轼对明月的向往之情,把月宫当作了自己的归属,也表现出他遗世独立、羽化登仙的孤高姿态。末句"高处不胜寒"写月宫之寒冷难以忍受,表达出他对人间温暖的眷恋。此句后世常用来表示站得越高,陪伴的人越少,越感到寒冷孤独,也指一种心智高于常人的寂寞。(李瑞珩)

大江东去,浪淘尽,千古风流人物。

【出处】宋·苏轼《念奴娇·赤壁怀古》

大江东去,浪淘尽、千古风流人物。故垒西边,人道是、三国周郎赤壁。乱石穿空,惊涛拍岸,卷起千堆雪。江山如画,一时多少豪杰。遥想公瑾当年,小乔初嫁了,雄姿英发。羽扇纶巾,谈笑间、樯橹灰飞烟灭。故国神游,多情应笑我,早生华发。人生如梦,一樽还酹江月。

【鉴赏】开篇即景抒情,时越古今,地跨万里,把倾注不尽的大江与名高累世的历史人物联系起来起来,布置了一个极为广阔而悠久的历史空间、时间背景。既使人看到大江东去的汹涌奔腾,又使人想见风流人物的卓绝气概,将人带入历史的沉思之中,唤起人们对人生的思索,气势恢宏,大笔如椽。此句中的大江与英雄意象后世常用于咏史怀古。 (李瑞珩)

故国神游，多情应笑我，早生华发。人生如梦，一樽还酹江月。

【出处】宋·苏轼《念奴娇·赤壁怀古》

原文参见前句。

【鉴赏】我神游故国，为古代的往事陈迹而感慨万千，已满头白发了还如此多情，这是多么可笑啊。人生恍如一场梦，须臾而过。且让我洒一樽薄酒于江月之中，聊表慰藉。此句苏轼由凭吊周瑜想到了自己的身世，宦海浮沉，壮志难酬，自嘲多情却已早生华发。作者又将自己个人的感悟推广到整个人生之上，羡长江之无穷而哀人生如梦，感情沉郁深重。末了一句"一樽还酹江月"将这沉郁顿挫的深沉感荡开，借酒抒情，一切的一切都聚在这杯酒酒向不息的江水中，表现出一种释然、超脱的旷达心境。

（李瑞珩）

竹杖芒鞋轻胜马，谁怕，一蓑烟雨任平生。

【出处】宋·苏轼《定风波》

莫听穿林打叶声，何妨吟啸且徐行。竹杖芒鞋轻胜马，谁怕，一蓑烟雨任平生。　　料峭春风吹酒醒，微冷，山头斜照却相迎。回首向来萧瑟处，归去，也无风雨也无晴。

【鉴赏】撑着竹杖，穿着芒鞋，悠然在风雨中穿梭，比骑着马儿更逍遥快活。还有什么好怕的呢？就让我身披一件蓑衣在蒙蒙烟雨中漫步，任凭风吹雨淋，我仍自在逍遥一生。"竹杖芒鞋"写出了词人穿行风雨中的形象，"轻胜马"写出了词人面对风雨的从容之意，带着一种文人特有的骄傲。"谁怕"二字，颇有玩味，表现出一种少年般无所畏惧的勇气。末句"一蓑烟雨任平生"由眼前风雨写到了整个人生，表现出词人搏击风雨、笑傲人生的坦荡与快意。后世常用此句形容一种积极的人生态度。

（李瑞珩）

回首向来萧瑟处，归去，也无风雨也无晴。

【出处】宋·苏轼《定风波》

原文参见前句。

【鉴赏】回头望一眼刚走过的风雨萧瑟的地方，我信步归去，既不在乎那儿是否仍然风雨，也不在乎是否已经天晴。此句写的是雨停后的情景,词人回过头看看那方才还风雨交加的地方,发出感慨"归去,也无风雨也无晴"。此句为全篇的点睛之句,是词人因天气的微妙变化而产生的对人生的顿悟,"风雨"一语双关,既指途中偶遇的这场大雨,也指人生路上遇到的挫折不平。表达了词人宠辱不惊,淡看风雨的超然情怀,不在乎是风雨还是天晴,我心平静就能泰然处之。

(李瑞珩)

谁道人生无再少? 门前流水尚能西,休将白发唱黄鸡。

【出处】 宋·苏轼《浣溪沙》

山下兰芽短浸溪,松间沙路净无泥,萧萧暮雨子规啼。 谁道人生无再少? 门前流水尚能西,休将白发唱黄鸡。

【鉴赏】 谁说人老了就不能再年少,门前流水还能执着地奔向西方,切莫在年老之时感慨时光流逝。此句用反问句式问道,谁说人生老了就不能再年少? 逝去的年华自然是无法再重来的,但是由于词人看到门前的小溪奔流向西而突发此人生感悟,流水自是向东流淌的,面前的溪水能够向西奔流,为何人生不能再返老还童呢? 苏轼自然是知道人生无法重来的,他只是寄意于一种积极的生活态度,在此反用了白居易"黄鸡催晓"的典故,表达一种不服老的积极人生态度,也是苏轼对激昂人生的执着追求。

(李瑞珩)

长恨此身非我有,何时忘却营营? 夜阑风静縠纹平。

【出处】 宋·苏轼《临江仙》

夜饮东坡醒复醉,归来仿佛三更。家童鼻息已雷鸣。敲门都不应,倚杖听江声。 长恨此身非我有,何时忘却营营? 夜阑风静縠纹平。小身从此逝,江海寄余生。

【鉴赏】 我的人生不再为我所有,失去自由,这是多么令人遗憾的事啊! 为什么不忘却那满怀的胸襟与抱负呢? 正想着,却见夜深风起,只见那浩渺的长江水微泛轻波,如同一匹绉纱显出美丽的细纹。此句表达的是词人一种复杂矛盾的心理,因被贬谪黄州,接受监管而失去了人身自由,所以长叹"长恨此生非我有"。正是因为苏轼的政治抱负远大,火热的"入世"之心让他陷入困境,所以他劝自己"忘却营营"。正是因为世事难以忘怀才劝自己忘却,回归于老庄的"出世"思想。这种矛盾在词人胸中风起云涌,而此处词人却荡开一笔,"夜阑风静縠纹平"写江面风平浪静,

309

江水之静越发衬出词人心中之暗涌,令人感觉到那旷达豪放的表象下藏着的悲凉与无奈。

(李瑞珩)

小舟从此逝,江海寄余生。

【出处】宋·苏轼《临江仙》

原文参见前句。

【鉴赏】何不驾起一叶小舟,离开这纷扰的人世,到江海之中去寻找精神寄托呢。世事艰难,可心中炽热的理想却是不能被忘却的。如若不能实现,那么就驾一叶扁舟到江海中去畅游吧,去释怀吧,到大自然中去寻找心灵的慰藉吧。苏轼不愧是生命的勇者,在经历沧海桑田,世事变迁,在看清生命残酷的真相之后,他仍热爱生活,不自怨自艾,到自然之中释放自己,找寻生命的意义,在他的旷达背后满含热泪也满含热爱。此句所传递出的纵情山水,释然豁达之意广为后世传诵。

(李瑞珩)

一年春好处,不在浓芳,小艳疏香最娇软。到清明时候,百紫千红花正乱。已失春风一半。

【出处】宋·李元膺《洞仙歌》

雪云散尽,放晓晴池院。杨柳于人便青眼。更风流多处,一点梅心,相映远,约略颦轻笑浅。　　一年春好处,不在浓芳,小艳疏香最娇软。到清明时候,百紫千红花正乱。已失春风一半。早占取韶光、共追游,但莫管春寒,醉红自暖。

【鉴赏】一年中春光最好的时候,不在那繁花浓艳之时,而在那娇花吐蕊,芳香疏淡的早春时节。等到了清明时节,姹紫嫣红,百花争艳,一片纷乱,却因盛极而衰,早已失掉了春光的一半。此句写春光,最好的春光在早春时候,杨柳风流,梅心娇柔,在暖暖春光的融晔之下,万物都显得温柔娇羞,颇有诗意。而到了清明时节,虽万芳盛放,却有胜极衰微的征兆,春已过半,春意已阑珊。此句表现了一种伤春情怀,劝人探春及早,莫要辜负了大好的春光。

(李瑞珩)

醉舞下山去,明月逐人归。

【出处】宋·黄庭坚《水调歌头》

瑶草一何碧,春入武陵溪。溪上桃花无数,花上有黄鹂。我欲穿花寻路,直入白云深处,浩气展虹霓。只恐花深里,红露湿人衣。　　坐玉石,倚玉枕。拂金徽。谪仙何处,无人伴我白螺杯。我为灵芝仙草,不为朱唇丹脸,长啸亦何为。醉舞下山去,明月逐人归。

【鉴赏】酒酣微醺,我手舞足蹈地走在下山的小路上。夜幕将临,明月好像追逐着我,要赶我回家。此句写词人春日郊游寻仙,醉后且歌且舞,被明月追逐着下山去的场景。词人把握住醉的特点,"舞"字表现出一种自由自在的童稚般的天真;"明月逐人归",将明月拟人化,赋予明月生气,似与词人玩闹一般追逐着词人下山,也表现出醉后的童稚心性,天真烂漫。词人构筑了一个自得其乐的世外桃源,自己陶醉于其中,流连忘返,以童稚般的天真来对抗宦海浮沉、人世纷繁。　　　　(李瑞珩)

若有人知春去处,唤取归来同住。

【出处】宋·黄庭坚《清平乐》

春归何处。寂寞无行路。若有人知春去处,唤取归来同住。　　春无踪迹谁知。除非问取黄鹂。百啭无人能解,因风飞过蔷薇。

【鉴赏】如果有人知道春天去哪里了,就唤她回来,与她同住。此句将春天拟人化,赋予其生命,春天像美丽姑娘一般可亲可爱,可以向人打听她在哪里,可以和她说话,告诉她回来别走,可以与她一起生活。这是多么烂漫而巧妙的想象啊。词人以近乎口语的质朴语言,寄予了对春天的珍爱之情。字里行间充溢着一种理所应当的童稚般的天真语气,惜春之情跃然纸上,表现出词人的童稚之心与对美好事物的执着追求。

(李瑞珩)

老子平生,江南江北,最爱临风曲。

【出处】宋·黄庭坚《念奴娇》

断虹霁雨,净秋空,山染修眉新绿。桂影扶疏,谁便道,今夕清辉不足。万里青天,姮娥何处,驾此一轮玉。寒光零乱,为谁偏照醽醁。年少从我追游,晚凉幽径,绕张园森木。共倒金荷,家万里,难得尊前相属。老子平生,江南江北,最爱临风曲。孙郎微笑,坐来声喷霜竹。

【鉴赏】老夫我这一生走南闯北,可我平生最爱还是那临风吹奏的曲子。"老子"即老夫,为词人自称,蕴含着一股豪迈之气。"江南江北"四字看似轻易实则道出了词人一生颠沛流离,辗转各地,漂泊无依。"最爱临

311

风曲"句说明虽然经历宦海浮沉、世事变迁,词人最爱的却是迎着风吹奏的一支悠扬笛曲。此句写出了词人虽身处于逆境却并不颓唐的乐观心态,虽饱经政治风雨摧残,却仍保持着那种倔强兀傲、满怀豪情的性格。

（李瑞珩）

韶华不为少年留,恨悠悠,几时休。

【出处】宋·秦观《江城子》

西城杨柳弄春柔,动离忧,泪难收。犹记多情曾为系归舟。碧野朱桥当日事,人不见,水空流。 韶华不为少年留。恨悠悠,几时休。飞絮落花时候一登楼。便做春江都是泪,流不尽,许多愁。

【鉴赏】美好的时光不会为少年而停留,悠悠的离恨绵长不尽,何时才能够断绝。此为暮春别恨之作,写于词人年少之时。也正是因为年少,所以敏感而多情,见到杨柳、流水而感伤春逝,年华易逝。此句中的"恨"指的就是由春逝而引发的年华易逝的憾恨之情。年华一去不复返,青春难再,这种遗憾是永远的,又是绵长的,会随时间的流逝而一直延续下去,时光不停留,此恨不停歇。此句也成为感叹青春不再、年华易老的名句。

（李瑞珩）

便做春江都是泪,流不尽,许多愁。

【出处】宋·秦观《江城子》

原文参见前句。

【鉴赏】这一江的春水都是离人的眼泪汇成的,滔滔不尽地向东流去,却流不尽那离人的愁恨。此句将连绵不绝的春水比作是离人的眼泪,一言春水之潺潺,一言愁恨之连绵。泪水汇成春江东流不尽,永无断绝,就如那愁绪剪不断,理还乱。词句抓住了泪水、江水、离恨的共同特征,汇成一股情感的洪流,言尽而意无穷。此句也成为吟咏春愁的名句。

（李瑞珩）

欲知方寸,共有几许新愁,芭蕉不展丁香结。

【出处】宋·贺铸《石州引》

薄雨收寒,斜照弄晴,春意空阔。长亭柳色才黄,远客一枝先折。烟横水际,映带几点归鸿,东风销尽龙沙雪。还记出关来,恰而今时节。

将发。画楼芳酒,红泪清歌,顿成轻别。回首经年,杳杳音尘都绝。欲知方寸,共有几许清愁,芭蕉不展丁香结。枉望断天涯,两厌厌风月。

【鉴赏】要知道这其中的愁苦到底有多少? 就像芭蕉的叶子和丁香花蕾的形状一样,让人愁肠百结。词人先以一问句引出"愁"字,"共有"二字又道出了两地同愁。"芭蕉不展丁香结"以丁香、芭蕉兴愁,芭蕉叶卷而不舒,丁香花蕾丛生,因此二意象都有结而难解之意,故而借以写愁心不解。该句既写出了愁肠之深,又表达了了解怜惜之意,融情于景,委婉曲折。

(李瑞珩)

算春常不老,人愁春老,愁只是,人间有。

【出处】宋·晁补之《水龙吟》

问春何苦匆匆,带风伴雨如驰骤。幽葩细萼,小园低槛,壅培未就。吹尽繁红,占春长久,不如垂柳。算春常不老,人愁春老,愁只是,人间有。

春恨十常八九,忍轻孤、芳醪经口。那知自是,桃花结子,不因春瘦。世上功名,老来风味,春归时候。纵多情犹有,樽前青眼,相逢依旧。

【鉴赏】春天是生长的季节,看似永不衰老,然而人却总是为春色的消逝而惆怅,却不知这份愁只是善怀的人间才有。"算春常不老"是因为春天总是去了复来,周而复始。人们总是为春逝而忧愁,却不知这只是四时变化之必然罢了,自然是不会为人的意志而转变的,伤春之愁只在人间。此句中词人对春归的认识颇有新意,一改一言"春逝"就愁肠百结的情态,以旷达乐观的议论诠释了春愁,具有广袤的宇宙意识,表现出词人豁达洒脱的胸襟。

(李瑞珩)

正单衣试酒,怅客里光阴虚掷。

【出处】宋·周邦彦《六丑》

正单衣试酒,怅客里光阴虚掷。愿春暂留,春归如过翼,一去无迹。为问花何在? 夜来风雨,葬楚宫倾国。钗钿堕处遗香泽。乱点桃蹊,轻翻柳陌、多情最谁追惜? 但蜂媒蝶使,时叩窗隔。　　东园岑寂,渐蒙笼暗

313

碧。静绕珍丛底，成叹息。长条故惹行客。似牵衣待话，别情无极。残英小、强簪巾帻。终不似一朵钗头颤袅，向人欹侧。漂流处、莫趁潮汐。恐断红尚有相思字，何由见得？

【鉴赏】现在正是更换单衣的时节，只恨客居异地，光阴白白地流逝了。此句点明了时令，"试酒"这里指时令，据周密《武林旧事》载："户部点检所十三酒库，例于四月初开煮，九月初开清，先至提领所呈样品尝，然后迎引至诸所隶官府而散。"这里指四月初。"客"字表明了词人的身份处境：作客他乡，离乡背井。长期羁旅在外的经历使词人在此春逝之际，感怀自己的身世，不禁发出悔恨光阴虚度的感慨，写来浑而不露。（李瑞珩）

长条故惹行客。似牵衣待话，别情无极。

【出处】宋·周邦彦《六丑》

原文参见前句。

【鉴赏】蔷薇伸着长长的枝条，故意钩着行人的衣裳，仿佛要将无穷无尽的离愁来向情人诉说，表现出无限的离别之情。此句写花恋人，"长条故惹行客"将花拟人化，柔条故意拉住行人，写花之寂寞，也是写人之寂寞，颇有同病相怜之感。花本无情之物，而写成情深意长之物，花尚有情，更不用说人了。此"怜花"之词更是"惜人"之作，写花恋人，别情无极，表达出词人自伤自悼的游宦之感。借花起兴，写花写人，人花相融，耐人咀嚼。

（李瑞珩）

燕子不知何世。入寻常巷陌人家，相对如说兴亡，斜阳里。

【出处】宋·周邦彦《西河》

佳丽地，南朝盛事谁记。山围故国绕清江，髻鬟对起。怒涛寂寞打孤城，风樯遥度天际。　　断崖树，犹倒倚。莫愁艇子曾系。空余旧迹郁苍苍，雾沉半垒。夜深月过女墙来，赏心东望淮水。　　酒旗戏鼓甚处市。想依稀、王谢邻里。燕子不知何世。入寻常巷陌人家，相对如说兴亡，斜阳里。

【鉴赏】燕子不知人事变迁，依然飞入往年栖息过的高门大宅之中，却不知这里已是寻常百姓家。燕子在夕阳里呢喃细语，似乎也在诉说着这里的盛衰兴亡。此句化用刘禹锡的《乌衣巷》："朱雀桥边野草花，乌衣巷口夕阳斜。旧时王谢堂前燕，飞入寻常百姓家。"词人看到夕阳中成对的燕子,认为它们有知,正在讨论兴亡大事,于是将自己心中对金陵古都朝代更替的兴亡之感赋予了燕子。该句寓情于景,是为咏史怀古名句。

(李瑞珩)

谁识京华倦客? 长亭路,年去年来,应折柔条过千尺。

【出处】宋·周邦彦《兰陵王》

柳阴直,烟里丝丝弄碧。隋堤上、曾见几番,拂水飘绵送行色。登临望故国,谁识京华倦客? 长亭路,年去岁来,应折柔条过千尺。　闲寻旧踪迹,又酒趁哀弦,灯照离席。梨花榆火催寒食。愁一箭风快,半篙波暖,回头迢递便数驿,望人在天北。凄恻,恨堆积! 渐别浦萦回,津堠岑寂,斜阳冉冉春无极。念月榭携手,露桥闻笛。沉思前事,似梦里,泪暗滴。

【鉴赏】旅居京城使我厌倦,可有谁知道我心中的隐痛? 在这十里长亭的路上,总是年复一年地把他人相送别,我折下的柳条都有上千枝了吧。"谁识京华倦客?"这个厌倦了京华生活的客子的怅惘与忧愁有谁能理解呢? 那欲归不得的倦客,他的心情是多么悲凄。词人不正面作答而是撇开自己,将思绪又引回到柳树上面。"长亭路,年去岁来,应折柔条过千尺。"古时驿路上十里一长亭,五里一短亭。亭是供人休息的地方,也是送别的地方。词人设想,在长亭路上,年复一年,送别时折断的柳条恐怕要超过千尺了。这几句表面看来是爱惜柳树,而深层的涵义却是感叹人间离别的频繁。情深意挚,耐人寻味。

(李瑞珩)

愁一箭风快,半篙波暖,回头迢递便数驿,望人在天北。

【出处】宋·周邦彦《兰陵王》

原文参见前句。

【鉴赏】我满怀愁绪看着船像箭一样离开,艄公的竹篙插进温暖的水波,频频地朝前撑动。等船上的客人回头相看时,驿站已远远地抛在后面。想要再看一眼天北的我哟,却发现已经是一片朦胧。"愁一箭风快,半篙波暖,回头迢递便数驿,望人在天北。"风顺船疾,行人本应高兴,词里却用一"愁"字,这是因为有人让他留恋着。回头望去,那人已远在天边,只见一个难辨的身影。"望人在天北"应当是作者自己从船上回望岸边的所见所感,包含着无限的怅惘与凄婉之情。

(李瑞珩)

歌余尘拂扇，舞罢风掀袂。人散后，一钩淡月天如水。

【出处】宋·谢逸《千秋岁》

楝花飘砌。蔌蔌清香细。梅雨过，萍风起。情随湘水远，梦绕吴峰翠。琴书倦，鹧鸪唤起南窗睡。　　密意无人寄。幽恨凭谁洗。修竹畔，疏帘里。歌余尘拂扇，舞罢风掀袂。人散后，一钩淡月天如水。

【鉴赏】请来歌伎小唱，往事如烟，挥之不去。那忧郁的思怀，任那舞动的衣袂也掀不走。夜深了，唱戏的看戏的人都走了，唯见卷帘处，新月一弯，澄澈如水，闪烁着永恒的清辉。淡淡怅惘，却捕捉不到几度留痕，真是一幅绝美的画面。"歌余尘拂扇，舞罢风掀袂。"典用骆宾王《竞渡诗序》："便娟舞袖，向绿水以全低，飘飖歌声，得清风而更远。"此句以歌舞入笔，描绘了由歌舞升平到曲终人散的景象，让人流连。前一句"歌余尘拂扇，舞罢风掀袂"还满是尘世艳丽的烟火气，后一句"人散后，一钩淡月天如水"却已是一派"菩提本无树，明镜亦非台"的宁静超然了。该散的散了吧，该去的去了吧，天如水，心如水，得失自知罢。

（李瑞珩）

夕阳西下，塞雁南飞，渭水东流。

【出处】宋·康与之《诉衷情令·长安怀古》

阿房废址汉荒丘。狐兔又群游。豪华尽成春梦，留下古今愁。君莫上，古原头。泪难收。夕阳西下，塞雁南飞，渭水东流。

【鉴赏】夕阳西下，暮色浅浅，长安城外晚烟笼罩。我独倚阑干凝望，只看到，归雁数点拂云端，一路南飞；千里之外，渭水无痕清见底，蓼花汀上西风起。此句借景抒情，情韵悠长。轻轻闭着眼睛，我依然能清晰地回忆起那一日每分每秒的光景，追溯每一点滴。悠然往事，唯见塞雁南来，

316

追忆那昔日繁华,笑语翩跹,已成春梦。而今看到这辰光消退,抚今追昔,心里蒙上了一丝淡淡的美丽哀愁。此句抒发了词人身处偏安之地,吟咏古今的情怀。

（李瑞珩）

老去情怀,犹作天涯想。空惆怅,少年豪放,莫学衰翁样。

【出处】宋·叶梦得《点绛唇》

缥缈危亭,笑谈独在千峰上。与谁同赏,万里横烟浪。　　老去情怀,犹作天涯想。空惆怅。少年豪放,莫学衰翁样。

【鉴赏】"老去情怀,犹作天涯想"句说自己人虽老了,情怀不变,还是以天下为己任,总在做着恢复中原万里山河的计虑和打算。表现出"老骥伏枥,志在千里"的气概。"犹作天涯想",词人年龄虽老,壮志未衰,仍有志恢复中原万里河山。"犹作"二字流露出"天涯想"的强烈感情。又想起此身闲居卜山,复出不知何日,独自登临送目,纵有豪情,也只能是"空惆怅"。"空惆怅"三个字收住了"天涯想"。一个"空"字把前面的一切想望都勾销掉了,又回到了无可奈何、孤独寂寞的境界。而胸中热情,又不甘心熄灭,便吩咐随侍的儿辈"少年豪放,莫学衰翁样"。"衰翁样"指的是"空惆怅",借"少年豪放"回复到"天涯想"的豪情壮志上去。此句一转一深,一深一妙,针线绵密,曲尽其妙。

（李瑞珩）

故都迷岸草,望长淮,依然绕孤城。

【出处】宋·叶梦得《八声甘州·寿阳楼八公山作》

故都迷岸草,望长淮,依然绕孤城。想乌衣年少,芝兰秀发,戈戟云横。坐看骄兵南渡,沸浪骇奔鲸。转盼东流水,一顾功成。　　千载八公山下,尚断崖草木,遥拥峥嵘。漫云涛吞吐,无处问豪英。信劳生、空成今古,笑我来、何事怆遗情? 东山老,可堪岁晚,独听桓筝!

【鉴赏】古都寿阳城的城边江岸早已野草纷纷,迷茫一片;望淮河的支脉淝水,依然像当年一样环绕孤城寿阳滚流不息。词人吊古,一方面仰慕当年谢石、谢玄在前线指挥作战,得到朝廷谢安等人的有力支持;另一面又想到历史上的英雄人物,为国事劳心劳力,也不过"空成今古"。谢安晚年就已经受到国君的冷落,自己又何必为往事而悲怆。词人从眼前的城和水写起下一"迷"字,给全篇营造出深沉、苍凉的历史纵深感,并且预示了"物是人非"的主题。

（李瑞珩）

317

中原乱，簪缨散，几时收？试倩悲风吹泪，过扬州。

【出处】宋·朱敦儒《相见欢》

金陵城上西楼，倚清秋。万里夕阳垂地，大江流。　　中原乱，簪缨散，几时收？试倩悲风吹泪，过扬州！

【鉴赏】"中原乱，簪缨散，几时收"这几句是作者对北宋灭亡而南渡时凄惨情景的回忆，表达了作者对收复故土的渴望。"几时收"这句简单的问话，表现了作者渴望早日恢复中原的强烈愿望，同时也是对朝廷苟安旦夕，不图恢复的愤慨和抗议。"试倩悲风吹泪，过扬州"意思是前途难料，心中的忧虑和愁闷无处倾泻，只有请悲凉的秋风把作者忧国忧民的眼泪通过扬州送到失守的北方领土，表现了作者对前线战事的关切。下片抒发了作者关心国家命运的情感，作者对南宋朝廷不图恢复表示愤懑和指斥，表现了其强烈的爱国之情。　　　　　　　　　　　　（李瑞珩）

诗万首，酒千觞，几曾着眼看侯王。

【出处】宋·朱敦儒《鹧鸪天》

我是清都山水郎，天教懒慢带疏狂。曾批给露支风券，累奏流云借月章。　　诗万首，酒千觞，几曾着眼看侯王。玉楼金阙慵归去，且插梅花醉洛阳。

【鉴赏】闲吟万首诗，醉饮酒千觞，何时都不把侯王放心上。"诗万首，酒千觞，几曾着眼看侯王。"词人饮酒赋诗，轻慢王侯，气吞虹霓，用独特笔法为读者塑造了李白之外的又一个"谪仙人"。"几曾着眼看侯王"道出了年少轻狂的感慨，大有诗仙李白之风。他连天国的"玉楼金阙"都懒得归去呢，当然不肯拿正眼去看那尘世间的王侯权贵。体现了词人鄙夷权贵、傲视王侯的风骨，读来令人感佩。　　　　　　　　　（李瑞珩）

但愁敲桂棹，悲吟《梁父》，泪流如雨。

【出处】宋·朱敦儒《水龙吟》

放船千里凌波去。略为吴山留顾。云屯水府，涛随神女，九江东注。北客翩然，壮心偏感，年华将暮。念伊、嵩旧隐，巢、由故友，南柯梦，遽如许。　　回首妖氛未扫，问人间、英雄何处。奇谋报国，可怜无用，尘昏白羽。铁锁横江，锦帆冲浪，孙郎良苦。但愁敲桂棹，悲吟《梁父》，泪流如雨。

【鉴赏】我敲击船桨打着拍子,唱着悲凄的《梁父吟》,泪水滂沱。"但"字一转,写词人救亡有志,报国无门,他忧愤得敲打着船桨,作为击节,像诸葛亮那样唱着《梁父吟》,心潮激荡,"泪流如雨",无可奈何。以"但"字拍转,以"愁""悲"等字点染,以"泪流如雨"的画面作结,极见词人悲愤之深广与无力回天的无奈。一位爱国词人的忠义之情,抒发得淋漓尽致,而词情至此,也达到高潮。此句不必用典仍然明白如话,感情极痛快却极沉着,将个人身世之感与对国家民族的深情挚爱融为一体,风格豪放悲壮。

(李瑞珩)

梦难成,恨难平。不道愁人不喜听,空阶滴到明。

【出处】宋·万俟咏《长相思·雨》

一声声,一更更。窗外芭蕉窗里灯,此时无限情。　　梦难成,恨难平。不道愁人不喜听,空阶滴到明。

【鉴赏】心里一直有着很美好的夙愿,却难以实现,美梦就成了遗憾。帘外清冽的雨,一声声下着,就好似说不完、道不尽的哀愁,淅淅沥沥地敲打在心头,一直到第二天早晨。"梦难成,恨难平"句,写思念之切。"不道愁人不喜听"一句,词人把客观环境和主观感情相结合,以大自然的夜雨寄托了离人的凄苦。接着写"空阶滴到明","空"字,在此用来形容台阶,空阶即是台阶上没有人的意思,一个"空"字突出了人离人的寂寞孤苦感。这雨不管"愁人"喜听也罢,"不喜听"也罢,只是下个不停。此句以寂静的雨声烘染相思的泪滴,窗内窗外,一同滴到天明,表现了雨声对内心情感的触动,词句细腻动人。

(李瑞珩)

已分忍饥度残岁,更堪岁里闰添长。

【出处】宋·杨万里《悯农》

稻云不雨不多黄,荞麦空花早着霜。已分忍饥度残岁,更堪岁里闰添长。

【鉴赏】早已料定要忍着饥饿去度过这一年剩下的日子,可又偏逢闰年,比正常的年岁又长了些时日,叫人如何能忍受得了这忍饥挨饿日子的煎熬。此句表现出作者对荒年百姓遭遇的深深同情,"已分"引出现实情况产生的结果,言生活之艰难;"更堪"实际上表达的是"更哪堪"的含义,

319

说是更要忍受,但实际意思是无法忍受,充满了无尽的嗟愤,使人感到痛心疾首,对农民充满同情。 （王新宇）

何必桑乾方是远,中流以北即天涯。

【出处】宋·杨万里《初入淮河四绝句》其一

船离洪泽岸头沙,人到淮河意不佳。何必桑乾方是远,中流以北即天涯。

【鉴赏】诗人乘船离开洪泽去迎接北方来使,船行到淮河时便觉得心情沉重。何必要说只有故土北地逼近塞北的桑乾河一带才称得上遥远,而今宋金划淮河为界,本是一国的淮河以北之地现今早已是咫尺天涯,可望而不可即。诗人追昔抚今,以"何必"一词追忆过往,隐隐透露出无可奈何与无限哀痛之情;"即"为"就是"之意,与"何必"相应,词意带着无奈与痛心;"中流"两侧本近在咫尺,作者却将其称之为"天涯",咫尺即是天涯,饱含着对国家失地的痛惜以及对统一的渴盼之情。 （王新宇）

江流千古英雄泪,山掩诸公富贵羞。

【出处】宋·刘过《登多景楼》

壮观东南二百州,景于多处更多愁。江流千古英雄泪,山掩诸公富贵羞。北府如今唯有酒,中原在望忍登楼。西风战舰今何在,且办年年使客舟。

【鉴赏】在北固山的多景楼上远眺,东南二百州的胜景尽收于眼底,然而风光愈胜,愁肠愈结。山下江水滔滔东去,不知其中流淌着多少千古英雄的眼泪,群山逶迤绵延,不知掩盖了多少贪享富贵荣华、卖国求荣的羞耻之事。此句一方面写出北固山险要的地势,另一方面又表达由此景而生出的感慨。诗人以工整的对仗将悲愤的英雄与享乐的奸佞对比,道出英雄失意困顿时仍旧忧心国家的沉郁愤懑之情,也揭露出坐拥富贵的奸枉之人的丑恶,表现出诗人对英雄的景仰以及对奸佞的愤恨之情。

（王新宇）

山外青山楼外楼,西湖歌舞几时休。暖风熏得游人醉,直把杭州作汴州。

【出处】宋·林升《题临安邸》

山外青山楼外楼，西湖歌舞几时休。暖风熏得游人醉，只把杭州作汴州。

【鉴赏】此时宋朝兵败，不得已将都城从汴梁迁到了临安，但之后统治者不思收复失地，只知纵情歌舞享乐。诗人因此作此诗，讽刺时事。西湖环抱于重峦叠嶂之中，亭台楼阁缘湖而建，相互掩映，西湖之上日夜歌舞升平。人们都沉浸在这南国微醺的暖风中，把这新都杭州当作了旧都汴州。"外"写出自然之美与建筑之繁华；"几时休"一问透露出诗人对统治者沉迷歌舞的痛惜与失望之情；后两句委婉而又尖锐地表达出内心之沉痛，既有对统治者沉迷享乐，偏安江左，早已忘记失去旧都之痛的讽刺与愤恨，又有对收复失地无望的失落与绝望。　　　　　（王新宇）

从此西湖休插柳，剩栽桑树养吴蚕。

【出处】宋・刘克庄《戊辰即事》

诗人安得有春衫？今岁和戎百万缣。从此西湖休插柳，剩栽桑树养吴蚕。

【鉴赏】戊辰年，宋兵攻金失败，双方签订和约，宋每年向金纳岁币银三十万两。诗人由此慨叹民穷财尽，倾尽民力来供强敌需索。我这样的诗人又怎么会有绢做成的春衫呢，今年签订和约又花费了近百万匹的细绢，百姓早已家徒四壁。从此之后，西湖旁再也不要插柳观赏了，全部改种桑树来养蚕吧，只有这样才能付得起每年的岁贡。诗人从小处着眼，从制衣的蚕丝入手，以"休插柳""剩栽"表明必须要倾尽举国之力；又直指"西湖"，连都城附近以风光闻名的西湖都要改植桑树养蚕，只有如此这般才能偿付岁币之资，使人慨叹国家的贫弱，忧叹国家的未来。　　（王新宇）

神州只在阑干北，几度来时怕上楼。

【出处】宋・刘克庄《冶城》

断镞遗枪不可求，西风古意满原头。孙刘数子如春梦，王谢千年有旧游。高塔不知何代作，暮笳似说昔人愁。神州只在阑干北，几度来时怕上楼。

【鉴赏】冶城曾是冶铸兵器之所、兵家必争之地，如今也找不到断箭残枪，只有萧瑟西风吹过。在这里，英雄名士的过往历尽千年，一切已然物是人非。高高耸立的古塔已经分辨不出是何年所建，暮色中悠悠作响的胡笳似乎诉说着故人的愁绪。阑干以北的神州大地早已非我国土,每每到此登高都惧怕牵动愁肠。此句把诗人的思绪从怀古转到伤今,登高则望远,便会望到久久未能光复的"阑干北"的半壁江山,继而想到当今统治者的苟且偷安,不复旧时国力,这残存的山河恐不久也将陷于敌手。诗人忧心国家,不忍作此想,因而"怕上楼"勾起愁思。"几度"指出每次都如此,可见诗人心情之沉痛、爱国之深沉。

(王新宇)

天地寂寥山雨歇,几生修得到梅花。

【出处】 宋·谢枋得《武夷山中》

十年无梦得还家,独立青峰野水涯。天地寂寥山雨歇,几生修得到梅花。

【鉴赏】 自兵败后,辗转山中十年才得以还家,转徙于少有人烟的青山之间,徜徉于野外清冽的溪涧之旁。风雨暂歇,雨水洗净空寂的群山,天地的一切貌形声响都归于寂灭,消歇无声,不知是修行了几世才能像如今这样得梅花以为伴。"天地寂寥"讲山雨之后万籁俱寂的情状,周遭俱静,人所感受到的也是孤单寂寥;"几生"能修得,表明修得之难。"梅花"是气节的象征,是作者歆羡之物,寄予着诗人对这种品格的期许,阐明自己坚贞不屈、誓不事元之志,独立于世之愿。

(王新宇)

自经沟渎①非吾事,臣死封疆②是此时。

【注释】 ①自经:自缢。沟渎:沟渠。《论语·宪问》第十四章:"子贡曰:'管仲非仁者与? 桓公杀公子纠,不能死,又相之。'子曰:'管仲相桓公,霸诸侯,一匡天下,民到于今受其赐。微管仲,吾其被发左衽矣。岂若匹夫匹妇之为谅也,自经于沟渎,而莫之知也。'"②封疆:指统治一方的将帅,明清两代指总督、巡抚等。

【出处】 宋·陈文龙《元兵俘至合沙诗寄仲子》

斗垒孤危势不支,书生守志誓难移。自经沟渎非吾事,臣死封疆是此时。须信累臣堪衅鼓,未闻烈士树降旗。一门百指沦胥北,唯有丹衷天地知。

【鉴赏】虽然营垒孤危,势单力薄,难以抵御元兵不断的猛烈进攻,但自己仍誓死守城,绝不动摇。讲求小信小义,为小事而轻易自尽的事情不会发生在自己身上。此二句均化用儒家经典:其中"自经沟渎"一语化用孔子评述管仲之语,表明自己不会做出无谓的牺牲,不求一时美名,但求有功于社稷;"得死封疆"亦是从儒家的教导而来,是诗人的不变信条;"是此时"又体现出诗人矢志不渝的报国信念,表达了自己的高远志向。其情感郁勃,蕴藉深厚,撼人心魄。 (王新宇)

人生自古谁无死,留取丹心照汗青。

【出处】宋·文天祥《过零丁洋》

辛苦遭逢起一经,干戈寥落四周星。山河破碎风飘絮,身世浮沉雨打萍。惶恐滩头说惶恐,零丁洋里叹零丁。人生自古谁无死,留取丹心照汗青。

【鉴赏】此时诗人举兵抗元但兵败被俘,不服元军胁迫,决心以死报国,于是写此诗以明志。在历数自己的人生起伏历程之后,诗人有感而发:自古以来,人难免会有一死,没有人可以逃脱,既然如此,那只要留得这颗爱国之心得以昭耀史册就行了。人固有一死,或重于泰山,或轻于鸿毛,而这种"捐躯赴国难"的方式是最值得传颂的,必将名垂青史。反问语气下的"谁无死"一句表现出视死如归的大义凛然,沉郁悲壮又激昂慷慨。后世的仁人志士常引用此句来表示其舍生取义的信念与忠义坚贞的操守。 (王新宇)

天地有正气,杂然赋流形。下则为河岳,上则为日星。于人曰"浩然",沛乎塞苍冥。

【出处】宋·文天祥《正气歌》

天地有正气,杂然赋流形。下则为河岳,上则为日星。于人曰"浩然",沛乎塞苍冥。皇路当清夷,含和吐明庭。时穷节乃见,一一垂丹青。在齐太史简,在晋董狐笔。在秦张良椎,在汉苏武节。为严将军头,为嵇侍中血。为张睢阳齿,为颜常山舌。或为辽东帽,清操厉冰雪。或为《出师表》,鬼神泣壮烈。或为渡江楫,慷慨吞胡羯。或为击贼笏,逆竖头破裂。是气所磅礴,凛烈万古存。当其贯日月,生死安足论。地维赖以立,天柱赖以尊。三纲实系命,道义为之根。嗟予遘阳九,隶也实不力。楚囚缨其冠,传车送穷北。鼎镬甘如饴,求之不可得。阴房阗鬼火,春院闷天黑。牛骥同一皂,鸡栖凤凰食。一朝蒙雾露,分作沟中瘠。如此再寒暑,百沴自辟易。哀哉沮洳场,为我安乐国。岂有他缪巧,阴阳不能贼。顾此耿耿存,仰视浮云白。悠悠我心悲,苍天曷有极!哲人日已远,典刑在夙昔。风檐展书读,古道照颜色。

【鉴赏】诗人被元军囚禁逼降,作此诗颂扬古时齐国太史、晋国太史、张良、苏武等十余位为正义而英勇斗争的人物,以示自己在任何条件下都不会投降的坚定信念与顽强意志。天地之间有一股正气,至大至刚,可以被赋予宇宙间多种形体,在地下就是巍巍绵延的山岳、泱泱奔涌的河川,在天上就是熠熠生辉的朗日、灿灿闪烁的明星,而在人身上正是那浩然之气,充盈于天地之间。此段起笔气度非凡:从河岳、日星的角度讲正气,对仗工整,意象宏大,之后化用先贤孟子之语写人之正气,文采风流。通读之,即可觉其嶙嶙傲骨、凛然正气。

(王新宇)

谁念迁客归来,老大伤名节。纵使岁寒途远,此志应难夺。

【出处】宋·李纲《六幺令》

长江千里,烟淡水云阔。歌沉玉树,古寺空有疏钟发。六代兴亡如梦,苒苒惊时月。兵戈凌灭。豪华销尽,几见银蟾自圆缺。　　潮落潮生波渺,江树森如发。谁念迁客归来,老大伤名节。纵使岁寒途远,此志应难夺。高楼谁设。倚阑凝望,独立渔翁满江雪。

【鉴赏】南宋主战主和两派斗争尖锐,作者因主战被贬。千里长江之上弥漫着淡淡的水雾,江畔响着悠长的歌声,不时传来几声古寺疏朗的钟声。时光荏苒,前朝的是非兴衰如同一场春梦,战乱、繁华都消逝无踪,只有月亮盈缺如旧。谁能体谅我这被排挤出朝廷贬谪至此的人呢?哪怕被贬到路途遥远的苦寒之地,我这收复中原、救国救民的志向也不会有丝毫改变。"谁"是从问句角度写出无人挂心,无志同道合可以为伴的人,隐隐透出失落;"纵使"是任何恶劣的条件,志向也"应"当不会改变,以此二词表现出其志向之坚,气节之贞。

(王新宇)

物是人非事事休，欲语泪先流。

【出处】宋·李清照《武陵春》

风住尘香花已尽，日晚倦梳头。物是人非事事休，欲语泪先流。闻说双溪春尚好，也拟泛轻舟。只恐双溪舴艋舟，载不动、许多愁。

【鉴赏】风已尽，春花零落成泥；日已高，情绪倦怠，无心梳洗打扮。景物依旧如故，人却早已不似从前，一切都已成过往。愁肠百结，想要倾诉心中愁苦，尚未开口，泪水却先落下，已是泣不成声。"物是人非"，时移世异，"是""非"之间，勾起作者无尽的伤怀。物虽是，人已逝，睹物而思人，感到的只有无尽的落寞，万事皆休。"欲语泪先流"，语平易而意精奇，满腹的愁绪就像泪水一样夺眶而出，情至深处难自已，词句情感深刻，凄婉动人。

（王新宇）

只恐双溪舴艋舟，载不动、许多愁。

【出处】宋·李清照《武陵春》

原文参见前句。

【鉴赏】尽日忧愁，无以为欢，听人说双溪那里还存着一段尚好的春色，也打算去那里泛舟游赏，排遣一下愁绪。只是恐怕双溪之上小小的扁舟，载不动我心中的许多忧愁。"只恐"承前句"闻说""也拟"而来，在"拟泛轻舟"的轻快之后形成起伏跌宕之感，这种心理上的落差使之后情感的抒发显得更加深刻。"载不动"实际上是夸张的手法，先将抽象的"愁"物质化，赋予愁以形态、重量的物象属性，化虚为实，之后极言愁之沉重，想象奇特。小舟难盛作者之愁，双溪一游亦难消作者之愁。后人常以此句形容心中愁苦之深难以承受。

（王新宇）

枕上诗书闲处好，门前风景雨来佳。

【出处】宋·李清照《摊破浣溪沙》

病起萧萧两鬓华，卧看残月上窗纱。豆蔻连梢煎熟水，莫分茶。枕上诗书闲处好，门前风景雨来佳。终日向人多酝藉，木犀花。

【鉴赏】此时词人久病初愈，两鬓生华，细细调养着身子。晚上卧在床上看残月初升，白日里则倚在枕上看看诗书打发闲暇时间，看门前的风景在雨中别具情韵。词人久病，尚在调养，故而看书也只能在"枕上"；忙碌的人无暇欣赏门前风景，也厌恶雨天，而作者不仅会欣赏门前之景，还

325

道"雨来佳"，猜得出作者恰在病后的"闲处"光景，连风雨亦显得别有情趣。"闲处好"，一则浮生难偷得这片刻的闲暇时光，二则病后消遣，诗书闲处怡情最佳。病后光景，消遣闲散的情趣，大抵如此。 　　（王新宇）

寻寻觅觅，冷冷清清，凄凄惨惨戚戚。

【出处】宋·李清照《声声慢》

寻寻觅觅，冷冷清清，凄凄惨惨戚戚。乍暖还寒时候，最难将息。三杯两盏淡酒，怎敌他、晚来风急。雁过也，正伤心，却是旧时相识。　　满地黄花堆积，憔悴损，如今有谁堪摘？守着窗儿，独自怎生得黑！梧桐更兼细雨，到黄昏、点点滴滴。这次第，怎一个愁字了得！

【鉴赏】靖康之难后，词人家破夫亡，历尽劫难。在独居的生活中，词人心神无主，好似失掉了什么，因而寻觅良久，可周遭依旧是冷冷清清，境况凄凄惨惨，内心深切感受到无尽的孤苦，往昔的一切都失去了意义与色彩。连用七组十四叠字，一则古今罕有，大胆新奇，而绝无斧凿之痕；二则均为细声字，宛如"大珠小珠落玉盘"，如怨如慕，如泣如诉，在啮齿叮咛的音韵间细腻地表现出凄苦愁绝之感；三则富有层次，从个人动作情态到外在环境气氛，再到内在心理情感，逐层递进，由浅入深，层次分明。因其为首句，故而在展现词人彷徨不宁的愁苦之情同时，也为全词定下凄苦的感情基调。　　（王新宇）

梧桐更兼细雨，到黄昏、点点滴滴。这次第①，怎一个愁字了得！

【注释】①次第：光景，情形。

【出处】宋·李清照《声声慢》

原文参见前句。

【鉴赏】家破夫亡，此时的作者孤苦无依。正值残秋，院中积满了凋落的菊花花瓣，憔悴不堪，又能与谁共摘？天色渐暗，适逢风雨，到了黄昏时，梧桐树叶上积着的雨水不断滴落下来，不断的点滴之声使心情愈感烦闷愁苦。此景此情，此时此刻的愁绪心伤，哪里是一个简简单单的"愁"字就能说得尽的。二十余字啮齿叮咛，倾吐出心中的忧郁与惆怅。"梧桐"一句兼用"秋雨梧桐叶落时"与"梧桐树，三更雨，不道离情正苦。一夜夜，一声声，空阶滴到明"两佳句，营造出清冷、凄孤的氛围，如嗟如叹。外之

326

愁景与内之愁情是统一的,由梧桐细雨到万般愁绪,再到词人的凄怆身世,都是极端凄苦的,非一个愁字能概括。现多用后句形容极端愁苦的心境。

(王新宇)

被冷香消新梦觉,不许愁人不起。

【出处】宋·李清照《念奴娇》

萧条庭院,又斜风细雨,重门须闭。宠柳娇花寒食近,种种恼人天气。险韵诗成,扶头酒醒,别是闲滋味。征鸿过尽,万千心事难寄。　　楼上几日春寒,帘垂四面,玉阑干慵倚。被冷香消新梦觉,不许愁人不起。清露晨流,新桐初引,多少游春意。日高烟敛,更看今日晴未。

【鉴赏】庭院景物萧条,又逢风雨,只好紧闭重门。寒食节将近,繁花嫩柳惹人爱怜,无奈天气恼人,游赏不成。大雁阵阵飞过,心中泛起阵阵相思,而心事无处可寄。春寒侵袭画楼,垂下帘子,慵懒地倚在栏杆上。罗衾难耐春寒,炉香殆尽,新做的美梦也已经醒了,让我这愁闷着的人不得不起身。作者以"新梦"寄心事,但却被寒意叫醒,美梦难成,可想见词人孤枕难眠,辗转反侧之状;"不许"一词更显词人之无奈;"被冷香消",梦已醒,难再眠,因而不得不起,又加重了愁闷心绪。

(王新宇)

如今憔悴,风鬟霜鬓,怕见夜间出去。不如向,帘儿底下,听人笑语。

【出处】宋·李清照《永遇乐》

落日熔金,暮云合璧,人在何处?染柳烟浓,吹梅笛怨,春意知几许。元宵佳节,融和天气,次第岂无风雨。来相召,香车宝马,谢他酒朋诗侣。

中州盛日,闺门多暇,记得偏重三五。铺翠冠儿,捻金雪柳,簇带争济楚。如今憔悴,风鬟霜鬓,怕见夜间出去。不如向,帘儿底下,听人笑语。

【鉴赏】落日似金,暮云如璧,人又在何处?柳色如染,笛声似怨,元宵佳节,人们都盛装出游,作者闭门谢客,谢绝了酒朋诗侣的邀请。旧时元宵热衷出去,而今人老憔悴,鬓发斑白凌乱,更害怕在夜里出去了。倒不如躲在帘子后面,听听别人的欢声笑语。"风鬟霜鬓"既指出了华发凌乱,不适合像年轻时那样打扮,也道出了自己历尽风霜,寡居独处,不愿再那样打扮了,所以如此"憔悴",不想随便抛头露面。"听人笑语"可知帘外满是笑语欢声,而帘内的作者却独坐窗下,形单影只,帘外之乐景更衬出

327

词人的孤苦颓然，读之倍感辛酸。　　　　　　　　　　　　（王新宇）

我报路长嗟日暮，学诗谩有惊人句。

【出处】宋·李清照《渔家傲》

天接云涛连晓雾，星河欲转千帆舞。仿佛梦魂归帝所，闻天语，殷勤问我归何处？　　我报路长嗟日暮，学诗谩有惊人句。九万里风鹏正举，风休住，蓬舟吹取三山去。

【鉴赏】天将晓，在梦中依稀觉得自己回到了天帝居住的宫殿，听到天帝殷勤地询问我要去往何处。我回答说，要走的道路曲折漫长，可日色将暮，空有惊人的诗词才华。此句作为下阕首句，通过"报"字与上阕相连接，过渡自然。"日暮""路长"出自《离骚》中的"欲少留此灵琐兮，日忽忽其将暮"与"路漫漫其修远兮，吾将上下而求索"两句，这里作者用以与"谩有惊人句"相连，表达自己空有才华，但生不逢时，故而历尽艰辛、艰难挣扎的愁闷。"谩有"是空有之意，感叹自己难觅知音，才华无用，偏又适逢乱世，心中充满对现实的不满与愤懑。　　　　　　　（王新宇）

醉里插花花莫笑，可怜春似人将老。

【出处】宋·李清照《蝶恋花》

永夜恹恹欢意少。空梦长安，认取长安道。为报今年春色好。花光月影宜相照。　　随意杯盘虽草草。酒美梅酸，恰称人怀抱。醉里插花花莫笑，可怜春似人将老。

【鉴赏】长夜寂寂，人便觉恹恹，只在梦中再度回过长安；今春风光正好，草草吃些东西后，带着几许醉意去插花。花儿啊，你不要笑话我，可怜这曼妙的春色也像人一般将要老去了。"花莫笑"一句给花儿赋予了"笑"这一人的情感行为，将花朵拟人化。花儿所笑的不过是作者人至暮年、韶华不复，而作者却说春天也会像人一样老去，也把"春"赋予了生命，尽现恋春、惜春之情。作者于此惜春之将逝，哀人之已暮。后世多引此句表达年华不再、欢乐不继的哀叹。　　　　　　　　　　（王新宇）

年少凄凉天付与，更堪春思萦离绪。

【出处】宋·赵鼎《蝶恋花》

尽日东风吹绿树。向晚轻寒，数点催花雨。年少凄凉天付与，更堪春思萦离绪。　　临水高楼携酒处。曾倚哀弦,歌断黄金缕。楼下水流何处去,凭栏目送苍烟暮。

【鉴赏】此为怀人之作。尽日东风吹拂,草木渐绿,傍晚透着微微的寒意。青春年少时的伤感是上天赋予的,暮春的萧索又增添了别离的愁绪,这要怎么承受! 年少通常是欢乐的,可作者却说"年少凄凉",个中情由恐怕便是那夹杂些许"春思"的"离绪"了。作者言这"凄凉"是"天付与",无可摆脱,似在自我解嘲,这年少的情愫只能甘心承受。 　　(王新宇)

榴花不似舞裙红,无人知此意,歌罢满帘风。

【出处】宋·陈与义《临江仙》

高咏《楚辞》酬午日,天涯节序匆匆。榴花不似舞裙红,无人知此意,歌罢满帘风。　　万事一身伤老矣,戎葵凝笑墙东。酒杯深浅去年同,试浇桥下水,今夕到湘中。

【鉴赏】高声吟咏着《楚辞》来过端午节,经年天涯漂泊,只觉得岁月匆匆流逝。石榴花比不得舞女的红裙鲜红,更没有人理解我的心情,一曲高歌过后,风鼓满了帘幕。端午节是为了纪念屈原而定,词人因而选择歌咏屈原之作品《楚辞》来纪念他。此时已是南渡之后,这一纪念便又多了感伤时事、忧国忧民的意味。"榴花不似舞裙红",人们都只知道庆祝端午,却无人忆起端午的本意,只知歌舞享乐,忘记中原故地还陷于敌手,于是也就无人理解作者此时歌咏《楚辞》的心境。《楚辞》多悲,一曲既罢,心绪愈加悲怆,更是悲回风之满帘。 　　(王新宇)

长沟流月去无声,杏花疏影里,吹笛到天明。

【出处】宋·陈与义《临江仙·夜登小阁忆洛中旧游》

忆昔午桥桥上饮,坐中多是豪英。长沟流月去无声,杏花疏影里,吹笛到天明。　　二十余年如一梦,此身虽在堪惊。闲登小阁看新晴。古今多少事,渔唱起三更。

【鉴赏】此句是作者回忆南渡之前,在洛阳时欢畅闲适的生活。回想往昔与诸多英雄豪杰在午桥之上宴请畅饮,把酒言欢,不忧虑人间琐事。看月影随着河水默默流去,杏花正白,枝叶扶疏,于朦胧月华之中,于烂漫杏花之下,于稀疏的树影之中,吹着笛子,不知不觉间天就已经亮了。其景清幽雅致,其言流丽俊逸。写景之静谧,写事之闲宴,写月写影写笛,充溢着安恬闲逸之感。"长沟流月",月影随水,时间就随着流动的月影流逝,寂然无声。一个"流"字化静为动,"去"的不仅仅是水,是月,更是光阴;"杏花疏影"一语尽现午桥春夜之静谧典雅。 （王新宇）

梦断酒醒时,倚危樯清绝①。

【注释】①危樯:高桅。危,高。樯,桅杆。清绝:其清无比。

【出处】宋·张元幹《石州慢·己酉秋吴兴舟中》

雨急云飞,蓦然惊散,暮天凉月。谁家疏柳低迷,几点流萤明灭。夜帆风驶,满湖烟水苍茫,菰蒲零乱秋声咽。梦断酒醒时,倚危樯清绝。

心折。长庚光怒,群盗纵横,逆胡猖獗。欲挽天河,一洗中原膏血。两宫何处,塞垣只隔长江。唾壶空击悲歌缺。万里想龙沙,泣孤臣吴越。

【鉴赏】骤雨急风后,秋月暮凉,疏柳低迷,流萤明灭。湖中烟水一片苍茫,水草零乱,秋声呜咽。从梦中惊醒,醉意已过去,独自倚靠着高高的桅杆,冷风吹面,听秋声清绝呜咽。夜半梦断,独立秋风,酒醒无依,词人便是这样的一个独醒者。"怅望关河空吊影,正人间鼻息鸣鼍鼓",夜色中,有人安枕,有人熟睡,独词人难眠,听万物寂静,听秋声飒飒,彷徨难成行。一派寂寥萧瑟景象之中,举世皆浊,词人独清,举世皆醉,词人独醒,孤愤满怀,故而"清绝"。 （王新宇）

底事昆仑倾砥柱。九地黄流乱注。聚万落、千村狐兔。

【出处】宋·张元幹《贺新郎·送胡邦衡待制》

梦绕神州路。怅秋风、连营画角,故宫离黍。底事昆仑倾砥柱。九地黄流乱注。聚万落、千村狐兔。天意从来高难问,况人情、老易悲难诉。更南浦,送君去。　　凉生岸柳催残暑。耿斜河、疏星淡月,断云微度。万里江山知何处。回首对床夜语。雁不到、书成谁与? 目尽青天怀今古,肯儿曹、恩怨相尔汝。举大白,听金缕。

【鉴赏】梦中牵挂中原，怅然的秋风吹着军旅相连成片的营帐，故国的宫庙宗祠为敌所占，尽是离黍之悲。是什么事使昆仑山、砥柱山倾颓，以致黄河之水在九州大地上肆意流淌、泛滥成灾，狐狸野兔占据万千的村落。实际上，作者怀恋故土，诘问为什么北宋王朝会覆灭以至无数的金兵在中原各处横行，侵占千村万落。词中多借物指代：以"昆仑""砥柱"化北宋朝廷，以"黄流""狐兔"代金兵，笔法隐晦，但词人忧心于国家民众、不断深刻反思国家悲剧的根源之心，深厚的忧国忧民之意却溢于字里行间，不见削减。

（王新宇）

天意从来高难问，况人情、老易悲难诉。

【出处】宋·张元幹《贺新郎·送胡邦衡待制》

原文参见前句。

【鉴赏】词人面对残酷的现实苦难，感叹反思着神州巨变，故都沦陷，生灵涂炭，这些是因为什么。上天的心意向来高深莫测、难以揣度，又何况人之情易逝，伤悲之情无法倾诉。此句实际上是在讲：皇帝的意图和心思从来都是高深难料的，而众人的爱国热情也在逐渐消退，爱国志士的悲苦更是难以诉说。从中可以看出词人在反思兵败的原因之时，又敢于对皇帝进行批判，可见其忧国至深。本句化用前代诗人杜甫"天意高难问，人情老易悲"之诗意，"从来"一词更添失望与指责，"况"字引出另一原因，流露出落寞与无奈之情。

（王新宇）

杏花无处避春愁，也傍野烟发。

【出处】宋·韩元吉《好事近》

凝碧旧池头，一听管弦凄切。多少梨园声在，总不堪华发。　　杏花无处避春愁，也傍野烟发。唯有御沟声断，似知人呜咽。

【鉴赏】词人于宴会之上偶闻宫廷旧乐，不禁生发黍离之悲。词人含蓄用典，表达亡国之痛与思乡之情。此句词人将自己比作杏花，借景抒怀，杏花也如"我"一般禁不住这春景的哀愁，唯有独自依傍这荒野默默开花，独自凋零。将满腹亡国之悲寄予幽寒之中自生自灭的杏花，更显飘零无力之感，尤显词人内心之脆弱悲戚。正如"杏花无处避春愁"，词人也无力挽救国家，更禁不住自己垂垂老去，此生遗憾，唯有在荒野之中兀自呜咽，隐忍地写出不为人知的愁苦。

（高思琪）

十二阑干闲倚遍,愁来天不管。

【出处】 宋·朱淑真《谒金门》

春已半,触目此情无限。十二阑干闲倚遍,愁来天不管。　　好是风和日暖,输与莺莺燕燕。满院落花帘不卷,断肠芳草远。

【鉴赏】 在这首词中,女词人表达了自己所嫁非偶、婚姻不幸的怨念之情和对情之所钟之人的相思之苦。此句写词人遍倚栏杆,闲愁难解,故而对天产生怨怼之情。"十二阑干"这一意象曾大量出现在前人的诗词中,此四字一出,情与景已皆成。而一个"遍"字,可见其"闲"。后文直斥"愁来天不管",竟将自己的愁苦发泄到上天,一位直率中显露几分泼辣的妇女形象跃然纸上。词人直言自己对天、对命运的不满,更表现出她对于幸福婚姻生活、对与情投意合之人长相厮守的执着渴望,情感真挚绵延,令人叹惋。

(高思琪)

书生报国无地,空白九分头。

【出处】 宋·袁去华《水调歌头·定王台》

雄跨洞庭野,楚望古湘州。何王台殿,危基百尺自西刘。尚想霓旌千骑,依约入云歌吹,屈指几经秋。叹息繁华地,兴废两悠悠。　　登临处,乔木老,大江流。书生报国无地,空白九分头。一夜寒生关塞,万里云埋陵阙,耿耿恨难休。徒倚霜风里,落日伴人愁。

【鉴赏】 全词借定王台的历史兴亡,怀古伤今,表达对国家沦陷,自己却报国无门的悲痛之情。词人在此句中化用陈与义《巴丘书事》中"腐儒空白九分头"一句,感慨自己一介书生,愿意"捐躯付国难",却无奈报国无门,只能白白让一头青丝变为白发。这一句是全词的点睛之笔,直抒胸臆,表达对国家兴亡的感慨和对个人命运的喟叹。一个"空"字,背后是时光匆匆而逝,年华垂垂老去,是人生一事无成、空空荡荡,是国家的辉煌与荣耀荡然无存,写出词人内心的不甘。而不甘的背后,九分白发下,已是深深的痛楚与绝望。

(高思琪)

此生谁料,心在天山①,身老沧洲②。

【注释】 ①天山:在今新疆境内,是汉唐时的边疆,这里代指抗金前线。②沧洲:滨水之地,古时隐士所居之处。

当年万里觅封侯。匹马戍梁州。关河梦断何处,尘暗旧貂裘。
胡未灭,鬓先秋。泪空流。此生谁料,心在天山,身老沧洲。

【鉴赏】这首词是陆游晚年退居山阴之作,词人一生向往收复中原,
抗金复国,但直至晚年南宋朝廷仍主和偷安,此生遗恨成就了这首千古名
篇。"谁料"二字,暗示词人年轻时抗金主战的美好愿望,也引出了后文愿
望与现实的巨大落差,背后隐含了无尽的缅怀和沉痛。后两句以天山和
沧洲代指抗金和退隐这两件事,写出心与身的千里之遥,身不由己。词句
言语简单浅显却意蕴无穷,表达出词人此生无望,此心难安的痛苦与遗
憾。短短十二字,一生的理想与痛悔,都已蕴含其中。　　　　(高思琪)

多情谁似南山月,特地暮云开。

【出处】宋·陆游《秋波媚》

秋到边城角声哀,烽火照高台。悲歌击筑,凭高酹酒,此兴悠哉。
多情谁似南山月,特地暮云开。潮桥烟柳,曲江池馆,应待人来。

【鉴赏】陆游时任四川宣抚使司干办公事兼检法官,积极建言献策,
怀有收复长安的急切愿望。陆游登高兴亭望长安南山,写下了这首洋溢
着爱国情怀和必胜信念的词作。此句借用移情手法,将南山月拟人化,阴
云散去,一轮明月出。看似是月多情,实则是词人情感四溢。南山的云与
月在词人的笔下活泼灵动,富于生机,满载着词人对此月、此景的喜爱,更
透露出词人此时欣悦的情感。而云散月出,长安城清晰可见,犹在眼前,
似乎连无心无情的南山之月都在暗示词人、帮助词人。词句表达了陆游
对收复长安的坚定信念和乐观态度。　　　　(高思琪)

元知造物心肠别,老却英雄似等闲。

【出处】宋·陆游《鹧鸪天》

家住苍烟落照间。丝毫尘事不相关。斟残玉瀣行穿竹,卷罢黄庭卧
看山。　　贪啸傲,任衰残。不妨随处一开颜。元知造物心肠别,老却英
雄似等闲。

【鉴赏】原本便知上天的心肠与常人不同,冰冷至极,才使英雄迟暮
成为等闲之事,不管不问。词人看似在指责老天冷酷无情,愧对天下有志
之士,实则是在讽刺、怨尤朝廷委曲苟合,主降派贪生怕死,让英雄在山野

间徒然白发。词人在前文中对隐居生活的铺陈并非全是为了反衬此句之情感，而是与后文构成情感上的冲突，表现了词人在退隐和进发间的矛盾。

（高思琪）

扣舷^①独啸^②，不知今夕何夕。

【注释】 ①舷：船边。②啸：撮口发出长而清脆的声音。此处有啸咏之意。

【出处】 宋·张孝祥《念奴娇》

洞庭青草，近中秋、更无一点风色。玉鉴琼田三万顷，着我扁舟一叶。素月分辉，明河共影，表里俱澄澈。悠然心会，妙处难与君说。　　应念岭海经年，孤光自照，肝肺皆冰雪。短发萧骚襟袖冷，稳泛沧浪空阔。尽吸西江，细斟北斗，万象为宾客。扣舷独啸，不知今夕何夕。

【鉴赏】 "扣舷独啸"，描绘出词人悠然而愉快的情态，自在却不孤独，自得却不无法无天。而"不知今夕何夕"则显得生动，生动地反映了词人乐到极致，忘乎所以，不知"今夕是何年"的悠哉心境。由前文的实写景到此处的虚写心，既可说是景感化了心，又可说是心移情于景，情与景浑然一体。词到尾句，前文的舒畅开怀转入一种悠远蕴藉的意蕴之中，却并非收束，而是宕出一笔留有余味的邈远，与全词如湖水般澄澈爽朗的意境相衬相合，独有一种雄伟直率间蕴含着几分清新的风格。

（高思琪）

万里西南天一角，骑气乘风，也作等闲游。

【出处】 宋·京镗《定风波》

休卧元龙百尺楼。眼高照破古今愁。若不擎天为八柱，且学鸱夷，归泛五湖舟。　　万里西南天一角，骑气乘风，也作等闲游。莫道玉关人老矣，壮志凌云，依旧不惊秋。

【鉴赏】 这首词大约作于词人在成都任职之时，此时的词人作为一方重臣，满怀报国斗志。万里天空中的西南一角，骑着风，乘着气，也如同闲游一般潇洒畅快。"万里"二字，瞬间铺开一幅天地广阔的巨大图景，为后文乘风畅游描绘出浩渺的天际环境。词人以大自然之气与风为凭借，与自然浑融一体，"骑""乘"二字，又仿佛凌驾于自然之上，恣意风流，逍遥至极。把这些"作等闲游"，更透出几分狂狷之气，显示出词人在这一时期极度高昂的精神状态，对未来充满信心的生命姿态，风格豪放雄健。

（高思琪）

少年不识愁滋味，爱上层楼。爱上层楼，为赋新词强说愁。

【出处】宋·辛弃疾《丑奴儿·书博山道中壁》

少年不识愁滋味，爱上层楼。爱上层楼，为赋新词强说愁。　而今识尽愁滋味，欲说还休。欲说还休，却道天凉好个秋。

【鉴赏】本词写于词人因力主抗金而遭弹劾，闲居信州上饶时所作。全词上下片对比少年之愁与中年之愁，抒发郁郁不得志的悲愤。此句写少年时不知愁为何物，只是登高赋词之时勉强说愁。这描绘出了少年乐观的天性和激昂的斗志，刻画出了一个热情而天真的少年形象。词人对少年心态的敏锐把握和真实反映揭示出了少年时期人们普遍的精神状态，极易引发读者强烈的共鸣，同时也为下文写中年之愁作铺垫，以形成对比。　　　　　　　　　　　　　　　　　　　（高思琪）

而今识尽愁滋味，欲说还休。欲说还休，却道天凉好个秋。

【出处】宋·辛弃疾《丑奴儿·书博山道中壁》

原文参见前句。

【鉴赏】此句与少年时"欲赋新词强说愁"的天真与踌躇截然不同，少年之愁欲向外倾诉，中年之愁却只能自我吞咽。一个"尽"字，写出从年少到如今历经人生起落而满心伤怀，"欲说还休"则恰当地表现出这样的愁是无可解脱、无法倾吐的，是无奈而无助的。最后一句笔锋一转，转到"天凉好个秋"，仿佛难言的愁绪只能揉碎在这秋景之中。作者将个人之愁与古今之愁相连，将人生之愁与时节之愁相接，一句之间开拓出辽远开阔的词境来。　　　　　　　　　　　　　　　　　　　　　（高思琪）

是他春带愁来，春归何处，却不解、带将愁去。

【出处】宋·辛弃疾《祝英台近》

宝钗分，桃叶渡，烟柳暗南浦。怕上层楼，十日九风雨。断肠点点飞红，都无人管，倩谁劝、啼莺声住。　鬓边觑，应把花卜归期，才簪又重数。罗帐灯昏，哽咽梦中语。是他春带愁来，春归何处，却不解、带将愁去。

【鉴赏】春带来了相思之愁，却不知春将去往哪里，怎不带走这满心愁绪。这里的"春"字蕴含了丰富的情感层次，"春"既是自然的晚春残景，

335

也是相思断肠的客观诱因,更如同词中女主人公所思之人的化身。是"他"带来了呜咽梦语的辗转难安,自己离去,却又将这份愁思留下。言语之间既是埋怨,又带眷恋,满含婉转幽怨之情。词中主人公的感情顺承前文,形成全词含蓄悠远、缠绵不绝的情思。笔触转合之间带有散文的特点,以文入词,自然浅近,言辞间不拘一格。 （高思琪）

渡江天马①南来,几人真是经纶②手。

【注释】①渡江天马:原指晋王室南渡,建立东晋,因晋代皇帝姓司马,故云天马,此指南宋王朝的建立。②经纶:原意为整理乱丝,引申为处理政事,治理国家。

【出处】宋·辛弃疾《水龙吟》

渡江天马南来,几人真是经纶手。长安父老,新亭风景,可怜依旧。夷甫诸人,神州沉陆,几曾回首。算平戎万里,功名本是,真儒事、君知否。

况有文章山斗。对桐阴、满庭清昼。当年堕地,而今试看,风云奔走。绿野风烟,平泉草木,东山歌酒。待他年,整顿乾坤事了,为先生寿。

【鉴赏】自宋高宗南渡以来,朝廷中有几人是治国理政的能手? 开篇大胆直抒胸臆,犹如石破天惊,直白地显露词人对朝廷现状的强烈不满,尤其是对满朝上下无贤士能臣的激愤之情。从另一个角度来看,实则也是从反面对朝廷不启任自己的义愤和无奈。作为一首寿词,起句惊人,不谈寿辰,只论国事,一片爱国之心昭然若揭。作为一首议论抒情之词,更在纸笔之间指点山江,情绪高昂,显示出辛词惯有的豪放之气来,首句更是为后文奠定了激昂的情调。 （高思琪）

算平戎万里,功名本是,真儒事、君知否。

【出处】宋·辛弃疾《水龙吟》

原文参见前句。

【鉴赏】韩公可曾知道：戎马生涯，万里征战，赢得功名才是儒生真正应该完成的大事。此句笔触率真，言辞坦白，语言流畅浅显如同散句，意在劝谏自己贺寿的对象实现"平戎万里"的伟大志向。词人身虽离朝在野，心却始终在国家政事之上，即便自己不能实现报国之志，也极力劝说朝中人完成卫国大业。话语间情感真挚，十分动情，更从寿星韩元吉的角度出发，为其"真儒事"着想，既达成自己的目的，又充分考虑对方的想法，可谓是豪中见真，粗中见细。此句也为后世儒者投笔从戎者打开一个广阔天地。

（高思琪）

老来情味减，对别酒，怯流年。

【出处】宋·辛弃疾《木兰花慢·滁州送范倅》

老来情味减，对别酒，怯流年。况屈指中秋，十分好月，不照人圆。无情水、都不管，共西风、只等送归船。秋晚莼鲈江上，夜深儿女灯前。
征衫。便好去朝天。玉殿正思贤。想夜半承明。留教视草，却遣筹边。长安故人问我，道寻常、泥酒只依然。目断秋霄落雁，醉来时响空弦。

【鉴赏】我年事已高，老了便渐觉对人事的兴趣开始衰减，面对这离别之酒，心中害怕岁月流逝。作为一首饯别之词，开篇即感叹人生易逝、情味衰减，从客观的年岁和主观的心境上构成双重悲意。又以"别酒"引出"怯流年"，人生就在这一次次的离别酒中如同流水般泪泪而去。词句既表达对人生易老、岁月难在的痛惜、惧怯，又隐隐蕴藏着词人对将要离别的友人的不舍——一杯别酒下肚，短暂人生中，从此哪得几回逢。这一句一落笔便是一曲慷慨悲歌，全词的旨意皆蕴含其间，为后文定下了沉重悲凉的基调。

（高思琪）

剩水残山无态度，被疏梅、料理成风月。

【出处】宋·辛弃疾《贺新郎》

把酒长亭说。看渊明、风流酷似，卧龙诸葛。何处飞来林间鹊，蹙踏松梢微雪。要破帽、多添华发。剩水残山无态度，被疏梅、料理成风月。两三雁，也萧瑟。　　佳人重约还轻别。怅清江、天寒不渡，水深冰合。路断车轮生四角，此地行人销骨。问谁使、君来愁绝。铸就而今相思错，料当初、费尽人间铁。长夜笛，莫吹裂。

【鉴赏】残剩的山水毫无姿态气度，反而被几株稀疏的冬梅增添出风

337

月之姿。一句之中,前半句抑,后半句扬,先是铺开一幅穷山恶水的惨淡画面,继而以疏梅之姿点缀其间,两相对比之下,突出梅之清丽高洁,风雅如皎月。此句看似写景,联系前后文,实则带有强烈的象征意味。"剩水残山"暗指南宋朝廷偏居一方,不思进取,致使山河满目疮痍,家国分裂。而疏梅则比喻抗金志士,在一片主和声中明亮皎洁、傲然独立,更显其挺拔的傲骨风姿。一句之间,两层韵味,生出曲折委婉的言外之意来。

(高思琪)

铸就而今相思错,料当初、费尽人间铁。

【出处】宋·辛弃疾《贺新郎》

原文参见前句。

【鉴赏】早知今日会造成两地相思的痛苦,回想当年,又何必费尽辛苦。"费尽人间铁",借用唐人罗绍威"合六州四十三县铁,不能为此错也"的典故,表明词人的无尽悔意。表面上是在悔过与友人相思两地的离别之情,似乎显得小题大做,但联系前后文便可知词人在此处感慨的其实是国家困局。当年为国难奔走所付出的心酸努力如今看来都是一场徒然,都只能铸成一场错误。词人看似仅仅是在悔恨,遗憾的背后却让人看到一事无成、辛苦白费的年华空逝。词中蕴含着深深的无奈之情。

(高思琪)

天下英雄谁敌手? 曹刘。生子当如孙仲谋。

【出处】宋·辛弃疾《南乡子·登京口北固亭有怀》

何处望神州? 满眼风光北固楼。千古兴亡多少事? 悠悠。不尽长江滚滚流。　　年少万兜鍪,坐断东南战未休。天下英雄谁敌手? 曹刘。生子当如孙仲谋。

【鉴赏】放眼天下英雄,谁能当得对手? 唯有曹操和刘备。子女就应该培养成孙仲谋这样的少年英雄。此句引曹操的语典,借用一句反问,让读者仿佛置身于东汉末年三国鼎立的乱世图景中。从三方对峙中衬托出孙权以少敌多、不畏强暴的少年英姿。词人实际上是在借古喻今,表现出南宋朝廷苟安江南的危急局势,期待能有像孙权一样的主战人士挺身而出,领导战争,以恢复中原。同时也是对朝廷现状的一种讽刺,表达对偷安一方的痛恨和鞭策。词句语言雄浑有力,笔伐古今,风格豪迈,充满英雄勇猛无畏的气魄,在后世常用来夸赞具有英雄气概的年轻人。

(高思琪)

去也终须去,住也如何住? 若得山花插满头,莫问奴归处。

【出处】宋·严蕊《卜算子》

　　不是爱风尘,似被前身误。花落花开自有时,总是东君主。　　去也终须去,住也如何住? 若得山花插满头,莫问奴归处。

　　【鉴赏】作者写此词时正被朱熹以有伤风化罪关在牢里。朱熹改官后,岳霖继任。作者为了争得自由,便写此词给岳霖。"去"是指脱离营妓生活,"住"指留营为妓。以色事人的生活终究会随着年岁渐长而停止,流露出词人欲早日脱身的真实心意。"山花插满头"借指一种自由淳朴的田野生活,从中可以读出词人理想的归宿便是普通农夫的乡野生活。严蕊在这一句中含蓄却又明确地表达了自己并非甘愿堕落风尘,情感真切,言语质朴而坚定。

(高思琪)

思量^①却也有悲时,重阳节^②近多风雨。

【注释】①思量:考虑。②重阳节:农历九月初九。

【出处】宋·辛弃疾《踏莎行》

　　夜月楼台,秋香院宇。笑吟吟地人来去,是谁秋到便凄凉,当年宋玉悲如许。　　随分杯盘,等闲歌舞。问他有甚悲处。思量却也有悲时,重阳节近多风雨。

　　【鉴赏】这首词作于中秋节后。词人与友人在带湖上饮酒,观赏歌舞。月色皎洁,桂花芬芳,在一切都那么美好从容的时候,词人仔细想想,才记起中秋过后重阳节就快要到来,恼人的风雨天气会多起来,这就是秋天最让人悲伤的事情了。后句化用北宋诗人潘大临的诗句"满城风雨近重阳",由愉快的夜晚转而写到萧瑟的秋雨,点出秋天里的凄凉景象,只一"多"字,就使连续急促的风雨声在耳畔响起。言有尽而意无穷,词人忽然涌起的哀愁也像这风雨天气般悠长不绝。

(吴　玺)

把吴钩看了,栏杆拍遍。无人会、登临意。

【出处】宋·辛弃疾《水龙吟·登建康赏心亭》

　　楚天千里清秋,水随天去秋无际。遥岑远目,献愁供恨,玉簪螺髻。

落日楼头,断鸿声里,江南游子。把吴钩看了,栏杆拍遍。无人会、登临意。　　休说鲈鱼堪脍。尽西风、季鹰归未。求田问舍,怕应羞见,刘郎才气。可惜流年,忧愁风雨,树犹如此。倩何人,唤取盈盈翠袖,揾英雄泪。

【鉴赏】建康,在今江苏南京。赏心亭建在秦淮河上,在亭上可观览山水盛景。傍晚,词人独自登上高楼眺望远处,取下随身的佩剑,久久凝视,又不时拍打亭中的围栏。他感叹道,没有人知道自己这样做的原因。"了"和"遍"两字写词人凝视佩剑、拍打栏杆动作的长久和频繁,这是因为词人秋天登高望远,想起不能为国收复失地,胸中涌起不能平息的愤懑与愁绪。人们愚钝,不能知道词人为什么不能平静,不能赏识他的报国之志、忧国之心,词人的孤独使忧愁更深。

(吴　玺)

千古江山,英雄无觅,孙仲谋处。舞榭歌台,风流总被,雨打风吹去。

【出处】宋·辛弃疾《永遇乐·京口北固亭怀古》

千古江山,英雄无觅,孙仲谋处。舞榭歌台,风流总被,雨打风吹去。斜阳草树,寻常巷陌,人道寄奴曾住。想当年,金戈铁马,气吞万里如虎。

元嘉草草,封狼居胥,赢得仓皇北顾。四十三年,望中犹记,烽火扬州路。可堪回首,佛狸祠下,一片神鸦社鼓。凭谁问,廉颇老矣,尚能饭否。

【鉴赏】京口在今江苏镇江,是三国时东吴的都城。北固亭建在镇江东北部的北固山上,面临长江。在高楼上,词人怀古伤今。高山流水千古不变,历史中的英雄人物却早已不在了。他们建立的功绩也随着时间流逝,时代变迁消失。"英雄无觅,孙仲谋处"这里倒装,即"无觅英雄孙仲谋处"。朝代更迭,吴国和孙权已成为过去,东吴时歌舞升平的盛景不见踪迹。亘古的山水与英雄的短暂辉煌形成强烈对比,词人感叹,英雄人物总是历史的匆匆过客,其成就不复存在。

(吴　玺)

想当年,金戈铁马,气吞万里如虎。

【出处】宋·辛弃疾《永遇乐·京口北固亭怀古》

原文参见前句。

【鉴赏】作者登上古亭,追溯历史,回想曾经的英雄人物。在过去,他们手持宝剑、驾着骏马驰骋战场,像猛虎一样,气势宏大,把敌军驱赶到万里之外。此句描绘了当年英雄们奋勇杀敌的情景,用猛虎来比喻沙场上的将军,画面雄壮、豪气万千。"想当年"三字,是对杰出人物都已作古的叹息,也流露出词人渴望像过去的英雄一样,重返战场、抗金报国的强烈情感。如今这句话常用来形容长者回忆自己年轻时的辉煌往事,自豪不已。

(吴　玺)

更①能消②几番风雨,匆匆春又归去。

【注释】 ①更:还。②消:经受。

【出处】 宋·辛弃疾《摸鱼儿》

更能消几番风雨,匆匆春又归去。惜春长怕花开早,何况落红无数。春且住! 见说道、天涯芳草无归路。怨春不语。算只有殷勤,画檐蛛网,尽日惹飞絮。　　长门事,准拟佳期又误。蛾眉曾有人妒,千金纵买相如赋,脉脉此情谁诉? 君莫舞,君不见、玉环飞燕皆尘土! 闲愁最苦。休去倚危栏,斜阳正在,烟柳断肠处。

【鉴赏】 晚春,词人和好友在亭子里饮酒作词。下了几场雨,枝头的花朵经不起风吹雨打,凋落殆尽,春天很快要结束了。几回风雨就将花瓣全都打落到地面,枝头春意不再,春天短暂,美好景色往往娇弱易逝。"又"字写年复一年,春光总是匆匆过去,词人怜惜落花、埋怨明媚时节过去得太快。意境愁郁,暮春风雨摧残花朵,扫尽春色;心境凄凉,词人眼看此景、却止不住风雨、留不住春天。词人感慨春天短促,也是在感慨人生的壮年匆匆过去,时光转瞬即逝。

(吴　玺)

长门事①,准拟②佳期又误。蛾眉③曾有人妒。

【注释】 ①长门事:这句话借用汉朝陈皇后的典故。汉武帝时,陈皇后阿娇失宠,被囚禁在长门宫中。听说司马相如辞赋动人,陈皇后花费千两黄金,请他为自己作词,感动武帝,希望再度得到宠幸。②拟:打算。③蛾眉:美人的秀眉,代指女子的美貌。

【出处】 宋·辛弃疾《摸鱼儿》

原文参见前句。

【鉴赏】 汉代的陈皇后每次打算好将相如赋送到武帝手中,倾诉自己的孤寂和思念,都耽误时机,因为曾经妒忌她美好姿色的人故意阻挠。一个"又"字,写尽她不得与武帝重逢的无奈与哀怨。词人不得朝廷重用,抗金报国的理想不能实现。他多次向朝廷尽进忠言,因为奸臣阻碍,总不能被采纳。陈皇后幽禁的处境,就是词人被腐朽朝廷打压、抱负得不到施展的景况。词人愤懑不平,却不明白讲出,委婉借古事暗喻自身,心中有说不尽的愁苦和郁闷。后世常以此句抒发被投闲置散的愁闷之情。

(吴　玺)

休去倚危栏,斜阳正在,烟柳断肠处。

【出处】宋·辛弃疾《摸鱼儿》

原文参见前句。

【鉴赏】暮春傍晚,词人和友人在亭子里饮酒,感伤春天易逝,吊古伤今,慨叹万千。两人身处在高楼上,词人劝友人:不要去依靠栏杆,远望楼外的景色。黄昏里,夕阳的金色余晖照在柳枝上。杨柳依依,被暮色染得金黄,迷蒙又凄婉动人。黄昏盛景是短暂的,使人伤感,作者怀着家国之恨,看到这样的画面,自然会愁到断肠。用美景写愁情,景色越美,与悲苦心境的反差越强,情感的冲击越大。这句话写的是人们在心情低落时,游览美好的山水风光,会愈容易触景生情,更加伤悲。

(吴　玺)

不恨①古人吾不见,恨古人、不见我狂耳!②知我者,二三子③!

【注释】①恨:遗憾。②恨古人、不见我狂耳:此句化用典故,《南史·张融传》中说道:"不恨我不见古人,所恨古人又不见我。"狂,狂放,任性放荡。③子:这里指知己朋友。

【出处】宋·辛弃疾《贺新郎》

甚矣吾衰矣。怅平生、交游零落,只今余几。白发空垂三千丈,一笑人间万事。问何物、能令公喜。我见青山多妩媚,料青山、见我应如是。情与貌,略相似。　　一尊搔首东窗里。想渊明、停云诗就,此时风味。

江左沉酣求名者,岂识浊醪妙理。回首叫、云飞风起。不恨古人吾不见,恨古人、不见吾狂耳!知我者,二三子!

【鉴赏】 我不遗憾,没能早些在世上,亲眼见识古代英雄豪杰的风采;遗憾的是他们不能遇到我,和我成为知己,赏识我的狂放不羁。如今,我也就只有寥寥几个知音。普通人仰慕古代圣贤,词人却在可惜先人不能见识到他的狂傲,也就是说,词人自认潇洒品行超越古代贤人,孤傲至极,豪气万千。即使有非凡性情、凌云志向,知音却极少,这道出了词人不被理解的孤寂心情。"狂"字,不是不讲理的胡乱行事,而是强烈坚持高洁追求,不入流俗。南宋朝廷中有众多懦弱、贪图享乐的人,词人和他们完全不同。前句激昂,后句落寞,落差极大,郁闷心情低回深长。 (吴　玺)

平生塞北江南,归来华发苍颜。布被秋宵梦觉,眼前万里江山。

【出处】 宋·辛弃疾《清平乐·独宿博山王氏庵》

绕床饥鼠,蝙蝠翻灯舞。屋上松风吹急雨,破纸窗间自语。 平生塞北江南,归来华发苍颜。布被秋宵梦觉,眼前万里江山。

【鉴赏】 我这一生都在战场上度过,带领军队走遍中原、江南。现在我不再打仗,到了老年,头发花白、容颜憔悴。秋天夜晚,我盖着薄被,因为秋寒冷醒,醒来时梦中的祖国河山似乎还在眼前。词人的大半生都在行军,为收复失地浴血奋战,退隐后睡梦中、梦醒时都挂念国事。"塞北江南"和"万里江山"相同,都指的是广阔的国土。可见词人抗金报国愿望的强烈和终不得志的深深遗憾。处境窘迫,在简陋的房屋里,盖着薄薄的布被,忍受寒冷。在衰老、穷困的凄凉景况中,作者不是自怨自怜,却心存宏大志向,高尚形象脱颖而出。"平生塞北江南,归来华发苍颜"现在也用来感叹垂垂老去,盛年不再。 (吴　玺)

杯汝①来前!老子今朝,点检②形骸③。

【注释】 ①汝:你。②点检:仔细地检查。③形骸:身体。

【出处】 宋·辛弃疾《沁园春·将止酒戒酒杯使勿近》

杯汝来前!老子今朝,点检形骸。甚长年抱渴,咽如焦釜;于今喜睡,气似奔雷。汝说刘伶,古今达者,醉后何妨死便埋。浑如此,叹汝于知己,真少恩哉! 更凭歌舞为媒,算合作、人间鸩毒猜。况怨无大小,生于

343

所爱;物无美恶,过则为灾。与汝成言,勿留亟退,吾力犹能肆汝杯。杯再拜,道:"麾之即去,招亦须来。"

【鉴赏】 酒杯,你到我跟前来。我今天要仔细检查自己的身体,看你对我造成了多少损害。词人决定戒酒,这是他对酒杯说的话。句中把酒杯拟人化,酒杯代表着常年嗜酒的恶习。"老子",即老夫,是长者的自称,词人自称老夫,命令、呵斥伤身的酒,其语气就像在责怪闹事的晚辈,态度非常坚定,意味着这次和酒杯说完话后,就再不会饮酒,和酒瘾彻底决裂。作者戒酒,不是在心中对自己发誓,而是和本来没有情感的酒杯对话,显得诙谐有趣,饶有兴味。这句话写的是有着坏习惯的人,长年深受其害,终于下定决心戒掉恶习。　　　　　　　　　　　　　　　　(吴　玺)

啼到春归无寻处,苦恨芳菲都歇。算未抵、人间离别。

【出处】 宋·辛弃疾《贺新郎》

绿树听鹈鴂。更那堪、鹧鸪声住,杜鹃声切。啼到春归无寻处,苦恨芳菲都歇。算未抵、人间离别。马上琵琶关塞黑,更长门、翠辇辞金阙。看燕燕,送归妾。　　　将军百战身名裂。向河梁、回头万里,故人长绝。易水萧萧西风冷,满座衣冠似雪。正壮士、悲歌未彻。啼鸟还知如许恨,料不啼清泪长啼血。谁共我,醉明月。

【鉴赏】 花朵全都凋谢,凄切的鸟鸣声不断,让人悲愁。可伤春之苦还是比不上离别之苦。此句中写的是暮春时节的愁惨景象。明媚芳香的春天结束,又正好在这时候要和朋友分别。作者不直接写离愁,而是用黯淡的景色烘托氛围。百花落尽,杜鹃悲鸣,春天的生机彻底消失,所有的地方都找不到春色,萧条冷清。见到的画面,听到的声音,已经使人无法承受,离愁比春愁更加沉重,衬托出无限伤别的心情。此句写离愁,动人而深刻,现在仍然沿用这个意思,抒发人们因为外在环境的原因,不得不分别的不舍和痛苦。　　　　　　　　　　　　　　　　(吴　玺)

易水萧萧西风冷,满座衣冠似雪。正壮士、悲歌未彻。

【出处】 宋·辛弃疾《贺新郎》

原文参见前句。

【鉴赏】 易水寒冷,西风飕飕地响,送行的人身穿白衣,像是一片白雪。荆轲唱着悲歌,歌声悠长不断。这句词化用《史记》中荆轲刺秦前易

344

水送别的典故。秋天寒冷,秋风萧瑟,荆轲临行前,送行的人都穿着白衣,用"雪"比"衣冠",秋意更凉,心情更悲郁。萧索的景色和沉重的心情相互融合,刻画了悲壮苍凉的送别场景。壮士临行,不知道这一去是否能再回来,歌声凄凉,长久地响着,既是离人心中无尽的凄凉,又是对历史上英雄一去不归的叹惋,抒写了离别的沉痛。 （吴　玺）

斗酒彘肩,①风雨渡江,岂不快②哉!

【注释】①"斗酒彘肩"句:这里化用典故。《史记》中记载,鸿门宴上项羽赐樊哙斗酒彘肩,樊哙生吃彘肩。这里用来形容英雄豪气。彘肩,即猪肘子。②快:痛快舒服。

【出处】宋·刘过《沁园春·寄稼轩承旨》

斗酒彘肩,风雨渡江,岂不快哉!被香山居士,约林和靖,与东坡老,驾勒吾回。坡谓西湖,正如西子,浓抹淡妆临镜台。二公者,皆掉头不顾,只管衔杯。　　白云天竺飞来。图画里、峥嵘楼观开。爱东西双涧,纵横水绕,两峰南北,高下云堆。遗日不然,暗香浮动,争似孤山先探梅。须晴去,访稼轩未晚,且此徘徊。

【鉴赏】畅饮美酒,生啖猪肉,在刮风下雨时行船渡过江流,真是让人感到痛快。看似是莽夫粗鲁的行为,实则是英雄豪迈之举。成斗的酒水一股气喝尽,壮士不畏生肉腥膻,将它直接咀嚼吞咽。疾风刮起浪涛,雨水倾盆拍打江面,船夫急忙靠岸,不敢行舟,生怕船只被打翻,人被水流淹没。词人不惧恶劣的江上天气,行船渡江,潇洒非凡。此句本指英勇的气魄和洒脱的人生态度。斗酒彘肩,风雨渡江,也可指困难、危险的事物。直面困难,并在其中能够感到痛快舒畅,表达出身处困境却依然保持乐观的积极心态。 （吴　玺）

万里西风吹客鬓①,把菱花②、自笑人憔悴。留不住,少年去。

【注释】①鬓:脸旁靠近耳朵的头发。②菱花:指镜子。

【出处】宋·刘过《贺新郎》

弹铗西来路。记匆匆、经行十日,几番风雨。梦里寻秋秋不见,秋在平芜远树。雁信落、家山何处?万里西风吹客鬓,把菱花、自笑人憔悴。留不住,少年去。　　男儿事业无凭据。记当年、悲歌击楫,酒酣箕踞。腰下光芒三尺剑,时解挑灯夜语。谁更识、此时情绪。唤起杜陵风月手,写江东、渭北相思句。歌此恨，慰羁旅。

【鉴赏】秋天大风起了，到处都是萧条的景色。住在异乡，照着镜子，发现自己容颜衰老，两鬓斑白，青春不再。远离故乡，悲秋、思乡、自怜的愁绪顿时一起涌上心头。词人照镜，发现自己苍老，脸上没有神采，自己笑话自己，情景中充满着苦涩。身处颓唐老境还能自嘲，好像有着达观心态，实际上表现出不能改变现状的无可奈何心情。感叹青春短暂，必将过去，人不能够永远年轻。从前句的自嘲转变成感慨，揭露出词人心中的悲愁，对青春美好时光的不舍和年华易逝的遗憾。　　　　　（吴　玺）

做冷欺花，将烟困柳，千里偷催春暮。

【出处】宋·史达祖《绮罗香·咏春雨》

做冷欺花，将烟困柳，千里偷催春暮。尽日冥迷，愁里欲飞还住。惊粉重、蝶宿西园，喜泥润、燕归南浦。最妨它、佳约风流，钿车不到杜陵路。

沉沉江上望极，还被春潮晚急，难寻官渡。隐约遥峰，和泪谢娘眉妩。临断岸、新绿生时，是落红、带愁流处。记当日、门掩梨花，翦灯深夜语。

【鉴赏】寒冷的雨水打在花朵上，细雨迷蒙像烟雾围绕柳树。到处都在下雨，阴沉的天气催促着春天结束。此句描写春雨。春雨打在娇嫩的花瓣上，花瓣零落，细雨缠绕青绿的柳枝，柳枝不能拂动，有被捆缚的愁苦姿态。把春雨拟人化，欺花、困柳显得生动。春天明丽，下雨时天色阴沉，破坏了明媚景致。所以说春雨催促春天结束。"千里"指细雨飘洒在广阔的空间中，表达出春雨对景致的影响之大，勾勒出无边际的黯淡景象。"偷"字赋予春雨人的情态，表现出春雨轻柔的特征。鲜花、绿柳被欺凌，暮春的沉闷光景，包含着伤春愁绪和心中的郁闷情感。　　　　　（吴　玺）

几度东风吹世换，千年往事随潮去。

【出处】宋·戴复古《满江红·赤壁怀古》

赤壁矶头，一番过、一番怀古。想当时、周郎年少，气吞区宇。万骑临江貔虎噪，千艘列炬鱼龙怒。卷长波、一鼓困曹瞒，今如许。　　江上渡，江边路。形胜地，兴亡处。览遗踪，胜读史书言语。几度东风吹世换，千年往事随潮去。问道傍、杨柳为谁春，摇金缕。

【鉴赏】朝代不断更替，千年的历史都像潮水般一去不复返。此句是词人怀古后抒发的感慨。周瑜借东风，大败曹军，从而形成三国鼎立的局面。这里用这个历史事件泛指所有朝代更替之事。历史上无数次战争的输赢、政治力量的成败,都永远成为过去,对现在不会有任何影响。词人叹息荣耀和失败都只是短暂的,历史循环发展,既然如此,就不要为现在衰颓的社会气象悲伤。作者身处腐朽的南宋朝廷,句中包含着不能挽回时局的无奈苦涩和洞察兴替规律后的旷达胸怀。

(吴　玺)

二十四桥①仍在,波心荡、冷月无声。念②桥边红药③,年年知为谁生?

【注释】①二十四桥:指唐代扬州城内的二十四座桥,北宋时只剩八座,这里不是实指。②念:思考、考虑。③红药:红色的芍药花。

【出处】宋·姜夔《扬州慢》

淮左名都,竹西佳处,解鞍少驻初程。过春风十里。尽荠麦青青。自胡马窥江去后,废池乔木,犹厌言兵。渐黄昏,清角吹寒。都在空城。

杜郎俊赏,算而今、重到须惊。纵豆蔻词工,青楼梦好,难赋深情。二十四桥仍在,波心荡、冷月无声。念桥边红药,年年知为谁生。

【鉴赏】二十四座桥还在,桥下水波荡漾,明月倒映在水面中央,四周寂静无声。桥边的芍药花是为谁年年开放?此句写的是金兵离开后扬州城的凄清夜景。"二十四桥"是过去城市繁华景象的代表,桥还在,扬州却已经破败,充满了物是人非的痛惜之情。往日扬州到处是歌舞管弦的乐声,而今寂静无声,指的也是繁华景象衰败。战乱后,鲜艳的芍药花依旧年年开放,但对任何人都没有意义了。以乐景衬哀情,因国家动荡,自然美景已不能让人喜悦,句中情感悲凉。

(吴　玺)

老眼平生空四海,赖有高楼百尺。看浩荡、千崖秋色。

【出处】宋·刘克庄《贺新郎·九日》

湛湛长空黑,更那堪,斜风细雨,乱愁如织。老眼平生空四海,赖有高楼百尺。看浩荡、千崖秋色。白发书生神州泪,尽凄凉,不向牛山滴。追往事,去无迹。　　少年自负凌云笔。到而今,春华落尽,满怀萧瑟。常恨世人新意少,爱说南朝狂客。把破帽、年年拈出。若对黄花孤负酒,怕黄花、也笑人岑寂。鸿去北,日西匿。

【鉴赏】此句乃重阳节登高之作。南宋政治腐败,民不聊生,作者登

347

高望远,满腔的报国热情空对萧瑟秋风,不由悲从中来。这一句动人之处正在于这百尺高楼上的沧桑一叹。抬望眼,"空"字既指高处眼界空阔,尽收四海于眼底,又表达了壮志未酬的无奈:似乎一生的奔波辗转都变做徒劳,充满着无尽的辛酸与悲愁。"浩荡"更是一语双关,既写出秋色之壮丽,又借此抒情,表明自己开阔的胸襟。慷慨悲昂的济世胸怀、浩浩荡荡的辽阔秋色之中,组成了物我交融、浑然一体的境界。 （苏　晗）

少年自负凌云笔。到而今,春华落尽,满怀萧瑟。

【出处】宋·刘克庄《贺新郎·九日》
原文参见前句。

【鉴赏】"自古言秋多寂寥",更不要说晚年登高,面对风雨飘摇的山河大地,万物凄凉。少年的踌躇满志已不知所踪,青丝却早变做满头白发,提醒着一生的坎坷沧桑。此时,萧瑟的怕不只是满城秋色,更是心头郁积的难酬壮志。此句通过今昔对比,以春去秋来暗喻人生的起起伏伏,抒发了白云苍狗、世事多变的感慨。而结句,更是将个人际遇寓于满目秋色之中,似乎功过得失都随着春华凋尽,看似写景,实则抒情,渗透着一种难以言说的哀愁,意境辽远而空阔。 （苏　晗）

生怕客谈榆塞①事,且教儿诵《花间集》②。

【注释】①榆塞:指边防要塞。②《花间集》:后蜀人赵崇祚编辑的一部词集。所收词大多以妇女的闺中生活为题材,词风香软艳丽。是花间词派的代表作品。

【出处】宋·刘克庄《满江红》

金甲雕戈,记当日,辕门初立。磨盾鼻,一挥千纸,龙蛇犹湿。铁马晓嘶营壁冷,楼船夜渡风涛急。有谁怜,猿臂故将军,无功级。　平戎策,从军什。零落尽,慵收拾。把茶经香传,时时温习。生怕客谈榆塞事,且教儿诵《花间集》。叹臣之壮也不如人,今何及。

【鉴赏】少年时金戈铁马、壮志凌云,戎马倥偬的岁月虽苦尤乐。如

348

今功业未成,自己却只能偏安一隅,以闲适小书打发时间,一"生怕"一"且教"包含了多少辛酸无奈!写壮志未酬,此句胜在微妙之处做文章。为什么"生怕"呢?国破山河在,不怕客谈起,怕的是自己控制不了这奔涌的悲愁。《花间集》这等香艳之词,原为词人所不齿,此时词人却弃了大丈夫的悲歌慷慨,转教儿女诵一些风花雪月之事,实乃违心之举。作者所说全是反语,看似无意从戎,实则枕戈待旦。"烈士暮年,壮心不已",这种希望背负着作者悲愤激昂的情绪与老之将至的感慨,更加曲折动人。　　(苏　晗)

使李将军,遇高皇帝。万户侯何足道哉!

【出处】宋·刘克庄《沁园春·梦孚若》

何处相逢,登宝钗楼,访铜雀台。唤厨人斫就,东溟鲸脍,圉人呈罢,西极龙媒。天下英雄,使君与操,余子谁堪共酒杯。车千两,载燕南赵北,剑客奇才。　　饮酣画鼓如雷。谁信被晨鸡轻唤回。叹年光过尽,功名未立,书生老去,机会方来。使李将军,遇高皇帝。万户侯何足道哉!披衣起,但凄凉感旧,慷慨生哀。

【鉴赏】梦中,作者与青年好友把酒言欢,梦醒之后,想起自己一生坎坷却壮志未酬,顿觉满目凄凉。汉文帝一语本用来夸赞李广骁勇善战,惋惜英雄未能封侯,在这里却被刘克庄赋予了新的意思。作者以李将军自喻,慨叹自己空有一身武功,但千里马失去了伯乐,只能任年华耗尽,颓然老去,更不谈梦想中的建功立业、名垂青史。作者对典故的化用恰到好处,情感也由凄凉逐渐转向悲愤。他洞察时势,犀利地指出,时代并不缺乏能人志士,而是统治者不思进取,偏安一隅,才落到国破家亡的境地。既是强烈的抒情,又是理性的议论。　　(苏　晗)

两河萧瑟唯狐兔。问当年,祖生去后,有人否。

【出处】宋·刘克庄《贺新郎·送陈真州子华》

北望神州路。试平章,这场公事,怎生分付。记得太行山百万,曾入宗爷驾驭。今把作、握蛇骑虎。君去京东豪杰喜,想投戈,下拜真吾父。谈笑里,定齐鲁。　　两河萧瑟唯狐兔。问当年,祖生去后,有人否。多少新亭挥泪客,谁梦中原块土。算事业,须由人做。应笑书生心胆怯,向车中、闭置如新妇。空目送,塞鸿去。

【鉴赏】南宋统治者苟安江南,不愿前往黄河流域收复失地。眼看着当年英雄云集之地如今满目萧瑟,作者发出了严厉的拷问。这里"狐兔"代指金人。两河本是富饶之地,如今国土沦陷,外族横行,人民或死于战乱,或远走他乡。词人看似描述"两河"自然之景,但其中包含对南宋朝廷强烈的讽刺,表达了沉痛悲愤的情感。后一句,更是直截地质问:当年晋元帝渡江北伐,发誓不胜不归,带领祖逖收复了黄河以南的失地。南宋统治者却苟安江南,丝毫没有北伐的壮志,不正和历史形成鲜明的对比吗?口语化的表达更能抒发作者的愤懑之情。

(苏　晗)

未必人间无好汉,谁与宽些尺度。

【出处】宋·刘克庄《贺新郎》

国脉微如缕。问长缨,何时入手,缚将戎主。未必人间无好汉,谁与宽些尺度。试看取,当年韩五。岂有谷城公付授,也不干,曾遇骊山母。谈笑起,两河路。　　少时棋柝曾联句。叹而今,登楼揽镜,事机频误。闻说北风吹面急,边上冲梯屡舞。君莫道,投鞭虚语。自古一贤能制难,有金汤,便可无张许。快投笔,莫题柱。

【鉴赏】时局动荡,国脉微茫,是世间没有济世救民的千里马吗?非也,无伯乐耳。结合个人际遇,作者的议论带上了强烈的抒情色彩。"未必",用词委婉;"谁与宽些尺度",振聋发聩,可谓欲扬先抑,质问的口气更加铿锵。"宽些"是典型的口语入诗,这种用法赋予诗歌极强的情景感,拉近了诗人与读者的距离,更容易形成情感的共鸣。个人经历与时势议论结合,文学表达与生活口语相杂,使这句诗充满了抒情的张力,一个悲愤无奈的大丈夫形象跃然纸上。

(苏　晗)

千古英雄成底事。徒感慨,谩悲凉。

【出处】宋·李好古《江城子》

平沙浅草接天长。路茫茫,几兴亡。昨夜波声,洗岸骨如霜。千古英雄成底事。徒感慨,谩悲凉。　　少年有意伏中行。馘名王,扫沙场。击楫中流,曾记泪沾裳。欲上治安双阙远,空怅望,过维扬。

【鉴赏】议论入诗是怀古诗中常用的手法,这一句即是典型。英雄们的丰功伟业如今全不寻踪迹,面对国事沧桑,个人身世不过沧海一粟,看来,"我"的悲凉亦是徒然。从结构上来讲,此句之前主要写了作家古沙场之所见,之后写个人身世与国家形势。因此这一句起到了由古入今、由实到虚、由景入情的过渡作用。同时,这一句中的情感亦是层层深入的:先是想起千年英雄事,此时是感慨,至于"悲凉",作者已经由历史之叹转入对个人身世的观照,情感逐渐升温。一"徒"一"谩",强调了作者面对国家形势的惘然心情,感叹个人功业在历史面前不过一瞬。句式工整,感染力强。 （苏　晗）

面前直控金山,极知形胜东南。更愿诸公着意,休教忘了中原。

【出处】宋·李好古《清平乐·瓜州渡口》

瓜州渡口,恰恰城如斗。乱絮飞钱迎马首。也学玉关榆柳。　　面前直控金山,极知形胜东南。更愿诸公着意,休教忘了中原。

【鉴赏】瓜州原为江南的小镇,随着南宋统治者迁都临安,它也成了军事险要之地。作者首先分析了瓜州渡口的地理形势:一方面直接控制着镇江金山,是金人南侵的关口;另一方面,它是安逸闲适的江南小镇,是东南一处风景胜地。这就带来矛盾:是利用险要地势抗金复国? 还是寻欢享乐,尽兴冶游? 作者劝谏:"更愿诸公着意,休教忘了中原。"语气恳切,是赤子之心最直截的表达。作者以瓜洲渡口为起点,提供了两种生活方式的选择,暗讽统治者偏安江南、不思进取的态度,一个"休"字语气斩截,更寄托着作者恢复中原的希望。 （苏　晗）

岁月无多人易老,乾坤虽大愁难着。

【出处】宋·吴潜《满江红·豫章滕王阁》

万里西风,吹我上、滕王高阁。正槛外、楚山云涨,楚江涛作。何处征帆木末去,有时野鸟沙边落。近帘钩、暮雨掩空来,今犹昨。　　秋渐紧,添离索。天正远,伤飘泊。叹十年心事,休休莫莫。岁月无多人易老,乾坤虽大愁难着。向黄昏、断送客魂消,城头角。

【鉴赏】本词是一首登高之作。该句中,作者以上下对仗的句式,将渺小的个人放置于"岁月""乾坤"的大环境中加以观照,是对前半部分萧瑟秋景的总结,也是自然而然的抒情与主旨的升华。江水东流,山高云涨,作者在时间、空间两个维度中寻找自己的位置。逝者如斯,青春岁月渐行渐远,昔日少年垂垂老矣;乾坤朗朗,却不能容我之一粟,颇有"此身饮罢无归处"(杜甫《乐游园歌》)之感。时间空间的交错构造了一个立体

的空间,身处其中,词人愈发茫然无措,一面是伤时之叹,一面是漂泊之感,愁之深,情之切,由此可见一斑。 （苏　晗）

宫①里吴王沉醉,倩五湖倦客②,独钓醒醒。

【注释】①宫:馆娃宫。春秋时,吴王夫差为取悦美女西施,建此宫。②五湖倦客:指范蠡,春秋末政治家、谋士,传说他为了帮助越王勾践,将西施进献给吴王,最终灭掉了吴国。

【出处】宋·吴文英《八声甘州·陪庚幕诸公游灵岩》

渺空烟四远,是何年,青天坠长星。幻苍崖云树,名娃金屋,残霸宫城。箭径酸风射眼,腻水染花腥。时靸双鸳响,廊叶秋声。　宫里吴王沉醉,倩五湖倦客,独钓醒醒。问苍波无语,华发奈山青。水涵空,阑干高处,送乱鸦,斜日落渔汀。连呼酒,上琴台去,秋与云平。

【鉴赏】这一句承接上阕对宫廷生活的描写,下接“苍波无语”的苍凉意境。“沉醉”,不仅指君主耽于享乐,也指统治昏庸,不明大义,看不清危急的国家形势,暗含作者对朝廷的批判。“五湖倦客”有自喻之意。众人皆醉我独醒,其悲痛之情可想而知。君主之“醉”与个体之“醒”两相对比,准确描摹了独醒者的孤独无力,也暗示了乱世之中的个人际遇。看似怀古,实则写实,托古言今的诗歌传统与虚实之间的自由转换相结合,使词作的劝谏充满力量,更饱含个人的忧愤之情。 （苏　晗）

隔江人在雨声中,晚风菰叶①生秋怨。

【注释】①菰(gū)叶:茭白叶。

【出处】吴文英《踏莎行》

润玉笼绡,檀樱倚扇,绣圈犹带脂香浅。榴心空叠舞裙红,艾枝应压愁鬟乱。　午梦千山,窗阴一箭,香瘢新褪红丝腕。隔江人在雨声中,晚风菰叶生秋怨。

【鉴赏】南宋战乱频仍,迁都临安之后,妻离子散、劳燕分飞更是司空见惯,词里的“江”即长江。这是一首写梦境的词,恋人相逢梦中,重温缱绻柔情,无奈佳期未尽,午梦已醒,一身怅然对秋雨。明明是词人独立风雨,却道恋人听雨,对秋生怨的不仅仅是“我”,也是所思之人,这种双向的情感更加动人。此外,“隔江人”也具有某种多义性,既指的是寄居北方的情人,也指午梦初醒,梦中的幻象随风雨消散了,亦真亦幻,颇具滋味。至于秋怨所起，词人并不直抒胸臆，而归咎于菰叶丛生，引起相思之情，委婉含蓄。词至此句转入一个空茫的意境，全然不同于前文的粉雕玉琢，对比明显，更显哀婉凄凉。 （苏　晗）

一勺西湖水。渡江来、百年歌舞，百年酣醉。

【出处】宋·文及翁《贺新郎·西湖》

一勺西湖水。渡江来、百年歌舞，百年酣醉。回首洛阳花世界，烟渺黍离之地。更不复，新亭坠泪。簇乐红妆摇画艇，问中流，击楫谁人是。千古恨，几时洗。　　余生自负澄清志。更有谁，磻溪未遇，傅岩未起。国事如今谁倚仗，衣带一江而已。便都道，江神堪恃。借问孤山林处士，但掉头、笑指梅花蕊。天下事，可知矣。

【鉴赏】公元1127年，北宋灭亡，统治者南渡长江，建都临安，史称南宋。从此，词坛多哀国伤时之音，文及翁的《贺新郎·西湖》就是其中的代表。作为开篇之句，本句点名了时事背景：南渡长江之后，统治者偏安一隅，置国之危亡于不顾，贪图享乐。"一勺"，既形象地写出了西湖美景玲珑秀丽的特点，更暗喻统治者眼界狭隘，胸无大志，泥于江南美景而不顾国家大事。后一句直接点出统治者纸醉金迷的生活状态。国破家亡，哪里容得下你歌舞升平，"百年酣醉"于六桥烟柳？这是对统治者强有力的控诉与鞭挞。作者以悠长的韵调，重复的句式，营造了奢靡颓废的氛围，为伤痛之情的进一步抒发造势。

（苏　晗）

借问孤山林处士[①]，但掉头、笑指梅花蕊。天下事，可知矣。

【注释】①林处士：指北宋林逋，隐杭州西湖孤山，居处遍植梅花，后人常以他的"梅妻鹤子"代指隐居生活。

353

【出处】宋·文及翁《贺新郎·西湖》

原文参见前句。

【鉴赏】国难当头,却没有中流击楫的弄潮儿,朝廷上下一片声色犬马,哪里有可托付国事的时代英雄呢?士大夫们固然清高,不肯随波逐流,却纷纷遁入山林,再无匡复之志。"但掉头,笑指梅花蕊",形象展现了隐士们顾左右而言他的神态。作者在这里也表达了对隐逸之风的批判,他认为大丈夫就应当为国效力,逃避现实是一种懦弱无能的表现。"天下事,可知矣。"统治者醉生梦死,士大夫不思进取,国将亡矣!作者以一声长叹作结,何其无奈,何其悲痛,令人扼腕。

（苏　晗）

春去,最谁苦?但箭雁①沉边,梁燕无主。杜鹃声里长门②暮。

【注释】①箭雁:中箭而坠逝的大雁。②长门:汉宫名。此指宋帝宫阙。

【出处】宋·刘辰翁《兰陵王·丙子送春》

送春去,春去人间无路。秋千外,芳草连天,谁遣风沙暗南浦。依依甚意绪?谩忆海门飞絮。乱鸦过,斗转城荒,不见来时试灯处。　春去,最谁苦?但箭雁沉边,梁燕无主。杜鹃声里长门暮。想玉树凋土,泪盘如露。咸阳送客屡回顾,斜日未能度。　春去,尚来否?正江令恨别,庾信愁赋。苏堤尽日风和雨。叹神游故国,花记前度。人生流落,顾孺子,共夜语。

【鉴赏】这首词写于宋景炎元年(公元 1276 年),是年,南宋亡。作者所言"送春",实则送别倾颓的南宋王朝。一问句引起下阕,随即,一幅哀鸿遍野、满目凄凉的图景便在我们眼前展开了:"箭雁沉边",象征着战败之后,被掳往北方的南宋宗室;梁燕,意指南宋大臣四处逃窜,无枝可依;"长门暮",指暮色中的南宋宫殿,也象征着南宋王朝的灭亡,作者引杜鹃啼血的典故渲染悲哀的氛围,强调哀伤之极。古诗词之委婉含蓄由此可见一斑,作者并不直接描摹时事,抒发亡国之叹,而是借由晚春之景,以象征的手法写国之大势,独对故都的悲痛、凄凉、无可奈何蕴于景中,深沉厚重。

（苏　晗）

辇下风光,山中岁月,海上心情。

【出处】宋·刘辰翁《柳梢青·春感》

铁马蒙毡,银花洒泪,春入愁城。笛里番腔,街头戏鼓,不是歌声。
那堪独坐青灯,想故国,高台月明。辇下风光,山中岁月,海上心情。

【鉴赏】临安沦陷,南宋灭亡,蒙元骑兵入主都城。四面楚歌,作者隐居山林,仍不忘兴亡之事。"辇下风光"指亡都的大好河山;"山中"指自己隐居之地;"海上",代指闽粤地区的抗元斗争。作者通过三个典型环境表现了复杂的情感:一方面是对祖国大好河山的怀念,抒发亡国之痛;另一方面暗示自己对抗元事业的关注,以及"身在曹营心在汉"的无奈与悲哀。作者开辟出了三个平行世界,由小到大,虚实相间,构成了现实与想象之间的奇妙张力,意境逐渐开阔。随着时空的转换,读者也随着作者的思绪移步换景,感同身受。同时,三个短句句式工整,读之朗朗上口,三个情景仿佛三卷优美的山水画,是建筑美、绘画美与音乐美的统一。 （苏　晗）

回首天涯归梦,几魂飞西浦,泪洒东州。

【出处】宋·周密《一萼红·登蓬莱阁有感》

步深幽。正云黄天淡,雪意未全休。鉴曲寒沙,茂林烟草,俯仰千古悠悠。岁华晚,漂零渐远,谁念我,同载五湖舟。磴古松斜,崖阴苔老,一片清愁。　　回首天涯归梦,几魂飞西浦,泪洒东州。故国山川,故园心眼,还似王粲登楼。最怜他,秦鬟妆镜,好江山,何事此时游。为唤狂吟老监,共赋销忧。

【鉴赏】作者登临蓬莱阁,望茂林烟草,想起国亡之事,不由泪下沾襟,此句位于上下阕之间,正是景与情的过渡。几回梦归江南,如今登临,大好江山却已易手他族。写"天涯归梦",突出自己对祖国的深切思念;"泪洒东州",不仅是梦归之泪,更是如今登临的亡国泪。作者以梦境对应实境,以梦中之情抒现实之痛,将两个时空连接起来,对自己的现实处境也有了更深痛的体悟。作者的这种写法,也赋予当前之景以纵深感,从梦境慢慢步入现实,扩展了诗歌的表现空间。

（苏　晗）

龙虎散，风云灭。千古恨，凭谁说？对山河百二^①，泪盈襟血。

【注释】 ①山河百二：原形容秦地河山险峻。《史记·高祖本纪》载"秦得百二"，指秦军两万可胜诸侯百万之兵。

【出处】 宋·王清惠《满江红》

太液芙蓉，浑不似，旧时颜色。曾记得，春风雨露，玉楼金阙。名播兰簪妃后里，晕潮莲脸君王侧。忽一声，鼙鼓揭天来，繁华歇。　　龙虎散，风云灭。千古恨，凭谁说？对山河百二，泪盈襟血。客馆夜惊尘土梦，宫车晓碾关山月。问嫦娥，于我肯从容，同圆缺。

【鉴赏】 本词上阕以极尽华丽之修辞，写昔日享乐；下阕表现王朝覆灭，悲凉沉痛。作为下阕首句，它揭示了国破家亡的社会现实，妍丽的色彩突然转向黯淡凄苦，继而带给读者强烈的情感冲击。"龙虎"比喻奔逃江南的南宋君臣；"风云"指南宋朝廷过去的辉煌。比喻手法的运用使表达委婉含蓄，不至于直戳痛处，更富意味。"千古恨，凭谁说？"作者心情之沉重以致不能言表，可见情感之强烈。面对祖国的大好江山，想到如今已易手他人，古代秦军战胜的地方如今是我朝失守之处，不得不说是莫大的讽刺。泪、血的意象全然不同于上阕的灯红酒绿，强调了作者哀痛、悲壮的情感体验。

（苏　晗）

堪恨西风催世换，更吹我，落天涯。

【出处】 宋·邓剡《唐多令》

雨过水明霞，潮回岸带沙。叶声寒，飞透窗纱。堪恨西风吹世换，更吹我，落天涯。　　寂寞古豪华，乌衣日又斜。说兴亡，燕入谁家？惟有南来无数雁，和明月，宿芦花。

【鉴赏】 此句上承萧瑟秋景，下接羁旅兴亡之幽情，内涵丰富，可细细玩味。"堪恨西风吹世换"，结合当时的政治形势，此句不仅在写季节更替，更暗喻着南宋覆灭、朝代更替。风雨飘摇，自己如同塞外飞蓬，漂泊无依。"更吹我，落天涯。"国亡之恨与身世之痛交融在一起，内心的辛酸无奈与瑟瑟秋景如此契合，难怪词人无辜"怪罪"于"西风"。"世换"是大的历史变革，"落天涯"是主观的个人际遇，而"西风"是小的、客观的自然意象，作者通过奇妙的联想，在三者之间建立起审美化的逻辑联系，大与小、主观与客观的交织缠绕之间,是一个乱世中独立西风的旅人形象。

(苏　晗)

正为鸥盟①留醉眼,细看涛生云灭。

【注释】 ①鸥盟:指与鸥鸟为友,比喻隐退。

【出处】 宋·邓剡《念奴娇·驿中言别》

水天空阔,恨东风,不借世间英物。蜀鸟吴花残照里,忍见荒城颓壁。铜雀春清,金人秋泪,此恨凭谁雪?堂堂剑气,斗牛空认奇杰。　　那信江海余生,南行万里,属扁舟齐发。正为鸥盟留醉眼,细看涛生云灭。睨柱吞嬴,回旗走懿,千古冲冠发。伴人无寐,秦淮应是孤月。

【鉴赏】 这是邓剡与文天祥的唱和词,他们有共同的抗元志向。当时邓剡被俘,病留天庆观,此句意在向好友表明心志:自己绝不会担任敌方的一官半职,而要像隐士一样旁观风云变幻,等待胜利的好消息。作者采用了隐喻的手法,一方面是由于时局所限,另一方面来自于诗歌的审美追求。这一句塑造了一个梅妻鹤子、自旷于山水之间的隐士形象,但作者是一个积极入世的爱国词人,上下文也都在表现动荡的时局,可知作者无意归隐,而是要借隐士的形象表明自己虽身在曹营,但依旧独立清高、一心复国的政治选择。"涛生云灭"暗示自己会一直关心抗元活动,表达了对好友的殷切期待。作者营造了一个海天空阔的意境来表明自己的政治态度,含蓄委婉,又极富诗意。

(苏　晗)

乾坤能大,算蛟龙,元不是池中物。

【出处】 宋·文天祥《酹江月》

乾坤能大,算蛟龙,元不是池中物。风雨牢愁无着处,那更寒蛩四壁。横槊题诗,登楼作赋,万事空中雪。江流如此,方来还有英杰。　　堪笑一叶漂零,重来淮水,正凉风新发。镜里朱颜都变尽,只有丹心难灭。去去龙沙,江山回首,一线青如发。故人应念,杜鹃枝上残月。

【鉴赏】 首句"乾坤能大",营造出一个开阔豪迈的境界。蛟龙本应当游刃乾坤之间,如今却困于方池,以蛟龙自喻,表明作者宏大的心志。"元不是池中物",语气之斩截,强调自己有着迥异凡人的远大抱负,本句正是作者的身世之叹。此外,我们也能隐隐读到英雄无用武之地的无奈:从下文可知,这种独立于世的姿态不仅仅是作者对污淖浊泥的自觉背弃,更是国难之下无力回天的悲愁。因此,只对个人之际遇有所关照绝不足以成英雄,文天祥的伟大正在于全篇所表现的对国家形势的深切关怀。国难之下,他暂时收起了个人身世的感慨,这才是本首词感人至深的力量来源。

(苏　晗)

镜里朱颜都变尽,只有丹心难灭。

【出处】宋·文天祥《酹江月》

原文参见前句。

【鉴赏】古今中外,对"永恒"的探讨从来没有停止过,作为政治家、文学家、一心报国的赤子,文天祥的答案纵然不是哲学式的理性探讨,却有着摧枯拉朽的力量和气壮山河的气魄。英雄看见镜中的容颜日渐衰老,而国之复兴仍前路无着,不由悲从中来,但一想,无论时势如何,自己这一颗赤子之心何曾熄灭?复国之志又怎会消亡?作者将朱颜易老与丹心难灭进行对比,突出自己坚定不移的报国雄心。"都"与"只有",蕴含在两个词中的强烈语气无异于名留青史的宣言,动人心魄。日夜如梭,天地不仁,英雄难逃脱历史大潮的携裹,更无法摆脱生老病死的规律,但英雄的志向不会消泯,英雄之精神更是会熔铸为民族气质的一部分,成为鼓舞后人的不竭力量。

(苏　晗)

人生翕欻①云亡,好烈烈轰轰做一场。

【注释】①翕(xī)欻(xū):迅速。

【出处】宋·文天祥《沁园春·至元间留燕山作》

为子死孝,为臣死忠,死又何妨。自光岳气分,士无全节,君臣义缺,谁负刚肠。骂贼睢阳,爱君许远,留得声名万古香。后来者,无二公之操,百炼之钢。　人生翕欻云亡,好烈烈轰轰做一场。使当时卖国,甘心降虏,受人唾骂,安得留芳。古庙幽沉,仪容俨雅,枯木寒鸦几夕阳。邮亭下,有奸雄过此,仔细思量。

【鉴赏】这是气势磅礴的人生宣言,更是乱世之中鼓舞士气的一针强心剂。这一首词通篇议论,当今"士无全节,君臣义缺",但卖国贼们自会遗臭万年,英雄烈士万古流芳!个人生命的长短与历史相比不过转瞬,个人之生死与国家相比亦不足为惜,但为国为民"烈烈轰轰做一场",自己的精神就能名垂青史,自己的生命也能在代代相传中得到延续。口语化的表达极具感染力,我们仿佛能够听见作者的仰天长啸,感受到作者开阔的胸襟,从而燃起报效国家的热情与实现自身价值的渴望。 （苏　晗）

楚囚对泣[①]何时已,叹人间、今古真儿戏。

【注释】①楚囚对泣:指亡国之叹。《左传》载,郑人将楚国乐伶钟仪献给晋国。景公令其奏乐,为南音,晋国大臣范文子嘉其"不忘旧",劝说景公释放钟仪,合晋楚之成。《世说新语》载,士大夫们常聚集新亭,席有周侯叹曰:"风景不殊,正自有山河之异!"王丞相对曰:"当共戮力王室,克复神州,何至作楚囚相对?"

【出处】宋·汪元量《莺啼序·重过金陵》

金陵故都最好,有朱楼迢递。嗟倦客,又此凭高,槛外已少佳致。更落尽梨花,飞尽杨花,春也成憔悴。问青山,三国英雄,六朝奇伟。　麦甸葵丘,荒台败垒。鹿豕衔枯荠。正朝打孤城,寂寞斜阳影里。听楼头,哀笳怨角,未把酒,愁心先醉。渐夜深,月满秦淮,烟笼寒水。　凄凄惨惨,冷冷清清,灯火渡头市。慨商女不知兴废。隔江犹唱庭花,余音叠叠。伤心千古,泪痕如洗。乌衣巷口青芜路,认依稀,王谢旧邻里。临春结绮。可怜红粉成灰,萧索白杨风起。　因思畴昔,铁索千寻,谩沈江底。挥羽扇,障西尘,便好角巾私第。清谈到底成何事。回首新亭,风景今如此。楚囚对泣何时已,叹人间、今古真儿戏。东风岁岁还来,吹入钟山,几重苍翠。

【鉴赏】金陵已成故都,词人凭高,抒兴亡之叹。借古伤今是南宋词里常有的主题,词人放眼于金陵城郭草木的风云变幻,才感到世事无常,于史中产生共鸣。他以"楚囚对泣"暗喻个人处境,同时将历史教训寓于其中,增添情感的厚重感。典故的使用使意境更加深邃辽远,意味丰富。"叹人间、今古真儿戏",这里,悲苦、沉重的个人情感与冰冷、无常的历史变幻形成强烈的对比:天地不仁,以万物为刍狗,"我"的悲哀又怎能挽历史之狂澜?他对历史规律的认识浸透着辛酸无奈,动人心魄。 （苏　晗）

相看只有山如旧。叹浮云、本是无心,也成苍狗[①]。

【注释】①苍狗:此词出自"白云苍狗",比喻世事变化无常。

【出处】宋·蒋捷《贺新郎·兵后寓吴》

深阁帘垂绣。记家人、软语灯边,笑涡红透。万叠城头哀怨角,吹落霜花满袖。影厮伴、东奔西走。望断乡关知何处,羡寒鸦、到著黄昏后。

一点点,归杨柳。　　　相看只有山如旧。叹浮云、本是无心,也成苍狗。明日枯荷包冷饭,又过前头小阜。趁未发,且尝村酒。醉探枵囊毛锥在,问邻翁,要写牛经否?翁不应,但摇手。

【鉴赏】感叹时事易变是古诗词中常有的题材。蒋捷以变写不变:曾记当年酒墨茶香,如今漂泊他乡,枯荷冷饭,只有青山依旧,笑看人事沧桑。"只有山如旧",将过去与当下联系起来,引得词人感慨伤怀,突出前后际遇的迥异。同时,词人引白云苍狗的典故描述世事变化无常,又将它具化为景物,山、云,组成一个开阔辽远的意境,画境、诗境共存,典故使用得生动贴切又极具诗意。而白云之"无心"实为光阴流转之不可变更,其间更暗含着作者的无奈及挽留之情。融情于景,景中含情,景因情而生动,情因景而含蓄。

(苏　晗)

岁岁春光,被二十四风吹老。

【出处】宋·蒋捷《解佩令·春》

春晴也好。春阴也好。著些儿,春雨越好。春雨如丝,绣出花枝红袅。怎禁他,孟婆合皂。　　　梅花风小。杏花风小。海棠风,蓦地寒峭。岁岁春光,被二十四风吹老。楝花风,尔且慢到。

【鉴赏】蒋捷的这首《解佩令·春》写得轻快活泼。二十四风,指随着二十四花期而来的风。这里将时间感具象化,仿佛这竞相开放的花儿在催着春天过去:海棠标识着春寒未去,楝花风象征着春意阑珊。以花计时,这是诗人的语言,迥然不同于科学家的说法,它充盈着诗人对生活的审美感受,给我们提供了一个新的观察生活的角度:明明是春光流逝,花开花落,诗人偏说是花期将尽,吹老了岁岁春光。可是,花开一度,春减一分,词人难醉心于馥郁花香,而是劝说楝花,"尔且慢到"。他淡化了时间空逝的悲哀,将二十四种花开作为主体,以盛春的繁华写春之将逝的惋惜,少一份凄凉,却多一份爱怜。

(苏　晗)

客里看春多草草,总被诗愁分了。

【出处】宋·张炎《清平乐》

采芳人杳。顿觉游情少。客里看春多草草,总被诗愁分了。　　　去年燕子天涯。今年燕子谁家。三月休听夜雨,如今不是催花。

【鉴赏】南宋国都临安被元人占领后,张炎成了流亡的宋臣。"客里"

可以说是张炎对自己身份处境的觉察,而这个觉察无疑包含了浓重的家国之痛。因此,连鲜妍明丽的春景作者也无心欣赏,匆匆掠过,想到大好河山已易手他人,万种悲愁直涌上心头,化为连篇的诗词,即所谓"诗愁"。作者伤春却偏偏写"看春多草草",可见意在突出"客里"这一历史情境的变化,从而完成诗境背后的情感书写。"诗愁"是直接的抒情,这个"愁"当然有流水落花的春愁,更重要的是"采芳人杳"所暗示的家国之愁。作者意在哀故国,但读者所见皆是春景,融情于景的手法带给读者审美的享受。

(苏　晗)

唯有知情一片月,曾窥飞燕入昭阳。

【出处】辽·萧观音《怀古》

宫中只数赵家妆,败雨残云误汉王。唯有知情一片月,曾窥飞燕入昭阳。

【鉴赏】只有天上那轮明月才知道实情,它曾亲眼看到赵飞燕入昭阳宫。这是一首怀古诗,写的是诗人自己对历史的理解与感受。历史上普遍指责赵家姐妹魅惑君王,而诗人却不囿于成见,大胆提出自己的看法,认为赵飞燕与汉王之间自有真情,只是不为人知罢了。这句诗中诗人借抒发历史感悟而自伤自怜,表现了被君王疏远的孤寂苦闷的心境,同时诗人以女子立场表达了对历史的无奈感慨,和对赵飞燕以及无数被认为是红颜祸水的女子的同情。

(陈俊艳)

老畏年光短,愁随秋色来。

【出处】宋·宇文虚中《又和九日》

老畏年光短,愁随秋色来。一持旌节出,五见菊花开。强忍玄猿泪,聊浮绿蚁杯。不堪南向望,故国又丛台。

【鉴赏】到了老年开始畏惧时光的短暂,忧愁也随着秋色而来。诗人到了老年,面对时光的流逝,深感无奈,因而发出感叹。第二句写了诗人的惆怅之情伴随着秋色而来,历朝历代,"悲秋"是中国文人诗歌中的永恒主题,诗人面对秋日萧条寂寥的景象时,不免感慨岁月匆匆,于是更添忧愁抑郁。这句诗意境萧索,抒发了诗人心中对时光流逝的叹息,令人感慨万分。

（陈俊艳）

爱惜芳心莫轻吐,且教桃李闹春风。

【出处】金·元好问《同儿辈赋未开海棠二首》其二

枝间新绿一重重,小蕾深藏数点红。爱惜芳心莫轻吐,且教桃李闹春风。

【鉴赏】要爱惜自己那颗芳香的心,不要轻易地吐露芬芳,姑且让桃李在春风中热闹地绽放吧。这句诗托物寓意,诗人借咏海棠来表达自己的志趣和对后辈的劝诫。诗人劝告海棠要"爱惜芳心",不要轻易吐露芳心,亦不要与群芳争艳,借此表达自己的态度,表明自己珍惜爱护名节,不愿趋炎附势,与桃李同流合污的心态。同时诗人借此句寄寓了自己对后辈的希望,愿他们矜持自重,坚守节操,独善其身。这句诗语言平实,却意味隽永,诗人的劝诫引人深思,耐人寻味。

（陈俊艳）

只恐江南春意减,此心元不为梅花。

【出处】元·刘因《观梅有感》

东风吹落战尘沙,梦想西湖处士家。只恐江南春意减,此心元不为梅花。

【鉴赏】只恐怕江南的春意已减,梅花已经凋落,然而转念想到,这颗心也不是为梅花,只是借梅花抒发感慨罢了。这句诗托物寓意,虽言观梅,却借梅花抒发自己的感慨。首句写江南春意消减,实则暗指南宋灭亡,江南的繁华不再,"只恐"二字表达了诗人亡国后对江南的怀念,以及国破的无奈。次句诗人阐明自己借梅抒怀,担忧的并不是梅花,而是江南百姓,表明对国家民众的忧虑。这句诗蕴意深厚,诗人借梅抒怀,含蓄曲折地表达了对宋朝的怀念之情。

（陈俊艳）

白沟移向江淮去,止罪宣和恐未公。

【出处】元·刘因《白沟》

宝符藏山自可攻,儿孙谁是出群雄。幽燕不照中天月,丰沛空歌海内风。赵普元无四方志,澶渊堪笑百年功。白沟移向江淮去,止罪宣和恐未公。

【鉴赏】 宋与辽金的边界从白沟移到江淮,只归罪于宋徽宗恐怕未必公正吧。这句诗表达的是诗人对历史独特的看法与态度。宋朝与辽金之间的边界从白沟移到了江淮,诗人认为宋朝一味的退让才是根本原因,而将北宋灭亡归咎于宋徽宗一人是不公正的。诗人借此句批判了宋朝一味妥协的政策,指出了其覆灭的原因,敢于否定前人看法,认识清醒,表现出其对历史独特的思考与把握。这句诗语言平实,寓意深远,流露出对宋朝灭亡的痛惜,同时也为后世提供了教训与借鉴意义。 （陈俊艳）

南渡君臣轻社稷,中原父老望旌旗。

【出处】 宋·赵孟頫《岳鄂王墓》

鄂王坟上草离离,秋日荒凉石兽危。南渡君臣轻社稷,中原父老望旌旗。英雄已死嗟何及,天下中分遂不支。莫向西湖歌此曲,水光山色不胜悲。

【鉴赏】 南渡的君臣偏安一隅,不再重视江山社稷,中原的百姓却渴望着南宋朝廷的军队早日收复失地。这句诗是诗人凭吊岳王墓而有感而发。诗人用南宋的君臣与中原父老作对比,南宋君臣不思进取,偏安江南,而中原父老却忍受煎熬,极度渴望南宋能够收复失地,两相形成鲜明对照,表明了南宋亡国的原因,同时表达出诗人对南宋朝廷的谴责与愤恨之情。诗人由景生情,抒发感慨,语言平实自然,却深沉慷慨,表达了诗人对南宋亡国的反思与愤慨,以及对百姓无限的同情。 （陈俊艳）

在山为远志,出山为小草。

【出处】 宋·赵孟頫《罪出》

在山为远志,出山为小草。古语已云然,见事苦不早。平生独往愿,丘壑寄怀抱。图书时自娱,野性期自保。谁令堕尘网,婉转受缠绕。昔为海上鸥,今如笼中鸟。哀鸣谁复顾,毛羽日催槁。

【鉴赏】 隐居于山中的乃是有远大志向之士,而出山仕宦的则被人指责为小草。这句诗写的是由宋入元后,仕元的士人受到指摘的现象。此句出自《世说新语·排调》,诗人运用古人之言喻指宋朝灭亡之后,隐居之人被誉为有气节，而如他这般改仕元朝的则成为罪人的情况。作为《罪出》诗之首句，诗人借此句表达了自己对于出山的无限悔恨之意，同时对自己备受指责的境况感到无奈与哀痛。这句诗语言自然，蕴意极深，令人感受到诗人复杂、沉痛的心境。 　　　　　　　　　（陈俊艳）

坐觉苍茫万古意，远自荒烟落日之中来！

【出处】明·高启《登金陵雨花台望大江》

大江来从万山中，山势尽与江流东。钟山如龙独西上，欲破巨浪乘长风。江山相雄不相让，形胜争夸天下壮。秦皇空此瘗黄金，佳气葱葱至今王。我怀郁塞何由开，酒酣走上城南台。坐觉苍茫万古意，远自荒烟落日之中来！石头城下涛声怒，武骑千群谁敢渡。黄旗入洛竟何祥，铁锁横江未为固。前三国，后六朝，草生宫阙何萧萧。英雄乘时务割据，几度战血流寒潮。我生幸逢圣人起南国，祸乱初平事休息。从今四海永为家，不用长江限南北。

【鉴赏】坐在城南台上，只觉苍茫的古意从天边荒烟落日之处席卷而来。这句诗描写的是诗人登台之际，由景生情，所发出的感慨。诗人回顾历史，念及现在，不觉感慨万千。这句诗气象豪迈，用"万古意"来表明诗人思虑之深重；"远自"句则运用了"荒烟""落日"等悲壮的意象渲染出雄壮的气氛，使诗意沉雄慷慨，同时引发诗人浓重的忧思。这句诗虽沉郁却气势豪迈，音调铿锵，表达了诗人对于历史的反思和对现实的忧虑，令人读来酣畅淋漓。 　　　　　　　　　（陈俊艳）

从今四海永为家，不用长江限南北。

【出处】明·高启《登金陵雨花台望大江》

原文参见前句。

【鉴赏】从今往后四海之内皆是一家，南北不会被长江阻隔。这句诗是诗人面对国家统一而发出的感慨。此时恰逢明朝统一天下，诗人以此句表达了对四海一家，不再因长江分割南北而起干戈的欣慰之情。这句诗一改之前沉郁的格调，语气积极昂扬，不仅歌颂了现实的功绩，同时表达出诗人对国家统一后有强盛未来的期望。 　　　　　　　　　（陈俊艳）

四塞河山归版籍，百年父老见衣冠。

【出处】明·高启《送沈左司从汪参政分省陕西汪由御史中丞出》

　　重臣分陕去台端，宾从威仪尽汉官。四塞河山归版籍，百年父老见衣冠。函关月落听鸡度，华岳云开立马看。知尔西行定回首，如今江左是长安。

　　【鉴赏】陕西四面阻塞的关隘如今都已恢复，重新纳入明朝的版图，被异族统治长达百年之久的父老们又再次见到了汉人的衣冠。这句诗是诗人送别沈、汪二人时所展开的想象。诗人想象两位官员上任必然会受到百姓的欢迎，因为他们对国家的统一也充满渴望；同时诗人借此句又一次称颂了统一全国的明王朝，赞颂其为百姓免去战祸，收回失地的伟大功绩。这句诗语言平实自然，真实地表达了诗人对国家统一百姓安定的喜悦心情。

　　　　　　　　　　　　　　　　（陈俊艳）

闲来写就青山卖，不使人间造孽钱。

【出处】明·唐寅《言志》

　　不炼金丹不坐禅，不为商贾不耕田。闲来写就青山卖，不使人间造孽钱。

　　【鉴赏】闲暇时就画山水画来卖钱，绝不使用做坏事得来的钱。这是诗人的言志之作。诗人以卖画为生，风流不羁，十分不屑那些以巧取豪夺做坏事为生的人。这句诗既写出了诗人自由自在的生活，又表达出诗人对于那些使"造孽钱"，做坏事之人的批判与谴责，抒发了诗人不与尘俗同流合污，逍遥自在，独善其身的高洁志趣。这句诗语言直白爽朗，类似口语，风格豪放，诗人洒脱疏狂的形象溢于言表，后世之人对此多加以称颂，常以此句来形容文人的傲骨。

　　　　　　　　　　　　　　　　（陈俊艳）

欲识命轻恩重处,霸陵风雨夜来深。

【出处】 明·王世贞《戚将军赠宝剑歌》

毋嫌身价抵千金,一寸纯钩一寸心。欲识命轻恩重处,霸陵风雨夜来深。

【鉴赏】 想要知道臣命的轻微与君恩的深重,只要看一看汉将军李广在霸陵的遭遇就明白了。这句诗写的是诗人为戚继光所遭受的不公正待遇鸣不平。诗人运用典故,借李广将军在霸陵遭受侮辱之事,表达了对朝廷奸臣残害忠良的不满与批判,并以此句为战功卓越,遭遇相同的戚将军鸣不平,流露出对朝廷的愤慨之情。其中"命轻"与"恩重"形成鲜明对比,隐含讽刺,表明"君恩"并不公正。这句诗是诗人感慨之词,诗意悲痛沉重,抒发了诗人对戚继光不公正遭遇的愤慨。 （陈俊艳）

毅魄归来日,灵旗空际看。

【出处】 明·夏完淳《别云间》

三年羁旅客,今日又南冠。无限河山泪,谁言天地宽! 已知泉路近,欲别故乡难。毅魄归来日,灵旗空际看。

【鉴赏】 等到魂归故乡之日,希望能看到天空飘扬着战旗。这句诗是诗人的诀别之作,表达了自己坚毅不屈的信念。诗人以此句表明心志,将希望寄予自己身死之后,希望魂魄归来之日能够看到反清复明的战旗高高扬起,表现出其誓死不屈的决心和坚定的斗争信念。这句诗作为全诗尾句,以诗人誓言作结,反映出其对故国深切的依恋,同时给予后继者以深情的勉励。这句诗语意沉痛,风格慷慨豪壮,塑造了一位威武不屈,坚定刚毅的英雄形象,极富感染力,成为后世仁人志士竞相效仿的榜样。

（陈俊艳）

海角崖山一线斜,从今也不属中华。

【出处】 清·钱谦益《后秋兴之十三》其二

海角崖山一线斜,从今也不属中华。更无鱼腹捐躯地,况有龙涎泛海槎? 望断关河非汉帜,吹残日月是胡笳。嫦娥老大无归处,独俺银轮哭桂花。

【鉴赏】 海角、崖山一类的偏远之处,如今也不属于中华了。这句诗是诗人在亡国之后,面对国土沦丧发出的哀叹。其中"崖山"是南宋皇帝投海之地,诗人借此比喻明朝的灭亡亦无力挽回。次句写了清朝收复天下的事实,诗中流露出诗人的惋惜感伤之情。诗人对故国充满眷恋,却无力回天,因而才发出这句感叹。这句诗风格哀婉,意境苍凉,令人读后为之哀叹,后人常以此句表达国土沦陷的悲哀。 （陈俊艳）

河洛风烟万里昏,百年心事向夷门。

【出处】清·吴伟业《怀古兼吊侯朝宗》

河洛风烟万里昏,百年心事向夷门。气倾市侠收奇用,策动宫城报旧恩。多见摄衣称上客,几人刎颈送王孙。死生终负侯嬴诺,欲滴椒浆泪满樽。

【鉴赏】河洛之地战祸频仍,万里无光,一生的心事就是去追念侯嬴的事迹。这句诗是诗人凭吊侯方域时有感而发,借战国魏人侯嬴的故事,抒发失节仕清的痛苦心情。作为全诗首句,诗人开篇描写了山河失色,渲染出悲凉沉重的氛围。次句以"向夷门"指代对侯嬴事迹的追念,并借此表达出诗人对侯朝宗的怀念与凭吊之意。这句诗构思巧妙,风格沉郁苍凉,既怀古又伤今,将侯嬴与侯朝宗联系在一起,为后文"终负侯嬴诺"作下铺垫,抒发了对侯朝宗的愧疚和悼念之情。 （陈俊艳）

正当离乱世,莫说艳阳天。

【出处】清·李渔《清明前一日》

正当离乱世,莫说艳阳天。地冷易寒食,烽多难禁烟。战场花是血,驿路柳为鞭。荒垅关山隔,凭谁寄纸钱?

【鉴赏】正当战乱之世,不要再提阳光灿烂的晴天。这句诗是诗人在避难途中发出的感慨。明清易代,战乱频仍,诗人慌张逃难,生活颠沛流离,心中万分凄惶,有如惊弓之鸟,因而拒绝再提美好的事物。这句诗语言自然真切,意境悲凉沉痛,表达出诗人身逢战乱凄苦的心境,同时亦反映了战乱中世人流离失所,悲苦无依的境况。 （陈俊艳）

一冬也是堂堂地,岂信人间胜著多。

【出处】清·黄宗羲《山居杂咏》

锋镝牢囚取决过,依然不废我弦歌。死犹未肯输心去,贫亦岂能奈我何! 廿两棉花装破被,三根松木煮空锅。一冬也是堂堂地,岂信人间胜著多。

【鉴赏】就算是严冬也要堂堂正正地度过，难道外面的人世间就比这里好很多吗？这首诗是诗人的言志之作，表现了其不畏贫穷的高尚品行。上文叙述了诗人生活的艰苦，而此句诗人表明心志，即使身处恶劣环境也改变不了他的意志，可见诗人坚定不屈、贫贱不移的高尚情操。这句诗言辞壮烈，语气豪迈铿锵，塑造了一位具有坚定信念，高尚气节的民族英雄的形象，他的精神令人敬佩，激励了后世更多的仁人志士。 （陈俊艳）

恸哭六军俱缟素，冲冠一怒为红颜。

【出处】清·吴伟业《圆圆曲》

鼎湖当日弃人间，破敌收京下玉关。恸哭六军俱缟素，冲冠一怒为红颜。红颜流落非吾恋，逆贼天亡自荒宴。电扫黄巾定黑山，哭罢君亲再相见。相见初经田窦家，侯门歌舞出如花。家本姑苏浣花里，圆圆小字娇罗绮。前身合是采莲人，门前一片横塘水。横塘双桨去如飞，何处豪家强载归。此际岂知非薄命，此时只有泪沾衣。薰天意气连宫掖，明眸皓齿无人惜。夺归永巷闭良家，教就新声倾坐客。坐客飞觞红日暮，一曲哀弦向谁诉。白皙通侯最少年，拣取花枝屡回顾。早携妖鸟出樊笼，待得银河几时渡。恨杀军书底死催，苦留后约将人误。相约恩深相见难，一朝蚁贼满长安。可怜思妇楼头柳，认作天边粉絮看。遍索绿珠围内第，强呼绛树出雕栏。若非壮士全师胜，争得蛾眉匹马还。蛾眉马上传呼进，云鬟不整惊魂定。蜡炬迎来在战场，啼妆满面残红印。专征箫鼓向秦川，金牛道上车千乘。斜谷云深起画楼，散关月落开妆镜。传来消息满江乡，乌桕红经十度霜。教曲妓师怜尚在，浣纱女伴忆同行。旧巢共是衔泥燕，飞上枝头变凤凰。长向尊前悲老大，有人夫婿擅侯王。当时只受声名累，贵戚名豪竞延致。一斛明珠万斛愁，关山漂泊腰肢细。错怨狂风飏落花，无边春色来天地。常闻倾国与倾城，翻使周郎受重名。妻子岂应关大计，英雄无奈是多情。全家白骨成灰土，一代红妆照汗青。君不见馆娃初起鸳鸯宿，越女如花看不足。香径尘生乌自啼，屟廊人去苔空绿。换羽移宫万里愁，珠歌翠舞古梁州。为君别唱吴宫曲，汉水东南日夜流。

【鉴赏】六军皆穿上白色的丧服为皇帝痛哭服丧，而吴三桂为爱姬陈圆圆被俘而发怒兴兵。这句诗写的是诗人对明末清初的历史发出的感叹。明朝的军队为崇祯帝服丧,而吴三桂却为一己私怨倒戈相向,六军的忠贞与吴三桂的背叛行为形成鲜明的对比,诗人借此讽刺吴三桂背叛明朝,投降清朝的可耻行径。诗中的"红颜"指吴三桂的爱姬陈圆圆,诗人强调了陈圆圆在吴三桂降清中所起的作用,同时流露出对"红颜祸水"的感慨。这句诗对比强烈,反差巨大,讥讽入骨,诗中吴三桂"冲冠一怒为红颜"的故事传诵千古,后人对此褒贬不一,争讼不休。　　　　　　（陈俊艳）

妻子岂应关大计,英雄无奈是多情。

【出处】清·吴伟业《圆圆曲》

原文参见前句。

【鉴赏】岂能因妻子儿女耽搁关乎国家存亡的大计呢? 无奈肩负国家重任的英雄总是太多情。这句诗表达的是诗人对吴三桂"冲冠一怒为红颜"的感叹与评价。诗人认为国家兴亡高于家事,真正的英雄不应被妻子牵绊,通过表达自己的态度从而流露出对吴三桂的不满与批判。"英雄"一句表达出诗人对历史事实的深深无奈,其中隐含对吴三桂的讽刺之意。诗人通过对吴三桂的讽刺与批判,寄寓自己的故国之思与历史兴亡之感。　　　　　　（陈俊艳）

一挥截断紫云腰,仔细看、嫦娥体态。

【出处】金·完颜亮《鹊桥仙·待月》

停杯不举,停歌不发,等候银蟾出海。不知何处片云来,做许大、通天障碍。　　虬鬐捻断,星眸睁裂,唯恨剑锋不快。一挥截断紫云腰,仔细看、嫦娥体态。

【鉴赏】恨不得挥剑斩断遮盖明月的云彩,破开云层,得以仔细欣赏月亮之上嫦娥仙子那婀娜多姿的优美体态。此处虽是作者渴望见到明月而不得,由此内心生发出一腔怒气,但句中也展现了一位满腔豪情的志士怀揣着不达目的不罢休的英雄气魄。紫云遮月是大自然的正常现象,并不是人为可以改变的,但是在此处,作者因为云彩搅了自己赏月的愿望,便要一剑斩断云朵。句中所透出的刚强坚毅、大气豪放的感情使得读者的心灵受到了冲击与震撼。　　　　　　（李　臻）

劝君莫惜花前醉,今年花谢,明年花谢,白了人头。

【出处】金·赵秉文《青杏儿》

风雨替花愁。风雨罢,花也应休。劝君莫惜花前醉,今年花谢,明年花谢,白了人头。　　乘兴两三瓯。拣溪山好处追游。但教有酒身无事,有花也好,无花也好,选甚春秋。

【鉴赏】那赏花的人儿啊,我劝你不要再为落花感伤而在花前醉酒了。在狂风骤雨的天气里,那娇嫩的花朵怎么能敌过风雨的摧残呢?今年的花会凋谢,明年的花也会凋谢,这落花满地的场景,年年都是如此。所以那多愁善感的人啊,不要再沉醉在这伤感之中了,这样的痴缠只会使人枉生白发罢了。此处以落花遭风雨吹打比喻那些人力不可改变的无常之事,以警戒赏花人的口吻给了读者以启示。既然年年如此、岁岁如此,那就不要再为这落花过多伤感了,只要记得她们美丽绽放时的模样就好了。正如这世间太多事情是人力不可更改的,那就学会接受,切不可做那伤时感怀之人。

（李　臻）

底事胜赏匆匆,正自天付酒肠窄。

【出处】金·完颜璹《春草碧》

几番风雨西城陌,不见海棠红、梨花白。底事胜赏匆匆,正自天付酒肠窄。更笑老东君,人间客。　　赖有玉管新翻,罗襟醉墨。望中倚栏人,如曾识。旧梦回首何堪,故苑春光又陈迹。落尽后庭花,春草碧。

【鉴赏】春日花开朵朵的美事总是只能匆匆欣赏,因为我身上背负着天生的责任需要承担,而且我不胜酒力,饮酒赏花之事不得长久。"酒肠窄"一词生动形象地说明了酒量小。作者伤春,有失去后才懂得珍惜的无奈之感。在对春的回想中也可体会出作者对往日美好安定生活的怀念。词句中未有感怆之语,细细体会却有无限的凄凉之感。

（李　臻）

敢向青天问明月。算应无恨,安用暂圆还缺? 愿人长似,月圆时节。

【出处】金·李俊明《感皇恩·出京门有感》

忍泪出门来,杨花如雪。惆怅天涯又离别。碧云西畔,举目乱山重叠。据鞍归去也,情凄切!　　一日三秋,寸肠千结。敢向青天问明月。算应无恨,安用暂圆还缺? 愿人长似,月圆时节。

【鉴赏】斗胆抬头面向青天,大声质问那天上悬挂的明月。想来天上是事事顺心,不会有遗憾之事的。明月你为何还要在圆满之后变得残缺,不能够时时完满呢?我只愿地上的人们,都能够像月亮完满时那样相聚在一起,永远不必经历分离。该句化用苏轼《水调歌头》"人有悲欢离合,月有阴晴圆缺"一句,以月亮的圆与缺对应人世间的相聚和离别。作者借月亮的圆满之景,表达了自己希望与亲人能够永不分离的愿望。词句虽是化用,但是作者的感情真挚,借月喻人事也十分巧妙,将作者内心惆怅凄苦的感情表达得真挚到位。

(李　臻)

只近浮名不近情,且看不饮更何成。三杯渐觉纷华远,一斗都浇块磊平。

【出处】金·元好问《鹧鸪天》

只近浮名不近情,且看不饮更何成。三杯渐觉纷华远,一斗都浇块磊平。　　醒复醉,醉还醒。灵均憔悴可怜生。《离骚》读杀浑无味,好个诗家阮步兵!

【鉴赏】只去追求那人世间的空名,而不在意人真正的感情。如果再不饮酒,这一生更是一事无成,没有丝毫可以眷恋之事了。"浮名"只是空空的荣誉头衔罢了,实在不能与美酒相比。饮着美酒,三杯下肚之后,便会觉得人世间一切的繁杂都离你我远去了。饮至一斗,心中这难平的怨气、愤恨也便能够暂时被抚平了。该词是作者描写自己借酒浇愁的境况,表达自己在内心极度苦闷之时,酒给予自己的片刻安慰。词句思想虽然稍显消极,但却是作者内心感受的真实写照,作者在此将自己只能借饮酒暂时忘却苦闷的无奈心境淋漓尽致地表现了出来。

(李　臻)

浩歌一曲酒千钟。男儿行处是,未要论穷通。

【出处】金·元好问《临江仙》

今古北邙山下路,黄尘老尽英雄。人生长恨水长东。幽怀谁共语,远目送归鸿。　　盖世功名将底用,从前错怨天公。浩歌一曲酒千钟。男儿行处是,未要论穷通。

【鉴赏】面对这样令人失望无奈的境况,就算有盖世的功名,又有何用?曾经老是抱怨上苍不能够给我施展抱负的机会,不能够给我功名,才导致这样失落的下场。可是看那些有着盖世功名在身的前人,他们的人生还是有着那么多的遗憾,可见是我错怪了上天了。既然对这处境已是无能为力,那就放下一切,高歌一曲,饮酒千盅,然后继续重拾信心前行。好男儿志在四方,不要在乎眼下是顺境还是困境,只要前进就是成功。此句是作者由凭吊古人而触景伤怀,气势浩大,有豪壮之气。　　　　（李　臻）

云山既不求吾是,林泉又不责吾非。任年年,藜藿饭,芰荷衣。

【出处】金·元好问《最高楼·商于鲁县山北》

商于路,山远客来稀。鸡犬静柴扉。东家欢饮姜芽脆,西家留宿芋魁肥。觉重来,猿与鹤,总忘机。　　问华屋,高资谁不恋? 问美食,大官谁不美? 风浪里,竟安归? 云山既不求吾是,林泉又不责吾非。任年年,藜藿饭,芰荷衣。

【鉴赏】这云雾缭绕的山丘不会苛求我;这茂密的森林与清澈的泉流也不会苛责我。这里的生活是没有过多压力的,就这样轻松地任岁月流过,吃着野菜做的粗茶淡饭,穿着荷叶荷花做的衣裳,悠然自得地生活着。词句意境生活气息浓厚,借“云山”“林泉”“藜藿饭”“芰荷衣”等意象,将山村生活的画面进行了勾勒。虽然清贫,却给人以美好的感觉。词句语意浅显,作者朴实地描述着内心对这样恬静的乡间生活的感受,将自己对这样与世无争的美好乡村生活的羡慕与眷恋之感表露无遗。

　　　　（李　臻）

古来豪侠数幽并,鬓星星,竟何成!

【出处】金·元好问《江城子》

醉来长袖舞鸡鸣,短歌行,壮心惊。西北神州,依旧一新亭。三十六峰长剑在,星斗气,郁峥嵘。　　古来豪侠数幽并,鬓星星,竟何成! 他日封侯,编简为谁青? 一掬钓鱼坛上泪,风浩浩,雨冥冥。

【鉴赏】自古以来,幽州、并州之地就多出豪侠之士,我也是这里生长之人,为何已经等到这般双鬓斑白的年纪,依旧未能报效国家或是有所成就呢。"幽并"指幽、并二州,大致位于今河北、辽宁、山西、内蒙古地区。幽并地区自古就有尚奇任侠之风俗,多出豪杰之士。此处作者思古伤今,想到同为幽并之士,本该同前贤一般保家卫国,有所成就。反观自身,白发已生,却依旧未能对国家有所贡献。"鬓星星,竟何成"的反问语气加强了质问自身的力度,将作者内心的愤懑、伤感之情有力地传达了出来。

(李　臻)

盈把足娱陶令意,夕餐谁似三闾洁?

【出处】金·段克己《满江红》

雨后荒园,群卉尽、律残无射。疏篱下,此花能保,英英鲜质。盈把足娱陶令意,夕餐谁似三闾洁?到而今、狼藉委苍苔,无人惜。　　堂上客,须空白。都无语,怀畴昔。恨因循过了,重阳佳节。飒飒凉风吹汝急,汝身孤特应难立。谩临风、三嗅绕芳丛,歌还泣。

【鉴赏】只需要凑足一小把菊花,就能够使陶渊明满足,谁的晚餐能够比得上屈原所食用的菊花那般洁净呢?作者在此处由菊想到爱菊之人,即陶渊明与屈原。屈原对菊花的热爱体现在他的食菊之举,《离骚》中他写道:"朝饮木兰之坠露兮,夕餐秋菊之落英"。可见屈原对菊之热爱。陶渊明对菊花的喜爱更是明显,其"采菊东篱下,悠然见南山","秋菊有佳色,裛露掇其英"等诗句展现了其一生对菊花的喜爱。此处作者援引历史上最具代表性的两位爱菊之人,加之作者采用了疑问句式,使得作者对现实的不满情绪更加强烈地抒发了出来。作者在此也是以陶渊明与屈原二人的高洁事迹鼓励自己,使自己在风雨飘摇的混乱世道中保持自己的品行。　　(李　臻)

满地榆钱,算来难买春光住。

【出处】金·董解元《哨遍》

太皞司春,春工着意,和气生旸谷。十里芳菲,尽东风,丝丝柳搓金缕。渐次第,桃红杏浅,水绿山青,春涨生烟渚。九十日,光阴能几?早鸣鸠呼妇,乳燕携雏。乱花满地,任风吹、飞絮蒙空有谁主?春色三分,半入池塘,半随尘土。　　满地榆钱,算来难买春光住。初夏永,薰风池馆,有藤床冰簟纱厨,日转午。脱巾散发,沉李浮瓜,宝扇摇纨素。着甚消磨永日,有扫愁竹叶,侍寝青奴。霎时微雨送新凉,些少金风退残暑。韶华早,暗中归去。

【鉴赏】这满地的榆钱,就算全部加到一起,也不能买通春天,将它留住啊!作者看到暮春时落在地上的榆钱,便由"钱"字出发,想到榆树是否想用这满地的榆钱来挽留春天的脚步。此处作者采用了一种比拟的手法,将简单的一幅榆钱铺满地面的常见之景写得生动有趣,令读者对常见的事物能够从另一个视角来观察。词意虽浅显,描写也较为朴实,但是读过之后,着实会令人眼前一亮,并为之会心一笑。作者对该场景的描写,不仅紧扣了其描写暮春初夏之景的中心,更是使日常的平淡事物充满了生活情趣,可见作者之笔力。

(李　臻)

江山王气空千劫,桃李春风又一年。

【出处】元·耶律楚材《鹧鸪天·题七真洞》

花界倾颓事已迁。浩歌遥望意茫然。江山王气空千劫,桃李春风又一年。　　横翠嶂,架寒烟。野花平碧怨啼鹃。不知何限人间梦,并触沉思到酒边。

【鉴赏】亘古以来,历代王朝都如同这些花朵一般经历过万千劫难,从而消逝在历史的长河中。但是一经春风的吹拂,桃花李花就又重新绽放了,不知不觉中新的一年又来到了。"王气"是指帝王之气,结合词意,此处代指王朝、朝代。作者由众花的倾颓而想到历朝历代也都如这花朵一般经历风雨。承受不住摧残,便会如花朵般凋谢灭亡。但是朝代的灭亡并不是世界末日,不需要多久,新的朝代便会如同新一年的花期一般,再次应运而生。此处作者感叹于王朝如花期般更迭,由感时伤春升华至对历史的思考,其中也蕴含着无奈与失落之感。

(李　臻)

百年总是逢场戏,拍板门锤未易当。

【出处】元·王恽《鹧鸪天·赠驭说高秀英》

短短罗衫淡淡妆,拂开红袖便当场。掩翻歌扇珠成串,吹落谈霏玉有香。　　由汉魏,到隋唐,谁教若辈管兴亡。百年总是逢场戏,拍板门锤未易当。

【鉴赏】曾经的历史都不过如同舞台上的逢场戏一般平淡无常。不管你曾经是怎样的勇猛抑或是有过怎样的盖世辉煌,到今日,也不过是说书人口中的故事素材,百姓茶余饭后的谈资罢了。但是历史的对错兴亡、人生的起伏优劣,单由说书人手中的木板定夺,似乎也是不恰当的。该句中"百年"其实有多重含义,一是词中提到的历史兴亡之事,也是指个人的人生百年浮沉。一个"逢场戏",将曾经的那些荣誉、努力、对错、起伏,都变成了不值一提、只能被用来供饮茶喷饭的故事罢了。再多的成就、挣扎,又有何意义呢?作者笔锋一转,又指出虽然往事都会沦落为谈资,但是单凭说书人的评价,又怎么能将那些成功抑或失败的真正意义揭示出来呢?作者在词句中寄寓了讽刺,又有希望那些伟大的事情与人能够被后人真正地认识的意绪掺杂其间。 　　　　　　　　　　　　　　　　　(李　臻)

人生能几欢笑,但相逢、尊酒莫相催。

【出处】元·梁曾《木兰花慢·西湖送春》

问花花不语,为谁落,为谁开。算春色三分,半随流水,半入尘埃。人生能几欢笑,但相逢、尊酒莫相催。千古幕天席地,一春翠绕珠围。彩云回首暗高台。烟树渺吟怀。挤一醉留春,留春不住,醉里春归。西楼半帘斜日,怪衔春、燕子却飞来。一枕青楼好梦,又教风雨惊回。

【鉴赏】人短暂的一生又能有几次真正的欢笑呢,我们相逢在此,又马上面临分别,那送行的酒樽啊,不要催着我们离别。词的上阕本为伤春,又寄寓着人生别离之感。正所谓人生不如意事十有八九,欢声和笑语,又几人能够?几时能够?词句中有深深的悲凉和眷念之情。 　　　　　　　　　　　　　　　　　(李　臻)

杖藜徐步立芳洲。无主桃花开又落,空使人愁。

【出处】元·赵孟頫《浪淘沙》

今古几齐州。华屋山丘,杖藜徐步立芳洲。无主桃花开又落,空使人愁。　　波上往来舟。万事悠悠,春风曾见昔人游。只有石桥桥下水,依旧东流。

【鉴赏】拄着拐杖缓步慢行在这开满鲜花的水中小岛之上,面对着的是一片桃花盛开的繁盛景象。可是转眼回想,这不知属于谁的桃花独自地在这里绽放,终将会孤独地凋零。一想到如此,便使人平添了无尽的哀愁。此处作者由芳洲之上开的正艳丽的桃花产生联想,想着这样寂寞的桃花孤独地经历着花开花谢,没有人会在意它的变化。作者由物及人,满

怀的孤独自伤之感便借由常见的花开花落的自然现象表现了出来,倾吐了心中无尽的愁绪。 （李　臻）

到如今,唯有蒋山青,秦淮碧。

【出处】元·萨都剌《满江红·金陵怀古》

六代繁华,春去也,更无消息。空怅望,山川形胜,已非畴昔。王谢堂前双燕子,乌衣巷口曾相识。听深夜,寂寞打孤城,春潮急。　　思往事,愁如织,怀故国,空陈迹。但荒烟衰草,乱鸦斜日。玉树歌残秋露冷,胭脂井坏寒螀泣。到如今,唯有蒋山青,秦淮碧。

【鉴赏】所有的历史尘埃早就已经落定,时至今日,只剩下满山青翠的蒋山和被绿色覆盖的秦淮之地了。蒋山,指今南京紫金山。汉末秣陵尉蒋子文平乱殉职后葬于此山,加之其灵魂庇护一方,孙权封其为山神,紫金山也就改名作蒋山。秦淮,今南京地区,此处指代秦淮流域。作者借古兴叹,由这金陵(今南京)地区所承载的历代兴亡史实,想到再多的故事也早就成为烟云,只是徒留了众多历史遗迹罢了。满腔的失落伤感情绪可想而知。而作者的内心在最后又有了转折,即使历史上有众多的故事发生在这里,但那些早已成为过眼烟云,不必过多哀叹了。放眼望去,看这蒋山、看这秦淮大地还不是又充满了生机勃勃的绿色,未来一定又将是美好的。 （李　臻）

歌舞尊前,繁华镜里,暗换青青发。

【出处】元·萨都剌《百字令·登石头城》

石头城上,望天低吴楚,眼空无物。指点六朝形胜地,唯有青山如壁。蔽日旌旗,连云樯橹,白骨纷如雪。一江南北,消磨多少豪杰。　　寂寞避暑离宫,东风辇路,芳草年年发。落日无人松径里,鬼火高低明灭。歌舞尊前,繁华镜里,暗换青青发。伤心千古,秦淮一片明月!

【鉴赏】在尽情饮酒、欣赏歌舞的日子里,在追名逐利、纵情享乐的时间里,头上的青丝慢慢就被岁月偷换,渐渐变成了白发。此处"歌舞尊前""繁华镜里"都是虚指,指代那些虚度的时间。作者用虚实结合的手法描写了自己的年华老去之境。抚今思古,将自己与历史的英雄人物做出对比。悔恨古今历史成就了那么多的英雄豪杰,而自己只是在虚度岁月中消磨了青春,并没有像古时的英雄们一样成就自己的业绩。词中包含着

对自己未能成就一番事业的惭愧与感叹,充满遗憾意味。　　（李　臻）

滚滚长江东逝水,浪花淘尽英雄。是非成败转头空,青山依旧在,几度夕阳红。

【出处】明·杨慎《临江仙》

滚滚长江东逝水,浪花淘尽英雄。是非成败转头空,青山依旧在,几度夕阳红。　　白发渔樵江渚上,惯看秋月春风。一壶浊酒喜相逢,古今多少事,都付笑谈中。

【鉴赏】滚滚长江水,淘尽多少英雄泪,多少是非成败,到头来只余一抔黄土。英雄无用武之地,那就出世,再不问世情,寄情山水,笑看春秋。一阕悲歌既是对历史的慨叹,又是对人生际遇的悲叹,以情写景,以景而入理,写尽了历史的沧桑之感。　　（李　臻）

白发渔樵江渚上,惯看秋月春风。一壶浊酒喜相逢,古今多少事,都付笑谈中。

【出处】明·杨慎《临江仙》

原文参见前句。

【鉴赏】往昔的万间宫阙尽归尘土,千古不变的唯有秋月春风,白发渔樵。笑而归隐,几间草屋,一只小舟,外加一箪食一豆羹,小隐于山林,管他春秋迭代,去故之悲。下片一个"惯"字却让人感到些许莫名的孤独与苍凉,又感到些许不甘,人生无常,奈何命运多舛。忽而酒逢知己,放歌纵酒也算聊以慰藉。羁旅无常,光阴迅逝,瞬逾十载,人生无常,有如秋云春风早已淡然。一壶"浊酒"佐以古今英雄事,更让诗人平添几分对历史的叹息与世事无常的慨叹。回首往昔,那些名垂千古的丰功伟绩又算得了什么,只不过是人们茶余饭后的谈资,且谈且笑,痛快淋漓。（李　臻）

有恨不随流水,闲愁惯逐飞花。梦魂无日不天涯,醒处孤灯残夜。

【出处】明·高濂《西江月·题情》

有恨不随流水,闲愁惯逐飞花。梦魂无日不天涯,醒处孤灯残夜。恩在难忘销骨,情含空自酸牙。重重叠叠剩还他,都在淋漓罗帕。

377

【鉴赏】我有恨，却不会让我的怨恨随着流水离开。此时的我心中一片闲愁，因此我习惯了追逐那飘飞的花瓣。作者在此二句中写明了自己心中有恨，心中有愁。也代指前人诗词中多用流水比喻"恨"，用飞花比喻"愁绪"的状况。"流水"意象的使用如苏轼《沁园春·情若连环》中"情若连环，恨如流水，其时是休"一句。李煜《相见欢》中"自是人生长恨水长东"一句。"飞花"意象运用的代表句有欧阳修《蝶恋花》"乱红飞过秋千去"；秦观《浣溪沙》"自在飞花轻似梦，无边丝雨细如愁"；秦观《千秋岁》"飞红万点愁似海"。可见前人的"流水""飞花"多创设了春愁、相思等情境。作者在此使用这两种意象，也为全词奠定了一种愁绪满怀、相思甚笃的感情基调。

（李　臻）

半是花声半雨声，夜分淅沥打窗棂。薄衾单枕一人听。

【出处】明·施绍莘《浣溪沙》

半是花声半雨声，夜分淅沥打窗棂。薄衾单枕一人听。　　密约不明浑梦境，佳期多半待来生。凄凉情况是孤灯。

【鉴赏】窗外的雨正淅淅沥沥地下着，一半是花落的声音，一半是雨滴的声音。在这深夜时分，冰凉的雨点噼噼啪啪地拍打着窗棂。而我独自一人躺在床上，盖着薄薄的被子一个人听着这风声雨声。"半是花声半雨声"，作者在此运用了虚实结合的手法来描写窗外的声音。因想到这雨滴定会将众多花瓣打落在地，心疼那些可怜的花朵，心中似乎也就听见了它们掉落在地上的声音。接下来，作者情景结合，写出自己孤枕难眠、难敌雨夜寒意的境况。虽是实写，但是也在暗示自己的孤独与寂寞，辗转难眠只得听雨的遭际。"薄衾单枕"本就会使人感到寒冷，没有人陪伴的夜里，被子也就更显得单薄寒凉，孤独凄楚、心酸无奈的感受也就更加浓烈了。

（李　臻）

万种消魂多寄与，斜阳天外树。

【出处】明·施绍莘《谒金门》

春欲去，如梦一庭空絮。墙里秋千人笑语，花飞撩乱处。　　无计可留春住，只有断肠诗句。万种消魂多寄与，斜阳天外树。

【鉴赏】心中万千的愁绪都只能寄托给天边的那株夕阳下的孤树了。"消魂"一词，是指作者心中悲哀惆怅的情绪。"斜阳天外树"一句，化用了辛弃疾"斜阳正在,烟柳断肠处"句意,饱含孤寂凄怆之感。该词为感时伤春之词,作者不断倾诉自己因为春天的离去而变得痛苦悲伤不已。末句升华,作者挑明心中的苦楚无人可诉,只能遥寄给同样孤独的天涯之树。词句虽简短,但是体现了作者不可排遣的满腹愁绪,不断透露出凄楚之感。

(李 臻)

澹日滚残花影下,软风吹送玉楼西。天涯心事少人知。

【出处】明·陈子龙《浣溪沙·杨花》

百尺章台撩乱飞,重重帘幕弄春晖。怜他飘泊奈他飞。 澹日滚残花影下,软风吹送玉楼西。天涯心事少人知。

【鉴赏】杨花漫天飞扬,似乎使天空也黯淡了下来,破碎的杨花在地上滚成了团,停息在其他娇艳花朵的脚下。杨花轻盈,只消一阵轻轻的软风便能将它送过玉楼向西飞去。只是这漂泊天涯的杨花总是身不由己,它的心事又有几人能知晓呢?作者写杨花的漂泊无依,写杨花陷落名花脚下,句句写杨花,但同时也句句喻人。那漂泊天涯的佳人,命运也是不能由自己掌握的。她不能够有良好的安身之所,只能随着命运的安排辗转起伏,流浪天涯。可是她那内心渴望安定、渴望幸福的心情,又有几人能够知晓呢?作者将自己对杨花、对佳人的怜惜融合在一起,抒发了自己对杨花怜悯疼惜而又无可奈何的感情。

(李 臻)

唯有无情双燕子,舞东风。

【出处】明·陈子龙《山花子·春恨》

杨柳迷离晓雾中,杏花零落五更钟。寂寞景阳宫外月,照残红。蝶化彩衣金缕尽,虫衔画粉玉楼空。唯有无情双燕子,舞东风。

【鉴赏】只有那双燕最为无情,只顾着随着东风翩翩起舞。该词写暮春之恨,借对暮春残景的描写,影射亡国易代之后,万事消弭,繁华不再。此二句之前,作者直接描写残春景象以及旧国灭亡后的衰败之景,正面抒写了一种亡国之痛。接着笔锋一转,作者看见那双飞的燕子面对春的逝去毫无悲伤之意,依旧是自顾自地玩耍嬉戏,令人惆怅叹息。此词作者以景寓情,状物喻人,字面是描写双燕不以春逝为意之事,实则痛惜很多人对亡国换代的无动于衷。作者凄婉、惆怅的情绪十分浓烈。 (李 臻)

几度东风人意恼,深深院落芳心小。

【出处】 明·陈子龙《蝶恋花·春日》

雨外黄昏花外晓,催得流年,有恨何时了? 燕子又来春渐老,乱红相对愁眉扫。 午梦阑珊归梦杳,醒后思量,踏遍闲庭草。几度东风人意恼,深深院落芳心小。

【鉴赏】 几阵猛烈的东风来袭,着实令人懊恼。娇柔的花朵躲在深深的庭院之中,小心翼翼地开放生长着。春日的午后,梦中醒来,乏味无聊,闲庭信步便看见院中的花朵小心翼翼地绽放在那里,不敢与群花争奇斗艳,默默地保护着自己。作者将自己的感情寄托在院中小小的花朵之中,东风来袭,正如作者遭遇的几回风波。这些令人愤恨的遭遇着实令人懊恼,却也无可奈何。为了保全自身,只能同这院中的小花一样躲在这深深的庭院里,不敢与世相争,只求暂时的安保,以待来时有所作为。作者寄情于花,看似只是淡淡地抒写了一丛小花的情状,但是细细品味,这柔和的笔墨之下又何曾没有强劲而激烈的愤恨之意呢?躲在这里,空使年华虚度、壮志难酬,令人叹息。

(李 臻)

黄花和我满头霜。怕重阳,又重阳。

【出处】 清·屈大均《江城梅花引》

黄花和我满头霜。怕重阳,又重阳。不分早梅,还与斗寒香。老去看花如雾里,被花恼,一枝枝、总断肠。 断肠,断肠。苦参商,夜已长,天已凉。一叶一叶,落不尽、悲似潇湘。那得罗浮,清梦到兰房。明月笑人眠太早。飞去也,影徘徊、尚半床。

【鉴赏】 那黄色的菊花和我一样,都已是满头的霜雪。我害怕自己年华老去,因此不愿过重阳节,可是时间飞逝,今天又到了重阳节。"黄花"是指秋日的菊花。"满头霜"是指深秋时分,因为天气转凉,黄色的菊花上结上了白色的霜，而作者的"满头霜"是指自己的头发变得斑白。"怕重阳，又重阳"点明作者不愿老去，可是还没等回过神，新一年的重阳节又来到了。此为开篇二句，"黄花"与"重阳"都点明了正处于深秋，表现了作者不愿年华逝去的心理。词句略带悲凉之意，也奠定了全词的感情基调。

（李　臻）

风狂雨妒，便万点落英，几湾流水，不是避秦路。

【出处】清·王夫之《摸鱼儿·东洲桃浪》

剪中流，白苹芳草，燕尾江分南浦。盈盈待学春花靥，人面年年如故。留春住，笑几许浮萍，旧梦迷残絮。棠桡无数。尽泛月莲舒，留仙裙在，载取春归去。　佳丽地，仙院迢迢烟雾。湿香飞上丹户。醮坛珠斗疏灯映，共作一天花雨。君莫诉。君不见桃根已失江南渡。风狂雨妒，便万点落英，几湾流水，不是避秦路。

【鉴赏】在这暮春天气，狂风骤雨总是来得那样猛烈。即使是那开满鲜花，流水潺潺的桃花源，也并不是可以"避秦时乱"的去处。作者在此采用了虚实结合的手法。全词描写暮春景色，"风狂雨妒"是写暮春之时总是狂风暴雨的天气。"万点落英""几湾流水"也是实写。但是"避秦路"便是作者思维发散后的联想了。"便万点落英，几湾流水，不是避秦路"是借用陶渊明《桃花源记》之典故，代指与世无争、没有战乱的世外桃源。作者以风雨作比，写出明朝灭亡后，清朝大军南下，战乱流离，百姓民不聊生的悲惨遭遇。紧接着，作者指出即使是如同桃花源一般隐秘之地，也并不能躲避过清朝的迫害。词句含义虽平易，但饱含愤恨无奈之情。　（李　臻）

剖却心肝今置地，问华佗、解我肠千结。追往恨，倍凄咽。

【出处】清·吴伟业《贺新郎·病中有感》

万事催华发。论龚生天年竟天，高名难没。吾病难将医药治，耿耿胸中热血。待洒向、西风残月。剖却心肝今置地，问华佗、解我肠千结。追往恨，倍凄咽。　故人慷慨多奇节。为当年、沉吟不断，草间偷活。艾炙眉头瓜喷鼻，今日须难诀绝。早患苦、重来千叠。脱屣妻孥非易事，竟一钱不值何须说！人世事，几完缺？

【鉴赏】我就算将自己的五脏六腑都剖出来放置在地上，明明白白示人，也不济事了。因为恐怕就是神医华佗来为我医治，也无法解开我的百结愁肠。我追溯曾经的那些恨事，能做的只能是加倍的后悔哽咽罢了。此处作者是对自己曾经为求一时安定，做出了丧失气节的选择，而内心无法得到解脱之意。作者为求家人安全，在故国沦亡之时，只能违背自己的意志隐藏故国之仇而入仕新朝。到如今，年华老去，时间非但没有冲淡内心的悔恨，反而愈加强烈，谁也不能解开这愁结。词句本身多愁苦之意，痛苦与愤恨的感情随着词句喷薄而出。　　　　　　　　　　（李　臻）

故人慷慨多奇节。为当年、沉吟不断，草间偷活。

【出处】清·吴伟业《贺新郎·病中有感》

原文参见前句。

【鉴赏】曾经那些同时代的故人多是慷慨之士，能够坚守气节。回想自身，当年竟然为一时之利折节易主，这样的苟且偷生之事使自己痛苦悔恨，万劫不复。此处作者回忆当年，承接上文"追往恨，倍凄咽"，是对"往恨"的揭示。"草间偷活"借用晋代周颛拒绝草间求活，折腰变节以期苟且偷生的故事。在此作者提出这一典故，是直接指明自己折节仕清，做了不可原谅的苟且偷生之事。作者此处对保持气节的故人之赞颂，已经表明他已深刻地认识到了自己的错误，并且怀有无尽的悔恨之情。　　（李　臻）

脱屣妻孥非易事，竟一钱不值何须说！人世事，几完缺？

【出处】清·吴伟业《贺新郎·病中有感》

原文参见前句。

【鉴赏】像脱掉鞋子一样轻易地抛弃妻子，置家庭于不顾，并非易事。而我没有选择抛弃他们成就气节，以至于今天的声名扫地、一钱不值，还有什么好说的呢！人世间的事情，本就是有完有缺。"脱屣妻孥非易事"借用汉武帝典故，汉武帝曾云："诚得如黄帝，吾视去妻子犹脱屣尔。""一钱不值"是指自己作为一个有志之士、一个文人的气节早已不在，这人生也便毫无价值了。"完"对应完人、正确之事；"缺"对应错误、不完满的人与事。作者情感激烈，又加之反问语气，使得悔恨与无法挽救的痛苦之情强烈地表现出来。　　　　　　　　　　　　　（李　臻）

落日楼船鸣铁锁，西风吹尽五侯宅。

【出处】清·吴伟业《满江红·蒜山怀古》

沽酒南徐,听夜雨、江声千尺。记当年、阿童东下,佛狸深入。白面书生成底用?萧郎裙屐偏轻敌。笑风流北府好谭兵,参军客。 人事改,寒云白。旧垒废,神鸦集。尽沙沉浪洗,断戈残戟。落日楼船鸣铁锁,西风吹尽五侯宅。任黄芦苦竹打荒潮,渔樵笛。

【鉴赏】 在落日的余晖下,作战的楼船被铁索紧紧相连,在风的吹拂下,铁链不断撞击发出声音。这苍凉的西风早已吹到了所有达官显贵的住处。楼船,指多层的战船。战船被铁链紧紧相锁在一起,是为了便于跑马。从对战船的描写,作者点明了大战即在眼前的紧张场景。五侯,指公、侯、伯、子、男五等诸侯。泛指达官显贵之人。"西风吹尽五侯宅"是指这战争就要打到皇家的住所了,但是达官显贵们依旧是酒肉歌舞,不管不顾,作者内心的愤恨之感可想而知。

（李　臻）

江上风吹雁两行。泪沾裳,江北江南总断肠。

【出处】 清·董元恺《忆王孙·江上》

一江江水阅兴亡,花月春江事渺茫。江上风吹雁两行。泪沾裳,江北江南总断肠。

【鉴赏】 乘船在长江之上飘荡着,江风猛烈地吹来。思至历史之事,泪水不禁打湿了衣裳。这历史的兴亡之事,是所有人都要为之断肠的。"江南江北"指长江以南和长江以北,此处指代举国上下或者说是所有人。此处作者描绘了自己行舟长江之上,望着滚滚的江水,历史兴亡之感充溢于胸中,怀古伤今,不禁流下泪水的境况。简单几笔,塑造了一个感时伤古、忧国忧民的志士形象。与作者同时期的王士禛有《迷楼怀古》词,中有"景阳宫畔胭脂井,江北江南总断肠"句。二词意境极为相似。 （李　臻）

谁能数得垂杨叶,一叶垂杨一点愁。

【出处】 清·万树《杨柳枝》

不合临池起画楼,断烟疏雨叶飕飕。谁能数得垂杨叶,一叶垂杨一点愁。

【鉴赏】 谁能数得清那婆娑的柳树有多少枝叶呢?柳树的一片叶子就是一点忧愁。柳树的枝叶是数不清的,那么这忧愁也便是无尽的了。此处作者采用借物抒情之手法,将自己的愁思寄寓到杨柳之上,以有形之物比无形之愁。借用数不清的柳树枝叶来说明自己的愁思之多。词中塑造出烟雨中杨柳枝叶随风浮动的意境,也为句末"愁"的点明做了很好的铺垫。该二句与李白"白发三千丈,缘愁似个长"有异曲同工之妙。

(李　臻)

千古恨,河山如许,豪华一瞬抛撇。

【出处】清·徐灿《永遇乐·舟中感旧》

无恙桃花,依然燕子,春景多别。前度刘郎,重来江令,往事何堪说。逝水残阳,龙归剑杳,多少英雄泪血。千古恨,河山如许,豪华一瞬抛撇。

白玉楼前,黄金台畔,夜夜只留明月。休笑垂杨,而今金尽,秾李还消歇。世事流云,人生飞絮,都付断猿悲咽。西山在,愁容惨黛,如共人凄切。

【鉴赏】心中的苦闷愤恨似已积聚了千年,这河山大地依旧如前没有变化,但是随着一个朝代的灭亡,昨日的繁华喧嚣在一瞬间就消失殆尽了。作者的家庭因为新朝的建立得以重新振兴,但是作者并没有因为这一己的舒适而喜悦。河山如旧,但人事已改,百姓历经了苦难。从历史的角度来审视前代的灭亡,是令人无限悲痛的。此处作者由景及情,由不动的江山思至改易的朝代,内心有着巨大的悲痛却无法言说。词风豪壮,但是欲言又止、竭力压制个人情绪的情感状态也表露在外。

(李　臻)

无聊笑捻花枝说,处处鹃啼血。好花须映好楼台,休傍秦关蜀栈战场开。

【出处】清·陈维崧《虞美人·无聊》

无聊笑捻花枝说,处处鹃啼血。好花须映好楼台,休傍秦关蜀栈战场开。　倚楼极目深愁绪,更对东风语。好风休簸战旗红,早送鲥鱼如雪过江东。

【鉴赏】沉闷无聊之时,便微笑着欣赏着美丽的花朵。这里到处都是那血红的杜鹃花。美丽的花朵需要栽种在华丽的楼台之前才能够相得益彰,那些好战的人们,不要因为秦关与蜀地的险要就总在发动战争。捻花,同拈花,是指佛家的一种自得之态,此处作者写明自己赏花时的悠然之态。"鹃啼血"典出李山甫《闻子规啼》"断肠思故国,啼血溅芳枝"句。相传杜鹃花的红色是因为染上了杜鹃鸟的血。"杜鹃啼血"指代一种故国之思与漂泊天涯之感。作者为秦蜀之地叫苦。此二地因军事地形优异,多战争,给人民带来了无尽的灾难。作者虽未明写,但盼望战争停息,以获得安宁生活的意愿十分明显。

（李　臻）

秋色冷并刀,一派酸风卷怒涛。并马三河年少客,粗豪。皂栎林中醉射雕。

【出处】清·陈维崧《南乡子·邢州道上作》

秋色冷并刀,一派酸风卷怒涛。并马三河年少客,粗豪。皂栎林中醉射雕。　　残酒忆荆高,燕赵悲歌事未消。忆昨车声寒易水,今朝。慷慨还过豫让桥。

【鉴赏】在这秋日时节,空气寒冷得就像是并州那锋利的剪刀。阵阵秋风如同海上愤怒的波涛一般席卷而来,吹得人睁不开眼睛。此时看到一些三河地区的少年,他们带着粗豪之气策马驰骋,豪饮醉后在那皂栎林搭弓射雕。"并刀"是指山西并州(今太原)所产的剪刀,相传锋利无比。"酸风"这一意象来自李贺"关东酸风射眸子"一句,指刺骨刺目的寒风。作者用"并刀"与"酸风"形象地描绘出了秋日环境的清寒。紧接着对一群骑马射雕的粗豪之士的描写,与寒冷的环境形成了对比。这些粗豪之人的行为使得这萧条的秋日似乎又有了生机,也激起了作者内心的豪情。

（李　臻）

残酒忆荆高,燕赵悲歌事未消。忆昨车声寒易水,今朝。慷慨还过豫让桥。

【出处】清·陈维崧《南乡子·邢州道上作》

原文参见前句。

【鉴赏】看到这些豪爽英勇的青年,也不禁回想起了这片土地上曾经的那些英雄人物。我们追忆荆轲、高渐离的雄壮事迹。荆轲在这燕赵之地上留下的《易水歌》随着他的英雄事迹的流传,从来未曾消散。昨日我的车子还曾经过那荆轲出发的冰冷的易水,那么今日,我还将带着慷慨悲壮之气经过豫让曾经刺杀赵襄子的小桥。作者提出荆轲、高渐离、豫让三位为大义不惜牺牲性命的英雄人物,词句中充满雄壮慷慨之气。作者由今思古,既是怀念古人,对他们的豪情进行赞颂,也是抒发一己之情,表现自己同样带着豪壮之情前行的心情。词风雄壮,感情波澜壮阔。

（李　臻）

隐隐柁楼歌吹响，月下六军搔首。正乌鹊、南飞时候。

【出处】清·陈维崧《贺新郎·赠苏昆生》

吴苑春如绣。笑野老、花颠酒恼，百无不有。沦落半生知己少，除却吹箫屠狗。算此外、谁欤吾友？忽听一声河满子，也非关、泪湿青衫透。是鹃血，凝罗袖。　　武昌万叠戈船吼。记当日、征帆一片，乱遮樊口。隐隐柁楼歌吹响，月下六军搔首。正乌鹊、南飞时候。今日华清风景换，剩凄凉、鹤发开元叟。我亦是，中年后。

【鉴赏】在这如银的月光之下，那双层战船的舵楼之上，隐隐传来了清妙的歌声。将士们听到这样的歌声之后，心中颇多感慨，频频搔首。正在这时，远处的树林里传来几声乌鹊的鸣叫，鸟儿正向南飞去。这里作者采用了侧面描写的手法，用"月下六军搔首"来赞扬苏昆生歌声的感人肺腑。"正乌鹊、南飞时候"一句用典。曹操《短歌行》中有"月明星稀，乌鹊南飞，绕树三匝，无枝可依"句。作者是对当时月下的环境描写，亦是暗示当时将领左良玉的错误判断，使得南明处于危亡的境地，导致军士们对未来感到迷茫与担忧。

（李　臻）

夜来几阵西风，匆匆偷换人间世。

【出处】清·陈维崧《水龙吟·秋感》

夜来几阵西风，匆匆偷换人间世。凄凉不为，秦宫汉殿，被伊吹碎。只恨人生，些些往事，也成流水。想排花露井，桐英永巷，青骢马，曾经系。　　光景如新宛记，记瑶台、相逢姝丽。微烟淡月，回廊复馆，许多情事。今日重游，野花乱蝶，迷蒙而已。愿天公还我，那年一带，玉楼银砌。

【鉴赏】昨夜吹了几阵西风，它将世间万物偷偷地换成了秋天的颜色。"西风"是指秋天吹的风，即秋风。"匆匆"为匆忙意，指出秋风的匆忙，也有一种感叹秋风无情之感。"偷换"这一动作指明秋天似乎是一夜之间就来到了,并未给人以提前的暗示。一个"偷"字,表明作者对秋风将夏日美景带走的惆怅。开篇写秋风,交代秋天已经来临,虽未有直接的评价,但是从作者的遣词造句中可以体会到一种无奈的伤感。此二句为开篇,也奠定了全诗的悲凉基调。

(李　臻)

燕子斜阳来又去,如此江山!

【出处】 清·朱彝尊《卖花声·雨花台》

衰柳白门湾,潮打城还。小长干接大长干。歌板酒旗零落尽,剩有渔竿。　　秋草六朝寒,花雨空坛。更无人处一凭阑。燕子斜阳来又去,如此江山!

【鉴赏】那燕子在夕阳的余晖里上下翻飞,飞来又去。极目远眺,这是多么壮阔的大好河山! 诗人在此正面描绘了一幅空中有燕子飞舞,远处有壮丽河山的景象。画面有宏大之感,但是其中还有更深层的意蕴。因为此处作者化用了典故,即燕子这一意象是用了刘禹锡《乌衣巷》中"旧时王谢堂前燕,飞入寻常百姓家"之意。燕子代表的是借古伤今的悲怆之感。词句感情含蓄内蕴,作者似因为时局原因,内心的愤懑只能转化来写,欲说还休。化用典故,以达到借古伤今,抒发对国家兴亡之叹的目的。词风曲折含蓄。

(李　臻)

十年磨剑,五陵结客,把平生、涕泪都飘尽。

【出处】 清·朱彝尊《解珮令》

十年磨剑,五陵结客,把平生、涕泪都飘尽。老去填词,一半是、空中传恨。几曾围、燕钗蝉鬓?　　不师秦七,不师黄九,倚新声、玉田差近。落拓江湖,且分付,歌筵红粉。料封侯、白头无分!

【鉴赏】我心怀壮志,多年来打磨我的宝剑,苦练武功。我又在五陵地方广结豪侠,期望能够为国效忠,成就一番事业。但是这奔波飘零的一生,到头来什么成就都没有达成,这一生只白白地流下了涕泪与叹息罢了。"十年磨剑"用典,化用唐代贾岛《剑客》一诗中"十年磨一剑,霜刃未曾试"之意,指代作者花费很长的时间来磨炼自己的身体,渴望有一日能够报效国家。"五陵"亦用典,五陵为汉代皇帝墓群,西汉在墓群处设置五陵邑并将人口迁居此处,此地多出豪杰之士。因此"五陵结客"即是指作者广泛地结交有共同志向的豪杰之士。作者为成就一番事业付出了巨大

的努力却毫无结果,到头来只剩涕泪飘零,词句中饱含年华已暮但壮志未酬的悲凉愁苦之感。 （李　臻）

梦好恰如真,事往翻如梦。

【出处】清·彭孙遹《生查子·旅夜》

薄醉不成乡,转觉春寒重。枕席有谁同?夜夜和愁共。　　梦好恰如真,事往翻如梦。起立悄无言,残月生西弄。

【鉴赏】今夜做了一个团圆的美梦,就好像真的一般,那曾经相知相伴的美好时刻,随着时间的远去,反而却像梦一般有虚幻不实之感了。作者采用对比手法,将美梦与往事相对,真与梦相对,将现实与梦境形成强烈的对比。"恰""翻"二字运用巧妙,二字的转折意味,将作者对梦境与现实差距之大的失落之感表现得恰到好处,可见作者用字之巧妙。作者将美梦给自己带来的愁绪满怀之感通过词句充分地展现了出来,创造了凄苦、孤独的意境。 （李　臻）

斜倚西风无限恨,懒将憔悴舞纤腰。离思别绪一条条。

【出处】清·蒲松龄《浣溪沙》

旧向长堤缆画桡,秋来秋色倍萧萧。空垂烟雨拂横桥。　　斜倚西风无限恨,懒将憔悴舞纤腰。离思别绪一条条。

【鉴赏】那柳枝斜倚着西风,随风飘摇,心中怀着无限的仇恨。因心情不好,也懒得在身心俱疲之时舞动那柔美的细腰。其他都已忘却,唯有心中的离愁别绪像这柳枝般一条一条。此处作者咏物抒怀。在秋日凄凉、萧索的景象之中河边的垂柳因秋风的吹拂而飘摇。"斜倚"是作者形容西风将柳枝吹斜的状态,将柳枝的被动变作主动,不仅生动形象,也是将柳枝拟人化,用柳枝代表自己。作者将无形的愁绪寄寓到有形之物上,用柳枝的疏懒之态代指自己心中的无限伤感。 （李　臻）

若问生涯原是梦,除梦里,没人知。

【出处】清·纳兰性德《江城子·咏史》

湿云全压数峰低,影凄迷,望中疑。非雾非烟,神女欲来时。若问生涯原是梦,除梦里,没人知。

【鉴赏】如果您要问我的一生如何,我觉得只是一场梦境罢了。除了这梦中的我自己,没有人能够真正体会这其中的感受。在该句之前,作者引用了巫山神女还有洛水女神的典故,紧接着就是对自己人生如梦的感叹。想来作者正是因为思及这历史上的种种男女爱情故事,它们的发生与结局都是如梦如幻,故而作者思考自身,自己的爱情或整个人生不也都是如梦如幻的么?咏史却不直接讲史,而是直接抒发自己的内心感受联想,这样的写法与历代咏史诗大相径庭,但是别有一番韵味。 (李 臻)

浮云遮月不分明,谁挽长江一洗放天青?

【出处】清·董士锡《虞美人》

韶华争肯偎人住?已是滔滔去。西风无赖过江来,历尽千山万水几时回? 秋声带叶萧萧落,莫响城头角!浮云遮月不分明,谁挽长江一洗放天青?

【鉴赏】抬头仰望天空,那月亮被浮云遮住,掩盖掉了它应有的明亮光辉。这世间有没有人能挽起长江之水,一洗天空,将那浮云冲洗干净,还人间一个清澈的天空。作者首先描写浮云遮月,接着即景抒情展开想象,欲用那长江之水去清洗天空,可谓想象奇绝,气势宏大,读之豪情满怀。作者用对秋日萧瑟之景的描写来暗示时局动荡不安,王朝正处于风雨飘摇之际。因此句中"浮云遮月"并非是单纯的景象描写,而是指代朝廷中奸邪当道,蒙蔽君主,使得政治局势不容乐观的现状。因此作者渴望有志之士能够肃清君主周围的奸佞之人,还天下人一个政治清明、平安稳定的局势。

(李 臻)

不怕花枝恼,不怕花枝笑。只怪春风,年年此日,又吹愁到。

【出处】清·吴藻《连理枝》

不怕花枝恼,不怕花枝笑。只怪春风,年年此日,又吹愁到。正下帷跌坐、没多时,早蜂喧蝶闹。 天也何曾老。月也何曾好。眼底眉头,无情有恨,问谁知道。算生来并未、负清才,岂聪明误了。

【鉴赏】我不怕那开满花朵的花枝生气,也不怕那开满花朵的花枝嘲笑我的苦闷。只怪那不懂人心的春风,年年在这个时候来到,使人心生愁绪。此处作者写明了因为自己内心愁苦,不愿见春日美景的情状。作者并非伤春,只是内心悲苦导致看生机勃勃的美景也有厌烦之感。作者对春的情感,有别于其他文人,她并不伤春,也不喜爱春天,只在春日里沉浸于自己内心的愁绪之中无法自拔。词句中虽无过多的情感波澜,但是从作者对春风的责怪,可以从侧面看出作者内心的愁苦之深。　　（李　臻）

弹泪别东风,把酒浇飞絮。化了浮萍也是愁,莫向天涯去。

【出处】清·蒋春霖《卜算子》

燕子不曾来,小院阴阴雨。一角阑干聚落花,此是春归处。　　弹泪别东风,把酒浇飞絮。化了浮萍也是愁,莫向天涯去。

【鉴赏】将眼角的泪弹向空中,与那春日的东风告别。将酒倒在地上,来祭奠那飘零的飞絮。那飘飞的柳絮啊,你化作天边的浮萍也是承载着春愁,因而不要再飞向天涯了。停止在这里,我们共同做伴。作者在此描写了自己以泪以酒祭奠春天的情状,并写了自己劝说柳絮在这里停息,其对柳絮的劝告实则也是劝慰自己。在这风雨飘摇的环境中,到哪里去都不能施展抱负,结局都会令人忧愁,那么还不如安心留在家乡。词句表面虽在描绘春日,但作者却创设了十分凄凉的意境,也暗合了内心忧郁惆怅的心情。　　（李　臻）

还似少年歌舞地,听落叶,忆长安。

【出处】清·蒋春霖《唐多令》

枫老树留丹,芦花吹又残。系扁舟同倚朱阑。还似少年歌舞地,听落叶,忆长安。　　哀角起重关。霜深楚水寒。背西风归雁声酸。一片石头城上月,浑怕照,旧江山。

【鉴赏】还像我们年少时共同听歌观舞的地方一样。我静静听着落叶落在地上的声音,回忆着长安那些美好的旧事。"还似"一词引出了回忆,用词巧妙。"听落叶,忆长安"处用典,化用贾岛《忆江上吴处士》中"秋风吹渭水,落叶满长安"一句。贾岛此诗虽为写景,但实则是怀念友人之作。而作者此时也正是观赏秋景,回忆着年少时与朋友们的美好时光,因此此处的化用十分巧妙。略显孤独苍凉的意境也为下文的怀古思今做好了铺垫。　　（李　臻）

大江流日夜,空亭浪卷,千里起悲心。

【出处】清·谭献《渡江云》

大江流日夜,空亭浪卷,千里起悲心。问花花不语,几度轻寒,怎处好登临?春幡颤袅,怜旧时人面难寻。浑不似故山颜色,莺燕共沉吟。

销沉。六朝裙屐,百战旌旗,付渔樵高枕。何处有藏鸦细柳,系马平林?钓矶我亦垂纶手,看断云飞过荒浔。天未暮,帘前只是阴阴。

【鉴赏】那滚滚的长江,不分昼夜地向东流去。我孤独地立在这小亭里看着波涛的翻滚,这绵延千里的长江之水怎么能够不引起人的悲戚之感。登高望远,望着长江的壮阔,不由会引发思古情绪,感慨万千。"大江流日夜"一句,化用谢朓"大江流日夜,客心悲未央"之句。使得该词开篇便有苍茫凄怆之感,奠定了全词的感情基调。此处翻滚的长江之水也暗示了作者所处的动荡不堪、风雨飘摇的清代末期。因长江生愁,深刻体现出了作者对国家未来的担忧之感。

(李　臻)

草绿天涯浑未遍,谁道王孙迟暮?

【出处】清·谭献《金缕曲·江干待发》

又指离亭树。怎春来消除愁病,鬓丝非故。草绿天涯浑未遍,谁道王孙迟暮?肠断是空楼微雨。云水荒荒人草草,听林禽只作伤心语。行不得,总难住。　　今朝滞我江头路。近篷窗岸花自发,向人低舞。裙衩芙蓉零落尽,逝水流年轻负。渐惯了单寒羁旅。信是穷途文字贱,悔才华却受风尘误。留不得,便须去。

【鉴赏】那碧绿的芳草尚未长遍整个大地,怎么就能说我们都已经是迟暮之人了呢?"草绿天涯浑未遍,谁道王孙迟暮"一句用典。《楚辞·招隐士》篇中有"王孙游兮不归,春草游兮萋萋"和"王孙兮归来,山中兮不可久留"句。王维《山居秋暝》中也有"随意春芳歇,王孙自可留"之句。古时远行之人未归,家中人便会寄语告诉他春草早已茂盛,是该回来的时候了。作者此刻正孤身在外,却没有人在家盼望他的回归,因此便特意说芳草还未长满天涯,此时还是可以流浪的年纪。虽是自我鼓励和开解,但词句中表现

出了深深的无奈、寂寥之感。 　　　　　　　　　　　　　　（李　臻）

万感中年不自由，角声吹彻古《梁州》。

【出处】 清·文廷式《鹧鸪天·赠友》

　　万感中年不自由，角声吹彻古《梁州》。荒苔满地成秋苑，细雨轻寒闭小楼。　　诗漫与，酒新蒭，醉来世事一浮沤。凭君莫过荆高市，溅水无情也解愁。

　　【鉴赏】 人到中年，身上背负的责任太多，心中感到万般地不自在。只好用号角吹响那《凉州曲》。《梁州》，即《凉州曲》，是唐代的曲名。该曲作品众多，但多是苍凉无奈、壮志难酬之情的抒发，代表作有唐代诗人王翰的《凉州词》："葡萄美酒夜光杯，欲饮琵琶马上催。醉卧沙场君莫笑，古来征战几人回。"家国正处于风雨飘摇之中，自己却没有机会救助国难，心中自然多壮志未酬之感，只好吹奏《凉州曲》，以表明心迹。"角声吹彻古《梁州》"描绘了一种举国都沉浸在萧索之中的意境，突显出一种强烈的末世之感。 　　　　　　　　　　　　　　（李　臻）

更回首、淡烟乔木，问神州、今日是何年？

【出处】 清·文廷式《八声甘州》

　　响惊飙、越甲动边声，烽火照甘泉。有六韬奇策，七擒将略，欲画凌烟。一枕薔腾短梦，梦醒却欣然。万里安西道，坐啸清边。　　策马冻云阴里，谱胡笳一曲，凄断哀弦。看居庸关外，依旧草连天。更回首、淡烟乔木，问神州、今日是何年？还堪慰，男儿四十，不算华颠。

　　【鉴赏】 当你去到关外，回首眺望，因为距离的遥远只能看见乔木高耸、淡烟迷茫的景色。你一定会想问神州的近况如何吧？此处作者从即将到关外边疆之地去的友人的视角出发，展开联想，想象他回望关内时的苍茫景象。"更回首、淡烟乔木"用典。唐代诗人罗隐《绵谷回寄蔡氏昆仲》有"今日因君试回首，淡烟乔木隔绵州"一句。罗隐指自己离开绵州之后，十分思念友人。转身回望，但却因为云雾与树木的阻隔，已看不清绵州之地了。该句正与友人离开后的境遇相仿，因此此处化用十分贴切巧妙。虽是想象之景，但是合情合理，既表现了友人的爱国之心，也写出了自己对友人的不舍之情。 　　　　　　　　　　　　　　（李　臻）

有葡萄美酒，芙蓉宝剑，都未称，平生志。

【出处】清·文廷式《水龙吟》

落花飞絮茫茫，古来多少愁人意。游丝窗隙，惊飙树底，暗移人世。一梦西来，起看明镜，二毛生矣。有葡萄美酒，芙蓉宝剑，都未称，平生志。

我是长安倦客，二十年、软红尘里。无言独对，青灯一点，神游天际。海水浮空，空中楼阁，万重苍翠。待骖鸾归去，层霄回首，又西风起。

【鉴赏】我曾经豪饮那葡萄美酒，也能将那芙蓉宝剑挥舞得赫赫生风。但是这些都未能使我达到平生的远大志向。"葡萄美酒"用典。化用唐代诗人王翰边塞诗《凉州词》"葡萄美酒夜光杯"一句中的意象。《凉州词》中饮葡萄美酒的正是守卫边疆，征战沙场的将士。"芙蓉宝剑"也是意在表达他有保家卫国的能力，但却不能征战沙场，报效国家。因此作者对这两个意象的使用，实则是要表现他想要征战沙场，以成就一番英雄事业的理想。可惜即使自己有条件去为国效命，却无奈得不到机会。一种壮志未酬的失落之感从下句"都未称，平生志"中透露出来。　　　（李　臻）

对春帆细雨，独自吟哦。唯有瓶花，数枝相伴不须多。

【出处】清·谭嗣同《望海潮·自题小影》

曾经沧海，又来沙漠，四千里外关河。骨相空谈，肠轮自转，回头十八年过。春梦醒来么？对春帆细雨，独自吟哦。唯有瓶花，数枝相伴不须多。　　寒江才脱渔蓑。剩风尘面貌，自看如何？鉴不因人，形还问影，岂缘醉后颜酡？拔剑欲高歌。有几根侠骨，禁得揉搓？忽说此人是我，睁眼细瞧科。

【鉴赏】那时的我，对着江上的远帆，对着春日的细雨，一遍遍吟诵着激昂的诗歌。照片之上，只有数枝插在瓶中的花陪伴我就行了，不需要太多。"对春帆细雨，独自吟哦"两句或是实指，作者回忆留下这张影像时自己正在对着江帆和细雨吟唱诗句。也或是虚指，只是代指了当时的一种怡然的心境。还能要求什么呢？只要有瓶中的数枝花朵相伴，也便觉得十分美好了。在此作者塑造了自己失意孤独、自我欣赏的形象。描写虽平淡，但句句饱含一种壮志难酬的无奈之感。　　　（李　臻）

四面歌残终破楚，八年风味徒思浙。

【出处】清·秋瑾《满江红》

小住京华,早又是,中秋佳节。为篱下,黄花开遍,秋容如拭。四面歌残终破楚,八年风味徒思浙。苦将侬,强派作蛾眉,殊未屑!　身不得,男儿列。心却比,男儿烈!算平生肝胆,因人常热。俗子胸襟谁识我?英雄末路当磨折。莽红尘,何处觅知音?青衫湿!

【鉴赏】遥想历史,那楚汉争霸之时,楚军最终在四面夹击之下溃散,楚国也顺而灭亡。回想自身,这八年的生活滋味并不好受,使我一味地思念家乡,但这样的思念又是徒劳的。在这里,作者采用了对比的手法,将历史的兴亡之事与自身的不如意联系到一起,满是悲凉凄怆之感。品味"四面歌残终破楚"一句,作者不仅是写史,更是将现实寄寓其中。清朝末期,政权已是摇摇欲坠,在各国列强的四面夹击之下清朝很快就会灭亡。那么这束缚作者的封建礼教与封建婚姻也一定会随之破碎。作者对旧制度、旧政权的愤恨之情从词句中明显地传达了出来。这样直抒胸臆的词句,也足见作者心中充盈的豪壮之情。

(李　臻)

十年天地干戈老,四海苍生吊哭深。

【出处】清·顾炎武《海上四首》其一

日入空山海气侵,秋光千里自登临。十年天地干戈老,四海苍生吊哭深。水涌神山来白鸟,云浮仙阙见黄金。此中何处无人世,只恐难酬烈士心。

【鉴赏】"十年天地干戈老",感慨战乱时间之长久,连天地也被折磨得衰老了。"四海苍生吊哭深",海内的黎民百姓都在深深地痛哭。此句以拟人化的手法叹息天地之"老",是为了烘托下句痛哭之深。诗人看到连年战乱,生灵涂炭,对苦难的百姓充满了深切的同情,却又因壮志难酬而愤懑孤独。

(李瑞珩)

人间今夕寒宵永,故国残山老病消。

【出处】清·王夫之《病》

人间今夕寒宵永,故国残山老病消。未敢泣麟伤绝笔,何人得兔不忘蹄。

【鉴赏】今夜人间虽寒,心却更寒,一刹那间,仿佛整个人生都陷入了凄凉的境地。在这样一个无眠长夜,船山先生陷入了对故国的怀想:国破后的山河虽然其形犹在,但在心寒意悲之时,我心中之山河已然残破。悲到至处,他似乎忘记了自己已病的身躯。故国之愁,人生之思,超越肉体,超越灵魂。这是另一种人生的境界,是生死悲欢的另一种解脱,是历史与人生的双重悲剧作用在诗人身上的体现。 (李瑞珩)

故国江山徒梦寐,中华人物又销沉。

【出处】 清·屈大均《壬戌清明作》

朝作轻寒暮作阴,愁中不觉已春深。落花有泪因风雨,啼鸟无情自古今。故国江山徒梦寐,中华人物又销沉。龙蛇四海归无所,寒食年年怆客心。

【鉴赏】 作为明末清初诗人,屈大均一生行走,联络志士,都是为了恢复中华。谁能料想,理想化为梦魇,复明大业成为一个人的绝唱! 理想之于现实的无奈和愤懑自胸中来,挥之不去,可能永远无法平息。既是"故国不堪回首月明中"的无奈,也是"风流人物今安在"的悲愤! 诗中"徒""又"的使用,加深了这种心情。"落花有泪,啼鸟无情",心中的苦闷该向谁诉说! (李瑞珩)

从来天下士,只在布衣中。

【出处】 清·屈大均《鲁连台》

一笑无秦帝,飘然向海东。谁能排大难? 不屑计奇功。古戍三秋雁,高台万木风。从来天下士,只在布衣中。

【鉴赏】 战国之时,以鲁仲连为代表的士人群体兴起,他们有着独立的人格、自我的人生追求,禀异才,凭己能,驰骋于各国之间。屈大均站在鲁连台上,怀古有感,在南明小王朝岌岌可危之时,他渴望无数个像鲁仲连一样的布衣之士挺身而出,不计功与名,挽大厦于将倾,救万民于水火。这是屈大均爱国意志的诠释,也是他不屈人格的彰显。他怀抱着美好的愿望,在历史的对话中,发出了对天下士人的召唤。 (李瑞珩)

衙斋卧听萧萧竹,疑是民间疾苦声。

【出处】 清·郑燮《潍县署中画竹呈年伯包大中丞括》

衙斋卧听萧萧竹,疑是民间疾苦声。些小吾曹州县吏,一枝一叶总关情。

【鉴赏】 卧在衙门的书斋里静听着竹叶沙沙作响,总感觉是民间百姓呼饥号苦的喊声。这首诗作者由阵阵清风吹动竹子而想到老百姓的疾苦,好像是听到饥寒交迫中挣扎的老百姓的呜咽之声,给人一种悲天悯人之感,寄寓了作者对老百姓命运的深切关注和同情。一个旧时代官吏对普通百姓有如此深厚的关切,确实是十分可贵的。诗人作为一个地方官,总是把老百姓时刻放在心上,兢兢业业办事,即使睡在床上听到萧萧竹叶声,也会联想到民间的疾苦,反映出诗人的民本思想。 （李瑞珩）

石壕村里夫妻别,泪比长生殿上多。

【出处】清·袁枚《马嵬驿》

莫唱当年长恨歌,人间亦自有银河。石壕村里夫妻别,泪比长生殿上多。

【鉴赏】不用去歌唱当年唐玄宗和杨贵妃,多少悲欢离合,就像石壕村那样的夫妻诀别,不断地在世间上演,数也数不清了,离人之泪比当年长生殿上洒的泪水还要多。诗人先是将李、杨爱情悲剧放在民间百姓悲惨遭遇的背景下加以审视,强调广大民众的苦难远非帝妃可比。"泪比长生殿上多"揭露了社会上的种种不幸迫使夫妻不能团圆的现实。全诗借吟咏马嵬抒情,不落俗套,有另一番新意。"石壕村"是指杜甫所写的《石壕吏》,诗中的老夫妻,因官府抓人当兵而分离。"长生殿",是唐皇宫中的一座宫殿,暗指唐玄宗与杨贵妃在一起海誓山盟。 （李瑞珩）

全家都在风声里,九月衣裳未剪裁。

【出处】清·黄景仁《都门秋思四首》其三

五剧车声隐若雷,北邙唯见冢千堆。夕阳劝客登楼去,山色将秋绕郭来。寒甚更无修竹倚,愁多思买白杨栽。全家都在风声里,九月衣裳未剪裁。

【鉴赏】天气是如此的寒冷,有些地方晚上还需要烤火取暖,我们全家人都还在那凄冷萧瑟的秋风里颤抖着。农历九月以后就得穿上棉袍保暖,可是九月该穿的衣服,到现在都凑不出钱来买布裁衣。作者以此诗描写了自己一家人生活的贫苦。读书人怀才不遇,失意潦倒,饱受饥寒之苦。此诗写来,有着太多的怅惘和无奈,令人同情和叹惋。 （李瑞珩）

芒鞋破钵无人识,路过樱花第几桥?

396

【出处】清·苏曼殊《本事诗》

春雨楼头尺八箫,何时归看浙江潮?芒鞋破钵无人识,路过樱花第几桥?

【鉴赏】诗人出生于日本,二十岁出家,此诗亦作于日本。此时他游走在红尘之中,脚踏芒鞋,手托破钵,呈现给人无比孤寂的形象。春雨滴落,尺八悠扬,诗人就在这样的氛围里怀念着祖国家乡,想着何时能够归去,这种走在他乡无人能识的寂寞感让世人内心更加苍凉。已经不知道是第几次路过开满樱花的桥边了,走了这么多次,可否有人记得自己?

（杨泠泠）

十有九人堪白眼,百无一用是书生。

【出处】清·黄景仁《杂感》

仙佛茫茫两未成,只知独夜不平鸣。风蓬飘尽悲歌气,泥絮沾来薄幸名。十有九人堪白眼,百无一用是书生。莫因诗卷愁成谶,春鸟秋虫自作声。

【鉴赏】在诗人眼中,他接触过的人中十有九个都是被他看不起的,"白眼"的说法类似于当年的阮籍,对轻视之人以"白眼"相对,语言中带着一股傲气;后一句自嘲,作为书生,在这个纷乱的时代里好像是最没有用的存在,但是又像是在警醒世人,即使世道让自己感觉"无用",也不要丧失了文人的骨气和志趣。这一联将世人心中的愁闷、彷徨体现了出来,同时也表明诗人不曾忘记自己文人的节操。

（杨泠泠）

些小吾曹州县吏,一枝一叶总关情。

【出处】清·郑燮《潍县署中画竹呈年伯包大中丞括》

衙斋卧听萧萧竹,疑是民间疾苦声。些小吾曹州县吏,一枝一叶总关情。

【鉴赏】饥荒年间,诗人感叹自己作为一个小小的官吏,不能为百姓做更多的事情,但是百姓的每一件小事都如同自己画上的一枝一叶一样牵动着诗人的感情,让他不得不为之神伤。此时的诗人已经尽了自己最大的努力去帮助百姓,但却还是效果甚微,"些小"两字表明诗人对自己官小力薄的无奈感叹,也流露出他对百姓的浓浓关心。

（杨泠泠）

悄立市桥人不识，一星如月看多时。

【出处】清·黄景仁《癸巳除夕偶成二首》其一

千家笑语漏迟迟，忧患潜从物外知。悄立市桥人不识，一星如月看多时。

【鉴赏】诗人孤独寂寞地一人站在市桥之上，仰望星空陷入沉思。他感到可见的现实之外，似乎酝酿着某种危机正在暗暗向社会袭来，而沉浸在节日欢乐中的人们尚未觉察。当时正是所谓"乾隆盛世"，过了这个"盛世"，清王朝就急剧走下坡路了。作者不是未卜先知，而是居安思危，这正是我们文化传统中可贵的"忧患意识"。诗人生命短暂，生前坎坷，怀才不遇，所作的诗歌也都是写寒士不遇的感怀，这些却偏偏发生在康乾盛世的年代，多么的不和谐！但却很真实地写出了当时社会潜伏的一种危机。

（李瑞珩）

茫茫阅世无成局，碌碌因人是废才。

【出处】清·张问陶《芦沟》

芦沟南望尽尘埃，木脱霜寒大漠开。天海诗情驴背得，关山秋色雨中来。茫茫阅世无成局，碌碌因人是废才。往日英雄呼不起，放歌空吊古金台。

【鉴赏】站在卢沟桥上向南望去，天地一片迷茫。霜寒天冻，大地一片苍茫。诗人想起自己多年来的奔波，不觉人世如雨中的关山秋色一样凄怆。诗人多么希望清朝统治者能够像燕昭王那样重用人才，但这只是一种奢望而已！这首诗同时传递出对时代深深的忧患。清朝到了乾隆后期，其实已经在走下坡路，政治腐败，文化萎靡，世风日下，睿智的诗人敏锐地发现了这一时代的隐患，因此才有"茫茫阅世无成局"的感慨。

（李瑞珩）

避席畏闻文字狱，著书都为稻粱谋。

【出处】清·龚自珍《咏史》

金粉东南十五州，万重恩怨属名流。牢盆狎客操全算，团扇才人踞上游。避席畏闻文字狱，著书都为稻粱谋。田横五百人安在，难道归来尽列侯？

【鉴赏】中途离席是因为怕听到有关文字狱的消息和议论，著书写作只是为了糊口而已。清前中期屡兴文字狱，大量读书人因文字获罪被杀。在这种酷虐的专制统治下，大多数读书人只好缄口不言，唯恐被牵入文字狱中。他们著书立说，也只是为了自己的生计，糊口而已，不敢追求真理，直抒己见。诗人面对现实十分愤慨，抨击清王朝钳制思想自由；同时也批评文人们胆小怯懦，不问时事，只知明哲保身。该诗具有进步的批判精神。

(李瑞珩)

我劝天公重抖擞，不拘一格降人材。

【出处】清·龚自珍《己亥杂诗》其一百二十五

九州生气恃风雷，万马齐喑究可哀。我劝天公重抖擞，不拘一格降人材。

【鉴赏】我恳请上天重新振作精神，使各路人才都能够来到世间，以拯救、振兴这个世界。一句发自肺腑的言语，充满了对未来、对时代热切的希冀。开篇二句，"恃风雷""万马齐喑"挑明了清末社会急需一场巨大的革命，来改变整个国家死气沉沉、无人觉醒的状态。依靠现实中的统治阶级改变现状是没有希望了，只好向上天祝愿，祈求上天能够赐予这个世界各类人才，以挽救颓败之势。人才实则不是上天可以给予的，因此作者在此处将上天拟人化，将人才的出现归功于上天的恩赐。作者将自己渴望有更多的人才来改变恶劣现状的愿望表现得非常真切，有震撼心灵的力量。

(李　臻)

千红万紫安排著，只待新雷第一声。

【出处】清·张维屏《新雷》

造物无言却有情，每于寒尽觉春生。千红万紫安排著，只待新雷第一声。

【鉴赏】"千红万紫"指代春天开放的花朵。"著"，同"着"，意为"安排妥当"。"新雷"，春天的第一个雷声，象征春天的莅临。千百种的花朵都

399

已经做好了绽放的准备,只等待第一声春雷的响动,就要开始生长,竞相开放了。该句与"万事俱备,只欠东风"同出一理。联系诗歌背景,该句不仅表达了作者对大自然的无限赞美之情,更暗含了自己对乱世中的社会变革这一声"春雷"的热切期盼,期待一个新的社会气象的来临。

(李 臻)

苟利国家生死以,岂因祸福避趋之!

【出处】清·林则徐《赴戍登程口占示家人二首》其二

力微任重久神疲,再竭衰庸定不支。苟利国家生死以,岂因祸福避趋之!谪居正是君恩厚,养拙刚于戍卒宜。戏与山妻谈故事,试吟断送老头皮。

【鉴赏】只要有利于国家,不论结局是生是死,我都会去做,不可能因为害怕灾祸而逃避!该句用典,"生死以",语出《左传·昭公四年》。郑国大夫子产因改革军赋制度受到别人毁谤时曰:"苟利社稷,死生以之。"子产的意思为"只要有利于国家社稷的安定,是生是死我都可以顺从、接受"。作者借用该典故,展现了其救国的决心,其刚正不阿的高尚品德和忠诚无私的爱国情操令人震撼。

(李 臻)

斗室苍茫吾独立,万家酣梦几人醒。

【出处】清·黄遵宪《夜起》

千声檐铁百淋铃,雨横风狂暂一停。正望鸡鸣天下白,又惊鹅击海东青。沉阴噎噎何多日,残月晖晖尚几星。斗室苍茫吾独立,万家酣睡几人醒。

【鉴赏】独自站在这间小小的屋子里,明明是一眼就能看清楚屋子里所有的东西,但是我却如置身苍茫云雾之中不辨方向。在这样的深夜里,所有的人都沉沉地酣睡着,能有几人跟我一样还辗转难眠,独自清醒着呢?该句运用了比拟的手法。该诗创作于风雨飘摇的清朝末年八国联军入侵之际,作者内心渴望有人同自己站到一起,去并肩救世,却又无奈地想到混乱的时局正如风雨大作的深夜,前途、光明都是一片迷茫。由该句可联想至屈原"举世皆浊我独清,众人皆醉我独醒"一句,二者有异曲同工之妙。

(李 臻)

四百万人同一哭,去年今日割台湾。

【出处】清·丘逢甲《春愁》

春愁难遣强看山,往事惊心泪欲潸。四百万人同一哭,去年今日割台湾。

【鉴赏】四百万台湾同胞在今日共同放声大哭,为何会出现这样的境况? 是因为去年的今日,宝岛台湾被割让给列强,与祖国母亲分离了。该句中的"去年今日"是指 1895 年 4 月 17 日,清王朝与日本签订丧权辱国的《马关条约》,将台湾割让给日本,这成为中国人民的巨大屈辱。该句中包含了重大的历史事件,因此具有一定的"诗史"意味。诗人本就是台湾人,台湾被割让出去,与祖国母亲分离的痛苦,使得这个爱国诗人在事件发生的一年之后仍不能减少丝毫的悲痛之感。诗句对痛哭场景的直接描写与直抒胸臆的情感抒发方式,将诗人与台湾同胞的悲愤之情冲击式地传达了出来,震撼人心。 (李　臻)

我自横刀向天笑,去留肝胆两昆仑。

【出处】清·谭嗣同《狱中题壁》

望门投止思张俭,忍死须臾待杜根。我自横刀向天笑,去留肝胆两昆仑。

【鉴赏】我自会面对横起的长刀仰天大笑,给世间留下一股如同昆仑般的浩然肝胆之气。诗句中独自赴死,为着崇高的理想献身的悲壮行为震撼人心。句中的"肝胆"不是指具体的器官,而是指代"肝胆之气",又借用"昆仑"意象,两者共同指代了一种如同昆仑一样壮阔与大无畏的凛然悲壮之气。"去留肝胆两昆仑"一句还有如下一种解释:康有为、梁启超等人虽选择避祸,但他们也是同我一样有着浩然之气的。这样的解释需要联系上文中提到的"张俭""杜根"二人以及该诗的写作背景。该诗写作于"维新变法"失败后,谭嗣同决定为革命献身,而康、梁逃亡。"张俭""杜根"二人都是历史上经历过政治避祸后又有所作为的人。所以对"去留肝胆两昆仑"一句的第二种理解是将"去留"解释成了康梁与谭的不同选择,"昆仑"亦是指一种慷慨正气。 (李　臻)

集中什九从军乐,亘古男儿一放翁。

【出处】清·梁启超《读陆放翁集》

诗界千年靡靡风,兵魂销尽国魂空。集中什九从军乐,亘古男儿一放翁。

【鉴赏】放翁为陆游之号,代指陆游。什九,即指十分之九、十中有九。陆游诗集中的诗作,十中有九是有关于驰骋沙场或是从军杀敌以报效祖国的内容。从古至今诗人中可称得上好男儿、大丈夫的,陆游堪称第一。该句用直白的语言,将作者对于陆游一生追求立功于沙场,为维护祖国的统一不惜抛头颅、洒热血的高尚精神的钦佩与赞叹之感强烈地表现了出来。将陆游放置在了历史人物中的至高位置,从中也可体味出作者要以陆放翁为自身楷模的感情。

(李　臻)

拼将十万头颅血,须把乾坤力挽回。

【出处】清·秋瑾《黄海舟中日人索句并见日俄战争地图》

万里乘云去复来,只身东海挟春雷。忍看图画移颜色,肯使江山付劫灰。浊酒不销忧国泪,救时应仗出群才。拼将十万头颅血,须把乾坤力挽回。

【鉴赏】我们会不惜一切代价去牺牲、去奉献,就算拼上十万人的性命,用十万人的头颅血染红江山,也将要把这危亡的局面挽回。十万,此处是虚指,极言肯为革命事业奉献生命的革命志士之多。该句气势宏大、刚健豪放,充满一种愤恨激越的情感。因忧国忧民,想要拯救祖国人民于水火,从而立志扭转乾坤大局,愿为祖国抛头颅洒热血的崇高感情喷薄而出。作者虽为女子,但诗句感情真率、语言刚强,充满了不让须眉的豪放之气,具有很深的感染力。

(李　臻)

爱 情 婚 姻

关关①**雎鸠**②**,在河之洲**③**。窈窕**④**淑女,君子好逑**⑤**。**

【注释】①关关:雎鸠相和鸣叫之声。②雎鸠:一种水鸟。③洲:水中的小块陆地。④窈窕:少女娴静美好的样子。⑤好逑:理想的配偶。

【出处】先秦·《诗经·关雎》

关关雎鸠,在河之洲。窈窕淑女,君子好逑。

参差荇菜,左右流之。窈窕淑女,寤寐求之。

求之不得,寤寐思服。悠哉悠哉,辗转反侧。

参差荇菜,左右采之。窈窕淑女,琴瑟友之。

参差荇菜,左右芼之。窈窕淑女,钟鼓乐之。

【鉴赏】此句是《诗经》的首篇首句,雎鸠是两情缱绻的鸟儿,叫声清婉。诗人以此起兴来写姑娘温婉美好、情意绵长,乃君子良配,是为天作之合。以鸟儿兴淑女,如影肖形。以"关关"和鸣传达男女相悦之情,闻声而情生,意蕴含蓄。"窈窕"二字叠韵,圆润婉转,写出了少女温婉娇羞之态。君子求女,天性使然。但此句中的"淑女"不仅代表爱情,还代表着一切美好的事物,追求美好本就是人之天性。此句作为开篇之句,道出了生命本就该追求美好的真谛。

(李瑞珩)

桃之夭夭①**,灼灼**②**其华**③**。之子**④**于归**⑤**,宜其室家。**

【注释】①夭夭:形容桃花美丽娇艳的样子。②灼灼:火光,这里指桃花似火一般红艳。③华:"花"的古字。④之子:这位姑娘。⑤于归:出嫁,"归"指古代女子出嫁。

【出处】先秦·《诗经·桃夭》

桃之夭夭,灼灼其华。之子于归,宜其室家。

桃之夭夭,有蕡其实。之子于归,宜其家室。

桃之夭夭,其叶蓁蓁。之子于归,宜其家人。

【鉴赏】此句以灼灼盛放的桃花比喻新婚的女子,可谓"人面桃花相映红","开千古辞赋咏美人之祖"。"灼灼"二字写桃花鲜艳,望之如火,给人以照眼欲明之感,更渲染出一种强烈的幸福感。新娘脸颊上飞起两朵红云,面若桃花,她的美是人生处于完满状态所散发出的美。今朝出嫁,她将把这种美带给婆家,带去欢乐与祝福。此句字里行间充溢着其乐融融的氛围,传达出先秦时代的人们对于生活的热爱以及对美满家庭的追求。

(李瑞珩)

静^①女其姝^②,俟^③我于城隅^④。爱而不见^⑤,搔^⑥首踟蹰^⑦。

【注释】①静:少女娴静美好的样子。②姝:美丽。③俟:等待。④城隅:城墙角。⑤见:通"现",出现。⑥搔:抓、挠。⑦踟蹰:徘徊不前。

【出处】先秦•《诗经•静女》

静女其姝,俟我于城隅。爱而不见,搔首踟蹰。

静女其娈,贻我彤管。彤管有炜,说怿女美。

自牧归荑,洵美且异。匪女之为美,美人之贻。

【鉴赏】此篇写的是一位活泼灵动的姑娘与一位憨厚质朴的小伙的约会。这一句描写的就是小伙在城墙角焦急等待心上人的场景。美丽的姑娘啊,和我约定在城墙角下见面。我满心欢喜来到这里,却不见我心爱的姑娘,只好痴痴地等。汗水浸湿了衣襟,我也不在意,抓抓脑袋,来回踱步,急得像热锅上的蚂蚁,却又从心里透出甜蜜。心爱的姑娘啊,你何时才能来到我身旁。此句一派天真烂漫,最得风人之致。时至今日这首诗仍能让我们感受到恋爱中的少年的青涩与美好,等待心上人时的焦灼与甜蜜就是爱情之美。

(李瑞珩)

于嗟^①女兮,无与士耽^②。士之耽兮,犹可说^③也。女之耽兮,不可说也。

【注释】①于嗟:语气词。②耽:沉迷于爱情。③说:通"脱",摆脱。

【出处】先秦·《诗经·氓》

氓之蚩蚩,抱布贸丝。匪来贸丝,来即我谋。

送子涉淇,至于顿丘。匪我愆期,子无良媒。将子无怒,秋以为期。

乘彼垝垣,以望复关。不见复关,泣涕涟涟。

既见复关,载笑载言。尔卜尔筮,体无咎言。以尔车来,以我贿迁。

桑之未落,其叶沃若。于嗟鸠兮,无食桑葚。

于嗟女兮,无与士耽。士之耽兮,犹可说也。女之耽兮,不可说也。

桑之落矣,其黄而陨。自我徂尔,三岁食贫。

淇水汤汤,渐车帷裳。女也不爽,士贰其行。士也罔极,二三其德。

三岁为妇,靡室劳矣。夙兴夜寐,靡有朝矣。

言既遂矣,至于暴矣。兄弟不知,咥其笑矣。静言思之,躬自悼矣。

及尔偕老,老使我怨。淇则有岸,隰则有泮。

总角之宴,言笑晏晏。信誓旦旦,不思其反。反是不思,亦已焉哉。

【鉴赏】女孩子啊,不要沉迷于对男孩子的爱恋而迷失自己。男孩子的爱情,由新鲜感带来的迷恋会随时光流逝而淡去。可女孩子的爱情却往往相反,会随时间而越陷越深,最终作茧自缚,无法解脱。此句以训诫的语气,理智地提醒女子在爱情面前要保留一份清醒,忠于自我,不要迷失。在爱别人之前要爱自己,因为若迷失自我,爱情也就无所附丽。

(李瑞珩)

自伯之东,首如飞蓬。岂无膏沐,谁适为容。

【出处】先秦·《诗经·伯兮》

伯兮朅兮,邦之桀兮。伯也执殳,为王前驱。

自伯之东,首如飞蓬。岂无膏沐,谁适为容。

其雨其雨,杲杲出日。愿言思伯,甘心首疾。

焉得谖草,言树之背。愿言思伯,使我心痗。

【鉴赏】自从你离家东征后,我便再无心梳妆,头发也似失去生命力的枯草一般干燥凌乱,难道是没有粉黛膏腴吗?只是伴随着你的离开,我的心也就空了,梳妆打扮给谁看呢?能做的只有等待,可"伯且来,伯且来,伯复不来"。我等了又等,盼了又盼,陌上的杨柳已经绿了又黄,你仍不归。我唯有顾影自怜,对镜伤心。此句一言以蔽之"女为悦己者容",用白描的手法悉心勾勒出闺中女子百无聊赖,无意梳妆的落寂心态,女子思

念之深,用情之深可见矣。此句中良人未归,伊人独老的情境已开后世闺怨诗之先。 （李瑞珩）

彼采萧^①兮,一日不见,如三秋^②兮。

【注释】 ①萧:植物,即青蒿。②三秋:三个季度,约九个月。

【出处】 先秦·《诗经·采葛》

彼采葛兮。一日不见,如三月兮。

彼采萧兮。一日不见,如三秋兮。

彼采艾兮。一日不见,如三岁兮。

【鉴赏】 那个采摘青蒿的姑娘啊,一天不见你,心中的思念便无限延长,哪怕一秒也是煎熬,于是一秒变成一天,一天仿佛经历了四季那么漫长。这种度日如年的感觉就是思念。此句用一支青蒿连接了恋人之间真挚而细腻的相思之情,清新自然。将缥缈难言的相思之情在具化的"一日"与"三秋"的时间对比中表现出来,写出了相思煎熬痛苦的实感。以采葛起兴又淡化了煎熬的苦痛之感,增添了清新之感,更显得情致悠长。时至今日人们仍用此句来表达对友人或是恋人的思念之情。 （李瑞珩）

蒹葭^①苍苍,白露为霜。所谓伊人,在水一方。

【注释】 ①蒹葭:水生植物名,芦苇。

【出处】 先秦·《诗经·蒹葭》

蒹葭苍苍,白露为霜。所谓伊人,在水一方。溯洄从之,道阻且长。溯游从之,宛在水中央。

蒹葭萋萋,白露未晞。所谓伊人,在水之湄。溯洄从之,道阻且跻。溯游从之,宛在水中坻。

蒹葭采采,白露未已。所谓伊人,在水之涘。溯洄从之,道阻且右。溯游从之,宛在水中沚。

【鉴赏】 露浓霜白,水边青苍的芦苇融进一片迷蒙的白雾中,染浸凄清之色。在河渚的那一边,我依稀看到你的身影,窈窕婀娜,似梦一般美好却又似梦一般不真实。隔着潺潺的河水,我能看到你,似乎伸一伸手就能触到你的裙裾,可却因这一水之隔,我永远也无法打破我们之间的距离。触不到的恋人啊,我只能临水望一望你。此句情景交融,表达出一种可望而不可即的怅惘。"伊人"可是心上人,也可是人间一切可望而不可即的事物,恰如镜中月、水中花,你能看到它,却似乎永远无法触碰它。

(李瑞珩)

今夕何夕兮,搴舟中流? 今日何日兮,得与王子同舟?

【出处】先秦·《越人歌》

今夕何夕兮,搴舟中流? 今日何日兮,得与王子同舟?

蒙羞被好兮,不訾诟耻,心几烦而不绝兮,得知王子。

山有木兮木有枝,心说君兮君不知。

【鉴赏】烟波浩渺,一碧万顷。你倚舷而望,眉目清朗,风神俊逸。我偷偷看着你心中溢满了欢喜。好想告诉你我的仰慕,我的心,可我只是一名小小的舟子,而你却是万人之上的王子子皙。舟桨划过水波,荡起涟漪,一如我心中的悸动和叹息。且让我为您唱支歌吧,用着软糯的越语。"此时此刻是什么时候,我能与您泛舟中流,今时今日又是什么年岁,我能执桨行舟与您共渡"。此句为《越人歌》首句,以问句的形式表达了舟子对王子的仰慕之情,以及与王子同舟的悸动。爱情来临,无关时间,都令人如此心旌摇曳。

(李瑞珩)

山有木兮木有枝,心说君兮君不知。

【出处】先秦·《越人歌》

原文参见前句。

【鉴赏】此句是越人歌的末句,因与王子乘舟,操舟的女子心中欢喜,可却又想到自己与王子地位悬殊,不禁忧从中来。世界上最遥远的距离是我站在你面前,你却不知道我爱你。此歌清丽婉转,带着越地湿润的水雾唱出"心悦君兮君不知"的单恋式的寂寞。

(李瑞珩)

若有人兮山之阿,被薜荔兮带女罗。既含睇兮又宜笑,子慕予兮善窈窕。

【出处】战国·屈原《山鬼》

若有人兮山之阿,被薜荔兮带女罗。既含睇兮又宜笑,子慕予兮善窈窕。乘赤豹兮从文狸,辛夷车兮结桂旗。被石兰兮带杜衡,折芳馨兮遗所思:"余处幽篁兮终不见天,路险难兮独后来。"表独立兮山之上,云容容兮而在下。杳冥冥兮羌昼晦,东风飘兮神灵雨。留灵修兮憺忘归,岁既晏兮

407

孰华予。采三秀兮于山间,石磊磊兮葛蔓蔓。怨公子兮怅忘归,君思我兮不得闲。山中人兮芳杜若,饮石泉兮荫松柏。君思我兮然疑作。雷填填兮雨冥冥,猿啾啾兮又夜鸣。风飒飒兮木萧萧,思公子兮徒离忧。

【鉴赏】 她在山间,身上披着薜荔,腰间系着女罗。眼波流转间莞尔一笑,恍惚了人间光景。我心中仰慕着你啊,我身段窈窕,婷婷袅袅的女神。此句写山中女神的美态,巧笑倩兮,美目盼兮。诗人将她作为美的化身仰慕她,歌咏她,表现出诗人对纯美人格的不懈追求。此句为《山鬼》首句,诗人用丰富的想象力塑造出山中女神之形象,为全篇赋予了一种盈溢着浪漫精神的奇幻色彩,令人目眩神摇。 　　　　　　(李瑞珩)

一顾①倾②人城,再顾倾人国。

【注释】 ①顾:回头。②倾:倾倒,倾覆。

【出处】 汉·李延年《佳人歌》

北方有佳人,绝世而独立。一顾倾人城,再顾倾人国。宁不知倾城与倾国,佳人难再得!

【鉴赏】 那位北方的佳人绝世脱俗,风姿绰约,其美目流转,顾盼生辉。一顾之下,全城之人为之着迷;再顾之下,举国之人为之迷惑。竟能颠覆一个国家,如此佳人,倾国倾城!这般倾倒众生、惊世骇俗的美,使得闻此歌者无不对佳人心向往之。李延年作此歌,另辟蹊径,用夸张的"倾城""倾国"来描写佳人美好的风姿,摄人心魄,使得汉武帝对歌中绝世而独立的佳人心驰神往,亦使此句成为吟咏佳人的名句。后人常用"倾国倾城"这个成语来形容绝色的美人。 　　　　　　(陈俊艳)

山无陵,江水为竭,冬雷震震,夏雨雪,天地合,乃敢与君绝!

【出处】 汉·《上邪》

上邪!我欲与君相知,长命无绝衰。山无陵,江水为竭,冬雷震震,夏雨雪,天地合,乃敢与君绝!

【鉴赏】 除非那高耸的山峰变为平地,奔腾不息的江水枯竭干涸,冬日里有雷声阵阵,夏日里下起大雪,天与地合而为一,那么,我才可能与你断绝。指天为誓,这一切不可能发生的事情发生了,女子才会与爱人断绝,意在表明自己绝对不会与爱人分开的决心与信念。此句用了高山变平地、江水枯竭、冬雷、夏雪与天地合并这些意象,来比喻人世间不可能发生的事情,同时亦借此表达出了自己激昂热烈的感情和对爱情誓死不渝的决心,抒情方式独特而浪漫。这句诗因而成为传诵千古歌咏爱情的佳句,后世男女常以此句来表明自己对爱情的忠贞不渝。 （陈俊艳）

青青河边草,绵绵思远道。远道不可思,宿昔梦见之。

【出处】汉·《饮马长城窟行》

青青河边草,绵绵思远道。远道不可思,宿昔梦见之。梦见在我傍,忽觉在他乡。他乡各异县,辗转不相见。枯桑知天风,海水知天寒。入门各自媚,谁肯相为言。客从远方来,遗我双鲤鱼。呼儿烹鲤鱼,中有尺素书。长跪读素书,书中竟何如。上言加餐食,下言长相忆。

【鉴赏】河边的青草延绵不绝,延向远方,不觉勾起了心头的思绪,令人想起远方的亲人。无奈两人相距遥远,只能于昨夜求得梦中相见。第一句以绵绵不绝的青草起兴,引发了女子淡淡的愁绪和对远方之人的想念,绵绵的青草亦象征着这份思念的绵绵不断。第二句作为转折,写出了女子怀念之情的缠绵曲折,以及只能于梦中求得慰藉的无奈、怅惘。同时,诗人运用了顶针的修辞手法将前后两句连缀起来,使得诗句节奏舒缓,富于流动性。后人常用此句表达对远方情人的思念之情。 （陈俊艳）

愿得一心人,白头不相离。

【出处】汉·《白头吟》

皑如山上雪,皎若云间月。闻君有两意,故来相决绝。今日斗酒会,明旦沟水头。躞蹀御沟上,沟水东西流。凄凄复凄凄,嫁娶不须啼。愿得一心人,白头不相离。竹竿何袅袅,鱼尾何簁簁！男儿重意气,何用钱刀为。

【鉴赏】女子知道爱人有了二心，爱情一去不返，伤心欲绝。她劝慰将要嫁人的女子，无须哭泣，只要能够嫁得一位对待感情一心一意的良人，与他白头偕老，就是很幸福的事情。这是一首女子向已经负心的爱人表示决绝的诗，这句诗表达了女子对忠贞不渝爱情的向往，亦解释了她对负心人态度决绝的原因，从而塑造了一位向往坚贞爱情，独立自主、个性鲜明的女性形象。这句诗中的"愿得一心人"写出了世间女子的共同心声，她们都希望遇到重情义的男子，并与之白头偕老，相守一生。

（陈俊艳）

伤彼蕙兰花，含英扬光辉。过时而不采，将随秋草萎。

【出处】汉·《冉冉孤生竹》

冉冉孤生竹，结根泰山阿。与君为新婚，菟丝附女萝。菟丝生有时，夫妇会有宜。千里远结婚，悠悠隔山陂。思君令人老，轩车来何迟！伤彼蕙兰花，含英扬光辉。过时而不采，将随秋草萎。君亮执高节，贱妾亦何为！

【鉴赏】那秀美的香草、兰花一株株含苞待放，淡淡容光中吐露着芬芳，散发着迷人光彩。在她最美的时刻若无惜花之人将其采下，那么她们就将随着秋草一起枯萎了。时光易逝，红颜易老，如果不能在女子青春洋溢风华正茂的时候迎娶，那么女子也将如那秋草一样渐渐衰老。这句诗情感细腻曲折，女主人公以蕙兰自比，感慨伤怀，有对自己深深的自怜之意，亦有对时光匆匆、容颜易老的叹息。淡淡的忧愁与疑虑背后是她对恋人的相思，希望他能不辜负时光，趁早迎娶她归家。后人常以此句来劝人珍惜时光。

（陈俊艳）

河汉清且浅，相去复几许？盈盈一水间，脉脉不得语。

【出处】汉·《迢迢牵牛星》

迢迢牵牛星，皎皎河汉女。纤纤擢素手，札札弄机杼。终日不成章，泣涕零如雨；河汉清且浅，相去复几许？盈盈一水间，脉脉不得语。

【鉴赏】茫茫银河，看上去清浅动人，却将牛郎与织女一对恋人分在两岸，也不知他们相隔有多远？水面充盈，流水迢迢，恋人隔水深情地相望，却默默而不得语。这是一幅清丽的画面，其中流转着淡淡的哀愁。"盈盈"与"脉脉"令此句诗别富深情，写出了恋人间细腻婉转的感情。他们被清浅的银河分离,相视不得语,无法相聚的哀愁尽在诗中,不言而明。织女与牛郎的故事美丽而忧伤,这句诗写出了他们的离别之感,从而成为咏叹爱情、感伤离别的佳句。 （陈俊艳）

自君之出矣,明镜暗不治。思君如流水,何有穷已时。

【出处】汉·徐干《室思六章》其三

浮云何洋洋,愿因通我辞。飘飘不可寄,徒倚徒相思。人离皆复会,君独无返期。自君之出矣,明镜暗不治。思君如流水,何有穷已时。

【鉴赏】自从你离开以后,妆台上的明镜积满了灰尘,想念你的心仿佛流水,缓缓流淌着何时才能到头呢？这句诗表达的是对远方爱人的思念之情。首句写到因为爱人的离开而无心梳妆打扮,因而"明镜暗不治",描绘出思妇别后的生活,对其心理的刻画细腻自然,蕴含淡淡的忧伤,含蓄委婉地表达出了对爱人的思念。第二句直抒思念之情,以流水喻相思,将抽象的相思之情用可观可感的流水表达出来,隽永晓畅,自然动人,令人真切体会到饱受相思之苦的思妇的心境。后人常以此句来表达对爱人的思念。 （陈俊艳）

愿为西南风,长逝入君怀。君怀良不开,贱妾当何依？

【出处】魏·曹植《七哀》

明月照高楼,流光正徘徊。上有愁思妇,悲叹有余哀。借问叹者谁？言是宕子妻。君行逾十年,孤妾常独栖。君若清路尘,妾若浊水泥。浮沉各异势,会合何时谐？愿为西南风,长逝入君怀。君怀良不开,贱妾当何依？

【鉴赏】但愿能够化作西南风,随风投入你的怀抱。可是你的怀抱若是不张开接纳我,作为妻子的我又将依靠投奔谁呢？这句诗表现的是思妇对于远方爱人的依恋,她由于丈夫的迟迟不归而彷徨无所依,暗吐愁肠,希望追随爱人远去。而第二句则表达出无所依的境况,流露出无限凄惘怅惘之意。诗人从思妇的角度着笔抒情,使诗意哀怨深婉,渲染出浓浓的愁思,真切地表达出深闺怨妇对爱人的绵绵不尽的思念与依赖,勾起读者心中无尽的哀愁与同情。后人常以此句来表达对爱人的依恋之情。

(陈俊艳)

望庐思其人,入室想所历。

【出处】晋·潘岳《悼亡诗》

　　荏苒冬春谢,寒暑忽流易。之子归穷泉,重壤永幽隔。私怀谁克从,淹留亦何益。僶俛恭朝命,回心反初役。望庐思其人,入室想所历。帏屏无仿佛,翰墨有余迹。流芳未及歇,遗挂犹在壁。怅恍如或存,回惶忡惊惕。如彼翰林鸟,双栖一朝只。如彼游川鱼,比目中路析。春风缘隙来,晨霤承檐滴。寝息何时忘,沉忧日盈积。庶几有时衰,庄缶犹可击。

【鉴赏】看着我们曾经共同居住过的房子就想起了你,走进去时就不禁回想起和你在一起时的美好经历。这是一首悼亡诗,诗人通过睹物表现了对亡妻难以忘怀的思念之痛。诗中所描绘的"庐"与"室"是夫妻共同生活过的场景,诗人重新回到这些熟悉的地方,感受着其中凄凉的氛围,在沉寂中诉说自己的思念。这首诗语言平淡清浅娓娓道来,却饱含深情,诗人对亡妻的怀念流转在字里行间。

(陈俊艳)

愿得连冥不复曙,一年都一晓。

【出处】南北朝·《读曲歌五首》其六

　　打杀长鸣鸡,弹去乌白鸟。愿得连冥不复曙,一年都一晓。

【鉴赏】但愿天总不亮,一夜像一年那么长。这句诗出自南北朝时期的民歌,描写的是年轻男女沉醉于爱情,从而希望夜晚无限延长,一年才天亮一次。语言朴素自然,想象却大胆新奇,富于创造性。因为爱情带来了美好感受而甘愿沉浸在暗夜中,这种热烈直白的感情表白带有鲜明的民间色彩,通过温柔细腻的心愿表达出来,令人不禁感慨赞颂爱情的动人与美好。

(陈俊艳)

无论君不归,君归芳已歇。

【出处】南北朝·谢朓《王孙游》

　　绿草蔓如丝,杂树红英发。无论君不归,君归芳已歇。

【鉴赏】不要说你不回来,即使你回来了,春天的花已经凋零,美好的时光也已不再了。这句诗中,诗人表面是写红花未被欣赏就已匆匆凋落,实则暗指美人迟暮,美丽的少女殷切盼望着君的归来,然而时光流逝,美好的青春稍纵即逝,少女心中急切怅惘,才有此情思。诗人借花喻人,借景抒情,委婉地表达了情思。这句诗风格清新自然,感情婉转动人,蕴含淡淡的惆怅与哲思,通过少女细致的情思表达出诗人对时光易逝的感慨。后人常以此句来表达光阴易逝,美人迟暮的感慨。　　　　　　　　(陈俊艳)

采莲南塘秋,莲花过人头。低头弄莲子,莲子青如水。置莲怀袖中,莲心彻底红。

【出处】南北朝·《西洲曲》

忆梅下西洲,折梅寄江北。单衫杏子红,双鬓鸦雏色。西洲在何处?两桨桥头渡。日暮伯劳飞,风吹乌桕树。树下即门前,门中露翠钿。开门郎不至,出门采红莲。采莲南塘秋,莲花过人头。低头弄莲子,莲子青如水。置莲怀袖中,莲心彻底红。忆郎郎不至,仰首望飞鸿。鸿飞满西洲,望郎上青楼。楼高望不见,尽日栏杆头。栏杆十二曲,垂手明如玉。卷帘天自高,海水摇空绿。海水梦悠悠,君愁我亦愁。南风知我意,吹梦到西洲。

【鉴赏】在南塘采莲,莲花长得高过了人头。低头拨弄水中的莲子,莲子就像湖水一样青。把莲子悄悄藏于袖中,莲心红得通透彻底。这三句诗描绘了一幅少女江南采莲图,在碧绿荷叶间,少女轻盈地穿梭着采撷莲子,她满怀心事与柔情,时而温柔低头拨弄莲子,时而含羞将莲子藏于怀袖,画面美妙动人,引人遐思。少女借采莲来表达对情人的爱恋,其中诗人运用了双关隐语,"莲"与"怜"字谐音双关,少女拨弄莲子的动作暗含着对情人的爱怜,"莲心彻底红"一方面表现出感情的热烈,另一方面也表现出女子暗藏莲子的娇羞。双关隐语的运用使诗意婉转多情,同时这几句诗感情细腻,温情而缠绵,充分表现出少女对情人的爱恋之情。

(陈俊艳)

纤腰减束素,别泪损横波。

【出处】南北朝·庾信《拟咏怀二十七首》其七

榆关断音信,汉使绝经过。胡笳落泪曲,羌笛断肠歌。纤腰减束素,

413

别泪损横波。恨心终不歇,红颜无复多。枯木期填海,青山望断河。

【鉴赏】 内心伤悲,以至于身体消瘦,束腰的白绢一减再减,因离愁而流泪,眼睛也哭坏了。这句诗是用来形容诗人心中的苦悲与惆怅。诗人不直言心中伤悲,反而用身体的消瘦与眼睛的损坏来表现其身心的痛苦,更为形象直观,可见其内心离愁的深重。诗人由南入北,无时无刻不渴望南归,在离愁与思归的情绪中日渐消瘦,引人同情。后世常以此句形容心中离愁的深重。

(陈俊艳)

得成比目^①何辞死,愿作鸳鸯不羡仙。

【注释】 ①比目:鱼名,双眼生在一侧,古人认为两鱼须贴合而行,因而用其象征忠贞的爱情。

【出处】 唐·卢照邻《长安古意》

长安大道连狭斜,青牛白马七香车。玉辇纵横过主第,金鞭络绎向侯家。龙衔宝盖承朝日,凤吐流苏带晚霞。百尺游丝争绕树,一群娇鸟共啼花。游蜂戏蝶千门侧,碧树银台万种色。复道交窗作合欢,双阙连甍垂凤翼。梁家画阁天中起,汉帝金茎云外直。楼前相望不相知,陌上相逢讵相识。借问吹箫向紫烟,曾经学舞度芳年。得成比目何辞死,愿作鸳鸯不羡仙。比目鸳鸯真可羡,双去双来君不见。生憎帐额绣孤鸾,好取门帘帖双燕。双燕双飞绕画梁,罗帷翠被郁金香。片片行云着蝉鬓,纤纤初月上鸦黄。鸦黄粉白车中出,含娇含态情非一。妖童宝马铁连钱,娼妇盘龙金屈膝。御史府中乌夜啼,廷尉门前雀欲栖。隐隐朱城临玉道,遥遥翠幰没金堤。挟弹飞鹰杜陵北,探丸借客渭桥西。俱邀侠客芙蓉剑,共宿娼家桃李蹊。娼家日暮紫罗裙,清歌一啭口氛氲。北堂夜夜人如月,南陌朝朝骑似云。南陌北堂连北里,五剧三条控三市。弱柳青槐拂地垂,佳气红尘暗天起。汉代金吾千骑来,翡翠屠苏鹦鹉杯。罗襦宝带为君解,燕歌赵舞为君开。别有豪华称将相,转日回天不相让。意气由来排灌夫,专权判不容萧相。专权意气本豪雄,青虬紫燕坐春风。自言歌舞长千载,自谓骄奢凌五公。节物风光不相待,桑田碧海须臾改。昔时金阶白玉堂,即今唯见青松在。寂寂寥寥扬子居,年年岁岁一床书。独有南山桂花发,飞来飞去袭人裾。

【鉴赏】 此诗借古写今,描绘了当时首都长安城中形形色色的生活。此句是一位长安市上的美丽舞女的内心独白:若能够觅得如比目鱼一般忠贞不渝的爱情，就算以自己的生命为代价也在所不惜。人间天上，只愿化为成双成对的鸳鸯，丝毫不艳羡长生不老的神仙。她列举了两种象征忠贞爱情的人间之物与最为宝贵的生命进行观照，得出了爱情价更高的结论。这美好而坚定的誓言，真挚而热烈的情感，在长安城的奢华浮艳之下显得尤为细腻动人。后人也常以"愿作鸳鸯不羡仙"作为对忠贞爱情的无上誓言。

（吴纯燕）

九月寒砧①催木叶，十年征戍忆辽阳②。

【注释】①砧：捣衣用的垫石。②辽阳：今辽宁省辽河以东地区，唐代为东北边防要地。

【出处】唐·沈佺期《古意呈补阙乔知之》

卢家少妇郁金堂，海燕双栖玳瑁梁。九月寒砧催木叶，十年征戍忆辽阳。白狼河北音书断，丹凤城南秋夜长。谁为含愁独不见，更教明月照流黄。

【鉴赏】九月秋天的夜晚，枯黄的树叶在急切的阵阵砧声中纷纷飘落，而捣衣的少妇也不由思念起那远在边关征战戍守、多年未归的良人。叶落知秋，凋零的黄叶预示着天气的转凉，也催促着闺中少妇加紧捣制寒衣，而一阵紧似一阵的砧声似乎又反过来催促着枯叶的零落。秋季万物衰残，本就令人心境悲戚，更何况夫妻分离，天各一方？"催"是万户捣衣的急迫，也是节令变换的匆匆；"忆"是思君不见的愁苦，也是独守深闺的寂寞。整首诗纤巧秾丽，又真切动人。

（吴纯燕）

少妇今春意，良人①昨夜情。

【注释】①良人：古代妻子对丈夫的称谓。

【出处】唐·沈佺期《杂诗三首》其三

闻道黄龙戍，频年不解兵。可怜闺里月，长在汉家营。少妇今春意，良人昨夜情。谁能将旗鼓，一为取龙城。

【鉴赏】闺中少妇此时此刻面对明月怀念征人的满怀愁绪，又何尝不是征戍未归的丈夫在同一时刻对于她的思念呢？诗句描写了被战争分散的家人互相思念彼此的感人场景。独守空闺的少妇担忧着丈夫的安危，远在千里之外的征人回想着家中的温馨，两人同时仰望空中的一轮明月，任皎皎月华静静地洒在他们身上，相望不相闻的断肠之痛可想而知。"今春意"和"昨夜情"本是同一种情感,却被诗人别出心裁地分开来写,隐隐暗示着少妇所思念的良人极有可能已经化为"无定河边骨"。诗句通过对比两人的伤怀,映射的却是所有被战争分离的家庭的伤痛,含蓄自然,感人至深。

(吴纯燕)

停船暂借问,或恐是同乡。

【出处】唐·崔颢《长干曲四首》其一

君家何处住?妾住在横塘。停船暂借问,或恐是同乡。

【鉴赏】停下小船姑且冒昧地借问一下,只是觉得或许我们会是同乡。诗句描写的是江上女子向陌生男子发问的情景。"或恐"二字,写女子醉翁之意不在酒,并非是他乡遇故知的欣喜,而是有心结识对方,却又害怕太过直白。虽然已经开始大胆相问,却只能止于询问对方家乡在何处。女子的情态天真烂漫,又略略拘谨,诗人将其描述得活灵活现。诗人以口语入诗,虽然没有描写对话时周围的场景和女子问话时的情态,然而寥寥数语,小女儿的热切之意和羞怯心情已然跃然纸上,读之如见其人,如闻其声。语言自然晓畅,明白如话,却又含情脉脉,蕴藉情深。

(吴纯燕)

更吹羌笛关山月①,无那②金闺万里愁。

【注释】①关山月:汉乐府曲,常用以表现伤别之意。②无那:无奈。

【出处】唐·王昌龄《从军行七首》其一

烽火城西百尺楼,黄昏独上海风秋。更吹羌笛关山月,无那金闺万里愁。

【鉴赏】不知从何处飘来了一缕羌笛之声,吹奏的正是那痛伤离别的《关山月》,或许此时,远在深闺中的妻子也应如我一般满怀思念之愁。诗句描写的是戍卒在城楼之上闻笛的情景,黄昏时分的夕阳为百尺城楼镀上了一层金色的光华,秋风中飘来的丝丝缕缕的笛声如泣如诉,闻笛者误入了吹笛者的风景,吹笛者扣动了闻笛者的心扉,闻者动情,吹者心伤。"万里愁"既是闺阁之中妻子对戍卒的朝思暮想,也是万里之外戍卒对妻子的一缕牵挂。诗作巧妙地融情于景,再加上结尾一句双向思念的脉脉哀愁,其中包含的心绪的流动与情感的起伏直入肺腑,感人至深。

(吴纯燕)

玉颜不及寒鸦色,犹带昭阳①日影来。

【注释】①昭阳:汉代宫殿名,赵飞燕与汉成帝所居之处。

【出处】唐·王昌龄《长信秋词五首》其三

奉帚平明金殿开,暂将团扇共徘徊。玉颜不及寒鸦色,犹带昭阳日影来。

【鉴赏】长信深宫中的女子那洁白如玉的容颜反而比不上枝头乌黑的寒鸦,只因为它们的羽翼之上还带着来自昭阳殿中温暖的阳光。全诗用汉成帝时班婕妤故事,描写她在秋日里深宫中的无限落寞。作者并没有比较她与其他女子的容颜,而是别出心裁地将她的美丽与寒鸦的丑陋作比,本来两者并无可比之处,但比较的结果竟然是"不及"。可以想见,深宫中的女子如果不沐君恩,当真还不如可以窥见甚至带上昭阳殿日影的寒鸦。读来似乎可以看到女子无言地面对着昭阳殿外披着金色秋阳的寒鸦,感受到她的一片痴心与真情被辜负后的淡淡哀怨,虽不着半个"愁"字,却显得格外凄婉动人。

(吴纯燕)

忽见陌头①杨柳色,悔教夫婿觅封侯。

【注释】①陌头:路边。

【出处】唐·王昌龄《闺怨》

闺中少妇不知愁,春日凝妆上翠楼。忽见陌头杨柳色,悔教夫婿觅封侯。

【鉴赏】俏丽的少妇正在楼边凭栏远望,忽然看到路边杨柳已然青翠可人,不禁生出了几分悔恨,早知如此,当初宁愿不要自己的丈夫为获得封侯而外出征战。诗句描写了闺中少妇为春色所感而生发出缕缕愁怨,语调自然,结构圆转。前两句先写她是如何的"不知愁",第三句笔锋一转,以青青柳色撩动她心底的脉脉情思,从而生发出对当初鼓励丈夫建功立业的丝丝悔恨。陌上春色正好,一如现下她最美好的年华。然而也如同这秀丽的春色无人共赏一般,在自己最美好之时却不能与良人携手共度,不由生发出轻轻的愁怨与淡淡的悔恨,情思脉脉,惹人怜惜。

(吴纯燕)

愿君多采撷,此物最相思。

【出处】唐·王维《相思》

红豆生南国,春来发几枝。愿君多采撷,此物最相思。

【鉴赏】希望你可以多采摘一些,因为红豆最惹人喜爱,最让人忘不了,也就最能寄托人的相思之情。红豆产于南方,结实鲜红浑圆,又有"相思子"之名。因此,"相思"与首句"红豆"呼应,既是切合"相思子"之名,又蕴含相思之情,一语而双关。此句诗歌表面上是嘱托对方相思,实际上却表达了自己对对方的相思之重。语言朴素无华,情感真挚动人。后人多以此句表达相思之情。

(曹 明)

香雾云鬟湿,清辉玉臂寒。

【出处】唐·杜甫《月夜》

今夜鄜州月,闺中只独看。遥怜小儿女,未解忆长安。香雾云鬟湿,清辉玉臂寒。何时倚虚幌,双照泪痕干。

【鉴赏】妻子因为对月思念自己久了,以致云鬟被夜里的雾气沾湿,手臂被月光照冷也没有觉察。诗歌刻画了一个月夜下,凄美思妇的形象,以想象手法展现妻子对自己的思念之情,这正是诗歌的巧妙之处:分明是诗人在月夜下思念家乡的妻子,诗人却不明写,他反写妻子对着月亮,设想妻子一定会在此时思念自己。之所以"云鬟湿""玉臂寒",是因为妻子在月夜中站立良久,以致云鬟被打湿,手臂冰凉,这个细节既显示出妻子对诗人思念之深,也显示出诗人对妻子的怜惜之情。

(曹 明)

夜阑更秉烛,相对如梦寐。

【出处】唐·杜甫《羌村三首》其一

峥嵘赤云西,日脚下平地。柴门鸟雀噪,归客千里至。妻孥怪我在,惊定还拭泪。世乱遭飘荡,生还偶然遂。邻人满墙头,感叹亦歔欷。夜阑更秉烛,相对如梦寐。

【鉴赏】夜深了,前根蜡烛已燃尽,却还要再点根蜡烛继续互相倾诉。相对而坐,竟如做梦一般,不敢相信是真的。夜深了,归客奔波一天,也很累了,可是夫妻两人却不舍得入睡,还要"秉烛"再谈,这首先是因为他们久别重逢,有太多太多的话需要向对方倾诉,另外,也因为,这样的重逢太来之不易,正如无数次做梦梦到的一样,让人惊喜,让人不忍心入睡。此诗表现了战争年代重逢之不易、夫妇久别重逢后倾诉不尽的心情以及对意外相逢的惊喜情感。

(曹　明)

妾身未分明,何以拜姑嫜?

【出处】唐·杜甫《新婚别》

兔丝附蓬麻,引蔓故不长。嫁女与征夫,不如弃路旁。结发为妻子,席不暖君床。暮婚晨告别,无乃太匆忙。君行虽不远,守边赴河阳。妾身未分明,何以拜姑嫜?父母养我时,日夜令我藏。生女有所归,鸡狗亦得将。君今往死地,沉痛迫中肠。誓欲随君去,形势反苍黄。勿为新婚念,努力事戎行。妇人在军中,兵气恐不扬。自嗟贫家女,久致罗襦裳。罗襦不复施,对君洗红妆。仰视百鸟飞,大小必双翔。人事多错迕,与君永相望。

【鉴赏】我作为媳妇的身份还没有明确,如何去拜见公婆呢?按照古代风俗,妇人嫁三日,告庙上坟,谓之成婚。婚礼既明,然后拜公婆。可是新媳妇与丈夫晚上才刚刚结婚,床席尚没有睡暖,早上丈夫就要离去。时间太匆忙,以致新媳妇尚未拜见公婆,丈夫就要远去。此句话中,新娘子向丈夫诉说自己的困难处境以及面对丈夫远行的痛苦心情。语气虽然饱含幽怨,却情意深长。诗歌以新妇的口吻,叙述了新婚妻子与丈夫生离死别的场景。

(曹　明)

三日入厨下,洗手作羹汤。未谙姑①食性②,先遣小姑尝。

【注释】①姑:丈夫的母亲,婆婆。②食性:口味。

【出处】唐·王建《新嫁娘词三首》其三

三日入厨下,洗手作羹汤。未谙姑食性,先遣小姑尝。

【鉴赏】新媳妇进门第三天,下厨亲手做菜奉献公婆。但是因刚刚进门,并不知道婆婆喜爱什么样的饭菜,口味如何,于是在菜做好之后,先让小姑尝尝羹汤符不符合婆婆的口味。按照古代风俗,女子嫁后的第三天,俗称"过三朝",依照习俗要下厨房做菜。新媳妇刚刚进门,自然不知道婆婆的喜好,而小姑因与公婆吃住一起,自然知晓婆婆的食性,于是新媳妇做好菜后,让小姑先品尝一下。此诗生动地表现出新媳妇的心态,以及她的细心与聪明才智。 （曹　明）

人面不知何处去,桃花依旧笑春风。

【出处】唐·崔护《题都城南庄》

去年今日此门中,人面桃花相映红。人面不知何处去,桃花依旧笑春风。

【鉴赏】诗人故地重游,去年立于此门前的美丽少女,却不知道到何处去了,只剩娇艳动人的桃花和去年一样,依然在春风中怒放。诗人记忆中的少女面容太美,记忆美好,才以人面比作灼灼其华的桃花,如今桃花依旧动人,记忆中的美丽少女却不知所踪。诗句表现了诗人失去美好事物后怅然若失的心情。此诗歌后来经常比喻人们在不经意间遇到美好事物,而当自己回头有意追求之时,却不可复得。 （曹　明）

东边日出西边雨,道是无晴却有晴。

【出处】唐·刘禹锡《竹枝词二首》其一

杨柳青青江水平,闻郎江上唱歌声。东边日出西边雨,道是无晴却有晴。

【鉴赏】东边艳阳当天,西边却下着绵绵细雨,要说是无晴呢,却又像是有晴。二句运用双关语,"东边日出"是"有晴","西边雨"是"无晴"。而"晴"与"情"同音,故"有晴""无晴"即"有情""无情"。诗歌以天气"有晴""无晴"之变换以表示对情人"有情""无情"的推测,刻画出了恋爱中少女既忐忑又甜蜜的复杂心态,生动形象。语言浅显易懂,富有情趣。 （曹　明）

回眸一笑百媚生,六宫粉黛无颜色。

【出处】唐·白居易《长恨歌》

汉皇重色思倾国,御宇多年求不得。杨家有女初长成,养在深闺人未识。天生丽质难自弃,一朝选在君王侧。回眸一笑百媚生,六宫粉黛无颜色。春寒赐浴华清池,温泉水滑洗凝脂。侍儿扶起娇无力,始是新承恩泽时。云鬓花颜金步摇,芙蓉帐暖度春宵。春宵苦短日高起,从此君王不早朝。承欢侍宴无闲暇,春从春游夜专夜。后宫佳丽三千人,三千宠爱在一身。金屋妆成娇侍夜,玉楼宴罢醉和春。姊妹弟兄皆列土,可怜光彩生门户。遂令天下父母心,不重生男重生女。骊宫高处入青云,仙乐风飘处处闻。缓歌慢舞凝丝竹,尽日君王看不足。渔阳鼙鼓动地来,惊破《霓裳羽衣曲》。九重城阙烟尘生,千乘万骑西南行。翠华摇摇行复止,西出都门百余里。六军不发无奈何,宛转蛾眉马前死。花钿委地无人收,翠翘金雀玉搔头。君王掩面救不得,回看血泪相和流。黄埃散漫风萧索,云栈萦纡登剑阁。峨嵋山下少人行,旌旗无光日色薄。蜀江水碧蜀山青,圣主朝朝暮暮情。行宫见月伤心色,夜雨闻铃肠断声。天旋地转回龙驭,到此踌躇不能去。马嵬坡下泥土中,不见玉颜空死处。君臣相顾尽沾衣,东望都门信马归。归来池苑皆依旧,太液芙蓉未央柳。芙蓉如面柳如眉,对此如何不泪垂。春风桃李花开日,秋雨梧桐叶落时。西宫南内多秋草,落叶满阶红不扫。梨园弟子白发新,椒房阿监青娥老。夕殿萤飞思悄然,孤灯挑尽未成眠。迟迟钟鼓初长夜,耿耿星河欲曙天。鸳鸯瓦冷霜华重,翡翠衾寒谁与共。悠悠生死别经年,魂魄不曾来入梦。临邛道士鸿都客,能以精诚致魂魄。为感君王辗转思,遂教方士殷勤觅。排空驭气奔如电,升天入地求之遍。上穷碧落下黄泉,两处茫茫皆不见。忽闻海上有仙山,山在虚无缥渺间。楼阁玲珑五云起,其中绰约多仙子。中有一人字太真,雪肤花貌参差是。金阙西厢叩玉扃,转教小玉报双成。闻道汉家天子使,九华帐里梦魂惊。揽衣推枕起徘徊,珠箔银屏迤逦开。云鬓半偏新睡觉,花冠不整下堂来。风吹仙袂飘飘举,犹似霓裳羽衣舞。玉容寂寞泪阑干,梨花一枝春带雨。含情凝睇谢君王,一别音容两渺茫。昭阳殿里恩爱绝,蓬莱宫中日月长。回头下望人寰处,不见长安见尘雾。唯将旧物表深情,钿合金钗寄将去。钗留一股合一扇,钗擘黄金合分钿。但教心似金钿坚,天上人间会相见。临别殷勤重寄词,词中有誓两心知。七月七日长生殿,夜半无人私语时。在天愿作比翼鸟,在地愿为连理枝。天长地久有时尽,此恨绵绵无绝期!

【鉴赏】她回头一笑,尽显千娇百媚之态。她的绝世之美使得后宫三千佳丽顿失色彩。杨贵妃乃中国古代四大美女之一,这两句运用夸张的艺术手法展现了杨贵妃颠倒众生的美貌。其中,"回眸一笑百媚生"句是从正面直接渲染杨贵妃之美,而"六宫粉黛无颜色"句则是从侧面间接体现杨贵妃的倾城之色。这既是对前文"天生丽质难自弃"的具体描写,也是对"汉皇重色思倾国"的照应。同时,为后文杨贵妃皇宠不衰而家族得势,唐明皇沉湎美色而纵欲误国的事件埋下伏笔。另外,因"回眸一笑百媚生"句形象生动地突出了杨贵妃的美丽,故后世常以此句来形容漂亮的女子。

(经　惠)

云鬓花颜金步摇,芙蓉帐暖度春宵。春宵苦短日高起,从此君王不早朝。

【出处】唐·白居易《长恨歌》

原文参见前句。

【鉴赏】贵妃盛美如云的鬓发上戴着闪闪发光的金凤步摇,在绣着莲花的帷帐里与皇上共度温暖的春宵。太阳已经高高升起,两个有情人却仍旧恨春宵持续太短。因此,君王贪恋儿女情长,从此便不再早朝。前面两句含蓄隐晦地讲述了杨贵妃与唐明皇的床笫之欢,足见二人生活的荒靡。"春宵苦短日高起,从此君王不早朝"句则是运用顶真的修辞手法,紧承"芙蓉帐暖度春宵"一句而发,环环紧扣,直接尖锐地指出纵欲恣情之后果,同时暗示了唐玄宗以美色误国是酿成安史之乱的重要原因。诗人在此处将唐玄宗与杨贵妃的情感渲染得愈加浓厚,就越能反衬出后文人鬼殊途的悲剧。

(经　惠)

遂令天下父母心,不重生男重生女。

【出处】唐·白居易《长恨歌》

原文参见前句。

【鉴赏】这使得天下父母们的心里,不再像以往一样重视生男孩(望其能够传宗接代),而是更加重视生女儿(望其能得君王宠爱而惠及家族)。这两句是针对杨贵妃盛宠至极的现象而生发的感慨。杨贵妃以倾国之色获得唐明皇的垂怜,集三千宠爱于一身,兄弟姐妹都因她而封爵赏地,杨氏家族盛极一时。诗人运用夸张的手法展现了社会将乱状态下百姓观念的强烈转变,讽刺了唐玄宗的重色轻国以及杨贵妃的恃宠而骄。另外,杜甫《兵车行》中有言:"信知生男恶,反是生女好。生女犹得嫁比邻,生男埋没随百草。"这是斥责唐玄宗穷兵黩武而致社会"不重生男不重生

女"的反常现象。可见唐玄宗时代的社会形势已经十分严峻。 （经　惠）

渔阳鼙鼓动地来,惊破《霓裳羽衣曲》。

【出处】唐·白居易《长恨歌》

原文参见前句。

【鉴赏】安禄山在渔阳敲响了惊天动地的战鼓而直逼长安,这才惊动了正在跳舞的歌姬以及正在欣赏的君臣,停止了《霓裳羽衣曲》的演奏。此写唐玄宗天宝十四载(公元 755 年)十一月爆发的安史之乱。渔阳,郡名,郡治在今天津蓟县。安禄山当时任范阳、平卢、河东三镇节度使,渔阳在其镇区。鼙鼓,古代骑兵用的小鼓,此处借指安禄山的军队。《霓裳羽衣曲》为舞曲名,传说唐明皇曾对其进行改编润色,并为之制作歌词。而杨贵妃善为此舞。这两句承前启后,一方面这是上文所述唐玄宗荒淫误国的必然结果,另一方面又是下文酿成唐玄宗与杨贵妃爱情悲剧的直接因素。"渔阳鼙鼓"是声音,"霓裳羽衣曲"也是声音,但一是残酷的战争乐,一是和美的爱情乐,和美被残酷打破,一前一后,对比强烈,悲剧氛围浓厚。 （经　惠）

六军不发无奈何,宛转蛾眉马前死。

【出处】唐·白居易《长恨歌》

原文参见前句。

【鉴赏】六军行至马嵬坡时,不再继续前进,要求处死杨玉环这一祸水红颜。唐玄宗无可奈何,欲救贵妃而不得,只好赐其自尽,以慰六军之心。此处描写的是马嵬兵变这一历史事件。安史之乱爆发后,安禄山叛军直捣长安,唐玄宗被迫逃离四川,行至今陕西马嵬驿时,发生了马嵬兵变。"六军",是指护拥唐明皇离京至蜀的军队。宛转,同"婉转"。指杨贵妃楚楚动人的情态;蛾眉,蚕蛾触须细长而弯曲,因以比喻女子美丽的眉毛,后成美女的代称,此处指杨贵妃。在整个故事中,贵妃之死是一个关键性的情节,在这之后,他们俩天人永隔,其爱情成为一场彻头彻尾的悲剧。后文唐玄宗追忆贵妃、二人仙境重聚、长生殿起誓等事情的发生也因此而引出。 （经　惠）

春风桃李花开日，秋雨梧桐叶落时。

【出处】唐·白居易《长恨歌》

原文参见前句。

【鉴赏】春风拂过，便是桃李花开的季节；秋雨下时，却是梧桐叶落的季节。"梧桐"有表示忠贞爱情的寓意，因此"梧桐叶落"有着爱情离散之意。此处前句是春后句是秋，两句对举，并不是实写一时一地之景，而是以美丽的春景指代二人昔日的快乐，以萧瑟的秋景指代唐明皇回宫后物是人非的凄凉之感。杨贵妃死后，唐明皇日思夜想，他再也看不到如桃李盛开的娇颜；如今的秋雨淅淅沥沥，点点滴滴打在他的心里，绵密不断，场面寂寞且凄惨。诗人将以往的盛况和如今的衰景作对比，暗讽了唐明皇因迷色误国而带来的终生悔恨之状。　　　　　　　　　　（经　惠）

玉容寂寞泪阑干，梨花一枝春带雨。含情凝睇谢君王，一别音容两渺茫。

【出处】唐·白居易《长恨歌》

原文参见前句。

【鉴赏】美丽的容颜因为寂寞而泪流满面，仿佛一朵凝着春雨的梨花。她含情脉脉地凝视着汉家派来的使者，托他向君王表达谢意。自从马嵬一别之后，我们彼此的音讯颜容都邈远茫茫。前两句描写贵妃死后在蓬莱宫中的情态，体现其因思念唐玄宗而日渐憔悴的容颜。后两句则写杨贵妃殷勤接待汉家使者，表达她对唐玄宗深深的爱意，与唐玄宗对她的思念相互照应。"渺茫"二字，更是体现了难以再次相见相知的痛苦与无奈，加深了"长恨"的主题。　　　　　　　（经　惠）

七月七日长生殿，夜半无人私语时。在天愿作比翼鸟，在地愿为连理枝。

【出处】唐·白居易《长恨歌》

原文参见前句。

【鉴赏】当年七月七日夜,我们俩在长生殿相约相会;此时夜已过半,无人打扰,我们两相私语,双双对天立下誓言:在天愿意做比翼双飞的鹣鲽鸟,在地甘愿为永不分离的连理枝。这是唐玄宗与杨贵妃的爱情宣言,表达了他们忠贞不渝的爱情追求。比翼鸟,中国古代传说中的鸟名。此鸟仅一目一翼,雌雄须并翼飞行。连理枝是指两棵树的枝干合生在一起。故人们常用以比喻恩爱夫妻,亦比喻情深谊厚、形影不离的朋友。

(经　惠)

天长地久有时尽,此恨绵绵无绝期!

【出处】唐·白居易《长恨歌》

原文参见前句。

【鉴赏】即使是天长地久,也有走到尽头的那一天,而这个生离死别的遗憾却没有断绝的时候。作为全诗的结尾,此处点名"长恨"的主题——两相情愿却被迫生离死别。以广阔无边的天、地作对比,足见遗憾之深。用"绵绵"这个叠词,使得音节加长,韵律舒缓,使人读来更觉意味隽永、余韵悠长。

(经　惠)

诚知此恨人人有,贫贱夫妻百事哀。

【出处】唐·元稹《遣悲怀三首》其二

昔日戏言身后意,今朝都到眼前来。衣裳已施行看尽,针线犹存未忍开。尚想旧情怜婢仆,也曾因梦送钱财。诚知此恨人人有,贫贱夫妻百事哀。

【鉴赏】尽管实实在在地知道生离死别的遗憾是人人都会有的,但作为贫贱时期同苦难共忧患的夫妻来说,一旦天人永隔,想到以往的事情就更加悲哀难耐。《遣悲怀》三首均是元稹写给已逝妻子的悼亡诗。元稹的原配妻子韦丛是太子少保韦夏卿的小女,二人婚后的生活比较贫困,但韦丛却一直贤惠持家,毫无怨言,夫妻感情很好。"贫贱夫妻百事哀"较"诚知此恨人人有"的情感更进一层,突出夫妻二人共"贫贱"的特殊性,强调自身不同于一般世人丧偶的沉痛心情。"贫贱夫妻百事哀"句,在后世渐渐脱离原诗意旨,常用来形容夫妻的生活贫困,两人经常为了琐事争吵,感觉事事不如意,最终导致感情不和谐的状况。

(经　惠)

唯将终夜长开眼,报答平生未展眉。

【出处】唐•元稹《遣悲怀三首》其三

闲坐悲君亦自悲,百年都是几多时。邓攸无子寻知命,潘岳悼亡犹费词。同穴窅冥何所望,他生缘会更难期。唯将终夜长开眼,报答平生未展眉。

【鉴赏】我只有像鳏鱼一样整夜都睁着眼睛来思念你,才能报答你生前对我的恩情以及与我共贫贱所受的苦难。这两句是承上两句"同穴窅冥何所望,他生缘会更难期"而来。当诗人想到就算死后能够同穴而葬,但来生要再相见又是虚无缥缈且难以实现的幻想时,他便陷入了深深的绝望之中,诗情越加悲怆。最后诗人想到了一个无可奈何的办法,那就是"长睁眼"。"长睁眼"即不睡觉,而更深层的寓意则是以"鳏鱼"(丧妻之鱼,有"鳏鱼眼长开"之意)自比,自誓终身不娶。因此,这两句可以理解为元稹对已逝妻子表明衷心,情感真挚、缠绵悱恻。 （经 惠）

妆罢低声问夫婿,画眉深浅入时无?

【出处】唐•朱庆余《近试上张水部》

洞房昨夜停红烛,待晓堂前拜舅姑。妆罢低声问夫婿,画眉深浅入时无?

【鉴赏】新娘妆扮完之后,低声地询问夫婿:我描画的眉毛是浓还是淡,是否时髦呢? 此诗是诗人在应试之前上呈给水部郎中张籍的作品,希望张籍能引荐自己。全诗选材新颖,并不直写用意,而是用新妇自比,用新郎比张籍,用公婆比主考官,含蓄委婉地表达自己渴望得到认可的心情。"低声"二字,体现了新妇在拜见公婆时小心翼翼之态,"入时无"三字则体现出新妇紧张的心情。诗人将自己能否踏上仕途的担忧与新妇焦虑的心情作类比,真可谓视角独特,形象生动。 （经 惠）

蜡烛有心还惜别,替人垂泪到天明。

【出处】唐•杜牧《赠别二首》其二

多情却似总无情,唯觉尊前笑不成。蜡烛有心还惜别,替人垂泪到天明。

【鉴赏】桌上的蜡烛仿佛也在为我们的离别而痛心,替我们流泪到天

426

亮。诗人不直言离别愁思,而是借物抒情,使离情更为悲戚。之所以说蜡烛有心,是因为蜡烛中间有一根灯芯,诗人在诗句里面巧妙地将蜡烛的芯比喻成了"惜别"之心,把蜡烛拟人化了。在诗人的眼里,因为要和自己心爱的人分开,所以蜡烛也替他们的分离流泪。"替人垂泪到天明","替人"二字,使蜡烛更加富有情感,同时也更加能表达出二人的难舍难分之情。"到天明"又点出了时间之长,这也是诗人不忍分离的进一步表现。

(经　惠)

天阶夜色凉如水,坐看牵牛织女星。

【出处】 唐·杜牧《秋夕》

银烛秋光冷画屏,轻罗小扇扑流萤。天阶夜色凉如水,坐看牵牛织女星。

【鉴赏】 在夜色的笼罩下,皇宫的阶梯就如流水一般透亮清凉,宫女坐在台阶上静静地看着天空中隔着银河相望的织女星和牵牛星。这两句情景交融,写出了深宫女子寂寞无聊的情态。"凉如水"三字,暗示时间已是深夜。本该是睡觉之时,宫女却还坐在地上看星星。"织女星"和"牵牛星"只能在七夕才能见一面,它们既是爱情的象征,又是离别的象征。宫女有感于此,想起了自己独处深宫的寂寥与无助。她望着星星想了什么?诗人没有说。以宫女痴痴凝望的情态结尾,意蕴悠长,耐人寻味。

(经　惠)

何当共剪西窗烛,却话巴山夜雨时。

【出处】 唐·李商隐《夜雨寄北》

君问归期未有期,巴山夜雨涨秋池。何当共剪西窗烛,却话巴山夜雨时。

【鉴赏】 我们什么时候能够一起坐在西窗之下剪着灯烛,一起说着现在的巴山夜雨之景呢?这是诗人由眼前雨景而生发的想象。诗人此时独处异乡,夜雨绵绵,更是加深了他的思家之情。但诗人并未一直苦闷,却是通过想象与妻子重逢时候的喜悦场景来自我安慰。诗人跨越现在的时空,想象未来的场面,而未来所话之事又是今日之景;诗人幻想的场景越是欢乐,就越反衬出他此时的满腹寂寞;回家之后能够与妻子共诉离情,现在却只能独自观雨。仅仅两句,却是时空交错,悲喜交织,真是言有尽而意无穷啊。

相见时难别亦难，东风无力百花残。

【出处】唐·李商隐《无题三首》其一

相见时难别亦难，东风无力百花残。春蚕到死丝方尽，蜡炬成灰泪始干。晓镜但愁云鬓改，夜吟应觉月光寒。蓬莱此去无多路，青鸟殷勤为探看。

【鉴赏】相见就已经不容易，离别的时候更让人伤心难过。而现在又正是暮春时节，春风无力，百花凋残，更加增添了离别之人的痛苦之情。这两句极言情人分别后的悲痛难耐之情。首句两个"难"字，突出了这对恋人在恋爱中的艰难与辛酸。"东风无力百花残"句，借景抒情，寓情于景。一方面实写自然景物，点明离别之时正是暮春之际。此时春光逝去，百花凋零。另一方面则寄寓诗人的伤感之意。本就伤别，却又恰恰逢着暮春残景，更是愁上加愁，心境凄凉，不能自已。

春蚕到死丝方尽，蜡炬成灰泪始干。

【出处】唐·李商隐《无题三首》其一

原文参见前句。

【鉴赏】春蚕要直到死时才会停止吐丝，蜡烛要燃尽成灰时像泪一般的蜡油才会滴干。诗人运用象征的表现手法，借春蚕吐丝、蜡炬成灰来表达绵绵不断的相思之情。"丝"是"思"的谐音；"泪"字是比喻蜡油，一语双关，也指诗人的泪水。"到死丝方尽"是比喻思念不止，表现着眷恋之深。"蜡炬成灰"则比喻思念过程中所受的煎熬之痛。诗人以丰富的联想，表达了自己对这段感情生死不渝、九死不悔的执着追求。后世常用此句表达一个人无私奉献的精神。

昨夜星辰昨夜风，画楼西畔桂堂东。

【出处】唐·李商隐《无题三首》其三

昨夜星辰昨夜风，画楼西畔桂堂东。身无彩凤双飞翼，心有灵犀一点通。隔座送钩春酒暖，分曹射覆蜡灯红。嗟余听鼓应官去，走马兰台类转蓬。

【鉴赏】昨夜星光璀璨，凉风习习，我们在画楼之西、桂堂之东设宴欢会。这是诗人在追忆昨日聚会之景。首句点明聚会时间,两个"昨夜",回环往复、节奏舒缓;"画楼西畔桂堂东"句点明聚会地点。但诗人并没有直写,而是借用宴会地点旁边的精美的画楼和桂木厅堂来说明。在这样风光旖旎的夜晚,诗人经历了怎样动人的故事,没有直言,而是给读者留下无限的想象空间。 （经　惠）

身无彩凤双飞翼,心有灵犀一点通。

【出处】唐·李商隐《无题三首》其三

原文参见前句。

【鉴赏】身上没有五彩凤凰一样的翅膀,不能比翼齐飞;但心却像有灵性的犀牛角一样息息相通。这两句写今宵相思之情。据传说,有一种犀牛角名通天犀,有白色如线贯通首尾,被看作为灵异之物,故称灵犀。"身无彩凤双飞翼"暗示爱情受到的现实阻碍;"心有灵犀一点通"则是比喻相爱双方心心相印的默契,属于分别后的自我安慰之语。"身无"与"心有"相对,一外一内,情绪复杂,将那种深深相爱却又不得不分离的恋人间复杂微妙的心态刻画得惟妙惟肖。既表达了爱情分别的苦痛煎熬,同时又表达了心灵契合的喜悦。下句常为后人所借用,但已不限于指爱情,多指彼此之间很了解对方的心思。 （经　惠）

常娥应悔偷灵药,碧海青天夜夜心。

【出处】唐·李商隐《常娥》

云母屏风烛影深,长河渐落晓星沉。常娥应悔偷灵药,碧海青天夜夜心。

【鉴赏】嫦娥应该后悔偷吃了升天的灵药吧,现在只有一个人面对碧海和青天而夜夜心寒。前两句描绘主人公深夜眺望天空而永夜不寐的情景,于是,当他看到高高悬挂的那一轮明月时,不禁会想起月宫中同样只身一人的嫦娥仙子。"应"字便是承前两句的描绘渲染而来,是诗人对嫦娥心态的一种揣测。而这揣度正从另一方面表现了诗人自身的心理状态,即与嫦娥一样孤独寂寥的心情。诗人也曾像嫦娥一样追求不同于世俗的人生,然而现实生活中党政倾轧频繁、志同道合之人太少,诗人整夜对着烛影哀叹的形象不正和嫦娥每天对着碧海青天惆怅的形象相似吗?所以,与其说诗人是在设想嫦娥的处境,不如说诗人是在含蓄地表达自己

429

孤独无助的内心世界。 （经　惠）

花开堪折直须折，莫待无花空折枝。

【出处】唐·无名氏《杂诗》

劝君莫惜金缕衣，劝君惜取少年时。花开堪折直须折，莫待无花空折枝。

【鉴赏】当花开得鲜艳之时，尽管抓紧去折下它，不要等到花叶都凋零了，才只是空空地折下一个残枝。这两句诗运用比喻的手法来劝君惜取光阴，以花开繁盛之时应及时攀折比喻君子应该抓紧青春的大好光阴并实现人生价值，这种劝慰形象生动，完全不似僵化死板的教条；"直须"二字体现了青春的直率和可贵的勇气，鼓励君子应该珍惜光阴、果断勇敢；后一句的"无花空折枝"从反面入手以不听劝诫而导致的消极后果警醒读者。诗句语言通俗易懂，质朴凝练，生动中不乏深刻的人生哲理。

（翟晋华）

枕前发尽千般愿，要休且待青山烂。

【出处】敦煌曲子词《菩萨蛮》

枕前发尽千般愿，要休且待青山烂。水面上秤锤浮，直待黄河彻底枯。　　白日参辰现，北斗回南面。休即未能休，且待三更见日头。

【鉴赏】我们在枕前发尽了千万个誓言，如要我们断绝关系，除非等到青山腐烂之时。这是主人公忠贞热烈的爱情宣言。"发尽千般愿"，以极多的数量来体现恋人对长久爱情的执着追求。"要休且待青山烂"，想象奇特。爱情与青山同在，只有青山腐烂，爱情才会变质。但实际上青山不会腐烂，那么就意味着爱情不会中断。词人以伟大的宇宙事物来烘托爱情，以夸张的手法强调了爱情的永存，表达了对天长地久爱情的强烈渴望。句意虽直露质朴，但读来却十分激动人心。 （经　惠）

欲他征夫早归来，腾身却放我向青云里。

【出处】敦煌曲子词《鹊踏枝》

叵耐灵鹊多谩语，送喜何曾有凭据？几度飞来活捉取，锁上金笼休共语。　　比拟好心来送喜，谁知锁我在金笼里。欲他征夫早归来，腾身却放我向青云里。

【鉴赏】盼望她在外的丈夫能够早日回来,到那时她就会高兴地跳着过来放我出笼了。这是喜鹊的内心独白,承接上阕少妇之语而来。在古时,人们认为喜鹊能够传递喜讯,然此处的征夫却久久不归,少妇把气撒在了喜鹊身上,怪它报讯不准确,把它锁起来了。故而下阕便用拟人的手法,比况喜鹊的心理活动,表现其无可奈何之意,唯有把少妇的夫婿盼归来才能解救它。"腾身"二字乃想象少妇在夫婿归来之后欣喜若狂的情貌状态,惟妙惟肖。此虽是一首闺怨词,但却以少妇与喜鹊的矛盾入笔,写得妙趣横生、自然生动。 （经　惠）

纵使长条似旧垂,也应攀折他人手。

【出处】唐·韩翃《章台柳》

章台柳,章台柳,往日依依今在否? 纵使长条似旧垂,也应攀折他人手。

【鉴赏】即使佳人还是如以往一样貌美,也应该被其他人抢走了吧。这首词运用以物拟人的方法,用章台柳暗喻美女佳人。天宝年间,韩翃在长安认识柳氏。两人后因战乱分离,至收复长安,韩翃密访柳氏并赠以此词,"长条似旧垂"是以柳条的纤长来指代柳氏的姿态。"攀折他人手"则暗指被人所夺,一方面表达自己的关切与爱恋之情,另一方面流露出担忧柳氏已改适他人的恐慌之态。"章台",是战国时所建宫殿,以宫内有章台而得名。章台下有街名章台街,旧时常常用来代指长安,故此处用"章台柳"指代柳氏。然而,"章台"的意义后来逐渐变化,演变成了花红酒绿之所的代名词。 （经　惠）

弱柳从风疑举袂,丛兰裛露似沾巾。独坐亦含颦。

【出处】唐·刘禹锡《忆江南二首》其一

春去也,多谢洛城人。弱柳从风疑举袂,丛兰裛露似沾巾。独坐亦含颦。

【鉴赏】柔弱的柳条随风飘扬,就像是少女在举手挥袖向春天告别。丛生的兰花沾满雨露,就像是少女舍不得春天而泪流沾巾一般。少女独自坐着,也只能频频皱眉。此处运用拟人的修辞手法,写柳条与兰花向春天惜别的场景。最后一句是抒情主人公——少女的惜春情状。正因为她不舍春归,故而眼里的柳条与兰花也似乎和她一样在挽留春天的脚步,但她又深知春天必会归去,她也只能默默叹息。"亦"字,即体现了抒情主人公无可奈何的伤感情绪。词人借少女惜春,言自己的迟暮之悲,流露出盛年难再的淡淡哀愁。

(经　惠)

花红易衰似郎意,水流无限似侬愁。

【出处】唐·刘禹锡《竹枝词九首》其二

　　山桃红花满上头,蜀江春水拍山流。花红易衰似郎意,水流无限似侬愁。

【鉴赏】你对我的情意就像鲜红的山桃花一样容易凋谢,我对你的情愁就像春水一般连绵不断。此处运用比喻的修辞手法,描绘了热恋中的少女细腻微妙的内心世界。"花红易衰似郎意",照应第一句。花儿红极一时之后,必然会凋零,少女由此想到情郎对她的爱最后是否也会变质呢?"水流无限似侬愁",照应第二句。少女与情郎正在热恋期,但又怕他会变心,故而流水在她眼中也有了淡淡的哀伤;流不尽的春水,也就是少女挥不去的情愁。

(经　惠)

来如春梦不多时,去似朝云无觅处。

【出处】唐·白居易《花非花》

　　花非花,雾非雾。夜半来,天明去。来如春梦不多时,去似朝云无觅处。

【鉴赏】来的时候就像春梦一样短暂,离开的时候又像朝云一般难寻去处。"春梦"与"朝云"都是美好的人与物的代称,它们的共同特点都是美丽却极其短暂,故"夜半来"而"天明去"。词人在此运用比喻的修辞手法,表达了对生活中存在过,而又消逝了的美好的人与物的追念与惋惜之情,透露着淡淡的哀伤。"春梦"与"朝云"的意象结合,又使得意境更加朦胧悠远。

(经　惠)

过尽千帆皆不是,斜晖脉脉水悠悠。肠断白𬞟洲。

【出处】唐·温庭筠《忆江南》

梳洗罢,独倚望江楼。过尽千帆皆不是,斜晖脉脉水悠悠。肠断白𬞟洲。

【鉴赏】驶过的上千只帆船里,都没有你的踪影,只有落日的余晖陪我含情凝睇着江面,看江水缓缓流淌,真是让人柔肠寸断的白𬞟洲头啊。这三句是妇人"独倚望江楼"之所见所感。"千帆",通过写妇人所看客船数量之多来体现她一次次的失望,展现其由希望到失望的心理变化历程。"斜晖脉脉水悠悠",一方面点明时间,说明女子已经从清晨等到了黄昏;一方面则是移情于景,把本没有情感的余晖和江水也写出了忧愁。余晖"脉脉"与江水"悠悠",叠词连用,不仅是对余晖与江水的形容,更是思妇内心绵密悠长的情思倾诉,营造出一种凄美感伤的意境。故而思妇又再次触景生情,顿感肠断欲绝。

(经　惠)

小山重叠金明灭,鬓云欲度香腮雪。

【出处】唐·温庭筠《菩萨蛮》

小山重叠金明灭,鬓云欲度香腮雪。懒起画蛾眉,弄妆梳洗迟。照花前后镜,花面交相映。新帖绣罗襦,双双金鹧鸪。

【鉴赏】她眉头微蹙,眉际之间的"额黄"装饰或隐或现;如云的黑发遮住了她雪白的脸颊。"小山"是古时的一种眉妆,指弯弯的小山眉;"叠",即蹙眉之"蹙"的意思;"金",指唐时妇女眉际妆饰之"额黄"。或许是因为晨起之时,鬓发散乱,故一些头发遮住了眉间的"额黄",使其欲现未现,又有一些发丝微微遮住了脸庞,所以用"欲度"来形容。此处写少妇将起未起之时的情貌状态,为我们勾勒了一个慵懒待起的春闺少妇形象。

(经　惠)

花落子规啼,绿窗残梦迷。

【出处】唐·温庭筠《菩萨蛮》

玉楼明月长相忆,柳丝袅娜春无力。门外草萋萋,送君闻马嘶。画罗金翡翠,香烛销成泪。花落子规啼,绿窗残梦迷。

【鉴赏】绿色纱窗外,花儿飘落,杜鹃声声啼叫,我却还仍旧痴迷在那残缺不全的梦境里。这两句承接上文梦境而来,写思妇在拂晓时分的所见所闻与所感。"花落"照应"柳丝袅娜",乃是暮春之景,倍显萧瑟。子规,即杜鹃鸟,又名催归,它哀唤的啼声惊醒了梦中的思妇,其催归的叫声仿佛是在为思妇代言,催促着远方的征人早日归来。言"绿窗",是为了突出窗下的女子,而词又以"残梦迷"结尾,则为读者展现了一个痴迷怅惘于片段回忆中的哀怨的思妇形象,暗示了思妇心神恍惚、痛苦不堪的内心世界。

（经　惠）

杨柳色依依,燕归君不归。

【出处】唐·温庭筠《菩萨蛮》

满宫明月梨花白,故人万里关山隔。金雁一双飞,泪痕沾绣衣。小园芳草绿,家住越溪曲。杨柳色依依,燕归君不归。

【鉴赏】杨柳在风中轻柔飘拂,春燕都已经回来,但是思念的人却还没归家。思妇以物动情,将自我痛楚、忧伤的心情托付给依依杨柳,抒发了对远方之人的思念之情。古人喜欢使用自然界中成对的动物来比喻人们的爱情,故而此处将双双回巢的燕子与久未归家的远方人对举,在强烈的对比中,进一步突显思妇的离别情绪。"君不归"照应"故人万里关山隔"一句,体现出思妇久久等待而离人总是不归的隐隐怨念。　（经　惠）

天上人间何处去? 旧欢新梦觉来时,黄昏微雨画帘垂。

【出处】唐·张曙《浣溪沙》

枕障薰炉隔绣帷,二年终日苦相思,杏花明月始相知。　　天上人间何处去? 旧欢新梦觉来时,黄昏微雨画帘垂。

【鉴赏】我该到天上与还是人间去寻找你? 当我从昔日欢乐的梦境中醒来时,已经是黄昏时分,低垂的画帘外正细雨纷飞。这两句婉言相思之苦。"旧欢"是对以往在一起的欢乐时光的回忆,这里却又说是"新梦",可见思妇在与郎君分别的这两年来是日思夜想,不曾中断,极言相思之深。此词以景结尾,情景交融,在勾勒出一幅萧瑟悲凉的黄昏暮景图的同时,也将思妇的痛苦难堪心情表现得深切感人。

（经　惠）

如梦,如梦,残月落花烟重。

【出处】唐·李存勖《忆仙姿》

434

曾宴桃源深洞，一曲舞鸾歌凤。长记别伊时，和泪出门相送。　　如梦，如梦，残月落花烟重。

【鉴赏】 一切都像梦一样啊，都像梦一样；只有眼前的残月、落花以及重重如烟的迷雾陪伴着我。这是别后相思之语。两个"如梦"连用，形成叠音效果，更能表达怀人者内心的无奈与怅惘之情。正因为怀人者内心悲苦，所以在他眼中的月是残月，花是落花，而这样衰败的景色又笼罩在一片如烟的月色中。这样一种迷蒙缥缈的意境，又加深了身在梦中的朦胧孤寂之感。词人通过抒写怀人者内心的迷惘无措，来展现其缠绵难遣的思念之痛。

（经　惠）

不知魂已断，空有梦相随。除却天边月，没人知。

【出处】 唐·韦庄《女冠子》

四月十七，正是去年今日，别君时。忍泪佯低面，含羞半敛眉。不知魂已断，空有梦相随。除却天边月，没人知。

【鉴赏】 不知不觉中，我已经随着你的离去而魂断魄散了，只有在梦里才能与你相伴。除了天边的月亮能见证我对你的苦苦思念，没有人再能了解这样的痛楚了。此处表达别后相思眷恋之情。"不知魂已断"承接上文回忆与君离别的场景，"不知"体现了思妇在与君分别之后的迷惘无措之态。"空有梦相随"则是思妇欲随而不得，只能借梦以解相思之苦，真是无奈之举。思妇的相思之痛已经超越常人所能承受的范围，故言"无人知"，即没有人能够了解她的心思，只有天边的月亮是唯一的知己，这便更见其孤独与寂寞。至此，一个饱受相思折磨之苦而黯然憔悴的思妇形象也似乎跃然纸上，如在目前了。

（经　惠）

咫尺画堂深似海，忆来唯把旧书看，几时携手入长安？

【出处】 唐·韦庄《浣溪沙》

夜夜相思更漏残，伤心明月凭栏干，想君思我锦衾寒。　　咫尺画堂深似海，忆来唯把旧书看，几时携手入长安？

【鉴赏】 狭小的画堂就像大海一般深幽无底，回忆往昔，却只能将我们共同看过的书再拿出来翻阅，要等到什么时候我们才能牵着手一起回到长安呢？此处言怀人之苦。将"咫尺画堂"比作深海，在强烈的反差中，见出词人内心极度的痛苦与悲怆。因为这画堂曾是共同生活过的地方，然而画堂仍在,思念的人却不在,颇有物是人非之感,故而触物伤情,更觉哀戚。"忆来"一句,体现相思之深且无可奈何之情;此词以问句结尾,慨叹相见无期,情意凄怨。 （经　惠）

半羞还半喜,欲去又依依。觉来知是梦,不胜悲。

【出处】唐·韦庄《女冠子》

昨夜夜半,枕上分明梦见。语多时。依旧桃花面,频低柳叶眉。半羞还半喜,欲去又依依。觉来知是梦,不胜悲。

【鉴赏】她半是娇羞半是欢喜,想要离去却又依依不舍。我醒来之后才知道这一切都是梦境,真是不胜悲伤啊。此处写梦中与情人约会的场景以及梦醒之后的惆怅与悲哀。"半羞"与"半喜",写出恋爱中女性的娇嗔可爱之态。而"欲去又依依"一句又体现出二人情感的深厚,营造出一种恋爱的甜蜜氛围。然而结尾却陡然直转,以"悲"字结束全篇,点出这一切美好不过是一场无法实现的美梦,而梦境越是欢快充实,现实就越是空虚寂寞,体现词人美梦成空后的凄楚之情。 （经　惠）

春日游,杏花吹满头。陌上谁家年少,足风流。

【出处】唐·韦庄《思帝乡》

春日游,杏花吹满头。陌上谁家年少,足风流。妾拟将身嫁与,一生休。纵被无情弃,不能羞。

【鉴赏】陌上游春,车如流水马如龙。正是杏花开花时节,少女的头上都吹满了杏花。陌上是谁家的年少公子?仪表风流,让人真是想着他啊!此句写少女的情窦之开,其情意大胆殷勤,下面的词句中更是表达就算被"无情弃",也心甘情愿之意。词句写情大胆,超出了封建礼教的束缚,充满着追求自由恋情的理想。但是,词中的这位少女对男子的爱慕建立在外表的"风流"之上,又体现了韦庄的艳词风格。 （经　惠）

记得那年花下,深夜,初识谢娘时。水堂西面画帘垂,携手暗相期。

【出处】唐·韦庄《荷叶杯》

记得那年花下,深夜,初识谢娘时。水堂西面画帘垂,携手暗相期。惆怅晓莺残月,相别,从此隔音尘。如今俱是异乡人,相见更无因。

【鉴赏】记得那年深夜,我和谢娘在花下初次相遇。我们携手走在水边堂屋前,在画帘低垂的堂西,暗自约定下次相会的时间。这是词人对美好爱情的回忆。"记得"领起下文;"深夜""花下""水堂西"点明相会的时间与地点;"携手"则可见二人感情深厚。词人在上片中呈现了一幅恋人间耳鬓厮磨、情深爱笃的画面,然而过去的回忆越是欢乐,就越是衬托出下文二人离别时以及离别后的凄凉哀怨之情。 (经　惠)

红豆不堪看,满眼相思泪。

【出处】五代·牛希济《生查子》

新月曲如眉,未有团圆意。红豆不堪看,满眼相思泪。　终日劈桃穰,仁在心儿里。两朵隔墙花,早晚成连理。

【鉴赏】那一粒粒红豆都让人不忍去看,因为相思已使人满眼都是辛酸泪。词人由红豆想到相思,与由新月想到未能团圆一样,都是使用的比兴手法,透露出爱情无法圆满的忧伤之情。"不堪",不能忍受,体现相思之人内心的痛苦与煎熬。一个"满"字,说明相思蓄积深久,主人公相思满溢以致泪流不止的形象如在目前,情感显得纯朴真挚,深切动人。

(经　惠)

换我心,为你心,始知相忆深。

【出处】五代·顾夐《诉衷情》

永夜抛人何处去?绝来音。香阁掩,眉敛,月将沉。　争忍不相寻?怨孤衾。换我心,为你心,始知相忆深。

【鉴赏】把我的心换到你的心里去,你才知道我对你的思念有多深。这是少妇由怨而发的痴想。负心人久出不归,少妇孤枕难眠,渐生哀怨,满腹的愁思无处排遣,便只能生发换心的痴念,以求得情人对自己的理解与体贴。这既是对男子负心的斥责,同时也流露出少妇的痴情与痴意。

(经　惠)

春病与春愁,何事年年有? 半为枕前人,半为花间酒。

【出处】五代·孙光宪《生查子》

春病与春愁,何事年年有? 半为枕前人,半为花间酒。　醉金尊,携玉手,共作鸳鸯偶。倒载卧云屏,雪面腰如柳。

【鉴赏】春天易病易生愁，为什么年年都会如此呢？这一半是因为枕前人，一半则是因为在花间饮酒而陶醉。上片以设问发端，自问自答，写出词人的相思之情。春天是万物复苏的季节，古人常借春景写爱情，此处的"春病"与"春愁"便是指因相思而成的病愁。"枕前人"就是词人相思的对象，"花间酒"也是词人因为相思而不得不借酒浇愁。所以虽言"半为"，其实全为"枕前人"。词人既直抒胸臆又借景言情，表达了自己缱绻难言的相思之苦。

（经　惠）

轻别离，甘抛掷，江上满帆风疾。

【出处】五代·孙光宪《谒金门》

留不得，留得也应无益。白纻春衫如雪色，扬州初去日。

轻别离，甘抛掷，江上满帆风疾。却羡彩鸳三十六，孤鸾还一只。

【鉴赏】我轻视离别，乐于舍弃，就让我在江上鼓足船帆，借着疾风行驶吧。本词是代思妇抒写离情别绪。此处则是承接"留不得，留得也应无益"一句，面对繁花似锦的扬州城，词人却用"轻""乐""疾"等词，极言思妇不怕离别，恨不得舟行如飞。但结合下文自比"孤鸾"而自伤之语，则知此处实际上是反意出之，写江上漂泊之苦，怨念深沉。此处先直抒胸臆，再托物言情，用反语表现了思妇面对离别时的无奈之情。

（经　惠）

日日花前常病酒，不辞镜里朱颜瘦。

【出处】南唐·冯延巳《鹊踏枝三首》其一

谁道闲情抛掷久？每到春来，惆怅还依旧。日日花前常病酒，不辞镜里朱颜瘦。　　河畔青芜堤上柳，为问新愁，何事年年有？独立小桥风满袖，平林新月人归后。

【鉴赏】我每天都在花前痛饮以致常常沉醉如病，任镜子里美好红润的面容日渐清瘦。此写词人为排遣惆怅闲情而借酒浇愁的情怀。"日日"突出非酒无以度春日,强调了闲愁的连续性;"朱颜瘦"便是"长病酒"的结果,但词人却甘心"常病酒",不管"朱颜瘦",则体现了词人为此憔悴的执着情感,足见闲愁的沉重,同时也表现了词人始终郁结于心而不得消除的痛苦与无奈之感。 （经　惠）

独立小楼风满袖,平林新月人归后。

【出处】南唐·冯延巳《鹊踏枝三首》其一

原文参见前句。

【鉴赏】我独自站在小楼上,夜风灌满了我的衣袖。在我归去之后,平原的林木梢头已是一轮残月独照。这两句既是词人对上文"新愁"为何常有的回答,也是词人自我形象的刻画。词人实写"满袖"之"满",是为了衬托身心的孤独与空虚,与"独立"照应。"新月"一句说明词人"独立"时间之长,归去的时候已是拂晓时分,足见词人愁苦的浓重。此处情景交融,小楼、风、平林、新月、人,共同营造了一种清冷孤寂的意境,展现了一个落寞忧伤的词人形象。正因为词人心中萦绕着挥之不掉的"闲情",才总会因春而伤感,生出似旧而新的惆怅之情。 （经　惠）

何处笛？深夜梦回情脉脉,竹风檐雨寒窗隔。

【出处】南唐·冯延巳《归自谣》

何处笛？深夜梦回情脉脉,竹风檐雨寒窗隔。　　离人几岁无消息,今头白,不眠特地重相忆。

【鉴赏】是谁在吹笛呢？我从深夜的梦中醒来,情思绵绵。我隔着寒冷的窗口听着竹间的风和屋檐滴落的水声。此代闺中少妇写相思之愁。梦中的思妇被深夜的笛声惊醒,足见其睡眠之浅。"情脉脉"则是道出了她无法入眠的真正原因——相思之苦。接着,词人从听觉与触觉入手,写室外的竹风与雨声通过窗户透进丝丝冷意,营造出一种凄清悲凉的意境,为思妇本就冷寂的内心增添了一份萧瑟之感。此时的人与景融为一体,道出了思妇内心盘旋迁回的情思。 （经　惠）

香闺寂寂门半掩,愁眉敛,泪珠滴破胭脂脸。

【出处】南唐·冯延巳《归自谣》

春艳艳,江上晚山三四点,柳丝如剪花如染。　　香闺寂寂门半掩,愁眉敛,泪珠滴破胭脂脸。

【鉴赏】闺房内寂静无声,房门虚掩着。少女倚门而立,皱着眉头,泪水滴落脸颊,打湿了精致的妆容。此处刻画了一个孤独落寞的少女形象。运用"寂寂"叠词,不仅写出了环境的幽清,而且衬托了少女内心的孤寂。"门半掩"这一细节描写,则写出了女子似有所待的期盼心理。"愁眉"后是对女子的外貌描写。"愁眉"一语双意,此处既可指古代一种弯而细的眉妆,也可指发愁时皱着的眉头。"滴破"则写出了女子因等不到心上人而潸然泪下的瞬间。以悲情场面结束全篇,表达了女子对心上人的无限思念,以及对他归来的期盼,突出了内心的怅惘与哀怨之情。　　（经　惠）

忆归期,数归期,梦见虽多相见稀,相逢知几时?

【出处】南唐·冯延巳《长相思》

红满枝,绿满枝,宿雨厌厌睡起迟,闲庭花影移。　　忆归期,数归期,梦见虽多相见稀,相逢知几时?

【鉴赏】想着你的归期,数着你的归期。虽然常常梦见你,但真实相见的时间太少,又怎能知道下次相逢是什么时候呢?上片借景抒情,下片却直抒胸臆。"忆归期,数归期",连用两个"归期",又忆又数,将思妇心心念念盼离人归来的痴情展现得淋漓尽致。后言梦与现实的反差,表达思妇深切的相思之苦。最后以问句结尾,表现思妇对相聚无时的迷茫与哀怨之感。此处不言一个"愁"字,却将思妇的愁情恨意尽收其中。

（经　惠）

终日望君君不至,举头闻鹊喜。

【出处】南唐·冯延巳《谒金门》

风乍起,吹皱一池春水。闲引鸳鸯香径里,手挼红杏蕊。　　斗鸭阑干独倚,碧玉搔头斜坠。终日望君君不至,举头闻鹊喜。

【鉴赏】我每天都盼望着你归来,但你却始终没有回来;正在愁闷之时,我抬头听见了喜鹊报喜的声音。此是思妇内心独白的抒发。"终日"体现思妇执着的等待之情,就算一直没有等到,却也始终没有放弃。古人认为喜鹊的声音是好事即将发生的征兆,所以闻见鹊声便又勾起思妇的期待之心,但这新的期待是否最终能够成真呢? 词人没有明说,给读者以

想象的余地,显得含蓄委婉,耐人寻味。 （经　惠）

砌下落花风起,罗衣特地春寒。

【出处】南唐·冯延巳《清平乐》

雨晴烟晚,绿水新池满。双燕飞来垂柳院,小阁画帘高卷。　　黄昏独倚朱阑,西南新月眉弯。砌下落花风起,罗衣特地春寒。

【鉴赏】当夜风吹起台阶下的落花,拂动我的罗衣之时,我才感到特别的寒冷。此处情景交融,写出少妇思念离人归来的深切情思。"落花风起"点明是暮春时节。"特地",特别。少妇感到寒冷,不仅是因为衣衫单薄,还因为其"独倚朱阑"的寂寞与孤独。落花、微风、思妇,共同构成了一幅黄昏晚景图,意境萧瑟凄清。人在景中,景因人而有情感,刻画了一个凭栏望归人的思妇形象,衬托了思妇悲伤孤寂的内心世界,让人为之动容。 （经　惠）

青鸟不传云外信,丁香空结雨中愁。回首绿波三楚暮,接天流。

【出处】南唐·李璟《摊破浣溪沙》

手卷真珠上玉钩,依前春恨锁重楼。风里落花谁是主? 思悠悠! 青鸟不传云外信,丁香空结雨中愁。回首绿波三楚暮,接天流。

【鉴赏】青鸟不曾传来远方人的消息,雨中的丁香花空自结。我回头眺望暮色中的三峡,那里绿波荡漾,好似从天上直流而下。此处借景抒情,点明"春恨"的具体缘由,深沉委婉地表达了主人公相思郁结的心情。青鸟,是借西王母与汉武帝的典故。传说青鸟是为西王母取食传信的神鸟。七月七日,青鸟飞集于汉武帝殿前,随后西王母便到。所以诗人常用青鸟指代信使。此处反其意用之,言青鸟不为其传信,归人也远在他方未回,这便更添春恨的浓重。"丁香"句是运用象征的手法,丁香结就是思妇内心的幽怨结,再将这种幽怨化入雨中,更显得凄清悲怨。词以阔大苍茫的景色结尾,不仅营造了一种空灵幽远的意境,而且强调了主人公延伸于无际的脉脉愁绪,颇有余韵。 （经　惠）

绣床斜凭娇无那,烂嚼红茸,笑向檀郎唾。

【出处】南唐·李煜《一斛珠》

441

晓妆初过,沉檀轻注些儿个。向人微露丁香颗,一曲清歌,暂引樱桃破。　　罗袖裛残殷色可,杯深旋被香醪涴。绣床斜凭娇无那,烂嚼红茸,笑向檀郎唾。

【鉴赏】她斜靠在绣床上,那娇美的形态让人无可奈何。她的口中细嚼着刺绣用的红色丝线,并笑着吐向她的情郎。"檀郎"一词,来源于西晋文人潘岳。潘岳是个出名的美男子,小名檀奴,后世遂常用"檀郎"来作为妇女对夫婿或所爱男子的美称。"斜凭"是通过动作细节来描摹女子醉后的娇媚姿态;"烂嚼红茸"是接着上文歌咏"美人口"的主题,在写完美人涂口红唱歌到把口红印在杯上后,此处便接着写其醉后张口向情人吐红线的场景。一个"笑"字,则体现了女子的活泼与开朗。这三句传神地写出了女子醉后的娇俏可爱之态。

（经　惠）

借问承恩者,双蛾几许长?

【出处】唐·皇甫冉《婕妤怨》

花枝出建章,凤管发昭阳。借问承恩者,双蛾几许长?

【鉴赏】本诗借用班婕妤失宠的典故来暗讽当朝统治者不慕贤良,叹息自己不遇良主。"承恩者"既指那些得到任用的人,又和失意者相对比;"双蛾几许长"则带有讽刺意味,诗人认为这些人为博得重用而曲意逢迎,是自己所不齿的。诗人用这两句话来表达自己的愤懑不平,同时也显示出对献媚行为的轻视,表达自己坚贞的意愿。

（杨泠泠）

敲断玉钗红烛冷,计程应说到常山。

【出处】宋·郑会《题邸间壁》

荼蘼香梦怯春寒,翠掩重门燕子闲。敲断玉钗红烛冷,计程应说到常山。

【鉴赏】这是一首独特的怀人诗。郑会旅行到常山,夜深寂寥,遥想异地家中,自己的夫人应当是烛花敲断,计算着行程,料到自己今天应该已到常山吧。诗句中充满着亲情的温暖。

（黄　鸣）

风鬟雾鬓归来晚,忘却荷花记得愁。

【出处】宋·陆游《采莲三首》其二

云散青天挂玉钩,石城艇子近新秋。风鬟雾鬓归来晚,忘却荷花记得愁。

【鉴赏】这是一首借景抒情诗,写景的同时又以人衬景。"风鬟雾鬓"是形容女子头发蓬松散乱的样子。这两句诗的意思是:采莲女劳累了一天,本来整洁漂亮的头发都变得蓬松散乱了,回到家时已经很晚了;但是回到家后却完全没有了白天采莲时候的欢快心情,心里总是被一丝淡淡的哀愁笼罩。"风鬟雾鬓归来晚"写出了以采莲女为代表的劳动人民质朴勤劳的优秀品质,一看到丰收就高兴地忘记了回家的时间。下一句中的"愁"字描述的是采莲女的内心感受,回到家后停歇下来,白天的欣喜便掩盖不住内心深处的哀愁了,或许是想起了久久未见的情郎吧。 (汪培培)

伤心桥下春波绿,曾是惊鸿照影来。

【出处】宋·陆游《沈园二首》其一

城上斜阳画角哀,沈园非复旧池台。伤心桥下春波绿,曾是惊鸿照影来。

【鉴赏】这首诗是陆游七十五岁故地重游时为前妻唐婉写下的悼亡诗。"惊鸿"出自曹植的《洛神赋》:"翩若惊鸿,婉若游龙。"现在多用来形容女性体态轻盈、婀娜多姿的曼妙身姿。这两句诗的意思是:许多年后,我故地重游,再次来到沈园,那桥下碧波荡漾,春水依旧,可是我却伤心不已,因为这春水曾经倒映过我前妻唐婉那"翩若惊鸿"般的曼妙倩影,只是现在再也看不到了。一位行将就木的白发老人,过往云烟肯定经常萦绕心头,那个他魂牵梦绕的人已经不在了,沈园这个他们相识的故地便成了他寄托相思之苦的地方。只要诗人还在这世上一天,那惊鸿之影就会在他心中永存,足以可见诗人对前妻的痴情。 (汪培培)

吴山青,越山青,两岸青山相送迎。

【出处】宋·林逋《相思令》

吴山青,越山青,两岸青山相送迎。谁知离别情? 君泪盈,妾泪盈,罗带同心结未成。江边潮已平。

【鉴赏】钱塘江的两岸啊,北岸的吴山青翠,南岸的越山青翠,两岸的青山相对,从古至今迎来送往,见证了多少的悲欢离合?然而自然是无情的,只有分别的人暗自悲伤。词以一女子的口吻,抒写了她与爱人分离,在江岸送别的依依不舍之情。江山青翠,亘古不变,然而情人却难成双,转瞬就要分离。青山无情,更衬托出离人的悲情。这首词上下两片反复咏叹,一"青"字三句连用,前后相应,在音韵上回环往复,有一唱三叹的艺术效果。诵读起来十分优美,就像离人曲曲折折的愁情满怀。

(汪培培)

沉恨细思,不如桃杏,犹解嫁东风。

【出处】宋·张先《一丛花令》

伤高怀远几时穷?无物似情浓。离愁正引千丝乱,更东陌、飞絮蒙蒙。嘶骑渐遥,征尘不断,何处认郎踪! 双鸳池沼水溶溶,南北小桡通。梯横画阁黄昏后,又还是、斜月帘栊。沉恨细思,不如桃杏,犹解嫁东风。

【鉴赏】这是一首"伤高怀远"之词,词句借羡慕桃杏犹解嫁东风,叹息人不如物。登高怀远之情无尽,有什么比爱情更浓郁。心中的离愁正引得柳丝纷乱,那空中又飞过蒙蒙飞絮,更令人心情烦乱。回忆郎君当日骑马远去,现在去哪里找寻你的踪迹呢? 在高楼上又看到池水溶溶的塘边,鸳鸯成双对,小船在池塘中南北往来。黄昏来临,小楼被暮色笼罩,又是一弯斜月挂在窗边。这日复一日的等待与相思,使得女子不禁生出怨恨之情,细细思量,自己还不如桃花杏花;她们在快要凋谢的时候还懂得嫁给东风,而自己却只能在孤寂中消磨青春。以桃杏喻人,人不如花,设想新颖,将女子的哀怨幽恨体现得细致入微。

(汪培培)

天不老,情难绝。心似双丝网,中有千千结。

【出处】宋·张先《千秋岁》

数声鶗鴂,又报芳菲歇。惜春更把残红折。雨轻风色暴,梅子青时节。永丰柳,无人尽日花飞雪。 莫把幺弦拨,怨极弦能说。天不老,情难绝。心似双丝网,中有千千结。夜过也,东窗未白凝残月。

【鉴赏】这首词描写爱情受阻后的幽怨情怀和真情不变的坚定信念。

上片通过景物描写,暗示了爱情遭到破坏。鹧鸪悲切的鸣声预示着又一年春天过去了,爱惜春天便将残存的花儿折下来。青春的爱情就像梅子,刚青时却被风雨突袭。最后就像那无人问津的永丰坊的柳树,空自飞花。琵琶的第四根弦,声音最是哀怨,不要去拨动它。天是不会老的,爱情也永无断绝的时候。我们的心意就像双丝网一样,有千万个结牢牢地系在一起,谁都不能破坏它。词句坚定的语气表达了作者对爱情的坚定不移的信念,对外来的破坏阻力予以有力的抗争和反击,达到了全词感情的最高峰。

(汪培培)

衣带渐宽终不悔,为伊消得人憔悴。

【出处】宋·柳永《蝶恋花》

伫倚危楼风细细,望极春愁,黯黯生天际。草色烟光残照里,无言谁会凭阑意。　　拟把疏狂图一醉,对酒当歌,强乐还无味。衣带渐宽终不悔,为伊消得人憔悴。

【鉴赏】这是一首怀人之作。伫立在高楼上极目远望,春风习习,望到天际也望到无尽的春愁。春草在夕阳里折射出迷蒙的烟雾一样的光亮,我默默无言,因为无人理解我登高望远的心情。想要借饮酒作乐冲淡愁绪,但却对宴饮乐舞一点兴致都没有。这一切都是为了什么呢? 我为这愁情折磨得越来越瘦,衣服日渐宽松也毫不后悔,一切都是为了"伊人",那个她使我如此憔悴。作者所谓的"春愁",其实就是相思之情。然而全篇只是层层渲染其情之愁,却不表原因,曲曲折折直到最后才揭晓,构思精巧。最后两句将相思之情推到高潮,却戛然而止,余韵回荡,感染着每位读者。

(汪培培)

系我一生心,负你千行泪。

【出处】宋·柳永《忆帝京》

薄衾小枕凉天气,乍觉别离滋味。展转数寒更,起了还重睡。毕竟不成眠,一夜长如岁。　　也拟待、却回征辔;又争奈、已成行计。万种思量,多方开解,只恁寂寞厌厌地。系我一生心,负你千行泪。

【鉴赏】柳永写过很多与红颜知己别后相思的词,但多从女性的角度来写,这首词则是以男方的口吻来展开的,别有新意。由夏入秋天气渐凉,一下子触动了思念之情。夜里辗转难眠,起来又躺下,最后还是没睡

445

着,一夜过得像一年那么长。我也想过掉转马头回去找你,但是无可奈何已经踏上行程。思来想去,劝解不开自己,只能这么百无聊赖地过下去。最后作者发出了像誓言一般的感慨,我会把你系在心上一生一世,来回报你为我流下的眼泪。词句的语言十分浅白易懂,但是对感情的渲染却十分细密,通过层层铺垫,来回地思量,最终酝酿成了永恒的誓言。作者的相思之愁苦,别情之曲肠表现得委婉动人。

(汪培培)

有个人人真攀羡。问着洋洋回却面。你若无意向他人,为甚梦中频相见。

【出处】宋·柳永《木兰花令·仙吕调》

有个人人真攀羡。问着洋洋回却面。你若无意向他人,为甚梦中频相见。　不如闻早还却愿。免使牵人虚魂乱。风流肠肚不坚牢,只恐被伊牵引断。

【鉴赏】"人人"用来形容对亲昵的人的爱称。攀羡,令人倾倒、向往。有个人儿十分美妙,使我不禁倾倒,心生爱慕。爱慕她,她却总是若即若离,不甚热情。我不禁想问她,你如果无意于他人,又为何频频进入我的梦中呢?不如趁早给个明确的意思吧,免得使人牵肠挂肚,心神不安。我的心肠多情又脆弱,真担心为你而牵挂断了肠。柳永一生多流连于歌台舞肆,与歌伎舞女互为知己,这首词便是他写给一位爱慕的女子的。该词运用俚语的语言,富于口语化,因而流露出鲜活的市井生活气息,情感表达大胆直白,属于典型的"俗词"。

(汪培培)

而今渐行渐远,渐觉虽悔难追。

【出处】宋·柳永《驻马听》

凤枕鸾帷。二三载,如鱼似水相知。良天好景,深怜多爱,无非尽意依随。奈何伊。恣性灵、忒煞些儿。无事孜煎,万回千度,怎忍分离。

而今渐行渐远,渐觉虽悔难追。漫寄消寄息,终久奚为。也拟重论缱绻,争奈翻覆思维。纵再会,只恐恩情,难似当时。

【鉴赏】这是一首"俗词",即用通俗的语言来描写世俗人物的词作。柳永描写过许多有关男女思情的作品,但此篇却别有特点。主角是一位市井女子,有着传统女性温柔忍耐的性格特质。词句描写了她分手后对恋人的思念,想挽回又觉无可奈何的矛盾心情。当初在一起恩爱甜蜜,女

446

子对恋人十分顺从。后来两人感情逐渐破裂,而女子仍然不舍得分离。现在两人已是渐行渐远,"远"既包括空间,也包括心理上;女子越来越觉得,即使后悔也难以挽回。就算挽回,也不会像当初那样恩爱了吧。全词描写女子的复杂心情细致入微,多层次展现了其心理的发展过程,写得真挚感人。

（汪培培）

鸿雁在云鱼在水,惆怅此情难寄。

【出处】宋·晏殊《清平乐》

红笺小字,说尽平生意。鸿雁在云鱼在水,惆怅此情难寄。　斜阳独倚西楼,遥山恰对帘钩。人面不知何处,绿波依旧东流。

【鉴赏】这是一首怀人之作。红色的信纸写满小字,说的都是平生的爱慕之意。古人有"鸿雁传书""鱼传尺素"的说法,我想让它们把信寄给你,但鸿雁飞在云端,鱼儿潜在水中,难以驱使它们,我的情意无法寄给你,怎么不令人惆怅呢?此句的妙处就在于对鱼、雁传书典故的精巧化用,别出新意。在斜阳里我独自一人倚着西楼,遥远的群山恰好正对窗子。当初的人儿不知道到哪里去了,只有碧绿的江水依然向东流去。此处又化用了"人面不知何处去,桃花依旧笑春风"句,略加变化产生新意。词句用语雅致,感情细腻,对传统文化意象和典故的化用更是独出机杼,别有新意。

（汪培培）

当时轻别意中人,山长水远知何处。

【出处】宋·晏殊《踏莎行》

碧海无波,瑶台有路。思量便合双飞去。当时轻别意中人,山长水远知何处。　绮席凝尘,香闺掩雾。红笺小字凭谁附。高楼目尽欲黄昏,梧桐叶上萧萧雨。

【鉴赏】碧蓝的大海没有波涛汹涌,去往瑶台仙境也有路可走,当时就应该两个人一起飞往仙岛。现在想想当初没能和意中人一起飞去仙岛,而是轻易就让她离开了,现在她已不知在何处,山长水远,无处寻觅。"轻别"表现出作者悔恨的心态,但如今已追悔莫及,只有无尽的思念在山水之间徘徊。意中人去后,闺房床榻都落满尘土,触目凄凉,然而想写信给你也投递无门。只能登高望远,却也什么都望不到,只有黄昏时分,潇潇冷雨打在梧桐树上。此词描写别情与相思,深婉含蓄。结句也很精妙,

意蕴无穷,值得细细品味。 （汪培培）

月上柳梢头,人约黄昏后。

【出处】宋·欧阳修《生查子·元夕》

去年元夜时,花市灯如昼。月上柳梢头,人约黄昏后。　　今年元夜时,月与灯依旧。不见去年人,泪湿春衫袖。

【鉴赏】词作通过对往事的回忆,与今日的对比,抒写物是人非,恋人不再的伤感。语言浅白通俗,但构思巧妙,语句朗朗上口。回忆去年元宵节时,花市的灯火像白天那样明亮。月儿刚挂在柳梢,你我就相约在黄昏见面。无论是花、灯,还是月、柳,都是爱情的见证,充满希望与幸福,情与景联系在一起,展现了美好的意境。"上"字活泼俏皮,好像月儿调皮地爬上了柳树的枝头,而"头"字显示出月亮才刚刚出来,刚到了柳树的最末端的枝头,人儿就迫不及待地相约会面了,更见恋情的融洽与欢乐。这句词俏皮活泼,充满生活气息,"头"和"后"对应,音节一起一落好像舌尖在跳动,读起来充满趣味。

（汪培培）

离愁渐远渐无穷,迢迢不断如春水。

【出处】宋·欧阳修《踏莎行》

候馆梅残,溪桥柳细。草薰风暖摇征辔。离愁渐远渐无穷,迢迢不断如春水。　　寸寸柔肠,盈盈粉泪。楼高莫近危阑倚。平芜尽处是春山,行人更在春山外。

【鉴赏】这句词写行者的离愁。虽然春光明媚,但并没有给旅人增添一点快乐,离去的人骑着马越走越远,就感到那一片离愁越来越浓郁,逐渐地扩散开来,变成了一片无穷无尽、绵绵不断的潺潺春水。"渐"字形象地体现出情绪的增长过程,仿佛将其量化了。离愁这种缥缈的情绪变成了具体的形象,使人容易感受,仿佛可以亲眼看到它如春水一般越涨越满,构思巧妙。"远"与"无穷"对照。离愁可以说轻重,而这里却说它无穷,而且是越远越无穷,生动地将情绪的增长和人物远行的动作对照起来。词句想象优美,比喻贴切,构思新颖,含蓄蕴藉地制造出一种情深意远的境界。 （汪培培）

平芜尽处是春山,行人更在春山外。

【出处】宋·欧阳修《踏莎行》

原文参见前句。

【鉴赏】这是一首抒写离情的词作,词句情意深远,柔婉优美。旅舍旁的梅花已经快开败了,溪桥边的柳树刚抽出细嫩的枝叶。暖风吹送着春草的芳香,远行的人晃动马缰踏上离程。正当仲春,是最易使人动情的季节。越走越远,离愁也越来越浓,就像一溪春水一样绵绵不绝。而留守家中的女子思念远行的游子,柔肠寸断,眼泪不断。游子在心里叮嘱女子,不要登上高楼倚栏远眺啊。登楼望到的只是一片杂草繁茂的原野,原野的尽头是隐隐春山,而所思念的行人,更远在春山之外,渺不可寻。这两句不但写出了思妇凭栏远望、神驰天外的情景,而且透出了她的一往情深,情意深长而又哀婉欲绝。 （汪培培）

庭院深深深几许? 杨柳堆烟,帘幕无重数。

【出处】宋·欧阳修《蝶恋花》

庭院深深深几许? 杨柳堆烟,帘幕无重数。玉勒雕鞍游冶处,楼高不见章台路。　雨横风狂三月暮,门掩黄昏,无计留春住。泪眼问花花不语,乱红飞过秋千去。

【鉴赏】这是一首闺怨词。庭院十分幽深,那到底深到哪种程度呢? 从楼上远望院外的杨柳,重重叠叠能堆成一片绿色的烟雾,而要从闺阁走出庭院,要经过无数道门,无数重帘幕。"深深深"三字叠用,表意不同,不仅表现出庭院之深,也折射出闺怨之深,使得意境的表达也越发深刻。一个"堆"字,写了杨柳之密,也写了闺阁之深,视野要经过无数棵杨柳才能望到院外,这么多的杨柳层层叠加,淡淡的青色也变成了浓浓的绿色烟雾。"无重数",已经数不清到底有多少道门了,这道道门帘加起来有多重呢? 自然是"无重数"了。 （汪培培）

泪眼问花花不语,乱红飞过秋千去。

【出处】宋·欧阳修《蝶恋花》

原文参见前句。

【鉴赏】风狂雨急,正是三月暮春的傍晚。关上门,似乎是想关住黄昏,却无法留住春天远去的脚步。泪眼蒙眬地问春花,怎样才能留住春天?春花却不回答,只有掉落的花瓣随风飞过秋千,依然是无计留春住。风雨吹残的,不仅是春花,也是女子的美好青春。她想挽留住春天但却无计可施,无奈之中只好询问像自己一样正在凋零的春花,然而花儿也无言,这两句包含着无限的伤春之感。人像花儿,花儿此刻也变成了人,人儿留不住青春,花儿也留不住春天,孤独寂寞之中,只有一人一花在深深的庭院里相对。花儿的无言烘托了女子的无计,二者照应深化了女子的哀伤无奈之情。语言浅白,却蕴藏着深挚真切的感情。　　　　　（汪培培）

芳心只愿长依旧,春风更放明年艳。

【出处】宋·欧阳修《凉州令》

翠树芳条飐,的的裙腰初染。佳人携手弄芳菲,绿阴红影,共展双纹簟。插花照影窥鸾鉴,只恐芳容减。不堪零落春晚,青苔雨后深红点。

一去门闲掩,重来却寻朱槛。离离秋实弄轻霜,娇红脉脉,似见胭脂脸。人非事往眉空敛,谁把佳期赚。芳心只愿长依旧,春风更放明年艳。

【鉴赏】这首词描写的是男女分开后互相的思念之情,分别以男女的口吻描写各自的心态。一开始是男性在回忆当初相伴共游的美好时光:碧树柔枝随风摇摆,像刚染的裙腰一样鲜艳。在美好的春季和佳人携手赏花,在绿树与花影之间,共同展开双纹竹席休憩。接着是对女子的描写:戴花照镜子,只担心自己容颜衰老,美貌不再。最无法忍受春天的夜晚,雨后青苔上落满红色的花瓣,像你我就要分散。接着又是男性的口吻:分别之后门庭寂寞,只能登上红色的栏杆寄托思念。现在已是秋天,丰茂的果实上挂着秋霜,娇嫩鲜红,好像看到了意中人的脸。最后又以女子的口吻结束:人已经不在了,往事难追,只能空自蹙眉长叹,谁能留得住美好的时光呢?花蕊只希望能够长久地开放不改变,待到明年春风吹时还能依然娇艳。期盼美好的时光长存,能与恋人再相见。　（汪培培）

梦魂惯得无拘检,又踏杨花过谢桥。

【出处】宋·晏几道《鹧鸪天》

小令尊前见玉箫,银灯一曲太妖娆。歌中醉倒谁能恨?唱罢归来酒未消。　　春悄悄,夜迢迢。碧云天共楚宫遥。梦魂惯得无拘检,又踏杨花过谢桥。

【鉴赏】词人在一次春夜宴会上遇到了一位女子,心生爱慕之意,结束归去后也仍然牵念。这首词描写的就是想见的场景及爱慕之情。在酒宴上遇到了这个女子,她歌声动听使人沉醉,宴会结束后作者依然沉浸其中。春色盎然,静夜漫长,与短暂的欢聚形成强烈的对比。但是佳人却身处高高在上的宫殿中,两人无法相识相知,只有短暂的惊鸿一瞥。有意却无缘相知,怎能不令人怅恨。幸好梦中的灵魂是无拘无束的,又可以踏着满地的杨花,走过谢桥去重会那位女子了。"谢桥",唐代有名妓谢秋娘,词中以谢桥指女子所居之地。此句以梦魂的虚无对比酒宴的真实,以梦中的自由对比现实的约束,美好中又透露出无奈,韵味无穷。　　（汪培培）

落花人独立,微雨燕双飞。

【出处】宋·晏几道《临江仙》

梦后楼台高锁,酒醒帘幕低垂。去年春恨却来时。落花人独立,微雨燕双飞。　　记得小蘋初见,两重心字罗衣。琵琶弦上说相思。当时明月在,曾照彩云归。

【鉴赏】诗人写这首诗是为了怀念歌女小蘋。这两句诗的意思是:天气沉郁,细雨蒙蒙,我独自一人孤独地伫立在庭院中,任那被风吹落的花瓣在我身边落下;毫不知趣的燕子却成双结对地在我眼前飞过,轻快地穿梭于细雨之中。"落花"给人以韶华易逝,佳期难再的感觉,象征着诗人和歌女小蘋共度的美好时光一去不复返。继而诗人又用自己的"独立"和燕子的"双飞"形成鲜明的对比,燕子尚且能够比翼齐飞,而我却只能孤寂落寞,和有情人天各一方,不能相聚。这两句诗把诗人和小蘋分开之后的孤独,以及对她的深刻思念描写得淋漓尽致。　　（汪培培）

记得小蘋初见,两重心字罗衣。琵琶弦上说相思。

【出处】宋·晏几道《临江仙》

原文参见前句。

【鉴赏】这是诗人在回忆第一次和小蘋相见时候的情景。"罗衣"是指用轻软丝织品制成的衣服。这几句诗的意思是:记得第一次和小蘋相见的时候,她身穿一件配有两个"心"字图案的罗衣;可能是由于初次见面的原因,她有些羞涩腼腆,不好意思对我直抒胸臆,只有把爱慕之心诉诸手中的琵琶,用那美妙的乐声来传情达意。那是多么美妙而动情的一幅画面啊!其中"两重心"象征着初次见面时诗人和小蘋就已经一见钟情,两心相许。弹者娇羞可人,听者爱意满满。诗人和小蘋相关的记忆越深刻清晰,越美好越能反衬他现在的孤独落寞,越能体现他对小蘋的苦苦思念之情。

(汪培培)

更谁情浅似春风,一夜满枝新绿、替残红。

【出处】宋·晏几道《虞美人》

疏梅月下歌金缕,忆共文君语。更谁情浅似春风,一夜满枝新绿、替残红。　蘋香已有莲开信,两桨佳期近。采莲时节定来无,醉后满身花影、倩人扶。

【鉴赏】这是一首思人之词。月夜在疏落的梅树下听到《金缕曲》的歌声,想起当初与意中人甜蜜共语的时光。文君,西汉时临邛富翁卓王孙之女卓文君,后以代指美女。词人在月色下看到梅花将落尽,感叹春天的逝去,听到《金缕曲》,又回想起了当初相聚的时光,不禁心生愁怨。有谁能比春风还薄情呢?一夜春风吹拂之后,枝头长满新绿,替代了已凋零的春花。词人埋怨春风不能留住残红,其实是对自己无计留春住的伤感;而"新绿"替代"残红",又流露出一丝对往日时光的不舍,宁愿守住残红,也不愿有新的来替代美好的回忆。

(汪培培)

笑渐不闻声渐悄,多情却被无情恼。

【出处】宋·苏轼《蝶恋花》

花褪残红青杏小。燕子飞时,绿水人家绕。枝上柳绵吹又少。天涯何处无芳草。　墙里秋千墙外道。墙外行人,墙里佳人笑。笑渐不闻声渐悄。多情却被无情恼。

【鉴赏】墙内佳人的笑声渐渐听不到了,而墙外伫立的行人的心却久久不能平静。在爱情里,总是爱得深些的那一方更牵挂爱得浅些的那一方,也更受煎熬些。此句通过笑声写墙内墙外佳人与行人的心理,道出了爱情中的哲理,用情深的一方总要更受煎熬些。也可以看作是诗人借爱情来写人生普遍存在的矛盾。墙内佳人的"笑声"代表的是一种未经世事,天真快乐的生命状态;"无情"指的是未经历世事坎坷的无忧无虑;"有情"则是饱经沧桑后的生命感悟,虽是恼人的,但唯有经历了才能成长。人生不如意之事十有八九,不可能事事顺利,此句道出了人生无常的生命常态。

(李瑞珩)

十年生死两茫茫。不思量,自难忘。

【出处】宋·苏轼《江城子》

十年生死两茫茫。不思量,自难忘。千里孤坟,无处话凄凉。纵使相逢应不识,尘满面,鬓如霜。　　夜来幽梦忽还乡。小轩窗,正梳妆。相顾无言,唯有泪千行。料得年年断肠处,明月夜,短松冈。

【鉴赏】弗儿,隔着生死的阻隔已经茫茫十年了,我不知道你在那边过得好不好,自你撒手人寰,这十年我甚至不敢去想你,因为一想你伤痛情绪就会将我淹没。可我却从来没有忘记过你,你一直在我心里,留给我永远的伤痛。这是苏轼在妻子王弗逝世的第十年梦见亡妻所写下的一阕词,此句是首句。"不思量"与"自难忘"看似矛盾,实则道出了苏轼心中的痛苦。曾经的海誓山盟都随着挚爱的逝去被埋葬,那样痛心的回忆自是不敢去想,也不愿去想,所以"不思量"。"自难忘"则道出自己内心中无法忘却的心痛,挚爱的逝去会给心灵带来永远无法弥补的缺失。此二句将悼亡这种生命不能承受之痛的复杂性展现尽致,十年的时间跨度又加深了情绪的厚重感,使之成为千古名句。

(李瑞珩)

纵使相逢应不识,尘满面,鬓如霜。

【出处】宋·苏轼《江城子》

原文参见前句。

【鉴赏】弗儿,你若尚在人世,我们十年重逢,你只怕也认不出我来了。经历十年的人世浮沉,我早已经两鬓斑白,风霜遮面,垂垂老矣。此句将梦境与现实相结合,梦中与妻子相遇却不相识,只因十年光景容颜衰老,形体衰败。这是一种绝望的假设,表达出悼亡情感的深沉、悲痛与无奈。在王弗离世的这十年里,苏轼被排挤贬谪,尝遍人世艰辛险恶。"尘满面,鬓如霜"用白描的手法勾勒出词人沧桑的神貌,也饱含他的身世之

感,令人唏嘘不已。 （李瑞珩）

相思只在,丁香枝上,豆蔻梢头。

【出处】宋·王雱《眼儿媚》

杨柳丝丝弄轻柔,烟缕织成愁。海棠未雨,梨花先雪,一半春休。
而今往事难重省,归梦绕秦楼。相思只在,丁香枝上,豆蔻梢头。

【鉴赏】相思之情就凝聚在那
丁香花的柔枝上,豆蔻的梢头上。
此句写相思之情,将相思之情凝聚
在二重意象之上。丁香,开或紫或
白的小花,气韵芬芳,常指美丽的女
子。又因花开时,丛生如结,故常用
于指固结难解的愁怨。豆蔻喻妙龄
少女,指代的是词人的意中人。此
句运用比兴手法,句中丁香、豆蔻实
为词人意中人的指代。词人是在弥
留之际写下的这首词,因思念意中人而回忆起当初情窦初开时的那份美
好与纯真,两相对比,愁肠万结。丁香和豆蔻的意象清新含蓄,又带着一
种韶华易逝的愁苦,营造出一种苦涩而隽永的意味。 （李瑞珩）

石榴半吐红巾蹙,待浮花、浪蕊都尽,伴君幽独。

【出处】宋·苏轼《贺新郎·夏景》

乳燕飞华屋。悄无人、桐阴转午,晚凉新浴。手弄生绡白团扇,扇手
一时似玉。渐困倚、孤眠清熟。帘外谁来推绣户,枉教人、梦断瑶台曲。
又却是,风敲竹。　　石榴半吐红巾蹙。待浮花、浪蕊都尽,伴君幽独。
秾艳一枝细看取,芳心千重似束。又恐被、秋风惊绿。若待得君来向此,
花前对酒不忍触。共粉泪,两簌簌。

【鉴赏】石榴花含苞吐蕊,宛如折皱收束的红巾一般娇艳欲滴。只能
等到那些轻浮妖冶的花朵杂草都凋落了,它就能来陪伴美人,让美人不再
孤单。此句写花亦写人,将物与人相结合,写石榴花娇艳美好自甘幽独,
不肯与浮花浪蕊为伴,情愿与孤寂佳人为伴。写花即写人,花影中见人
情,表达出一种失意落寞之感。却又因苏轼乐观旷达的心态,表现出一种

454

待到凡世浮尘都淡去之后相依相伴的一种平静心态,亦是一种经历风雨之后的淡定超然状态。 （李瑞珩）

我住长江头,君住长江尾。日日思君不见君,共饮长江水。

【出处】宋·李之仪《卜算子》

我住长江头,君住长江尾。日日思君不见君,共饮长江水。 此水几时休,此恨何时已。只愿君心似我心,定不负相思意。

【鉴赏】我住在长江的上游,你住在长江的下游。每天思念你却见不到你,只能与你共饮一江之水。"长江头""长江尾"营造出一种空间上的距离,以长江水延长了审美空间,使得诗意悠长。"日日思君不见君"直抒胸臆,表达相思之情;"共饮一江水"饮水而思君,想着君也在饮同一江水而心旌摇曳。江水将你我相连,是彼此的情感纽带,以"共饮"喻二人相思之情,含蓄隽永。此句以长江之水写男女相思之情,情味悠远,语言明白如话,有民歌的韵味,颇得国风之致。 （李瑞珩）

金风玉露一相逢,便胜却人间无数。

【出处】宋·秦观《鹊桥仙》

纤云弄巧,飞星传恨,银汉迢迢暗度。金风玉露一相逢,便胜却人间无数。 柔情似水,佳期如梦,忍顾鹊桥归路。两情若是久长时,又岂在朝朝暮暮。

【鉴赏】在秋风与白露交汇的时节,牛郎星与织女星在天空中相遇了,就好似牛郎织女重逢一般,这相逢的喜悦胜过了人世间无数的美好。"金风"指秋风,"玉露"指白露,金风玉露描写秋令,词人在此化用李商隐的"由来碧落银河畔,可要金风玉露时",指牛郎织女相会时节的风光,借此高爽秋风与纯白露水来烘托两星相会,表现两情相悦的美好。"胜却人间无数"将天上与人间作比,表现出相逢之美好无限。此句现用于指男女相恋时的甜蜜美好。 （李瑞珩）

两情若是久长时,又岂在朝朝暮暮。

【出处】宋·秦观《鹊桥仙》

原文参见前句。

【鉴赏】双方的爱情如果能够矢志不移,那又何必在乎一定要朝朝暮暮聚在一起呢？真正的爱情应该经得起长久分离的考验,只要彼此真心相爱,心意相通就不怕距离有多远。即使天各一方,也比朝夕相处的庸俗情趣可贵得多。再者,人情易变,人寿有限,即使是朝暮相处,也不免有乖违离异以长别之事。所以爱情无关距离,心灵的契合才是长久的保证。词人充满哲理意味的议论概括了爱情的真谛,表现出一种高尚的精神境界,此句也成为歌咏爱情的千古名句。

(李瑞珩)

黛蛾长敛,任是东风吹不展。困倚危楼,过尽飞鸿字字愁。

【出处】宋·秦观《减字木兰花》

天涯旧恨,独自凄凉人不问。欲见回肠,断尽金炉小篆香。　　黛蛾长敛,任是东风吹不展。困倚危楼,过尽飞鸿字字愁。

【鉴赏】她蛾眉长蹙,任是和煦的春风也吹不展。独自一人倚在危楼之上,高楼远望,看着飞过的大雁,心中愁肠百结,难以排遣。和煦的春风能给万物带来生气,能吹开花朵,吹绿一池春水,可唯独吹不开思妇眼里的寂寞,眉里的忧愁。"任是"表强调,写女子愁绪至深就是舒展不了。"困倚危楼,过尽飞鸿字字愁"二句,点明了愁起何处。女子春日独上翠楼,是为登高望远,盼着良人的书信。"飞鸿"即鸿雁传书,暗指家书。"困倚""过尽"写出了等待之久,愁心之深。鸿雁飞尽,家书无踪,触目成愁。此句以细腻的白描手法勾勒出思妇神态,读来愁肠百结,为闺怨词名句。

(李瑞珩)

为君沉醉又何妨,只怕酒醒时候、断人肠。

【出处】宋·秦观《虞美人》

碧桃天上栽和露,不是凡花数。乱山深处水萦回,可惜一枝如画、为谁开?　　轻寒细雨情何限!不道春难管。为君沉醉又何妨,只怕酒醒时候、断人肠。

【鉴赏】为了你沉沉醉去又有什么关系呢,怕只怕等到酒醒之后黯然神伤,相思肠断。一醉红颜自是容易的,可是酒醒之后呢,心爱的人不见了,更加令人断肠。"为君沉醉又何妨"表现出面对爱情飞蛾扑火一般的勇气,为你我愿长醉不复醒,只愿在梦中能见一见你。可又怕酒醒,万事成空。"沉醉"与"酒醒"对比,更显得酒醒之落寞伤心。此句直言内心矛盾感受,百转千回,思君之深可见矣。

(李瑞珩)

重门不锁相思梦，随意绕天涯。

【出处】宋·赵令畤《乌夜啼》

楼上萦帘弱絮，墙头碍月低花。年年春事关心事，肠断欲栖鸦。舞镜鸾衾翠减，啼珠凤蜡红斜。重门不锁相思梦，随意绕天涯。

【鉴赏】重重的大门锁不住相思的梦境，跟随着思念你的心意绕遍天涯。"重门不锁相思梦"，一个"锁"字将闺中怨妇的相思之梦具体化、形象化，如有实体一般可以锁住，别出心裁。"随意绕天涯"化用了顾夐"玉郎还是不还家，教人魂梦逐杨花，绕天涯"，化出了无可奈何的意味。只能随着心意伴郎左右，绕遍天涯海角，突出了闺人忧思之深重，情义之绵长。

（李瑞珩）

飞燕又将归信误，小屏风上西江路。

【出处】宋·赵令畤《蝶恋花》

欲减罗衣寒未去。不卷珠帘，人在深深处。红杏枝头花几许，啼痕止恨清明雨。　　尽日沉烟香一缕。宿雨醒迟，恼破春情绪。飞燕又将归信误，小屏风上西江路。

【鉴赏】飞燕归来却仍然没有带来良人的书信，看那屏风上画的不就是通往西江的路么。"飞燕又将归信误"，她多么希望归燕给她带来远人的信息，可却什么都没有。一个"误"字将飞燕拟人，似有意耽搁了送信，颇为生动。于是她只好空对屏风怅望："小屏风上西江路"，淡烟流水的画屏上画的正是通往西江之路，回想当初心爱之人正是从这水路远去的！表现出佳人对心上人的一往情深，读之令人感到意犹未尽，一咏三叹。

（李瑞珩）

断送一生憔悴，只消几个黄昏。

【出处】宋·赵令畤《清平乐》

春风依旧，着意隋堤柳。搓得鹅儿黄欲就，天气清明时候。　　去年紫陌青门，今宵雨魄云魂。断送一生憔悴，只消几个黄昏。

【鉴赏】伴随着你的离去，我一生的期望在这短短的几个黄昏就全部枯竭殆尽了。此句写词人悼念亡妾。"断送一生憔悴"写词人形容枯槁，仿佛人生之中所有的憔悴都集中在了自己心头，难以排遣，黯然神伤。一

457

"断"字,表现出决绝之意,写悼情之深重,永无往复的可能。"能消几个黄昏",黄昏日暮沉沉,景色惨淡,正应了词人的悲痛心境。"能"字加深了感情的深度,更富于感染力。"几个"与上句"一生"相对,对比之中,越显得其情催人断肠,沉重无比。

(李瑞珩)

梧桐半死清霜后,头白鸳鸯失伴飞。

【出处】宋·贺铸《鹧鸪天》

重过阊门万事非,同来何事不同归。梧桐半死清霜后,头白鸳鸯失伴飞。　　原上草,露初晞。旧栖新垅两依依。空床卧听南窗雨,谁复挑灯夜补衣。

【鉴赏】窗前的梧桐在经历了一夜清霜之后,已经树木凋零,落叶萧索。池中那对白头偕老、比翼双飞的鸳鸯如今也失去伴侣孤零零一只独飞。此句写悼亡之情,借用典故,用半死梧桐和失伴鸳鸯比喻自己知天命之年却成为鳏夫,孑然一身,独活于世的苦痛,失去妻子的寂寞之情,溢于言表。梧桐、鸳鸯的意象增加了审美距离,使得诗意悠远,含蓄蕴藉。

(李瑞珩)

空床卧听南窗雨,谁复挑灯夜补衣。

【出处】宋·贺铸《鹧鸪天》

原文参见前句。

【鉴赏】夜里一个人独卧在空床上听着南窗雨声辗转难眠,昔日妻子夜里挑灯为我缝补衣服的情景还历历在目,如今还有谁能这么做呢。此句抒写悼念亡妻之情。"空床卧听南窗雨"写此时此刻,词人独卧空床听着雨声辗转难眠,以雨声烘托出寒冷寂寥的氛围。"谁复挑灯夜补衣"写昔日旧景,妻子在朦胧的暖暖烛火中为自己补衣,多么温暖安心。可现在妻子抛下自己先去了,留下的只有回忆与永远无法排遣的遗恨。今昔对比,令人

唏嘘不已。此句从寻常细事淡淡写来,在平淡之中越见感情之真挚,亡妻之苦痛。

(李瑞珩)

向风前懊恼,芳心一点,寸眉两叶,禁甚闲愁? 情到不堪言处,分付东流。

【出处】 宋·张耒《风流子》

木叶亭皋下,重阳近,又是捣衣秋。奈愁入庾肠,老侵潘鬓,谩簪黄菊,花也应羞。楚天晚,白蘋烟尽处,红蓼水边头。芳草有情,夕阳无语,雁横南浦,人倚西楼。 玉容知安否? 香笺共锦字,两处悠悠。空恨碧云离合,青鸟沉浮。向风前懊恼,芳心一点,寸眉两叶,禁甚闲愁? 情到不堪言处,分付东流。

【鉴赏】 佳人迎风而立,懊恼不已。一点芳心不展,两道蛾眉微蹙,如何才能禁得起那思君的闲愁缠绵不休呢? 这一网深情如何才能说得出口,只能随着流水向东流逝。"向风前懊恼"以想象之笔,写佳人在风前月下,芳心懊恼,眉头紧皱,止不住那百无聊赖的愁思。词人用白描手法勾勒出佳人情态,思君愁情跃然纸上。"情到不堪言处,分付东流",相思至极,欲说还休;不是不想说,而是说了更添愁苦,倒不如付之于江水,东流不断。以愁情付江水,融情于景,余味悠悠。

(李瑞珩)

凌波不过横塘路,但目送,芳尘去。

【出处】 宋·贺铸《青玉案》

凌波不过横塘路,但目送,芳尘去。锦瑟年华谁与度? 月桥花院,锁窗朱户,只有春知处。 飞云冉冉蘅皋暮,彩笔新题断肠句,试问闲愁都几许? 一川烟草,满城风絮,梅子黄时雨。

【鉴赏】 她轻盈的脚步没有越过横塘路,我只能伤心地目送她像芳尘一样飘去,渐行渐远。开篇首句"凌波不过横塘路","凌波"化用曹植"凌波微步,罗袜生尘"代指佳人;"横塘",地名,为作者隐居之所。佳人不能至,自己则只有"目送"其来去的"芳尘"而又不能往,情愫难通。"目送"二字包含着对佳人不能自已的一往情深和无限盼想。此句表达出一种对美好感情的追求和可望而不可即的怅惘。

(李瑞珩)

试问闲愁都几许？一川烟草，满城风絮，梅子黄时雨。

【出处】宋·贺铸《青玉案》

原文参见前句。

【鉴赏】试问闲愁有多少呢？都在那一川连天的烟草、满城癫狂飞舞的风絮和那黄梅时节的愁雨之中了。以"试问"句呼起，问闲愁几许？以"一川烟草，满城风絮，梅子黄时雨"来回答，用博喻之法，"烟草"连天，表"闲愁"无处不在；"风絮"癫狂，表"闲愁"纷繁杂乱；"梅雨"连绵，表闲愁难以穷尽。以此三景形象描摹出江南暮春烟雨图，景色是迷蒙的，色调是灰暗的，恰好表现出词人充满"闲愁"的凄苦内心。此句兴中有比，将无形的闲愁化作有形的三景，寓情于景，意味悠长。贺铸更因"梅子黄时雨"一句得名"贺梅子"。

（李瑞珩）

欹枕有时成雨梦，隔帘无处说春心。一从灯夜到如今。

【出处】宋·贺铸《减字浣溪沙》

闲把琵琶旧谱寻，四弦声怨却沉吟。燕飞人静画堂深。　　欹枕有时成雨梦，隔帘无处说春心。一从灯夜到如今。

【鉴赏】少女斜靠着枕头，有时像巫山神女一般化作云雨在梦中飞到心上人身边。帘幕深深相隔，少女的春心亦无处诉说。忆起与心上人相见还是在上次元宵灯节，从那时魂牵梦萦，而到如今却仍未得相见。此二句以对比之法写少女的相思之情。先写闺中之怨"欹枕有时成雨梦，隔帘无处说春心"："成雨云"化用宋玉《高唐赋》里的巫山神女"旦为朝云，暮为行雨"，意在渲染少女爱恋之深，"无处说春心"表现出爱恋之苦。"一从灯夜到如今"笔调一转，写十五元宵灯会与心上人相见之美好，一见倾心，至今难忘。以灯会之热闹反衬独守空闺之寂寞，以相见之美好反衬无处说之愁苦，两相对照，以乐景写哀情，倍增其哀愁之情。

（李瑞珩）

并刀如水，吴盐胜雪，纤手破新橙。

【出处】宋·周邦彦《少年游》

并刀如水，吴盐胜雪，纤指破新橙。锦幄初温，兽香不断，相对坐调笙。　　低声问，向谁行宿？城上已三更。马滑霜浓，不如休去，直是少人行。

【鉴赏】并州产的刀子明亮如水，吴地产的盐洁白胜雪，女子纤纤玉手剥开新熟的橙子。此句言三事:并州的刀、吴地的盐、女子纤手剥新橙,意象之间看似并无联系,但组合起来呈现出一种色彩流丽的清新之感。其实"并刀如水""吴盐胜雪"都是写女子的手的,刀喻女子手之灵巧如水,吴盐喻女子手之白皙胜雪。"纤手破新橙"一句犹如特写镜头一般,充满艺术张力,从女子细微的动作之中透露出她的微妙心理,是一种诗意的诱惑,呈现出一种诗性的美感。　　　　　　　　　　　　　　　　(李瑞珩)

马滑霜浓,不如休去,直是少人行。

【出处】宋·周邦彦《少年游》

原文参见前句。

【鉴赏】女子柔声探问心上人:"今夜在何处留宿呢? 霜浓路滑,骑马容易打滑,更何况街上已经没有行人了呢。"此句写"马滑霜浓",写"直是少人行"都是为了"不如休去",挽留心上人。通过描写女子的温柔体贴含蓄婉转地写出了恋情的旖旎风流。言马,言行人,而缠绵之情现矣。从女子语气来看,一转一折,一擒一纵,一语一试探,把女子的神态、心理都逼真地临摹出来,令人如临其境。写女子的诗性诱惑,增一分则俗,减一分则情浅,恰到好处,足见词人写作手法之高妙。　　　　　　　　　(李瑞珩)

拼今生,对花对酒,为伊泪落。

【出处】宋·周邦彦《解连环》

怨怀无托。嗟情人断绝,信音辽邈。纵妙手、能解连环,似风散雨收,雾轻云薄。燕子楼空,暗尘锁、一床弦索。想移根换叶,尽是旧时,手种红药。　　　汀州渐生杜若。料舟依岸曲,人在天角。漫记得、当日音书,把闲言闲语,待总烧却。水驿春回,望寄我、江南梅萼。拼今生、对花对酒,为伊泪落。

【鉴赏】我已注定今生今世永远不会忘记你,每当我看到春天的花开,每当我饮酒的时候,就会想起你,会为此流下泪来。"拼今生",已站好退身步,作了终生不能遂愿的准备;"对花对酒",是说今后虽然有花可赏,有酒可饮,却唯独意中人不得相见,也就只好"为伊泪落"了。此句以写情为主,写主人公与情人断绝之悲,痴情痴语,发自肺腑。　　　　　(李瑞珩)

461

休将宝瑟写幽怀,座上有人能顾曲。

【出处】 宋·周邦彦《玉楼春》

　　大堤花艳惊郎目,秀色秾华看不足。休将宝瑟写幽怀,座上有人能顾曲。　　平波落照涵赪玉,画舸亭亭浮淡渌。临分何以祝深情,只有别愁三万斛。

【鉴赏】 千万不要将心事寄托在琴曲里啊,须知我正是顾曲周郎那样的知音人呢。这体现出周邦彦一贯的姿态:优雅和自负。"顾曲周郎"是三国时的典故。相传周瑜不但貌美,还精通音乐,凡是歌女们曲子弹错了,他都会停下来看一下。以至于奏曲的女子为了得到周瑜的一顾,往往故意把曲子弹错。因此当时流传有"曲有误,周郎顾"的谣谚。周邦彦素以音乐修养闻名于世,偏巧又姓周,索性以顾曲周郎自居了。"宝瑟"是指名贵的琴瑟。"幽怀"是指相思无处说的女子情怀。幽怀无人可与诉说,亦无从启齿,自不可不托之于宝瑟。也只有遇见顾曲周郎那样深情妙赏的知音人,才不至于是对牛弹琴啊。

　　　　　　　　　　　　　　　　　　　　　　　　(李瑞珩)

闲依露井,笑扑流萤,惹破画罗轻扇。

【出处】 宋·周邦彦《过秦楼》

　　水浴清蟾,叶喧凉吹,巷陌马声初断。闲依露井,笑扑流萤,惹破画罗轻扇。人静夜久凭阑,愁不归眠,立残更箭。叹年华一瞬,人今千里,梦沉书远。　　空见说,鬓怯琼梳,容销金镜,渐懒趁时匀染。梅风地溽,虹雨苔滋,一架舞红都变。谁信无聊为伊,才减江淹,情伤荀倩。但明河影下,还看稀星数点。

【鉴赏】 "闲依露井,笑扑流萤,惹破画罗轻扇"写井栏边斜靠着一位男性青年,他此时的目光和笑靥都正落在院子中的一位少女身上。那美丽的女郎正在拿一柄纨扇去追扑在月光底下翔舞的萤火虫,扑得正起劲呢,不想一个不小心,扇子扑在蔷薇的枝丫上,嗤地一声,扯破了一大片。两人都一愣,跟着又一齐大笑起来。此句通过白描手法细致地勾勒出充满生活情趣的场景。写女子之娇憨,写男子之痴情,生动形象,写活了当日的欢爱生活。

　　　　　　　　　　　　　　　　　　　　　　　　(李瑞珩)

风里杨花,轻薄性,银烛高烧心热。

【出处】 宋·谢逸《花心动》

风里杨花,轻薄性,银烛高烧心热。香饵悬钩,鱼不轻吞,辜负钓儿虚设。桑蚕到老丝长绊,针刺眼、泪流成血。思量起,拈枝花朵,果儿难结。

海样情深忍撇。似梦里相逢,不胜欢悦。出水双莲,摘取一枝,可惜并头分折。猛期月满会姮娥,谁知是、初生新月。折翼鸟,甚是于飞时节。

【鉴赏】杨花在风中摇曳纷飞,落英点点,薄风送香满院,闺中女儿点燃了银烛,对着鸾镜梳妆罢,微光袅袅之中,愈加明亮,心里不由泛起了一层暖暖的涟漪,在忽明忽灭的烛火中,清灵毓秀。词人以"杨花""银烛"的意象虚写,勾勒出一名闺中女子清新婉约的情态,杨花盈盈过目,风中更觉娉婷,给读者美好的联想。在疏淡的黄昏月影下,词人又写到"银烛高烧",渲染出一种朦胧的美感。在静谧的夜晚,烛火旺旺地烧着,偶尔会有一点烛心跳动,衬得那对镜细描的女子越发清丽了。 （李瑞珩）

断雨残云无意绪,寂寞朝朝暮暮。

【出处】宋·毛滂《惜分飞》

泪湿阑干花著露,愁到眉峰碧聚。此恨平分取,更无言语,空相觑。 断雨残云无意绪,寂寞朝朝暮暮。今夜山深处,断魂分付,潮回去。

【鉴赏】淅淅沥沥的小雨断断续续,残云几片,百无聊赖。离开你以后的日日夜夜,我都将独守空寂。"断雨残云"写景色之荒残,零零落落的雨点,渐灭着的残云,与离人的心境正相印合。愁眉泪颊,断雨残云,本是寻常物态,可是一经作者感情之酝酿融注,便含情吐媚,摇荡人心。"寂寞朝朝暮暮"化用宋玉《高唐赋》"旦为朝云,暮为行雨,朝朝暮暮,阳台之下"之语来形容曾经美好的恋情。残云断雨的凄凉景象,正象征着这段爱恋的结束。从此以后,只剩下岑寂的相思来折磨着这一对再见无期的离人了。此句情景交融,绵绵无尽,可说是极悱恻缠绵之能事了。 （李瑞珩）

欲黄昏。雨打梨花深闭门。

【出处】宋·李重元《忆王孙·春词》

萋萋芳草忆王孙。柳外楼高空断魂。杜宇声声不忍闻。欲黄昏。雨打梨花深闭门。

【鉴赏】天色临近黄昏，无情的风雨吹落梨花，我无可奈何地关上深深的院门。"欲黄昏"写黄昏将至，奠定了一种苍凉的意味。"雨打梨花深闭门"一句写小院春雨梨花，用"梨花"来写春愁，伴随着春雨绵绵，清新而缠绵。院门紧闭其实也在写闺中之人因思念远游的良人而春心紧闭。此句看似只写景，然一切景语皆情语，短短十字，就写了四景，正是用"黄昏""春雨""梨花""闭门"的意象组合写出了闺中女子的寂寞忧愁，含蓄隽永，咀嚼不尽。

（李瑞珩）

郎意浓，妾意浓，油壁车轻郎马骢，相逢九里松。

【出处】宋·康与之《长相思》

南高峰，北高峰，一片湖光烟雾中，春来愁杀侬。　　郎意浓，妾意浓，油壁车轻郎马骢，相逢九里松。

【鉴赏】"郎意浓，妾意浓"，两个"浓"字把男女双方彼此的情真意切，表达得极其精炼，又与上片的"愁"相呼应，蕴含了许多无声之言。她为郎代言，相信郎与她一样"意浓"，相互间的情意是如此深厚和坚定。接下来是"油壁车轻郎马骢，相逢九里松"。油壁车，指用油漆彩饰的车，这里用了一个"轻"字，使韵味大增，既表示了车的轻快，更把恋人相逢前的快乐与欣喜刻画得淋漓尽致；九里松是他们相逢的地方，唐宋时在通往灵隐寺的路上，种有九里路长的松树，因而得名，有"人在其间，衣袂尽绿"之说。此句直抒情怀，把男女主人公情深意浓的爱恋刻画得真挚感人，不仅有词意，更富有一种民谣的韵味，纯是一派天籁。

（李瑞珩）

自作新词韵最娇，小红低唱我吹箫。

【出处】宋·姜夔《过垂虹》

自作新词韵最娇，小红低唱我吹箫。曲终过尽松陵路，回首烟波十四桥。

【鉴赏】自己适才自度新曲，填了阕音节谐婉的新词，交与小红伴着我吹奏出的幽远的箫声浅吟低唱,不觉已沉醉于词曲中。边走边唱,待到一曲终了,才发现已经走过了雪中观景的绝佳之处垂虹桥。小红是范成大赠予作者的歌妓,诗人作新曲,妙曲赠佳人,是为曲中遇知音者。才子作曲赋词,佳人应曲而歌,相伴而行,身畔之人、曲中之意更胜于桥上之景,使人流连。此景此情,使人生出"琴瑟在御,莫不静好"之感,不禁引人歆羡而悠然神往。 (王新宇)

恨君却似江楼月,暂满还亏。暂满还亏,待得团圆是几时?

【出处】宋·吕本中《采桑子》

恨君不似江楼月,南北东西。南北东西,只有相随无别离。 恨君却似江楼月,暂满还亏。暂满还亏,待得团圆是几时?

【鉴赏】恨你不像江楼上的明月那样,在南北东西四个方向徘徊,永远只有相随相伴,而不会有别离。恨你偏偏像那江楼上的明月那般,才圆就又开始缺了,什么时候才能团圆不分? 上下两阕,无别离与难团圆,喻之二柄,构思奇巧,语言浅畅。此句用"江楼月"的盈缺满亏之特点比喻夫妻间团聚与别离,月有阴晴圆缺,周而复始,但终究是盈少亏多,正如自己与爱人一般,聚少离多,比喻通俗而又贴切。正是由于相思却不得相聚才会生"恨",这种怨恨实际上是一种更深刻的爱。"暂满还亏"二句,重章复沓,具有民歌的韵味,在反复咏叹中深化爱人间的思恋之情,令人为之动容。 (王新宇)

花自飘零水自流,一种相思,两处闲愁。

【出处】宋·李清照《一剪梅》

红藕香残玉簟秋,轻解罗裳,独上兰舟。云中谁寄锦书来,雁字回时,月满西楼。 花自飘零水自流,一种相思,两处闲愁。此情无计可消除,才下眉头,却上心头。

【鉴赏】天气转凉,藕谢花残,竹席也开始泛着凉气。词人许久才收到丈夫所寄来的家书,花叶辞树独自随风飘落,涓涓之水亦是独自地流逝,自己无所适从,孤凄自处,无人垂怜,无人问询。相爱的两人被分隔两处,这同一种的相思之情却会生出两份愁苦,如同那落红与流水,都只能是自苦。两个"自"字表现出花与水的孤寂,而自己也如同它们一样;"一种"与"两处"相对应,"相思"则对应"闲愁",一双夫妻,两地分离,由情之

深而生愁之浓,词人恰如其分地表现出相思之愁苦。　　　　（王新宇）

此情无计可消除,才下眉头,却上心头。

【出处】宋·李清照《一剪梅》

原文参见前句。

【鉴赏】秋夜泛凉,谁又会从远方传来书信?圆月将月光洒满西楼时,传书的鸿雁才飞回到我的住处。这种爱人分离时的相思之情是没有方法能够排解的,即使能抑制住不显露于面上眉头,但却不会消去,而是转而涌上心头,透露出作者此时此刻的忧戚愁苦之情,憔悴支离之态。"才"与"却"的连用,与"无计""消除"呼应,相思之情不会消去,只是不显露于表面而已。但从"眉头"到"心头",却是由表而及里,愁苦之程度非但未曾减轻,反而愈浓益深。词句语意飘逸,然所藏之离情可使人泪湿青衫。　　　　（王新宇）

凝眸处,从今又添,一段新愁。

【出处】宋·李清照《凤凰台上忆吹箫》

香冷金猊,被翻红浪,起来慵自梳头。任宝奁尘满,日上帘钩。生怕离怀别苦,多少事,欲说还休。新来瘦,非干病酒,不是悲秋。　　休休!这回去也,千万遍阳关,也则难留。念武陵人远,烟锁秦楼。唯有楼前流水,应念我,终日凝眸。凝眸处,从今又添,一段新愁。

【鉴赏】此词抒写别后相思、独处之愁。词人百无聊赖,无心梳洗,闲愁暗恨满腹,却无处可诉;日渐消瘦,不是因为饮酒,也不是因为悲秋。丈夫此番远游,就算唱千万遍《阳关三叠》也留不下行人,只留词人独守空闺。只有楼前的悠悠流水可以算是知音者,知道我日日倚楼凝眸远望,从今后,又添了一份新愁。流水无情,怜词人多情之愁。这愁究竟为何,词人未言明,但想来亦可推知一二:丈夫远行,佳人独坐,相思之愁,无知音之愁;枉自凝眸,"过尽千帆皆不是",久思人不归,本难排遣又日增月益之愁。词句表达委婉含蓄、余味悠长,又以"新愁"回应前语"新来瘦",写离愁别绪,感人至深。　　　　（王新宇）

十年空省春风面,花落花开不相见。

【出处】宋·向子諲《梅花引》

花如颊，梅如叶。小时笑弄阶前月。最盈盈，最惺惺。闲愁未识、无计定深情。十年空省春风面，花落花开不相见。要相逢，得相逢。须信灵犀，中自有心通。　　同杯勺，同斟酌。千愁一醉都推却。花阴边，柳阴边。几回拟待、偷怜不成怜。伤春玉瘦慵梳掠，抛掷琵琶闲处着。莫猜疑，莫嫌迟。鸳鸯翡翠，终是一双飞。

【鉴赏】忆往昔，伊人俏丽，容颜如花，共赏阶前明月。无暇识得闲愁，亦无计可定深情。若许年来，春风几度，花落花开，年年岁岁，花依旧，人不复，伊人不知去何处。春风本富于希望，但因多年不复见佳人，只觉大好春光不过是白白虚度，词人以一"空"字道尽无限的落寞与感伤。"花落花开"，一年又一年，春风芳菲，却唯独再不复见伊人的如花容颜，该是何等的心伤怅然！相思怀人若此，黯然神伤之情透出纸面。　　（王新宇）

天！休使圆蟾照客眠。人何在？桂影自婵娟。

【出处】宋·蔡伸《苍梧谣》

天！休使圆蟾照客眠。人何在？桂影自婵娟。

【鉴赏】上天啊！不要让圆月再照着离人入眠了。离人如今身在何处？起句即为咏叹，其愁情之深可见一斑；身处异乡是为"客"；月之圆常喻指人之团圆，作者此时作客异乡，饱含离愁别绪，可"明月不谙离恨苦"，偏偏照着异乡的离人。作者见月圆心伤，难以入睡，祷告上天"休使"月光再映着自己了，愁肠郁结，百转千回。月明如鉴，映入身影，却映不出作者所思念之人的倩影，只恍惚见到月中婆娑的桂树之影。欲见佳人而不得，徒增相思。　　（王新宇）

东风恶，欢情薄。一怀愁绪，几年离索①。错、错、错！

【注释】①离索：离群索居的简语。

【出处】宋·陆游《钗头凤》

红酥手，黄縢酒。满城春色宫墙柳。东风恶，欢情薄。一怀愁绪，几年离索。错、错、错！　　春如旧，人空瘦。泪痕红浥鲛绡透。桃花落，闲池阁。山盟虽在，锦书难托。莫、莫、莫！

【鉴赏】陆游与被迫离异的原配偶遇沈园，以此词述往昔的甜蜜生活，叹惋不已。情难断、缘已尽，词句表达了对以往缠绵的思念和难以割舍的眷念。词人移情于东风，风起之间，情缘难再，透露出词人对现实的

467

怨怼。杯酒间回溯往事,已是不堪回首,三个"错"字连出,字字血泪,表现出词人无尽的悔恨。而悔恨则是因为仍旧放不下思恋之人,情浓至此,奈何分离!然而更深的痛苦在于,虽然是错,却不知能够错怪何人,如今木已成舟,难再回头,三个"错"字包含了非常丰富的情感内涵。　　(高思琪)

山盟虽在,锦书难托。莫、莫、莫!

【出处】宋·陆游《钗头凤》

原文参见前句。

【鉴赏】山盟海誓是曾经的承诺,锦书难托却也是不争的事实,两句间拉开了现实与过去的时间维度,更表现了两者间的矛盾,词人内心的痛苦与挣扎也在这样的矛盾中得以表达。还有一层意味在于,词人有满腹的思念、委屈、怨尤,却难以用文字来完全表达,颇有几分"欲语泪先流"的意味,可见心思之繁杂、深厚。全词终于三个"莫"字,无论往昔多美好,放在当下来看,一切都已不可改变,唯有叹几声"罢了"而已,多少怨恨和不甘蕴含其中。一句之间,有爱,有恨,有情,有怨,最终都归于无奈的叹息——算了吧!词句颇有言有尽而意无穷之意。

世情薄,人情恶,雨送黄昏花易落。

【出处】宋·唐婉《钗头凤》

世情薄,人情恶,雨送黄昏花易落。晓风干,泪痕残,欲笺心事,独语斜阑。难、难、难!　　人成各,今非昨,病魂尝似秋千索。角声寒,夜阑珊,怕人寻问,咽泪装欢。瞒、瞒、瞒!

【鉴赏】这首词是唐婉为陆游所作《钗头凤》的和词,"世情薄"二句明显是在和陆游的"东风恶"两句,却更为直接地点出薄在世情,恶在人情,更为大胆地表达了对阻碍自己与所爱之人在一起的世俗力量的不满和怨恨。细雨中黄昏渐去,花瓣落下枝头,一句中点明时间、环境,更渲染出黄昏时分,细雨时节朦胧、昏黄的氛围。"黄昏""花落"的意象是对前文"世情"和"人情"险恶、世态炎凉的映衬,透露出词人内心的悲戚与怨恨,宛如一声悲凉的感叹,为全诗定下了哀婉缠绵的基调。　　(高思琪)

晓风干,泪痕残,欲笺心事,独语斜阑。难、难、难!

【出处】宋·唐婉《钗头凤》

原文参见前句。

【鉴赏】雨后的一阵晓风将万物吹干，却吹不干脸上残留的泪痕。此处不学前人以雨水喻泪水，而是独辟蹊径，以雨水已干来反衬泪水犹残，以示词人内心的伤感不随外界自然状况的好转而回转，伤痛之深不言而喻。后两句的暗示性极强，包含词人丰富婉转的情感内容——"笺心事"固然不难，词人为何要踌躇地倚栏，为何唯有自诉心事。难处在于即便是写下来，又有何人来读？即便是读到了，又如何能化解？三个"难"字，感慨的是往事不堪回首，是世事已成定局无可逆转，是难以冲破世俗对于这段感情的阻隔。
（高思琪）

角声寒，夜阑珊，怕人寻问，咽泪装欢。瞒、瞒、瞒！
【出处】宋·唐婉《钗头凤》
原文参见前句。

【鉴赏】号角声凄凉，长夜将尽，可以想象词人必然是满心忧愁郁结于胸，彻夜辗转难眠，孤灯独坐到天明。而天明之后，满面苍白颓丧，却还要强颜欢笑，生怕人发现了自己这番心情。词人怀揣着自己内心的这份深情，与来自整个世界的世俗力量对立着，没有人来理解，没有人可倾诉，所有的委屈只能自己吞咽，只能自己隐瞒。但哪怕是不被原谅的、是不被允许的，她自维护着她内心的这份感情。一个"瞒"字背后，隐含着词人对这段感情的坚持，而又正是因为对这段不可能有结果的感情的固守，女主人公的形象又更添几分悲情。
（高思琪）

蛾儿雪柳黄金缕，①笑语盈盈②暗香去。
【注释】①蛾儿雪柳黄金缕：指女子的头饰。②盈盈：含情的样子。
【出处】宋·辛弃疾《青玉案·元夕》
东风夜放花千树。更吹落、星如雨。宝马雕车香满路。凤箫声动，玉壶光转，一夜鱼龙舞。 蛾儿雪柳黄金缕，笑语盈盈暗香去。众里寻他千百度。蓦然回首，那人却在，灯火阑珊处。

【鉴赏】词人于正月十五元宵节晚上外出看花灯，在街市中遇到一位赏灯女子，头戴精致华美的钗饰，笑声悦耳、眉目含情，身上还有淡淡的香气。前半句写女子的头饰，比喻形象动人，使之仿佛流光溢彩、生机盎然。词人不直接点明写的是谁，但描绘细致，从发饰、笑意到香味，仪态美好的

469

女子形象脱颖而出。女子含情的笑靥让词人动心，"暗香"是衣带上浅浅的气味，她的形象因此越发柔和，词人的倾慕之情像这香气，虽然突如其来，却久久萦绕在心上。　　　　　　　　　　　　　　　　　　（吴　玺）

众①**里寻他千百度**②**。蓦然**③**回首，那人却在，灯火阑珊**④**处。**

【注释】①众：人群。②度：次、回。③蓦然：猛地，突然。④阑珊：形容灯光稀少。

【出处】宋·辛弃疾《青玉案·元夕》

原文参见前句。

【鉴赏】词人在元宵节晚上外出赏灯，在灯光稀零的地方看到一个让他倾心的女子。他感叹道，在灯火辉煌的街市中，在人群里，他无数次地寻找这样美好的人，却总是落空；在热闹的街市外，他却遇到了有缘人。从久寻不得到偶遇，词人的惊喜心情溢于言表。如今人们常用这句词来比喻付出极多努力却没有获得成功，但偶然间毫不费力地就得到了解决事情的方法。王国维的《人间词话》中，将此句作为人生境界的第三境，是历经周折后，豁然领悟的境界。　　　　　　　　　　　　（吴　玺）

淮南皓月冷千山，冥冥归去无人管。

【出处】宋·姜夔《踏莎行》

燕燕轻盈，莺莺娇软，分明又向华胥见。夜长争得薄情知，春初早被相思染。　　　别后书辞，别时针线，离魂暗逐郎行远。淮南皓月冷千山，冥冥归去无人管。

【鉴赏】寒冷的夜晚，月光洁白明亮，人独自回到山峰绵延、人影稀疏的住所。这是深夜独行的情景。夜里人们都在睡觉，山路崎岖，很少有人途经或者居住在此。孤独的人走在夜晚的山路中，情境荒凉，人的心情因为身处此境和无人陪伴，更加凄凉忧伤。在漆黑的夜里、险峻的山中，月光虽然也是清冷的，但也使意境变得明亮、柔和，更加动人。此句原本写的是词人梦到女子的魂魄独自归去的形象,表达对柔弱女子孤独无依的怜惜,以及不能陪伴她的无奈痛心。现在也可以用这句话形容自己的孤寂、不被人理解的处境和哀愁。 （吴　玺）

春未绿,鬓先丝。人间别久不成悲。谁教岁岁红莲夜①,两处沉吟②各自知。

【注释】 ①红莲夜:即元宵节晚上。用红莲比喻元宵节街市的花灯。②沉吟:深思,思念。

【出处】 宋·姜夔《鹧鸪天》

肥水东流无尽期。当初不合种相思。梦中未比丹青见,暗里忽惊山鸟啼。　　春未绿,鬓先丝。人间别久不成悲。谁教岁岁红莲夜,两处沉吟各自知。

【鉴赏】 春天还没到,我两鬓的头发却早已变成白色的蚕丝。人们常说离别的时间长了,人心就会麻木不再悲伤。为何每年元宵节我和心上人都两地相思。这首词写在元宵节晚上,抒写相思愁绪。用蚕丝比白发,两鬓早早变白,是由于和情人离别,思念愁苦;同时,也表明离别时间很长。元宵夜花灯满街,犹如红色的莲花开,热闹非凡。在合家团聚的节日里,远在他乡的词人和爱慕的女子相隔两地,不能相见,只能分别独自悲伤思念。此句所写的是时光流逝,思念丝毫不衰减,而是愈加浓重。

（吴　玺）

万里乾坤,百年身世,唯有此情苦。

【出处】 宋·姜夔《玲珑四犯》

叠鼓夜寒,垂灯春浅,匆匆时事如许。倦游欢意少,俯仰悲今古。江淹又吟恨赋。记当时、送君南浦。万里乾坤,百年身世,唯有此情苦。

扬州柳,垂官路。有轻盈换马,端正窥户。酒醒明月下,梦逐潮声去。文章信美知何用,漫赢得、天涯羁旅。教说与。春来要寻花伴侣。

【鉴赏】 天地广阔,人生长久,只有思念之情让我愁苦。“情”指的是思念之情。“万里乾坤”“百年身世”指南宋动荡不安的社会背景和词人漂泊、居无定所的一生。世界宽广无垠,物态万千;人的一生能长至百岁,经历的事情无数,它们都不能使词人悲伤。对万事万物的苦难都漠然视之,却不能放下久别后对爱人的思念。思念之情胜过一切伤痛,可见离情苦

471

涩。这句话写离别后的相思愁苦,用宏大的天地、人生衬托情感。现在也用来抒发深切强烈的爱,刻画痴情形象。语言简洁,情感强烈。（吴　玺）

阅人多矣,谁得似、长亭树。树若有情时,不曾得、青青如此。

【出处】宋·姜夔《长亭怨慢》

渐吹尽,枝头香絮。是处人家,绿深门户。远浦萦回,暮帆零乱向何许。阅人多矣,谁得似、长亭树。树若有情时,不曾得、青青如此。　　日暮。望高城不见,只见乱山无数。韦郎去也,怎忘得、玉环分付。第一是、早早归来,怕红萼、无人为主。算空有并刀,难剪离愁千缕。

【鉴赏】长亭的柳树目睹了无数人们分离的景象。如果柳树有人的情感,受到离愁的影响,就不会依旧青葱茂密。长亭是送别的地方,长亭旁的柳树见过的人极多,这是其他事物都比不上的,词人埋怨自古以来多离别。词人离开时正值春夏之交,不是枯叶飘零的秋天,是柳树碧绿的时节。柳树遵循四季枯荣更替的规律,春夏碧绿。绿树青翠与伤别之情形成鲜明对比,离别之人看到生机盎然的景物,顿觉刺眼、更觉悲伤。

（吴　玺）

临断岸、新绿生时,是落红、带愁流处。记当日、门掩梨花,剪灯深夜语。

【出处】宋·史达祖《绮罗香·咏春雨》

做冷欺花,将烟困柳,千里偷催春暮。尽日冥迷,愁里欲飞还住。惊粉重、蝶宿西园,喜泥润、燕归南浦。最妨它、佳约风流,钿车不到杜陵路。

沉沉江上望极,还被春潮晚急,难寻官渡。隐约遥峰,和泪谢娘眉妩。临断岸、新绿生时,是落红、带愁流处。记当日、门掩梨花,剪灯深夜语。

【鉴赏】船到达了残断的河岸,春雨落,河水涨。落下的花瓣随河水流走。记起曾经,屋外梨花开放,下着春雨,夜里我们关起房门长谈。此句即写春雨中落花随水流走的实景,又写回忆。红色的花瓣飘在春天绿色的河水里,花朵还未枯萎就被雨水打落,于是带着忧愁的神色。词人赋予落花人情,画面动人。雨声淅沥,让词人记起春雨夜里和心上人谈心的场景。频繁剪去灯芯,可见谈心时间久和情感深。春雨中,落花带着愁容,词人思念愁苦,情景交融。

（吴　玺）

天涯万一见温柔。瘦应因此瘦，羞亦为郎羞。

【出处】宋·史达祖《临江仙·闺思》

愁与西风应有约，年年同赴清秋。旧游帘幕记扬州。一灯人著梦，双燕月当楼。　　罗带鸳鸯尘暗淡，更须整顿风流。天涯万一见温柔。瘦应因此瘦，羞亦为郎羞。

【鉴赏】期盼与心上人再次相见，又害怕重逢时心上人看见自己模样憔悴，光彩不再。此句写的是女子想念意中人。天地广阔，指出与有情人重逢的机会只有万分之一，极其渺茫。相思却难相见，因饱受相思折磨，女子茶饭不思，日益消瘦。如果被情郎看到枯槁容颜，女子就会难受羞惭。模样的变化、心情的起伏都只与意中人相关，可见女子用情至深，相思成疾。"羞亦为郎羞"也可指女子只在自己的心上人面前才会腼腆娇羞，楚楚动人。

（吴　玺）

红楼归晚，看足柳昏花暝。应自栖香正稳，便忘了、天涯芳信。

【出处】宋·史达祖《双双燕》

过春社了，度帘幕中间，去年尘冷。差池欲住，试入旧巢相并。还相雕梁藻井，又软语、商量不定，飘然快拂花梢，翠尾分开红影。　　芳径，芹泥雨润。爱贴地争飞，竞夸轻俊。红楼归晚，看足柳昏花暝。应自栖香正稳，便忘了、天涯芳信。愁损玉人，日日画栏独凭。

【鉴赏】燕子在黄昏时分归巢，因游玩疲倦，在芳香泥土筑成的巢中安然入睡，忘了给人送信。"柳昏花暝"指的是黄昏到来。燕子整日赏花、观柳，直到天色晚了才归去，刻画了燕子贪玩的形象。夜里就在芳香的春泥巢中熟睡，无忧无虑。燕子忘记把远方游子的家信送到女子手中，这是女子的猜测，说明她思念心切，才会埋怨不谙人事的燕子不负责任，顾自游春，把最重要的事情忘了。这句话表面写的是燕子游春晚归，实则是表达思妇期盼游子音讯，却不能知晓的无奈。

（吴　玺）

相思一曲临风笛，吹过云山第几重。

【出处】宋·卢祖皋《鹧鸪天》

庭绿初圆结荫浓，香沟收拾旧梢红。池塘少歇鸣蛙雨，帘幕轻回舞燕风。　　春又老，笑谁同。淡烟斜日小楼东。相思一曲临风笛，吹过云山第几重。

【鉴赏】用笛子吹一首相思曲调,不知风是否把乐声带到山的另一边。这句话写的是女子的闺思,刻画出临风吹笛的幽怨清婉形象。女子思念远行的游子,吹起的笛声哀怨绵长。"云山"极言山峰高耸,把他们阻隔两地。相思曲能够飘到远处,不只是因为风的帮助,而是因为相思绵绵不绝。问笛声随风飘到了第几重山峦,是因为女子希望自己的笛声能够越过重重山峰,让记挂的人听到,以传达相思。笛子的乐音飘散在开阔的天地间,寄托着淡淡的哀愁,意境悠远动人。 （吴　玺）

醉魂应逐凌波梦,分付西风此夜凉。

【出处】金·蔡松年《鹧鸪天·赏荷》

秀樾横塘十里香,水花晚色静年芳。胭脂雪瘦熏沉水,翡翠盘高走夜光。　　山黛远,月波长,暮云秋影蘸潇湘。醉魂应逐凌波梦,分付西风此夜凉。

【鉴赏】醉中的魂魄去追随那水中仙女的梦境,叮嘱秋风要告诉那美丽的人儿今夜寒冷,不要着凉。"凌波"此处代指仙女,语出曹植《洛神赋》。曹植在描写水中仙子洛神时用了"凌波微步,罗袜生尘"的描写,后世诗词中多用"凌波"这一意象代指与水有关的佳人。分付,即吩咐、叮嘱。由观赏水中的荷花,不禁联想至水中的仙女。作者沉浸在这朦胧幽静的夜色之中,观赏着月光下清丽的荷花,这样的良宵美景,作者似乎也渴望有佳人相伴,因此才会联想至要西风向那水中仙子传达自己的问候,以期能与水中仙子相会。 （李　臻）

相逢不尽平生事,春思入琵琶。

【出处】金·刘迎《乌夜啼》

离恨远萦杨柳,梦魂长绕梨花。青衫记得章台月,归路玉鞭斜。翠镜啼痕印袖,红墙醉墨笼纱。相逢不尽平生事,春思入琵琶。

【鉴赏】这短暂的相逢，并不能够畅所欲言穷尽详谈这一生的遭际，唯将这春日所有的思绪交与琵琶，借着婉转的弦音，将这一腔深情，娓娓道与君听。该句构思巧妙，琵琶的声音本就给人以凄恻婉转之感，似泣似诉。作者在此展开联想，将琵琶的幽怨之声，归结于拨弦之人将自己的满腔愁绪注入弦音之中。那拨弦之人要用弦音向心上人来倾诉这一段离别的痛苦与思念。经过这样的想象，本不能代替人的话语的琴音，也便就有着超越于乐曲本身的含义了。一曲琵琶声，似乎将所有的感情都传达出来了。

（李　臻）

开帘放入窥窗月，且尽新凉睡美休。

【出处】金·党怀英《鹧鸪天》

云步凌波小凤钩，年年星汉踏清秋。只缘巧极稀相见，底用人间乞巧楼。　　天外事，两悠悠，不应也作可怜愁。开帘放入窥窗月，且尽新凉睡美休。

【鉴赏】就任意扯开窗帘，将那窥窗的月亮放进屋子中来。不去理会那月亮抑或是那相会的牛郎织女，我只消趁着这新秋清凉的夜，美美地睡上一觉就行了。"开帘放入窥窗月"是化用苏轼《洞仙歌》中"绣帘开，一点明月窥人"一句。该词以闺中女子的口吻叙事，描写了这名女子不屑于为牛郎织女的凄美爱情感怀，只管舒服地休息。短短几句，颇有潇洒之致。此句情景交融，借景写情，颇为巧妙。

（李　臻）

不道枝头无可落，东风犹作恶。

【出处】金·王庭筠《谒金门》

双喜鹊，几报归期浑错。尽做旧愁都忘却，新愁何处着？　　瘦雪一痕墙角，青子已妆残萼。不道枝头无可落，东风犹作恶。

【鉴赏】可恶的东风，你难道不知道那梅树的枝头早就已经花叶无存、根本不可能再吹落任何东西了吗？你为何还是那般猛烈地吹来，不断地作恶。为何不能使早已空空的枝头得以有片刻的安歇。此词是以怨妇的口吻写作，是一首闺怨词。盼望与丈夫团聚而不得的闺中怨妇，看到已经空落落的枝头还在遭受着东风的摧残，便为梅树打抱不平。此外，这位女子也是以梅树自比，自己同那梅树一般，已经处于孤苦无依、内心凄凉至极之境。词句构思独特，意味悠长。

（李　臻）

问世间、情是何物？直教生死相许！

【出处】元·元好问《迈陂塘》

问世间、情是何物？直教生死相许！天南地北双飞客，老翅几回寒暑。欢乐趣，离别苦，就中更有痴儿女。君应有语，渺万里层云，千山暮雪，只影向谁去？　　横汾路，寂寞当年箫鼓。荒烟依旧平楚。招魂楚些何嗟及，山鬼暗啼风雨。天也妒，未信与、莺儿燕子俱黄土。千秋万古。为留待骚人，狂歌痛饮，来访雁丘处。

【鉴赏】想要问问这世间的万事万物，"情"是个什么样的东西？这个问题似乎没有真正的答案。但是真正的"情"，会让人"生死相许"、同生共死。该句词是作者被殉情大雁所震撼后，而不禁向世间万物发出的疑问。大雁这样的鸟儿尚且为情能够做到如此，更何况有思想、感情更加激越的人类呢？该句饱含作者对为爱殉情的大雁的叹惋之情，对坚贞之爱的赞美。此处作者也对世间所有的痴男怨女提出了一个亘古的话题，一个"情为何物"的母题。每当后人读至此句，心中必然要受到剧烈的冲击，并做出自己的思考。

(李　臻)

天南地北双飞客，老翅几回寒暑。

【出处】元·元好问《迈陂塘》

原文参见前句。

【鉴赏】两只雁儿并肩飞翔，南来北往，共同流离他乡。寒来暑往，年纪渐长，早已不记得共同经历了几度春秋，几度寒暑。共同的陪伴，使得两只雁儿早就紧紧联系在一起，再也分不开了。该句接上句"问情"而来。由虚转实，自感叹双雁的忠贞与陪伴，转而写明双雁殉情之原因——多年共同陪伴不离不弃、共同经历挫折苦难，心灵、性命早就紧紧连在一起，一个陨落，另一个绝不会独活。该句是对双雁的真实写照，同时也是作者对人间有情之人共历磨难的映射。

(李　臻)

欢乐趣，离别苦，就中更有痴儿女。

【出处】元·元好问《迈陂塘》

原文参见前句。

【鉴赏】在爱的岁月里，相聚的时光是那样甜蜜温馨，而生死的离别又是那样地心碎苦痛。在分分合合、聚来又散的日子里,多少痴痴的男女,为着片刻欢聚而无限喜悦又为着片刻离别而痛彻心扉。说到底,都是为着一个"情"字而痴。该句作者用了一个"痴"字,是在说明恋爱中的男女,总在为着对方的一点点变化而内心掀起巨大的波澜,这男男女女看似都是"痴"的。但是在"情"中,谁又不是这样呢?似乎爱情使得两人之间产生的这些欢乐与痛苦,即"痴",正是爱情存在的证据,也正是爱情能够给予人的最好体验。

（李　臻）

问莲根、有丝多少,莲心知为谁苦?

【出处】元·元好问《迈陂塘》

问莲根、有丝多少,莲心知为谁苦?双花脉脉娇相向,只是旧家儿女。天已许。甚不教、白头生死鸳鸯浦?夕阳无语。算谢客烟中,湘妃江上,未是断肠处。　　香奁梦,好在灵芝瑞露。人间俯仰今古。海枯石烂情缘在,幽恨不埋黄土。相思树,流年度,无端又被西风误。兰舟少住。怕载酒重来,红衣半落,狼藉卧风雨。

【鉴赏】想要问问那莲根（即莲藕）到底有多少丝,想要问问那莲心到底是为谁而苦。该词以问莲心、问莲根开篇,是因为该词的写作是由一对在水中殉情的恋人而展开。随着殉情男女在水中的逝去,他们的相思似乎就凝结在了勃勃生长的莲花之上。此处"丝"与"思"谐音双关,"有丝多少"即是指有多少相思。"莲心"即是殉情男女的真心,相爱却只能以同死来得到永恒,心又怎么可能不苦。因此想要了解他们的爱情、体味他们的苦痛,只消看那莲根千丝万缕的丝络,尝尝那莲子之心的苦涩便能够了解了。作者在此想要表达自己对这对令人怜悯的男女之赞颂,借由他们死处的荷花这一意象开篇,非常巧妙。情景结合、以物比人,在对物件的描写之中写人写事,足见词人之笔力。同时,这样的问句式描写,也使得本就凄婉的感情变得更加浓烈,撼人心脾。

（李　臻）

雨打梨花深闭门,忘了青春,误了青春。

【出处】明·唐寅《一剪梅》

雨打梨花深闭门,忘了青春,误了青春。赏心乐事共谁论?花下销魂,月下销魂。　　愁聚眉峰尽日颦,千点啼痕,万点啼痕。晓看天色暮看云,行也思君,坐也思君。

【鉴赏】紧紧地关闭这院门,只在这里静静欣赏雨打梨花之景。眼中是雨景,心中却是对他无尽的思念。沉浸在这思念的情绪里,让人忘了时间忘了青春。青春年华就在这痴心的等待之中被渐渐消磨荒废掉了。作者在此写一位女子思念心上人的闺怨情绪。用女子紧闭门户不理世俗,只一味沉浸在对心上人的思念情绪里的行为表现了她的痴情。加之"雨打梨花"的凄美之景与人物凄凉心情的结合,可怜可叹之感油然而生。

(李　臻)

晓看天色暮看云,行也思君,坐也思君。

【出处】明·唐寅《一剪梅》

原文参见前句。

【鉴赏】"我"因为太过思念你而什么事情都不想做。早晨的时候就望望天,欣赏天空的颜色。黄昏之时就看看夕阳中的云朵。行动的时候思念你,坐下的时候也思念你。在此,作者对这位思妇做了行为描写,朝暮间只是望着天空发呆,将思妇内心的烦躁不安,不想做任何事的惆怅情绪很好地表现了出来。又写到思妇不论是行走或是安坐,心心念念的还是心上人,期盼他赶紧归来。几个简单的动作描写便将一个满腹愁绪、坐立难安的思妇形象生动地塑造了出来。

(李　臻)

夜夜夜深歌《子夜》,年年年节度丁年。

【出处】明·卓人月《瑞鹧鸪·湖上上元》

城中火树落金钱。城外湖波起碧烟。夜夜夜深歌《子夜》,年年年节度丁年。　玻璃一段湖称圣,琥珀千钟酒号贤。自分懒逐儿女队,玉梅花下拾花钿。

【鉴赏】每个夜晚夜深的时候就要唱《子夜歌》。每年的这个时候都要过这个上元佳节。上元,即元宵节,农历正月十五日。《子夜》,指《子夜歌》,乐府曲名,多为描写爱情之曲。词句语意浅白,描述的就是上元节时,作者泛舟湖上,听见了美妙歌声。但是作者特意强调上元,特意强调表现爱情的《子夜歌》。正是在暗示自己在这样的上元佳节,不能与爱人相伴,只是独自孤苦漂泊,词句中蕴含些许凄凉之意。词句运用叠词,生动且有特色,声调起伏,句子读出来很有韵味。

(李　臻)

一枝红豆蔻,浅立东风瘦。

【出处】清·吴伟业《菩萨蛮二首》其一

谢家池馆桐花瑩,画屏曲屈翘红袖。欲剪凤凰衫,青虫摇羽簪。一枝红豆蔻,浅立东风瘦。春思远于山,眉痕凡几弯。

【鉴赏】一枝红豆,在东风的吹拂下摇摆着,身影瘦削。作者在此应当是将美人比作了一枝在风中摇曳的红豆。"红豆"本为爱情或者是相思之情的代表,那么"红豆蔻"必定是惹人喜爱的了。这样的比喻,既写出了美人的体型曼妙与柔美的姿态,也写出了画中的美人是可令人心生爱意的,因此,"红豆蔻"比喻生动巧妙。运用简短的句子,不仅将画中美人做了描绘,其间也饱含着作者对画中佳人的喜爱之意。　　(李　臻)

漫将薄幸比杨花,杨花犹解穿罗幕。

【出处】清·尤侗《踏莎行·闺怨》

独上妆楼,青山如昨。画眉彩笔春来阁。休弹红雨湿花梢,泪珠自向心头落。　　可恨东风,年年轻薄。天涯不管人漂泊。漫将薄幸比杨花,杨花犹解穿罗幕。

【鉴赏】暂且就将我心中那对你的怨恨比作漫天飞舞的杨花吧。可恨的人儿啊,你还不如那杨花呢,至少杨花还懂得穿过那罗幕,飘进屋内来慰藉我的心灵。此处作者以一个闺中思妇的口吻写词,将思念的愁绪比作漫天的杨花,生动形象地表现出了思妇的愁绪之多之乱。紧接着又是对心上人的怨恨,为什么还不回来与自己团聚,至少那飘扬的杨花还懂得陪伴孤独的自己。词句生动地塑造了一位对心上人又爱又恨,因远隔而心生怨念的思妇形象,浓烈的思念之情溢于纸面。　　(李　臻)

钟情怕到相思路,盼长堤草尽红心。

【出处】清·朱彝尊《高阳台》

桥影流虹,湖光映雪,翠帘不卷春深。一寸横波,断肠人在楼阴。游丝不系羊车住,倩何人传语青禽?最难禁,倚遍雕阑,梦遍罗衾。　　重来已是朝云散,怅明珠佩冷,紫玉烟沉。前度桃花,依然开满江浔。钟情怕到相思路,盼长堤草尽红心。动愁吟,碧落黄泉,两处难寻。

【鉴赏】我(指代叶元礼)已不敢再走那条曾经被这位女子倾慕之时所走的旧路了,因为她对我的钟情,真的令人悲痛。我只愿经过我们曾经有过交集的长堤之侧,欣赏那长满红心的芳草。句中"草尽红心"典出唐代诗人王炎《葬西施挽歌》:"满地红心草,三层碧玉阶。春风无处所,凄恨不胜怀。"西施芳魂逝去,诗人盼芳草能够长满红心,以告慰西施的亡灵。作者巧妙化用典故,此处痴情女子的生命与西施一样消逝了,那么那红心的芳草也应为这位美丽的女子生长。该二句为心理描写,作者在想象中抒写出叶元礼的心理感受。又化用典故,叶元礼内心的伤痛之感跃然纸上。

(李　臻)

共眠一舸听秋雨,小簟轻衾各自寒。

【出处】清·朱彝尊《桂殿秋》

思往事,渡江干,青蛾低映越山看。共眠一舸听秋雨,小簟轻衾各自寒。

【鉴赏】据考证,此词是朱彝尊回忆昔年因避寇乱,与其妻之妹共处一船时所作。朱彝尊暗恋他的小姨子,又不能明白倾诉其心意。若干年后,凝结成了这首著名的小词。词意谓自己和心上人此时正在一条船上休息着,共同听着窗外秋雨淅淅沥沥的声音。但是此时的我们并不能同床共枕,只能在这秋雨的夜里忍受着寒凉。作者描写了自己与心上人共眠一处,近在咫尺。但却又不能同床共枕,有咫尺天涯之感。"寒",既指身体感受到的秋夜的寒冷,也指两个人内心因为不能在一起而感到心寒。心中愁苦之感通过一个"寒"字便暴露在外,可见作者用词巧妙。作者的文辞十分文雅,无限的愁苦之感就寄寓在平淡的描写之中,抒发的相思之情也并不露骨。

(李　臻)

谁道飘零不可怜,旧游时节好花天。断肠人去自经年。

【出处】清·纳兰性德《浣溪沙》

谁道飘零不可怜,旧游时节好花天。断肠人去自经年。　　一片晕红才着雨,几丝柔绿乍和烟。倩魂销尽夕阳前。

【鉴赏】看着这海棠飘零之景,怎么能够让人不觉得怜爱。记得昔日与心上人一起游玩时,正是花开正盛的时节。可是如今,那令我心碎肠断的人儿已经离开我很久了。此处为借景抒情。由眼前之景,从而想到昔日与心爱之人游玩时也看到过相似的景色,那时的海棠正当节令,美好的景色对应着当时的幸福。而如今,花瓣飘零,心爱之人离开自己也已很久了,眼前的凄凉之景衬托了此刻的凄苦之情,悲伤的情绪不能遏止地流露了出来。

(李　臻)

若似月轮终皎洁,不辞冰雪为卿热。

【出处】清·纳兰性德《蝶恋花》

辛苦最怜天上月,一昔如环,昔昔都成玦。若似月轮终皎洁,不辞冰雪为卿热。　　无那尘缘容易绝,燕子依然,软踏帘钩说。唱罢秋坟愁未歇,春丛认取双栖蝶。

【鉴赏】最辛苦可怜的要数那天上悬挂的月亮了。只有一天能够像环一样完满,其他时候都是同玉玦一般有所缺憾。如果你真的承诺像月亮一样每日不离不弃地陪伴着我。那么我一定不害怕那冰雪的寒冷,而去拥抱温暖你。此处作者由天上的明月想到自己的亡妻。他们真挚的爱情虽然是那样美好,但是就像天上的月亮一般,完美圆满只是那么短暂的事情,有所缺憾才是常态。作者爱妻在临终之时曾经发愿变为月亮永远陪伴着作者,那么"若似月轮终皎洁,不辞冰雪为卿热"便是作者对亡妻发愿的回应了。词句句意虽浅,但是其中包含的对美满爱情的渴望与对亡妻的思念之情着实令人动容。

(李　臻)

被酒莫惊春睡重,赌书消得泼茶香,当时只道是寻常。

【出处】清·纳兰性德《浣溪沙》

谁念西风独自凉,萧萧黄叶闭疏窗,沉思往事立残阳。　　被酒莫惊春睡重,赌书消得泼茶香,当时只道是寻常。

【鉴赏】在春日回暖的时候,二人饮酒嬉戏,总是因酒醉沉睡过去。玩"赌书"的游戏,那茶汤泼洒出来,致使衣服上有淡淡的茶香。这些历历在目的场景,这些再也回不去的曾经,当时只当做寻常之事罢了。"赌书"为宋代词人李清照与其丈夫赵明诚夫妻间的故事。李清照《〈金石录〉后

481

序》中记载:"余性偶强记,每饭罢,坐归来堂,烹茶,指堆积书史,言某事在某书、某卷、第几页、第几行,以中否,角胜负,为饮茶先后。中,既举杯大笑,至茶倾覆怀中,反不得饮而起。甘心老是乡矣!"作者借用李清照夫妻间的趣事,代指自己与亡妻曾经也是这样相知相爱。"当时只道是寻常"一句点明了作者在佳人已逝,美好的过往不可能再重演之时,悔恨当时没能够好好珍惜幸福的心情。语句平实,细味之,则沉痛至极! （李　臻）

斜倚画屏思往事,皆不是,空作相思字。

【出处】清·纳兰性德《河传》

春浅,红怨。掩双环,微雨花间。画闲,无言暗将红泪弹。阑珊,香销轻梦还。　斜倚画屏思往事,皆不是,空作相思字。忆当时,垂柳丝。花枝,满庭蝴蝶儿。

【鉴赏】身体斜靠在画屏之上回忆着往事,然而那一切早已成为过往,我在这里只是白白地写着相思二字罢了。"空作相思字"是虚指,并非是作者真的一遍遍地书写"相思"二字,而是指作者不断地回忆往昔的幸福日子,一直沉浸在相思之中。一个人独倚画屏,追思过往的场景,也将一位痴情男子的形象很好地塑造了出来。该句词意浅显,感情也较为平淡,但是在平淡的叙述之中,作者将自己无限的思念寄寓其中,抒情含蓄深远。 （李　臻）

三载悠悠魂梦杳,是梦久应醒矣。料也觉、人间无味。

【出处】清·纳兰性德《金缕曲·亡妇忌日有感》

此恨何时已。滴空阶、寒更雨歇,葬花天气。三载悠悠魂梦杳,是梦久应醒矣。料也觉、人间无味。不及夜台尘土隔,冷清清、一片埋愁地。钗钿约,竟抛弃。　重泉若有双鱼寄。好知他、年来苦乐,与谁相倚。我自中宵成转侧,忍听湘弦重理。待结个、他生知己。还怕两人俱薄命,再缘悭、剩月零风里。清泪尽,纸灰起。

【鉴赏】自你离世的三年时间以来,我分不清是梦是醒。如果你的离开真的只是长梦一场,那也早应该醒了。你的离开大概是觉得这世间之事都乏味无聊吧,我与你有同样的感受。此处为作者的内心独白,或者说是对亡妻的倾诉。曾经有一位那样的佳人知己相伴左右,恍惚至今,阴阳两隔已有三年之久了。这几年来,每日如在梦中,总是觉得亡妻还在,而这一切都是梦境罢了。可是在你的忌日这天,我终于梦醒,现实催人断肠。词句虽短,句意也较为平淡,但又令人有满是血泪之感。 (李 臻)

还怕两人俱薄命,再缘悭、剩月零风里。清泪尽,纸灰起。

【出处】清·纳兰性德《金缕曲·亡妇忌日有感》
原文参见前句。

【鉴赏】我与你约定来生再见,我们再续前缘。但是我又怕我们两人依旧像今世这般薄命,到时又只是浅薄缘分后的孤苦岁月。为你流的泪水都要干了,我只好在这里多为你烧些纸钱,以作为我对你的思念。"缘悭"是指缘分依旧浅薄,"剩月零风"代指一种孤苦、清冷的岁月。作者在此做出想象,与亡妻约定来生再为知己,可是依旧会担心不能够长久相守。作者内心的郁结无法排遣,因为泪水似乎因为流得过多都已经干了。当泪尽之时,纸钱的灰也纷纷扬扬地飞起,充斥在天地之间。词句中有着哀入骨髓的愁思。 (李 臻)

凭仗丹青重省识,盈盈,一片伤心画不成。

【出处】清·纳兰性德《南乡子·为亡妇题照》
泪咽更无声,止向从前悔薄情。凭仗丹青重省识,盈盈,一片伤心画不成。 别语忒分明,午夜鹣鹣梦早醒。卿自早醒侬自梦,更更,泣尽风前夜雨铃。

【鉴赏】我想要凭着丹青的帮助,将脑海中的亡妻之像画出,以重新与她见面。可惜我的内心实在是太过于悲伤,以至于心中与眼中都早已是泪水盈盈。因为这一片伤心之意,竟使得画作不能画成。作者在此描写了自己因过度悲伤而不能将亡妻之像画出的境况。并非是脑海中已经忘却亡妻的形象,而是因为每每想起,心中实在是过于悲戚。这个场景的描写,塑造了作者对亡妻极度怀念的形象。所述之事令人悲戚,词句中所透出的无法释怀的思念之情也令人痛心。 (李 臻)

问君何事轻离别,一年能几团栾月?

【出处】清·纳兰性德《菩萨蛮》
问君何事轻离别,一年能几团栾月?杨柳乍如丝。故园春尽时。 春归归不得,两桨松花隔。旧事逐寒潮,啼鹃恨未消。

【鉴赏】想要问问你,为什么就这么轻易地抛下我离我远去。就像这挂在天空的月亮,这一年的时间里才能够有几个完满的夜晚呢。此处作者以一位思妇的口吻写词,质问远行的丈夫为什么总是离开。"轻别离"此处用典。白居易《琵琶行》中有"商人重利轻别离"之句,此处诗句化用其句意。一位闺中妇女思念远行的丈夫,将天上的月亮圆缺比喻他们的聚散无常,句中透出了浓烈的怀人之意。加之作者使用了反诘的语气,就使得思妇的闺怨之情与其孤苦之感更加浓重了。 （李　臻）

刚是樽前同一笑,又到别离时节。

【出处】清·纳兰性德《念奴娇》

人生能几,总不如休惹、情条恨叶。刚是樽前同一笑,又到别离时节。灯地挑残,炉烟蓺尽,无语空凝咽。一天凉露,芳魂此夜偷接。　　怕见人去楼空,柳枝无恙,犹扫窗间月。无分暗香深处住,悔把兰襟亲结。尚暖檀痕,犹寒翠影,触绪添悲切。愁多成病,此愁知向谁说。

【鉴赏】刚才我们还是共举杯盏、把酒言欢之态,转眼之间又到了离别时节。作者在此以一位与爱人分别之后的思妇口吻写词。从共同把酒言欢到离别场景的转变,形成了繁华欢乐与寂寞愁苦的对比,这种对比使得抒情主体更加惹人怜惜。作者笔力巧妙,因为人物心中的思念之苦并非简单的抒情之语就能概括的,将离别的场景简单写出,读者也便能够体会到主人公内心的伤感情绪了。词句中饱含着一种惆怅无奈的感情,又因主人公无尽的思念而显得凄苦异常。 （李　臻）

分明记得,吹花小径,听雨高楼。

【出处】清·厉鹗《眼儿媚》

一寸横波惹春留。何止最宜秋。妆残粉薄,矜严消尽,只有温柔。当时底事匆匆去?悔不载扁舟。分明记得,吹花小径,听雨高楼。

【鉴赏】我在脑海里清楚地记得,那条同你一起欣赏过飞花的小路,还有我们一起听过雨声的高楼。作者写了与曾经的爱人分离之后,主人公已经忘记了那位佳人美丽的容颜,还有她矜严的脾气,只剩下无形的温柔。曾经在一起时的那些美好的事情都已经随风而散,消失在记忆之中了,但是我仍然记得那些细小的温暖场景,比如那条飞花的小路还有那听雨的高楼。作者描写了一种回忆过去爱人的情状,没有过多情感的起伏。

只是发现在尘埃落定后,心底还留存着一些小小的感动,这样美好的情愫随着词句的抒写慢慢展开,惹人深思。 （李　臻）

偶为共命鸟,都是可怜虫。

【出处】清·蒋士铨《水调歌头·舟次感成》

偶为共命鸟,都是可怜虫。泪与秋河相似,点点注天东。十载楼中新妇,九载天涯夫婿,首已似飞蓬。年光愁病里,心绪别离中。　咏春蚕,疑夏雁,泣秋蛩。几见珠围翠绕,含笑坐东风。闻道十分消瘦,为我两番磨折,辛苦念梁鸿。谁知千里夜,各对一灯红。

【鉴赏】在机缘巧合的安排下我们偶然结为夫妇,将两个人的命运联系在一起。但是那又怎么样呢,现如今我们两个都是孤苦的"可怜虫"罢了。"共命鸟"用典。"共命鸟"为佛教典籍中的常见意象,指共身双头之鸟,命运联系在一起。此处作者以共命鸟指代他们夫妻,意在指明二人结为伉俪之后,便是荣辱与共的关系。"可怜虫"亦用典。《乐府诗集·横吹曲辞五·南朝梁企喻歌辞》中有"男儿可怜虫,出门怀死忧"一句,指离开家乡、孤身在外的男子是"可怜虫"。在此处作者意指二人分离后,双方都处于一种孤苦境地,十分可怜。作者在此点明与妻子分离的哀怨与痛苦,奠定了全词的感情基调。 （李　臻）

谁知千里夜,各对一灯红。

【出处】清·蒋士铨《水调歌头·舟次感成》

原文参见前句。

【鉴赏】谁会知道我们二人在相隔千里的夜里,各自对着一盏红烛,思念着对方呢? 作者在此处只是简单描绘了二人分离后,远隔千里,不得团聚的境况。但是两人都挂念着对方,对着红烛思绪早就飘到了对方那里。灯下孤影的场景有清冷悲哀之意,也是对上文夫妻分离后苦痛经历的承接。但是此时的词意并非是完全消极的,因为红烛似乎又是代表了两个人的真心,而且两人都在思念着对方。身体分离,心却同在一起。"灯红"二字将全词的悲凉之意进行了升华,作者在此借由二人爱情的坚定,将对团聚满怀期望的心情表露出来。 （李　臻）

疏帘不卷东风,一枝留取春心在。

【出处】清·张惠言《水龙吟·瓶中桃花》

疏帘不卷东风,一枝留取春心在。刘郎别后,年时双鬓,青青未改。冷落天涯,凄凉情绪,与花憔悴。趁红云一片,扶侬残梦。飞不到,垂杨外。　看取窗前细蕊,酿幽芳、几多清泪。六曲屏风,一痕愁影,搅来都碎。明月深深,为花来也,为人无寐。怕明朝又是,清明点点,看他飞坠。

【鉴赏】东来的微风吹不动那薄薄的帘幕,我撷取一枝盛开的桃花插入瓶中,希望用这桃花将春天留住。该词为作者吟咏瓶中桃花之词,全词以这枝桃花为出发点展开。在东风已渐微弱的时节,春天也就要过去了。作者努力地想把春天留住,便拿一枝桃花插入瓶中,以期春日能够更长久一些。此处作者借物抒情,一枝桃花今日虽是艳丽无比,但是这无根之木早晚都会凋零。正如作者与佳人曾经是那样的亲密美好,而如今,只能孤身一人在这里追忆往昔。妄想多留住一点美好的时刻,但也都只是徒劳罢了。该二句描写虽平实,却饱含了作者想留住美好时光的心情,也为后文抒发孤苦伤感之情做了铺垫。 （李　臻）

数遍屏山多少路,青青,一片烟芜是去程。

【出处】清·王鹏运《南乡子》

斜月半胧明,拣雨晴时泪未晴。倦倚香篝温别语,愁听,鹦鹉催人说四更。　此恨拼今生,红豆无根种不成。数遍屏山多少路,青青,一片烟芜是去程。

【鉴赏】我在心里默默地细数着你我之间遥远的路途,无奈路途实在数不清,只留下一片片青色的山岗,青烟迷蒙的山涧是你正在赶往远方的路途。此处描写了彻夜不眠的闺中思妇对爱人极度的思念,不断地计算着他行走的路线与距离。无奈烟波迷惘,中间相隔的已是数不清的重重山峦。作者以一个思妇的口吻,描写了其内心的心理活动,表现了对远方爱人深深的思念。这遥远的距离与不知何时的归期更使得这思念显得悲苦。

（李　臻）

缥缈眉痕忆远山，一春愁思不曾闲。断云只在有无间。

【出处】清·文廷式《浣溪沙》

缥缈眉痕忆远山，一春愁思不曾闲。断云只在有无间。原是花身应惜惜，犹凝竹泪记斑斑。小楼今夜恰轻寒。

【鉴赏】印象中美人那缥缈轻薄的眉痕让我想起了远处的山丘，这一整个春天心中都塞满了愁绪不曾空闲。那天空中的云彩因为太淡而似有似无。作者抒情含蓄，表面在写春愁之感，但又蕴藏着对心爱之人的深深眷念。拥有着像那远山一般眉毛的女子，该是多么温婉美好的人。这一整个春天心中都塞满了愁绪，并非只是因为伤春，更多的是因为思念。作者用缥缈的远山眉，似有似无的片云，为读者创设了一种虽然宁静却略显惆怅的意境，借由景色的描写，抒发了自己对美人的思念以及无尽的春愁之感。

（李　臻）

友　情

岂曰无衣？与子同袍。王于兴师，修我戈矛，与子同仇。

【出处】先秦·《诗经·无衣》

岂曰无衣？与子同袍。王于兴师，修我戈矛，与子同仇。

岂曰无衣？与子同泽。王于兴师，修我矛戟，与子偕作。

岂曰无衣？与子同裳。王于兴师，修我甲兵，与子偕行。

【鉴赏】朔风又起了，号角连声，厮杀震天。来吧，好兄弟，我们一起金戈铁马，血洒沙场。谁说没有衣裳，我与你同披一件战袍。且让我们磨刀利兵，为秦王而战，我与你一同杀敌。来吧，好兄弟，战死沙场前让我们再痛饮一杯。此句出自《秦风》，是出征前的战士所吟唱的战歌。表现了秦人乐生轻死的尚武精神。写出了将士们不惧死亡，携手杀敌的大无畏情怀。其面对死亡时的宝贵兄弟情谊令人热血沸腾、慷慨激昂。成语"同仇敌忾"就出自于此句。现用来指风雨同路，共同进退的友情。（李瑞珩）

风雨好①东西，一隔顿万里。

【注释】①好：喜好。

【出处】南北朝·鲍照《赠傅都曹别》

轻鸿戏江潭，孤雁集洲沚。邂逅两相亲，缘念共无已。风雨好东西，一隔顿万里。追忆栖宿时，声容满心耳。落日川渚寒，愁云绕天起。短翮不能翔，徘徊烟雾里。

【鉴赏】好风的箕星在东，好雨的毕星在西。就如同这一在东一在西的箕星与毕星一样，两个人一下子就要相隔万里。第一句是倒装的写法，诗人以相距甚远的两颗星比喻与友人分别后的距离，形象生动，表明与友人相去甚远，并且以"顿"字写出了相距短暂，分别后猝不及防的伤痛之感。这句诗语言真切，发自肺腑，诗人虽未直言思念，却通过感慨与友人相距甚远,无法再聚,表达了与友人深厚的情谊,以及对友人的思念。

(陈俊艳)

江南无所有,聊赠一枝春。

【出处】南北朝·陆凯《赠范晔诗》

折花逢驿使,寄与陇头人。江南无所有,聊赠一枝春。

【鉴赏】江南没有什么特别的东西可以赠予你,就送给你一枝带着春意的梅花吧。这是一首赠友人的诗,诗人语言亲切直白,因与友人无法相聚,因而折梅花赠友人,可见与友人情谊深厚,心意相通。诗人将思念化为一方的春色,通过梅花传递给远方的友人,与他共享春色,寄托思念。真正的友谊就是如此,如陆凯与范晔的相交一般,简单淳朴,贵在相知,不掺任何杂质而地久天长。

(陈俊艳)

独下千行泪,开君万里书。

【出处】南北朝·庾信《寄王琳》

玉关道路远,金陵信使疏。独下千行泪,开君万里书。

【鉴赏】打开你从万里之外寄来的书信,独自不停地流泪。这句诗描绘的是诗人拆开友人书信时的情景。信中内容无从得知,却从诗人的表现可以看出其中不乏慷慨忠壮之词,使诗人深受触动,为之下泪。诗人远离故土,本就对故乡怀有深深思念,收到故人传来的书信,必然触发了思乡之情。因感动于遥寄书信的情谊,诗人不免潸然泪下。这句诗语言简洁,却意味深长,结合诗人坎坷身世及离乡去国的经历,信中内容与诗人的心境仍是隐晦未明,也因此更加耐人寻味。

(陈俊艳)

海内①存知己,天涯若比邻②。

【注释】①海内:国境之内,即全国。古时认为我国疆土四面环海。②比邻:

489

近邻,古时五家相邻为比。

【出处】唐·王勃《送杜少府之任蜀川》

城阙辅三秦,风烟望五津。与君离别意,同是宦游人。海内存知己,天涯若比邻。无为在歧路,儿女共沾巾。

【鉴赏】送别题材的诗歌一向以凄凉感伤为主,而这句诗的情致却是出奇地开阔与昂扬,打破了自古以来"有别必怨"的格局。诗人言道,不要为即将面临的离别而感到伤怀,若是一个人在四海之内能够得到知己,那么即使他们远隔天涯也如同近在邻里一般。既化解离别的愁怨于无形之中,又使得彼此的友谊得到了进一步提升。词句格调高昂,情真意切。后人在与挚友分别之时,也常引用这两句诗作为宽慰,以此作为友情长存的誓言。

(吴纯燕)

复值接舆①醉,狂歌五柳②前。

【注释】①接舆:春秋时期楚国狂士,曾经"凤歌笑孔丘"。②五柳:晋陶渊明有《五柳先生传》,其主人公以门前的五棵柳树自号,故名五柳先生。

【出处】唐·王维《辋川闲居赠裴秀才迪》

寒山转苍翠,秋水日潺湲。倚杖柴门外,临风听暮蝉。渡头余落日,墟里上孤烟。复值接舆醉,狂歌五柳前。

【鉴赏】此时遇到接舆乘醉而来,在五柳先生门前徘徊高歌。诗句描写了自己隐居时和友人的往来乐趣。日暮时分,远山苍翠,秋水潺湲,诗人倚门而立,看落日与孤烟相映成趣,听晚风与蝉鸣起落交织,更兼友人乘醉来访,痛饮高歌。诗人自称五柳,称裴迪为接舆。前者萧散自适、诗酒自娱,后者狂放不羁、沉醉狂歌。二人虽然性格不同,却都有一颗超然物外、不慕浮名的隐者之心,故而能够相与流连,自得其乐。一个"复"字,在前诗已经极写隐居闲逸之乐的基础上,转到了与友人的互动往来,不仅表现了对友人来访的热情欢迎,也透露出山居生活疏放洒脱的一面,不着一字而欣喜之意溢于言表。

(吴纯燕)

相逢意气为君饮,系马高楼垂柳边。

【出处】唐·王维《少年行四首》其一

新丰美酒斗十千,咸阳游侠多少年。相逢意气为君饮,系马高楼垂柳边。

【鉴赏】少年游侠,意气横生,豪放不羁,一相逢便相结为友,饮酒谈心。骏马系在酒楼旁的垂柳边。诗歌上句写"为君饮",下句本可继续写少年游侠饮酒的场面,但诗笔一转,转而写游侠之骏马,骏马系在酒楼旁,自然骏马的主人就在酒楼饮酒了。骏马、游侠二者本就为一体。诗歌写将马系于酒楼之旁的场景,既间接刻画出游侠于酒楼纵饮豪情,又描写出游侠鲜衣怒马的潇洒自在。 （曹　明）

劝君更尽一杯酒,西出阳关无故人。

【出处】唐·王维《送元二使安西》

渭城朝雨浥轻尘,客舍青青杨柳春。劝君更尽一杯酒,西出阳关无故人。

【鉴赏】请你再饮一杯酒吧,因为你西出阳关之后,就没有老朋友陪你喝酒了。阳关在玉门关之南,故名。阳关已在中原外,安西更在阳关之外。言阳关已经没有故人,而远在阳关之外的安西更无故人。朋友"西出阳关",免不了长途跋涉的艰辛与寂寞。因此,在劝君饮的这杯酒中,包含了诗人对友人远行的挂念与体贴,体现出诗人与友人之间依依惜别的情谊。后人常用此诗送别亲友。 （曹　明）

唯有相思似春色,江南江北送君归。

【出处】唐·王维《送沈子归江东》

杨柳渡头行客稀,罟师荡桨向临圻。唯有相思似春色,江南江北送君归。

【鉴赏】只有我内心的相思之情像这无边无际的春色,遍布大江南北。因此,这春色从江南到江北,一直都在,跟随着你,仿佛送你归去。诗人运用比喻手法,将自然界的满目春色,比作自己内心深处深厚的情感,构思巧妙,情景交融,表现出诗人对友人依依不舍的惜别之情。虽是离情别绪,却哀而不伤,诗句借无限春光,表现出自己内心的无限相思,具有明媚动人之情。 （曹　明）

桃花潭水深千尺,不及汪伦送我情。

【出处】唐·李白《赠汪伦》

李白乘舟将欲行,忽闻岸上踏歌声。桃花潭水深千尺,不及汪伦送我情。

【鉴赏】桃花潭水深及千尺,却比不上汪伦送我的情谊之深。"桃花潭"点明了放船地点。"深千尺"又说明了桃花潭的特点。桃花潭水已经"深千尺",那么汪伦送李白的情谊得有多深,才能比得过深及千尺的桃花潭水呢? 诗人运用比物手法,变无形的情谊为生动的形象,自然生动,表达了诗人与汪伦之间真挚纯洁的深情,耐人寻味。后世常用此句表达人与人之间的真挚友情。 （曹　明）

我寄愁心与明月,随风直到夜郎西①。

【注释】①夜郎西:夜郎,唐县名。夜郎西,即指龙标。

【出处】唐·李白《闻王昌龄左迁龙标遥有此寄》

杨花落尽子规啼,闻道龙标过五溪。我寄愁心与明月,随风直到夜郎西。

【鉴赏】我把为友人忧愁的心寄托于明月,随着风,跟从着你,一直到在夜郎附近的龙标。当时王昌龄被贬龙标尉,李白听说后,写此诗寄之。诗中所指夜郎,是指位于今湖南省沅陵县的夜郎县。不管人与人相隔多远,总是共享一轮明月。正因为如此,诗人才通过想象,赋予了明月以生命,使之人格化,将自己对朋友的怀念和同情,借明月传达给友人。诗歌情意深挚,缠绵悱恻。后人常用此句表现对友人的挂念之情。 （曹　明）

孤帆远影碧空尽,唯见长江天际流。

【出处】唐·李白《黄鹤楼送孟浩然之广陵》

故人西辞黄鹤楼,烟花三月下扬州。孤帆远影碧空尽,唯见长江天际流。

【鉴赏】诗人把朋友送上船,船早已经扬帆而去,渐渐淡出视野,而他却久立江边,怅望帆船影尽。诗人一直望着帆影,直到帆影逐渐模糊,消失在碧空的尽头。帆影早已消逝,只有长江之水,不断流向远方。这两句看似写景,实则含情,前句写帆船渐渐远游之景,后句写长江滚滚流水之景,景中却伫立着一个目送友人背影、不舍离开之人,包含得浓浓的依依惜别之情。诗歌以目送孤帆远影的细节,表达了诗人对朋友的款款深情,意境含蓄,余味无穷。后人常用此句表现自己与友人之间的难舍之情。

（曹　明）

莫愁前路无知己,天下谁人不识君。

【出处】唐·高适《别董大二首》其一

千里黄云白日曛,北风吹雁雪纷纷。莫愁前路无知己,天下谁人不识君。

【鉴赏】不要担心前方的道路没有知己,您的声名,天下闻之,又有谁不知道您呢? 诗歌以反问结尾,却是肯定友人的语气。诗人用朴素无华的语言,来慰藉即将离别,前往新环境的友人,字里行间充满对友人的关心与信心。离别虽然伤感,诗句却声势宏阔,慷慨激昂,表现出振奋人心的力量。诗句言浅意深,既表现出诗人的开阔胸怀,又表现出与友人之间的深挚感情。后人常以此句鼓舞担忧新环境的友人。 　　　　（曹　明）

山回路转不见君,雪上空留马行处。

【出处】唐·岑参《白雪歌送武判官归京》

北风卷地白草折,胡天八月即飞雪。忽如一夜春风来,千树万树梨花开。散入珠帘湿罗幕,狐裘不暖锦衾薄。将军角弓不得控,都护铁衣冷难着。瀚海阑干百丈冰,愁云惨淡万里凝。中军置酒饮归客,胡琴琵琶与羌笛。纷纷暮雪下辕门,风掣红旗冻不翻。轮台东门送君去,去时雪满天山路。山回路转不见君,雪上空留马行处。

【鉴赏】峰回路转,行人慢慢消失在雪地里,而诗人却还站在原地深情凝望,友人的身影早已经看不见了,只留下雪上一行深深的马蹄印迹。此句表现出诗人对行者的依依惜别之情。从另一个层面上讲,诗人是送友人归京,友人这一去自然可回长安,而诗人也仍然留在此地,从诗人对友人送别的依依惜别之景可见诗人对友人回归故园长安的羡慕,心驰而神往,怅然若失。此句言已尽而意无穷,给读者无限的想象空间。

　　　　（曹　明）

冠盖满京华,斯人独憔悴!

【出处】唐·杜甫《梦李白二首》其二

浮云终日行,游子久不至。三夜频梦君,情亲见君意。告归常局促,苦道来不易。江湖多风波,舟楫恐失坠。出门搔白首,若负平生志。冠盖满京华,斯人独憔悴! 孰云网恢恢,将老身反累。千秋万岁名,寂寞身

493

后事。

【鉴赏】高冠华盖的达官贵人在长安城比比皆是，却唯独这样一个满腹经纶的人物憔悴不堪，才华得不到施展。冠盖，衣冠、车盖，指在长安城内有身份地位的达官贵人。此句诗歌运用对比手法，将长安城中庸碌却身居高位的权贵与才华满腹却困顿不堪的李白对比。一方面长安的权贵是"满"，一方面有才华且憔悴的人是"独"，用词精准，造成巨大的心理反差，表达了诗人对社会不公的愤懑之情以及对李白遭遇的同情。

（曹　明）

千秋万岁名，寂寞身后事。

【出处】唐·杜甫《梦李白二首》其二

原文参见前句。

【鉴赏】千秋万岁不朽的名声是一定的，可是，生前遭遇如此不幸，纵然死后名垂万古，人早已寂寞无知，又有何用？李白满腹经纶，生前却遭遇如此不幸，杜甫对李白的才华是无限信任、无比钦佩的，正因为如此，他才对李白年老了还要遭受这种冤屈感到不平，对李白的遭遇深切同情。诗歌满含悲愤，是诗人为李白的不幸发出的沉重嗟叹，同时，此句诗歌中诗人又何尝没有倾诉自己的心意，他也是在感叹自己的遭遇，所以才能够如此理解李白的内心。

（曹　明）

花径不曾缘客扫，蓬门今始为君开。

【出处】唐·杜甫《客至》

舍南舍北皆春水，但见群鸥日日来。花径不曾缘客扫，蓬门今始为君开。盘飧市远无兼味，樽酒家贫只旧醅。肯与邻翁相对饮，隔篱呼取尽余杯。

【鉴赏】长满花草的小路，今天因为你的到来而打扫。一向紧闭的家门未曾为人开过，今天因为你的到来才第一次为你打开。诗人于孤独寂寞之中，忽闻友人来访，不由喜出望外。"不曾""今始"二词不仅说明主人家客不常至，也蕴含着主人不轻易接待客人之意,而今日"君"来,主人却殷勤地收拾家里家外,由此可见对方在主人内心的地位,足见二人之间真挚深厚的友谊。 （曹 明）

正是江南好风景,落花时节又逢君。

【出处】唐·杜甫《江南逢李龟年》

岐王宅里寻常见,崔九堂前几度闻。正是江南好风景,落花时节又逢君。

【鉴赏】此时正值江南好景色,秋光明丽,在这落花时节,又一次与您相逢。此句既点明诗人与李龟年重逢的时间——秋天,又点出重逢的地点——江南。"落花时节"既可与"好风景"照应,表明此时正属秋季,又可指代彼此垂垂老矣的暮年。因此,尽管诗人说是好风景,却触动诗人内心的无限哀愁。诗人与故人重逢,顿生见友人之喜,引发出内心对往日的回忆。当思索二人并不理想的现实处境时,诗人内心又生出哀愁,可谓悲喜交加。 （曹 明）

荷笠带斜阳,青山独归远。

【出处】唐·刘长卿《送灵澈上人》

苍苍竹林寺,杳杳钟声晚。荷笠带斜阳,青山独归远。

【鉴赏】灵澈戴着斗笠,伴着夕阳,独自向青山走去,渐行渐远。寺庙应该就在山林之中,所以说"青山独归远"。从"独归远"三字能够看出,诗人一定是伫立良久,目送友人离去,依依惜别,道出不舍之情,由此可见诗人与灵澈之间的深厚感情。此诗虽为送别诗,却没有一般送别诗的低沉情绪,虽有深情,却不缠绵,而是别有一番闲情逸致在里面,表现出诗人淡泊的胸襟,真可谓是"君子之交淡如水"。 （曹 明）

今日听君歌一曲,暂凭杯酒长精神。

【出处】唐·刘禹锡《酬乐天扬州初逢席上见赠》

巴山楚水凄凉地,二十三年弃置身。怀旧空吟闻笛赋,到乡翻似烂柯人。沉舟侧畔千帆过,病树前头万木春。今日听君歌一曲,暂凭杯酒长精神。

【鉴赏】今天听了您的这首诗歌(指白居易《醉赠刘二十八使君》),就让我们暂且凭借酒的力量来努力增长精神吧! 此联一则点明诗题酬答之意,与好友白居易共勉;一则紧承"沉舟侧畔千帆过,病树前头万木春"一句而发,一改前两联低沉伤感的情绪,转而变得高昂兴奋,表现了诗人勇于重新投入生活的豪放气魄与乐观精神。后世遂多用此句彰显坚韧不拔的意志,以及好友间在困难之时的相互关怀、相互鼓励之情。 （经 惠）

晚来天欲雪,能饮一杯无?

【出处】白居易《问刘十九》

绿蚁新醅酒,红泥小火炉。晚来天欲雪,能饮一杯无?

【鉴赏】天色渐晚,好似将要下一场大雪。你能否与我一起在这雪天共饮一杯呢? 这两句是诗人在雪天向刘十九发出的饮酒的邀请。大雪将来,天气寒冷,诗人想要饮酒御寒的渴望被勾起,便以诚挚亲切的语气邀请朋友共饮,体现了朋友间亲密之情。"雪"这一意象,构成了白居易与朋友共饮的背景画面,大雪越是飘飞,就越能体现出屋内红炉的温暖以及朋友间愉快畅饮的融洽。结尾句"能饮一杯无"以平常口语入诗,使诗歌充满了自然真情之美。问句的设置,又增加了余音袅袅之感,给读者想象的空间。

（经 惠）

独行潭底影,数息树边身。

【出处】唐·贾岛《送无可上人》

圭峰霁色新,送此草堂人。麈尾同离寺,蛩鸣暂别亲。独行潭底影,数息树边身。终有烟霞约,天台作近邻。

【鉴赏】我的影子在潭底独自行走着,我的身子在树边停歇了好多次。这两句是由三、四句的"离别"之意过渡而来,描写了诗人在与好友无可上人分别后孤独怅惘、徘徊留恋之情。诗人别出新意,一是写"影",突出诗人只有影子相伴同行的寂寞之情。二是按照诗意,这两句的正确语序应当是"影,独行潭底","身,数息树边",但诗人使用倒装手法,颠倒语序,强调"独行"与"数息"。"独"与"数"对,"行"与"息"对,"独行"展现孑然一身的寂寞;"数息"则是因"独行"太过悲戚,内心焦灼无助,唯有多次停下来休息,回望送别的方向。只十字,便勾画出了诗人欲行欲止、徙倚徘徊的场景,让人倍感心酸。

（经 惠）

鸟宿池边树,僧敲月下门。

【出处】唐·贾岛《题李凝幽居》

闲居少邻并,草径入荒园。鸟宿池边树,僧敲月下门。过桥分野色,移石动云根。暂去还来此,幽期不负言。

【鉴赏】鸟儿在池边的树上栖息,皎洁的月色下僧人在敲着朋友家的门。这两句话在形式上对仗工整,内容上则相映成趣。"宿"和"月"字点明诗人(僧)是夜晚寻友(李凝),在池边树丛中栖身的鸟儿,诗人是看不见的。等到他敲着朋友的家门,发出了响声,惊起了休息的鸟儿们,他才知道。而鸟儿在他到访未敲门的时候,并没有被惊动,也可见李凝居处的静谧。此处的"敲"字用得极好,在夜静更深之时,于万籁俱寂中突发声音,以声衬静,体现了"幽居"之"幽"。

(经　惠)

只在此山中,云深不知处。

【出处】唐·贾岛《寻隐者不遇》

松下问童子,言师采药去。只在此山中,云深不知处。

【鉴赏】童子告诉我,隐者就在这座山中,但此山云雾深邃,隐者的踪影依旧浑然不知。这两句短短十字,简洁凝练,但却展现了诗人寻隐者过程中由希望到失望的心理状态。童子先告诉诗人隐者上山采药去了,诗人本以为无缘相见,但童子却又回答"只在此山中",使隐者缥缈的行踪由虚而实,让诗人有所期待。但当诗人望向隐者采药之山时,却发现云林深杳,难寻隐者足迹,隐者行踪又再次虚化,表达了诗人寻隐者不遇的惆怅之情,同时也为我们勾勒出一个风神飘逸、扑朔迷离、出尘脱俗的隐者形象,寄寓了诗人对世外生活的追求。

(经　惠)

数声风笛离亭晚,君向潇湘我向秦。

【出处】唐·郑谷《淮上与友人别》

扬子江头杨柳春,杨花愁杀渡江人。数声风笛离亭晚,君向潇湘我向秦。

【鉴赏】此诗是诗人在扬州和友人分别时所作。晚风习习,离别的驿站传来悠扬动听的笛声,你南往潇湘,我北上长安,你我二人就此分道扬镳。十里长亭奏起离别的笛声,笛声悠扬、绵长,宛如缠绵不断的离愁别

497

绪,更勾起诗人离别时的无限伤感。诗人与友人于凄清的夜晚别离,诗歌营造了一种月下朦胧、凄凉的意境,更渲染了离别之人哀伤、凄婉的心境。与一般的送别不同,诗人与友人的离别是分道扬镳,他们互相看着对方渐行渐远的背影,彼此的心却久久未能分开,身体被千山万水阻隔,心却紧紧相依。其中除了无奈与不舍之外,更体现出诗人与友人之间动人的友情。

(翟晋华)

鸟向平芜远近,人随流水东西。

【出处】唐·刘长卿《谪仙怨》

晴川落日初低,惆怅孤舟解携。鸟向平芜远近,人随流水东西。白云千里万里,明月前溪后溪。独恨长沙谪去,江潭春草萋萋。

【鉴赏】鸟儿们在原野上空或远或近地飞翔,人们却要随着流水各奔东西。此处写作者与友人分别之后的漂泊无依之感。鸟儿还能自在地飞翔,夜晚时可以归聚在一处,但作者与友人却不能相见。词人运用衬托的手法,以鸟衬人,在对比当中,将离别的痛苦表现得更加深切动人。再加之词人正处遭贬谪之时,这种离情就显得更加凄楚难耐了。 (经　惠)

目送征鸿飞杳杳,思随流水去茫茫。

【出处】唐·孙光宪《浣溪沙》

蓼岸风多橘柚香,江边一望楚天长。片帆烟际闪孤光。目送征鸿飞杳杳,思随流水去茫茫。兰红波碧忆潇湘。

【鉴赏】我目送着一群远飞的大雁渐渐消失在高空,思绪也随着眼前的江水越流越远。这是一首送别词,这两句是由上片"片帆"远去而引出的送别之意。上句的视角自下而上,由江面写到高空。"征鸿"用以比喻远去的亲人,目送征鸿飞去,表现了词人的依依不舍之情。然而视线有尽头,故而便只好"思

随",借流水来承载自己满腔的诚挚思念。"杳杳"与"茫茫",都是幽深遥远的意思。词人巧用两组叠词,不仅使得音节和谐动听,而且营造出一种深远苍茫的意境,更有利于表达词人缠绵悱恻的送别之情。　　（经　惠）

映门淮水绿,留骑主人心。

【出处】 唐·王昌龄《送郭司仓》

映门淮水绿,留骑主人心。明月随良掾,春潮夜夜深。

【鉴赏】 这两句话为全诗营造了一个美丽但又略显哀伤的意境。诗人在寂静的夜晚送别好友,难免会有此日一别无再会的伤感之情。淮河的碧水照在送别的门户之上,光影交错之间难舍的情愫溢于言表。多么希望能够留住自己的友人啊！诗人此时却也无可奈何。罢了吧,只要和友人心意相通也是好的。　　（杨泠泠）

仗剑行千里,微躯敢一言。

【出处】 唐·王昌龄《答武陵太守》

仗剑行千里,微躯敢一言。曾为大梁客,不负信陵恩。

【鉴赏】 王昌龄有侠客的自觉,故临别之时的辞言也带有侠客之风。"仗剑行千里"一句透露出潇洒俊逸之味,而下一句以"微躯"自称,又体现出对武陵太守真挚的敬意,这是一个多么坦诚又热血的诗人。在追逐信念的路上不断前行,孤身一人却得到了太守的帮助,这份感激之情恐怕深植于诗人之心,以至于临别之时许下了如此深重的诺言。　　（杨泠泠）

浮云游子意,落日故人情。

【出处】 唐·李白《送友人》

青山横北郭,白水绕东城。此地一为别,孤蓬万里征。浮云游子意,落日故人情。挥手自兹去,萧萧班马鸣。

【鉴赏】 这是一首讲朋友间别离的诗。当分别之后,游子之意,就如浮云一般,飘无定所。而故人之情,则如这西沉的落日,不再得见。有着这种深挚情意的两人就此分别,给整首诗带上了悲伤的色彩。　　（黄　鸣）

分手脱相赠,平生一片心。

【出处】 唐·孟浩然《送朱大入秦》

游人五陵去,宝剑值千金。分手脱相赠,平生一片心。

【鉴赏】这是一首送别诗,诗人在送别友人朱大时显示出了性格中的豪放一面,也流露出对友人的真切祝福。今日一别不知何时再见,诗人把自己对友人的感情寄托在随身佩戴的宝剑上,然后一并赠予友人,希望自己的情意能够借此传达。词句情真意切又意味深长。 （杨泠泠）

空山松子落,幽人应未眠。

【出处】唐·韦应物《秋夜寄邱员外》

怀君属秋夜,散步咏凉天。空山松子落,幽人应未眠。

【鉴赏】幽人,幽居之人,此处指"邱员外"邱丹,当时他在临平山学道。诗人在秋夜怀念友人。空茫静谧的秋山中,能清楚地听到松子落下的声音,诗人想到友人此时应该还没有入睡。于此联想到彼,空间上的跳跃开阔了诗的境界,也加深了诗人对友人的思念。词句语言清新,兴味悠长。 （章丹莹）

知有前期在,难分此夜中。

【出处】唐·司空曙《别卢秦卿》

知有前期在,难分此夜中。无将故人酒,不及石尤风。

【鉴赏】诗人在送别友人的时候内心十分不舍,以至于在诗的开头两句就如此突兀地写出来。虽然知道是有再见的时候,但仍然不愿意面对此刻的别离。诗人将自己的内心活动描写出来,意在表明对友人的深切情意,为后两句想要变作阻挡前行的"石尤风"做了感情上的铺垫。 （杨泠泠）

不管烟波与风雨,载将离恨过江南。

【出处】宋·郑文宝《柳枝词》

亭亭画舸系春潭,直到行人酒半酣。不管烟波与风雨,载将离恨过江南。

【鉴赏】诗人在送别友人之际,状似埋怨友人不管天气如何差都要离去,实则是在表达自己的不舍之意。诗人化抽象为具体,写自己的离别之恨被友人的船只载走,是为表现自己的依依惜别之情和不愿分别之意,感情真挚且动人,让被送别的人感受到了浓浓情意。 （杨泠泠）

万里思春尚有情,忽逢春至客心惊。

【出处】宋·欧阳修《春日西湖寄法曹歌》

西湖春色归,春水绿于染。群芳烂不收,东风落如糁。参军春思乱如云,白发题诗愁送春。遥知湖上一樽酒,能忆天涯万里人。万里思春尚有情,忽逢春至客心惊。雪消门外千山绿,花发江边二月晴。少年把酒逢春色,今日逢春头已白。异乡物态与人殊,唯有东风旧相识。

【鉴赏】景祐三年,欧阳修因为范仲淹鸣不平而被贬峡州夷陵(今湖北宜昌),次年春其好友谢初伯(时任河南许昌法曹参军)寄诗安慰,诗人作此诗答谢。我在万里之外的他乡思念故园的春天,思念故园的友人,忽逢春日到来,我客居在外的心久久不能平静。这两句诗中出现了两个"春"字:第一个"春"是诗人想象中故园的春天,温暖而又可爱,勾起了诗人无限的乡思;第二个"春"是指贬所的春天。春日到来一方面使诗人想起了故园之春,表达了诗人客居在外的思乡之情;另一方面"忽逢春"预示着时光的流逝,使诗人徒增老大头白的伤悲。"客心惊"三字并未直抒思乡之苦痛,而是以"惊"来展现"春至"带给诗人内心的震动,含蓄委婉,意义却深刻。

(翟晋华)

一年好景君须记,最是橙黄橘绿时。

【出处】宋·苏轼《赠刘景文》

荷尽已无擎雨盖,菊残犹有傲霜枝。一年好景君须记,正是橙黄橘绿时。

【鉴赏】一年中最美好的时候,你一定要记住,正是在这深秋橙黄橘绿的时节啊!这首诗是苏轼写给好友刘景文的勉励诗。当时刘景文已经58岁,难免有迟暮之感。诗人写深秋虽然萧瑟冷落,但也有硕果累累、成熟丰收的一面。用来比喻人到壮年,虽已青春流逝,但也是人生成熟、大有作为的黄金阶段。勉励朋友乐观向上,不要意志消沉、妄自菲薄。古人写秋景,大多气象萧索,渗透着悲秋情绪。然此处却一反常情,写出了深秋时节的丰硕景象,显露了勃勃生机,给人以昂扬之感。在表达上熔写景、咏物、赞人于一炉,含蓄地赞扬了刘景文的品性。

(汪培培)

解作江南断肠句,只今唯有贺方回。

【出处】宋·黄庭坚《寄贺方回》

少游醉卧古藤下,谁与愁眉唱一杯。解作江南断肠句,只今唯有贺方回。

【鉴赏】 贺方回即北宋著名词人贺铸(字方回),是作者的好友,此诗即作者写给他的寄赠之作。秦观喝醉了卧眠于古藤之下,谁能够再为忧愁的人唱首词,共饮一杯酒呢?能够像秦观那样写出吟咏江南,令人情肠哀断的词句的,如今也只有贺铸你了。诗寄贺铸,却先写秦观,三人都是朋友,但此时秦观早已去世,仅说"醉卧",是不愿提及老友之死。作此诗时,作者的许多朋友都已在政治斗争中去世了,作者本人也过着困顿的生活。"至今""唯有"一方面既有对秦观的追悼之意,另一方面也深深蕴含着如今好友只剩你一个的悲伤与感叹。足可见作者将贺铸视为知己的深沉情谊。

(汪培培)

登高怀远心如在,向老逢辰意有加。

【出处】 宋·陈师道《九日寄秦觏》

疾风回雨水明霞,沙步丛祠欲莫鸦。九日清樽欺白发,十年为客负黄花。登高怀远心如在,向老逢辰意有加。淮海少年天下士,独能无地落乌纱。

【鉴赏】 这两句诗是在写诗人对友人秦觏的想念、担忧与安慰勉励。这两句诗的意思是:值此重阳佳节之际,我已经在还乡赴任的旅途中了,但是跟我境遇相似的好朋友秦觏,到现在仍然是旅寓京师,前途未卜,我真是百感交集,感慨万千。"登高"作为重阳节的一项风俗习惯,虽然经常在有关重阳节主题的诗中有所提及,但不一定是实指,所以说这首诗有虚实结合的特点。"怀远"指怀念远人,特指秦觏。

(汪培培)

呜呼!男儿名重泰山身如叶,手犯龙鳞心莫慑。

【出处】 宋·晁补之《夷门行赠秦夷仲》

君不见夷门客有侯嬴风,杀人白昼红尘中。京兆知名不改捕,倚天长剑著崆峒。同时结交三数公,联翩走马几马骢。仰天一笑万事空,入门宾客不复通。起家簪笏明光宫。呜呼!男儿名重泰山身如叶,手犯龙鳞心莫慑。一生好色马相如,慷慨直辞犹谏猎。

【鉴赏】 这首诗是诗人借用唐代诗人王维《夷门歌》的诗题来写诗赠送他的友人秦夷仲的。"名重泰山"出自司马迁《报任安书》:"死或重于泰山,或轻于鸿毛。""龙鳞"出自《韩非子·说难》:"(龙)喉下有逆鳞径尺,若人有婴之者,则必杀人,人主亦有逆鳞,说者能无婴人主之逆鳞,则几矣。"后世称触人君之怒为批逆鳞。这两句诗的意思是:啊,夷门客们侠肝义胆,他们把名声看得比泰山还重,却把生身性命看得比树叶还轻;所做之事即使冒犯了君主也无所畏惧,不惜舍生取义。这句诗生动地写出了夷门侠客大义凛然的高风亮节。 （汪培培）

相逢京洛浑依旧,唯恨淄尘染素衣。

【出处】 宋·陈与义《和张规臣水墨梅五绝》其三

粲粲江南万玉妃,别来几度见春归。相逢京洛浑依旧,唯恨缁尘染素衣。

【鉴赏】 这首诗是诗人与表兄张归臣的一首唱和之作,是为一位人称花光仁老的和尚所画的墨梅题的诗。"京洛"指西晋的京都洛阳。"缁"是黑色,"素"是白色。这两句出自《昭明文选》卷二十四《为顾彦先赠妇二首》:"辞家远行游,悠悠三千里。京洛多风尘,素衣化为缁。"这两句诗把白梅花拟人化,它们由江南到京都洛阳游览观光,一路走来它们的模样形态都没有改变,只是由于洛阳的风尘太多太大,以至于它们的白衣服都变成了黑色的吧。这句诗以诙谐幽默的口吻解释了仁老为什么画的不是白梅而是水墨梅的原因,颇有趣味。 （汪培培）

年年送客横塘路,细雨垂杨系画船。

【出处】 宋·范成大《横塘》

南浦春来绿一川,石桥朱塔两依然。年年送客横塘路,细雨垂杨系画船。

【鉴赏】 这是一首描写送别场景的诗,通过对环境和周边景致的描写来渲染离别时的伤感。"横塘"是江苏吴江(今为苏州的市辖区)的一条河,风景宜人。"年年"两字连用,说明送客频率之高。这两句诗的意思是:我每年都在这春意勃发的横塘路送别友人;细雨蒙蒙,杨柳低垂,即将离去的画船就系在这岸边的柳树上。诗人用横塘路的春意盎然作为送别的背景,使离别变得更加伤感。诗人没有去直接叙述离别,而是从绵绵的春雨、低垂的杨柳、待发的画船这些和离别相关的景物入手,将诗人和友人之间的依依惜别之情渲染烘托得淋漓尽致,使人感同身受。 （汪培培）

海阔山遥，未知何处是潇湘。

【出处】宋·柳永《玉蝴蝶》

望处雨收云断，凭阑悄悄，目送秋光。晚景萧疏，堪动宋玉悲凉。水风轻，蘋花渐老；月露冷、梧叶飘黄。遣情伤。故人何在，烟水茫茫。

难忘，文期酒会，几孤风月，屡变星霜。海阔山遥，未知何处是潇湘。念双燕、难凭远信，指暮天、空识归航。黯相望。断鸿声里，立尽斜阳。

【鉴赏】这是一首思念友人的词作，作者寄情于景，以清幽的情景映衬难忘的情思。上片写景，云消雨停后作者登上高楼眺望秋景，不禁触动了伤情，因为想起了远在茫茫烟水处的故交好友。接着回想起当初相聚的欢乐时光，文人的集会仍似在眼前。然而斗转星移，只剩我自己独对风月，无人相伴。当日的欢宴更衬托出今天的想念，想象着那海阔山遥，我们何时才能再相逢呢？"潇湘"并非实指湘地，此处代指友人所在之地，乃化用"洞庭有归客，潇湘逢故人"的诗句。不知道友人在什么地方，也不知何时能重逢，思念穿过广阔的天地，却不知道该落在何处，令人叹息。

（汪培培）

无穷无尽是离愁，天涯地角寻思遍。

【出处】宋·晏殊《踏莎行》

祖席离歌，长亭别宴，香尘已隔犹回面。居人匹马映林嘶，行人去棹依波转。　　画阁魂消，高楼目断，斜阳只送平波远。无穷无尽是离愁，天涯地角寻思遍。

【鉴赏】这是一首送别之作。在饯行的酒席上唱着分离的歌，在送别的长亭里举行分别的宴席。落花满地，尘土都有香意，离去的人走远了，尘土弥漫已经看不清楚，却仍然频频回首，不忍离去。终于远行的人已乘船消失不见，只留送行的人在马背上。想象着以后的日子，只能在高楼上黯然销魂，登高远望，不过也只能看到斜阳照耀着江波流向远方吧。以上都是写离别情景，以及对别后情景的想象，最后一句生发感慨：无穷无尽的就是离别的愁绪了吧，随着离人走到天涯地角也不会穷尽。词句语言平易而感情真挚，令读者的思绪也随着作者的离愁飘散到广阔的天地之间。

（汪培培）

为君持酒劝斜阳，且向花间留晚照。

【出处】宋·宋祁《玉楼春》

东城渐觉风光好。縠皱波纹迎客棹。绿杨烟外晓寒轻，红杏枝头春意闹。　　浮生长恨欢娱少。肯爱千金轻一笑。为君持酒劝斜阳，且向花间留晚照。

【鉴赏】此词上片描写游湖所见到的大好春光，勾勒出一幅生机勃勃、色彩鲜明的早春图；然而这好美好的风光令词人生出人生短暂的感叹。浮生若梦，苦多乐少，不能吝惜金钱而轻易放弃这欢乐的瞬间。因为词人身居要职，官务缠身，很少有时间或机会可以畅享春天的美景，故引以为"浮生"之"长恨"。于是，就有了宁弃"千金"而不愿放过从春光中获取短暂"一笑"的感慨。为使这次春游得以尽兴，词人为同游的知己好友举杯挽留夕阳，请它在花丛间多停留一些时刻。至此词人对于美好春光的留恋之情，溢于言表，跃然纸上，同时也流露出"浮生若梦，为欢几何"的及时行乐思想。

（汪培培）

水是眼波横，山是眉峰聚。

【出处】宋·王观《卜算子·送鲍浩然之浙东》

水是眼波横，山是眉峰聚。欲问行人去那边，眉眼盈盈处。　　才始送春归，又送君归去。若到江南赶上春，千万和春住。

【鉴赏】这是词人赠送好友鲍浩然的词作，鲍浩然将要返回浙东，作者就从游子回乡的视角想象了其家人在家中思念他的情形。开篇两句独具匠心，笔法高超。"眉如春山""眼如秋水"是常用的对女子的形容，如果游子的家人思念起他的话，其表情应该是双眼含波，眉头紧蹙的吧。而作者此处则反用其意，将水比作女子的眼波横流，将山比作眉峰攒聚，好像归去的山水都是家中女子思念的情态。作者想象奇绝，推陈出新，为无情的山水注入有情的情态。这两句又总收于下句,问行人你要去哪里呢?既是回到那如"眼波""眉峰"的山水秀丽的故乡,也是回到"眉眼盈盈"的妻子身边,妙语双关,精巧非常。 （汪培培）

才始送春归,又送君归去。若到江南赶上春,千万和春住。

【出处】 宋·王观《卜算子·送鲍浩然之浙东》

原文参见前句。

【鉴赏】 上片词人以精巧的比喻描写了友人即将去到那秀美的山水故乡和妻子身边,下片则是从自己这个送行者的角度表达了对友人的祝福和惜春之情。才刚刚送走了春天,现在又要送你回去,好像春天也是一个友人。如果你能够到江南赶上先走的春天,那么千万要把春天留住。惜春之情溢于言表,对友人的祝福也寄寓其中。一般送行、惜春的诗词总是充满愁情感伤,而在作者看来送春也没什么愁,还可以到江南赶上;送人也不用悲,友人还兴许赶得上春。构思新奇,语言通俗而俏皮,笔调轻盈。在众多的送别作品中别具一格。 （汪培培）

少年侠气,交结五都雄。肝胆洞,毛发耸。立谈中,死生同,一诺千金重。

【出处】 宋·贺铸《六州歌头》

少年侠气,交结五都雄。肝胆洞,毛发耸。立谈中,死生同,一诺千金重。推翘勇,矜豪纵,轻盖拥,联飞鞚,斗城东。轰饮酒垆,春色浮寒瓮。吸海垂虹。闲呼鹰嗾犬,白羽摘雕弓,狡穴俄空,乐匆匆。 似黄粱梦,辞丹凤;明月共,漾孤篷。官冗从,怀倥偬,落尘笼,簿书丛。鹖弁如云众,共粗用,忽奇功。笳鼓动,渔阳弄,思悲翁,不请长缨,系取天骄种。剑吼西风。恨登山临水,手寄七弦桐,目送归鸿。

【鉴赏】 想当年,一身侠气,广结五湖四海的英雄豪杰。肝胆相照,毛发耸立,疾恶如仇。三言两语,就成为同生共死的好兄弟,一句诺言重千金。词人回忆青少年时期在京城的任侠生活。"少年侠气,交结五都雄"写少年时侠肝义胆,好结交豪杰。他们意气相投,肝胆相照,三言两语,即成生死之交;他们正义在胸,在邪恶面前,敢于裂眦耸发,无所畏惧;他们重义轻财,一诺千金;他们推崇勇敢,以豪侠纵气为尚。这些都从道德品质、做人准则上刻画了一班少年武士的精神面貌。作者抓住细节来写,写

得有声有色,充满一种笑傲江湖、快意恩仇的少年侠气。 （李瑞珩）

尊前故人如在,想念我、最关情。

【出处】宋·周邦彦《绮寮怨》

　　上马人扶残醉,晓风吹未醒。映水曲、翠瓦朱檐,垂杨里、乍见津亭。当时曾题败壁,蛛丝罩、淡墨苔晕青。念去来、岁月如流,徘徊久、叹息愁思盈。　　去去倦寻路程。江陵旧事,何曾再问杨琼。旧曲凄清。敛愁黛、与谁听。尊前故人如在,想念我、最关情。何须渭城。歌声未尽处,先泪零。

【鉴赏】酒樽前的故友倘若健在,定会想念我,最是关怀动情。此句言故人如在,唯有我最关情,定将为其一掬知音之泪。这时候,就仿佛在那酒筵之上,与旧日好友,共举酒樽,畅饮杯茗,与友人静诉归期,心心念念这人生自是有情缘,不关风与月。感念那日的离歌,只有相思的曲儿,才会这样的一分清洒,二分欣然,三分落寞,四分萧索,五分眷恋,六分静默,七分深情。且莫翻新,一曲能教柔肠结,直须看尽洛城花,一枝一叶总关情。 （李瑞珩）

燕衔柳絮春心远,鱼入晴江水自流。

【出处】宋·吕渭老《思佳客》

　　曾醉扬州十里楼。竹西歌吹至今愁。燕衔柳絮春心远,鱼入晴江水自流。　　情渺渺,梦悠悠。重寻罗带认银钩。挂帆欲伴渔人去,只恐桃花误客舟。

【鉴赏】三月的扬州,漫天的柳絮白似雪,在晴空飘飞着;俏丽的燕子轻灵地在空中打了个转儿,带着满心的欢喜,渐渐飞入广袤的晴空,了无痕迹;池底的鱼儿机灵地一个摆尾,跃入湛蓝的水中。诗人写到飞燕、柳絮,以景衬情,情渺渺,梦悠悠,寄相思。正是柳絮风轻的落花时节,微雨燕双飞,而我却茕茕孑立,多么思念那远方的友人呀,多么希望能与之共赏这数点琼葩。"鱼入晴江水自流"写愁绪就像鱼入江水一般随江水而去,写出词人的一份洒脱,一份释然。 （李瑞珩）

有约不来过夜半,闲敲棋子落灯花。

【出处】宋·赵师秀《约客》

507

黄梅时节家家雨,青草池塘处处蛙。有约不来过夜半,闲敲棋子落灯花。

【鉴赏】黄梅时节总是烟雨蒙蒙,池塘中积满了水,总是回响着青蛙的鸣叫声。本是与友人约好来下棋的,已是夜半时分,友人还是未来赴约,诗人只好燃起蜡烛,看着蜡烛一点一点燃尽。烛泪落下来变成灯花,敲着棋子等待友人,不觉间灯花已是落满了一桌。"闲"字带出诗人等待友人时百无聊赖之情态,以"敲棋子"的单调动作打发时间,冲淡焦虑情绪,具有较浓的生活气息。语句天然,不见刻意雕琢之痕迹,清丽可人。"落灯花"既是"敲棋子"的结果,同时也与"过夜半"巧妙形成呼应,因为只有时间已晚,灯芯燃久灯花才会落下。今多用以形容等的人久而不至时百无聊赖或焦虑失望的情态。

(王新宇)

欲将心事付瑶琴,知音少,弦断有谁听?

【出处】宋·岳飞《小重山》

昨夜寒蛩不住鸣。惊回千里梦,已三更,起来独自绕阶行。人悄悄,帘外月胧明。　　白首为功名。旧山松竹老,阻归程。欲将心事付瑶琴,知音少,弦断有谁听?

【鉴赏】岳飞的抗金大业受到朝中君臣的阻挠和迫害,一腔郁愤难以消解,夜不能寐,唯有深夜独自绕着台阶行走,望着朦胧的月光独自慨叹。此句写词人想将满腹的心事化作一首瑶琴弹奏出的曲子,将心事寄于瑶琴,令人不由自主地联想到伯牙子期的高山流水,又将不可感知的心绪有声化,意境全出。而"知音少"的转折又让原本开始寄予希望而上升的情绪急剧下落,情绪的起伏得以彰显。"弦断"二字更是把这种失望凸显到极致,仿佛眼见一位抑郁不得志的抚琴人在月下孤独地演奏,而无人问津。

(高思琪)

斫去桂婆娑,人道是清光更多。

【出处】宋·辛弃疾《太常引》

一轮秋影转金波,飞镜又重磨。把酒问姮娥,被白发、欺人奈何。

乘风好去,长空万里,直下看山河。斫去桂婆娑,人道是清光更多。

【鉴赏】这首词是淳熙元年(公元1174年)中秋夜词人为友人吕叔潜所作。此句引用了月中桂这一神话传说中的意象,却是从一个前人极少

508

涉及的新角度来阐释其意蕴。借婆娑的桂树象征理想道路上的阻碍，将忠义的光辉、国家的锦绣前途比作月的清光。一个"斫"字刚劲果断，显示出词人对铲除奸佞之人、污浊之气的坚定果敢。"清光"二字，仿佛可见月光照耀天地之景，澄明透亮如朗朗乾坤。词人对月抒怀，想象恣意，神思驰骋而飘扬浩荡，描述在"月"之上，意蕴已在"月"之外。　　　（高思琪）

我最怜君中宵舞，道男儿、到死心如铁。看试手，补天裂。

【出处】宋·辛弃疾《贺新郎·同父见和再用韵答之》

　　老大那堪说！似而今、元龙臭味，孟公瓜葛。我病君来高歌饮，惊散楼头飞雪。笑富贵、千钧如发。硬语盘空谁来听？记当时、只有西窗月。重进酒，换鸣瑟。　　　事无两样人心别。问渠侬：神州毕竟，几番离合？汗血盐车无人顾，千里空收骏骨。正目断、关河路绝。我最怜君中宵舞，道男儿、到死心如铁。看试手，补天裂。

【鉴赏】我最爱你夜半舞剑时的英姿，最敬重你曾说"身为男儿到死都应心如坚铁"。不妨让你我携手一试，共同补救这天地俱裂的危难局面。这一番话说得极为真挚深切，丝毫不见矫饰。词人几笔间叙述出夜半眼见友人张亮舞剑起誓的场景，描绘出友人张亮雄姿勃发的男儿气概，既是在抒发对英雄儿郎的敬意，也是在表明自己一心报国的雄心壮志。尤其尾句卒章显志，意气风发，豪情万丈，将挽救天下苍生的大事写得如翻手间试补苍天般充满诗意和神话的色彩，显露出诗人的真性情，是十分精彩的结语。　　　（高思琪）

奈何琴剑匆匆，而今心事，在月夜、杜鹃声里。

【出处】宋·张辑《祝英台近》

　　竹间棋，池上字。风日共清美。谁道春深，湘绿涨沙觜。更添杨柳无情，恨烟颦雨，却不把、扁舟偷系。　　　去千里。明日知几重山，后朝几重水。对酒相思，争似且留醉。奈何琴剑匆匆，而今心事，在月夜、杜鹃声里。

【鉴赏】深春时节，词人与友送别，共忆往昔同游之乐。想到自此一别，不知今后心事该与谁人诉说，不禁悲从中来。词人并不直抒离情之苦，而是将其融入晚春景色中，更显得情深意切，低回挚婉。"奈何"一叹，是情感高潮之后的感慨。琴剑是古代文士的随身配物，"琴剑匆匆"既指旅途匆忙,又代指昔日的悠游岁月,暗喻韶华匆匆,正如琴声剑影一般转瞬即逝,饱含对诗酒年华的追忆,引起读者无限遐想。结句从深春美景转入一种清寒的境界,将个人情感放逐到月夜鹃声的意境中,场景一下子空阔许多,清冷许多,前后对比更显寂寥,可谓言有尽而意无穷。　　（苏　晗）

不洒世间儿女泪,难堪亲友中年别。

【出处】 宋·严羽《满江红·送廖叔仁赴阙》

日近觚棱,秋渐满,蓬莱双阙。正钱塘江上,潮头如雪。把酒送君天上去,琼琚玉珮鹓鸿列。丈夫儿,富贵等浮云,看名节。　　天下事,吾能说;今老矣,空凝绝。对西风慷慨,唾壶歌缺。不洒世间儿女泪,难堪亲友中年别。问相思,他日镜中看,萧萧发。

【鉴赏】 南宋在边境战争中节节败退,作者对此十分悲愤,无奈报国无力,他将希望寄托在赴职好友廖叔仁身上,在秋色渐浓的钱塘江畔与之把酒送别。王勃有"无为在歧路,儿女共沾巾"之语,自己亦不愿做小儿女哭啼之状,然而中年送别,哀伤非常,心中难免戚戚。"不洒"表现了作者的豪迈气概,而"难堪"意在抒发满腔愁绪,作者在矛盾中塑造了一个胸怀慷慨、重情重义的大丈夫形象,生动丰满。两句化用典故,不事斧凿,又上下对偶,读之朗朗上口,常被世人引作送别名句。　　（苏　晗）

男儿西北有神州,莫滴水西桥^①畔泪。

【注释】 ①水西桥:花街柳巷之地。

【出处】 宋·刘克庄《玉楼春·戏林推》

年年跃马长安市,客舍似家家似寄。青钱换酒日无何,红烛呼卢宵不寐。　　易挑锦妇机中字,难得玉人心下事。男儿西北有神州,莫滴水西桥畔泪。

【鉴赏】 这是一首规劝友人的诗作,作者委婉地批评了朋友放浪形骸、湎于游冶的生活态度,以结句勉励他:要胸怀天下,不可沉溺于儿女之事,忘了从军报国的责任。男儿应有济世之志,在西北神州冲锋杀敌,而不是在水西桥畔流连声色。与乏味的说教不同,作者书写了两个反差极大的地点:一是西北的边疆战场,一是长安桥畔的温柔之乡,在对比中,人生大义也就逐渐凸显出来了。一个"莫"字更是对朋友直接的批评,语气斩截,提醒朋友风雨飘摇之际不能只顾个人的安乐,要以国事为大。此句也被历代能人志士引为自励之语,寄托了古今士大夫们家国天下的伟大理想。

(苏 晗)

君去京东①豪杰喜,想投戈,下拜真吾父②。谈笑里,定齐鲁。

【注释】①京东:宋时路名,管辖现在的山东、河南东部和江苏北部地区,即作者好友陈子华任职之地。②真吾父:用岳飞典故。张用在江西作乱,岳飞写信晓谕,张用看后感慨:"真吾父也!"遂降。见《宋史·岳飞传》。

【出处】宋·刘克庄《贺新郎·送陈真州子华》

北望神州路。试平章,这场公事,怎生分付。记得太行山百万,曾入宗爷驾驭。今把作,握蛇骑虎。君去京东豪杰喜,想投戈,下拜真吾父。谈笑里,定齐鲁。 两河萧瑟惟狐兔。问当年,祖生去后,有人来否。多少新亭挥泪客,谁梦中原块土?算事业,须由人做。应笑书生心胆怯,向车中,闭置如新妇。空目送,塞鸿去。

【鉴赏】这是一首送别词,刘克庄先是分析了真州当前的政治形势:自宗泽抗金失败,朝廷对义军采取疑惧的态度,及陈子华出任真州,深得民心,因此刘克庄希望朋友能重视义军,团结所有力量共同抗金。他的议论并未流于宽泛,"下拜真吾父",既是用典,又极具形象感;既体现了作者纵横古今的胸怀与独见,又生动描摹了京东豪杰的现实心境。"真吾父",原是张用口语的表达,作者移接到这里,令人耳目一新,又能感受到那种古今相接的豪气。"谈笑里,定齐鲁",表明作者对朋友的坚定信心,这是作者心愿的抒发,由饱含着他对朋友的殷切期待,转向壮阔激扬的意境。

(苏 晗)

多少新亭挥泪①客,谁梦中原块土? 算事业,须由人做。

【注释】①新亭挥泪:东晋渡江名士常聚于新亭,宴中感叹国事不济,遂对泣。见《晋书·王导传》。

【出处】宋·刘克庄《贺新郎·送陈真州子华》
原文参见前句。

【鉴赏】这一句责备了当时只知道感慨伤世的士大夫,他们"新亭对泣",却毫无抗金复国之志。他用东晋文士暗喻南宋贵族,讽刺得委婉而巧妙;又以反问的口气,谴责当权者沉溺于江南的温柔乡,做梦都不会有收复中原的志向了。作者批判了统治阶层不思进取的态度,议论中又饱含着沉痛悲愤的感情。后一句,则寄托了作者对好友的期待,希望他以"新亭挥泪客"为诫,踏实做事。"算事业,须由人做",反驳了江南文士的懦弱,高扬了脚踏实地的实干作风。这是对能人志士的呼唤,也是鼓舞人心的集结号声。

（苏　晗）

拼一醉,留君住。歌一曲,送君路。遍江南江北,欲归何处。

【出处】宋·吴潜《满江红》

红玉阶前,问何事,翩然引去。湖海上,一汀鸥鹭,半帆烟雨。报国无门空自怨,济时有策从谁吐。过垂虹亭下系扁舟,鲈堪煮。　　拼一醉,留君住。歌一曲,送君路。遍江南江北,欲归何处。世事悠悠浑未了,年光冉冉今如许。试举头,一笑问青天,天无语。

【鉴赏】词也是一种听觉的艺术,这一句长短相杂、反复吟咏,极富音韵美,充分展现了这一艺术形式的独特魅力。前两句上下相协,音韵悠长,似乎有着古代歌行体的逸兴,一"醉"一"曲",表达了作者对远行友人的惜别之情,但又如此潇洒豪放! 接着,作者的情感出现突然的转向:江南江北,前路茫茫。"欲归何处",不仅指向塞外飞蓬般的漂泊生活,更暗含着"绕树三匝,何枝可依"(曹操《短歌行》)的明君理想。作者痛别友人,报国无路,双关的表达使得复杂情感的抒发更加委婉含蓄,沉郁动人。

（苏　晗）

折芦花赠远,零落一身秋。

【出处】宋·张炎《八声甘州》

记玉关,踏雪事清游。寒气脆貂裘。傍枯林古道,长河饮马,此意悠悠。短梦依然江表,老泪洒西州。一字无题处,落叶都愁。　　载取白云归去,问谁留楚佩,弄影中洲。折芦花赠远,零落一身秋。向寻常野桥流水,待招来,不是旧沙鸥。空怀感,有斜阳处,却怕登楼。

【鉴赏】 小序中写到作家赋此曲,寄之好友,所赠之人为他乡旅客,无疑;所赠之物为"芦花"——芦花何能寄? 这里面包含着作家的诗意想象。古人常有"折柳送别"的诗兴,这里的"折芦花赠远"有相似之处,但少了一些离别的眷恋,多了一些对身世悲凉的怀想。芦花,其色苍苍,其状摇摇,给人萧瑟苍凉的视觉印象。作者以芦花为寄托,表达对好友的思念,塑造了只影空怀远的形象。"零落"一词亦是与芦花的意象紧密相连的,起到了强调的作用,是对意境的进一步渲染。作者将抽象的"秋"具化了,似乎秋味即是这漫天的芦花,簌簌满衣襟,亦有身世飘摇之叹。前半句赠远,意在怀友,视野辽阔空旷;后半句悲秋,自伤身世,是一个独立秋风的诗人形象。作者营造了一个苍茫悲凉的意境,此句也成为赠远名句。

(苏　晗)

忘年尔我重交情,论事相同见老成。

【出处】 明·谢榛《夜话李孺长书屋因怀其尊君左纳言》

忘年尔我重交情,论事相同见老成。月到广除寒有色,鸦归疏柳夜无声。三农更苦江南税,百战方休海上兵。岁暮银台应感叹,几人封事为苍生?

【鉴赏】 十分看重你我忘年相交的情谊,你少年老成,在论事上往往与我见解相同。这句诗写的是诗人对与友人忘年相交,情谊深厚的感叹。其中诗人与友人李长孺年龄相差很大,辈分亦不同,却交情深厚,因而诗人称两人相交为忘年交,"重交情"则直接表明了两人交情深厚。次句诗人称赞友人少年老成,"论事相同"说明两人相交志趣相投,志同道合,又一次强调了两人之间深厚的友情。这句诗语言亲切自然,直抒胸臆,表达了作者与友人之间的深厚情谊。

(陈俊艳)

谁向孤舟怜逐客,白云相送大江西。

【出处】 明·李攀龙《于郡城送明卿之江西》

青枫飒飒雨凄凄,秋色遥看入楚迷。谁向孤舟怜逐客,白云相送大江西。

【鉴赏】 如今有谁同情被贬谪的逐客,来岸边送他乘舟远行呢? 抬头看到天边的白云,希望它能代我送友人到江西。这句诗描绘的是诗人送友人远行时的凄迷场景。其中"孤舟"与"逐客"表现出了诗人心中的孤寂

与落寞,有一种凄凉之感,
"怜"字表明了诗人对友人的
同情与担忧。第二句的"白
云相送"写了诗人极目远送
友人时所看到的景象。诗人
寄情于白云,希望其能代他
相送友人,句中饱含着深情,
表达了作者对友人的依依不
舍。这句诗寄情于景,情景交融,表达出作者送别友人时的不舍与同情,
以及低沉萧索的心境。

(陈俊艳)

故人知我年华暮,唱彻霸陵回首句。

【出处】清·王夫之《青玉案·忆旧》

　　桃花春水湘江渡,纵一艇,迢迢去。落日颓光摇远浦。风中飞絮,云
边归雁,尽指天涯路。　　故人知我年华暮,唱彻霸陵回首句。花落风狂
春不住。如今更老,佳期逾杳,谁倩啼鹃诉?

【鉴赏】故人知我年华已暮,也明白我的心境,便反复吟唱着王粲《七
哀诗》里"南登霸陵岸,回首望长安"的句子。霸陵,为西汉汉文帝的陵墓,
汉文帝时期为国泰民安的太平盛世。作者在此点明友人为我唱霸陵句,
一是借用诗句中"回首望长安"之意,寄寓作者对故国之思;二是将当时的
境况与汉文帝时境况相比,点明对现实的痛心。从与友人相别联系到历
史之事,又联系到现实之境况,抒发了作者心中的感怆伤感之情。

(李　臻)

西风又起不胜情。一篇《思旧赋》,故国与浮名。

【出处】清·吴伟业《临江仙·遇嘉定感怀侯研德》

　　苦竹编篱茅覆瓦,海田久废重耕。相逢还说廿年兵。寒潮冲战骨,野
火起空城。　　门户凋残宾客在,凄凉诗酒侯生。西风又起不胜情。一
篇《思旧赋》,故国与浮名。

【鉴赏】这时西风又起,内心对友人无限怀念的凄楚之情又生。可是
再多的思念也不能使友人回到人世。只好将《思旧赋》寄给在另一个世界
的朋友以寄托心中的思念之情。自友人逝去后,所剩下的,也只不过是已

经灭亡的故国与毫无意义的浮名罢了。《思旧赋》为用典,作者借用向秀对故友嵇康表达怀念之情所写的《思旧赋》来表现自己内心对友人的思念。作者对民间疾苦的真实描写加之对因战争而亡的友人之怀念,反映了作者对战争的厌恶与痛恨。词句虽短,但作者感情真挚,有强烈的凄苦叹息之感。

(李　臻)

万里故人关塞隔,南楼谁弄梅花笛?

【出处】 清·宋琬《蝶恋花》

　　月去疏帘才数尺,乌鹊惊飞,一片伤心白。万里故人关塞隔,南楼谁弄梅花笛?　　蟋蟀灯前欺病客,清影徘徊,欲睡何由得?墙角芭蕉风瑟瑟,生憎遮掩窗儿黑。

【鉴赏】 遥想故人,他现在正远在万里之外,与我有关塞相隔,不得其消息。正在此时,忽听得南边楼中不知何人正在用笛子吹奏梅花之曲。作者客居他乡,静夜漫步,因自身的孤独之感想到比自己处境还要艰辛的关外友人,为自己感到凄凉,更为友人悲伤。就在这思念友人之时,或许是巧合也或许是作者的想象,远处响起了用笛子吹奏的梅花之曲,与这思念的心绪相契合。

(李　臻)

长安书远寄来稀,又是一年秋色到天涯。

【出处】 清·毛奇龄《南柯子》

驿馆吹芦叶,都亭舞柘枝。相逢风雪满淮西,记得去年残烛照征衣。曲水东流浅,盘山北望迷。长安书远寄来稀,又是一年秋色到天涯。

【鉴赏】 长安离这偏僻的淮西之地十分遥远,因此从长安寄来的友人书信本就稀少。今日收到了陈敬止从长安寄来的书信,心中无限喜悦。读着书信,却依然不能解思友之情,我们二人依旧是远隔万里不得相见。抬头望望这满眼的秋景,不得不使人重新感到忧愁。作者字面上是写事写景,实则是以秋景比喻深深的愁思。客居远方的作者,在这驿馆总是回忆起与友人曾经的欢聚时光。友人的书信只能暂时慰藉心灵,孤苦之感还是难以消解。

(李　臻)

沦落半生知己少,除却吹箫屠狗。算此外、谁与吾友?

【出处】 清·陈维崧《贺新郎·赠苏昆生》

515

吴苑春如绣。笑野老、花颠酒恼,百无不有。沦落半生知己少,除却吹箫屠狗。算此外、谁与吾友?忽听一声河满子,也非关、泪湿青衫透。是鹃血,凝罗袖。 武昌万叠戈船吼。记当日、征帆一片,乱遮樊口。隐隐枪楼歌吹响,月下六军搔首。正乌鹊、南飞时候。今日华清风景换,剩凄凉、鹤发开元叟。我亦是,中年后。

【鉴赏】我这半生漂泊沦落,知己没有几个,与我交友的也不过是隐居下层的有志之人罢了。除了这些人,还有谁与我是朋友呢?此处"吹箫""屠狗"引用典故。"吹箫"是指春秋时伍子胥遭受政治打击,吹箫乞食于市。"屠狗"是指荆轲在燕国与当地的屠狗之人交往。因此可见"吹箫""屠狗"之人乃是屈居下层、混迹于市井的有志之士。作者在此将自己的交友情况挑明,是为下文描写友人苏昆生作铺垫,因为友人苏昆生即是一位民间艺术家。在"算此外、谁与吾友"一句使用疑问语气,强调意味突出,顺而引出下文苏昆生,可见苏昆生这位朋友对作者的重要性。

(李 臻)

我泪别君君别我。莫洒临歧,留作相思可。

【出处】清·朱彝尊《苏幕遮·别王千之》

朔云垂,霜雁过。上苑秋深,一带寒烟锁。数尽归期犹未果。无事长安,空把征衫涴。 折黄花,倾白堕。又是骊歌,送客旗亭左。我泪别君君别我。莫洒临歧,留作相思可。

【鉴赏】我和友人在这里告别,我们都留下了不舍的泪水。但是我们不要让泪在这分别的岔路口白白飘洒了,就让泪水化作相思,藏在心中吧。此处作者用直描的笔触,描写了自己与友人挥泪告别的场景,塑造了依依不舍的两位友人的形象。"莫洒临歧,留作相思可"是作者对友人也是对自己的劝慰。以后还会有机会相见,将泪水变成相思以待下次的团聚即可。此三句为句末升华,前文描写送别之景,有无限凄怆之感,词末的鼓励表现了作者希望二人时刻互相挂念,以使友谊长存的愿望。

(李 臻)

季子平安否?便归来,平生万事,那堪回首!

【出处】清·顾贞观《金缕曲二首》其一

季子平安否?便归来,平生万事,那堪回首!行路悠悠谁慰藉,母老家贫子幼。记不起,从前杯酒。魑魅搏人应见惯,总输他、覆雨翻云手。冰与雪,周旋久。　　泪痕莫滴牛衣透,数天涯,依然骨肉,几家能够?比似红颜多命薄,更不如今还有,只绝塞,苦寒难受,廿载包胥承一诺,盼乌头、马角终相救。置此札,君怀袖。

【鉴赏】汉槎,你在宁古塔那极寒之地过得还好吗?只一句问候,便已哽咽不止,不忍再问。亲爱的朋友,即使你现在能够回还至此,这一生经历的苦痛,也还是不忍回首再去想的吧。此词为作者寄给好友吴兆骞的词,作者点明以词代书,因此开篇就是问安。也体现了作者思念关心友人的情怀。"季子"用典,季子是指春秋时代吴国公子季子(季札)。季子为人正直忠义,品德高尚。此处作者以"季子"呼吴兆骞,也是从另一个角度称赞他的人格与德行。内心对友人极度担忧,却又无能为力,词句中感情复杂,句句满含血泪之情。

(李　臻)

魑魅搏人应见惯,总输他、覆雨翻云手。冰与雪,周旋久。

【出处】清·顾贞观《金缕曲二首》其一

原文参见前句。

【鉴赏】妖魔鬼怪与人搏斗的事情应该说是已经司空见惯了,而人类总会输给魑魅那些翻云覆雨的恶劣手段。被迫害之后,便要在关外常年与那猛烈的冰雪抗争了。"魑魅"是指妖魔鬼怪,此处代指那些陷害吴兆骞的朝中恶人。"应见惯"点明他们经常行类似的作恶之事。"翻云覆雨手"此处用典,杜甫《贫交行》诗中有"翻手作云覆手雨,纷纷轻薄何须数。""翻云覆雨手"也便指代阴狠狡猾的手段。此处作者并未直接痛骂小人,而是通过对这些小人行径的揭示,含蓄表达对他们的痛恨。又想到友人在遭遇小人的手段之后便被发配边疆,日日都要与冰雪抗争,这样的境况怎么能够不令人痛心!

(李　臻)

我亦飘零久,十年来,深恩负尽,死生师友。

【出处】清·顾贞观《金缕曲二首》其二

我亦飘零久,十年来,深恩负尽,死生师友。宿昔齐名非忝窃,试看杜陵消瘦。曾不减,夜郎僝僽。薄命长辞知己别,问人生,到此凄凉否?千万恨,为君剖。　　兄生辛未我丁丑,共些时,冰霜摧折,早衰蒲柳。词赋从今须少作,留取心魂相守。但愿得,河清人寿。归日急翻行戍稿,把空

517

名料理传身后。言不尽,观顿首。

【鉴赏】这些年,我又何尝不是同你一样,尝尽了飘零之苦。自你遭贬的这十几年来,我虽日夜奔走,却还是没能将你从那里拯救回来。生死之交的伙伴,亦师亦友的兄弟,我确实深深辜负了你对我的恩泽啊。作者承接上篇《金缕曲》而来,从自身角度写起,向朋友告知这些年自己在官场亦是不得意,根本没有能力将朋友救回。回想自己曾经与挚友的生死结交,挚友对自己亦师亦友般的照顾,可如今自己用了十几年的时间也未能将好友救回。作者内心深深的自责之感随着词句抒写,愈发浓烈。

(李　臻)

词赋从今须少作,留取心魂相守。但愿得,河清人寿。

【出处】清·顾贞观《金缕曲二首》其二

原文参见前句。

【鉴赏】写词作赋太过伤神,因此今后要少作一些。要好好保重自己的身体,切不可使心魄与身体分离。但愿能有"海晏河清"的一日,我们都活得长长久久,在一起欢聚。作者对挚友谆谆叮咛,要他一定不要放弃回来的希望,一定保重好自己的身体。"心魄相守"指魂魄与身体不相分离,也即活下去。"河清人寿"此处用典。《诗经》中有"俟河之清,人寿几何"之句,意味人的寿命长度是不可能等到黄河水清的。此处作者反其意而用之,"河清人寿"即是指两人一定会长寿,也一定会等到黄河水清的一天。"河清"指黄河水变清,喻指天下太平,政治清明。作者此处盼望"河清"之意,也是希望出现明君,能够赦免友人。作者对友人的叮嘱句句恳切,感人至深。二人的友情在互相关爱鼓励的话语中,更加显得可歌可泣。

(李　臻)

青眼高歌俱未老,向尊前、拭尽英雄泪。君不见,月如水。

【出处】清·纳兰性德《金缕曲·赠梁汾》

德也狂生耳。偶然间、淄尘京国,乌衣门第。有酒惟浇赵州土,谁会成生此意。不信道、遂成知己。青眼高歌俱未老,向尊前、拭尽英雄泪。君不见,月如水。　　共君此夜须沉醉。且由他、娥眉谣诼,古今同忌。身世悠悠何足问,冷笑置之而已。寻思起、从头翻悔。一日心期千劫在,后身缘、恐结他生里。然诺重,君须记。

【鉴赏】我们两个都还没有老去,我拿青眼看你,为你高歌一曲。让我们擦掉眼角因壮志未酬而流下的泪水继续饮酒高歌吧。你看那月光如水,我们不要辜负了这美妙的夜色。"青眼"处用典。古时阮籍可为青白眼。若遇正义慷慨之士,阮籍便以青眼看人,若遇奸诈小人,阮籍便以白眼看人。因此青眼即指为作者认可之人。"青眼高歌俱未老"一句化用唐代杜甫《短歌行》中"仲宣楼头春色深,青眼高歌望吾子"一句,即喻指作者与知己之人的相见。作者在此化用典故,直抒胸臆,表达了自己对知己友人和自己的鼓励。作者遇见了能够理解自己之人,在词句中表现了二人惺惺相惜之意。同时,词句中也蕴藉着作者怀才不遇的凄苦感情。

(李 臻)

海内诗家洪玉父,禁中乐府柳屯田。

【出处】清·朱彝尊《酬洪昇》

金台酒坐擘红笺,云散星离又十年。海内诗家洪玉父,禁中乐府柳屯田。梧桐夜雨磁凄绝,薏苡明珠谤偶然。白发相逢岂容易,津头且揽下河船。

【鉴赏】海内诗家洪玉父,禁中乐府柳屯田。洪玉父(洪炎)能诗善文,柳屯田(柳永)乃北宋一大词家。诗人用这两个人来展现友人洪昇的才华,但现实情况是:尽管友人腹有诗书,才华横溢,却遭人诽谤,不被重用,穷困潦倒,直至终老。此句和现实形成极大的反差,构成诗歌内在的张力。在赞美友人的同时,更隐含着对诽谤者的痛斥、对友人才华流失的惋惜。"可怜一曲《长生殿》,断送功名到白头",也许这就是洪昇的命运。

(李瑞珩)

思 乡 怀 亲

昔我往矣，杨柳依依。今我来思，雨雪霏霏。行道迟迟，载渴载饥。我心伤悲，莫知我哀。

【出处】先秦·《诗经·采薇》

采薇采薇，薇亦作止。曰归曰归，岁亦莫止。靡室靡家，玁狁之故。不遑启居，玁狁之故。

采薇采薇，薇亦柔止。曰归曰归，心亦忧止。忧心烈烈，载饥载渴。我戍未定，靡使归聘。

采薇采薇，薇亦刚止。曰归曰归，岁亦阳止。王事靡盬，不遑启处。忧心孔疚，我行不来。

彼尔维何，维常之华。彼路斯何，君子之车。戎车既驾，四牡业业。岂敢定居，一月三捷。

驾彼四牡，四牡骙骙。君子所依，小人所腓。四牡翼翼，象弭鱼服。岂不日戒，玁狁孔棘。

昔我往矣，杨柳依依。今我来思，雨雪霏霏。行道迟迟，载渴载饥。我心伤悲，莫知我哀。

【鉴赏】记得当年我离家出征的时候，还是杨柳青青，柔条牵衣的温暖春日。而今归来，却见漫天大雪，扑天卷地。一别经年，再次踏上故土，却是寒侵心骨，万事索踪。走在回家的路上，越走越抬不起脚，近乡情怯，不知家中的老母还在么？妻子孩子还好么？世事变迁，多怕推开家门却见荒草丛生，不知何处是家。我一人在这茫茫风雪中徘徊，饥肠辘辘，身体的疲惫远远没有心中的忧伤强烈，却无人能知，无人能解。唯有这雪还在簌簌地下，天地一片白茫茫。此句写壮士出征多年归家，将沧桑之感融进杨柳依依、雨雪霏霏的景物之中，情景交融，赋予了笔下景物丰富的内涵。以"莫知我哀"收尾，表达出一种历经世事无人能懂的孤独感。"杨柳依依"亦成为后世送别名句。

(李瑞珩)

鸟飞反故乡兮,狐死必首丘。

【出处】战国·屈原《九章·哀郢》

皇天之不纯命兮,何百姓之震愆?民离散而相失兮,方仲春而东迁。去故乡而就远兮,遵江夏以流亡。出国门而轸怀兮,甲之朝吾以行。发郢都而去闾兮,荒忽其焉极?楫齐扬以容与兮,哀见君而不再得。望长楸而太息兮,涕淫淫其若霰。过夏首而西浮兮,顾龙门而不见。心婵媛而伤怀兮,眇不知其所蹠。顺风波以从流兮,焉洋洋而为客。凌阳侯之氾滥兮,忽翱翔之焉薄。心絓结而不解兮,思蹇产而不释。将运舟而下浮兮,上洞庭而下江。去终古之所居兮,今逍遥而来东。羌灵魂之欲归兮,何须臾而忘反。背夏浦而西思兮,哀故都之日远。登大坟以远望兮,聊以舒吾忧心。哀州土之平乐兮,悲江介之遗风。当陵阳之焉至兮,淼南渡之焉如?曾不知夏之为丘兮,孰两东门之可芜?心不怡之长久兮,忧与愁其相接。唯郢路之辽远兮,江与夏之不可涉。忽若去不信兮,至今九年而不复。惨郁郁而不通兮,蹇侘傺而含戚。外承欢之汋约兮,谌荏弱而难持。忠湛湛而愿进兮,妒被离而障之。尧舜之抗行兮,了杳杳而薄天。众谗人之嫉妒兮,被以不慈之伪名。憎愠惀之修美兮,好夫人之慷慨。众踥蹀而日进兮,美超远而逾迈。

乱曰:曼余目以流观兮,冀一反之何时。鸟飞反故乡兮,狐死必首丘。信非吾罪而弃逐兮,何日夜而忘之!

【鉴赏】鸟儿高飞总是要返回自己的故乡,狐狸在将死之际头一定是向着自己的狐穴所在的方向。无论离家多远,故乡总在心头,让我魂牵梦萦;我爱我的故土,就算是死亡,也没有办法改变我对故土的眷恋。此句表达了诗人遭放逐之后,仍然不忘本心,眷恋故土,热爱故国。那种热乎

521

乎的,坚定的爱国之心令人感动。此句现在常用于指暮年思念故乡或是不忘本心。

(李瑞珩)

秋风萧萧愁杀人,出亦愁,入亦愁。

【出处】汉·《古歌》

秋风萧萧愁杀人,出亦愁,入亦愁。座中何人,谁不怀忧。令我白头。胡地多飙风,树木何修修。离家日趋远,衣带日趋缓。心思不能言,肠中车轮转。

【鉴赏】秋风瑟瑟,吹来阵阵凉意,正如那无孔不入的愁思钻入人的心头,令远方之人愁绪渐生。真是出也忧愁,入也忧愁,愁肠百结,却无力挣脱。此句作为该诗首句,开端便以肃杀的秋风渲染出萧索寂寥的气氛,那些远离家乡的游子们在此情境之下无不感到思乡情绪愈发浓烈,对家乡与亲人的思念一旦涌上心头便无由解脱,甚至到了坐卧难安的凄苦境地。"愁杀人"写出了愁思之重,而"出亦愁,入亦愁"则形象地写出了人为愁思所困的无奈情状。这句诗表达出了秋日浓重的愁思,后世之人常以此句表达远离家乡的痛苦与哀愁。

(陈俊艳)

悲歌可以当泣,远望可以当归。

【出处】汉·《悲歌》

悲歌可以当泣,远望可以当归。思念故乡,郁郁累累。欲归家无人,欲渡河无船。心思不能言,肠中车轮转。

【鉴赏】低声的哀泣无法缓解心中的悲伤,只好以放声悲歌代替哭泣。悲歌所为何? 只因远离了家乡,又无时无刻不思念着故土,无法回去只好以望向远方的目光代替自己归乡。诗人直陈心中的哀痛,表达出对故乡浓浓的眷恋之情。首句即言以悲歌代替哭泣,表明诗人悲哀的情绪之深重;以远望代替归乡,表明其思念着故乡却又无法回去的无奈处境与哀伤情绪。这句诗感情真挚,令人读之深感哀痛并产生共鸣,因而后人常以此句来表达对家乡的思念。

(陈俊艳)

胡马依北风,越鸟巢南枝。

【出处】汉·《行行重行行》

行行重行行,与君生别离。相去万余里,各在天一涯。道路阻且长,会面安可知？胡马依北风,越鸟巢南枝。相去日已远,衣带日已缓。浮云蔽白日,游子不顾返。思君令人老,岁月忽已晚。弃捐勿复道,努力加餐饭。

【鉴赏】北方的骏马疾驰起来,所依恋的仍旧是从北面吹来的风;南方的越鸟也依然只在朝南的枝头上筑巢。胡马与越鸟对故土的眷恋皆出自本能,物犹如此,人何以堪。这句诗以物起兴,用胡马依恋北风、越鸟眷恋南枝,营造了一种悲凉哀婉的诗境,令人读之动容。以物作比,动物尚且如此,人对故土的眷恋之情只会更加强烈而凄婉深挚,感人至深。此诗是写思妇对游子的相思之情,因而这句诗也表达出了妇人对远方之人饱含深情的呼唤,希望他能不负相思,思恋故土。后世常以此句表达浓烈的相思与思乡之情。　　　　　　　　　　　　　　　　　　　（陈俊艳）

客行虽云乐,不如早旋归。

【出处】汉·《明月何皎皎》:

明月何皎皎,照我罗床帏。忧愁不能寐,揽衣起徘徊。客行虽云乐,不如早旋归。出户独彷徨,愁思当告谁。引领还入房,泪下沾裳衣。

【鉴赏】出门游玩却迟迟不归,料想你此行定然十分畅意欢乐,即使如此,也还不如些归家来,以慰我的愁思。这句诗直接呈现出了主人公的心理活动,因所念之人的不归而联想到他此刻的欢乐,而他的欢乐与自己百无聊赖的孤单境况形成鲜明的对比,因而直接以"不如早旋归"一句表达出急切盼望其归来的心情,其中隐含着主人公的抱怨与忧愁。后人亦常用此句表达对远方之人的思念和寂寞孤单的愁思。　　　　（陈俊艳）

人情怀旧乡,客鸟思故林。

【出处】晋·王赞《杂诗》

朔风动秋草,边马有归心。胡宁久分析,靡靡忽至今。王事离我志,殊隔过商参。昔往鸧鹒鸣,今来蟋蟀吟。人情怀旧乡,客鸟思故林。师涓久不奏,谁能宣我心?

【鉴赏】游子都会怀念自己的家乡,这是人之常情,身在异乡的鸟儿也会思念曾经生活过的那片丛林。这句诗表达的是对故乡的思念之情,其中"怀旧乡""思故林"皆是直言对故土深切的怀念。诗人先言思恋故土是人之常情,是世人的普遍感情,后用"客鸟"来形容远离故乡的自己,表明身在异乡的孤寂落寞,托物寓意,借客鸟眷恋旧林来烘托自己对故乡的依恋之情。后人亦常以此句来表明自己对故乡的怀念。 （陈俊艳）

羁鸟恋旧林,池鱼思故渊。

【出处】晋·陶渊明《归园田居五首》其一

少无适俗韵,性本爱丘山。误落尘网中,一去三十年。羁鸟恋旧林,池鱼思故渊。开荒南野际,守拙归园田。方宅十余亩,草屋八九间。榆柳荫后檐,桃李罗堂前。暧暧远人村,依依墟里烟。狗吠深巷中,鸡鸣桑树颠。户庭无尘杂,虚室有余闲。久在樊笼里,复得返自然。

【鉴赏】被关在笼中的鸟儿怀念着曾经可以自由翱翔的山林,养在池子中的鱼儿也总是思念着以往宽广的湖海。"羁鸟"和"池鱼"好似作者所在的被束缚的官场,"旧林"和"故渊"则象征着一心向往的自由惬意的田园生活。这句诗运用了这两个相似的比喻来强调对丑恶官场生活的厌倦,以及对自由淳朴的乡村生活的热爱。同时,该句语言朴实,情景交融,对仗工整,句式也十分自然。后世之人常以此句表达不堪束缚,渴望自由生活的志趣。 （陈俊艳）

去旧国,违旧乡,旧山旧海悠且长。

【出处】南北朝·谢庄《怀园引》

鸿飞从万里,飞飞河岱起。辛勤越霜雾,联翩溯江汜。去旧国,违旧乡,旧山旧海悠且长。回首瞻东路,延翩向秋方。登楚都,入楚关,楚地萧瑟楚山寒。岁去冰未已,春来雁不还。风肃幌兮露濡庭,汉水初绿柳叶青。朱光蔼蔼云英英,离禽喈喈又晨鸣。菊有秀兮松有蕤,忧来年去容发衰。流阴逝景不可追,临堂危坐怅欲悲。轩鸟池鹤恋阶墀,岂忘河渚捐江湄。试托意兮向芳荪,心绵绵兮属荒樊。想绿华兮既冒沼,念幽兰兮已盈园。天桃晨暮发,春莺旦夕喧。青苔芜石路,宿草尘蓬门。遭吾游夫鄢郢,路修远以萦纡。羌故园之在目,江与汉之不可逾。目还流而附音,候归烟而托书。还流兮漻溇,归烟容裔去不旋。念卫风于河广,怀邶诗于愁泉。汉女悲而歌飞鹄,楚客伤而奏南弦。或巢阳而望越,亦依阴而慕燕。咏零雨而卒岁,吟秋风以永年。

【鉴赏】离开旧国与旧乡,旧日的山海显得悠远而漫长。这首诗上文以鸿雁起兴,因而此句写鸿雁飞离故土,却依然眷恋着故土山川。诗人连用四个"旧"字来强调远离故乡,表达对其深深的依恋,其中隐含着悲伤的情绪。诗人虽言鸿雁,却是托物喻人,借以抒发自己对故乡的怀念。这句诗语言清丽婉转,句式独特而朗朗上口,诗意悠远,仿佛淡淡的思乡之情萦绕于心却又挥之不去。后人亦常以此句来表达对故乡深深的眷恋。

(陈俊艳)

念此一筵笑,分为两地愁。

【出处】南北朝·何逊《与胡兴安夜别》

　　居人行转轼,客子暂维舟。念此一筵笑,分为两地愁。路湿寒塘草,月映清淮流。方抱新离恨,独守故园秋。

【鉴赏】分别的宴席上言笑晏晏,然而想到即将分离,就不禁忧愁起来。这两句诗描述的是离别之际复杂的心情。离别前的酒宴上还能欢笑,然而却是强颜欢笑,因为分隔两地就将面临无尽的哀愁。诗人以"笑"写"愁",更能衬托出其面对离别不舍难过的心情。这句诗语言浅淡,却含情至深,写出了诗人真挚不舍的感情与离别的忧愁。后人亦常以此句来表达离别时的忧愁与不舍之情。

(陈俊艳)

心悲异方乐①,肠断《陇头歌》。

【注释】①异方乐:异乡的乐歌。

【出处】南北朝·王褒《渡河北》

　　秋风吹木叶,还似洞庭波。常山临代郡,亭障绕黄河。心悲异方乐,肠断《陇头歌》。薄暮临征马,失道北山阿。

【鉴赏】听闻远处传来异乡的乐歌,不觉悲从中来,正于悲愁之际又闻一曲悲凉的《陇头歌》,更觉肝肠寸断。这句诗描写的是诗人渡黄河北上,身处羁旅,听闻一曲抒发游子思乡的乐曲时的感受。《陇头歌》的内容正是抒写思乡之情,诗人远离故土心中愁苦异常,又听到抒发故国之思的歌曲,不禁悲上心头,不由"心悲""肠断"。这句诗意境苍凉,由所闻而抒发所感,真切反映了诗人对故国的深切怀念。后世因国土沦丧而流离失所的迁客骚人,读到此句,无不引发无限的共鸣。

(陈俊艳)

秦关望楚路,灞岸想江潭。

【出处】南北朝·庾信《和侃法师》

秦关望楚路,灞岸想江潭。几人应落泪,看君马向南。

【鉴赏】身在秦关却忍不住望向楚路,在灞水岸心中所想仍是江潭。这首诗是诗人送别侃法师所作,侃法师即将从周还乡。诗人滞留于北地而不得归,送别友人还乡不免勾起乡关之思。这句诗中"秦关""灞岸"代指长安,是诗人所在之地,也是与友人告别之地。而"楚路""江潭"则是指诗人的故国,诗人用"望"和"想"明确表达出自己身在北地对故乡深深的怀念,抒发了自己的思乡之情。 (陈俊艳)

人归落雁后,思发在花前。

【出处】隋·薛道衡《人日思归》

入春才七日,离家已二年。人归落雁后,思发在花前。

【鉴赏】想要归家之念在花开之前已经萌生,然而真正归去却落在雁之后。这句诗是诗人远离故乡,表达思乡之情所作。作者构思巧妙,先言归去之事实,再讲述归去的念头已早早产生,两相对比,表明他急于归乡的心情和无法立即如愿的无奈。其中"人归落雁后"表现出诗人归家落于雁后的惆怅。这句诗语言清新自然,诗意玲珑,后人常以此句来表达思乡之情。 (陈俊艳)

独有宦游①人,偏惊物候新。

【注释】①宦游:士人外出求官或做官。

【出处】唐·杜审言《和晋陵陆丞早春游望》

独有宦游人,偏惊物候新。云霞出海曙,梅柳渡江春。淑气催黄鸟,晴光转绿蘋。忽闻歌古调,归思欲沾巾。

【鉴赏】早春时节,万象更新,本是最自然不过的。然而面对此情此景,唯有这只身在外为仕途奔走的游子为之一惊。"独"是孤寂的自怜,放眼四周,只有自己宦游于此,与家乡亲人远隔;"偏"是惊异的自哀,诗人不惊其他,偏偏为自然的物候更新而感到讶异,实则是感慨转瞬之间又是一年光景匆匆而过,自己却依然漂泊在外,虽有诗名,但仍旧一事无成。此句以深沉的感叹领起全诗,表面惊新,实则怀旧思归,为本该无限欣喜的早春时分蒙上了一层淡淡的哀伤,语调质朴,情感动人。 (吴纯燕)

近乡情更怯,不敢问来人。[1]

【注释】[1]神龙元年(公元 705 年),宋之问因依附武则天男宠张易之而被流放泷州,此诗是他从泷州贬所逃回经过汉水时所作。

【出处】唐·宋之问《渡汉江》

岭外音书断,经冬复历春。近乡情更怯,不敢问来人。

【鉴赏】越是接近家乡我的心情反而越是忧虑和紧张,以至于不敢向路过的同乡询问家中的事情。诗人在过去的岁月中,经历了流放岭南的艰辛、与家人音讯隔绝的焦虑和从贬所逃回的恐惧,在接近家乡之时,心中的不安与疑惧达到了顶峰。本应一见到故乡来人,就应当急切地询问家乡之事,然而诗人却犹豫起来,三缄其口。他所忧虑的,究竟是自己的行踪会被人察觉,还是故乡早已人事代谢?诗人的行为看似不合常理,却隐藏着他既急切难耐又惴惴不安的矛盾心情,细腻微妙,感人至深。后人常用"近乡情怯"来形容与家乡不通音讯的游子返乡之时的复杂心绪。

(吴纯燕)

儿童相见不相识,笑问客从何处来。

【出处】唐·贺知章《回乡偶书二首》其一

少小离家老大回,乡音无改鬓毛衰。儿童相见不相识,笑问客从何处来。

【鉴赏】诗人少时离乡,归来之时虽然乡音未曾改变,却早已是鬓发斑白。家乡的孩子们并不认得眼前这位归来的游子,笑着争相询问"客人"从何方而来。言者无意,听者有心,儿童天真烂漫的笑语,却生生戳中了诗人内心的痛处。自己不过是许久未归,一旦归来,即使乡音未改,也只能成为故乡人们眼中的客者,可以窥见故乡早已是人事代谢,沧海桑田。经此一问,诗人该是何等的局促与感慨?然而诗句偏偏在此处戛然而止,让读

者自去揣摩诗人心中的酸甜苦辣。诗句看似语调轻松,实则含蓄深沉,耐人寻味,引人叹息。

(吴纯燕)

鸿雁不堪愁里听,云山况是客中过。

【出处】唐·李颀《送魏万之京》

朝闻游子唱离歌,昨夜微霜初渡河。鸿雁不堪愁里听,云山况是客中过。关城树色催寒近,御苑砧声向晚多。莫见长安行乐处,空令岁月易蹉跎。

【鉴赏】愁绪满怀之人应当最怕听到南归鸿雁的哀鸣,匆匆行路的远客面对前方缥缈冷寂的云山不知会生出几许哀愁。秋日里鸿雁南归,而游子却要客行他乡,此时听到鸿雁的鸣叫,岂能不感到深深的悲凉?云山虽然壮美清净,然而在行客眼中,却是缥缈无定,一如自己看不到未来的杳杳前路,又怎能不令人黯然神伤?诗句看似写实,实际上写的都是游子的心中之景,杂糅着孤寂酸楚而难以言说的心情。"不堪""况是"饱含深情,催人泪下。客行的哀愁原本就令人肝肠寸断,又想到旅途中可能见到的寂寥景致,更加使人伤感不已。诗句语言简洁自然,感情深沉真挚,读之动人。

(吴纯燕)

日暮乡关何处是,烟波江上使人愁。

【出处】唐·崔颢《黄鹤楼》

昔人已乘黄鹤去,此地空余黄鹤楼。黄鹤一去不复返,白云千载空悠悠。晴川历历汉阳树,芳草萋萋鹦鹉洲。日暮乡关何处是,烟波江上使人愁。

【鉴赏】直到黄昏时分还是看不到我的故乡在何处,江面上泛起的袅袅烟波使人心中生出哀愁。诗句描写的是诗人在黄鹤楼上眺望远方所生发的感慨。登临远望自然视野开阔、目极千里,然而却看到了如今四周草木丛生的凄凉,直到夕阳西下,仍然看不清自己最为钟情的故乡。浩渺的江面上已升起淡淡薄雾,更加束缚了诗人想要看得更远的目光。"何处是"三字,既是诗人难以望见故乡的感叹,又是诗人对于自身独立于苍茫世间无所依附的怅惘,怎能不令人叹息,怎能不令人生愁?诗句语言简洁自然,似是无心而出,却又流露出极为深重的愁绪,情景交融,耐人寻味。

(吴纯燕)

洛阳亲友如相问，一片冰心在玉壶。

【出处】唐·王昌龄《芙蓉楼送辛渐二首》其一

寒雨连江夜入吴，平明送客楚山孤。洛阳亲友如相问，一片冰心在玉壶。

【鉴赏】若是洛阳的亲朋好友向你问起我的状况，请你转告他们，我的内心始终高洁不变，就如同晶莹的冰雪置于温润的玉壶之中一般。诗人送别好友，言语之间却全然是自己的情志。人说冰清玉洁，冰雪清明透亮，玉壶温润洁净，诗人用这两者互为映衬、相辅相成，共同描摹着自己内心那始终不曾有过丝毫改变的高洁与纯净。读之，似乎可以看到冰玉相成的晶莹清透，触摸到带着丝丝凉意的温和莹润，从而感受到诗人内心的诚挚与洁净。后人也常以"冰心玉壶"来形容人内心情操的纯净高洁。

(吴纯燕)

独在异乡为异客，每逢佳节倍思亲。

【出处】唐·王维《九月九日忆山东兄弟》

独在异乡为异客，每逢佳节倍思亲。遥知兄弟登高处，遍插茱萸少一人。

【鉴赏】独自一人作客他乡，无法与家人团聚。佳节本是家人团聚的日子，而自己却依然孤单一人，因此，一旦遇到美好的节日，内心对家乡对亲人的思念之情，便不可抑止地爆发出来。诗歌用两个"异"字，表现出飘荡在外的自己孤单的心境。语言虽朴素无华，感情却高度凝练，将在外游子的孤单、对家乡对亲人的思念之情表现得淋漓尽致。后人多用此句表达佳节之际的思乡之情。

(曹　明)

笛中闻折柳①，春色未曾看。

【注释】①折柳：指乐府鼓角横吹曲《折杨柳》。

【出处】唐·李白《塞下曲六首》其一

五月天山雪，无花只有寒。笛中闻折柳，春色未曾看。晓战随金鼓，宵眠抱玉鞍。愿将腰下剑，直为斩楼兰。

【鉴赏】虽从笛声中听到《折杨柳》的曲子，而实际上并没有看到春色。折柳，指乐府鼓角横吹曲《折杨柳》，多写行客的愁苦。草长莺飞，柳暗花明本是春天的特征,而在此时的边疆,春天是看不到的,只有刺骨的寒风,以及天山上的皑皑白雪。既无花可赏,也无柳枝可折,毫无春意可言,人们也只能从笛曲之中感受春天的气息。诗歌以此表现出边塞之地天气的恶劣,生活条件艰辛,为下文描写战士不畏生活条件的艰苦,而立志建功立业的豪情壮志打下基础。 （曹　明）

床前明月光,疑是地上霜。举头望明月,低头思故乡。

【出处】唐·李白《静夜思》

床前明月光,疑是地上霜。举头望明月,低头思故乡。

【鉴赏】看着门前明亮的月光,真好像是地上铺了一层白白的浓霜,抬头来看着天上的一轮明月,却不由得低下头来思念自己的故乡。秋月明亮而清冷,最容易触动孤身远客的思乡情怀。从"疑"到"举头",从"举头"又到"低头",几个简单的动作生动地揭示了诗人内心情感的波动,勾勒出一幅月夜思乡图。诗歌语言清新朴素,明白如话,内容简单却又让人体味无穷。后人常用此诗表示对故乡的思念之情。 （曹　明）

长安一片月,万户捣衣声。秋风吹不尽,总是玉关情。

【出处】唐·李白《子夜吴歌·秋歌》

长安一片月,万户捣衣声。秋风吹不尽,总是玉关情。何日平胡虏,良人罢远征。

【鉴赏】秋月皎洁无瑕,月光铺满了整个长安城,在这月光的照耀中,长安城里家家户户传来捣衣的声音。此起彼落的砧杵声连绵不绝,任凭秋风如何吹也吹不断,声声都传达出挂念玉门关征人的深情。秋天是准备寒衣的时节,古代妇女把布放在砧板上,用杵捶击,捣洗后便于制衣。而玉关情,则指对远戍玉门关之外的丈夫的思念之情。诗歌先写景再抒情,情景始终交融,将唐代妇女对远戍边境的丈夫的思念之情写得动人不已,言浅而情深。 （曹　明）

此夜曲中闻折柳,何人不起故园情。

【出处】唐·李白《春夜洛城闻笛》

谁家玉笛暗飞声,散入春风满洛城。此夜曲中闻折柳,何人不起故园情。

【鉴赏】"折柳"是指乐府横吹曲《折杨柳》。诗人并不言今夜听到一支折柳曲,而说在乐曲中听到了折柳。《折杨柳》本就多抒发离情别绪。"柳"与"留"谐音,故亲友送别,多折柳相赠。因此,"折柳"二字便不仅仅指曲名,它还代表着送别的场景,能够引起人们对送别亲人场面的回忆,也就能够唤起蕴藏在人们内心深处的乡情。当时李白作客洛阳,夜闻笛声,引起思家之情。作者禁不住设想,这天下所有离乡在外之人,但凡听到这《折杨柳》之笛声,莫不引起思念故乡之情。诗歌言浅意深,很容易引起游子们的共鸣。后人多用此句表示思乡之情。 （曹　明）

马上相逢无纸笔,凭君传语报平安。

【出处】唐·岑参《逢入京使》

故园东望路漫漫,双袖龙钟泪不干。马上相逢无纸笔,凭君传语报平安。

【鉴赏】马上相逢,没有纸笔写信,就请你帮我给家里捎个平安的口信吧! 此诗作于天宝八载,当时岑参首次西行出塞赴安西,途中遇到入京使者,作了此诗。诗人离家遥远,虽对家人有千言万语,所传口信却唯"平安"二字,殊不知这正道出万千家人以及游子对彼此的挂念,表现了诗人离乡之后对家人的思念之情,也传达出家人对自己的挂念之情。此诗用语自然,不假雕琢,虽平淡却能深入人心,感人至深。 （曹　明）

吏呼一何怒,妇啼一何苦。

【出处】唐·杜甫《石壕吏》

暮投石壕村,有吏夜捉人。老翁逾墙走,老妇出门看。吏呼一何怒,妇啼一何苦。听妇前致词,三男邺城戍。一男附书至,二男新战死。存者且偷生,死者长已矣。室中更无人,惟有乳下孙。有孙母未去,出入无完裙。老妪力虽衰,请从吏夜归。急应河阳役,犹得备晨炊。夜久语声绝,如闻泣幽咽。天明登前途,独与老翁别。

【鉴赏】县吏横蛮霸道,咆哮如雷;老妇内心苦楚,痛哭流涕。"一何"一词接连使用两次,加重了感情色彩。官吏一呼,老妇一啼,官吏一怒,老妇一苦,短短十个字却刻画出两个截然对立的形象,使得悍吏耀武扬威的形象与老妇老泪纵横的形象形成鲜明对比,表现了矛盾的双方,也更让人憎恨蛮横的官吏,并同情可怜的老妪,蛮横无理的官吏也为下文老妪的诉

531

说塑造悲愤的氛围。诗歌塑造出一幅充满悲愤的画面。　　（曹　明）

露从今夜白，月是故乡明。

【出处】唐·杜甫《月夜忆舍弟》

戍鼓断人行，秋边一雁声。露从今夜白，月是故乡明。有弟皆分散，无家问死生。寄书长不避，况乃未休兵。

【鉴赏】今晚是白露节，月亮却是故乡的最亮。"露从今夜白"一句中，"白露"原为节令，却被诗人拆开讲，情致顿显。"月是故乡明"一句中，诗人将自己的主观感情融入所写之景中：普天之下共有一轮明月，本无差别，诗人却说故乡的月亮最明。这种写作手法突出了诗人对故乡的思念之情。两句诗歌正常语序应为"今夜露白"，"故乡月明"。诗人将词序调换，使得诗歌意趣横生。后人常引此句表达思乡之情。　　（曹　明）

有弟皆分散，无家问死生。

【出处】唐·杜甫《月夜忆舍弟》

原文参见前句。

【鉴赏】兄弟几人都分散在全国各地，彼此之间也没有消息，家早已经不存在了，兄弟的生死也难以预知。此诗作于乾元二年（公元 759 年），当时由于安史之乱，诗人避难秦州，其弟三人杜颖、杜观、杜丰皆分散各地，相互之间不通消息。在这兵马倥偬的年月，诗人因闻戍鼓，见孤雁独飞，而引起忆弟之情。此句写出了兵荒马乱的年代，诗人对分散各地的兄弟的担忧以及深深的思念之情。　　（曹　明）

却看妻子愁何在，漫卷诗书喜欲狂。

【出处】唐·杜甫《闻官军收河南河北》

剑外忽传收蓟北，初闻涕泪满衣裳。却看妻子愁何在，漫卷诗书喜欲狂。白日放歌须纵酒，青春作伴好还乡。即从巴峡穿巫峡，便下襄阳向洛阳。

【鉴赏】诗人听到这个好消息，非常高兴，回头看看妻子，哪儿还有什么愁容，随便地卷起书籍，欣喜若狂。诗人初闻捷报，内心的喜悦急需要与家人分享，下意识地回头寻找妻子，妻子也与自己一样笑逐颜开，喜气洋洋。多年以来，笼罩全家的愁云一下消失不见，亲人之喜反过来又增加了诗人自己之喜。在这样一个充满喜悦的日子里,诗人也无法静心看书了,于是随手卷起诗书,与大家共享胜利的喜悦。此句写出诗人闻捷后的狂喜心情。 （曹　明）

白日放歌须纵酒,青春①作伴好还乡。

【注释】①青春:春天。

【出处】唐·杜甫《闻官军收河南河北》

原文参见前句。

【鉴赏】在这好不容易盼来的太平世界里,我禁不住要放声歌唱,纵情饮酒。趁着这大好春光陪伴,我要回到日夜思想,历经千辛万苦才得以收复的故乡。上句是诗人"喜欲狂"的表现:放歌纵酒,下句是诗人"喜欲狂"的原因,写出诗人得以在战乱平定后回到自己的家乡。因为唐兵收复了河南河北,因此到现在为止,所有在战争中经历的苦楚,都显得微不足道,由战争带来的痛苦被这铺天盖地的巨大喜悦淹没。此句表现了诗人内心无以言表的喜悦心情。 （曹　明）

即从巴峡①穿巫峡②,便下襄阳向洛阳。

【注释】①巴峡:四川东北部巴江诸峡。②巫峡:在今重庆巫山县东,三峡之一。

【出处】唐·杜甫《闻官军收河南河北》

原文参见前句。

【鉴赏】这是诗人预想的回乡路线,沿水路从巴峡出发,穿过巫峡,到达襄阳,再从襄阳回到洛阳。这一联,包含四个地名。"巴峡""巫峡""襄阳""洛阳",既各自成句中对,又形成工整的地名对,两句紧连又是活泼的流水对,用语非常精妙。"巴峡""巫峡""襄阳""洛阳"四个地方之间漫长的距离,竟然用"即从""穿""便下""向"几个词串联起来,将小舟顺流急驶

的画面活灵活现地表现出来。 （曹　明）

丛菊两开他日泪,孤舟一系故园心。

【出处】唐·杜甫《秋兴八首》其一

　　玉露凋伤枫树林,巫山巫峡气萧森。江间波浪兼天涌,塞上风云接地阴。丛菊两开他日泪,孤舟一系故园心。寒衣处处催刀尺,白帝城高急暮砧。

　　【鉴赏】菊花花开花落都已过两载,看着眼前盛开的花,因回忆过去而伤心落泪。孤舟停泊,系于岸上,正如我将思念长安之心系于故园一般。杜甫于永泰元年(公元765年)夏离开成都,秋居长安,次年秋又稽留夔州,因此说“丛菊两开”。此时诗人自伤滞留夔州,未能出峡北归,见丛菊再开,因心里牵挂着长安,禁不住泪流满面。孤舟漂泊,显示出自己孤苦无依,尽管如此,诗人却依然深深挂念着长安。以孤舟系岸,比喻自己心系长安。诗歌表达了诗人对长安的挂念之情。 （曹　明）

寒衣处处催刀尺,白帝城高急暮砧。

【出处】唐·杜甫《秋兴八首》其一

　　原文参见前句。

　　【鉴赏】又到了赶制冬天御寒衣服的时候了,傍晚时分,白帝城在高高的城楼上,到处传来急切的捣衣声。砧,即捣衣之石。此时,诗人在夔州,却听到由白帝城传来的砧杵声。“处处”“催”“急暮砧”等语显示出时间的迫切,正是因为寒冬来得如此迅速,人们才赶紧裁制冬衣,这种紧迫感仿佛将寒冬的冷气也带入诗歌,让人产生局促感。这两句使得诗歌的时间有了变化,从白天转到日暮,而客居他乡之人的心情也就更加难过。
（曹　明）

亲朋无一字,老病有孤舟。

【出处】唐·杜甫《登岳阳楼》

　　昔闻洞庭水,今上岳阳楼。吴楚东南坼,乾坤日夜浮。亲朋无一字,老病有孤舟。戎马关山北,凭轩涕泗流。

　　【鉴赏】亲朋之间,连书信也完全断绝,不通消息。迟暮之年,却疾病缠身,孤舟一叶,飘零无依。短短十字,刻画出诗人晚年漂泊辗转,孤独寂寞的凄凉处境。诗人登上岳阳楼,眼前是极其壮阔之景。诗人联想到自己的处境,写出的是极其悲伤的内心感触:年老体衰,仍要漂泊流浪,无依无靠,身边无一知己好友可以诉说苦闷。壮景悲情,极大反差,表现出诗人广阔的胸怀与现实悲惨境遇之间不可调和的矛盾冲突。　　（曹　明）

问姓惊初见,称名忆旧容。

【出处】 唐·李益《喜见外弟又言别》

十年离乱后,长大一相逢。问姓惊初见,称名忆旧容。别来沧海事,语罢暮天钟。明日巴陵道,秋山又几重。

【鉴赏】 久别重逢,恍若初见,等对方把姓名说出,才逐渐回忆起表弟当时的容貌。外弟,就是表弟。诗人与表弟数十年未见,当时双方都还年轻,如今却垂垂老矣。正因为离别时间太长,所以乍然相逢,恰如初见。诗人寥寥二句,便将相逢的激动场面细腻传神地刻画出来。这种场面,恐怕也只有亲历乱世,与亲人分离的当事者才能写出。诗歌既表现了久别重逢的欢愉之情,也蕴含着战乱年代聚散无常的感伤。　　（曹　明）

慈母手中线,游子身上衣。

【出处】 唐·孟郊《游子吟》

慈母手中线,游子身上衣。临行密密缝,意恐迟迟归。谁言寸草心,报得三春晖。

【鉴赏】 慈母手中之线,游子身上之衣。诗歌将慈母与游子对举,手中线与身上衣对举,仅用两个词组,两件最普通、最常见的东西,刻画了日常生活中最常见的场景,却也将母亲对孩子的深笃之情表现出来,刻画出母子之间相依为命的骨肉之情。这样的场景因为普通,因为常见,更容易引起人们内心的共鸣,让人顿觉亲切感人。诗歌语句清新自然,有浓郁的民歌风味。　　（曹　明）

谁言寸草心[①],报得三春晖[②]。

【注释】 ①寸草心:小草喻游子,草茎亦称心,此处有双关意义。②三春晖:春天三月的阳光,比喻母爱。

【出处】 唐·孟郊《游子吟》

原文参见前句。

【鉴赏】谁说区区小草的儿女之心,能够报答得了如春天阳光般厚博的母爱呢?诗歌运用两个比喻,以小草比喻游子,以春天三月的阳光,比喻母爱,将儿子与慈母的关系比喻为小草与阳光的关系,形象贴切。诗歌下句以"谁言"出以反问,意味尤为深长,正表现出母爱博大无私,儿子却无法报答母爱于万一。以悬绝的对比,寄托了赤子对母亲真挚的情意。诗句语言通俗浅近,却道出世间最纯粹、最深厚的母子之情。　　　(曹　明)

复恐匆匆说不尽,行人临发又开封。

【出处】唐·张籍《秋思》

洛阳城里见秋风,欲作归书意万重。复恐匆匆说不尽,行人临发又开封。

【鉴赏】诗人明明已经将信写好封好,似乎已经言尽。但临寄信之前,又忽然感到刚才由于匆忙,生怕信里漏写了话语,于是再次拆开信封。诗歌通过这样一个将家书封好又拆开的细节,表现出游子对家书的重视以及对亲人的思念之情。诗句以口语入诗,却能够说出他人想说而又说不出的话,将出门在外之人思念亲人之情表现得淋漓尽致,成为千古名句。　　　(曹　明)

潮落夜江斜月里,两三星火是瓜洲。

【出处】唐·张祜《题金陵渡》

金陵津渡小山楼,一宿行人自可愁。潮落夜江斜月里,两三星火是瓜洲。

【鉴赏】夜晚的残月斜挂在天空,我站在小山楼上观看江中的潮落之景;远处闪烁着三三两两像星星一样火光的地方就是瓜洲古渡口。"潮落"一句是近景,"斜月"是指下半夜偏西的月亮,这两个字点明了观景时间——将晓未晓之际,与上句"一宿行人"相照应,透露了行人因愁思而夜不能寐的信息。独居他乡而望月思乡,诗人自然将眼光看向了对岸的瓜洲渡口,设想着归期。用"两三星火"描绘瓜洲远景,极妙,展现出月斜潮落时远处景物的朦胧空灵之感,衬托了诗人临江眺望的淡淡哀愁。这两句虽无一字写情,但却处处含情。通过对潮水、月、江、星火、瓜洲等景物进行描写,委婉含蓄地道出了天涯游子内心深处的愁苦之音,意境辽阔,余韵悠远。　　　(经　惠)

多情只有春庭月，犹为离人照落花。

【出处】唐·张泌《寄人二首》其一

别梦依依到谢家，小廊回合曲阑斜。多情只有春庭月，犹为离人照落花。

【鉴赏】最是多情的只有那天上的明月，还为离别的人照亮了庭院里的落花。诗人梦里来到昔日与情人约会的地方，看到明月照落花，不禁触景生情，赋予明月以人的情感：昔日盛开的花虽已凋落，但明月却一如既往地照耀着，不离不弃。多情的只有明月，而你却如此薄情，自从离别后就杳无音讯。明月的痴情与诗人思念之人的薄情形成鲜明的对比，这愈发激起诗人对思念之人的埋怨以及欲见心上人而不得的失落之感。诗人通过明月多情来反衬伊人无情，进一步抒发自己对伊人的思念、埋怨，语言含蓄委婉，比直抒胸臆更为动人。另外，旧时明月照旧时花，而旧时的人儿却不再，更透露出一种物是人非事事休的凄凉之感。　（翟晋华）

打起黄莺儿，莫教枝上啼。啼时惊妾梦，不得到辽西。

【出处】唐·金昌绪《春怨》

打起黄莺儿，莫教枝上啼。啼时惊妾梦，不得到辽西。

【鉴赏】我敲打树枝，赶走树上的黄莺，不让它整日啼叫，因为它的叫声总是扰了我的好梦，害我不能在梦里到辽西与夫君相会。这首诗语言生动自然，成功之处在于其谋篇布局之妙：诗句善于设悬念，起句引起读者的疑问，为何要"打起黄莺儿"呢？因为它总是啼叫；啼叫时又会怎么样呢？黄莺儿啼叫时会惊扰我的梦；黄莺儿是在白天啼叫的，为什么会惊扰你的梦呢？因为我对远方戍边的丈夫思之甚重，只好白天睡觉以企求梦里与之相会。句句相承，环环相扣，通篇自然流畅，结构浑然一体。在设置悬念的同时又为读者解开悬念，最后给人一种恍然大悟的感觉。在思想意蕴上，这首诗触及了一个深刻的社会问题，反映了戍边兵役给战士及其家人带来的痛苦。　（翟晋华）

闲梦江南梅熟日，夜船吹笛雨潇潇。人语驿边桥。

【出处】唐·皇甫松《忆江南》

兰烬落，屏上暗红蕉。闲梦江南梅熟日，夜船吹笛雨潇潇。人语驿边桥。

【鉴赏】梦中的江南正是青梅成熟的梅雨时节,我站在船上手握竹笛,和着船外淅淅沥沥的雨声而吹奏,时而会听见驿桥边人们相互告别的声音。这是词人梦中离别故乡的情景。梦中的江南笼罩在一片烟雨迷雾当中,夜船、驿桥、人都显得朦胧,这便更添虚幻之感,为读者呈现了一幅似真似幻、朦胧缥缈的江南水乡风景图,寄寓了词人浓厚深切的思乡之情。

（经　惠）

人人尽说江南好,游人只合江南老。春水碧于天,画船听雨眠。

【出处】唐·韦庄《菩萨蛮》

人人尽说江南好,游人只合江南老。春水碧于天,画船听雨眠。垆边人似月,皓腕凝霜雪。未老莫还乡,还乡须断肠。

【鉴赏】人人都说江南好,游人应该在江南待到年老。春天的江水比青天还要碧绿,游人可以在画船中听着雨声入眠。此处虽写江南风光美景,"人人尽说"是指大家的看法,暗指诗人并不认为江南好。但诗人下文又通过细写江南春水、春雨、画船,勾勒出一幅闲适雅淡的江南美景图。此处需要注意"游人"二字,词人虽然认为江南确实美,但自己只是因为战乱而漂泊于此地的游人,所以缺少归属感,他是不想老于江南的。因此在这景物描写中也暗含着思乡的情绪。

（经　惠）

身多疾病思田里,邑有流亡愧俸钱。

【出处】唐·韦应物《答李儋》

去年花里逢君别,今日花开又一年。世事茫茫难自料,春愁黯黯独成眠。身多疾病思田里,邑有流亡愧俸钱。闻道欲来相问讯,西楼望月几回圆。

【鉴赏】田里,故乡。邑,城邑,诗人自己所管辖的地区。诗人自身多疾病,思归故乡而不得,而管辖的城邑又有出外逃亡的人,自觉愧对朝廷

538

给的俸禄钱。语言流畅自然,情感平实亲切,不仅有对朋友的真切思念,也抒发了政治上无所作为的苦闷,使一般的赠答诗有了深刻的思想内容而不流于浅俗。 （章丹莹）

但使主人能醉客,不知何处是他乡。

【出处】唐·李白《客中行》

兰陵美酒郁金香,玉碗盛来琥珀光。但使主人能醉客,不知何处是他乡。

【鉴赏】这两句诗有着李白特有的豪俊之气。客中饮酒,主人家如能留客欢迎,使客人沉醉,以畅其意,则虽在客中,犹在家乡也。 （黄 鸣）

还家万里梦,为客五更愁。

【出处】唐·张谓《同王征君洞庭有怀》

八月洞庭秋,潇湘水北流。还家万里梦,为客五更愁。不用开书帙,偏宜上酒楼。故人京洛满,何日复同游。

【鉴赏】诗人常年远居他乡,难以实现归家的愿望。这两句诗承接首联的起兴,表达了一位游子触景生情而产生的对家乡的深深思念。夜难眠,诗人忧愁的思绪一直绵延到五更时分,这种有家归不得的愁苦心情成了诗人心中一大痛处,再看着眼前这洞庭之景,不免内心更加惆怅,思乡意更浓。 （杨泠泠）

秋风万里芙蓉国①,暮雨千家薜荔村。

【注释】①芙蓉国:借指湖南,湖南因多木芙蓉而得此名。

【出处】唐·谭用之《秋宿湘江遇雨》

江上阴云锁梦魂,江边深夜舞刘琨。秋风万里芙蓉国,暮雨千家薜荔村。乡思不堪悲橘柚,旅情谁肯重王孙? 渔人相见不相问,长笛一声归岛门。

【鉴赏】秋风在万里之外的家乡吹遍,芙蓉生得妩媚多姿,傍晚时分的淅沥小雨覆盖了整个小村庄。在雨中,诗人仿佛看见了家乡的景色。这里诗人触景生情,在相似的景色中思念着远方的家乡,秋风暮雨,令人黯然神伤。 （杨泠泠）

539

秋风吹渭水,落叶满长安。

【出处】唐·贾岛《江上忆吴处士》

闽国扬帆去,蟾蜍亏复圆。秋风吹渭水,落叶满长安。此地聚会夕,当时雷雨寒。兰桡殊未返,消息海云端。

【鉴赏】诗人怀念吴处士的时候,秋意正浓,风吹渭水满波澜,整个长安被萧萧落叶所覆盖,一片萧瑟寂寞之景。此联为全诗营造了一种凄凉的氛围,诗人本就已经在思念远方的友人,却还要在这等景色之下,看秋风落叶席卷而来,真是让人倍感寂寞。 （杨泠泠）

已恨碧山相阻隔,碧山还被暮云遮。

【出处】宋·李觏《乡思》

人言落日是天涯,望极天涯不见家。已恨碧山相阻隔,碧山还被暮云遮。

【鉴赏】诗人在思念家乡之时远眺,却望不到家乡。落日时分凄清冷寂,家乡的方向被远方的青山遮挡住,诗人本就已经怨念重生,却发现暮云遮住了青山,使得家乡看起来更加遥不可及了。这两句未直接写思乡,却从侧面写出了对家乡的渴盼之情,情真意切。 （杨泠泠）

日落汀州一望时,柔情不断如春水。

【出处】宋·寇准《江南春二首》其二

杳杳烟波隔千里,白蘋香散东风起。日落汀州一望时,柔情不断如春水。

【鉴赏】回眸远望汀州才发现夕阳正在西沉,而心中思念的愁绪如同连绵不断的春水一般无穷无尽。前一句妙在一个"望"字,诗人回眸远望之时,看到的只是西下的夕阳,而望不到思念之人,不禁触发了诗人内心的失落与惆怅之感。日薄西山时的凄婉景色不禁勾起诗人的无限离思,景中含情,融情入景。后一句把绵绵不断的思念之情比作春水,化抽象为具体,使抽象的情绪具体可感,更以春水之缠绵无尽突出愁绪的细密烦冗及绵绵不绝,感人至深。 （翟晋华）

佳节久从愁里过,壮心偶傍醉中来。

【出处】宋·苏洵《九日和韩魏公》

晚岁登门最不才,萧萧华发映金罍。不堪丞相延东阁,闲伴诸儒老曲台。佳节久从愁里过,壮心偶傍醉中来。暮归冲雨寒无睡,自把新诗百遍开。

【鉴赏】 此诗为诗人和当时宰相韩琦的《乙巳重阳》(乙巳年即公元1065年)一诗而作。重阳佳节已经是在哀愁的情绪中度过,醉酒之时总是偶然生发壮志雄心。前一句中,"佳节"与"愁"显得格格不入,文人墨客总是在重阳佳节登高赏菊,饮酒赋诗,然而越是欢乐的气氛,越容易造成诗人内心的空虚与哀愁。韩魏公身居高位,于重阳佳节宴饮宾客,志满意得;然而诗人却已年过半百,昔年虽发奋读书,如今却依旧官居下僚,壮志难酬。后一句写诗人只在醉酒时才会有"烈士暮年,壮心不已"的豪情壮志,然而人终究是要面对现实的,等待诗人的现实恰恰又是无比残酷的。面对现实,那种酒精麻痹产生的高昂情绪早已灰飞烟灭,看着镜中的满头华发,想到自己已年过半百,诗人内心充满了壮志未酬的苦闷与忧伤。

(翟晋华)

春风又绿江南岸,明月何时照我还?

【出处】 宋·王安石《泊船瓜洲》

京口瓜洲一水间,钟山只隔数重山。春风又绿江南岸,明月何时照我还?

【鉴赏】 此句出自宋代诗人王安石的《泊船瓜洲》一诗,诗人此时第二次拜相,奉诏进京,舟次瓜洲,怀念金陵故居,故作此诗。春风又吹绿了江南河的两岸,明月什么时候才能照耀着我回到故乡? 前一句妙在"绿"字,化抽象为具体,把无形无色的春风化作鲜明的视觉形象,把春风拂过,河两岸变青的过程微缩在"绿"字上,生动而传神地展现了一幅春意盎然的图景,同时也隐喻诗人的仕途有了新的希望,表达了诗人此刻愉悦的心情。后一句笔锋一转,生机勃勃的春景图转为一幅皓月当空的夜景,诗人的情感也由喜悦转入对钟山故居的不舍与怀念,疑问的语气更增添了诗人内心的无奈与伤感。

(翟晋华)

试登绝顶望乡国,江南江北青山多。

【出处】 宋·苏轼《游金山寺》

我家江水初发源,宦游直送江入海。闻道潮头一丈高,天寒尚有沙痕在。中泠南畔石盘陀,古来出没随涛波。试登绝顶望乡国,江南江北青山多。羁愁畏晚寻归楫,山僧苦留看落日。微风万顷靴文细,断霞半空鱼尾赤。是时江月初生魄,二更月落天深黑。江心似有炬火明,飞焰照山栖乌惊。怅然归卧心莫识,非鬼非人竟何物。江山如此不归山,江神见怪惊我顽。我谢江神岂得已,有田不归如江水。

【鉴赏】游览金山上的金山寺时,诗人不禁登上山顶,眺望那远在长江上游的家乡。家乡遥远,只看到长江南北两岸层峦叠嶂的绵绵青山。"多"字在此暗含两层意味,一是明指山多,二是暗指乡愁如山多。青山多,一方面阻挡了远望的视线,望不见家乡;不见乡却更思乡,触发了诗人的乡愁,也随着那重重青山绵延不断,越来越多。诗人先是触景生情,又融情于景,情感的产生与发展自然流畅,表现出高超浑融的写作技法。

(汪培培)

九日清樽欺白发,十年为客负黄花。

【出处】宋·陈师道《九日寄秦觏》

疾风回雨水明霞,沙步丛祠欲莫鸦。九日清樽欺白发,十年为客负黄花。登高怀远心如在,向老逢辰意有加。淮海少年天下士,独能无地落乌纱。

【鉴赏】这首诗是诗人在回家乡徐州赴任的旅途中,正好赶上重阳节,心中百感交集之时所作。这两句诗是诗人对自己境遇的感慨与欣慰。在这重阳佳节之际,诗人颠沛流离的生活终于要结束了,心中略感慰藉,想要把酒言欢之际却发现自己已经年老体衰,不胜酒力了;回想过往的十几年,一直窘迫潦倒,寄人篱下,即使在重阳节,也根本没有心思喝酒赏花,真是白白地辜负了那盛开的菊花了啊。诗人作此诗之时其实才刚刚三十五岁,但是却以"白发"自称,足以可见之前"十年为客"的生活是多么穷困潦倒:寄人篱下,生活没有着落,仕途不得志,前途渺茫无望……这种种的窘境早已把诗人折磨得白了头发。

(汪培培)

忍泪失声问使者,几时真有六军来?

【出处】宋·范成大《州桥》

州桥南北是天街,父老年年等驾回。忍泪失声问使者,几时真有六军来?

542

【鉴赏】这首诗是在诗人奉命出使金国的路上所写的,他再次来到故都汴京,看到这里沦陷后的景象,心中百感交集。这两句诗的意思是:那些经历了宋金两个朝代的人翘首企盼了几十年,终于见到了宋朝使者,一时间有千言万语如鲠在喉,他们强行忍住将要夺眶而出的泪水,失声问道:"宋朝的军队什么时候才能真的打回来,收复失地啊?""父老"们在等待与期盼中已经步入晚年,我们都可以想象出他们一步一颤的身影、惊喜热切的眼神、哽咽失控的声调。最后一句中的"真"字更是意味深长,他们日日想,年年盼,虽然失望但从不绝望,仍旧热切地盼着恢复社稷的一天。他们对故国的怀念之情溢于言表。 （汪培培）

江南春尽离肠断,蘋满汀洲人未归。

【出处】宋·寇准《江南春》

波渺渺,柳依依。孤村芳草远,斜日杏花飞。江南春尽离肠断,蘋满汀洲人未归。

【鉴赏】江南的春天已经过去了,愁肠更加百结,浮萍已经长满了小洲,而远去的人却还未归来。这首词中,作者以清丽婉转、柔美多情的笔触,抒写了女子怀人伤春的情愫。一泓春水,烟波渺渺,岸边杨柳,随风飘摇。孤零零的村落里,那绵绵不尽的芳草蔓延向远方;夕阳西下,只有凋谢的杏花洒落一地。看着这暮春的情景,更加触动了思念的心情。已经盼望了一整个春天,夏天都来了,期盼的人却还是没来。"离肠断"直抒胸臆,情深意挚,将女主人公的离愁抒写得淋漓尽致。"蘋满"与"未归"形成对比,浮萍已经丰茂,而人却是缺少一个,这更使人感到主人公的孤单落寞,以及青春年华在漫长等待中流逝的哀怨。 （汪培培）

明月楼高休独倚。酒入愁肠,化作相思泪。

【出处】宋·范仲淹《苏幕遮》

碧云天,黄叶地,秋色连波,波上寒烟翠。山映斜阳天接水。芳草无情,更在斜阳外。　　黯乡魂,追旅思,夜夜除非,好梦留人睡。明月楼高休独倚。酒入愁肠,化作相思泪。

【鉴赏】由秋景勾起了思乡之情,正在旅途中的我思念家乡,心情黯淡,又加上羁旅的愁绪追着我不肯散去。每天夜里都不容易做个好梦,长夜常常无眠。明月照在这高楼上,无法入眠的旅人啊,千万不要独自凭栏远望,因为这会让愁情更愁,更加难以入眠。即使想借酒浇愁,喝到腹中也都变成相思的眼泪。真是欲要排遣相思反而更增相思之苦。全词对思乡之情的表现由浅到深,层层推进,通过各种方式均无法排解,最终到达了极致,变成了情味浓厚的眼泪。上片的写景与下片的抒情紧密勾连,过渡自然,以丽景映衬哀情,在悲伤中又觉得意境优美。　　(汪培培)

塞下秋来风景异,衡阳雁去无留意。

【出处】 宋·范仲淹《渔家傲》

塞下秋来风景异,衡阳雁去无留意。四面边声连角起。千嶂里,长烟落日孤城闭。　　浊酒一杯家万里,燕然未勒归无计。羌管悠悠霜满地。人不寐,将军白发征夫泪。

【鉴赏】 作者曾镇守边疆,抗击敌国入侵,此词描写的便是边塞之情境。本句为开篇,"塞下"为西北边地,秋天来到了这里,呈现出和内地大不同的迥异秋景。一个"异"字,既写塞外景色的不同,也暗含惊异之情。大雁向衡阳飞去,要到南方过冬,一丝留恋之情也没有。对大雁拟人化的描写,衬托出边塞地区的萧瑟荒凉。这种地方连大雁都毫不留恋,而戍边的将士却不能像大雁一样离开,还要守在这里。简单的两句,已经写尽了边塞的萧条之景,为下文表达思乡之情做好了铺垫。边塞的悲凉之声随着号角声响起,层层山岭之中,将士戍守的孤城紧紧关闭。一幅肃杀的战地秋景图就完整地呈现在读者面前。　　(汪培培)

浊酒一杯家万里,燕然未勒归无计。羌管悠悠霜满地。

【出处】 宋·范仲淹《渔家傲》

原文参见前句。

【鉴赏】在肃杀荒凉的边塞秋夜里，难免升起思乡之情。"一杯"与"万里"形成强烈的反差，家乡遥远，浓浓的思情岂是一杯酒能浇灭的。想回家却无可奈何，因为还没有打败入侵者取得胜利。"燕然未勒"化用典故，"燕然"为山名，汉和帝时窦宪曾大破匈奴，在此山上刻写下胜利的记录后凯旋。在这思乡却无计归去，满腔愁绪无法排遣之时，又传来了凄切的羌笛声。深夜里，寒霜布满地面。所闻所见皆是无比凄冷、悲凉的景象。在这悲凉的笛声中，有多少人难以入睡。将军欲建功而不能，头发已经花白；将士欲归乡而不能，流下来眼泪。词句表达的感情十分复杂，希望能为国建功，战局却没有进展；思念家乡，却还不能回去。这矛盾的情绪，作者通过对边塞景物的描写，将其表达得淋漓尽致。　　　　（汪培培）

都来此事，眉间心上，无计相回避。

【出处】宋·范仲淹《御街行·秋日怀旧》

纷纷坠叶飘香砌，夜寂静，寒声碎。真珠帘卷玉楼空，天淡银河垂地。年年今夜，月华如练，长是人千里。　　愁肠已断无由醉，酒未到，先成泪。残灯明灭枕头欹，谙尽孤眠滋味。都来此事，眉间心上，无计相回避。

【鉴赏】这是一首怀人之作。诗人首先描绘的是寒寂凄清的秋夜景象，接下来过渡到孤眠愁思的哀情，由景入情，情景交融。寂静的夜里，可以听到树叶坠落在地的声音。在空寂的高楼上观看夜色，银河浩瀚，月光皎洁，只是人儿分隔千里。愁绪满怀，不用喝酒已经醉倒了，独自垂泪。一盏孤灯在床头忽明忽暗，道尽了独眠滋味。想来这怀远之事，不在心头回绕，就在眉间攒聚，总之就是没办法回避。这一句与李清照的"此情无计可消除，才下眉头，却上心头"有异曲同工之妙。诗人将怀人之情表达得淋漓尽致，又哀婉优美。　　　　（汪培培）

凝泪眼、杳杳神京路。断鸿声远长天暮。

【出处】宋·柳永《夜半乐》

冻云黯淡天气，扁舟一叶，乘兴离江渚。渡万壑千岩，越溪深处。怒涛渐息，樵风乍起，更闻商旅相呼。片帆高举。泛画鹢、翩翩过南浦。

望中酒旆闪闪，一簇烟村，数行霜树。残日下、渔人鸣榔归去。败荷零落，衰柳掩映，岸边两两三三、浣沙游女。避行客、含羞笑相语。　　到此因念，绣阁轻抛，浪萍难驻。叹后约、丁宁竟何据！惨离怀、空恨岁晚归期阻。凝泪眼、杳杳神京路。断鸿声远长天暮。

【鉴赏】这首词描写了作者旅途中的见闻,内容丰富,分为三叠。首先叙述乘舟航行的经历和见闻;接着描写在舟上看到的岸边景物;后写因看到的人事物,引发了作者的离愁别恨,终以抒情结尾。此词作于柳永浪迹浙江时,全词虽长,但叙事有条不紊,层层推进,过渡自然。本来是充满愉快的旅途,但那三三两两的浣纱女子,唤醒了作者心中对家乡亲人的思念,他后悔自己当初轻率离家,现在浪迹他乡。一年将尽,却不能按期归家,抬起泪眼远望家乡,京城汴梁路途遥远,看到的只有苍茫的暮色笼罩天空,听到的只是远方传来离群孤雁悠长的鸣叫声。最后一句寄情于景,渲染出孤寂凄然的氛围。

(汪培培)

此生此夜不长好,明月明年何处看。

【出处】宋·苏轼《阳关曲》

暮云收尽溢清寒,银汉无声转玉盘。此生此夜不长好,明月明年何处看。

【鉴赏】我这一生遇到的月夜很少有像今晚这么美丽的,但这美好却又是易逝的,难以长久。不知道明年的中秋还能有这样好的月色吗?我又会在何处观赏这月亮呢?此诗写于中秋月圆之夜,苏轼与胞弟苏辙久别重逢,故赞叹"此生此夜"之"好",大有佳期难得,当及时行乐不负今宵之意。人生就像明月一般暂满还亏,会难别易,兄弟分离在即,故叹道"此生此夜"之"不长好"。想到来年,不禁感叹"明月明年何处看",表达出一种行踪萍寄,身世飘零之感。此句中"此生此夜"与"明月明年"相对,将空间距离拉长,离别的愁绪也更显悠长,更道出人生圆缺有时,世事无常之怅惘。

(李瑞珩)

天涯也有江南信,梅破知春近。

【出处】宋·黄庭坚《虞美人》

天涯也有江南信,梅破知春近。夜阑风细得香迟。不道晓来开遍、向南枝。　　玉台弄粉花应妒,飘到眉心住。平生个里愿杯深。去国十年老尽、少年心。

【鉴赏】即使是放逐天涯仍然能收到江南的消息,你看那枝头的梅花含苞吐蕊,便可知春天已经近了。词人当时被贬宜州,地近海南,去京城数千里,故称在"天涯"。由于江南的梅花多为冬末春初开放,词人在谪居之所居然能看到江南常见的梅花,所以梅花即是"江南信"。表达出了词人对故乡对家人深切的思念。身处天涯尚能见梅而喜悦,并将其想象成家乡的音信,表现出黄庭坚乐观豁达的心态。

(李瑞珩)

衡阳犹有雁传书,郴阳和雁无。

【出处】 宋·秦观《阮郎归》

湘天风雨破寒初,深沉庭院虚。丽谯吹罢《小单于》,迢迢清夜徂。

乡梦断,旋魂孤。峥嵘岁又除。衡阳犹有雁传书,郴阳和雁无。

【鉴赏】 身处衡阳尚有鸿雁能传情,等到了郴阳,连大雁都飞不过去,我又该何去何从呢? 衡阳与郴阳都在楚地,相传衡阳有回雁峰,雁断于此,郴阳在离衡阳更远的地方,大雁也飞不到了。词人身贬郴州,离乡日远,忧思更浓。不直言自己远谪音信断绝,度日如年,而只说郴州是雁儿也飞不到的地方,含蓄委婉地透露出他内心难以言传的痛苦,真是"古之伤心人"。此句借雁抒情,语淡意浓,余味无穷。

(李瑞珩)

暮云平,暮山横。几叶秋声和雁声,行人不要听。

【出处】 宋·万俟咏《长相思》

短长亭,古今情。楼外凉蟾一晕生,雨余秋更清。 暮云平,暮山横。几叶秋声和雁声,行人不要听。

【鉴赏】 黄昏的云,黄昏的山,落叶悉碎,雁声阵阵。暮霭中的山驿,如此凄清。心似雨打萍,仕路难行,秋风中摇曳着忽明忽暗的驿灯,映照着曾经的壮志豪情。此刻飒飒落叶卷西风,秋声入耳,声声敲心不忍听。离别的人啊,不要听来心愁生。此句描写雨后山驿的黄昏景色,抒发了词人的羁旅之思,语淡情深。词人工于写景,善于造境,"暮云平,暮山横",秋云空阔,全是萧瑟之感;加之叶声与雁声,更添凄清。词人轻叹一句:"行人不要听。""不要听"而不得不听,不发听后之感而只道"不要听",真令人觉其含无限惋恻之情。

(李瑞珩)

却是归鸿不能语,一年一度到江南。

【出处】 宋·杨万里《初入淮河四绝句》其四

中原父老莫空谈,逢着王人诉不堪。却是归鸿不能语,一年一度到江南。

【鉴赏】身处失地的中原父老见着故国的使臣，总是不断述说自己如今不堪的生活与对王师北定中原的渴望。但这些都只是空谈，因为偏安享乐的朝廷是不会理会的。那些不能说话的大雁每年都可以从北方的失地飞回江南的故国，感受故国的气息。将不能说话的大雁与不断言说的中原父老进行比较，相较之下，人竟然比不得鸟儿了，突出了百姓的苦难境遇。"却"字引出归鸿的对比，但其中又带有作者深深的无奈与对中原百姓的无限同情。全句哀婉而又悲愤，意味深长，发人深省。　（王新宇）

事去空垂悲国泪，愁来莫上望乡台。

【出处】宋·汪元量《潼关》

蔽日乌云拨不开，昏昏勒马度关来。绿芜径路人千里，黄叶邮亭酒一杯。事去空垂悲国泪，愁来莫上望乡台。桃林塞外秋风起，大漠天寒鬼哭哀。

【鉴赏】乌云蔽日，终不见天，昏昏沉沉地骑马行到了潼关。一路行千里，绿草尚青，而树叶已黄，在驿站饮酒暂歇，叶落思归，诗人思念起故土、故国。皇帝被俘出家，抗元名臣就义身亡，南宋朝大势已去，如今只能空为故国垂泪伤悲；担忧被元朝怀疑有反抗之心，即使思念家乡也不能登高南眺故土。上下两句对仗工整，感情沉郁悲痛。国已破，乡难归，事去愁来，引发无限感慨。"空垂"之"空"饱含无力回天的苦痛；"莫上"又有一丝告诫意味。诗人一切活动都在监视之下，连人所共有的思乡之情都不得不克制住，可想见诗人的艰难处境。一字一泪，闻之伤怀。　（王新宇）

须信道消忧除是酒，奈酒行有尽情无极。便挽取、长江入樽罍，浇胸臆。

【出处】宋·赵鼎《满江红·丁未九月南渡泊舟仪真江口作》

惨结秋阴，西风送、霏霏雨湿。凄望眼、征鸿几字，暮投沙碛。试问乡关何处是，水云浩荡迷南北。但一抹、寒青有无中，遥山色。　天涯路，江上客。肠欲断，头应白。空搔首兴叹，暮年离析。须信道消忧除是酒，奈酒行有尽情无极。便挽取、长江入樽罍，浇胸臆。

【鉴赏】阴云密布，秋雨迷蒙，征鸿南归，而自己不知何处为归乡。舟行江中，天涯作客，万里漂泊，人至暮年背井离乡，只能搔首兴叹。"何以

548

解忧,唯有杜康",可酒有饮尽的时候,而愁情无限,干脆把长江滔滔之水舀入樽盏为酒,冲洗胸中愁闷。"除是酒",言只有酒能消愁,而又言酒"有尽"而"情无极",最后只能"长江入樽罍"。以长江为酒来消尽作者之愁,想象夸张。结果实际未可知,极言愁之深重、之广绵,其愁情逐句加深,最后与滚滚的长江之水相融,浩荡无涯;其情慷慨剧烈,豪情不可遏。

(王新宇)

昭君不惯胡沙远,但暗忆、江南江北。想佩环、月夜归来,化作此花幽独。

【出处】宋·姜夔《疏影》

苔枝缀玉,有翠禽小小,枝上同宿。客里相逢,篱角黄昏,无言自倚修竹。昭君不惯胡沙远,但暗忆、江南江北。想佩环、月夜归来,化作此花幽独。　犹记深宫旧事,那人正睡里,飞近蛾绿。莫似春风,不管盈盈,早与安排金屋。还教一片随波去,又却怨、玉龙哀曲。等恁时、重觅幽香,已入小窗横幅。

【鉴赏】昭君远嫁塞北,只能默默思念故乡中原。料想夜里她在梦中回到中原,遗落了佩带的玉饰。玉饰变成了幽香孤独的梅花。此句中词人幻想梅花的身世,以昭君身上的玉饰比梅花,可见花朵洁白清透。梅花独自长在角落里,不和百花争艳,刻画出其芬芳脱俗的形象。"幽独"抒写美人绝世独立,身在塞外的孤寂凄苦。词人赋予梅花人性,写花也写人情,营造出凄冷动人的意境。

(吴　玺)

最关情、折尽梅花,难寄相思。

【出处】宋·周密《高阳台·送陈君衡被召》

照野旌旗,朝天车马,平沙万里天低。宝带金章,尊前草帽风敧。秦关汴水经行地,想登临、都付新诗。纵英游、叠鼓清笳,骏马名姬。　　酒

549

醺应对燕山雪,正冰河月冻,晓陇云飞。投老残年,江南谁念方回。东风渐绿西湖柳,雁已还、人未南归。最关情、折尽梅花,难寄相思。

【鉴赏】词的下阕描绘了一幅乍暖还寒的初春图景,以"最关情"收束,是对离别之景的延伸,更是某种反叛性的升华:"雁已还,人未南归",已令人黯然神伤,但这些都不及此刻,没有语言能向你表达我最深刻的情谊,于是折尽梅花,竟无语。接下来一个"尽"字是对情感的强化。秦观有"驿寄梅花,鱼传尺素"之句,可见梅花向来被当作亲友之间遥寄思念的信物。信物者,本已是情感的浓缩,但这样的浓缩相较"我"的情谊仍显得太浅太薄。"难寄相思",再次反叛了前面的陈述:即使折尽世间梅意,依旧无法表达我的思念,这才最令人寸断肝肠。作者将自己的感情寄托于具体的物象,在委婉含蓄的情感之外又带给人形象化的审美感受。此句也因为情感的曲折往复成为送别名句。

(苏　晗)

遥夜沉沉满幕霜,有时归梦到家乡。

【出处】宋·宇文虚中《在金日作三首》其二

遥夜沉沉满幕霜,有时归梦到家乡。传闻已筑西河馆,自许能肥北海羊。回首两朝俱草莽,驰心万里绝农桑。人生一死浑闲事,裂眦穿胸不汝忘。

【鉴赏】漫漫深沉的长夜里,幕帐上挂满了霜。有时,做梦会梦到自己回到了家乡。这句诗写的是诗人由宋入金,被扣留于金,却无时无刻不思念着家乡。首句写诗人怀有浓烈思乡之情,以致夜不能寐,漫漫长夜看到帐幕上结满霜花,更觉凄苦,奠定了本诗凄凉的基调;次句写诗人思念故乡,以致做梦也梦到归乡。这句诗情景交融,细腻地刻画了诗人的心理活动。诗意苍凉,表现了诗人虽滞留于金却时刻不忘家乡的思乡之情。

(陈俊艳)

一声新雁三更雨,何处行人不断肠。

【出处】明·袁凯《客中夜坐》

落叶萧萧江水长,故园归路更茫茫。一声新雁三更雨,何处行人不断肠。

【鉴赏】夜半雨中,听到第一拨南飞的大雁传来的叫声,只觉凄厉悲凉更甚于这三更的雨声。路上行人纷纷愁肠欲断,愈发思归。这句诗描写的是诗人雨夜独坐,思念家乡的情景。"雁"历来被用来寄托悲秋、思归之情,诗人别出新意,以雨夜雁鸣来表现羁旅之人的凄苦处境,而"新雁"则表明秋意渐深,渲染了悲凉凄清的气氛。作者又通过写行人听闻雁鸣后愁肠百结的反应,表现他们远离家乡的悲伤和对故乡的深切思恋。后人常以此句来表现游子思归之情。

(陈俊艳)

江南几度梅花发,人在天涯鬓已斑。

【出处】 金·刘著《鹧鸪天》

雪照山城玉指寒,一声羌管怨楼间。江南几度梅花发,人在天涯鬓已斑。　　星点点,月团团,倒流河汉入杯盘。翰林风月三千首,寄与吴姬忍泪看。

【鉴赏】 幽怨的羌笛声里,思绪早已飞回了那遥远的南国。遥思江南的梅花几度花开花落,春秋转易。回想自己,却在这冰雪连天的北国孤身一人,头发早已被岁月染上了斑白色彩。此处采用了时空对照的写法,作者想象江南的梅花在自己离开的这些年间,早已几开几落。回到现实,看看自己远在这孤独的天涯,双鬓早已斑白却依旧没能与家人团聚。该句饱含了浓烈的思乡之情,却表达得含蓄委婉。

(李　臻)

流落天涯俱是客,何必平生相熟。

【出处】 宋·宇文虚中《念奴娇》

疏眉秀目,看来依旧是,宣和装束。飞步盈盈姿媚巧,举世知非凡俗。宋室宗姬,秦王幼女,曾嫁钦慈族。干戈浩荡,事随天翻地覆。　　一笑邂逅相逢,劝人满饮,旋旋吹横竹。流落天涯俱是客,何必平生相熟。旧日黄华,如今憔悴,付与杯中醁,兴亡休问,为伊且尽船玉。

【鉴赏】 同是远离家乡、流落在外的异乡人,今日得以相见,同饮同欢就是缘分,何必曾经是相识之人。该句虽然是与所遇歌女共同畅饮的遣怀之语,看似大度酣畅,却满怀对同是天涯漂泊之人的歌女的同情之感,亦深藏着作者自己深深的思乡欲归之感。该句化用白居易《琵琶行》中"同是天涯沦落人,相逢何必曾相识"一句,但是作者想描述的并不是像白居易所指的失意落魄之人,而只是直抒胸臆,表达与歌女相逢甚欢又同是客居他乡之人,所以不必拘束。

(李　臻)

山河百二，自古关中好。

【出处】 金·张中孚《蓦山溪》

山河百二，自古关中好。壮岁喜功名，拥征鞍、雕裘绣帽。时移事改，萍梗落江湖，听楚语，厌蛮歌，往事知多少？　苍颜白发，故里欣重到。老马省曾行，也频嘶、冷烟残照。终南山色，不改旧时青。长安道，一回来，须信一回老。

【鉴赏】 那江山稳固，河山秀丽之处，自古就要属关中地区了。今渭河平原区便是关中之地，东有潼关、西有大散关、南有武关、北有萧关，居四关之内，故称关中。外加天然的地形优势，关中地区自古就是安定之地。作者客居关外，经历万般风霜，对回归家乡的渴望是显而易见的。但是山水阻隔，美好的关中地区，那生养他的家乡，作者再也回不去了。开篇便是对家乡的赞美，满满的思乡之情便迸发出来了，也奠定了全词悲苦凄凉的基调。

(李　臻)

万顷湖光歌扇底，一声吹下相思泪。

【出处】 元·赵孟頫《蝶恋花》

侬是江南游冶子，乌帽青鞋，行乐东风里。落尽杨花春满地，萋萋芳草愁千里。　扶上兰舟人欲醉，日暮青山，相映双蛾翠。万顷湖光歌扇底，一声吹下相思泪。

【鉴赏】 歌女以扇遮口，这神州大地万顷的湖光山色都从她的口中唱出。但是故国已亡，听到这对祖国大好河山的描绘，不免要落下伤心的泪水。作者在江南之地游春时，听见了歌女对大好河山的吟唱，激起了自己的故国之思。此二句为全词末句，作者在前文中对春日之景做了描绘，展现了一种感时伤春的情绪，末句词意升华。作者内心的愁绪并非只为伤春而产生，听到歌女对大好河山的赞颂更增加了伤感情绪。因为家国已破，再好的河山都不能相见了，作者只能以苦涩的泪水来发泄心中巨大的悲痛。

(李　臻)

欲将归信问行人，青山尽处行人少。

【出处】 明·陈霆《踏莎行》

流水孤村，荒城古道。槎牙老木乌鸢噪。夕阳倒影射疏林，江边一带芙蓉老。　风暝寒烟，天低衰草，登楼望极群峰小。欲将归信问行人，青山尽处行人少。

【鉴赏】 我想向那远行之人打听是否有自己回归的消息,但是在这深山里,远行人都是极少的,又有谁可以问呢? 作者遭朝廷贬谪至偏僻的远方,人烟稀少,十分荒凉。作者渴望能够赶紧得到朝廷的谅解并得以回归,于是迫切地想找到一位知情人打听自己何时能够离开这贬谪之地的消息。无奈此地过于荒凉,人迹罕至,自己极度渴望回归的热切心愿又能向谁去倾诉呢? 作者孤身漂泊、不知归期,加之眼前这荒芜苍凉之景,作者的孤苦无依之感便更加强烈了,读来令人心痛。　　　　　(李　臻)

君知否? 雁字云沉,难写伤心句。

【出处】 清·王夫之《绮罗香》

流水平桥,一声杜宇,早怕洛阳春暮。杨柳梧桐,旧梦了无寻处。拼午醉、日转花梢,甚夜阑、风吹芳树? 到更残、月落西峰,泠然胡蝶忘归路。

关心一丝别重,欲挽银河水,仙槎遥渡。万里闲愁,长怨迷离烟雾。任老眼、月窟幽寻,更无人、花前低诉。君知否? 雁字云沉,难写伤心句。

【鉴赏】 你可曾知道,就算可相托大雁告诉你这里的消息,但是这令人悲伤的境况,我也实在不忍心写下那令人伤心的字句。该词因有感北宋邵雍临终之时还挂念收复割让给辽国的幽州国土之事,思至今日明朝灭亡,清朝入主中原的现状,抒发自己的故国之思。该句是作者与邵雍的对话,向他诉说现如今不仅幽州没有收复,连曾经固守的中原地区,也已落入他人之手。自己势单力薄,也无回转乾坤之力,这怎么能够不令人心痛至极呢? 作者面对亡国之恨,凄楚悲凉之意甚为浓烈。　　(李　臻)

斜阳芳草隔,满目伤心碧。不语问青山,青山响杜鹃。

【出处】 清·李雯《菩萨蛮》

蔷薇未洗胭脂雨,东风不合催人去。心事两朦胧,玉箫春梦中。斜阳芳草隔,满目伤心碧。不语问青山,青山响杜鹃。

【鉴赏】 在落日的余晖里,只有丛丛的芳草陪伴着我,那心中思念的人却相隔遥远。放眼望去,满眼都是碧绿的颜色,但这绿色让人不由地伤感。因为"我"正处在这遥远的天边,而不能与日夜思念的人儿相偎相依。我在心里默默问青山,该怎样解脱这愁苦,青山没有回答,只有杜鹃一声声地劝说孤独之人归去的啼鸣。作者借眼前寂寥之景抒发思念之情,塑

造了一个因思念而神伤,因不得团聚而悲戚的天涯旅客形象。这种感情的抒发给人以凄凉、悲苦之感。 （李　臻）

山一程,水一程,身向榆关那畔行。夜深千帐灯。

【出处】 清·纳兰性德《长相思》

山一程,水一程,身向榆关那畔行。夜深千帐灯。　　风一更,雪一更,聒碎乡心梦不成。故园无此声。

【鉴赏】 走了一段山路后,又复走一段水路。就这样在跋山涉水之中,我跟着大家一起向着山海关的那一面前进着。夜深了,我们停下来支起帐篷取暖休息。帐篷里的点点灯光照亮了这里的黑夜。榆关,指山海关。出山海关之后,便不再是中原地区了。作者来至关外,大家帐篷之内的点点灯火仿佛就是家乡家家户户的灯火。在这静谧的黑夜里,怎么能不思念温暖安适的家呢? 作者漂泊天涯,思念家乡,在豪迈的词句中寄寓了无限的乡愁。 （李　臻）

风一更,雪一更,聒碎乡心梦不成。故园无此声。

【出处】 清·纳兰性德《长相思》

原文参见前句。

【鉴赏】 风吹了一段时间,接着又下起了雪。帐外的风雪之声搅扰了我思乡的愁绪,过于嘈杂的风雪声也使人睡不着觉。想想家乡,是没有这么恶劣的声音的。此处作者即景抒情。先写实景,即风和雪连续刮了一晚,使人不能够梦回家乡享受片刻的温暖。继而转入想象。由这里恶劣的条件,作者转而想到家乡的夜是静谧的,是没有这骇人的风雪之声的。此处作者依旧表现的是一种思乡之情,通过狂风暴雪之夜对家乡的思念,表达了一种苦涩的思归之情。 （李　臻）

可怜日至长为客,何意天涯数举杯!

【出处】 清·朱彝尊《云中至日》

去岁山川缙云岭,今年雨雪白登台。可怜日至长为客,何意天涯数举杯!　　城晚角声通雁塞,关寒马色上龙堆。故园望断江村里,愁说梅花细细开。

【鉴赏】 可怜日至长为客,何意天涯数举杯! “思乡”是中国古代文人

554

吟咏不衰的母题,杜甫有《至日》一诗云"年年至日长为客",朱彝尊或受此启发。此时此刻,北地已是大雪纷飞,思乡的愁绪也像眼前的飞雪,连绵不绝,飘飘洒洒。极目眺望,却看不清归乡的路! 只有借酒以抒发内心的复杂心情,有酒,心就不再那么柔软,痛快!

（李瑞珩）

低徊愧人子,不敢叹风尘。

【出处】清·蒋士铨《岁暮到家》

爱子心无尽,归家喜及辰。寒衣针线密,家信墨痕新。见面怜清瘦,呼儿问苦辛。低徊愧人子,不敢叹风尘。

【鉴赏】诗句表达了一位在外漂泊闯荡的游子回到家中,面对母亲关切的问候,却因未能尽到为人子的责任而内心羞愧,无法对母亲述说自己在外漂泊闯荡的苦楚的心理。诗句全无修饰,运用直接抒情的表达方式,抒发了一位游子惭愧、矛盾的心理活动。此诗句也在全诗有着卒章显志的意义,表达出诗人对于实现理想抱负的迫切希望,以及年到岁暮抱负无法彰显的无奈和颓丧。 （李瑞珩）

忽讶船窗送吴语,故山月已挂船头。

【出处】清·叶燮《客发苕溪》

客心如水水如愁,容易归帆趁疾流。忽讶船窗送吴语,故山月已挂船头。

【鉴赏】诗人准备坐船归家,在即将开船的时候却听到了窗外有人在说家乡话,一时之间讶异不已,这更加勾起了诗人想要归家的急迫心情。最后一句诗人直接联想到家乡的月亮已经挂在船头,表明自己思乡之情的深厚。

（杨泠泠）

战 争 徭 役

担囊行取薪，斧冰持作糜。

【出处】汉·曹操《苦寒行》

北上太行山，艰哉何巍巍！羊肠坂诘屈，车轮为之摧。树木何萧瑟，北风声正悲！熊罴对我蹲，虎豹夹路啼。溪谷少人民，雪落何霏霏！延颈长叹息，远行多所怀。我心何怫郁？思欲一东归。水深桥梁绝，中路正徘徊。迷惑失故路，薄暮无宿栖。行行日已远，人马同时饥。担囊行取薪，斧冰持作糜。悲彼《东山》诗，悠悠令我哀。

【鉴赏】严冬时节，行军途中兵士们挑着行囊一边行进一边拾取柴火，条件有限，他们便用凿开的冰块来煮稀饭。这句诗真实地描绘了兵士们冒着严寒行军，在途中食宿无依的艰辛情形。这种羁旅生活应为诗人亲身经历，因而感情真挚且细腻动人，读之令人动容，一方面表达出行军生活的艰难与辛酸，另一方面亦在字里行间渗透出对士卒的深切怜悯之情。这句诗风格沉郁，虽为写实，却有淡淡的忧伤蕴含其中，因而后人常以此句来表达古时行军的艰难与辛酸。

（陈俊艳）

白骨露于野，千里无鸡鸣。

【出处】汉·曹操《蒿里行》

关东有义士，兴兵讨群凶。初期会盟津，乃心在咸阳。军合力不齐，踌躇而雁行。势利使人争，嗣还自相戕。淮南弟称号，刻玺于北方。铠甲生虮虱，万姓以死亡。白骨露于野，千里无鸡鸣。生民百遗一，念之断人肠。

【鉴赏】连年的征战，使得兵士战死，民不聊生。放眼望去战场上哀鸿遍野，荒野之上白骨累累暴露于野，触目惊心，千里之内都听不到鸡鸣之声，再无人烟。这句诗着重描绘战争后所造成的凄惨荒凉的景象，其中蕴含着诗人对百姓深切的同情，同时亦表达出诗人对战争深恶痛绝的批判态度。诗人真实地记录下东汉群凶作乱,战乱频仍、民不聊生的景况,感情真挚,使读者认识了解到了当时战争所造成的严重后果,并对当时的百姓产生强烈的同情,于今有借鉴意义。 （陈俊艳）

出门无所见,白骨蔽平原。

【出处】 魏·王粲《七哀诗》其一

西京乱无象,豺虎方遘患。复弃中国去,委身适荆蛮。亲戚对我悲,朋友相追攀。出门无所见,白骨蔽平原。路有饥妇人,抱子弃草间。顾闻号泣声,挥涕独不还。"未知身死处,何能两相完?"驱马弃之去,不忍听此言。南登霸陵岸,回首望长安,悟彼下泉人,喟然伤心肝。

【鉴赏】 诗人离开了长安,一路上所见的景象触目惊心:到处都是荒芜的原野,只能看到累累的白骨,遮蔽在无际的平原之上。这句诗是汉末遭逢战乱的社会的真实写照,百姓死伤无数,白骨暴露于平原,反映出战后的荒凉萧条,以及战争给百姓造成的深重苦难。目睹此种惨象的诗人,感愤而作,运用写实的方法直陈所见所闻,沉痛地表达出对遭逢战乱百姓的深刻同情,以及对战争的批判态度。 （陈俊艳）

万里赴戎机,关山度若飞。

【出处】 南北朝·《木兰诗》

唧唧复唧唧,木兰当户织。不闻机杼声,惟闻女叹息。问女何所思,问女何所忆。女亦无所思,女亦无所忆。昨夜见军帖,可汗大点兵,军书十二卷,卷卷有爷名。阿爷无大儿,木兰无长兄,愿为市鞍马,从此替爷征。东市买骏马,西市买鞍鞯,南市买辔头,北市买长鞭。旦辞爷娘去,暮宿黄河边,不闻爷娘唤女声,但闻黄河流水鸣溅溅。旦辞黄河去,暮至黑山头,不闻爷娘唤女声,但闻燕山胡骑鸣啾啾。万里赴戎机,关山度若飞。朔气传金柝,寒光照铁衣。将军百战死,壮士十年归。归来见天子,天子坐明堂。策勋十二转,赏赐百千强。可汗问所欲,木兰不用尚书郎,愿驰千里足,送儿还故乡。爷娘闻女来,出郭相扶将;阿姊闻妹来,当户理红妆;小弟闻姊来,磨刀霍霍向猪羊。开我东阁门,坐我西阁床,脱我战时袍,着我旧时裳。当窗理云鬓,对镜贴花黄。出门看火伴,火伴皆惊忙:同行十二年,不知木兰是女郎。雄兔脚扑朔,雌兔眼迷离;双兔傍地走,安能辨我是雄雌?

【鉴赏】 行军万里奔赴边关,疾驰度过关山,速度之快仿佛飞越而过。这句诗描写的是木兰千里迢迢奔赴战场,报效国家的情景。首句写木兰一路行军万里,表明她代父从军,为国效力的决心与毅力,其中"赴"字写出了木兰行军参战的从容不迫。次句生动又夸张地写出了木兰行军途中飞越千山万水的情景,其中"度若飞"表现出木兰急行军时敏捷矫健的英姿。这句诗语言简练,却将木兰行军的画面生动地呈现出来,一方面写出了战士千里奔赴战场的豪迈,另一方面也反映出木兰巾帼不让须眉的气概。

（陈俊艳）

将军百战死,壮士十年归。

【出处】 南北朝·《木兰诗》

原文参见前句。

【鉴赏】 将士们在战场征战拼杀十年,有人战死沙场,有人幸存而得归。这句诗运用了互文的修辞手法,"将军"与"壮士"互文,叙述了将士们经历残酷的战争,或战死或归乡。从艺术手法上看,互文使诗句和谐整齐,言简意丰。其中"百战"与"十年"不是实指,而是用来表明战争历时之久以及将士们身经百战的不易。这句诗描述了战争的旷日持久以及悲壮凄凉,表现出战争的残酷与无情,同时反映出木兰从军的艰辛,并再次表现出了木兰代父从军的英勇与伟大。

（陈俊艳）

宁为百夫长①,胜作一书生。

【注释】 ①百夫长:古代军队里的低级军官。

【出处】 唐·杨炯《从军行》

烽火照西京,心中自不平。牙璋辞凤阙,铁骑绕龙城。雪暗凋旗画,风多杂鼓声。宁为百夫长,胜作一书生。

【鉴赏】 在这劲敌当前的紧急时刻,我宁愿投身军队,做一个下级的军官来报效国家,也胜过如今作为一介书生而只能留在后方。诗人一洗六朝诗歌中的靡艳浮华之风,大胆地描写塞外战场景致和自己想要主动请缨慷慨从军的豪情壮志。读之,令人感受到诗人关注社会、关心国家命运、积极参与政事的一腔热血和英雄情怀。表现了诗人建功立业、慷慨报国的豪气和决心。

（吴纯燕）

醉卧沙场君莫笑,古来征战几人回?

【出处】唐·王翰《凉州词二首》其一

葡萄美酒夜光杯,欲饮琵琶马上催。醉卧沙场君莫笑,古来征战几人回?

【鉴赏】我若是因为这葡萄美酒而醉倒在沙场之上,还请你不要见笑,自古以来但凡在外征战之人,全身而还者又能够有几个呢? 诗句巧妙地承接前两句对沙场饯行的描写,并顺接最后一句对战争残酷的描写。士卒征战难回显然并不是因为美酒的缘故,而诗人写"醉卧沙场"对全诗的苍凉感也并没有丝毫的冲淡,反而在原有的苍凉之上加入了一抹浪漫的色彩。美酒醉人是内心的炙热,沙场难归是周身的凄冷,诗人通过二者的强烈对比,营造出一种血色与瑰丽交织浑融的意境,更加彰显了征战沙场的慷慨与凄凉,给人带来有力而持久的冲击与震撼。　　　　（吴纯燕）

秦时明月汉时关,万里长征人未还。但使龙城①飞将②在,不教胡马度阴山③。

【注释】①龙城:卢龙城,汉时右北平郡所在地。②飞将:汉时李广将军戍守右北平郡,匈奴人畏惧而不敢入侵,称其为"飞将军"。③阴山:在今内蒙古自治区中部。

【出处】唐·王昌龄《出塞二首》其一

秦时明月汉时关,万里长征人未还。但使龙城飞将在,不教胡马度阴山。

【鉴赏】自秦汉以来,战争就从没有止歇过,而战场之上的将士们大多再也没有回来,唯有清冷的明月照映着孤寂的关城。如果能有像汉代时李广那样的飞将军镇守,胡人的铁骑就会永远被阻挡在遥远的阴山之外。"秦时明月汉时关"以互文写法开篇,营造出一种时空交织的历史苍凉感。"人未还"既是秦汉征人未还,也是如今征人未还。千年来人事推移,唯有皎皎明月与千年关山的永恒见证着征戍的周而复始,战争的残酷性不言而喻。后两句回想西汉李广的故事,"但使"二字饱含着对时局的深深忧虑,渴望有一位横空出世的大将击溃胡骑,好让百姓安居、征人归来。短短四句,既蕴含着对战争的厌倦,又表现了对征人的同情,同时流露出深重的忧患意识,忧时忧民之情真切深沉。　　　　（吴纯燕）

四边伐鼓^①雪海涌，三军大呼阴山动。

【注释】①伐鼓：击鼓。

【出处】唐·岑参《轮台歌奉送封大夫出师西征》

轮台城头夜吹角，轮台城北旄头落。羽书昨夜过渠黎，单于已在金山西。戍楼西望烟尘黑，汉兵屯在轮台北。上将拥旄西出征，平明吹笛大军行。四边伐鼓雪海涌，三军大呼阴山动。虏塞兵气连云屯，战场白骨缠草根。剑河风急雪片阔，沙口石冻马蹄脱。亚相勤王甘苦辛，誓将报主静边尘。古来青史谁不见，今见功名胜古人。

【鉴赏】四处的鼓声响彻如雷，冰冻的雪海因之翻涌不止；三军的喊声响彻云霄，巍巍阴山也为之震动。此句运用夸张手法，表现了战斗的激烈与唐军战士的雄壮军威与高昂士气。画面中鼓声大振，士兵的呐喊声大振，声音甚至使得雪海翻涌，使得阴山震动，如此赫赫军威！这使得整首诗歌都充满浪漫主义激情以及边塞生活的气息。诗人通过这两句诗歌刻画出了一幅宏伟壮阔的战争画面，展现了唐军将士建功报国的英勇气概。

（曹　明）

君不见走马川行雪海边，平沙莽莽黄入天。

【出处】唐·岑参《走马川行奉送出师西征》

君不见走马川行雪海边，平沙莽莽黄入天。轮台九月风夜吼，一川碎石大如斗，随风满地石乱走。匈奴草黄马正肥，金山西见烟尘飞，汉家大将西出师。将军金甲夜不脱，半夜军行戈相拨，风头如刀面如割。马毛带雪汗气蒸，五花连钱旋作冰，幕中草檄砚水凝。虏骑闻之应胆慑，料知短兵不敢接，车师西门伫献捷。

【鉴赏】在雪海边的走马川，这一带常常狂风怒卷，将莽莽黄沙吹上天空，整个天空只有一片混茫朦胧，浑黄模糊。"君不见"是歌行体常用的揭示性语句开头，以提醒读者注意下面的特异情况。走马川，地名，即左末河,今新疆境内车尔成河,"川"与"河"同义,"走马"与"左末"音近;雪海,诗中泛指西边苦寒之地。行,当是衍文。诗句表现了绮丽瑰异的边塞风光,给人以雄浑壮丽之美。 （曹　明）

轮台①九月风夜吼,一川碎石大如斗,随风满地石乱走。

【注释】①轮台:唐时属庭州,隶属北庭都护府,置有静塞军。

【出处】唐·岑参《走马川行奉送出师西征》

原文参见前句。

【鉴赏】九月的轮台夜夜狂风怒吼,斗大的石头,竟然被狂风吹得到处滚动。在南方,九月刚好是秋高气爽的时节,而轮台的九月之夜,却已是狂风怒吼。"吼"字表现出风声之大,如猛兽咆哮一般,让人心惊。碎石本指小石子,而此处碎石却个个大如斗,这么大的石头,竟然还能够被风刮得满地乱走,风力之猛烈可想而知。诗人将黄沙漫天飞舞,碎石满地乱走,狂风怒吼的画面描绘得有声有色,表现出环境的险恶。 （曹　明）

马毛带雪汗气蒸,五花连钱①旋作冰,幕中草檄②砚水凝。

【注释】①五花连钱:五花与连钱都是指马斑驳的毛色,一说,五花连钱都是指名贵的马。②草檄:起草讨伐敌人的文书。

【出处】唐·岑参《走马川行奉送出师西征》

原文参见前句。

【鉴赏】战马在寒风中奔驰,带雪的马毛汗气蒸腾,马毛上的雪因之融化成水,而水又因为天气寒冷旋即在马毛上凝结成冰。在军幕中起草讨伐敌人的文书时,发现连砚水也冻结了。马能出汗,可见战士连夜行军,马不停蹄。而汗旋即又化为冰,可见天气之寒冷,甚至连军帐中的砚水都能冻结。诗人通过这几个细节,表现出自然条件之恶劣,行军环境之艰苦。正因如此,也表现出唐军将士士气高昂,不畏严寒、勇往直前的精神,极具豪情壮志。 （曹　明）

车辚辚①,马萧萧②,行人③弓箭各在腰。

【注释】①辚辚:象声词,车行的声音。②萧萧:象声词,马嘶鸣的声音。③行人:指行役之人,被遣出征的士兵。

【出处】唐·杜甫《兵车行》

车辚辚,马萧萧,行人弓箭各在腰。耶娘妻子走相送,尘埃不见咸阳桥。牵衣顿足拦道哭,哭声直上干云霄。道傍过者问行人,行人但云点行频。或从十五北防河,便至四十西营田。去时里正与裹头,归来头白还戍边。边亭流血成海水,武皇开边意未已。君不闻汉家山东二百州,千村万落生荆杞。纵有健妇把锄犁,禾生陇亩无东西。况复秦兵耐苦战,被驱不异犬与鸡。长者虽有问,役夫敢申恨。且如今年冬,未休关西卒。县官急索租,租税从何出。信知生男恶,反是生女好。生女犹是嫁比邻,生男埋没随百草。君不见青海头,古来白骨无人收。新鬼烦冤旧鬼哭,天阴雨湿声啾啾。

【鉴赏】兵车隆隆,战马嘶鸣,被遣出征的士兵被迫换上了戎装,在腰间别上弓箭。此诗约作于天宝十一载(公元 752 年)前后,当时战争频繁,抽丁拉夫之事常有。此诗正揭露了战争给人民带来的灾难。诗歌由辚辚车声和萧萧马鸣声开篇,一开端就塑造了一个闹腾腾的画面,各种声音杂糅在一起。这些士兵在官吏的押送下,戎装在身,正被迫开往前线,诗歌一下子就将这样一个生离死别的场面推到读者面前。　　　　(曹　明)

君不见青海头①,古来白骨无人收。新鬼烦冤旧鬼哭,天阴雨湿声啾啾②。

【注释】①青海头:青海边,唐高宗时青海一带为吐蕃占领,之后唐与吐蕃屡战于此,故此地多战死者的尸首。②啾啾:象声词,呜咽声。

【出处】唐·杜甫《兵车行》

原文参见前句。

【鉴赏】在那青海边的古战场上,自古以来任白骨露野,无人整理收拾。新鬼旧鬼的抱怨声、哭声连成一片,空气中到处弥漫着呜咽声。诗人渲染了一种凄惨恐怖的气氛,阴风惨惨,鬼哭凄凄,此处的鬼哭声与诗歌开篇的人哭声似乎混为一体,令人不寒而栗。然而诗人却是用哀痛的笔调,描述了长期以来无休止的征战给人民带来的灾难,表达了诗人对唐王朝征战不断、穷兵黩武的斥责。　　　　(曹　明)

射人先射马,擒贼先擒王。

【出处】唐·杜甫《前出塞九首》其六

挽弓当挽强,用箭当用长。射人先射马,擒贼先擒王。杀人亦有限,列国自有疆。苟能制侵陵,岂在多杀伤。

【鉴赏】射击敌人时应该先射他骑的马,擒拿敌人时应该先擒拿敌人的头领。此句诗歌蕴含着奇妙的战术:以马为射箭的目标,则成功率大增,马倒则骑者倒;王是一个军队的指挥者,先擒拿军队的首领,军队因丧失指挥则容易自相溃乱。诗歌语言简易晓畅,却自然成对,朗朗上口。诗句蕴含着充满智慧的思考,至今仍是至理名言。后世常用此句表示做事须抓住要害,方能事半功倍的哲理。 （曹　明）

苟能制侵陵,岂在多杀伤。

【出处】唐·杜甫《前出塞九首》其六
原文参见前句。

【鉴赏】击退并防止外敌"侵陵"固然是目的,但并不是为了多杀人。是句体现了杜甫的民本思想:不能乱动干戈,更不应以黩武为能事,侵犯异邦。这是一种以强兵制止侵略的思想,是安边良策。杜甫既赞成"制侵陵"的正义战争,又反对多杀人命,这样辩证的观点放在今天依然是正确的,也是符合国家利益,符合人民利益的。诗句浅显易懂,却又蕴含警句,给人以启示。 （曹　明）

国破山河在,城春草木深。感时花溅泪,恨别鸟惊心。

【出处】唐·杜甫《春望》

国破山河在,城春草木深。感时花溅泪,恨别鸟惊心。烽火连三月,家书抵万金。白头搔更短,浑欲不胜簪。

【鉴赏】都城长安虽然已沦陷,但山河依旧。春天的城市,草木长得旺盛。"破"字,让人触目惊心,"深"字,塑造出满目凄凉之景。此句展现出在城市的居民多逃亡,以致人烟稀少,杂草丛生。因处于乱世,人们看到春花盛开,禁不住泪流满面;因久别家乡,人们听到鸟儿鸣叫,却觉得心烦意乱。春天万物复苏,生机勃勃,鸟啼花开本是让人喜悦之景,此时却

让人禁不住伤心。此以反常之理,表现诗人面对由繁华变为凄凉的长安时所表现出的对祖国的忧愁以及对家人的思念之情。 （曹　明）

烽火连三月,家书抵万金。

【出处】唐·杜甫《春望》

原文参见前句。

【鉴赏】古代边防军发现敌人进犯则燃起烟火报警,称烽火。此句指战争已经持续很久了,收到亲人的消息知道家人安全,难能可贵,因此家书比万金还要珍贵。"家书抵万金"一句,写出了亲人等待彼此消息时的迫切心情,这道出战争年代人们的心声,很容易引起人们的共鸣,此句也因此成为千古名句。对家书期待至此,正是对战争憎恶之深。后世之人多用此句表现战争中家书的可贵。 （曹　明）

黄昏胡骑尘满城,欲往城南望城北。

【出处】唐·杜甫《哀江头》

少陵野老吞声哭,春日潜行曲江曲。江头宫殿锁千门,细柳新蒲为谁绿。忆昔霓旌下南苑,苑中万物生颜色。昭阳殿里第一人,同辇随君侍君侧。辇前才人带弓箭,白马嚼啮黄金勒。翻身向天仰射云,一箭正坠双飞翼。明眸皓齿今何在,血污游魂归不得。清渭东流剑阁深,去住彼此无消息。人生有情泪沾臆,江水江花岂终极。黄昏胡骑尘满城,欲往城南望城北。

【鉴赏】黄昏来临,叛军的骑兵纷纷出动巡哨,以致整个长安城里尘土飞扬。诗人此时更加心如火焚,心惊意乱,他本想回到城南的住处,却反而眼望城北。诗歌以想要回城南却望着城北的细节表现出诗人内心心烦意乱的程度。不辨南北,这正是诗人极度哀伤的表现,也是胡骑满城巡哨的结果,与题目"哀江头"切合。诗歌通过描写自己的行为举动,表现了诗人深沉的感慨以及极度悲伤迷惘的心情。 （曹　明）

行人刁斗风沙暗,公主琵琶幽怨多。

【出处】唐·李颀《古从军行》

白日登山望烽火,黄昏饮马傍交河。行人刁斗风沙暗,公主琵琶幽怨多。野云万里无城郭,雨雪纷纷连大漠。胡雁哀鸣夜夜飞,胡儿眼泪双双落。闻道玉门犹被遮,应将性命逐轻车。年年战骨埋荒外,空见蒲桃入汉家。

【鉴赏】 夜阑人静之时,出征战士营垒之中传来阵阵刁斗之声,这声音在塞外北风和沙尘的裹挟下显得低沉沙哑。那和亲远嫁的公主信手弹拨着怀中的琵琶,曲调之中饱含着深深的忧愁哀怨,如泣如诉。诗句描绘的是夜间塞外营垒之中的清冷场景:"风沙暗"既是塞外恶劣环境的真实写照,也预示着战事的紧急与残酷;"公主琵琶"既是对古今和亲女子凄惨命运的描画,也弹拨出了世人对战争的声声怨言。再加上刁斗之声的渲染,此句显示出不同于前句的浓重的悲凉感,撼人心魄,惹人叹息。语言质朴厚重,意境深远悠长。 （吴纯燕）

年年战骨埋荒外,空见蒲桃^①入汉家。

【注释】 ①蒲桃:即葡萄,西汉时武帝为求汗血宝马发动战事,葡萄和苜蓿就此随宝马一同传入中原。

【出处】 唐·李颀《古从军行》

原文参见前句。

【鉴赏】 年年岁岁,战事不断,多少在战争中丧生的战士尸骨就此长埋于荒郊野坟,而他们的牺牲所带来的不过是区区入贡的葡萄而已。"年年"二字,看似轻描淡写,实则揭示了一个沉重而残酷的事实——这样惊心动魄、动辄死伤无数的战事并不是偶然的,而是经常发生。末句一个"空"字,恰似一声深长的叹息,流露出诗人对于战争的不满之情。世间帝王好大喜功,连年征战,所得之物不过如葡萄之类而已,与战争所消耗的人力财力相比,可谓是微不足道。诗句语言凝练,对比鲜明,直截了当地表现了诗人内心的不满与无奈,给人以深深的震撼。 （吴纯燕）

战士军前半死生,美人帐下犹歌舞。

【出处】 唐·高适《燕歌行》

汉家烟尘在东北,汉将辞家破残贼。男儿本自重横行,天子非常赐颜色。摐金伐鼓下榆关,旌旆逶迤碣石间。校尉羽书飞瀚海,单于猎火照狼山。山川萧条极边土,胡骑凭凌杂风雨。战士军前半死生,美人帐下犹歌舞。大漠穷秋塞草衰,孤城落日斗兵稀。身当恩遇常轻敌,力尽关山未解围。铁衣远戍辛勤久,玉箸应啼别离后。少妇城南欲断肠。征人蓟北空回首。边风飘飘那可度,绝域苍茫更何有。杀气三时作阵云,寒声一夜传刁斗。相看白刃血纷纷,死节从来岂顾勋。君不见沙场征战苦,至今犹忆李将军。

【鉴赏】 战士在阵前拼命杀敌,生死不知,付出惨重代价;将军却悠闲地在营帐中观看美人跳舞,醉生梦死,荒淫失职。诗句以战士杀敌之苦与将军观美人跳舞之乐同时展示,形成场面的悬殊对比,表达了诗人的态度。诗人对忍受痛苦并付出牺牲的士兵表达了深深的同情,同时,讽刺了唐代边将的骄奢淫逸,揭露出战士与将军之间不可调和的矛盾,表达了对不抚恤士卒,只知道寻欢作乐的将军的强烈谴责。 （曹　明）

君不见沙场征战苦,至今犹忆李将军。

【出处】 唐·高适《燕歌行》

原文参见前句。

【鉴赏】 自古沙场征战便艰苦异常,而至今为止,这些在沙场上征战的士卒还时时追念汉朝的名将李广。李广骁勇善战,常常身先士卒,能够体恤部下,能够与士兵同生共死,因此深受士卒爱戴。而当前这些骄奢淫逸、不知爱恤士卒的将军如何能够与李广相比？二者形成对照,诗歌讽刺意味浓厚:士兵对李广将军的怀念,正是由于不满如今的将军。后人常用此句表达对有才能将领的期待之情。 （曹　明）

城池百战后,耆旧几家残。

【出处】 唐·刘长卿《穆陵关逢人归渔阳》

逢君穆陵路,匹马向桑乾。楚国苍山古,幽州白日寒。城池百战后,耆旧几家残。处处蓬蒿遍,归人掩泪看。

【鉴赏】 渔阳经过连年战乱,早已城池破败,城里空荡荡的,也不知还剩下几个孤寡老人。诗歌语意凄凉,回乡的人一想到自己家乡凄楚破败的场景,定是止不住悲伤流泪,不忍目睹。“百战”对“几家”,由此可见战争激烈而残酷。渔阳的百姓也不知经过多少次这样激烈的战争,死的死,逃的逃,以致整个渔阳空荡破败,现在在这里也不剩多少人家了,不过是些孤寡老人罢了。诗歌以战争之后的惨状,表现出对战争的怨恨,以及自己内心产生的凄楚感情。 （曹　明）

欲将轻骑逐,大雪满弓刀。

【出处】唐·卢纶《塞下曲六首》其三

月黑雁飞高,单于夜遁逃。欲将轻骑逐,大雪满弓刀。

【鉴赏】我军准备用轻快如飞的骑兵出击,才能迅速追上敌军,就在轻骑列队的短暂时刻,将士们的弓刀上就落满大雪。整个场面动人心弦,风雪交加,战士却不畏严寒,训练有素。诗歌设计非常巧妙,单于遁逃,轻骑追逐,到底结果如何,诗歌全然未提,却只撷取这样一个轻骑列队,雪满弓刀的场景,有张有弛。至于结果,但凭读者想象。诗歌呈现出盛唐边塞气势恢宏、乐观向上的气象。

（曹　明）

回乐烽①前沙似雪,受降城②外月如霜。不知何处吹芦管,一夜征人尽望乡。

【注释】①回乐烽:回乐县的烽火台,故址在今宁夏灵武。②受降城:唐中宗景龙二年(公元708年),朔方军总管张仁愿于黄河以北筑东、西、中三受降城,用以防御突厥侵扰。

【出处】唐·李益《夜上受降城闻笛》

回乐烽前沙似雪,受降城外月如霜。不知何处吹芦管,一夜征人尽望乡。

【鉴赏】回乐烽火台前的沙子有如皑皑白雪,受降城外月亮皎洁,月色清冷,有如清凉的白霜。就在这清冷寂静之夜,不知何处何人在吹芦管,凄凉幽怨的芦笛声,如泣如诉,随着夜风散入城中,传入军营,打动征人之心,让戍守边疆、远离家乡的战士彻夜难眠,顿起思乡情思。诗歌前两句,描写诗人登城时所见的边疆月下清冷之景,边塞生活极苦,诗人用"沙似雪""月如霜"之词让人感到边疆的冷意;后两句抒写征人闻芦笛声后的思乡之情,芦笛声哀怨低沉,很容易引发战士思乡、思念亲人之情。作者以"望乡"一词,将征人睁着眼望着家乡方向,彻夜难眠的画面写活,意境悲壮苍凉。诗歌情景交融,意境悲壮,感人至深。

（曹　明）

莫遣只轮①归海窟②,仍留一箭射天山。

【注释】①只轮:此处指战车。②海窟:本义为大海,此处指瀚海,即西北塞外胡族的栖息地。

【出处】唐·李益《塞下曲》

伏波唯愿裹尸还,定远何须生入关。莫遣只轮归海窟,仍留一箭射天山。

【鉴赏】 不要放走胡人的战车,使其回归胡地,仍要留着一支箭射向天山。诗歌上句运用战国时代晋国大败秦国,使其全军覆没,只轮不归的典故,表现大唐将士全歼来犯敌军之信心。下句用唐代将领薛仁贵三箭定天山之典,薛仁贵与九姓突厥决战天山,薛连发三箭,射杀三人,使得敌人下马降服。此句表现诗人渴望建功立业的豪情壮志。诗歌很好地将典故内容与诗人情感结合,起到言简意赅,内蕴丰富的艺术效果。(曹 明)

家家养男当门户,今日作君城下土。

【出处】 唐·张籍《筑城词》

筑城处,千人万人齐把杵。重重土坚试行锥,军吏执鞭催作迟。来时一年深碛里,尽着短衣渴无水。力尽不得抛杵声,杵声未尽人皆死。家家养男当门户,今日作君城下土。

【鉴赏】 家家户户都希望生养男子以支撑门户,谁料到今天男儿却因替君王筑城把杵,活活累死,徒化作君王城下的一抔尘土。"城下土"三字语意双关,既可指筑城百姓被掌权者奴役,累死之后,尸体最终化为尘土。又指即使百姓为筑城而死,当城墙建起,谁又记得曾经为筑城而出力,而亡故的百姓,他们不过是历史的一粒尘埃而已。本句诗歌语意悲伤,谴责了当时君王为筑城池,罔顾劳动人民性命的暴政。 (曹 明)

男儿何不带吴钩,收取关山五十州?

【出处】 唐·李贺《南园十三首》其五

男儿何不带吴钩,收取关山五十州?请君暂上凌烟阁,若个书生万户侯。

【鉴赏】 男子汉大丈夫为什么不佩戴上锋利的宝刀,收取那被藩镇割据的关山五十州?吴钩是春秋时吴国所铸的武器,形状似剑而曲。诗人以设问句开头,自问自答,透露着为国效力的豪情与壮志。首句"何不"二字,加强问句的反诘语气,突出表现了诗人在面对国家混战、藩镇割据的局面时势在必行的魄力,也暗示了诗人内心急于平定战乱的焦灼与无奈。"收取关山五十州"是腰戴吴钩而出征的原因与目的,国家尚未统一,民不聊生,诗人哪能安坐于家?唯有冲锋陷阵、收复河山才是男儿所为,展现了诗人意欲奔赴疆场、建功立业、报效国家的豪迈气概。两句十四字,节奏明快,气势磅礴,将诗人深沉的家国之痛以及急切的报国之愿展现得淋漓尽致。

(经 惠)

可怜无定河①边骨,犹是春闺梦里人。

【注释】①无定河:发源于陕西定边白于山北麓,流经陕北米脂、绥德等地。此处自古是兵家必争之地,汉唐时北方少数民族军队常从这里入侵。

【出处】唐·陈陶《陇西行四首》其二

誓扫匈奴不顾身,五千貂锦丧胡尘。可怜无定河边骨,犹是春闺梦里人。

【鉴赏】诗人以汉时与匈奴的战争折射唐时的边塞硝烟。昔日的飒爽英姿早已被战争消噬化为触目惊心的白骨,而故园春闺中人对此却全然不知,依旧对远方的人魂牵梦萦。"梦里人"与"河边骨"两个意象以其巨大的落差给人一种心灵的震撼,梦中温度、风度兼具的热血男儿早已化作一具冰冷的白骨,甚至连魂灵都已不知去向。诗人表达对战争的厌恶,并未对其进行直接的控诉,而是借以形象来传达褒贬之情,通过河边阴冷的白骨及阳春闺中好梦等形象的对比来传达出诗人对统治者穷兵黩武的针砭,更流露出诗人对戍边将士及其家人的深切同情。诗句思想内涵具体可感,情感表达撼动人心。

(翟晋华)

冲天香阵透长安,满城尽带黄金甲。

【出处】唐·黄巢《不第后赋菊》

待到秋来九月八,我花开后百花杀。冲天香阵透长安,满城尽带黄金甲。

【鉴赏】此诗是黄巢于起义之前到长安参加科举考试落第后所作。整个长安城弥散浸透着秋月菊花的阵阵香气,遍地都开满了金黄如铠甲般的菊花。这是诗人对菊花于九月八后开花情状的描写,前一句从嗅觉入手:"冲天香阵"说明菊

花的"香"并非清香,菊花也并非一枝独秀,而是万千菊花散发出的浓郁的、直冲云霄的香气,这就展现出了菊花开煞百花的气势,从而也隐喻了诗人落第后不屈服的革命抱负与战斗性格。后一句从视觉入手:"满"和"尽"两个词在很大程度上展现了菊花夺魁天下的壮观场景,表达了诗人对于农民革命胜利前景的高度自信及憧憬。其中所表达的情感与陶渊明高洁傲岸、消极避世的情绪不同,这两句诗表达了诗人激越高昂的情感以及伟大的抱负与志向。描写菊花时突出其香气逼人,色彩的明亮饱满,给人带来一种嗅觉与视觉上的感官冲击。

(翟晋华)

任是深山更深处,也应无计避征徭。

【出处】 唐·杜荀鹤《山中寡妇》

夫因兵死守蓬茅,麻苎衣衫鬓发焦。桑柘废来犹纳税,田园荒后尚征苗。时挑野菜和根煮,旋斫生柴带叶烧。任是深山更深处,也应无计避征徭。

【鉴赏】 唐末连年征战、兵荒马乱,给人民造成了深重的灾难。任凭你逃到深山老林里甚至更深的地方,也无法躲避官家的赋税和徭役。"任是"和"也应"两词说明山中寡妇就算被逼迫到走投无路的境地,统治阶级依旧不顾百姓死活,变本加厉地征收苛捐杂税,任凭百姓万般挣扎也无法逃出统治阶级邪恶的手掌心,个中有无奈与同情,但更多的是愤怒。诗人在此针砭时弊,强烈地控诉了战争的残酷性以及统治者的冷酷无情。然而,诗人并未直接抒情,而是以情境出真情,以山中寡妇苦难的生活经历来营造一种悲剧的艺术氛围,感人至深。艺术手法上诗人借"山中寡妇"这一典型的小人物,以小见大,反映了深刻的社会现实,一针见血,揭露了封建统治者的罪恶本质。

(翟晋华)

碧眼胡儿三百骑,尽提金勒向云看。

【出处】 宋·柳开《塞上》

鸣骹直上一千尺,天静无风声更干。碧眼胡儿三百骑,尽提金勒向云看。

【鉴赏】 此诗主要描写北方少数民族擅长骑射的本领。数百个长着碧绿眼睛的少数民族骑士,都提着金勒向云端望去。前一句以静写动:诗句虽然只排列了三百个年轻的骁勇骑士,但是这极易使人想到那些威武勇敢的骑士们驾着骏马奔驰在草原上的场景;后一句以动写静:骑士们拉着缰绳仰面抬头向云霄望去。这一系列动作之后,喧闹停止,骑士们对着云端屏息凝视,所有的动作都在这一瞬间定格,如同一尊尊雕塑。一"骑"一"射",形象生动地展现了北方少数民族在骑射方面的精湛技艺。

(翟晋华)

楼船夜雪瓜洲渡,铁马秋风大散关。

【出处】 宋·陆游《书愤》

早岁那知世事艰,中原北望气如山。楼船夜雪瓜洲渡,铁马秋风大散关。塞上长城空自许,镜中衰鬓已先斑。出师一表真名世,千载谁堪伯仲间?

【鉴赏】 诗人写这首诗的时候已经是六十多岁的高龄了,对于杀敌报国之事更是心有余而力不足了。这两句诗的意思是:当年金兵南下入侵,曾经一度占领了瓜洲。虞允文等自造战船,在风雪交加的夜晚,奋勇杀敌,终于在瓜洲渡口大败金兵,使得他们不得不渡江南下。还是这一年的秋天,金兵又占据了大散关,大将吴璘等骑着配有铁甲的战马,冒着瑟瑟的秋风,完胜金兵。诗人追忆了这一水一陆两次战役,使战场上壮观而盛大场面宛然若在目前,表现了将士的威武雄壮,军队的气势磅礴。过往的辉煌和现在的年老体衰,空有报国之心与没有报国之门的现实情况形成了鲜明的对比。

(汪培培)

怒发冲冠,凭栏处,潇潇雨歇。

【出处】 宋·岳飞《满江红》

怒发冲冠,凭栏处,潇潇雨歇。抬望眼,仰天长啸,壮怀激烈。三十功名尘与土,八千里路云和月。莫等闲,白了少年头,空悲切。 靖康耻,犹未雪。臣子恨,何时灭?驾长车,踏破贺兰山缺。壮志饥餐胡虏肉,笑谈渴饮匈奴血。待从头,收拾旧山河,朝天阙。

【鉴赏】 登高凭栏,面对着细雨刚刚停歇后的满目山河,回想起靖康年间的国耻,令人难以释怀。词人表明自己定要不负年华、收复河山的雄心壮志。本句领起全词,开篇便直抒胸臆,直言"怒发冲冠",用夸张的手法展现出词人内心喷薄而出不可遏制的愤怒与激昂。后两句则是用白描手法,寥寥几笔点明词人所处的地点和天色,高处凭栏和阵阵风雨刚刚停

571

歇的情形正是对诗人心潮起伏而又无人能解的心境的艺术化的描述。凭栏是孤独愁苦,潇潇之雨则是愤懑悲恸,更渲染出一种开阔深沉的氛围,为全诗定下了沉痛而又波涛暗涌的基调。 （高思琪）

三十功名尘与土,八千里路云和月。

【出处】宋·岳飞《满江红》

原文参见前句。

【鉴赏】回望三十年来驰骋沙场的岁月,也曾建立功名,如今看来却只如尘土,悄然间灰飞烟灭。这段人生仿若漫漫长路,一路披星戴月、披荆斩棘,一身风尘仆仆。此句对仗工整,富于韵律。将三十年来的功名付与尘土,将八千里人生之路归作云月,漫长的人生图景倏忽而逝。一路艰辛与苦难,一路困守与坚持,马不停蹄、鬓染霜晨,却终归已经如尘土般飘散。其中几多血泪、几多寄望、几多无奈,可见一斑。但此句却并未因此而显得凄苦,而是以“三十”“八千”“尘与土”“云和月”这样庞大的数字和巨大的意象展现出大开大阖的风格,写出了一种豪迈之气。 （高思琪）

莫等闲,白了少年头,空悲切。

【出处】宋·岳飞《满江红》

原文参见前句。

【鉴赏】尽管曾经的功名如尘土,三十年来一路风霜雨雪,岳飞却未曾在悲恸中沉湎,而是发出“莫等闲”一句的感慨,来警醒自己——岂能现在碌碌无为,等到年老鬓发花白之际再徒然伤怀当初不曾为国效力、及时建功立业? 然而思及彼时的朝野局势,看似慷慨豪壮的呐喊声中自有一种壮志难酬的沉痛隐喻其中。此句在全词中承上启下,对过去的回望使得内心积满郁愤,还未进行到下阕情感高潮的宣泄,情绪已酝酿而成,形成一股壮烈而又沉重的情怀。后世多用来激励年轻人奋发图强,早日获取功名。 （高思琪）

靖康耻①,犹未雪。臣子恨,何时灭?

【注释】①靖康耻:指宋钦宗靖康二年,金军攻破都城东京,烧杀抢掠的同时更虏走宋徽宗、宋钦宗父子和大量皇族、嫔妃、朝臣共三千余人至金国,使京都几乎沦为一座空城。靖康之耻导致了北宋的灭亡,被宋人视作国耻。

【出处】宋·岳飞《满江红》

原文参见前句。

【鉴赏】此句中，词人的情绪逐渐上升。一连串的短句节奏感强，句句掷地有声，是词人激愤情绪的自然流露。靖康年间的奇耻大辱不堪回首，未曾雪耻的恨意是如此强烈，如同一根锐利的尖刺，始终折磨着岳飞的一颗爱国之心。反观如今朝野上下，主降呼声渐高，朝臣相互倾轧、君主迫害忠良，词人不仅发出叩问：爱国臣子的恨意，要到何时才能够泯灭！靖康之耻是永恒的臣子之恨，唯有雪耻的那一天方能化解臣子的恨意。词人始终将个人的命运、情感与国家存亡紧紧相连，为国忧而忧，为国耻而耻，忠君报国之心，如此纯粹、深沉而又义无反顾。　　　　（高思琪）

壮志饥餐胡虏肉，笑谈渴饮匈奴血。

【出处】宋·岳飞《满江红》

原文参见前句。

【鉴赏】此句是词人情感宣泄的一个高潮，紧承前文畅然抒怀，实际上是在对"臣子恨，何时灭"进行回答。定要等到率领千军万马踏破贺兰山，众将谈笑间以敌人的血为饮、肉为食，此恨方休。满腔义愤在此时此刻喷薄而出，在食肉、饮血这样刻骨的字里行间中，透露出词人深切的恨意和强烈的报国之志，坚定的抗敌信念和乐观的战斗精神。词人更塑造出一个极具英雄气概的抒情主人公形象，高大英武，从精神的制高点上藐视敌人，将敌人的血肉仅仅视作我军的餐饮。这样的形象塑造具有极强的鼓舞作用，令人读来称心快意、豪气凌云。　　　　（高思琪）

囊锥^①刚要出头来，不道甚时节。欲驾巾车归去，有豺狼当辙。

【注释】①囊锥：囊中之锥，典出《史记·平原君列传》中毛遂自荐的故事。原文为"夫贤士之处世也，譬若锥之处囊中"，指人才处于世，如同锥子放在口袋之中，自会脱颖而出。囊锥比喻显露才华的贤士、人才。

【出处】宋·胡铨《好事近》

富贵本无心，何事故乡轻别？空使猿惊鹤怨，误薜萝风月。　　　囊锥刚要出头来，不道甚时节。欲驾巾车归去，有豺狼当辙。

【鉴赏】胡铨因公然反对秦桧屈辱求和而接连被贬。本欲从此不问

573

世事,却无法克制自己心忧天下的心志,在极度矛盾的心境中写下了这一名句。词人化用毛遂自荐的典故,明言自己欲为维护天下而悍然入世,却感到当下的时局难以捉摸;又欲从此长驱而去,恣意山林,只是奸佞又如豺狼当道,让人实在无法就此放下。两相权衡间,为国之心难全,又不能全然释怀,体现出词人的矛盾心理。然而"豺狼当辙"的明言指斥却又能看出作者坚定的立场,即便是在这样痛苦的心境下也不能改变其不畏强权、坚持主战的拳拳之心。也正因如此,痛苦和矛盾才会愈加深刻。

(高思琪)

雪洗虏尘静,风约楚云留。

【出处】 宋·张孝祥《水调歌头》

雪洗虏尘静,风约楚云留。何人为写悲壮,吹角古城楼。湖海平生豪气,关塞如今风景,剪烛看吴钩。剩喜然犀处,骇浪与天浮。　　忆当年,周与谢,富春秋,小乔初嫁,香囊未解,勋业故优游。赤壁矶头落照,肥水桥边衰草,渺渺唤人愁。我欲剩风去,击楫誓中流。

【鉴赏】 这首词作于南宋水师于东采石大败金主完颜亮之后,这是宋室南渡以来一次大快人心的捷战,词人难掩兴奋激动之情,写下这首"快词"。开篇起句不写战争场面,不写激昂情绪,从战后尘埃落定的"静"处着笔,写大雪洗濯了与胡虏大战后的尘土,别具一格,从侧面凸显战争中扬尘四起之激烈,展现词人大战告捷后的畅快心情。后一句"风"和"楚云"将我留在此处,以拟人手法写出词人滞于楚地的无奈之情。此处情绪由起句的高昂回落,先扬后抑,一起一落间展现出情绪起伏的清晰脉络,生动地表现出词人复杂的情感。

(高思琪)

我欲乘风去,击楫誓中流^①。

【注释】 ①**击楫誓中流**:楫,船桨。中流,指江中。在江中用船桨敲击着船发誓,比喻誓死收复失地的决心和行动。典出《晋书·祖逖传》。

【出处】 宋·张孝祥《水调歌头》

原文参见前句。

【鉴赏】 这一句是全词之尾句,与首句"风约楚云留"相互照应,词人即便身滞楚地,心却早已乘风而去,誓要与金军殊死搏斗、快意沙场。短短几字间，词人塑造出一个意气凌云、视死如归的战斗英雄的抒情主人公形象，表达出词人强烈的爱国主义情怀和与金兵抗争到底的坚定决心与高昂斗志，带有一股振奋人心、鼓舞斗志的强大力量。经前文伤感地历述前朝往事，全词在这一句中走向情绪的最高潮，踌躇满志，慷慨激昂，也显示出本词豪迈雄壮又不失飘逸灵动的风格特点来。 （高思琪）

使行人到此，忠愤气填膺。有泪如倾。

【出处】宋·张孝祥《六州歌头》

长淮望断，关塞莽然平。征尘暗，霜风劲，悄边声。黯销凝。追想当年事，殆天数，非人力，洙泗上，弦歌地，亦膻腥。隔水毡乡，落日牛羊下，区脱纵横。看名王宵猎，骑火一川明。笳鼓悲鸣。遣人惊。　念腰间箭，匣中剑，空埃蠹，竟何成。时易失，心徒壮，岁将零。渺神京。干羽方怀远，静烽燧，且休兵。冠盖使，纷驰骛，若为情。闻道中原遗老，常南望、羽葆霓旌。使行人到此，忠愤气填膺。有泪如倾。

【鉴赏】时宋孝宗赵眘在位，经符离一战被金兵大败之后，主和派遣使与金国统治者密切来往，欲缔结投降和约。此时的张孝祥在建康留守任上写下了这首爱国诗篇。凡忠愤之人见此景象都会义愤填膺，这忠愤之人不仅是指所谓的"行人"，更是词人强烈却又含蓄的自我指示，当然也是指广大的爱国志士。词人也从反面声讨了投降派的不"忠"。"有泪如倾"四字状写泪水如涌泉般倾泻的情景，是其义愤与悲悯情感的强烈流露，犹如这不可断绝的泪水一般，既真挚又有力。 （高思琪）

落日胡尘未断，西风塞马空肥。

【出处】宋·辛弃疾《木兰花慢》

汉中开汉业，问此地、是耶非。想剑指三秦，君王得意，一战东归。追亡事、今不见，但山川满目泪沾衣。落日胡尘未断，西风塞马空肥。

一编书是帝王师。小试去征西。更草草离筵，匆匆去路，愁满旌旗。君思我、回首处，正江涵秋影雁初飞。安得车轮四角，不堪带减腰围。

【鉴赏】落日下胡人扬起的战尘不曾断绝，西风中我方的战马却壮硕非常。落日、西风的萧瑟之景映衬出南宋朝廷偏安江左、江河日下的萧索局面，更表现出词人对朝野上下频频退让的悲愤与失望。"胡尘未断"的严峻形势和"塞马空肥"的安于现状形成鲜明的对比，充分显露出朝廷与主降派的腐朽与软弱和词人对这种只顾自身安危、不顾国家大义行为的摒弃与痛恨。尤其一个"空"字，尽显无奈之情和吝惜之心，一位满腹忧愤却报国无门的爱国词人形象跃然纸上。

（高思琪）

壮岁旌旗拥万夫，锦襜突骑①渡江初。燕兵夜娖②银胡䩮③，汉箭朝飞金仆姑④。

【注释】①锦襜突骑：精锐的锦衣骑兵。襜：战袍。衣蔽前曰"襜"。②娖：整理。③银胡䩮：银色或镶银的箭袋。④金仆姑：箭名。

【出处】宋·辛弃疾《鹧鸪天》

壮岁旌旗拥万夫，锦襜突骑渡江初。燕兵夜娖银胡䩮，汉箭朝飞金仆姑。　　追往事，叹今吾，春风不染白髭须。却将万字平戎策，换得东家种树书。

【鉴赏】想当年我年轻的时候，旌旗飞扬，手握千兵。身着锦衣，脚蹬战骑南渡而下。那时胡兵每夜整理箭袋，而我们的箭铺天盖地向他们射去。遥想当年，是何等大快人心的景象。词人通过对一段壮丽往事的回溯，展现出一幅波澜壮阔的汉胡战争画卷。其中的军事意象"突骑""银胡䩮""金仆姑"等构成了壮阔而又气势恢宏的战争场面，"壮岁""拥万夫"等字眼又塑造出一个少年英雄的主人公形象，既有英雄气概，又富浪漫情怀。显示出词人对这段往事的自豪与追念，也显示出汉家军队英勇的气魄。

（高思琪）

却将万字平戎策,换得东家种树书。

【出处】宋·辛弃疾《鹧鸪天》

原文参见前句。

【鉴赏】如今我已是鬓须苍苍,当年写就的洋洋洒洒的平定战争的策书,如今却只换来东家的植树指导手册。"万字平戎策"与"东家种树书"的对比之间,前者是何等的高昂豪迈。彼时词人是志得意满的青年,立下志愿平定沙场、挥斥方遒;后者又是何等地低迷退缩。此时的词人已是年老之身,过着不受赏识、无人问津的村居生活,昔日的梦想在如今看来是多么可笑和讽刺。一策一书之间,是两段相隔漫长时光的生活岁月,是两种全然不同的人生境遇,昭示着词人巨大的人生落差。这既是词人的自嘲,也透露出深深的无奈和悲哀之情,让人不禁为英雄老去,壮志难酬而伤怀。

(高思琪)

醉里挑灯①看剑,梦回②吹角连营③。

【注释】①挑灯:挑亮油灯。②梦回:梦醒。③吹角连营:即连营吹角。角,号角,古代军中乐器。连营,相连的军营。

【出处】宋·辛弃疾《破阵子·为陈同甫赋壮词以寄之》

醉里挑灯看剑,梦回吹角连营。八百里分麾下炙,五十弦翻塞外声。沙场秋点兵。　马作的卢飞快,弓如霹雳弦惊。了却君王天下事,赢得生前身后名。可怜白发生。

【鉴赏】词人渴望起兵抗金,收复失地,但不受朝廷任用,写词寄给友人,与友人同病相怜,抒发了壮志难酬的苦闷。夜里词人醉酒,挑亮油灯,看着宝剑,而后在睡梦中听到了军营的号角声,梦见曾经的军旅生活。词人酒醉时仍然记挂自己的宝剑,梦里总回想着军中情景,表现了其重回战场、杀敌报国的强烈愿望。因愿望难以实现,又有着挥之不去的愁苦。这句中,前半句,灯光昏黄、夜晚黯淡;后半句,号角嘹亮、营房开阔,由冷清的深夜到战场,由心情沉闷郁结到幻想重回战场,将词的意境扩大。

(吴　玺)

了却①君王天下事,赢得生前身后名。可怜③白发生。

【注释】①了却:完成。②天下事:指收复失地。③可怜:可惜。

【出处】宋·辛弃疾《破阵子·为陈同甫赋壮词以寄之》

原文参见前句。

【鉴赏】陈同甫,即陈亮,是南宋著名爱国志士。友人陈亮拜访离开后,词人写下这首词寄给他。词人胸怀抱负,渴望为南宋朝廷抵抗金兵入侵,收复失地,希望建功立业,名留史册。但是这些只是词人的愿望,现实中,词人已到暮年,不能实现抱负。词人抗金报国的理想宏大,"白发生"表明他已衰老,不能再重回战场,理想与现实反差强烈,寄托着不能排遣的痛苦和绝望。整首词是词人对军旅生活的回忆和幻想,语调激昂,场面壮阔,最后的结尾回到现实,以白发苍苍的形象结束,使人印象深刻。

(吴 玺)

尧之都,舜之壤,禹之封①。于中应有,一个半个耻臣戎②!

【注释】①封:疆域。②耻臣戎:耻于向金称臣。戎,这里指金人。

【出处】宋·陈亮《水调歌头·送章德茂大卿使虏》

不见南师久,漫说北群空。当场只手,毕竟还我万夫雄。自笑堂堂汉使,得似洋洋河水,依旧只流东?且复穹庐拜,会向藁街逢! 尧之都,舜之壤,禹之封。于中应有,一个半个耻臣戎!万里腥膻如许,千古英灵安在,磅礴几时通?胡运何须问,赫日自当中!

【鉴赏】金兵占领的北方土地曾经是尧的都城、舜的国土,禹的封地。在那里,一定会有耻于向金人臣服的汉人。尧舜禹在远古时就统治着北方地区,表明金人侵略的中原自古以来就属于汉人。千百年来,汉人居住在中原,守护国土的愿望从未消失,在金人的压迫下,就算有一部分汉人沉默着忍受屈辱、懦弱无能,总会有英雄起来反抗金兵的统治。词人坚信英雄豪杰会奋起抵抗,南宋将收复北方失地。此句饱含着刚毅的民族气节。

(吴 玺)

父老长安今余几,后死无仇可雪。

【出处】宋·陈亮《贺新郎·寄辛幼安和见怀韵》

老去凭谁说。看几番、神奇臭腐,夏裘冬葛。父老长安今余几,后死无仇可雪。犹未燥、当时生发。二十五弦多少恨,算世间、那有平分月。胡妇弄,汉宫瑟。 树犹如此堪重别。只使君、从来与我,话头多合。行矣置之无足问,谁换妍皮痴骨。但莫使、伯牙弦绝。九转丹砂牢拾取,管精金、只是寻常铁。龙共虎,应声裂。

【鉴赏】曾经目睹金兵侵略占领中原的宋人纷纷老去,许多已经过世。年轻人没有经历过家国的苦难,不知宋朝耻辱仍待洗刷,收复失地的事情就会被遗忘。"父老长安"语序颠倒,就是"长安父老",为经历过国家变故、一心抗金报国的英雄志士。他们的去世,代表着宋收复中原的希望消逝,其中透露着深深的无奈和绝望。靖康之难中金人攻破北宋,北宋沦陷,宋朝南迁。这已经过去了很长时间,年轻的一代人会逐渐习惯南宋偏居临安的现实。这句词表达了词人对年轻人不能报国仇、雪国耻的担忧。

(吴　玺)

自胡马①窥②江去后,废池乔木,犹厌言兵。

【注释】①胡马:指侵犯南宋的金兵。②窥:伺机图谋。

【出处】宋·姜夔《扬州慢》

淮左名都,竹西佳处,解鞍少驻初程。过春风十里。尽荠麦青青。自胡马窥江去后,废池乔木,犹厌言兵。渐黄昏,清角吹寒。都在空城。

杜郎俊赏,算而今、重到须惊。纵豆蔻词工,青楼梦好,难赋深情。二十四桥仍在,波心荡、冷月无声。念桥边红药,年年知为谁生。

【鉴赏】自从金兵离开后,护城河废弃,树木高大,人们尤其憎恶谈论战争。此句描写金兵南犯后扬州城中的破败景象。护城河荒废,树木乱长无人修剪,表明敌军已离开了很长一段时间。城市无力再抵御外敌,无法恢复过去的盛景,可见扬州城受到了严重的毁坏。敌军洗劫扬州城,人人讨厌战争,回避谈论战争,心中充满恐惧、压抑和悲伤。金兵侵犯给人们带来了巨大心理打击。句中意境萧条、死气沉沉,扬州今昔的反差强烈地冲击着人的情感。后两句现也常用来形容战争造成的破坏。(吴　玺)

百二关河草不横,十年戎马暗秦京。

【出处】金·元好问《岐阳三首》其二

百二关河草不横,十年戎马暗秦京。岐阳西望无来信,陇水东流闻哭声。野蔓有情萦战骨,残阳何意照空城!从谁细向苍苍问,争遣蚩尤作五兵?

【鉴赏】以二敌百的险要边关荒草丛生,战争已进行了十年,阴云笼罩着秦地。这句诗概括地描绘了战后荒凉破败的场景。其中"草不横"用来形容战后的战场军备废弛,野草丛生,一派颓废之象。"十年戎马"用来表明战争历时之久,战后死伤无数的惨状。岐阳沦陷,诗人以此句概言沦陷后的惨状,表明了战争的残酷与激烈,同时表达了对战争的谴责。

(陈俊艳)

惨澹龙蛇日斗争,干戈直欲尽生灵。

【出处】金·元好问《壬辰十二月车驾东狩后即事五首》其二

惨澹龙蛇日斗争,干戈直欲尽生灵。高原出水山河改,战地风来草木腥。精卫有冤填瀚海,包胥无泪哭秦庭。并州豪杰知谁在,莫拟分军下井陉。

【鉴赏】日夜不休的战争,使得天地暗淡,仿佛是要杀尽天下苍生方肯罢休。这句诗描绘的是战争的惨烈与残酷。首句以龙蛇的争斗来比喻战争的场面,可见战争之激烈。次句描写了战争的惨烈程度,用“直欲尽生灵”夸张地表现了战争之残酷,以及对百姓造成的伤害。诗人通过对战争场面的描写,表现出战争所造成的残酷后果,诗意沉重,表达了诗人对战争的批判与谴责。

(陈俊艳)

雁到秋来却南去,南人北渡几时回?

【出处】金·元好问《续小娘歌十首》其六

雁雁相送过河来,人歌人哭雁声哀。雁到秋来却南去,南人北渡几时回?

【鉴赏】大雁到了秋季飞回南方去,而北渡的南人什么时候才能回归呢?这句诗是诗人有感而发,悲叹南人被俘北地不得归的境况。首句先言跟随被俘的人北行的大雁到了秋季都要飞回南方去,次句语意一转,由大雁联想到人,哀叹到了北方的人却很难回来。这句诗语意沉痛,诗意悲凉,其中充满诗人的悲愤之情。诗人通过这句诗呈现出战争所带给人民的深重灾难,既表达了自己对被俘之人的同情,也表达了对战争的谴责与痛恨。

(陈俊艳)

笔画索引

一 画

一勺西湖水。渡江来、百年歌舞,百年酗醉。 …………… 353

一水护田将绿绕,两山排闼送青来。 …………… 115

一叶叶,一声声,空阶滴到明。 …………… 102

一生大笑能几回,斗酒相逢须醉倒。 …………… 239

一冬也是堂堂地,岂信人间胜著多。 …………… 367

一场愁梦酒醒时,斜阳却照深深院。 …………… 132

一曲新词酒一杯,去年天气旧亭台。夕阳西下几时回? …………… 301

一年好景君须记,最是橙黄橘绿时。 …………… 501

一年明月今宵多,人生由命非由他。有酒不饮奈明何? …………… 246

一年春好处,不在浓芳,小艳疏香最娇软。到清明时候,百紫千红花正乱。
已失春风一半。 …………… 310

一声新雁三更雨,何处行人不断肠。 …………… 550

一枝红豆蔻,浅立东风瘦。 …………… 479

一春长费买花钱,日日醉湖边。 …………… 162

一春幽事有谁知。东风冷,香远茜裙归。 …………… 40

一挥截断紫云腰,仔细看、嫦娥体态。 …………… 369

一点浩然气,千里快哉风。 …………… 204

一顾倾人城,再顾倾人国。 …………… 408

一凉恩到骨,四壁事多违。 …………… 291

一湖风漾西湖月,凉满人间。 …………… 180

一溪烟柳万丝垂,无因系得兰舟住。 …………… 145

一霎好风生翠幕,几回疏雨滴圆荷。酒醒人散得愁多。 …………… 134

一霎荷塘过雨,明朝便是秋声。 …………… 184

二 画

二十五弦弹夜月,不胜清怨却飞来。 …………… 269

二十四桥仍在,波心荡、冷月无声。念桥边红药,年年知为谁生? ········ 347

二十四桥明月夜,玉人何处教吹箫。 ········ 258

十二阑干闲倚遍,愁来天不管。 ········ 332

十日雨丝风片里,浓春烟景似残秋。 ········ 186

十有九人堪白眼,百无一用是书生。 ········ 397

十年一觉扬州梦,赢得青楼薄幸名。 ········ 258

十年天地干戈老,四海苍生吊哭深。 ········ 394

十年生死两茫茫。不思量,自难忘。 ········ 453

十年空省春风面,花落花开不相见。 ········ 466

十年磨剑,五陵结客,把平生、涕泪都飘尽。 ········ 387

七八个星天外,两三点雨山前。旧时茅店社林边,路转溪桥忽见。 ····· 160

七月七日长生殿,夜半无人私语时。在天愿作比翼鸟,在地愿为连理枝。
········ 424

人人尽说江南好,游人只合江南老。春水碧于天,画船听雨眠。 ········ 538

人世几回伤往事,山形依旧枕寒流。 ········ 249

人归落雁后,思发在花前。 ········ 526

人生万事须自为,跬步江山即寥廓。 ········ 210

人生失意十八九,君心美恶谁能量? ········ 289

人生自古谁无死,留取丹心照汗青。 ········ 323

人生到处知何似,应似飞鸿踏雪泥。泥上偶然留指爪,鸿飞那复计东西。
········ 202

人生贵极是王侯,浮利浮名不自由。 ········ 211

人生能几欢笑,但相逢、尊酒莫相催。 ········ 375

人生得意须尽欢,莫使金樽空对月。 ········ 233

人生欻歘云亡,好烈烈轰轰做一场。 ········ 358

人有悲欢离合,月有阴晴圆缺,此事古难全。 ········ 203

人闲桂花落,夜静春山空。 ········ 74

人间今夕寒宵永,故国残山老病消。 ········ 394

人间平地亦崎岖,叹银汉、何曾风浪。 ········ 206

人间多少闲狐兔。月黑沙黄,此际偏思汝。 ········ 47

人间寒橘柚,秋色老梧桐。 ········ 79

人事今如此,天道共谁论。 ········ 226

人面不知何处去,桃花依旧笑春风。 ⋯⋯⋯⋯⋯⋯⋯ 420

人情怀旧乡,客鸟思故林。 ⋯⋯⋯⋯⋯⋯⋯⋯⋯ 523

儿童相见不相识,笑问客从何处来。 ⋯⋯⋯⋯⋯⋯ 527

儿童急走追黄蝶,飞入菜花无处寻。 ⋯⋯⋯⋯⋯⋯ 146

几处早莺争暖树,谁家新燕啄春泥。 ⋯⋯⋯⋯⋯⋯ 94

几处园林萧瑟里,谁家砧杵寂寥中。 ⋯⋯⋯⋯⋯⋯ 240

几度东风人意恼,深深院落芳心小。 ⋯⋯⋯⋯⋯⋯ 380

几度东风吹世换,千年往事随潮去。 ⋯⋯⋯⋯⋯⋯ 346

九日清樽欺白发,十年为客负黄花。 ⋯⋯⋯⋯⋯⋯ 542

九月寒砧催木叶,十年征戍忆辽阳。 ⋯⋯⋯⋯⋯⋯ 415

九死南荒吾不恨,兹游奇绝冠平生。 ⋯⋯⋯⋯⋯⋯ 286

九龄已老韩休死,无复明朝谏疏来。 ⋯⋯⋯⋯⋯⋯ 279

力拔山兮气盖世,时不利兮骓不逝。 ⋯⋯⋯⋯⋯⋯ 218

力通青海求龙种,死讳文成食马肝。 ⋯⋯⋯⋯⋯⋯ 15

了却君王天下事,赢得生前身后名。可怜白发生。 ⋯ 577

三　画

三十功名尘与土,八千里路云和月。 ⋯⋯⋯⋯⋯⋯ 572

三万里河东入海,五千仞岳上摩天。 ⋯⋯⋯⋯⋯⋯ 295

三日入厨下,洗手作羹汤。未谙姑食性,先遣小姑尝。 ⋯ 419

三月三日天气新,长安水边多丽人。态浓意远淑且真,肌理细腻骨肉匀。

⋯⋯⋯⋯⋯⋯⋯⋯⋯⋯⋯⋯⋯ 82

三百年间同晓梦,钟山何处有龙盘? ⋯⋯⋯⋯⋯⋯ 259

三载悠悠魂梦杳,是梦久应醒矣。料也觉、人间无味。 ⋯ 482

三顾频烦天下计,两朝开济老臣心。 ⋯⋯⋯⋯⋯⋯ 7

于嗟女兮,无与士耽。士之耽兮,犹可说也。女之耽兮,不可说也。 ⋯ 404

大儿锄豆溪东,中儿正织鸡笼,最喜小儿亡赖,溪头卧剥莲蓬。 ⋯ 156

大风起兮云飞扬,威加海内兮归故乡。安得猛士兮守四方! ⋯ 218

大江一浩荡,离悲足几重。 ⋯⋯⋯⋯⋯⋯⋯⋯⋯ 227

大江东去,浪淘尽,千古风流人物。 ⋯⋯⋯⋯⋯⋯ 307

大江来从万山中,山势尽与江流东。 ⋯⋯⋯⋯⋯⋯ 173

大江流日夜,空亭浪卷,千里起悲心。 ⋯⋯⋯⋯⋯ 391

大江流日夜,客心悲未央。 ⋯⋯⋯⋯⋯⋯⋯⋯⋯ 226

大漠风尘日色昏,红旗半卷出辕门。 …………………………………… 68

大漠孤烟直,长河落日圆。 …………………………………… 72

丈夫五十功未立,提刀独立顾八荒。 …………………………………… 297

丈夫志四海,万里犹比邻。 …………………………………… 190

才伴游蜂来小院,又随飞絮过东墙,长是为花忙。 ………………… 33

才始送春归,又送君归去。若到江南赶上春,千万和春住。 ……… 506

万里西风吹客鬓,把菱花、自笑人憔悴。留不住,少年去。 ……… 345

万里西南天一角,骑气乘风,也作等闲游。 …………………………… 334

万里因循成久客,一年容易又秋风。 …………………………………… 298

万里赴戎机,关山度若飞。 …………………………………… 557

万里故人关塞隔,南楼谁弄梅花笛? …………………………………… 515

万里思春尚有情,忽逢春至客心惊。 …………………………………… 501

万里乾坤,百年身世,唯有此情苦。 ………………………………… 471

万里悲秋常作客,百年多病独登台。 …………………………………… 244

万顷湖光歌扇底,一声吹下相思泪。 …………………………………… 552

万物已随秋气改,一樽聊为晚凉开。 …………………………………… 200

万种消魂多寄与,斜阳天外树。 ………………………………… 378

万感中年不自由,角声吹彻古《梁州》。 ……………………………… 392

万壑有声含晚籁,数峰无语立斜阳。 …………………………………… 112

寸心言不尽,前路日将斜。 …………………………………… 269

上阳人,红颜暗老白发新。 …………………………………… 9

山一程,水一程,身向榆关那畔行。夜深千帐灯。 ………………… 554

山下兰芽短浸溪,松间沙路净无泥,萧萧暮雨子规啼。 …………… 139

山无陵,江水为竭,冬雷震震,夏雨雪,天地合,乃敢与君绝! … 408

山中一夜雨,树杪百重泉。 …………………………………… 70

山中无历日,寒尽不知年。 …………………………………… 16

山从人面起,云傍马头生。 …………………………………… 79

山外青山楼外楼,西湖歌舞几时休。暖风熏得游人醉,直把杭州作汴州。

…………………………………… 320

山有木兮木有枝,心说君兮君不知。 …………………………………… 407

山光悦鸟性,潭影空人心。 …………………………………… 79

山回路转不见君,雪上空留马行处。 …………………………………… 493

山围故国周遭在,潮打空城寂寞回。 …………………………… 250

山抹微云,天连衰草,画角声断谯门。 ………………………… 141

山河百二,自古关中好。 ………………………………………… 552

山重水复疑无路,柳暗花明又一村。 …………………………… 205

山盟虽在,锦书难托。莫、莫、莫! …………………………… 468

千山鸟飞绝,万径人踪灭。孤舟蓑笠翁,独钓寒江雪。 ………… 92

千古江山,英雄无觅,孙仲谋处。舞榭歌台,风流总被,雨打风吹去。 … 340

千古英雄成底事。徒感慨,谩悲凉。 …………………………… 350

千古恨,河山如许,豪华一瞬抛撇。 …………………………… 384

千寻铁锁沉江底,一片降幡出石头。 …………………………… 248

千红万紫安排著,只待新雷第一声。 …………………………… 399

千里水天一色,看孤鸿明灭。 …………………………………… 144

千呼万唤始出来,犹抱琵琶半遮面。 …………………………… 11

千秋万岁名,寂寞身后事。 ……………………………………… 494

千磨万击还坚劲,任尔东西南北风。 …………………………… 47

久斑两鬓如霜雪,直欲樵渔过此生。 …………………………… 278

夕阳无限好,只是近黄昏。 ……………………………………… 260

夕阳西下,塞雁南飞,渭水东流。 ……………………………… 316

门外无人问落花,绿阴冉冉遍天涯。 …………………………… 106

已分忍饥度残岁,更堪岁里闰添长。 …………………………… 319

已恨碧山相阻隔,碧山还被暮云遮。 …………………………… 540

飞花两岸照船红,百里榆堤半日风。 …………………………… 123

飞流直下三千尺,疑是银河落九天。 …………………………… 76

飞燕又将归信误,小屏风上西江路。 …………………………… 457

小山重叠金明灭,鬓云欲度香腮雪。 …………………………… 433

小舟从此逝,江海寄余生。 ……………………………………… 310

小荷才露尖尖角,早有蜻蜓立上头。 …………………………… 145

小桃无主自开花,烟草茫茫带晚鸦。 …………………………… 149

小棹乌篷不用帘。夜厌厌,渐觉微风衣上添。 ………………… 182

小渡一声橹,断霞千点鸦。 ……………………………………… 170

小楼一夜听春雨,深巷明朝卖杏花。 …………………………… 294

马上相逢无纸笔,凭君传语报平安。 …………………………… 531

马毛带雪汗气蒸,五花连钱旋作冰,幕中草檄砚水凝。 …………… 561

马滑霜浓,不如休去,直是少人行。 …………… 461

子规夜半犹啼血,不信东风唤不回。 …………… 277

四 画

开怀抱,有青梅荐酒,绿树啼莺。 …………… 163

开到荼蘼花事了,丝丝天棘出莓墙。 …………… 107

开帘放入窥窗月,且尽新凉睡美休。 …………… 475

天! 休使圆蟾照客眠。人何在? 桂影自婵娟。 …………… 467

天下英雄谁敌手? 曹刘。生子当如孙仲谋。 …………… 338

天上人间何处去? 旧欢新梦觉来时,黄昏微雨画帘垂。 …………… 434

天不老,情难绝。心似双丝网,中有千千结。 …………… 444

天长地久有时尽,此恨绵绵无绝期! …………… 425

天水碧,染就一江秋色。鳌戴雪山龙起蛰,快风吹海立。 …………… 166

天生我材必有用,千金散尽还复来。 …………… 194

天外黑风吹海立,浙东飞雨过江来。 …………… 117

天地有正气,杂然赋流形。下则为河岳,上则为日星。于人曰"浩然",沛乎塞
苍冥。 …………… 323

天地寂寥山雨歇,几生修得到梅花。 …………… 322

天阶夜色凉如水,坐看牵牛织女星。 …………… 427

天苍苍,野茫茫,风吹草低见牛羊。 …………… 61

天际识归舟,云中辨江树。 …………… 58

天南地北双飞客,老翅几回寒暑。 …………… 476

天姥连天向天横,势拔五岳掩赤城。 …………… 75

天接云涛连晓雾,星河欲转千帆舞。 …………… 151

天涯万一见温柔。瘦应因此瘦,羞亦为郎羞。 …………… 473

天涯也有江南信,梅破知春近。 …………… 546

天街小雨润如酥,草色遥看近却无。 …………… 91

天寒一雁至,日暮万行啼。 …………… 175

天意从来高难问,况人情、老易悲难诉。 …………… 331

天意怜幽草,人间重晚晴。 …………… 99

无风杨柳漫天絮,不雨棠梨满地花。 …………… 126

无可奈何花落去,似曾相识燕归来。 …………… 201

无可奈何花落去,似曾相识燕归来。小园香径独徘徊。 …………… 301
无边落木萧萧下,不尽长江滚滚来。 ………………………………… 85
无论君不归,君归芳已歇。 …………………………………………… 412
无花无酒过清明,兴味萧然似野僧。 ………………………………… 279
无穷无尽是离愁,天涯地角寻思遍。 ………………………………… 504
无聊笑捻花枝说,处处鹃啼血。好花须映好楼台,休傍秦关蜀栈战场开。
………………………………………………………………………… 384
无情最是台城柳,依旧烟笼十里堤。 ………………………………… 100
元知造物心肠别,老却英雄似等闲。 ………………………………… 333
云山既不求吾是,林泉又不责吾非。任年年,藜藿饭,芰荷衣。 …… 372
云日相辉映,空水共澄鲜。 …………………………………………… 57
云深不见千岩秀,水涨初闻万壑流。 ………………………………… 123
云想衣裳花想容,春风拂槛露华浓。 ………………………………… 7
云雷天堑,金汤地险,名藩自古皋兰。 ……………………………… 177
云暗鼎湖龙去远,月明华表鹤归迟。 ………………………………… 171
云横秦岭家何在? 雪拥蓝关马不前。 ……………………………… 248
云鬓花颜金步摇,芙蓉帐暖度春宵。春宵苦短日高起,从此君王不早朝。
………………………………………………………………………… 422
五年天地无穷事,万里江湖见在身。 ………………………………… 292
五花马,千金裘,呼儿将出换美酒,与尔同销万古愁。 …………… 233
不才明主弃,多病故人疏。 …………………………………………… 230
不论天有眼,但管地无皮。 …………………………………………… 22
不识庐山真面目,只缘身在此山中。 ………………………………… 202
不肯画堂朱户,春风自在杨花。 ……………………………………… 136
不知天下士,犹作布衣看。 …………………………………………… 238
不知细叶谁裁出,二月春风似剪刀。 ………………………………… 26
不知魂已断,空有梦相随。除却天边月,没人知。 ………………… 435
不怕花枝恼,不怕花枝笑。只怪春风,年年此日,又吹愁到。 …… 389
不要人夸好颜色,只留清气满乾坤。 ………………………………… 41
不畏浮云遮望眼,只缘身在最高层。 ………………………………… 201
不信楼头杨柳月,玉人歌舞未曾归。 ………………………………… 276
不恨古人吾不见,恨古人、不见我狂耳! 知我者,二三子! …… 342

不洒世间儿女泪,难堪亲友中年别。 …………………………………… 510

不能手提天下往,何忍身去游其间! …………………………………… 284

不道枝头无可落,东风犹作恶。 …………………………………… 475

不管烟波与风雨,载将离恨过江南。 …………………………………… 500

不稼不穑,胡取禾三百廛兮? 不狩不猎,胡瞻尔庭有县貆兮? 彼君子兮,不素

　　餐兮。 …………………………………………………………………… 1

车辚辚,马萧萧,行人弓箭各在腰。 …………………………………… 561

比量旧岁聊堪喜,流转殊方又可惊。 …………………………………… 291

少年不识愁滋味,爱上层楼。爱上层楼,为赋新词强说愁。 ………… 335

少年自负凌云笔。到而今,春华落尽,满怀萧瑟。 …………………… 348

少年听雨歌楼上,红烛昏罗帐。壮年听雨客舟中,江阔云低,断雁叫西风。

　　 …………………………………………………………………………… 209

少年侠气,交结五都雄。肝胆洞,毛发耸。立谈中,死生同,一诺千金重。

　　 …………………………………………………………………………… 506

少壮不努力,老大徒伤悲! ………………………………………………… 189

少妇今春意,良人昨夜情。 ………………………………………………… 415

日日花前常病酒,不辞镜里朱颜瘦。 …………………………………… 438

日长似岁闲方觉,事大如天醉亦休。 …………………………………… 297

日长睡起无情思,闲看儿童捉柳花。 …………………………………… 150

日长篱落无人过,唯有蜻蜓蛱蝶飞。 …………………………………… 127

日出江花红胜火,春来江水绿如蓝。能不忆江南? …………………… 94

日落汀州一望时,柔情不断如春水。 …………………………………… 540

日暮乡关何处是,烟波江上使人愁。 …………………………………… 528

日暮汉宫传蜡烛,轻烟散入五侯家。 …………………………………… 89

日暮苍山远,天寒白屋贫。柴门闻犬吠,风雪夜归人。 ……………… 80

中庭月色正清明,无数杨花过无影。 …………………………………… 128

中原乱,簪缨散,几时收? 试倩悲风吹泪,过扬州。 ………………… 318

气蒸云梦泽,波撼岳阳城。 ………………………………………………… 65

升堂坐阶新雨足,芭蕉叶大栀子肥。 …………………………………… 90

长门事,准拟佳期又误。蛾眉曾有人妒。 ……………………………… 341

长太息以掩涕兮,哀民生之多艰。 ……………………………………… 215

长日南窗无客日,乌丝小茧写《离骚》。 ……………………………… 174

长风破浪会有时,直挂云帆济沧海。 ·················· 234

长记误随车。正絮翻蝶舞,芳思交加。柳下桃蹊,乱分春色到人家。 ··· 142

长安一片月,万户捣衣声。秋风吹不尽,总是玉关情。 ········ 530

长安书远寄来稀,又是一年秋色到天涯。 ·············· 515

长安有贫者,为瑞不宜多。 ····················· 262

长条故惹行客。似牵衣待话,别情无极。 ·············· 314

长沟流月去无声,杏花疏影里,吹笛到天明。 ············ 329

长亭暮,乱山无数,只有鹃声苦。 ·················· 185

长恨此身非我有,何时忘却营营? 夜阑风静縠纹平。 ······· 309

长桥寂寞春寒夜,只有诗人一舸归。 ················· 147

从今四海永为家,不用长江限南北。 ················· 364

从此西湖休插柳,剩栽桑树养吴蚕。 ················· 321

从来万事嫌高格,莫怪梅花着地垂。 ·················· 44

从来天下士,只在布衣中。 ····················· 395

父老长安今余几,后死无仇可雪。 ·················· 578

今夕何夕兮,搴舟中流? 今日何日兮,得与王子同舟? ······· 407

今日山川对垂泪,伤心不独为悲秋。 ················· 246

今日把示君,谁有不平事? ······················ 12

今日听君歌一曲,暂凭杯酒长精神。 ················· 495

今年花胜去年红。可惜明年花更好,知与谁同? ·········· 303

今年县宰加朱绂,便是生灵血染成。 ················· 266

今夜偏知春气暖,虫声新透绿窗纱。 ·················· 80

今宵绝胜无人共,卧看星河尽意明。 ················· 124

今宵酒醒何处? 杨柳岸、晓风残月。 ················· 300

分手脱相赠,平生一片心。 ····················· 499

分明记得,吹花小径,听雨高楼。 ·················· 484

月上柳梢头,人约黄昏后。 ····················· 448

月落乌啼霜满天,江枫渔火对愁眠。 ·················· 88

风一更,雪一更,聒碎乡心梦不成。故园无此声。 ········· 554

风乍起,吹皱一池春水。 ······················ 103

风老莺雏,雨肥梅子,午阴嘉树清圆。 ··············· 143

风里杨花,轻薄性,银烛高烧心热。 ················· 462

589

风吹柳花满店香，吴姬压酒唤客尝。 …………………………………………………… 76

风狂雨妒，便万点落英，几湾流水，不是避秦路。 ………… 381

风雨好东西，一隔顿万里。 …………………………………………… 488

风急天高猿啸哀，渚清沙白鸟飞回。 ……………………………… 85

风萧萧兮易水寒，壮士一去兮不复还！ ……………………… 218

风翻蛛网开三面，雷动蜂窠趁两衙。 …………………………… 122

风鬟雾鬓归来晚，忘却荷花记得愁。 …………………………… 442

六代繁华，暗逐逝波声。 …………………………………………… 271

六军不发无奈何，宛转蛾眉马前死。 …………………………… 423

忆归期，数归期，梦见虽多相见稀，相逢知几时？ ……… 440

火树银花合，星桥铁锁开。 ……………………………………… 62

为问门前客，今朝几个来。 ……………………………………… 266

为君沉醉又何妨，只怕酒醒时候、断人肠。 ……………… 456

为君持酒劝斜阳，且向花间留晚照。 …………………………… 505

斗室苍茫吾独立，万家酣梦几人醒。 …………………………… 400

斗酒彘肩，风雨渡江，岂不快哉！ …………………………… 345

户外一峰秀，阶前众壑深。 ……………………………………… 67

心悲异方乐，肠断《陇头歌》。 …………………………………… 525

劝君更尽一杯酒，西出阳关无故人。 …………………………… 491

劝君莫作独醒人，烂醉花间应有数。 …………………………… 301

劝君莫惜花前醉，今年花谢，明年花谢，白了人头。 …… 370

双飞燕子几时回？夹岸桃花蘸水开。 …………………………… 122

书生报国无地，空白九分头。 …………………………………… 332

书当快意读易尽，客有可人期不来。 …………………………… 204

水上游人沙上女，回顾，笑指芭蕉林里住。 ………………… 103

水吞三楚白，山接九嶷青。 ……………………………………… 173

水是眼波横，山是眉峰聚。 ……………………………………… 505

水流花谢两无情，送尽东风过楚城。 …………………………… 270

水晶帘动微风起，满架蔷薇一院香。 …………………………… 106

五　画

玉玺不缘归日角，锦帆应是到天涯。 …………………………… 261

玉容寂寞泪阑干，梨花一枝春带雨。含情凝睇谢君王，一别音容两渺茫。

590

·· 424

玉鉴琼田三万顷,着我扁舟一叶。 ·· 155

玉颜不及寒鸦色,犹带昭阳日影来。 ·· 417

玉露凋伤枫树林,巫山巫峡气萧森。 ·· 84

未必人间无好汉,谁与宽些尺度。 ·· 350

未到江南先一笑,岳阳楼上对君山。 ·· 289

正为鸥盟留醉眼,细看涛生云灭。 ·· 357

正当离乱世,莫说艳阳天。 ·· 367

正单衣试酒,怅客里光阴虚掷。 ·· 313

正是江南好风景,落花时节又逢君。 ·· 495

去也终须去,住也如何住? 若得山花插满头,莫问奴归处。 ······················ 339

去旧国,违旧乡,旧山旧海悠且长。 ·· 524

世事茫茫难自料,春愁黯黯独成眠。 ·· 245

世胄蹑高位,英俊沉下僚。 ·· 222

世情薄,人情恶,雨送黄昏花易落。 ·· 468

古来豪侠数幽并,鬓星星,竟何成! ·· 372

古时事,今时泪,前人喜,后人哀。 ·· 208

可奈玉鞭留不住,又衔春恨到天涯。 ·· 174

可怜九月初三夜,露似珍珠月似弓。 ·· 93

可怜无定河边骨,犹是春闺梦里人。 ·· 569

可怜日至长为客,何意天涯数举杯! ·· 554

可怜身上衣正单,心忧炭贱愿天寒。 ·· 10

可怜夜半虚前席,不问苍生问鬼神。 ·· 13

可恨狂风空自恶。晓来一阵,晚来一阵,难道都吹落? ·························· 178

可惜一溪风月,莫教踏碎琼瑶。解鞍欹枕绿杨桥,杜宇一声春晓。 ············ 138

可堪孤馆闭春寒,杜鹃声里斜阳暮。 ·· 140

石榴半吐红巾蹙,待浮花、浪蕊都尽,伴君幽独。 ···························· 454

石壕村里夫妻别,泪比长生殿上多。 ·· 396

龙虎散,风云灭。千古恨,凭谁说? 对山河百二,泪盈襟血。 ·················· 356

平山阑槛倚晴空,山色有无中。 ·· 135

平分秋色一轮满,长伴云衢千里明。 ·· 111

平生几两屐,身后五车书。 ·· 34

591

平生事,此时凝睇,谁会凭栏意! ·················· 284

平生塞北江南,归来华发苍颜。布被秋宵梦觉,眼前万里江山。 ········ 343

平芜尽处是春山,行人更在春山外。 ············ 449

平时一滴不入口,意气顿使千人惊。 ············ 293

平林漠漠烟如织,寒山一带伤心碧。 ············ 78

平畴交远风,良苗亦怀新。 ·················· 55

打起黄莺儿,莫教枝上啼。啼时惊妾梦,不得到辽西。 ········· 537

东风力,留他如梦,送他如客。 ················ 45

东风飞过悄无踪,却被杨花送微影。 ············ 183

东风无一事,妆出万重花。 ················· 183

东风不与周郎便,铜雀春深锁二乔。 ············ 256

东风夜放花千树,更吹落,星如雨。 ············ 158

东风恶,欢情薄。一怀愁绪,几年离索。错、错、错! ········· 467

东边日出西边雨,道是无晴却有晴。 ············ 420

东园载酒西园醉,摘尽枇杷一树金。 ············ 31

东南形胜,三吴都会,钱塘自古繁华。 ··········· 131

北风卷地白草折,胡天八月即飞雪。 ············ 81

旧时王谢堂前燕,飞入寻常百姓家。 ············ 251

归骑晚、纤纤池塘飞雨。断肠院落,一帘风絮。 ········· 142

目送归鸿,手挥五弦。 ···················· 53

目送征鸿飞杳杳,思随流水去茫茫。 ············ 498

叶上初阳干宿雨、水面清圆,一一风荷举。 ········· 37

叶浮嫩绿酒初熟,橙切香黄蟹正肥。 ············ 112

只在此山中,云深不知处。 ················· 497

只近浮名不近情,且看不饮更何成。三杯渐觉纷华远,一斗都浇块磊平。

··· 371

只恐双溪舴艋舟,载不动、许多愁。 ············ 325

只恐江南春意减,此心元不为梅花。 ············ 362

只恐夜深花睡去,故烧高烛照红妆。 ············ 35

四十年来家国,三千里地山河。 ··············· 276

四边伐鼓雪海涌,三军大呼阴山动。 ············ 560

四百万人同一哭,去年今日割台湾。 ············ 401

592

四面歌残终破楚，八年风味徒思浙。 …………………………… 394

四海无闲田，农夫犹饿死。 ……………… 251

四塞河山归版籍，百年父老见衣冠。 ……………… 365

生当作人杰，死亦为鬼雄。 ……………… 290

生年不满百，常怀千岁忧。昼短苦夜长，何不秉烛游？ ………… 190

生怕客谈榆塞事，且教儿诵《花间集》。 ……………… 348

仗剑行千里，微躯敢一言。 ……………… 499

仙掌月明孤影过，长门灯暗数声来。 ……………… 98

白云回望合，青霭入看无。 ……………………… 71

白云海色曙，明月天门秋。 ……………… 175

白日放歌须纵酒，青春作伴好还乡。 ……………… 533

白鸟一双临水立，见人惊起入芦花。 ……………… 149

白头宫女在，闲坐说玄宗。 ……………… 12

白发三千丈，缘愁似个长。 ……………… 234

白发老闲事，青云在目前。 ……………… 238

白发渔樵江渚上，惯看秋月春风。一壶浊酒喜相逢，古今多少事，都付笑谈

    中。 ……………………… 377

白发悲花落，青云羡鸟飞。 ……………… 239

白芷汀寒立鹭鸶，蘋风轻翦浪花时。 ……………… 102

白沟移向江淮去，止罪宣和恐未公。 ……………… 363

白骨露于野，千里无鸡鸣。 ……………… 556

他时欲与问归魂，水碧天空清夜永。 ……………… 45

丛菊两开他日泪，孤舟一系故园心。 ……………… 534

外人不见见应笑，天宝末年时世妆。 ……………… 10

鸟飞反故乡兮，狐死必首丘。 ……………… 521

鸟向平芜远近，人随流水东西。 ……………… 498

鸟向檐上飞，云从窗里出。 ……………… 60

鸟宿池边树，僧敲月下门。 ……………… 497

鸟道高原去，人烟小径通。 ……………… 105

玄都观里桃千树，尽是刘郎去后栽。 ……………… 93

半卷红旗临易水，霜重鼓寒声不起。 ……………… 97

半是花声半雨声，夜分淅沥打窗棂。薄衾单枕一人听。 ……… 378

半羞还半喜,欲去又依依。觉来知是梦,不胜悲。 …………………… 436
宁为百夫长,胜作一书生。 ………………………………………… 558
宁可枝头抱香死,何曾吹落北风中。 ……………………………… 38
记得小蘋初见,两重心字罗衣。琵琶弦上说相思。 ……………… 451
记得那年花下,深夜,初识谢娘时。水堂西面画帘垂,携手暗相期。 …… 436
永忆江湖归白发,欲回天地入扁舟。 ……………………………… 262
出门无所见,白骨蔽平原。 ………………………………………… 557
出师一表真名世,千载谁堪伯仲间? ……………………………… 21
出师未捷身先死,长使英雄泪沾襟。 ……………………………… 8
对闲窗畔,停灯向晓,抱影无眠。 ………………………………… 300
对春帆细雨,独自吟哦。惟有瓶花,数枝相伴不须多。 ………… 393
对酒当歌,人生几何? 譬如朝露,去日苦多。 …………………… 220
对案不能食,拔剑击柱长叹息。丈夫生世能几时,安能叠燮垂羽翼? … 226
对潇潇暮雨洒江天,一番洗清秋。 ………………………………… 129

六　画

老子平生,江南江北,最爱临风曲。 ……………………………… 311
老夫聊发少年狂,左牵黄,右擎苍。 ……………………………… 305
老去情怀,犹作天涯想。空惆怅,少年豪放,莫学衰翁样。 …… 317
老来情味减,对别酒,怯流年。 …………………………………… 337
老兔寒蟾泣天色,云楼半开壁斜白。 ……………………………… 97
老畏年光短,愁随秋色来。 ………………………………………… 361
老眼平生空四海,赖有高楼百尺。看浩荡、千崖秋色。 ………… 347
老骥伏枥,志在千里。烈士暮年,壮心不已。 …………………… 220
地雄河岳,疆分韩晋,潼关高压秦头。 …………………………… 177
地敞中原秋色尽,天开万里夕阳空。 ……………………………… 175
共君今夜不须睡,未到晓钟犹是春。 ……………………………… 269
共眠一舸听秋雨,小簟轻衾各自寒。 ……………………………… 480
芒鞋破钵无人识,路过樱花第几桥? ……………………………… 397
吏呼一何怒,妇啼一何苦。 ………………………………………… 531
西风又起不胜情。一篇思旧赋,故国与浮名。 …………………… 514
西塞山前白鹭飞,桃花流水鳜鱼肥。 ……………………………… 101
在山为远志,出山为小草。 ………………………………………… 363

百二关河草不横,十年戎马暗秦京。 …………………………………… 579

百分桃花千分柳,冶红妖翠画江南。 …………………………………… 187

百年总是逢场戏,拍板门锤未易当。 …………………………………… 374

有个人人真攀羡。问着洋洋回却面。你若无意向他人,为甚梦中频相见。

………………………………………………………………………… 446

有如兔走鹰隼落,骏马下注千丈坡。断弦离柱箭脱手,飞电过隙珠翻荷。

………………………………………………………………………… 117

有约不来过夜半,闲敲棋子落灯花。 …………………………………… 507

有弟皆分散,无家问死生。 ……………………………………………… 532

有恨不随流水,闲愁惯逐飞花。梦魂无日不天涯,醒处孤灯残夜。 …… 377

有谁访、溪梅去。梦里疏香风似度。 …………………………………… 42

有梅无雪不精神,有雪无梅俗了人。 …………………………………… 32

有情芍药含春泪,无力蔷薇卧晓枝。 …………………………………… 120

有葡萄美酒,芙蓉宝剑,都未称,平生志。 …………………………… 393

而今听雨僧庐下,鬓已星星也。悲欢离合总无情,一任阶前,点滴到天明。

………………………………………………………………………… 209

而今识尽愁滋味,欲说还休。欲说还休,却道天凉好个秋。 ………… 335

而今渐行渐远,渐觉虽悔难追。 ………………………………………… 446

夺我身上暖,买尔眼前恩。 ……………………………………………… 252

死去元知万事空,但悲不见九州同。王师北定中原日,家祭无忘告乃翁。

………………………………………………………………………… 296

死后是非谁管得,满村听说蔡中郎。 …………………………………… 296

扣舷独啸,不知今夕何夕。 ……………………………………………… 334

尧之都,舜之壤,禹之封。于中应有,一个半个耻臣戎! …………… 578

至今商女,时时犹唱,后庭遗曲。 ……………………………………… 304

过尽千帆皆不是,斜晖脉脉水悠悠。肠断白蘋洲。 ………………… 433

此生此夜不长好,明月明年何处看! …………………………………… 287

此生此夜不长好,明月明年何处看。 …………………………………… 546

此生定向江湖老,默数淮中十往来。 …………………………………… 285

此生谁料,心在天山,身老沧洲。 ……………………………………… 332

此曲只应天上有,人间能得几回闻。 …………………………………… 28

此时愁杀桓司马,暮雨秋风满汉南。 …………………………………… 43

595

此身合是诗人未？细雨骑驴入剑门。 …………………………………… 293

此夜曲中闻折柳，何人不起故园情。 …………………………………… 530

此情无计可消除，才下眉头，却上心头。 …………………………… 466

此情可待成追忆？只是当时已惘然。 …………………………………… 260

当年不肯嫁春风，无端却被秋风误。 …………………………………… 37

当时轻别意中人，山长水远知何处。 …………………………………… 447

曲终人不见，江上数峰青。 …………………………………………………… 89

同学少年多不贱，五陵裘马自轻肥。 …………………………………… 240

因过竹院逢僧话，又得浮生半日闲。 …………………………………… 198

岁月人间促，烟霞此地多。 ………………………………………………… 267

岁月无多人易老，乾坤虽大愁难着。 …………………………………… 351

岁岁春光，被二十四风吹老。 …………………………………………… 360

回乐烽前沙似雪，受降城外月如霜。不知何处吹芦管，一夜征人尽望乡。

…………………………………………………………………………………………… 567

回首天涯归梦，几魂飞西浦，泪洒东州。 …………………………… 355

回首向来萧瑟处，归去，也无风雨也无晴。 ……………………… 308

回眸一笑百媚生，六宫粉黛无颜色。 …………………………………… 420

岂曰无衣？与子同袍。王于兴师，修我戈矛，与子同仇。 …… 488

岂有蛟龙愁失水，更无鹰隼与高秋！ ………………………………… 258

岂伊地气暖？自有岁寒心。 ………………………………………………… 27

刚是樽前同一笑，又到别离时节。 ……………………………………… 484

刚被太阳收拾去，却教明月送将来。 …………………………………… 203

年少，年少，行乐直须及早。 …………………………………………… 272

年少凄凉天付与，更堪春思萦离绪。 …………………………………… 328

年年乞与人间巧，不道人间巧几多。 …………………………………… 198

年年岁岁花相似，岁岁年年人不同。 …………………………………… 193

年年战骨埋荒外，空见蒲桃入汉家。 …………………………………… 565

年年送客横塘路，细雨垂杨系画船。 …………………………………… 503

朱门酒肉臭，路有冻死骨。 ………………………………………………… 242

先师有遗训，忧道不忧贫。 ………………………………………………… 191

竹外桃花三两枝，春江水暖鸭先知。 …………………………………… 118

竹杖芒鞋轻胜马，谁怕，一蓑烟雨任平生。 ……………………… 308

竹喧归浣女，莲动下渔舟。 ⋯⋯⋯⋯⋯⋯⋯⋯⋯⋯⋯⋯ 70

休去倚危栏，斜阳正在，烟柳断肠处。 ⋯⋯⋯⋯⋯⋯ 342

休对故人思故国，且将新火试新茶，诗酒趁年华。 ⋯⋯ 288

休将宝瑟写幽怀，座上有人能顾曲。 ⋯⋯⋯⋯⋯⋯⋯ 462

任是深山更深处，也应无计避征徭。 ⋯⋯⋯⋯⋯⋯⋯ 570

伤心桥下春波绿，曾是惊鸿照影来。 ⋯⋯⋯⋯⋯⋯⋯ 443

伤彼蕙兰花，含英扬光辉。过时而不采，将随秋草萎。 ⋯ 410

仰手接飞猱，俯身散马蹄。 ⋯⋯⋯⋯⋯⋯⋯⋯⋯⋯⋯ 3

自去自来梁上燕，相亲相近水中鸥。 ⋯⋯⋯⋯⋯⋯⋯ 87

自古逢秋悲寂寥，我言秋日胜春朝。晴空一鹤排云上，便引诗情到碧霄。

⋯⋯⋯⋯⋯⋯⋯⋯⋯⋯⋯⋯⋯⋯⋯⋯⋯⋯⋯⋯⋯ 249

自作新词韵最娇，小红低唱我吹箫。 ⋯⋯⋯⋯⋯⋯⋯ 464

自伯之东，首如飞蓬。岂无膏沐，谁适为容。 ⋯⋯⋯⋯ 405

自君之出矣，明镜暗不治。思君如流水，何有穷已时。 ⋯ 411

自经沟渎非吾事，臣死封疆是此时。 ⋯⋯⋯⋯⋯⋯⋯ 322

自胡马窥江去后，废池乔木，犹厌言兵。 ⋯⋯⋯⋯⋯⋯ 579

自笑平生为口忙，老来事业转荒唐。 ⋯⋯⋯⋯⋯⋯⋯ 285

向风前懊恼，芳心一点，寸眉两叶，禁甚闲愁？情到不堪言处，分付东流。

⋯⋯⋯⋯⋯⋯⋯⋯⋯⋯⋯⋯⋯⋯⋯⋯⋯⋯⋯⋯⋯ 459

向来枉费推移力，此日中流自在行。 ⋯⋯⋯⋯⋯⋯⋯ 207

似花还似非花，也无人惜从教坠。 ⋯⋯⋯⋯⋯⋯⋯⋯ 137

后死翻为累，偷生未有期。 ⋯⋯⋯⋯⋯⋯⋯⋯⋯⋯⋯ 290

行人刁斗风沙暗，公主琵琶幽怨多。 ⋯⋯⋯⋯⋯⋯⋯ 564

行过间阎争问讯，忽逢鱼鸟亦惊猜。 ⋯⋯⋯⋯⋯⋯⋯ 286

行舟逗远树，度鸟息危樯。 ⋯⋯⋯⋯⋯⋯⋯⋯⋯⋯⋯ 61

行者见罗敷，下担捋髭须。少年见罗敷，脱帽着帩头。耕者忘其犁，锄者忘其锄。来归相怨怒，但坐观罗敷。 ⋯⋯⋯⋯⋯⋯⋯⋯⋯ 2

行到水穷处，坐看云起时。 ⋯⋯⋯⋯⋯⋯⋯⋯⋯⋯⋯ 194

全家都在风声里，九月衣裳未剪裁。 ⋯⋯⋯⋯⋯⋯⋯ 396

会当凌绝顶，一览众山小。 ⋯⋯⋯⋯⋯⋯⋯⋯⋯⋯⋯ 196

会挽雕弓如满月，西北望，射天狼。 ⋯⋯⋯⋯⋯⋯⋯ 306

众鸟高飞尽，孤云独去闲。相看两不厌，只有敬亭山。 ⋯ 77

众里寻他千百度。蓦然回首,那人却在,灯火阑珊处。 …………… 470

名都多妖女,京洛出少年。 …………… 2

多少六朝兴废事,尽入渔樵闲话。 …………… 303

多少新亭挥泪客,谁梦中原块土? 算事业,须由人做。 …………… 511

多情只有春庭月,犹为离人照落花。 …………… 537

多情自古伤离别。更那堪、冷落清秋节。 …………… 299

多情谁似南山月,特地暮云开。 …………… 333

庄生晓梦迷蝴蝶,望帝春心托杜鹃。 …………… 259

衣上酒痕诗里字,点点行行,总是凄凉意。 …………… 304

衣带渐宽终不悔,为伊消得人憔悴。 …………… 445

问世间、情是何物? 直教生死相许! …………… 476

问君何事轻离别,一年能几团栾月? …………… 483

问君能有几多愁? 恰似一江春水向东流。 …………… 275

问姓惊初见,称名忆旧容。 …………… 535

问莲根、有丝多少,莲心知为谁苦? …………… 477

问渠哪得清如许,为有源头活水来。 …………… 206

并刀如水,吴盐胜雪,纤手破新橙。 …………… 460

关关雎鸠,在河之洲。窈窕淑女,君子好逑。 …………… 403

关塞极天惟鸟道,江湖满地一渔翁。 …………… 240

灯花结,片时春梦,江南天阔。 …………… 153

壮岁旌旗拥万夫,锦襜突骑渡江初。燕兵夜娖银胡䩮,汉箭朝飞金仆姑。
…………… 576

壮志饥餐胡虏肉,笑谈渴饮匈奴血。 …………… 573

冲天香阵透长安,满城尽带黄金甲。 …………… 569

妆罢低声问夫婿,画眉深浅入时无? …………… 426

江上风吹雁两行。泪沾裳,江北江南总断肠。 …………… 383

江上往来人,但爱鲈鱼美。君看一叶舟,出没风波里。 …………… 279

江山也要伟人扶,神化丹青即画图。 …………… 187

江山王气空千劫,桃李春风又一年。 …………… 374

江山代有才人出,各领风骚数百年。 …………… 212

江间波浪兼天涌,塞上风云接地阴。 …………… 85

江南几度梅花发,人在天涯鬓已斑。 …………… 551

江南无所有,聊赠一枝春。　···　489
江南可采莲,莲叶何田田。　···　51
江南春水碧如酒,客子往来船是家。　·························　170
江南春尽离肠断,蘋满汀洲人未归。　·························　543
江畔何人初见月?江月何年初照人?人生代代无穷已,江月年年只相似。
　　···　228
江流千古英雄泪,山掩诸公富贵羞。　·························　320
江流天地外,山色有无中。　···　71
江暗雨欲来,浪白风初起。　···　60
江静潮初落,林昏瘴不开。　···　63
池上碧苔三四点,叶底黄鹂一两声,日长飞絮轻。　···　134
池面盈盈清浅水,柳梢淡淡黄昏月。　·························　179
池塘生春草,园柳变鸣禽。　···　57
安能摧眉折腰事权贵,使我不得开心颜!　·················　235
安得广厦千万间,大庇天下寒士俱欢颜,风雨不动安如山。呜呼!何时眼前
　　突兀见此屋,吾庐独破受冻死亦足!　··························　242
冰肌玉骨清无汗,水殿风来暗香满。　·························　15
冰霜正惨凄,终岁常端正。岂不罹凝寒,松柏有本性。　···　24
寻寻觅觅,冷冷清清,凄凄惨惨戚戚。　·························　326
寻常一样窗前月,才有梅花便不同。　·························　31
寻章摘句老雕虫,晓月当帘挂玉弓。　·························　253
那堪更被明月,隔墙送过秋千影。　·································　128
如今才是十三夜,月色已如玉。未是秋光奇绝,看十五十六。　············　154
如今却忆江南乐,当时年少春衫薄。骑马倚斜桥,满楼红袖招。　·········　270
如今憔悴,风鬟霜鬓,怕见夜间出去。不如向,帘儿底下,听人笑语。　···　327
如梦,如梦,残月落花烟重。　···　434
好水好山看不足,马蹄催趁月明归。　·························　125
好是日斜风定后,半江红树卖鲈鱼。　·························　186
欢乐趣,离别苦,就中更有痴儿女。　·································　476
欢言酌春酒,摘我园中蔬。微雨从东来,好风与之俱。　···　56
买丝绣作平原君,有酒唯浇赵州土。　·························　13
红豆不堪看,满眼相思泪。　···　437

红楼归晚,看足柳昏花暝。应自栖香正稳,便忘了、天涯芳信。 …………… 473
纤腰减束素,别泪损横波。 ………………………………………………… 413

七　画

弄潮儿向涛头立,手把红旗旗不湿。 …………………………………… 16
却是归鸿不能语,一年一度到江南。 …………………………………… 547
却看妻子愁何在,漫卷诗书喜欲狂。 …………………………………… 532
却将万字平戎策,换得东家种树书。 …………………………………… 577
花飞莫遣随流水,怕有渔郎来问津。 …………………………………… 277
花开红树乱莺啼,草长平湖白鹭飞。 …………………………………… 109
花开堪折直须折,莫待无花空折枝。 …………………………………… 430
花自飘零水自流,一种相思,两处闲愁。 ……………………………… 465
花红易衰似郎意,水流无限似侬愁。 …………………………………… 432
花近高楼伤客心,万方多难此登临。 …………………………………… 243
花径不曾缘客扫,蓬门今始为君开。 …………………………………… 494
花落子规啼,绿窗残梦迷。 ……………………………………………… 433
芳心只愿长依旧,春风更放明年艳。 …………………………………… 450
芳草才芽,梨花未雨,春魂已作天涯絮。 ……………………………… 181
杖藜徐步立芳洲。无主桃花开又落,空使人愁。 ……………………… 375
杏花飞帘散余春,明月入户寻幽人。 …………………………………… 118
杏花无处避春愁,也傍野烟发。 ………………………………………… 331
杨花雪落覆白蘋,青鸟飞去衔红巾。 …………………………………… 82
杨花榆荚无才思,唯解漫天作雪飞。 …………………………………… 91
杨柳又如丝,驿桥春雨时。 ……………………………………………… 102
杨柳色依依,燕归君不归。 ……………………………………………… 434
李杜文章在,光焰万丈长。 ……………………………………………… 247
更回首、淡烟乔木,问神州、今日是何年? ………………………… 392
更吹羌笛关山月,无那金闺万里愁。 …………………………………… 416
更被鹭鸶千点雪,破烟来入画屏飞。 …………………………………… 100
更谁情浅似春风,一夜满枝新绿、替残红。 …………………………… 452
更能消几番风雨,匆匆春又归去。 ……………………………………… 341
更疑天路近,梦与白云游。 ……………………………………………… 268
两个黄鹂鸣翠柳,一行白鹭上青天。 …………………………………… 83

两岸青山相对出,孤帆一片日边来。 …………………………… 76

两河萧瑟唯狐兔。问当年,祖生去后,有人来否。 ………… 349

两情若是久长时,又岂在朝朝暮暮。 ………………………… 455

医得眼前疮,剜却心头肉。 …………………………………… 264

还似少年歌舞地,听落叶,忆长安。 ………………………… 390

还似旧时游上苑,车如流水马如龙。 ………………………… 272

还似花间见,双双对对飞。 …………………………………… 30

还怕两人俱薄命,再缘悭、剩月零风里。清泪尽,纸灰起。 … 483

还家万里梦,为客五更愁。 …………………………………… 539

来如春梦不多时,去似朝云无觅处。 ………………………… 432

折芦花赠远,零落一身秋。 …………………………………… 512

把吴钩看了,栏杆拍遍。无人会、登临意。 ………………… 339

把酒送春春不语,黄昏却下潇潇雨。 ………………………… 153

吴山青,越山青,两岸青山相送迎。 ………………………… 443

吴头楚尾路如何? 烟雨秋深暗自波。 ……………………… 186

吴楚东南坼,乾坤日夜浮。 …………………………………… 86

时人不识余心乐,将谓偷闲学少年。 ………………………… 199

时危见臣节,世乱识忠良。 …………………………………… 192

男儿宁当格斗死,何能怫郁筑长城? ……………………… 221

男儿西北有神州,莫滴水西桥畔泪。 ………………………… 510

男儿何不带吴钩,收取关山五十州? ……………………… 568

听风听雨过清明,愁草《瘗花铭》。 …………………………… 164

吟诗作赋北窗里,万言不直一杯水。 ………………………… 236

吹灯窗更明,月照一天雪。 …………………………………… 188

呜呼! 男儿名重泰山身如叶,手犯龙鳞心莫慑。 ………… 502

呜呼! 楚虽三户能亡秦,岂有堂堂中国空无人! ………… 297

乱入池中看不见,闻歌始觉有人来。 ………………………… 4

我见青山多妩媚,料青山见我应如是。 …………………… 207

我劝天公重抖擞,不拘一格降人材。 ………………………… 399

我有江南铁笛,要倚一枝香雪,吹彻玉城霞。 ……………… 183

我有迷魂招不得,雄鸡一声天下白。 ………………………… 255

我自横刀向天笑,去留肝胆两昆仑。 ………………………… 401

我亦且如常日醉,莫教弦管作离声。 ……………………… 280

我亦飘零久,十年来,深恩负尽,死生师友。 ………………… 517

我报路长嗟日暮,学诗谩有惊人句。 ……………………… 328

我住长江头,君住长江尾。日日思君不见君,共饮长江水。 ………… 455

我泪别君君别我。莫洒临歧,留作相思可。 ………………… 516

我是虏家儿,不解汉儿歌。 ………………………………… 4

我觉其间,雄深雅健,如对文章太史公。 ………………… 207

我欲乘风去,击楫誓中流。 ………………………………… 574

我欲乘风归去,又恐琼楼玉宇,高处不胜寒。 ……………… 307

我寄愁心与明月,随风直到夜郎西。 ……………………… 492

我最怜君中宵舞,道男儿,到死心如铁。看试手,补天裂。 ……… 509

我愿君王心,化作光明烛。不照绮罗筵,只照流亡屋。 ………… 264

何方可化身千亿,一树梅前一放翁。 ……………………… 21

何处吹箫? 轻逐流萤度画桥。 …………………………… 180

何处笛? 深夜梦回情脉脉,竹风檐雨寒窗隔。 ……………… 439

何必桑乾方是远,中流以北即天涯。 ……………………… 320

何当共剪西窗烛,却话巴山夜雨时。 ……………………… 427

何年顾虎头,满壁画沧洲。 ………………………………… 87

何意百炼刚,化为绕指柔。 ………………………………… 224

但用东山谢安石,为君谈笑静胡沙。 ……………………… 5

但使主人能醉客,不知何处是他乡。 ……………………… 539

但屈指、西风几时来,又不道、流年暗中偷换。 ……………… 306

但得众生皆得饱,不辞羸病卧残阳。 ……………………… 36

但愁敲桂棹,悲吟《梁父》,泪流如雨。 …………………… 318

但愿人长久,千里共婵娟。 ………………………………… 203

但愿苍生俱饱暖,不辞辛苦出山林。 ……………………… 43

低徊愧人子,不敢叹风尘。 ………………………………… 555

位卑未敢忘忧国,事定犹须待阖棺。 ……………………… 294

身无彩凤双飞翼,心有灵犀一点通。 ……………………… 429

身多疾病思田里,邑有流亡愧俸钱。 ……………………… 538

身经两世太平日,眼见四朝全盛时。 ……………………… 278

身既死兮神以灵,子魂魄兮为鬼雄。 ……………………… 217

近乡情更怯,不敢问来人。 …………………………………………… 527

返照入闾巷,忧来谁共语。 …………………………………………… 267

余霞散成绮,澄江静如练。 …………………………………………… 58

坐觉苍茫万古意,远自荒烟落日之中来! ………………………… 364

角声寒,夜阑珊,怕人寻问,咽泪装欢。瞒、瞒、瞒! …………… 469

系我一生心,负你千行泪。 …………………………………………… 445

床前明月光,疑是地上霜。举头望明月,低头思故乡。 ………… 530

弃我去者,昨日之日不可留;乱我心者,今日之日多烦忧。……… 235

忘年尔我重交情,论事相同见老成。 ……………………………… 513

闲云潭影日悠悠,物换星移几度秋。 ……………………………… 63

闲来写就青山卖,不使人间造孽钱。 ……………………………… 365

闲坐小窗读《周易》,不知春去几多时。 ………………………… 199

闲依露井,笑扑流萤,惹破画罗轻扇。 …………………………… 462

闲梦江南梅熟日,夜船吹笛雨潇潇。人语驿边桥。 ……………… 537

羌笛何须怨杨柳,春风不度玉门关。 ……………………………… 229

沙上并禽池上暝,云破月来花弄影。 ……………………………… 129

汩余将不及兮,恐年岁之不吾与。 ………………………………… 213

沦落半生知己少,除却吹箫屠狗。算此外、谁与吾友? ……… 515

沧海月明珠有泪,蓝田日暖玉生烟。 ……………………………… 260

汴水流,泗水流,流到瓜洲古渡头。吴山点点愁。 ……………… 95

沉舟侧畔千帆过,病树前头万木春。 ……………………………… 196

沉恨细思,不如桃杏,犹解嫁东风。 ……………………………… 444

沉魄浮魂不可招,遗编一读想风标。 ……………………………… 19

穷年忧黎元,叹息肠内热。 …………………………………………… 240

词赋从今须少作,留取心魂相守。但愿得,河清人寿。 ………… 518

君不见走马川行雪海边,平沙莽莽黄入天。 …………………… 560

君不见沙场征战苦,至今犹忆李将军。 …………………………… 566

君不见青海头,古来白骨无人收。新鬼烦冤旧鬼哭,天阴雨湿声啾啾。

…………………………………………………………………………… 562

君不见咫尺长门闭阿娇,人生失意无南北。 …………………… 283

君不见黄河之水天上来,奔流到海不复回。君不见高堂明镜悲白发,朝如青

丝暮成雪。 ………………………………………………………… 232

君不能狸膏金距学斗鸡,坐令鼻息吹虹霓。君不能学哥舒,横行青海夜带刀,
　　西屠石堡取紫袍。 ·· 5
君去京东豪杰喜,想投戈下拜真吾父。谈笑里,定齐鲁。 ··········· 511
君知否? 雁字云沉,难写伤心句。 ························· 553
即从巴峡穿巫峡,便下襄阳向洛阳。 ················· 533
忍泪失声问使者,几时真有六军来? ················· 542
鸡声茅店月,人迹板桥霜。 ··························· 101
鸡栖于埘,日之夕矣,牛羊下来。 ················· 49
纵使长条似旧垂,也应攀折他人手。 ··········· 431
纵使归来花满树,新枝不是旧时枝,且逐水流迟。 ··· 211
纵使相逢应不识,尘满面,鬓如霜。 ··········· 453
纵被春风吹作雪,绝胜南陌碾成尘。 ··········· 34
纷纷暮雪下辕门,风掣红旗冻不翻。 ··········· 81

八　画

青山遮不住,毕竟东流去。 ··························· 155
青女素娥俱耐冷,月中霜里斗婵娟。 ··········· 30
青鸟不传云外信,丁香空结雨中愁。回首绿波三楚暮,接天流。 ········ 441
青青河边草,绵绵思远道。远道不可思,宿昔梦见之。 ··· 409
青春都一饷。忍把浮名,换了浅斟低唱! ··········· 299
青眼高歌俱未老,向尊前、拭尽英雄泪。君不见,月如水。 ··········· 518
青箬笠,绿蓑衣,斜风细雨不须归。 ················· 14
青墩溪畔龙钟客,独立东风看牡丹。 ················· 20
苦恨年年压金线,为他人作嫁衣裳。 ················· 265
昔人已乘黄鹤去,此地空余黄鹤楼。黄鹤一去不复返,白云千载空悠悠。
　　·· 231
昔去雪如花,今来花似雪。 ··························· 59
昔时人已没,今日水犹寒。 ··························· 268
昔我往矣,杨柳依依。今我来思,雨雪霏霏。行道迟迟,载渴载饥。我心伤
　　悲,莫知我哀。 ·· 520
若无水殿龙舟事,共禹论功不较多。 ················· 263
若有人兮山之阿,被薜荔兮带女罗。既含睇兮又宜笑,子慕予兮善窈窕。
　　·· 407

若有人知春去处,唤取归来同住。 …………………………… 311

若似月轮终皎洁,不辞冰雪为卿热。 ………………………… 481

若问生涯原是梦,除梦里,没人知。 ………………………… 388

若待上林花似锦,出门俱是看花人。 ………………………… 198

茂陵他日求遗稿,犹喜曾无封禅书。 ………………………… 288

苟利国家生死以,岂因祸福避趋之! ………………………… 400

苟能制侵陵,岂在多杀伤。 …………………………………… 563

茕茕白兔,东走西顾。衣不如新,人不如故。 ……………… 190

茅檐低小,溪上青青草。醉里吴音相媚好,白发谁家翁媪。 … 156

林开扬子驿,山出润州城。 …………………………………… 105

林中观《易》罢,溪上对鸥闲。 ……………………………… 197

林梢一抹青如画,应是淮流转处山。 ………………………… 121

林疏放得遥山出,又被云遮一半无。 ………………………… 149

林暗草惊风,将军夜引弓。平明寻白羽,没在石棱中。 ……… 9

枝上柳绵吹又少,天涯何处无芳草。 ………………………… 288

杯汝来前! 老子今朝,点检形骸。 ………………………… 343

杳杳天低鹘没处,青山一发是中原。 ………………………… 119

枕上诗书闲处好,门前风景雨来佳。 ………………………… 325

枕前发尽千般愿,要休且待青山烂。 ………………………… 430

事去空垂悲国泪,愁来莫上望乡台。 ………………………… 548

雨打梨花深闭门,忘了青春,误了青春。 …………………… 477

雨余吴岫立,日照海门开。 …………………………………… 124

奈何琴剑匆匆,而今心事,在月夜、杜鹃声里。 …………… 509

奇文共欣赏,疑义相与析。 …………………………………… 191

妻子岂应关大计,英雄无奈是多情。 ………………………… 369

拣尽寒枝不肯栖,寂寞沙洲冷。 ……………………………… 36

担囊行取薪,斧冰持作糜。 …………………………………… 556

抽刀断水水更流,举杯消愁愁更愁。 ………………………… 236

势分三足鼎,业复五铢钱。 …………………………………… 250

转眼又西风,辞巢越燕还如客。 ……………………………… 47

轮台九月风夜吼,一川碎石大如斗,随风满地石乱走。 …… 561

到如今,唯有蒋山青,秦淮碧。 ……………………………… 376

605

非必丝与竹,山水有清音。 …………………………………… 223

些小吾曹州县吏,一枝一叶总关情。 ……………………… 397

虏酒千钟不醉人,胡儿十岁能骑马。 …………………………… 7

昆山玉碎凤凰叫,芙蓉泣露香兰笑。 ……………………… 95

国仇未报壮士老,匣中宝剑夜有声。 ……………………… 293

国破山河在,城春草木深。感时花溅泪,恨别鸟惊心。 …… 563

明月几时有?把酒问青天。不知天上宫阙,今夕是何年。 …… 306

明月不谙离恨苦,斜光到晓穿朱户。 ……………………… 302

明月别枝惊鹊,清风半夜鸣蝉。稻花香里说丰年,听取蛙声一片。 …… 159

明月松间照,清泉石上流。 ………………………………… 70

明月隐高树,长河没晓天。 ………………………………… 104

明月楼高休独倚。酒入愁肠,化作相思泪。 ……………… 543

易水萧萧西风冷,满座衣冠似雪。正壮士、悲歌未彻。 …… 344

呢喃燕子语梁间,底事来惊梦里闲。 ……………………… 201

岩扉松径长寂寥,唯有幽人自来去。 ……………………… 65

岭上晴云披絮帽,树头初日挂铜钲。 ……………………… 116

垂死病中惊坐起,暗风吹雨入寒窗。 ……………………… 253

垂杨只解惹春风,何曾系得行人住? ……………………… 133

知有前期在,难分此夜中。 ………………………………… 500

知否?知否?应是绿肥红瘦。 …………………………… 151

知我者,谓我心忧。不知我者,谓我何求。悠悠苍天,此何人哉! ……… 213

牧童归去横牛背,短笛无腔信口吹。 ……………………… 108

物是人非事事休,欲语泪先流。 …………………………… 325

季子平安否?便归来,平生万事,那堪回首! ……………… 516

季布无二诺,侯嬴重一言。 ………………………………… 8

佳节久从愁里过,壮心偶傍醉中来。 ……………………… 540

使行人到此,忠愤气填膺。有泪如倾。 …………………… 575

使李将军,遇高皇帝。万户侯何足道哉! …………………… 349

凭仗丹青重省识,盈盈,一片伤心画不成。 ……………… 483

凭君莫话封侯事,一将功成万骨枯。 ……………………… 262

彼采萧兮,一日不见,如三秋兮。 ………………………… 406

金风玉露一相逢,便胜却人间无数。 ……………………… 455

采莲南塘秋,莲花过人头。低头弄莲子,莲子青如水。置莲怀袖中,莲心彻底红。 …… 413

采菊东篱下,悠然见南山。 …… 56

采得百花成蜜后,为谁辛苦为谁甜? …… 29

乳鸦啼散玉屏空,一枕新凉一扇风。 …… 109

念去去,千里烟波,暮霭沉沉楚天阔。 …… 131

念此一筵笑,分为两地愁。 …… 525

鱼目亦笑我,谓与明月同。骅骝拳跼不能食,蹇驴得志鸣春风。 …… 237

鱼市人家满斜日,菊花天气近新霜。 …… 125

鱼戏新荷动,鸟散余花落。 …… 58

忽见陌头杨柳色,悔教夫婿觅封侯。 …… 417

忽讶船窗送吴语,故山月已挂船头。 …… 555

忽如一夜春风来,千树万树梨花开。 …… 27

忽然一夜清香发,散作乾坤万里春。 …… 42

夜来几阵西风,匆匆偷换人间世。 …… 386

夜夜夜深歌《子夜》,年年年节度丁年。 …… 478

夜阑更秉烛,相对如梦寐。 …… 418

夜阑卧听风吹雨,铁马冰河入梦来。 …… 295

庙堂无策可平戎,坐使甘泉照夕烽。 …… 292

底事昆仑倾砥柱。九地黄流乱注。聚万落、千村狐兔。 …… 330

底事胜赏匆匆,正自天付酒肠窄。 …… 370

妾身未分明,何以拜姑嫜? …… 419

卷地风来忽吹散,望湖楼下水如天。 …… 116

卷地朔风沙似雪,家家行帐下毡帘。 …… 172

炉火照天地,红星乱紫烟。 …… 75

河汉清且浅,相去复几许? 盈盈一水间,脉脉不得语。 …… 410

河洛风烟万里昏,百年心事向夷门。 …… 367

沾衣欲湿杏花雨,吹面不寒杨柳风。 …… 111

泪眼问花花不语,乱红飞过秋千去。 …… 450

泻水置平地,各自东西南北流。人生亦有命,安能行叹复坐愁? …… 225

泽国清霜,澄江爽气,染出千林赤。 …… 176

宝马雕车香满路,凤箫声动,玉壶光转,一夜鱼龙舞。 …… 158

空山不见人，但闻人语响。 ⋯⋯⋯⋯⋯⋯⋯⋯⋯⋯⋯⋯ 72
空山松子落，幽人应未眠。 ⋯⋯⋯⋯⋯⋯⋯⋯⋯⋯⋯⋯ 500
空床卧听南窗雨，谁复挑灯夜补衣。 ⋯⋯⋯⋯⋯⋯⋯⋯ 458
试问闲愁都几许？一川烟草，满城风絮，梅子黄时雨。 ⋯⋯ 460
试登绝顶望乡国，江南江北青山多。 ⋯⋯⋯⋯⋯⋯⋯⋯ 541
郎意浓，妾意浓，油壁车轻郎马骢，相逢九里松。 ⋯⋯⋯ 464
诗万首，酒千觞，几曾着眼看侯王。 ⋯⋯⋯⋯⋯⋯⋯⋯ 318
诗思浮沉樯影里，梦魂摇曳橹声中。 ⋯⋯⋯⋯⋯⋯⋯⋯ 110
诚知此恨人人有，贫贱夫妻百事哀。 ⋯⋯⋯⋯⋯⋯⋯⋯ 425
姑苏城外寒山寺，夜半钟声到客船。 ⋯⋯⋯⋯⋯⋯⋯⋯ 88
始知锁向金笼听，不及林间自在啼。 ⋯⋯⋯⋯⋯⋯⋯⋯ 33
艰难苦恨繁霜鬓，潦倒新停浊酒杯。 ⋯⋯⋯⋯⋯⋯⋯⋯ 244
细雨梦回鸡塞远，小楼吹彻玉笙寒。 ⋯⋯⋯⋯⋯⋯⋯⋯ 104
细数落花因坐久，缓寻芳草得归迟。 ⋯⋯⋯⋯⋯⋯⋯⋯ 283
织成云外雁行斜，染作江南春水浅。 ⋯⋯⋯⋯⋯⋯⋯⋯ 17
孤云出北山，宿鸟惊东林。 ⋯⋯⋯⋯⋯⋯⋯⋯⋯⋯⋯⋯ 59
孤鸟西北飞，离兽东南下。 ⋯⋯⋯⋯⋯⋯⋯⋯⋯⋯⋯⋯ 53
孤帆远影碧空尽，惟见长江天际流。 ⋯⋯⋯⋯⋯⋯⋯⋯ 492
孤鸿号外野，翔鸟鸣北林。 ⋯⋯⋯⋯⋯⋯⋯⋯⋯⋯⋯⋯ 53
孤嶂秦碑在，荒城鲁殿余。 ⋯⋯⋯⋯⋯⋯⋯⋯⋯⋯⋯⋯ 88
孤篷寒上月，微浪稳移星。 ⋯⋯⋯⋯⋯⋯⋯⋯⋯⋯⋯⋯ 187
终日望君君不至，举头闻鹊喜。 ⋯⋯⋯⋯⋯⋯⋯⋯⋯⋯ 440
终南阴岭秀，积雪浮云端。 ⋯⋯⋯⋯⋯⋯⋯⋯⋯⋯⋯⋯ 68

九　画

春日游，杏花吹满头。陌上谁家年少，足风流。 ⋯⋯⋯⋯ 436
春风又绿江南岸，明月何时照我还？ ⋯⋯⋯⋯⋯⋯⋯⋯ 541
春风无限潇湘意，欲采蘋花不自由。 ⋯⋯⋯⋯⋯⋯⋯⋯ 92
春风不解禁杨花，蒙蒙乱扑行人面。 ⋯⋯⋯⋯⋯⋯⋯⋯ 132
春风真解事，等闲吹遍，无数短长亭。 ⋯⋯⋯⋯⋯⋯⋯ 184
春风桃李花开日，秋雨梧桐叶落时。 ⋯⋯⋯⋯⋯⋯⋯⋯ 424
春未绿，鬓先丝。人间别久不成悲。谁教岁岁红莲夜，两处沉吟各自知。
⋯⋯⋯⋯⋯⋯⋯⋯⋯⋯⋯⋯⋯⋯⋯⋯⋯⋯⋯⋯⋯⋯ 471

春去,最谁苦? 但箭雁沉边,梁燕无主。杜鹃声里长门暮。 ……………… 354
春色三分,二分尘土,一分流水。细看来,不是杨花,点点是离人泪。 … 138
春色恼人眠不得,月移花影上栏杆。 ……………………………………… 283
春色满园关不住,一枝红杏出墙来。 ……………………………………… 150
春江潮水连海平,海上明月共潮生。 ……………………………………… 64
春花秋月何时了,往事知多少! 小楼昨夜又东风,故国不堪回首月明中。
……………………………………………………………………………………… 275

春城无处不飞花,寒食东风御柳斜。 ……………………………………… 89
春蚕到死丝方尽,蜡炬成灰泪始干。 ……………………………………… 428
春眠不觉晓,处处闻啼鸟。 ………………………………………………… 66
春病与春愁,何事年年有? 半为枕前人,半为花间酒。 ………………… 437
春宵一刻值千金,花有清香月有阴。 ……………………………………… 203
春慵恰似春塘水,一片觳纹愁。溶溶泄泄,东风无力,欲皱还休。 ……… 154
春潮带雨晚来急,野渡无人舟自横。 ……………………………………… 90
城上高楼接大荒,海天愁思正茫茫。 ……………………………………… 248
城中桃李愁风雨,春在溪头荠菜花。 ……………………………………… 159
城池百战后,耆旧几家残。 ………………………………………………… 566
带长剑兮挟秦弓,首身离兮心不惩。 ……………………………………… 217
草木有本心,何求美人折? …………………………………………………… 26
草枯鹰眼疾,雪尽马蹄轻。 ………………………………………………… 69
草绿天涯浑未遍,谁道王孙迟暮? ………………………………………… 391
荒桥断浦,柳阴撑出扁舟小。回首池塘青欲遍,绝似梦中芳草。 ……… 168
茫茫阅世无成局,碌碌因人是废才。 ……………………………………… 398
故人知我年华暮,唱彻霸陵回首句。 ……………………………………… 514
故人慷慨多奇节。为当年、沉吟不断,草间偷活。 ……………………… 382
故国江山徒梦寐,中华人物又销沉。 ……………………………………… 395
故国神游,多情应笑我,早生华发。人生如梦,一樽还酹江月。 ……… 308
故都迷岸草,望长淮,依然绕孤城。 ……………………………………… 317
胡马依北风,越鸟巢南枝。 ………………………………………………… 522
南朝四百八十寺,多少楼台烟雨中。 ……………………………………… 255
南渡君臣轻社稷,中原父老望旌旗。 ……………………………………… 363
相见时难别亦难,东风无力百花残。 ……………………………………… 428

相思一曲临风笛,吹过云山第几重。 …………………… 473

相思只在,丁香枝上,豆蔻梢头。 …………………… 454

相看只有山如旧。叹浮云、本是无心,也成苍狗。 ……… 359

相逢不尽平生事,春思入琵琶。 …………………… 474

相逢京洛浑依旧,唯恨淄尘染素衣。 ………………… 503

相逢意气为君饮,系马高楼垂柳边。 ………………… 490

相鼠有皮,人而无仪。人而无仪,不死何为? ………… 24

柳阴直,烟里丝丝弄碧。 …………………………… 38

树树皆秋色,山山唯落晖。 ………………………… 62

砌下落花风起,罗衣特地春寒。 …………………… 441

斫去桂婆娑,人道是清光更多。 …………………… 508

面前直控金山,极知形胜东南。更愿诸公着意,休教忘了中原。 ……… 351

残月堕,晓烟浮,一声欸乃入中流。 ………………… 185

残星几点雁横塞,长笛一声人倚楼。 ………………… 106

残酒忆荆高,燕赵悲歌事未消。忆昨车声寒易水,今朝。慷慨还过豫让桥。

…………………………………………………… 385

残雪压枝犹有橘,冻雷惊笋欲抽芽。 ………………… 115

残寒正欺病酒,掩沉香绣户。燕来晚、飞入西城,似说春事迟暮。 ……… 165

拼一醉,留君住。歌一曲,送君路。遍江南江北,欲归何处。 ……… 512

拼今生,对花对酒,为伊泪落。 …………………… 461

拼将十万头颅血,须把乾坤力挽回。 ………………… 402

轻别离,甘抛掷,江上满帆风疾。 ………………… 438

战士军前半死生,美人帐下犹歌舞。 ………………… 565

临断岸、新绿生时,是落红、带愁流处。记当日、门掩梨花,翦灯深夜语。

…………………………………………………… 472

是他春带愁来,春归何处,却不解、带将愁去。 ……… 335

映门淮水绿,留骑主人心。 ………………………… 499

星垂平野阔,月涌大江流。 ………………………… 84

昨夜西风凋碧树,独上高楼,望尽天涯路。 ………… 205

昨夜松边醉倒,问松“我醉何如”? 只疑松动要来扶,以手推松曰“去”!

…………………………………………………… 23

昨夜星辰昨夜风,画楼西畔桂堂东。 ………………… 428

昭君不惯胡沙远,但暗忆、江南江北。想佩环、月夜归来,化作此花幽独。

.... 549

贵者虽自贵,视之若埃尘。贱者虽自贱,重之若千钧。 223

思量却也有悲时,重阳节近多风雨。 339

虽萎绝其亦何伤兮,哀众芳之芜秽。 214

钟情怕到相思路,盼长堤草尽红心。 479

拜迎长官心欲碎,鞭挞黎庶令人悲。 238

看画船,尽入西泠,闲却半湖春色。 166

香闺寂寂门半掩,愁眉敛,泪珠滴破胭脂脸。 439

香雾云鬟湿,清辉玉臂寒。 418

种桃道士归何处,前度刘郎今又来。 251

秋风万里芙蓉国,暮雨千家薜荔村。 539

秋风不相待,先至洛阳城。 267

秋风吹渭水,落叶满长安。 540

秋风起兮白云飞,草木黄落兮雁南归。 51

秋风萧萧愁杀人,出亦愁,入亦愁。 522

秋风萧瑟,洪波涌起。日月之行,若出其中;星汉灿烂,若出其里。 51

秋风萧瑟天气凉,草木摇落露为霜。 52

秋色冷并刀,一派酸风卷怒涛。并马三河年少客,粗豪。皂栎林中醉射雕。

.... 385

重门不锁相思梦,随意绕天涯。 457

重重红树秋山晚,猎猎青帘社酒香。 126

重湖叠𪩘清嘉,有三秋桂子,十里荷花。 132

复恐匆匆说不尽,行人临发又开封。 536

复值接舆醉,狂歌五柳前。 490

便做春江都是泪,流不尽,许多愁。 312

泉声咽危石,日色冷青松。 74

待燃犀下看,凭栏却怕,风雷怒,鱼龙惨。 157

律回岁晚冰霜少,春到人间草木知。 110

须信道消忧除是酒,奈酒行有尽情无极。便挽取、长江入樽罍,浇胸臆。

.... 548

脉脉花疏天淡,云来去,数枝雪。 153

独下千行泪,开君万里书。 …………………………………………………… 489
独上江楼思悄然,月光如水水如天。 …………………………………… 106
独立小楼风满袖,平林新月人归后。 …………………………………… 439
独在异乡为异客,每逢佳节倍思亲。 …………………………………… 529
独有宦游人,偏惊物候新。 ………………………………………………… 526
独行潭底影,数息树边身。 ………………………………………………… 496
独坐黄昏谁是伴,紫薇花对紫薇郎。 ……………………………………… 94
庭院深深深几许?杨柳堆烟,帘幕无重数。 ………………………… 449
亲朋无一字,老病有孤舟。 ………………………………………………… 534
亲戚或余悲,他人亦已歌。死去何所道,托体同山阿。 ……………… 225
音尘绝,西风残照,汉家陵阙。 …………………………………………… 78
帝子降兮北渚,目眇眇兮愁予。袅袅兮秋风,洞庭波兮木叶下。 ……… 49
恸哭六军俱缟素,冲冠一怒为红颜。 …………………………………… 368
恨君却似江楼月,暂满还亏。暂满还亏,待得团圆是几时? ………… 465
闻道长安似弈棋,百年世事不胜悲。 …………………………………… 243
前不见古人,后不见来者。念天地之悠悠,独怆然而涕下。 ………… 229
兹晨自为美,当避艳阳天。艳阳桃李节,皎洁不成妍。………………… 25
将军百战死,壮士十年归。 ………………………………………………… 558
举头西北浮云,倚天万里须长剑。 ……………………………………… 157
举杯邀明月,对影成三人。 ………………………………………………… 195
浊酒一杯家万里,燕然未勒归无计。羌管悠悠霜满地。 …………… 544
洛阳三月花如锦,多少工夫织得成。 …………………………………… 112
洛阳城里春光好,洛阳才子他乡老。 …………………………………… 271
洛阳亲友如相问,一片冰心在玉壶。 …………………………………… 529
宫里吴王沉醉,倩五湖倦客,独钓醒醒。 ……………………………… 352
穿花蛱蝶深深见,点水蜻蜓款款飞。 …………………………………… 87
客行虽云乐,不如早旋归。 ………………………………………………… 523
客里看春多草草,总被诗愁分了。 ……………………………………… 360
冠盖满京华,斯人独憔悴! ………………………………………………… 493
扁舟一棹归何处,家在江南黄叶村。 …………………………………… 119
神州只在阑干北,几度来时怕上楼。 …………………………………… 321
咫尺画堂深似海,忆来唯把旧书看,几时携手入长安? ……………… 435

咫尺愁风雨,匡庐不可登。 …… 269
怒发冲冠,凭栏处,潇潇雨歇。 …… 571
盈把足娱陶令意,夕餐谁似三闾洁? …… 373
结庐在人境,而无车马喧。 …… 56

十 画

秦王扫六合,虎视何雄哉! …… 6
秦关望楚路,灞岸想江潭。 …… 525
秦时明月汉时关,万里长征人未还。但使龙城飞将在,不教胡马度阴山。
…… 559
都来此事,眉间心上,无计相回避。 …… 545
莫言此潭小,摇动匡庐山。 …… 44
莫等闲,白了少年头,空悲切。 …… 572
莫道不销魂,帘卷西风,人比黄花瘦。 …… 22
莫遣只轮归海窟,仍留一箭射天山。 …… 567
莫遣行人照客鬓,恐惊憔悴入新年。 …… 245
莫辞盏酒十分劝,只恐风花一片飞。 …… 199
莫愁前路无知己,天下谁人不识君。 …… 493
莫谩愁沽酒,囊中自有钱。 …… 266
莫嫌荦确坡头路,自爱铿然曳杖声。 …… 285
荷笠带斜阳,青山独归远。 …… 495
郴江幸自绕郴山,为谁流下潇湘去? …… 140
桃之夭夭,灼灼其华。之子于归,宜其室家。 …… 403
桃花水,鲤鱼风,短笛横吹细雨中。 …… 179
桃花潭水深千尺,不及汪伦送我情。 …… 491
桃李春风一杯酒,江湖夜雨十年灯。 …… 287
换我心,为你心,始知相忆深。 …… 437
眠,月影穿窗白玉钱。无人弄,移过枕函边。 …… 42
晓风干,泪痕残,欲笺心事,独语斜阑。难、难、难! …… 468
晓看天色暮看云,行也思君,坐也思君。 …… 478
蚍蜉撼大树,可笑不自量。 …… 247
铅刀贵一割,梦想骋良图。左盻澄江湘,右眄定羌胡。 …… 221
乘骐骥以驰骋兮,来吾道夫先路。 …… 214

613

笑指吾庐何处是，一池荷叶小桥横。修竹纸窗灯火里，读书声。 ········ 179

笑谈间，风满座，酒盈杯。 ·········· 152

笑渐不闻声渐悄，多情却被无情恼。 ··········· 452

笑歌声里轻雷动，一夜连枷响到明。 ············ 22

借问承恩者，双蛾几许长？ ············ 442

借问孤山林处士，但掉头、笑指梅花蕊。天下事，可知矣。 ········· 353

借问酒家何处有？牧童遥指杏花村。 ··········· 256

射人先射马，擒贼先擒王。 ············ 562

徐行不记山深浅，一路莺啼送到家。 ··········· 173

爱惜芳心莫轻吐，且教桃李闹春风。 ··········· 362

胭脂泪，相留醉，几时重，自是人生长恨水长东。 ········ 272

恋杀青山不去，青山未必留人。 ·········· 210

衰兰送客咸阳道，天若有情天亦老。 ·········· 254

高台多悲风，朝日照北林。 ·········· 52

病翼惊秋，枯形阅世，消得斜阳几度。 ········· 40

离恨恰如春草，更行更远还生。 ·········· 273

离愁渐远渐无穷，迢迢不断如春水。 ·········· 448

剖却心肝今置地，问华佗、解我肠千结。追往恨，倍凄咽。 ·········· 381

悄立市桥人不识，一星如月看多时。 ·········· 398

阅人多矣，谁得似、长亭树。树若有情时，不曾得、青青如此。 ·········· 472

粉骨碎身全不惜，要留清白在人间。 ·········· 44

烟柳有情开不尽，东风约定年年信。 ·········· 143

烟销日出不见人，欸乃一声山水绿。 ·········· 92

凌波不过横塘路，但目送，芳尘去。 ·········· 459

准拟今春乐事浓，依然枉却一东风。 ·········· 277

酒债寻常行处有，人生七十古来稀。 ·········· 196

浩歌一曲酒千钟。男儿行处是，未要论穷通。 ·········· 371

海上生明月，天涯共此时。 ·········· 65

海日生残夜，江春入旧年。 ·········· 67

海内存知己，天涯若比邻。 ·········· 489

海内诗家洪玉父，禁中乐府柳屯田。 ·········· 519

海外徒闻更九州，他生未卜此生休。 ·········· 261

海角崖山一线斜,从今也不属中华。 ‥‥‥‥‥‥‥ 366

海棠枝上立多时,飞向小桥西畔去。 ‥‥‥‥‥‥ 46

海阔山遥,未知何处是潇湘。 ‥‥‥‥‥‥‥‥‥ 504

浮云游子意,落日故人情。 ‥‥‥‥‥‥‥‥‥‥ 499

浮云遮月不分明,谁挽长江一洗放天青? ‥‥‥ 389

流水落花春去也,天上人间! ‥‥‥‥‥‥‥‥‥ 274

流光容易把人抛。红了樱桃,绿了芭蕉。 ‥‥‥ 167

流落天涯俱是客,何必平生相熟。 ‥‥‥‥‥‥ 551

涧户寂无人,纷纷开且落。 ‥‥‥‥‥‥‥‥‥‥ 74

家家养男当门户,今日作君城下土。 ‥‥‥‥‥ 568

被冷香消新梦觉,不许愁人不起。 ‥‥‥‥‥‥ 327

被酒莫惊春睡重,赌书消得泼茶香,当时只道是寻常。 ‥‥ 481

被褐出阊阖,高步追许由。振衣千仞冈,濯足万里流。 ‥ 222

谁见幽人独往来,缥缈孤鸿影。 ‥‥‥‥‥‥‥‥ 17

谁写江南一段秋,妆点钱塘苏小楼。 ‥‥‥‥‥ 23

谁向孤舟怜逐客,白云相送大江西。 ‥‥‥‥‥ 513

谁言寸草心,报得三春晖。 ‥‥‥‥‥‥‥‥‥‥ 535

谁识京华倦客?长亭路,年去年来,应折柔条过千尺。 ‥ 315

谁知千里夜,各对一灯红。 ‥‥‥‥‥‥‥‥‥‥ 485

谁知盘中餐,粒粒皆辛苦。 ‥‥‥‥‥‥‥‥‥‥ 197

谁念迁客归来,老大伤名节。纵使岁寒途远,此志应难夺。 ‥ 324

谁爱风流高格调,共怜时世俭梳妆。 ‥‥‥‥‥ 265

谁家吹笛画楼中,断续声随断续风。 ‥‥‥‥‥ 270

谁能数得垂杨叶,一叶垂杨一点愁。 ‥‥‥‥‥ 383

谁道人生无再少?门前流水尚能西,休将白发唱黄鸡。 ‥ 309

谁道飘零不可怜,旧游时节好花天。断肠人去自经年。 ‥ 480

弱柳从风疑举袂,丛兰裛露似沾巾。独坐亦含颦。 ‥ 431

能几番游,看花又是明年。东风且伴蔷薇住,到蔷薇,春已堪怜。 ‥‥ 169

桑柘影斜春社散,家家扶得醉人归。 ‥‥‥‥‥ 110

绣床斜凭娇无那,烂嚼红茸,笑向檀郎唾。 ‥‥‥ 441

十一画

黄花和我满头霜。怕重阳,又重阳。 ‥‥‥‥‥‥ 380

黄昏胡骑尘满城,欲往城南望城北。 …………………… 564

黄莺也爱新凉好,飞过青山影里啼。 …………………… 148

黄鹤楼中吹玉笛,江城五月落梅花。 …………………… 237

乾坤能大,算蛟龙,元不是池中物。 …………………… 357

萧萧远树疏林外,一半秋山带夕阳。 …………………… 113

梦入神山教神妪,老鱼跳波瘦蛟舞。 …………………… 96

梦好恰如真,事往翻如梦。 …………………… 388

梦里不知身是客,一晌贪欢。 …………………… 274

梦难成,恨难平。不道愁人不喜听,空阶滴到明。 …………………… 319

梦断酒醒时,倚危樯清绝。 …………………… 330

梦魂惯得无拘检,又踏杨花过谢桥。 …………………… 451

梧桐叶上三更雨,叶叶声声是别离。 …………………… 145

梧桐半死清霜后,头白鸳鸯失伴飞。 …………………… 458

梧桐更兼细雨,到黄昏、点点滴滴。这次第,怎一个愁字了得! …………………… 326

梅花竹里无人见,一夜吹香过石桥。 …………………… 147

梅花雪,梨花月,总相思。自是春来不觉去偏知。 …………………… 211

梅英疏淡,冰澌溶泄,东风暗换年华。 …………………… 142

梅须逊雪三分白,雪却输梅一段香。 …………………… 31

雪似梅花,梅花似雪,似和不似却奇绝。 …………………… 39

雪洗虏尘静,风约楚云留。 …………………… 574

鸷鸟之不群兮,自前世而固然。何方圜之能周兮,夫孰异道而相安。 … 216

接天莲叶无穷碧,映日荷花别样红。 …………………… 146

常娥应悔偷灵药,碧海青天夜夜心。 …………………… 429

野火烧不尽,春风吹又生。 …………………… 28

野凫眠岸有闲意,老树着花无丑枝。 …………………… 114

野旷天低树,江清月近人。 …………………… 67

晨兴理荒秽,带月荷锄归。 …………………… 54

眼前一杯酒,谁论身后名。 …………………… 228

悬流千丈忽当眼,芥蒂一洗平生胸。 …………………… 41

晚来天欲雪,能饮一杯无? …………………… 496

晚泊孤舟古祠下,满川风雨看潮生。 …………………… 281

晚凉天净月华开。想得玉楼瑶殿影,空照秦淮。 …………………… 274

唯有无情双燕子,舞东风。 ……………………………………… 379

唯有知情一片月,曾窥飞燕入昭阳。 ……………………… 361

唯有相思似春色,江南江北送君归。 ……………………… 491

唯草木之零落兮,恐美人之迟暮。 ……………………… 214

唯将终夜长开眼,报答平生未展眉。 ……………………… 426

银烛秋光冷画屏,轻罗小扇扑流萤。 ……………………… 16

梨花院落溶溶月,柳絮池塘淡淡风。 ……………………… 113

笛中闻折柳,春色未曾看。 ……………………………………… 529

做冷欺花,将烟困柳,千里偷催春暮。 ……………………… 346

偶为共命鸟,都是可怜虫。 ……………………………………… 485

停车坐爱枫林晚,霜叶红于二月花。 ……………………… 99

停船暂借问,或恐是同乡。 ……………………………………… 416

得成比目何辞死,愿作鸳鸯不羡仙。 ……………………… 414

船头放歌船尾和,篷上雨鸣篷下坐。 ……………………… 171

斜光照墟落,穷巷牛羊归。 ……………………………………… 69

斜阳外,寒鸦万点,流水绕孤村。 ………………………… 141

斜阳芳草隔,满目伤心碧。不语问青山,青山响杜鹃。 …… 553

斜倚西风无限恨,懒将憔悴舞纤腰。离思别绪一条条。 …… 388

斜倚画屏思往事,皆不是,空作相思字。 ……………………… 482

欲他征夫早归来,腾身却放我向青云里。 ……………………… 430

欲把西湖比西子,淡妆浓抹总相宜。 ……………………… 116

欲穷千里目,更上一层楼。 ……………………………………… 194

欲识命轻恩重处,霸陵风雨夜来深。 ……………………… 366

欲知方寸,共有几许新愁,芭蕉不展丁香结。 …………… 313

欲将心事付瑶琴,知音少,弦断有谁听? ……………………… 508

欲将归信问行人,青山尽处行人少。 ……………………… 552

欲将沉醉换悲凉,清歌莫断肠。 ……………………………… 304

欲将轻骑逐,大雪满弓刀。 ……………………………………… 567

欲黄昏。雨打梨花深闭门。 ……………………………………… 464

彩舟云淡,星河鹭起,画图难足。 ………………………… 136

脱屣妻孥非易事,竟一钱不值何须说! 人世事,几完缺? …… 382

商女不知亡国恨,隔江犹唱后庭花。 ……………………… 257

望庐思其人，入室想所历。 ………………………………… 412

情怀渐觉成衰晚，鸾镜朱颜惊暗换。 …………………………… 298

惜哉剑术疏，奇功遂不成。其人虽已没，千载有余情。 ………… 4

惆怅东栏一株雪，人生看得几清明？ …………………………… 35

惨澹龙蛇日斗争，干戈直欲尽生灵。 …………………………… 580

惯看宾客儿童喜，得食阶除鸟雀驯。 …………………………… 87

断雨残云无意绪，寂寞朝朝暮暮。 ……………………………… 463

断送一生憔悴，只消几个黄昏。 ………………………………… 457

剪不断，理还乱，是离愁。别是一番滋味在心头。 …………… 273

烽火连三月，家书抵万金。 ……………………………………… 564

清风明月无人管，并作南楼一味凉。 …………………………… 120

清风掠地秋先到，赤日行天午不知。 …………………………… 111

清歌散新声，绿酒开芳颜。 ……………………………………… 55

鸿雁不堪愁里听，云山况是客中过。 …………………………… 528

鸿雁在云鱼在水，惆怅此情难寄。 ……………………………… 447

渐黄昏，清角吹寒。都在空城。 ………………………………… 162

渐霜风凄紧，关河冷落，残照当楼。 …………………………… 130

淮左名都，竹西佳处，解鞍少驻初程。 ………………………… 161

淮南皓月冷千山，冥冥归去无人管。 …………………………… 470

渔阳鼙鼓动地来，惊破《霓裳羽衣曲》。 ……………………… 423

淡淡著烟浓著月，深深笼水浅笼沙。 …………………………… 109

深林人不知，明月来相照。 ……………………………………… 73

寂寂江山摇落处，怜君何事到天涯！ …………………………… 244

宿燕夜归银烛外，啼莺声在绿阴中。无处觅残红。 …………… 164

敢向青天问明月。算应无恨，安用暂圆还缺？愿人长似，月圆时节。 … 370

弹泪别东风，把酒浇飞絮。化了浮萍也是愁，莫向天涯去。 …………… 390

随风潜入夜，润物细无声。 ……………………………………… 28

隐隐柂楼歌吹响，月下六军搔首。正乌鹊、南飞时候。 ……… 386

绿阴不减来时路，添得黄鹂四五声。 …………………………… 123

绿杨烟外晓寒轻，红杏枝头春意闹。 …………………………… 135

绿树村边合，青山郭外斜。 ……………………………………… 66

绿遍山原白满川，子规声里雨如烟。 …………………………… 108

618

绿满山原白满川,子规声里雨如烟。 ················· 148

十二画

辇下风光,山中岁月,海上心情。 ················· 355
堪恨西风催世换,更吹我,落天涯。 ················ 356
落木千山天远大,澄江一道月分明。 ················ 120
落日五湖游,烟波处处愁。 ······················· 267
落日胡尘未断,西风塞马空肥。 ··················· 576
落日楼船鸣铁锁,西风吹尽五侯宅。 ··············· 383
落日照大旗,马鸣风萧萧。 ······················· 83
落红不是无情物,化作春泥更护花。 ··············· 48
落花人独立,微雨燕双飞。 ······················· 451
落絮无声春堕泪,行云有影月含羞。东风临夜冷于秋。 ·· 163
朝辞白帝彩云间,千里江陵一日还。两岸猿声啼不住,轻舟已过万重山。
 ·· 77

棋罢不知人换世,酒阑无奈客思家。 ··············· 281
雁声远过潇湘去,十二楼中月自明。 ··············· 99
雁到秋来却南去,南人北渡几时回? ··············· 580
欹枕有时成雨梦,隔帘无处说春心。一从灯夜到如今。 ·· 460
插天翠柳,被何人、推上一轮明月? ··············· 144
悲风吼,临洺驿口,黄叶中原走。 ················· 181
悲歌可以当泣,远望可以当归。 ··················· 522
晴天摇动清江底,晚日浮沉急浪中。 ··············· 121
晴髻离离,太行山势如蝌蚪。稗花盈亩,一寸霜皮厚。 ·· 181
最关情、折尽梅花,难寄相思。 ··················· 549
最是仓皇辞庙日,教坊犹奏别离歌,垂泪对宫娥。 ····· 276
最堪爱,一曲银钩小,宝帘挂秋冷。 ··············· 169
畴昔国士遇,生平知己恩。 ······················· 227
跑沙跑雪独嘶,东望西望路迷。 ··················· 29
啼到春归无寻处,苦恨芳菲都歇。算未抵、人间离别。 ·· 344
黑云压城城欲摧,甲光向日金鳞开。 ··············· 96
铸就而今相思错,料当初、费尽人间铁。 ··········· 338
剩水残山无态度,被疏梅、料理成风月。 ··········· 337

等闲识得东风面,万紫千红总是春。 ……………………………… 147

集中什九从军乐,亘古男儿一放翁。 ……………………………… 402

傍枯林古道,长河饮马,此意悠悠。 ……………………………… 168

腊后花期知渐近,东风已作寒梅信。 ……………………………… 135

童孙未解供耕织,也傍桑阴学种瓜。 ……………………………… 108

慨当以慷,忧思难忘。何以解忧?唯有杜康。 ……………………… 220

尊前故人如在,想念我,最关情。 ………………………………… 507

道人不是悲秋客,一任晚山相对愁。 ……………………………… 199

道通天地有形外,思入风云变态中。 ……………………………… 200

遂令天下父母心,不重生男重生女。 ……………………………… 422

湛湛江水兮,上有枫。目极千里兮,伤春心。魂兮归来哀江南! ……… 50

渡江天马南来,几人真是经纶手。 ………………………………… 336

游人不管春将老,来往亭前踏落花。 ……………………………… 280

游女带香偎伴笑,争窈窕,竞折团荷遮晚照。 ……………………… 14

游丝有意苦相萦,垂柳无端争赠别。 ……………………………… 152

寒山几堵?风低削碎中原路。秋空一碧无今古。 ………………… 46

寒衣处处催刀尺,白帝城高急暮砧。 ……………………………… 534

寒波淡淡起,白鸟悠悠下。 ………………………………………… 170

寒暑有代谢,人道每如兹。 ………………………………………… 192

寒蝉凄切,对长亭晚,骤雨初歇。 ………………………………… 130

富贵不淫贫贱乐,男儿到此是豪雄。 ……………………………… 200

窗含西岭千秋雪,门泊东吴万里船。 ……………………………… 83

遍身罗绮者,不是养蚕人。 ………………………………………… 282

谢却海棠飞尽絮,困人天气日初长。 ……………………………… 107

强欲登高去,无人送酒来。 ………………………………………… 239

疏帘不卷东风,一枝留取春心在。 ………………………………… 486

疏影横斜水清浅,暗香浮动月黄昏。 ……………………………… 32

隔水残霞明冉冉,小山三四点。 …………………………………… 182

隔江人在雨声中,晚风菰叶生秋怨。 ……………………………… 352

隔断红尘三十里,白云红叶两悠悠。 ……………………………… 110

登高怀远心如在,向老逢辰意有加。 ……………………………… 502

620

十三画

蓬莱文章建安骨,中间小谢又清发。 …………………… 195

蓬莱有路教人到,应亦年年税紫芝。 …………………… 263

蒹葭苍苍,白露为霜。所谓伊人,在水一方。 ……………… 406

楚天千里清秋,水随天去秋无际。 ………………………… 158

楚囚对泣何时已,叹人间、今古真儿戏。 ………………… 359

想当年,金戈铁马,气吞万里如虎。 ……………………… 340

楼船夜雪瓜洲渡,铁马秋风大散关。 …………………… 571

零落成泥碾作尘,只有香如故。 ……………………………… 39

雾失楼台,月迷津渡,桃源望断无寻处。 ………………… 140

睡觉不知雪,但惊窗户明。 …………………………………… 38

睡起莞然成独笑,数声渔笛在沧浪。 …………………… 278

暗想玉容何所似,一枝春雪冻梅花,满身香雾簇朝霞。 …… 30

暗牖悬蛛网,空梁落燕泥。 …………………………………… 62

跳波自相溅,白鹭惊复下。 …………………………………… 73

路漫漫其修远兮,吾将上下而求索。 …………………… 216

蛾儿雪柳黄金缕,笑语盈盈暗香去。 …………………… 469

蜂蝶纷纷过墙去,却疑春色在邻家。 …………………… 105

锦江春色来天地,玉垒浮云变古今。 …………………… 243

愁一箭风快,半篙波暖,回头迢递便数驿,望人在天北。 … 315

愁因薄暮起,兴是清秋发。 ………………………………… 230

衙斋卧听萧萧竹,疑是民间疾苦声。 …………………… 395

遥知不是雪,为有暗香来。 …………………………………… 35

遥夜沉沉满幕霜,有时归梦到家乡。 …………………… 550

遥想公瑾当年,小乔初嫁了,雄姿英发。羽扇纶巾,谈笑间、樯橹灰飞烟灭。
  ……………………………………………………………………… 18

解把飞花蒙日月,不知天地有清霜。 …………………… 32

解作江南断肠句,只今唯有贺方回。 …………………… 501

痴儿了却公家事,快阁东西倚晚晴。 …………………… 19

靖康耻,犹未雪。臣子恨,何时灭? ……………………… 572

意气骄满路,鞍马光照尘。 ………………………………… 252

意态由来画不成,当时枉杀毛延寿。 …………………… 282

数声风笛离亭晚,君向潇湘我向秦。 …… 497

数峰清苦,商略黄昏雨。 …… 160

数遍屏山多少路,青青,一片烟芜是去程。 …… 486

慈母手中线,游子身上衣。 …… 535

满地榆钱,算来难买春光住。 …… 373

满树嫩晴春雨歇,行人四月过淮时。 …… 172

漠漠水田飞白鹭,阴阴夏木啭黄鹂。 …… 72

溥天之下,莫非王土。率土之滨,莫非王臣。 …… 189

溪云初起日沉阁,山雨欲来风满楼。 …… 97

滚滚长江东逝水,浪花淘尽英雄。是非成败转头空,青山依旧在,几度夕阳
红。 …… 377

塞下秋来风景异,衡阳雁去无留意。 …… 544

十四画

静女其姝,俟我于城隅。爱而不见,搔首踟蹰。 …… 404

静夜家家闭户眠,满城风雨骤寒天。 …… 127

碧云天,黄叶地。秋色连波,波上寒烟翠。 …… 127

碧云红雨小楼空,春光已到销魂处。 …… 178

碧眼胡儿三百骑,尽提金勒向云看。 …… 570

暮云平,暮山横。几叶秋声和雁声,行人不要听。 …… 547

槛外低秦岭,窗中小渭川。 …… 104

榴花不似舞裙红,无人知此意,歌罢满帘风。 …… 329

歌余尘拂扇,舞罢风掀袂。人散后,一钩淡月天如水。 …… 316

歌舞尊前,繁华镜里,暗换青青发。 …… 376

愿为西南风,长逝入君怀。君怀良不开,贱妾当何依? …… 411

愿君多采撷,此物最相思。 …… 418

愿教青帝常为主,莫遣纷纷点翠苔。 …… 107

愿得一心人,白头不相离。 …… 409

愿得连冥不复曙,一年都一晓。 …… 412

暖暖远人村,依依墟里烟。狗吠深巷中,鸡鸣桑树颠。 …… 54

蜡烛有心还惜别,替人垂泪到天明。 …… 426

蝉噪林愈静,鸟鸣山更幽。 …… 60

舞低杨柳楼心月,歌尽桃花扇底风。 …… 17

算平戎万里,功名本是,真儒事、君知否。 ……………………………… 336

算春常不老,人愁春老,愁只是,人间有。 ……………………………… 313

管城子无肉食相,孔方兄有绝交书。 ……………………………… 20

敲断玉钗红烛冷,计程应说到常山。 ……………………………… 442

韶华不为少年留,恨悠悠,几时休。 ……………………………… 312

慷慨吐清音,明转出天然。 ……………………………… 192

精卫衔微木,将以填沧海。刑天舞干戚,猛志固常在。 …………… 224

漫将薄幸比杨花,杨花犹解穿罗幕。 ……………………………… 479

寥寥人境外,闲坐听春禽。 ……………………………… 268

缥缈眉痕忆远山,一春愁思不曾闲。断云只在有无间。 ………… 487

十五画

飘飘何所似?天地一沙鸥。 ……………………………… 84

醉里挑灯看剑,梦回吹角连营。 ……………………………… 577

醉里插花花莫笑,可怜春似人将老。 ……………………………… 328

醉卧不知白日暮,有时空望孤云高。 ……………………………… 231

醉卧沙场君莫笑,古来征战几人回? ……………………………… 559

醉魂应逐凌波梦,分付西风此夜凉。 ……………………………… 474

醉舞下山去,明月逐人归。 ……………………………… 310

箭径酸风射眼,腻水染花腥。时觇双鸳响,廊叶秋声。 ………… 164

毅魄归来日,灵旗空际看。 ……………………………… 366

懊恼东风,绿尽疏阴落尽红。 ……………………………… 176

潮落夜江斜月里,两三星火是瓜洲。 ……………………………… 536

潭清疑水浅,荷动知鱼散。 ……………………………… 79

十六画

燕子不知何世。入寻常巷陌人家,相对如说兴亡,斜阳里。 …… 314

燕子斜阳来又去,如此江山! ……………………………… 387

燕衔柳絮春心远,鱼入晴江水自流。 ……………………………… 507

燕燕飞来,问春何在,唯有池塘自碧。 ……………………………… 161

澹日滚残花影下,软风吹送玉楼西。天涯心事少人知。 ………… 379

颠狂柳絮随风舞,轻薄桃花逐水流。 ……………………………… 86

霓裳一曲千峰上,舞破中原始下来。 ……………………………… 255

噫吁嚱,危乎高哉! 蜀道之难,难于上青天。 ……………… 232

镜里朱颜都变尽,只有丹心难灭。 ……………… 358

衡阳犹有雁传书,郴阳和雁无。 ……………… 547

凝泪眼、杳杳神京路。断鸿声远长天暮。 ……………… 545

凝眸处,从今又添,一段新愁。 ……………… 466

避席畏闻文字狱,著书都为稻粱谋。 ……………… 399

十七画以上

霜落熊升树,林空鹿饮溪。 ……………… 114

羁鸟恋旧林,池鱼思故渊。 ……………… 524

魏官牵车指千里,东关酸风射眸子。 ……………… 254

簌簌衣巾落枣花,村南村北响缫车,牛衣古柳卖黄瓜。 ……………… 139

黛蛾长敛,任是东风吹不展。困倚危楼,过尽飞鸿字字愁。 ……………… 456

爵位自高言尽废,古来何啻万公卿。 ……………… 18

魑魅搏人应见惯,总输他、覆雨翻云手。冰与雪,周旋久。 ……………… 517

爆竹声中一岁除,春风送暖入屠苏。 ……………… 137

馨香盈怀袖,路远莫致之。此物何足贵,但感别经时。 ……………… 219

露从今夜白,月是故乡明。 ……………… 532

露重飞难进,风多响易沉。 ……………… 25

囊锥刚要出头来,不道甚时节。欲驾巾车归去,有豺狼当辙。 ……………… 573

图书在版编目（CIP）数据

中华诗词名句鉴赏辞典 / 黄鸣主编 . -- 2 版 . -- 武
汉：崇文书局，2020.9（2025.10 重印）
（中华诗文鉴赏典丛）
ISBN 978-7-5403-6069-6

Ⅰ . ①中… Ⅱ . ①黄… Ⅲ . ①古典诗歌－名句－鉴赏
－中国－词典 Ⅳ . ① I207.2-61

中国版本图书馆 CIP 数据核字（2020）第 149574 号

中华诗词名句鉴赏辞典

责任编辑　郑小华
责任校对　董　颖
封面设计　甘淑媛
责任印制　冯立慧
出版发行　长江出版传媒　崇文书局
地　　址　武汉市雄楚大街 268 号 C 座 11 层
电　　话　（027）87677133　　邮政编码　430070
印　　刷　湖北新华印务有限公司
开　　本　880mm×1230mm　1/32
印　　张　19.75
字　　数　580 千
版　　次　2016 年 1 月第 1 版　2020 年 9 月第 2 版
印　　次　2025 年 10 月第 9 次印刷
定　　价　45.80 元
（如发现印装质量问题，影响阅读，由本社负责调换）

诗藏千年意 典解百代情

壹 知典籍精要

对话AI讲述人，智能问答解迷津。

贰 赏诗词珠玑

金句名篇手边记，诗意箴言抚尘心。

叁 听朗朗吟读

晨昏相伴诵诗书，声动梁尘伴墨香。

肆 对答飞花令

趣味挑战显才华，心随诗行游山河。

扫码看精彩